Elisabeth Frenzel
Vergilbte Papiere

Elisabeth Frenzel

Vergilbte Papiere

Die zweihundertjährige Geschichte einer bürgerlichen Familie

Droste Verlag

Zu den Abbildungen

Für vierundzwanzig von den siebenundzwanzig Bildbeigaben zu diesem Buch konnten die Vorlagen dem Familienarchiv entnommen werden. Denn außer den Briefen und Tagebüchern, auf denen die Darstellung der persönlichen Schicksale im wesentlichen beruht, umfaßt das Familienarchiv Urkunden über Geburten, Taufen, Schul- und Universitätsbesuch, Examina, Ernennungen, Eheschließungen, Todesfälle sowie geistliche und weltliche Nachrufe. Gesammelt aufbewahrt wurden ferner Dissertationen, Predigten, wissenschaftliche Abhandlungen. Von nicht nur individuellem Aussagewert dürften erhaltene Ausgabenbücher sein, und der Wandel im gesellschaftlichen Umgang erscheint ablesbar an Familienanzeigen, Einladungen, Gelegenheitsgedichten, Glückwunschadressen, Tischkarten, Kondolenzschreiben. Von allen diesen Materialien ist an den verschiedensten Stellen des Textes Gebrauch gemacht worden. Indes mußte sich die Wahl der abzubildenden Dokumente auf diejenigen mit künstlerischem Rang oder sachlicher Seltenheit beschränken. Zu den ersteren gehören vor allem die Porträts.

CIP-Titelaufnahme der Deutschen Bibliothek

Frenzel, Elisabeth

Vergilbte Papiere: die 200jährige Geschichte einer bürgerlichen Familie / Elisabeth Frenzel. – Düsseldorf: Droste, 1990
ISBN 3-7700-0877-4

© 1990 Droste Verlag GmbH, Düsseldorf
Schutzumschlagentwurf: Helmut Schwanen
Gesamtherstellung: Clausen & Bosse, Leck
ISBN 3-7700-0877-4

Inhalt

Vorwort

Am 12. April 1945 fiel der Vorhang zwischen mir und meinen Lieben. Schon erschütterten die Straßen unter den ersten schweren amerikanischen Panzern, und vereinzelte Schüsse peitschten über den mittäglich sonnenhellen, menschenleeren Platz vor dem Jakobstor, da erreichte mich ein letzter Anruf aus Berlin, und ich konnte, vor Schmerz und Sorge fast der Sprache und des klaren Denkens beraubt, einige letzte Grüße durchgeben, sagen, daß ich mich bis zur Stunde wohl befände, daß ich an dem mir durch eine seltsame Fügung zugewiesenen Zufluchtsort ausharren werde und daß die Stadt in diesen Minuten von den Amerikanern eingenommen sei: mein Mann und seine Kameraden in der Berliner Kaserne sollten erfahren, daß die Eroberer bereits in Naumburg an der Saale waren, nicht erst, wie der deutsche Wehrmachtbericht dann bekanntgab, in Erfurt.

Ich legte den Hörer hin. Es war zu Ende. Wenige Minuten später war der Draht, der mir eben noch bekannte Stimmen und die vertraute Welt Berlins in nachbarliche Nähe gerückt hatte, tot: die Amerikaner hatten das Postamt besetzt. Kein Telephon, kein Brief, keine Botschaft würde mehr durch den Vorhang dringen und die Trennung mildern, die in all den Jahren des Krieges durch Grüße und Mitteilungen überbrückt worden war. Die Entfernungen waren kleiner geworden, niemand stand mehr am Dnjepr, an der Kandalakscha-Front oder in Norwegen. Die Kampflinien verliefen mitten durch Deutschland, schnitten mich ab von meinem Mann in der Berliner Kaserne, meinem Bruder an der Oder-Front und meinen Eltern in einem Berliner Außenbezirk.

Stumpf und unfähig zu irgendwelchem Tun ging ich durch die grausam schönen Frühlingstage, nur von dem Gedanken an Berlin bewegt und dem Versuch, durch deutsche und fremde Sender etwas vom Schicksal der Hauptstadt zu erfahren. In Fetzen und oft kaum verständlich gelangten in Abend- und Nachtstunden aus dem verworrenen Wellennetz die Nachrichten von den Endkämpfen in ihr zu uns. Der Krieg ging zu Ende, und weniger beschwerte Gemüter begannen bereits aufzuatmen und sich in der neuen Welt einzurichten. Meine Welt blieb stumm, keine Stimme erreichte mich. Mir waren diese Wochen nach dem Ende schlimmer als die ganzen Jahre des Krieges, der in seiner letzten Phase vielleicht mich als einzige meiner Familie hierher ans sichere Ufer gespült hatte. Ich lebte bei Verwandten in meiner geliebten und immer als Heimat betrachteten Geburtsstadt Naumburg, ging, von ständiger Unrast getrieben, durch die alten, vom Bombenkrieg kaum angenagten Gassen, sah den vertrauten Dom und die Stadttore, genoß den oft erprobten Zauber der Fernblicke über die Weinberge im Unstrut- und Saaletal, sog, wenn auch nur als gelegentlicher Gast, den von Kindheit an vertrauten Duft des Hauses meiner Großmutter ein – und war doch heimatlos, fremd, weil mir mein halbes Leben weggebrochen schien.

Räumungen und Beschlagnahmungen zwangen mich, im Haus meiner Großmutter einiges von den dorthin geretteten Habseligkeiten meiner Eltern vor den mutwilligen Händen von Soldaten sowie vor denjenigen eingewiesener Deutscher zu bergen, deren Besitzvorstellungen sich während der wirren Zeiten gelockert hatten. Schien mir die Plackerei mit solchen Dingen auch zwecklos und das Umräumen von Möbeln oder Porzellan fast ein Hohn im Hinblick auf meine sonstige Existenz, so hielt ich dergleichen doch für meine Pflicht und glaubte, im Sinne meiner Eltern zu handeln. Außerdem lenkte es mich ab. Ich spüre noch heute den Staub und die Hitze einer Bodenecke, in der ich den Inhalt eines von den neuen Bewohnern eigenmächtig geleerten Bücherschranks zu ordnen versuchte. Sachlich für mich uninteressante Bücher, deren bunte Rücken sich mir von Kindheit an eingeprägt hatten, Landkarten aus dem Ersten Weltkrieg, Skizzenbücher aus der Mädchenzeit meiner Mutter, Schulhefte, Briefe, Postkarten und Photographien von uns Kindern, und dann: stets gehütete alte, in Leder gebundene Bände mit eng beschriebenen Seiten schwerer, altmodischer Papiere, Mappen mit Briefen, auch viel Gedrucktes in merkwürdigen seidenen und leinenen Bänden mit goldgepreßten, oft lateinischen Aufschriften – die Papiere der Familie Niese.

Ich saß auf den Dielenbrettern der Bodenkammer, und um mich

her lag die unerschlossene Geschichte meiner Familie. Die Verzweiflung würgte mich, weil ich auf die stumme Frage nach deren Gegenwart und Zukunft keine Antwort geben konnte. Aber eins wurde plötzlich in mir wach: dieser Besitz mußte gerettet werden. Sorgfältig barg und verpackte ich auch das unansehnlichste und kleinste Dokument. An den Inhalt der Papierbündel, den ich gar nicht kannte, dachte ich in jenem Augenblick kaum. Was ich rettete, ist mir mehr von symbolischem Wert gewesen. Indem ich die verschiedenen Mappen und Bände zusammenlegte, stiftete ich eine erste Bekanntschaft mit den Aufschriften, und alles, was sich bis dahin für mich an diesen Besitz und an den Namen Niese knüpfte, ging mir durch den Kopf.

Meine Mutter hatte bei den übrigen Zweigen der Familie ihres Vaters gesammelt, was immer sie an schriftlichen Zeugnissen, Bildern und Kunstgegenständen erreichen konnte. Gesprochen hat sie über den Inhalt dieser schriftlichen Schätze kaum. Mit dem aber, was lebendig ansprach an Bildern, Schmuck, Porzellan, Möbeln, auch schönen Handarbeiten, umgab sie uns von unserer Jugend an.

Nur der letzte Namensträger der Nieses war mir seit meiner frühesten Kindheit nahe gerückt. Im Haus meiner Großmutter, in dem ich während des Ersten Weltkrieges aufwuchs, gab es ein Zimmer, das ich stets mit einem aus Scheu und Vertrautheit gemischten Gefühl betrat. Ein riesiger altmodischer, pultähnlicher Schreibtisch mit bis unter die Decke reichenden Bücherfächern fesselte sofort die Aufmerksamkeit. Sein dunkelrotes Mahagoniholz paßte zu den übrigen Biedermeiermöbeln. An der Wand hängende Pfeifen, studentische Schläger und ähnliche Erinnerungsstücke unterstrichen das Museale des Raums und machten ihn mir unheimlich, während die Bücherecke mich stets anzog und ich mich gern in unbeobachteten Augenblicken an dem großen Schreibtisch niederließ. Am Schreibtisch hing ein alter Kalender, der noch immer das Datum vom August 1914 anzeigte, an dem mein Onkel Karl weggegangen war – für alle Zeit. Über den bunten Studentenutensilien hing ein großes Bild, auf dem ein blaugekleideter Engel mit einem Palmenzweig sich über einen toten Feldgrauen neigte, und daneben standen schablonenhaft anerkennende Worte, die Karl Eduard Niese für den Tod auf dem Schlachtfeld dankten. Meine Großmutter ging während meiner ersten Kinderzeit immer in Schwarz, und das Zimmer ist bis zu ihrem Tode kurz vor dem Zweiten Weltkrieg nie verändert worden. Mit dem toten Onkel verband mich von früh an eine geheime Sympathie, und ich habe häufig versucht, über ihn, von dem selten gesprochen wurde, etwas Näheres zu erfahren. Nur, daß er ein auffälliges Interesse für das Theater hatte, konnte ich heraushören. Ich weiß auch, daß ich wesentlich später einmal einen schwarzen, mit seinem Bild geschmückten Kasten, der auf dem Tisch in seinem Zimmer stand, öffnete und in ihm die Beileidsschreiben zu seinem Tode fand.

Meine Mutter trieb einen gewissen Kult mit dem, was sie für das Bezeichnende an ihren Vorfahren hielt. So erfuhr ich früh, daß manche Nieses Bücher geschrieben hatten, und es tat mir bei meinem erwachenden Interesse für Literatur wohl, da meine Eltern dieses Interesse sonst nicht gerade förderten. Daß die Vorfahren meiner Mutter im Gegensatz zu anderen Zweigen der Familie nicht sonderlich wohlhabend gewesen waren, machte sie mir sympathisch angesichts manchen Reichtums ohne Kultur. Man ließ sogar durchblicken, daß die Nieses mit dem Geld etwas sorglos umgingen, aus christlicher Gesinnung oder auch aus angeborener Geringschätzung des Geldes, vielleicht aus Unfähigkeit, es zusammenhalten zu können. So sei es auf jeden Fall bei dem von heiteren Geschichten umsponnenen Großonkel Julius gewesen, der nach Amerika gegangen war und dessen Nachkommen inzwischen schon nach zwei Weltkriegen ihre deutschen Verwandten vor der ärgsten Not bewahrten. Auch, daß die Nieses ein Geschlecht aus dem Herzen Deutschlands, aus dem sächsisch-thüringischen Raum waren, brachte sie mir nahe. Denn ich liebte meine Heimat, und das Saaletal schien mir immer die deutsche Ideallandschaft zu sein. Namen wie Torgau, Wittenberg, Erfurt, Weimar, Nordhausen, Schulpforta weckten lebendige Vorstellungen in mir.

Bei alledem blieben die Persönlichkeiten der einzelnen Nieses mir blaß. Ihre Lebensläufe, Interessen und Leistungen waren mir unbekannt. Nur, was meiner Mutter eigenes Gedächtnis hergab und was ihr die Erzählungen ihres Vaters weitergereicht hatten, ist mir in vielen, oft sehr lebendigen Geschichtchen zugetragen worden. Aber diese Mitteilungen reichten nicht über die Epoche des zweiten Kaiserreichs zurück, obwohl meine Mutter Schriftstücke und Urkunden aus der zweiten Hälfte des achtzehnten Jahrhunderts besaß. Ohne zu wissen, daß dieser Schatz an Dokumenten meine unzureichenden Kenntnisse eines Tages bis in letzte Einzelheiten ergänzen würde, begann ich bereits in meiner Studentenzeit angesichts eines drohenden Endes des bürgerlichen Standes, ein Buch über die Nieses zu planen. Meine Mutter äußerte gelegentlich die Idee eines – natürlich privaten – Niese-Museums, mir schien ein Buch wichtiger und zweckdienlicher. Dabei redete ich mir keineswegs etwa ein, mit der Geschichte der Nieses diejenige eines herausragenden Geschlechts darzustellen, aber ich hoffte, die Geschichte einer Familie von repräsentativer Art schreiben zu können, nicht einer patrizischen und nicht einer bourgeoisen, sondern einer durchschnittlich gebildeten sowie in den unterschiedlichsten Berufen tätig gewesenen bürgerlichen Familie.

Bald nach jener Stunde auf dem Dachboden im Jahre 1945 konnte ich den Dokumentenschatz wieder meiner Mutter übergeben, und sie hat ihn dann später mir zum Zwecke einer Durchsicht überlassen. Ein gnädiges Geschick führte mich zwar noch im Spätsommer 1945 mit meinem Mann in Berlin zusammen, doch die Jahre des schwierigen Existierens und des Aufbaus einer beruflichen Wirksamkeit nach dem totalen Zusammenbruch vergönnten keine Muße zur Aufarbeitung familiärer Hinterlassenschaften. Zudem blieben sie überschattet von der Sorge und bald der Gewißheit, daß mein Bruder Armin Lüttig-Niese, der die mit meinem Onkel abgerissene Kette des Geschlechts weiterführen sollte, nicht wiederkam. Was früher flüchtiger Einfall, literarischer Plan gewesen war, wurde in den anschließenden Jahren zunehmend Auftrag und Vermächtnis. Während ich Briefe um Briefe schrieb, deren Beantwortungen in kümmerlichen Bruchstücken nichts anderes ergaben als das grausame Sterben meines Bruders, begann ich an Sonntagnachmittagen und Sonntagabenden ein fast ebenso mühseliges Entziffern und Ermitteln der Schicksale seiner und meiner Vorfahren, die in den aufbewahrten Papieren beschlossen lagen.

Als die Lektüre der Papiere jedoch erst einmal erfolgt war und ich Verbindungen von den einzelnen Schicksalen seitwärts zu den jeweiligen Zeitgenossen, den Zeitereignissen und den geistigen Strömungen hin zu knüpfen suchte, schlossen sich die Fäden merkwürdig leicht und deutlich zu einem Band, das sich vom achtzehnten Jahrhundert bis an die Schwelle der Gegenwart hinzog. Historische, kulturgeschichtliche, literaturgeschichtliche, theologische, philosophische und philologische Einzeldarstellungen und Handbücher, Biographien, Autobiographien und Briefe von Männern, die den Weg der Nieses kreuzten, alte Zeitschriften- und Zeitungsbestände brachten Licht auf Schicksale, deren voller Verlauf nach den autobiographischen Notizen zunächst oft unklar schien. Die privaten Briefe, Gedichte, Tagebücher, Reiseberichte und Lebensrückblicke verbanden sich mit den allgemeinen Zeitläuften, die sie bestätigten und von denen sie bestätigt wurden. Es entstand, ohne daß ich aus eigener Machtvollkommenheit etwas hinzutat, die erzählte, über hundertjährige Geschichte einer Familie, die ihre Geschichte gleichsam selber erzählt. Denn nichts in der von mir erzählten Geschichte war Fiktion, auch wo ich die Quellen des Familienarchivs nicht ausdrücklich zitierte, durchwirkten sie den gesamten Text. Denn sie flossen reichlich: die Geburts-, Sterbe-, Trauurkunden, Eintragungen in Grund-, Familien- und Stammbücher, Ausgabenbücher, die Gedichte und der Briefwechsel meines Ururgroßvaters Carl Gottfried Niese mit dem Pfarrer Spitzner während der Belagerung Torgaus 1813–1814, das Studententagebuch meines Urgroßvaters Carl Eduard Niese, sein Briefwechsel mit der Braut, seine Gedichte, literarischen Versuche, theologischen und philosophischen Schriften, seine Briefe an die Brüder, die Autobiographie seiner Frau, die Reisebeschreibungen seines Bruders Moritz, der Briefwechsel des dritten Bruders Julius mit dessen Sohn Ernst, das Tagebuch von Carl Eduards ältestem, nach dem Bruder benannten Sohn Julius von seiner Überfahrt nach New Orleans, Briefe seiner zahlreichen anderen Söhne und Töchter sowie die Aufzeichnungen seines jüngsten Sohnes Heinrich, der mein Großvater war.

Als ich an diesem vorläufigen Endpunkt meiner Familiengeschichte angelangt war, mußte ich es mir versagen, letzte Hand an sie zu legen. Das Manuskript wurde jahrzehntelang zu den Elementen gelegt, aus denen es entstanden war. Zwar öffnete ich in großen Abständen Verwandten und Kollegen die Schatztruhe, aber Ermunterungen, die Arbeit wieder aufzunehmen oder weiterzuführen, mußte ich wegen meiner anderen Arbeiten bedauernd zurückweisen. Ein neuer Anstoß ergab sich, als nach dem Tode meiner Mutter die Hinterlassenschaft des im Ersten Weltkrieg gefallenen Onkels und meines im Zweiten Weltkrieg gefallenen Bruders in meinen Besitz kamen. Auch der Verlockung, damit die Familiengeschichte bis in die Mitte des jetzigen Jahrhunderts fortzusetzen und ihr den Abschluß zu geben, den dieser Familienzweig erfuhr, mußte ich widerstehen, bis mich mein Alter ermahnte, das Unvollkommene nicht länger liegen zu lassen. So wurde schließlich aus der gut hundertjährigen eine nahezu zweihundertjährige Geschichte einer Familie und die dokumentierte Geschichte soziologischer Veränderungen, für die sich der Historiker in der Regel seine Dokumente aus verschiedenen, vielfach entlegenen Einzelschicksalen zusammensuchen muß.

Elisabeth Frenzel

1756–1814
Grundsteinlegung und Aufstieg
in Torgau

»Was nun anlanget unseres im Herrn selig entschlafenen Mitbruders, des weiland ehrengeachteten und wohlbenahmten Johann Gottfried Niesens, beliebt gewesenen Bürgers und Brauers wie auch Maurergesellens allhier, ehrliche Geburt, christlichen Wandel und seliges Ende, so ist derselbe allhier zu Torgau 1704 den 19. Mai an diese Welt geboren worden. Sein seliger Vater ist gewesen der ehrengeachtete Johann Niese, Bürger und Brauer allhier; die Mutter aber Frau Johanna Margaretha geb. Blüthgen aus Bayern.

Diese seine geliebten Eltern haben in Ansehung seiner sündlichen Geburt ihn alsbald zum Bade der heiligen Taufe befördert, kraft welcher er von der angeborenen Erbsünde abgewaschen und zur Erinnerung der von seinem Heilande erlangten Heilsgüter und christlich zu führenden Wandels mit dem schönen Namen Johann Gottfried in das Buch der Kinder Gottes eingezeichnet worden.« Seine Paten, fuhr der Geistliche fort, hielten ihn nicht nur zu Gebet und Gottesfurcht an, sondern schickten ihn auch fleißig in die Schule, »darinnen er nebst fertigen Lesen und Schreiben den Grund seines Christentum aus dem Catechismo wohl gefasset.

Nachgehends bezeigte er große Lust zu der löblichen Maurerprofession, welche er auch binnen dreien Jahren bei weiland Meister Johann Christian Döringen, beliebten Bürger und Maurermeister in Belgern, von 1720 bis 1723 erlernet. Nach rühmlich überstandenen Lehrjahren hat er sich in seiner wohlerlernten Wissenschaft immer mehr und mehr geübt, auch zu Beförderung seiner zeitlichen Glückseligkeit sich 1727 d. 8. Oktober in den heiligen Ehestand begeben mit damals Jungfer Johannen Sophien, weiland Christian Vogels, Bürgers und Einwohners allhier, ehelicher Tochter, anjetzo aber schmerzlich betrübter Witwe, mit welcher er 28 Jahre, 5 Monat und 10 Tage eine friedliche und ver-

gnügte Ehe genossen, auch durch Gottes Segen sieben Kinder ge-
zeuget, nämlich zwei Söhne und fünf Töchter, wovon aber die
Töchter insgesamt nebst einem Sohne dem seligen Vater in die
frohe Ewigkeit vorangegangen, ein Sohn aber ist noch, so lange
Gott will, am Leben und mit betrübtem Herzen zugegen, namentlich der ehrsame Johann Gottfried Niese, Maurergeselle allhier...«

Seine Frau habe der Tote »aufrichtig geliebt, ihr auch bei ihren
kränklichen Umständen willig gedienet und treulich an die Hand
gegangen, auch hinwiederum ihre an ihm erwiesene eheliche
Treue und gute Wartung und Pflege bei seiner langwierigen Krankheit dankbarlich gerühmet«. Seit Jahresfrist habe er »über Eng-
brüstigkeit, Herzensangst und große Mattigkeit beweglich klagen
müssen, welches sich auch ohngeachtet aller angewandten diver-
sen Arzneimittel und treuer Wartung täglich vermehret. Daher er
auch, sonderlich da er sich seit Weihnachten ganz bettlägerig machen müssen, seine Zuflucht lediglich zu Gott genommen, um eine
selige Auflösung sehnlich geseufzet...

Dieses seines so sehnlichen Wunsches ist er auch endlich in Gna-
den gewähret worden am vergangenen Mittwoche mittags ein
Viertel auf ein Uhr als den 4. Martii dieses jetzt laufenden 1756.
Jahres, nachdem er sein mühselig Leben gebracht auf 51 Jahr, 10
Monate und 5 Tage.

> Weint, Herzbetrübte, nicht!
> Oft dacht ich in der Not: Gott habe mein vergessen,
> Weil ich so lange Zeit in Krankheitsnot gesessen;
> Allein er prüfte nur den Glauben und Geduld,
> Half auch zu rechter Zeit nach seiner Vaterhuld.
> ...
> Drum weint, Betrübte, nicht! Laßt Euch zufrieden sprechen;
> Seid nur getrost in Leid. Die Zeit wird Rosen brechen,
> Die auch aus Jesu Herz vergnügend werden blühn,
> Und sollte es sich gleich sehr lange Zeit verziehn.
> ...«

Der am Grabe seines Vaters stehende Johann Gottfried Niese d. J.
war fünfundzwanzig Jahre alt und blickte auf keine leichte Jugend
zurück. Großeltern und Eltern hatten es bei allem Fleiß und aller

Anerkennung, die sie in Torgau genossen, nicht zu eigenem Hausbesitz und zur Meisterwürde in ihrem Handwerk gebracht. Sein Großvater Niese, der von auswärts nach Torgau zugewandert war, hatte sogar die Frau und den Sohn in Armut hinterlassen, und dieser hatte dann die Tochter eines Tagelöhners geheiratet. Aus der Ehe waren außer Johann Gottfried noch sechs Kinder, ältere und jüngere, hervorgegangen. Krankheiten suchten die Familie heim; alle Geschwister erlagen ihnen, und die Mutter war häufig längere Zeit bettlägerig. Schon der Großvater hatte neben seinem Maurerhandwerk das Brauen erlernt, um der Familie auch während der arbeitslosen Zeit des Winters Verdienst zu sichern. Fast jedes ansehnliche Haus in Torgau besaß nämlich das Brau- und Schankrecht, war ein »Brauerbe«. Das Handwerk des Brauens selbst aber übten diese »Brauherren« nicht aus. Sie besaßen nur die Roh- und Betriebsstoffe sowie die Geräte und Arbeitsstätten und mieteten die Arbeitsleute im Tagelohn. Im Winter, in der Brauzeit, dampften in allen Bürgerhäusern die mächtigen kupfernen Sudpfannen, und Nächte hindurch waren Braumeister und Brauknechte, oft von der Frau des Brauherren beaufsichtigt, mit dem Maischen des Malzes, dem Abläutern und Sieden beschäftigt. Seit dem Großvater Niese übte die Familie dieses Handwerk nun schon in der dritten Generation aus. Da nur ortsansässige Leute, deren Redlichkeit man kannte, zu diesem Handwerk zugelassen wurden, stellt diese Tatsache den Nieses ein gutes Zeugnis aus. Die Brauer waren der Stadtobrigkeit verpflichtet und wurden vereidigt, damit die vorgeschriebene Güte des Bieres gesichert wurde und auch nicht durch eine spekulative Gesinnung des Brauherren vermindert werden konnte. Das Torgauer Bier war berühmt und ein Stolz der Stadt. Es wurde weithin ausgeführt, war aber vor allem das Grundgetränk aller Bürger, auch der Landbevölkerung, die selbst nicht brauen durfte: »Torgisch Bier – armer Leute Malvasier«.

Johann Gottfried Niese d. J. war wie sein Vater Maurer geworden, aber er sah kaum eine Möglichkeit, es in seinem Handwerk weiter zu bringen als jener und Meister zu werden. Zwar hatte gerade im Jahr 1756 der Vater der Mutter, der Tagelöhner Christian Vogel, dem Schwiegersohn ein, wenn auch kleines, mit dem geringsten Steuersatz eingeschätztes Haus hinterlassen, eine Grundlage, um in der Bürgerschaft Torgaus wirklich Fuß zu fassen, aber im gleichen Jahr wurde der Vater im besten Alter seiner

Torgau an der Elbe mit dem hoch gelegenen Schloß Hartenfels war im Jahre 1808 zwar nicht mehr Residenz der Wettiner, aber immer noch ein strategisch bedeutsamer Ort, der sein hier abgebildetes Äußeres wenig später als von Napoleon erneuerte Festung änderte.

Familie entrissen. Der junge Niese mußte sehen, wie er ohne den Rat, den Schutz und das Ansehen, das der Vater genoß, in seinem Handwerk vorwärtskam, wie er die Mutter, die älter war als der Vater und nicht die kräftigste, versorgte und wie er den Grund zu einem besseren Wohlstand der Familie legen konnte. Er würde reiflich jeden Schritt bedenken und seine Zeit abwarten müssen.

Und er sollte Zeit zum Abwarten bekommen. Am 28. August 1756 überschritt Friedrich von Preußen mit seinem zweiten Armeekorps ohne Kriegserklärung die sächsische Grenze. Der Besitz Sachsens bedeutete ihm Sicherung Schlesiens. Sachsen sollte Ausgangsbasis gegen die in Böhmen stehenden Österreicher werden, und unter den strategisch wichtigen Elbübergängen war die Stadt Torgau von entscheidender Bedeutung. Hier in der alten Residenz der Wettiner schnitt sich die Straße längs der Elbe mit der, die vom preußischen Halle nach Osten zur Oder führte. So drang

Friedrich, nachdem er Wittenberg überrumpelt hatte, in Eilmärschen elbaufwärts vor, und schon am 1. September standen seine Truppen vor der Stadt, die von den sächsischen Truppen, die sich in Pirna sammelten, geräumt worden war. Jeder Gedanke an Widerstand war bei dieser Lage sinnlos und konnte die Stimmung des Siegers nur verschlechtern. Am 2. September zog der preußische König im Angesicht des den Hügel am Strom beherrschenden Schlosses Hartenfels, hinter dem sich die Stadt zusammenduckte, über die Elbbrücke. Die Tore wurden geöffnet, und die überraschten Bürger, die schon der zweite schlesische Krieg nicht unverschont gelassen hatte, sahen wieder einem ungewissen Schicksal entgegen.

Von diesem Tag an, an dem Friedrich im alten Rathaus neben der Mohrenapotheke abstieg und seinen Truppen einen Ruhetag gönnte, ehe er nach Dresden weiterzog, war Torgau auf sieben Jahre hinaus, von zwei kurzen Unterbrechungen abgesehen, eine preußisch besetzte Stadt. Diese Besatzung brachte notgedrungen Unruhe, Bedrückung, Einschränkung der Bewegungsfreiheit, wirtschaftliche Belastung und Rückgang des Wohlstandes für jeden Bürger mit sich. Und es war für die Bürgerschaft keineswegs von Vorteil, wenn einmal zu Preußen gemachte sächsische Truppen die Garnison bildeten, denn diese erlaubten sich bei ihrer zwiespältigen Stellung zwischen Oberkommando und Bevölkerung sogar eher Übergriffe und Disziplinlosigkeiten als die Preußen.

Gleich bei seinem ersten Aufenthalt in Torgau an diesem 2. September ordnete Friedrich die Räumung mehrerer Gebäude zur Einrichtung von Lazaretten an. Er ließ ein Artilleriedepot und Pulvermagazin in Torgau anlegen, für dessen Aufnahme zunächst das Schloß Hartenfels bestimmt wurde, das in früherer Zeit so viele glänzende Festlichkeiten gesehen hatte. Torgau wurde Sitz des Generalfeldkriegsdirektoriums, das alle sächsischen Land- und Kämmereieinkünfte erhob und dem die Aushebung neuer Rekruten für Friedrichs Heer unterstand, die in Torgau zusammengezogen wurden. Vor allem ordnete Friedrich eine gründliche Befestigung der Stadt an.

Der Brückenkopf Torgau, der in den vergangenen Jahrzehnten trotz mehrfacher landesherrlicher Befehle seine Befestigungen vernachlässigt hatte und vor dessen Mauern üppig wuchernde Vorstädte das Westufer der Elbe säumten, wurde durch die kriegerischen Ereignisse hart mitgenommen. Zur besseren Verteidigung ließ der preußische Kommandant die Vorstädte zum großen Teil niederbrennen. Viele Menschen wurden obdachlos und flüchteten in die schon überfüllte Stadt. Hunger herrschte, und eine Typhusepidemie forderte ihre Opfer. Die Torgauer lebten immer dann vergleichsweise ruhig, wenn der preußische König die Österreicher in ihrem eigenen Land auf dem großen Schlachtfelde Böhmen oder in dem vorgeschobenen Schlesien bekämpfte. Drangen diese jedoch in Richtung auf Brandenburg vor, so fing Torgau die zurückflutenden preußischen Truppen auf und machte sich zur Abwehr bereit. Zweimal, 1759 und 1760, gelang es den Österreichern, die Preußen zur Aufgabe der Festung zu zwingen; aber seit Friedrich sie Anfang November 1760 in der nach der Stadt benannten siegreichen Schlacht wieder von der Elbe zurückgedrückt hatte, sahen die Torgauer keinen Angreifer mehr vor ihren Mauern.

Es war beinahe gut, in diesen Zeitläuften so wenig sein eigen zu nennen, wie es Johann Gottfried Niese tat. In der ersten Phase des Krieges zahlte zwar der Rat die Kontributionen noch allein, mußte dann freilich bald bei den Bürgern Kredit aufnehmen, die zu gewissen Lasten von Anfang an herangezogen worden waren. Natürlich besteuerte man die Wohlhabenden am meisten und räumte den Witwen sowie Tagelöhnern den günstigsten Satz ein. Johann Gottfrieds Mutter war Witwe, er selbst Tagelöhner. Auch die Einquartierungen trafen zuerst die Bürger mit beträchtlichem Besitz und großen Häusern. Das kleine Gebäude, das Niese geerbt hatte, bot gerade Raum für eine Familie. Als jedoch die Vorstädte niederbrannten und deren Bewohner innerhalb Torgaus Unterkunft benötigten, wurden auch die kleinen Anwesen gedrängt voll mit Menschen gestopft. Von den Verheerungen der Äcker während der Kämpfe um Torgau bekam Johann Gottfried Niese nur die Verknappung und Teuerung zu spüren. Jammerten die wohlhabenden Bürger und Senatoren nach der Schlacht im November 1760, daß ihre Weinberge, die an dem die Stadt im Westen umschließenden Hügelrücken angelegt waren, gänzlich vernichtet wurden, so ging auch das ihn nicht sonderlich an. Schlimmer war es schon, wenn in den schwierigsten Zeiten die Braugerste fehlte.

Die Pflicht zur Schanzarbeit freilich betraf gerade die unteren Schichten der Bevölkerung. Da war es ein Glück, daß Johann Gottfried das Maurerhandwerk erlernt hatte. Fachkräfte wie er wurden nicht zur einfachen Schanzarbeit, sondern zu den schwierigeren Aufgaben des Festungsbaues herangezogen, und so kam es, daß die Anforderungen des Krieges den jungen Maurergesellen in seinem Beruf sogar förderten. Viel Geld verdiente er dabei freilich nicht, denn die Preußen ließen den immer ärmer werdenden Torgauer Rat die in Auftrag gegebenen Arbeiten finanzieren. Aber die ständige ungestörte Tätigkeit in seinem Beruf, die wenigen Bürgern vergönnt war, brachte doch mit sich, daß Johann Gottfried durch Fleiß und Umsicht ein geschätzter Mann in seinem Fach wurde und die Aufmerksamkeit der Meister seiner Innung auf sich zog. Jedenfalls überstand er mit heilem Körper und wenig geschmälertem Besitz – denn er behielt sein Anwesen – den Krieg. Seine Mutter besorgte ihm das Haus. Sich nach einer Frau umzusehen, waren ihm die Verhältnisse zu unsicher, auch glaubte er, zu späterer Zeit günstiger und höher wählen zu können. Als aber am Ende des Jahres 1762 Friedenshoffnungen die vom Kriege müden Menschen neu belebten, legte sich Nieses Mutter Johanna wieder einmal aufs Krankenlager, und als dann im Februar 1763 der Friede geschlossen wurde, konnte sie die Kirchenglocken nicht mehr die Botschaft verkünden hören. Am 28. Januar schon war sie ihrem Mann, der ihr in früherer Zeit »bei ihren kränklichen Umständen willig gedienet und treulich an die Hand gegangen«, nachgefolgt.

Mit einer Schuldenlast von 40000 Talern und Sachlieferungen im Werte von 20000 Talern stand der Rat von Torgau 1763 den Aufgaben der Erneuerung des Lebens in der Stadt gegenüber. Die Bürgerschaft war verarmt, viele verließen das verschuldete Eigentum, um sich in einer anderen Stadt ein Auskommen zu suchen, und häufig fand sich kein Erbe, der das Haus eines Verstorbenen übernehmen wollte. Verschiedene Gebäude der Stadt waren den Belagerungen zum Opfer gefallen. Ein Viertel der Häuser hatte als Lazarette gedient und war baufällig geworden, weil die Insassen das darin befindliche Bauholz in der kalten Jahreszeit als Brennholz verwandt hatten. Die Vorstädte waren niedergebrannt, ihre heimatlos gewordenen Einwohner konnten vom Rat nicht einen Groschen Entschädigung erhalten. Der Bedarf des täglichen Lebens war knapp und teuer, er wurde noch teurer, als der Rat, um seiner Schulden Herr zu werden, auf alle Lebensmittel und Verbrauchsgüter eine indirekte Steuer, den »Impost«, legte. Die Bürger seufzten unter der Last des Nachkrieges wie unter der des Krieges.

Johann Gottfried Niese jedoch bekam zu tun: Häuser mußten ausgebessert und wiederaufgebaut werden, aus den Schutthalden der Vorstädte wollten neue Siedlungen wachsen. Bald nach dem Kriege hatte sich seine wirtschaftliche und berufliche Stellung so gefestigt, daß die Innung beschloß, ihn als Meister aufzunehmen. Und nun tat er den lange hinausgezögerten Schritt: 1767 heiratete er die Zimmermeisterstochter, nunmehrige Witwe Johanne Magdalene Petzold geb. Rehschuh, die ein Jahr älter war als er. Sie brachte ihm das Amt ihres ersten Ehemanns, des Schloß- und Amtsmaurermeisters Petzold, sowie sein Haus mit in die Ehe.

Als dem schon im reifen Alter stehenden Paar am 4. Januar 1771 der Sohn Carl Gottfried geboren wurde, war von den Verheerungen des Krieges in Torgaus Stadtbild kaum mehr etwas zu sehen. Die Wunden an Menschen und Besitz waren verwachsen, das Leben ging einen ruhigen und freundlichen Gang, das Bier war so gut wie früher, die Reben in den Weingärten an den Hängen im Westen und Süden der Stadt blühten und trugen Frucht.

Den Kurfürstlichen Schloß- und Amtsmaurermeister Niese machten sein Haus und sein angesehenes, einträgliches Gewerbe weder eitel noch leichtsinnig. Seine Arbeit und Hoffnung galt vor allem dem Sohn, der das einzige Kind der Eltern blieb. Der Hauslehrer Meinecke stellte fest, daß der begabte Knabe die ihm vorgetragenen Gegenstände rasch und fast spielend erfaßte. Schon der Zehnjährige legte am 24. Oktober 1781, dem Geburtstag der Mutter, mit einem Gedicht in Alexandrinern nicht nur seine »Schuldigkeit und Freude« als gehorsamer Sohn an den Tag, sondern auch eine Leichtigkeit des Ausdrucks, die zu den schönsten Erwartungen berechtigte. So schien es dem Vater selbstverständlich, daß er ihn auf das Torgauer Gymnasium gab.

Alle öffentlichen Bildungsanstalten Torgaus waren in dem gleichen Gebäude untergebracht. Die Söhne der kleinen Leute, die nur schreiben und rechnen lernten, und die Knaben aus den führenden Bürgerhäusern, die die Gelehrtenschule besuchten, sogar die Mädchen, die auf eine öffentliche Schule gingen, hatten alle das gleiche Ziel: das alte Franziskanerkloster, das seit gut 200 Jahren Unterrichtszwecken nutzbar gemacht worden war. Im Frühjahr 1782 zog Carl Gottfried Niese in den dem Gymnasium vorbehaltenen Flügel des mittelalterlichen Baues ein. Die dicken Mauern waren brüchig vor Alter, der steinerne Giebel über dem Haupteingang schien seinen Unterbau fast zu erdrücken, in dem winkligen Hause roch es nach Moder und Feuchtigkeit. Aber die Weihe einer großen Tradition und Verpflichtung lag über dem Schulsaal, der die neuen Adepten versammelte: hier hatte kein geringerer als Melanchthon gelehrt, als die Wittenberger Universität 1552 vor der Pest in den Mauern Torgaus und des Franziskanerklosters Zuflucht suchte. Der Raum der Tertia, in dem Carl Gottfried dann saß, machte einen ganz freundlichen Eindruck: von dem zu ebener Erde gelegenen Eckzimmer blickten drei große Fenster auf einen mit Kopfsteinen gepflasterten und mit wenigen großen Bäumen bestandenen Hof. Der hintere Teil des von etwa dreißig Knaben benutzten Raumes war durch eine Bretterwand abgeteilt und barg in einem einfenstrigen zellenartigen Gelaß die Gymnasialbibliothek. Die Stunden wurden den Zöglingen der Gelehrtenschule vom dröhnenden Glockenschlag der zum Kloster gehörigen Alltagskirche zugemessen.

Der aufgeweckte Knabe konnte keinen anregenderen Führer in die Welt des Geistes finden als den Rektor der Schule, Carl Heinrich Sintenis. Er, unter dem seit zehn Jahren das Torgauer Gymnasium sichtlich an Ansprüchen und Ruf gewachsen war, haßte nichts so sehr wie die menschliche Enge, das pedantische Wesen und das Stubengelehrtentum vieler seiner Kollegen. Voll Zorn sah er, wie die wirtschaftliche Dürftigkeit des Erzieherstandes größere Talente von diesem Beruf abschreckte. Er bemühte sich immer wieder, seinen Schülern vorzuleben, daß auch beim Gelehrten der Charakter erst die wahre Bildung mache, daß Feinheit der Sitten und des Geschmacks nicht bloß eine Sache der Torgauer Kaufleute und Senatoren sei und daß andererseits solche äußere Kultur erst Wert bekomme durch Wissen und Bildung. Er hatte die Tochter des Hoftraiteurs und Wirtes »Zum goldenen Anker« als Ehefrau in seine Gelehrtenstube geführt und stand damit auch der Handwerkerschicht Torgaus nahe. Sintenis' beweglicher Sinn verschloß sich nicht den bunten und üppig hervorbrechenden Strömungen seiner Zeit: er war ein Kenner der neuen deutschen Literatur und vermittelte seinen Schülern den Geist Klopstocks und des Hainbundes.

Carl Gottfried gab sich diesem Geist, der ihm vom Elternhaus her unbekannt war, mit Feuereifer hin. Das Verständnis für die Ideen des Rektors, die dieser in Wort und Schrift vertrat, war zwar dem Tertianer noch nicht eigentlich gegeben, doch ging des Rektors pädagogische Grundforderung, die gewissenhafte Beherrschung der deutschen Sprache, neben der die alten Sprachen zunächst in die zweite Reihe traten, durchaus auch schon den Neuling an. Der junge Niese war ein zierlicher kleiner Knabe mit einer Stupsnase und lebhaften graublauen Augen, die von einer gewissen Trauer und von Sehschwäche oft leicht überschattet wurden. Er war stolz auf seine Gymnasiastenwürde, trug sich gern vornehm und adrett, war eher zart und ängstlich als robust, hatte Freude an brillierenden Wendungen, an feinem Witz und zunehmend an poetischer Schwärmerei sowie schwungvoller Rhetorik. Die freiere, ins Hymnische vorstoßende Form eines Gedichts an die Eltern zum Jahreswechsel 1785 zeigte den Fortschritt gegenüber vorangegangenen Versuchen. Züge von Verzagtheit, falls nicht alles nach Wunsch verlief, von Eitelkeit und Selbstbewußtsein wurden durch Offenheit und Anhänglichkeit wettgemacht.

Bei dieser Veranlagung des Jungen war es ein Glück, daß der Rektor dem hochfliegenden Ideenüberschwang seiner Schüler durch die strengen Methoden der Wissenschaft Zügel anlegte. Eine übermäßig ästhetische Erziehung verabscheute er, da sie nicht Männer, sondern Schauspieler und geistreiche Narren ausbilde. Das unerbittliche Latein sollte die Sprache der Wissenschaft bleiben, sonst würden der Faulheit und der Afterweisheit bei der Jugend Tür und Tor geöffnet. Und als dann bereits im Jahre 1784 der strengere Rektor Traugott Friedrich Benedikt die Leitung der Schule übernahm, erwies sich als nützlich, daß den Schülern die Grundlagen der Altertumswissenschaft nicht geschenkt worden waren, denn nun fand nur eine gründliche Eroberung der römischen und griechischen Schriftsteller Gnade. Carl Gottfried Niese rückte bald aus dem Eckzimmer im Erdgeschoß in den großen Saal im Obergeschoß auf, der, durch eine Bretterwand in zwei Hälften geteilt, zugleich für Sekunda und Prima als Unterrichtsraum diente. Seine Liebe galt immer mehr der stillen Zelle im Erdgeschoß, wo er viele Stunden bei den Bücherschätzen, die hier langsam dem Moder anheimfielen, verbrachte und besonders den handgeschriebenen Urkunden aus der Geschichte des Klosters sowie der Schule seine Aufmerksamkeit zuwandte.

Die Gegenwart erschloß sich ihm in innigen Freundschaften mit gleichgesinnten Gefährten. Da war der zarte, kränkliche, aber überaus begabte und wissensdurstige Carl August Freiesleben, der muntere Christian Friedrich Wagner, der schwerfälligere, aber treue und zu Niese bewundernd aufblickende Benemann und der nüchterne Autenrieth. Nach dem Muster so vieler schwärmerischer, vom Zeitgeist und von Klopstockverehrung bewegter Jünglinge schlossen die Schüler in einer Sommernacht den »Bund« und gaben sich im nächtlichen Pappelhain, am »Bundesaltar«, unter Gesang und Becherklang das Freundschaftsversprechen.

Echte Anteilnahme und ein gewisser Pädagogenstolz waren aus dem Zeugnis erkennbar, mit dem der Rektor Benedikt seinen Zögling für würdig des Universitätsstudiums erklärte: »Itaque prae aliis multis dignum esse hunc iuvenem, qui inter Academiae cives recipiatur, non sine quadam animi laetitiâ testor.« Für Niese wiederum stand es nach diesen fruchtbaren Schuljahren fest, vorzugsweise Humaniora zu studieren, »quarum delicia in scola gustaveram«, wie er später in einem für das Examen eingereichten Lebenslauf schrieb.

Am 25. April 1788 wurde Carl Gottfried Niese an der philosophischen Fakultät in Leipzig immatrikuliert. Die Inskription kostete fünf Taler, und auch für das sonstige akademische Leben mußte der Kurfürstliche Schloß- und Amtsmaurermeister seinem Sohn ein gutes Sümmchen mitgeben, damit er sich nicht das Geld zum Studium nebenher zu verdienen oder auf die Stufe der Borger und Hungerleider herabzusinken brauchte, deren es unter den Studenten Leipzigs viele gab. Die Leipziger Hohe Schule war geradezu eine Universitas pauperum, da die große Stadt die Ärmeren anzog, die sich mancherlei Verdienstmöglichkeiten erhofften. Der Torgauer Maurermeister wußte bessere Wege, sich und dem Sohn die finanzielle Bürde der Ausbildung zu erleichtern. Schon für das Wintersemester konnte Carl Gottfried ein Zeugnis des Kurfürstlich Sächsischen Amtmannes in Torgau vorlegen, der bestätigte, daß der Studiosus Niese einer Unterstützung bedürfe, da »dasjenige, was ein Handelsmann an einem Orte, wie der hiesige ist, von seinem Verdienste zu erübrigen vermag, immer nur zu dem höchstnötigen Bedürfnis, das seine Haushaltung und die Erziehung der Kinder erfordert, zureicht, und ihm allemal schwer fallen muß, sein Kind auf der Universität mit dem, was letzterem an Kleidung, Kost, Büchern und sonst unentbehrlich ist, zu versorgen«. Zusammen mit einem Zeugnis des Rektors Benedikt über die vorzügliche Begabung und Eignung des jungen Niese zum Studium verfehlte diese Eingabe ihre Wirkung nicht.

In der reichen Messestadt herrschte der Handel vor, die Kaufleute benutzten ein Fuhrwerk, die Gelehrten gingen zu Fuß. Ein Studiosus galt hier wenig, und die öffentlichen Gesellschaften sowie die Bürgerhäuser waren ihm verschlossen. Sicherlich auch deswegen entwickelten die Studenten womöglich noch rohere Sitten als an anderen Universitäten. Allerdings befleißigten sich einzelne Angehörige der philosophischen Fakultät eines feineren Betragens. Solche »Schönwissenschäftler« machten einen Teil des bekannten Leipziger Stutzertums aus, und wo es zur Eleganz nicht reichte, affektierte man empfindsames oder genialisches Wesen und zeigte sich gern mit Ausgaben poetischer Werke unter dem Arm.

Die philosophische Fakultät hatte ihren Sitz im unteren Stockwerk des großen Fürstenkollegs in der Rittergasse, von den Studenten das »schwarze Bret« genannt. Auch das rote oder neue Kollegium gehörte ihr. »Beckio et Reizio ducibus« begann Carl Gottfried seine Studien, also unter der Führung der beiden bedeutenden Philologen der Universität, die das Erbe ihres großen Lehrers Ernesti verwalteten. Beide waren Professoren der griechischen und lateinischen Sprache, aber während der Polyhistor Christian Daniel Beck die Philologie noch mit der Theologie verband und das historische Wissen bei ihm überwog, traten bei Friedrich Wolfgang Reiz Grammatik, Textkritik und Metrik in den Vordergrund. Auf die schon fortgeschrittenen Studenten warteten die Genüsse der Societas philologica, die unter der Leitung Becks zweimal wöchentlich tagte, um ihre Mitglieder in der Erklärung der alten Schriftsteller zu üben. Niese versäumte auch die philosophiegeschichtlichen Kollegs Karl Adolf Caesars sowie die geschichtlichen und philosophischen Friedrich August Wencks nicht, ebensowenig ließ er sich die geistreichen Auslassungen des eleganten Skeptikers Platner, eines Mitglieds der medizinischen Fakultät, über die menschliche Glückseligkeit als Maßstab für die Betrachtung des Universums entgehen. Seine Nachmittage widmete er gern den Schätzen der Universitätsbibliothek im Paulinum. Hier winkte zugleich als Abschluß eines studienreichen Tages ein munteres Beisammensein mit ihm näher stehenden Kommilitonen, von denen mancher in diesem merkwürdigen Gebäude ein billiges Logis gefunden hatte. Es lag im Osten der Stadt, seine Fronten blickten einerseits auf die Grimmasche Gasse, andererseits auf den Alten Neumarkt, und es bestand aus den Resten eines alten Klosters, dem man jedoch nach und nach so viele Nebengebäude angefügt hatte, daß man den ursprünglichen Bau kaum mehr erkennen konnte. Der hintere Teil des ursprünglichen Klosters machte einen Abschnitt der Stadtmauer aus. Er verfügte über dicke Mauern mit in drei Reihen übereinanderliegenden spitzbogigen Fenstern, unter denen sich ein grünes Majolikarelief aus gleichförmigen Christusköpfen entlangzog. Von diesen Fensterchen hatte man – wenigstens nach der Zwingerseite – eine schöne Weitsicht hinaus in die Umgebung von Leipzig, und hinter diesen Fenstern lagen etwa fünfzig Stübchen oder Kammern, die unbemittelten Studenten als Wohnräume dienten. Manche freundschaftliche Disputierstunde hielten der junge Niese und seine Freunde hier oben auf Pritschen und Schemeln hockend ab, und mancher sonntägliche Ausflug nach Gohlis und anderwärts wurde hier oben im Anblick der lockenden Ferne verabredet. War die Zeit der Muße zu knapp bemessen, so fand sich für Niese, der auf die von Torgau her gewohnte Bewegung in freier Natur ungern verzichtete, ein beschaulicher Spaziergang am Arm eines Freundes in den schönen Anlagen, die auf den alten Gräben und Basteien seit dem Siebenjährigen Kriege entstanden waren und Leipzig wie ein Kranz umgaben: im englischen Garten vor dem Halleschen Tor und auf der prächtigen Esplanade vor dem Peterstor.

In solchen kleinen Gruppen zu zweien und dreien sah man die Studenten Leipzigs in ihrer Freizeit allenthalben beisammen. Größere studentische Veranstaltungen oder Burschengelage waren nicht üblich. Die kleinen Zirkel waren recht im Sinne Nieses, und manche der Torgauer Primanerbräuche wurden fortgesetzt, zumal eine Anzahl ehemaliger Mitschüler und Freunde gleichfalls in Leipzig studierte. Die Freunde lasen gemeinsam die neueren deutschen Dichter, die ihnen dank der Anleitung des Rektors Sintenis nicht fremd waren und deren neueste Schöpfungen die zahlreichen Buchhandlungen der Messestadt anboten. War kein Geld zu Bücheranschaffungen übrig, dann bot die Beygangsche Leihbibliothek mit 70000 Bänden hinreichend schöngeistige Lektüre. Dem

Buchhandel verdankte Leipzig seinen anhaltenden Ruf als Literaturstadt. Von den ehemaligen Literaturgrößen, die ihn begründet hatten, lebte noch der vielseitige Christian Felix Weiße, der als Verfasser zahlreicher Operettentexte auch für das Musikleben viel getan hatte. Carl Gottfried Niese hörte gern Gesang, obgleich er selbst keinerlei Fähigkeit dazu besaß, und er besuchte häufig die berühmten Zeughauskonzerte in dem von Adam Friedrich Öser ausgemalten Saal. Weit mehr zog ihn das Theater an, das auch seit den Tagen der Neuberin zum Ruhme Leipzigs beigetragen hatte. Regelmäßig spielte im Sommer in der Spanne zwischen den beiden Messen die Truppe des Prinzipals Seconda aus Dresden, und Winter gab es gelegentlich Gastspiele anderer Truppen. In dem weiträumigen Komödienhause auf der Ranstädter Bastei fühlten sich die Studenten als die Herren. Hier galten die Anstandsregeln des Konzertsaales nicht, hier war jeder, der seinen Platz bezahlt hatte, gern gesehen, und oft wurde diese Freiheit zu ungezügelter Kritik und Einmischung in die künstlerischen Darbietungen ausgenutzt. Es lief ein Epigramm des aus Leipzig stammenden Satirikers Kästner um: »A: Ich glaube an kein wütend Heer! B: Freund, warst du nie im Leipziger Parterre?«

Im Gespräch mit seinen Freunden konnte Niese häufig Anspielungen auf eine falsche Fächerwahl hören. Statt sich in antike Autoren oder historische Dokumente zu vergraben, um jungen Wildlingen Anfangsgründe des Wissens beizubringen, solle er ein Wirken in der Öffentlichkeit anstreben. Carl Gottfried wußte, daß auch sein Vater gern seine Amtsstellung benutzt hätte, ihm die Tür zu einer höheren Position im Rat der Vaterstadt offenzuhalten. Und da ihm – bei aller Liebe zur Wissenschaft und zu den Künsten – der eigene Ehrgeiz zuweilen die Schulbänke in trüberem Lichte erscheinen ließ, entschloß er sich nach Ablauf des ersten Studienjahres, zur Juristerei hinüberzuwechseln.

Umgangston und Ansehen dieser Fakultät, die als die vornehmste und wohlhabendste Leipzigs galt, kamen Nieses Neigungen entgegen. »Unter den Juristen«, meinte einer seiner Mitstudenten, »herrscht ein soliderer Ton, die Sitten sind feiner, und ihre Kleidung erhebt sich im ganzen über das Mittelmäßige. Sie führen selten Portefeuilles, keine Dintenfässer, höchstens zwei Bücher bei sich, sitzen im Collegio auf Stühlen, die sie bezahlen, machen folglich die Straßen nicht unsicher, schreiben nicht so unsinnig nach.« Als Niese mit dem juristischen Studium begann, zehrte die Fakultät zudem noch von dem Ruf des 1781 verstorbenen Rechtswissenschaftlers Karl Ferdinand Hommel, der Rechtsstudenten aus ganz Deutschland nach Leipzig gezogen hatte. Seine Nachfolger vermochten zwar den Niveauverlust der Fakultät nicht aufzuhalten, aber noch schien sein Geist lebendig, und das auf sein Betreiben aus Mitteln der Fakultät gebaute Neue Petrinum am Schloßplatz zeugte als eins der schönsten Gebäude Leipzigs vom Ansehen der Fakultät. Nieses bevorzugte Lehrer waren der vielseitig publizierende Pandektenprofessor Schott und der junge Dozent Christian Gottlob Biener.

In dem großen, grünlich ausgemalten Saal des Neuen Petrinums erlebte Niese mit Staunen und Ehrfurcht die feierlichen Promotionen seiner älteren Kommilitonen. Der arme Prüfling stand auf einem Katheder dem Eingang des Saales gegenüber und hatte nicht nur vor sich die Front der Examinatoren, sondern zu seinen Häupten auf der Galerie auch die neugierig gaffenden Zuschauer, unter denen sich nicht selten sogar Frauen befanden. Der Andrang war besonders groß, wenn die Promotion auf Verlangen des Promovenden mit Pauken und Trompeten abgehalten wurde. Der Akt und die damit verbundenen Ängste kosteten 300 Taler, und das war für den Sohn eines Schloß- und Amtsmaurermeisters viel. Niese meinte, auf die zwar sehr zierende, aber nicht notwendige Doktorwürde verzichten zu können, und wollte nur das Examen pro praxi machen, das man nach drei Jahren absolvieren und mit dem man die Erwerbung des Notariats verbinden konnte.

In einer so anregenden Stadt wie Leipzig war es jedoch für den Provinzler, der an allem gern teilnehmen wollte, schwer, sich auf ein Examen vorzubereiten. Auch hatte Niese das Gefühl, daß die Juristerei in Leipzig nicht mehr überragend vertreten sei. So beschloß er, einen ernsteren Studienort aufzusuchen, verließ die muntere Pleißestadt und schrieb sich am 15. Oktober 1791 an der Universität Wittenberg ein.

Im Gegensatz zu Leipzig war die Juristerei in Wittenberg gerade im Aufstieg begriffen. Ordinarius der Fakultät war seit 1789 der Pandektenprofessor Georg Stephan Wiesand, der bereits vorher als Dozent in Wittenberg gewirkt hatte und der nun den Mittel- und Anziehungspunkt einer auch sonst gut besetzten Fakultät bildete. Der Rektor selbst, Gottlieb Wernsdorff, war Jurist und Spezialist der Institutiones. Besonders schloß sich Niese außer an Wiesand an Ernst Gottfried Klügel an, den Lehrer für Rechtsenzyklopädie, juristische Hermeneutik und Literatur, sowie an die beiden Privatdozenten Carl Stuebel, einen Strafrechtler, und Carl Christian Kohlschütter, der Römisches Recht las.

Wie der Geist der Leucorea war auch derjenige der Stadt ernster als der Leipzigs. Kein rokokohaftes Getändel, kein englischer Garten, keine »Schönwissenschäftler«, kein Theater, keine reichen Handelshäuser. Die Schlichtheit und Selbstverantwortlichkeit Luthers schienen der Stadt immer noch das Gepräge zu geben.

Niese war in Wittenberg an dem Fluß seiner Vaterstadt Torgau. Spiegelten sich aber dessen Schloß und Wohnbauten von der – wenngleich bescheidenen – Anhöhe eines Porphyrfelsens herab in der Elbe, so schmiegte sich Wittenberg, von dem hier schon wesentlich breiteren Strom durch weite, oft überschwemmte Wiesenflächen getrennt, in die Niederung. Jahrhunderte hindurch hatten die beiden Städte schwesterlich verwandtes Schicksal auf sich genommen. Vieles erkannte Niese als der Heimat verwandt. Fischervorstädte lagerten auch Wittenberg vor, und auch hier bildete ein Wettinerschloß den Mittelpunkt. Nicht so prächtig wie das etwas jüngere Hartenfels, aber adlig und noch festungshaft in den Formen und ohne den spielerischen Geist neueren Baugeschmacks sprachen das Schloß Friedrichs des Weisen und die Schloßkirche Luthers von der wichtigsten Epoche in der Geschichte Wittenbergs. Wie Torgau war Wittenberg im Siebenjährigen Krieg Unterpfand in der Hand der Preußen gewesen. Die ältere Generation wußte noch von den Schrecken der Besatzung und Belagerung zu erzählen, und die beiden durch Brand vernichteten Türme des Schlosses waren eben erst wiederhergerichtet worden.

> In Leipzig sucht der Bursch sein Mädgen zu betrügen,
> In Halle muckert er und seuffzet ach! und weh!
> In Jena will er stets vor blanker Klinge liegen,
> Der Wittenberger bringt ein à bonne amitiée.

Daß dieser Sinnspruch, der die vier sächsisch-thüringischen Universitäten charakterisieren wollte, für den Wittenberger Studenten die Freundschaft als besonderes Kennzeichen befunden hatte, sollte sich an Niese bewahrheiten. À bonne amitiée – das Verschen

30

bediente sich noch des französischen Wortes, die Kommilitonen Nieses hatten es längst mit dem deutschen Wort »Freundschaft« vertauscht. Es war schon das Losungswort der Torgauer Gymnasiasten gewesen, das sie auch nach Leipzig begleitete. In Wittenberg erhielt es für Niese einen ernsteren Grundton. Es sollte zum ernstesten Begriff seines Lebens werden.

Außer dem Sohn des Torgauer Bürgermeisters Magnus und dem des früheren Rektors Sintenis, die Carl Gottfried Niese schon von der Schulbank kannte, schloß sich ihm der in Wittenberg seit kurzem eingeschriebene Student der Rechte Georg Heinrich v. Carlowitz an. Der um zwei Jahre jüngere Sohn eines in Dresden lebenden gleichnamigen königlich sächsischen Kammerherrn entstammte einer der ältesten sächsischen Adelsfamilien. Sein gesellschaftlich sicheres Auftreten trug eine Note in den Kreis, die Carl Gottfried nicht schlecht gefiel, und wenn Carlowitz sich auch deutlich bemühte, seine besondere Rolle nicht auszuspielen, so ließ man ihm doch in vielem von selbst den Vortritt.

Der Freund, den sich Niese jedoch vor allem neu gewann, war der nur wenige Monate jüngere Ernst Traugott Spitzner, ein schlichter junger Mann, der Nieses Begabung rückhaltlos anerkannte, ihn aber ebenso rückhaltlos wegen seiner gelegentlich hochfahrenden Art, seiner Eitelkeit und seiner zu häufig um das liebe Ich kreisenden Gedanken tadelte. Dabei stellte er sich stets unauffällig ein, wenn es zu helfen galt. Er war Student der Theologie, Sohn eines Pfarrers und Leipziger Magisters aus dem drei Stunden von Wittenberg elbaufwärts gelegenen Trebitz. Gern begleitete Niese diesen Freund am Freitag oder Samstag, wenn sich die Auditorien leerten, den gemächlich zurückzulegenden Weg durch die Elbaue und dann südwestlich vom Flusse abbiegend nach dem freundlichen Dörfchen inmitten von Äckern und Wiesen zu dem noch freundlicheren Pfarrhaus, das, zwischen Kirche und Schloß gelegen, mit Stall und Scheune sich kaum von einem der Bauernhäuser unterschied. Und tatsächlich war der alte Spitzner mindestens ebensoviel Landwirt wie Pfarrer, der mit seinen Bauern in engster Gemeinschaft lebte. Der Wissenschaft war er soweit treu geblieben, daß er eifrig Abhandlungen über die Bienenzucht und andere landwirtschaftliche Themen veröffentlichte. Dabei kümmerte er sich nicht nur um die Wiederherstellung der Trebitzer Turmuhr und um die Dorfordnungen ihm unterstehender Gemeinden, sondern er war auch pädagogisch tätig, sorgte für den Bau von Schulen und die Verbesserung von Schulbüchern, unterrichtete einmal wöchentlich die älteren Kinder seiner Gemeinde selbst und geriet dadurch mit Eltern und Lehrern, gelegentlich auch mit seinem Patron, Herrn v. Schönberg, aneinander. Schließlich hatte er neun eigene Kinder, die geistig und materiell versorgt sein wollten. Ein wimmelnder Haufe goß sich den beiden Studenten entgegen, wenn sie nach Trebitz kamen, und Niese, als einziges Kind aufgewachsen, mußte sich an die Vielheit und den Lärm erst gewöhnen. Ernst Traugott war das vierte Kind seiner Eltern, eine ältere Schwester war schon verheiratet, ein älterer Bruder bereits in der Landwirtschaft tätig, alle übrigen lebten noch zu Hause, der jüngste Bruder Franz war erst ein vierjähriges Kind, das dem großen Bruder und seinem Freunde auf den Knien ritt. In dem geräumigen zweistöckigen Haus fand sich nichts von dem gediegenen Besitz des Nieseschen Vaterhauses, wie denn auch Ernst Traugott sich ein gut Teil zu dem Geld hinzuverdienen mußte, das sich die alten Spitzners für sein Studium schon mühsam genug abrangen. Niese gewann die schlichte Pfarrstube lieb, und er hörte sich auch willig die so wenig theologischen Predigten an, die der alte Spitzner in der mittelalterlichen Dorfkirche mit der merkwürdigen barocken Innenbemalung des Sonntags hielt, ein Bauer, der zu Bauern sprach.

Im Gedanken an die Eltern in Torgau und die Hoffnungen, die man auf ihn setzte, schritt Niese zielbewußt auf das Examen zu. Die körperlichen Kräfte, jahrelang überschätzt, wollten nicht recht zureichen, aber Niese hoffte, ihnen wenigstens die öffentliche Disputation abzuringen, die zum Examen nachgewiesen werden mußte. Am 23. März 1793 fand dieser wichtige Akt unter Stuebels Vorsitz im großen Auditorium statt, und Niese bestand ihn glänzend mit der das Verbrechen der Unzucht behandelnden Schrift »Quatenus actiones, quae vulgo delicta carnis dicuntur, e principiis iuris publici universalis sint coercenda? / Wie weit sind Handlungen, die im allgemeinen delicta carnis genannt werden, aus den Prinzipien des allgemeinen Strafrechts zu bestrafen?« Dieses sein Libellum academicum widmete Niese dem Kammerherrn Georg Heinrich v. Carlowitz, dessen Sohn zu den Freunden gehörte, die ihren Carl Gottfried in einem Gedicht feierten.

In Torgaus ländlicher Umgebung und mit dem Kräutersud, den seine Mutter herstellte, versuchte Niese dann das immer ärger spürbare Brustübel zu bekämpfen. Ende des Sommers kehrte er nach Wittenberg zurück und hielt das Wintersemester in der feucht-nebligen Stadt durch. Der Sommer sah ihn erneut krank in der Heimat, die er im folgenden Winter erst recht nicht zu verlassen wagte. Schwere Sorgen um den einzigen Sohn bedrückten die Eltern. Carl Gottfried selbst erwog, die Jurisprudenz zu verlassen, und sann auf eine vielleicht gesündere Lebensart. Da trat seine Vaterstadt im Frühling des Jahres 1795 mit dem Plan an ihn heran, ihn in den Senat zu berufen. Das setzte einen Abschluß des Studiums voraus. Dazu entschlossen, reichte Carl Gottfried der Fakultät in Wittenberg ein Gesuch um Zulassung zum Examen pro praxi juridica et notariate samt seinem Lebenslauf ein. Am 29. Juni 1795 erschien er, nachdem er am Tage zuvor die Akten, aus denen er referieren sollte, empfangen hatte, vor dem Prüfungskollegium. Wiesand präsidierte und lud jeden Examinator mit formelhaften Wendungen zur Erledigung seiner Aufgabe ein. Wie im Traum zog das entscheidende Ereignis an dem Prüfling vorüber. Schließlich war er dann mit dem Prädikat »maxime dignum« Notarius publicus und hatte das Recht, »causas in foro orandi«. Das ihm verliehene Siegel, das ein aufgeschlagenes Gesetzbuch und einen Palmenzweig, auf einem Altar liegend, darstellte, brachte er als Zeichen seiner neuen Würde mit in die Heimat. Die Jugendfreunde hießen ihn willkommen:

> Apollon und Minerven hold
> gefiel weit köstlicher als Gold
> Dir Weisheit nur; und Wissenschaft
> durchströmte Dich mit Zauberkraft.
>
> Dein Hochgefühl, Dein Schönheitssinn
> trug Dir den herrlichen Gewinn,
> Beruf, der Themis Dich zu weihn,
> entzog Dich nicht dem Musenhain.

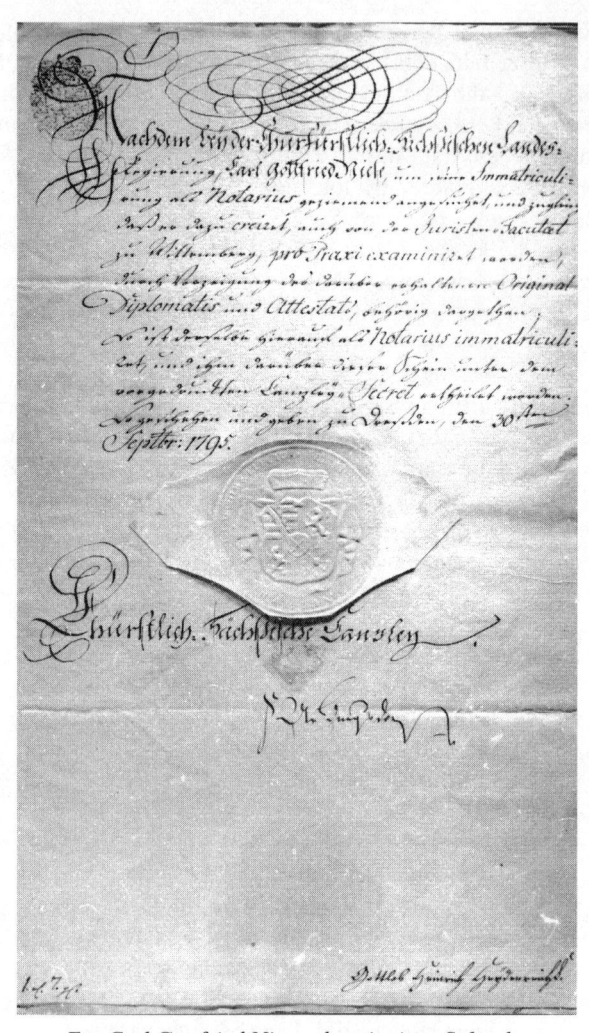

*Für Carl Gottfried Niese, den einzigen Sohn des
Schloßbaumeisters Johann Gottfried (II.) Niese, am
30. September 1795 mit kurfürstlich sächsischem Siegel
ausgestellte Urkunde über seine »Immatrikulation« als Notar.*

Am 16. August 1795 wurde Niese Mitglied des Rates der Stadt, zunächst als Fleischschätzer, 1796 dann als Fischmeister und von 1797 an als Weinmeister. Auch die jedem juristischen Kandidaten obliegende schriftliche Arbeit für die staatliche Behörde war zur Zufriedenheit ausgefallen, und schon im September nach dem Examen fand sich Niese in das Notariatsregister der Königlich Sächsischen Landesregierung in Dresden eingetragen.

Es begannen glückliche Jahre für ihn, die glücklichsten seines Lebens.

Ein gediegener Wohlstand machte ihn von Jahr zu Jahr freier von wirtschaftlichen Sorgen, sein Ansehen als das eines feinsinnigen und geselligen Mannes wuchs. Aus der Familie von Tagelöhnern und Brauern wurde eine solche von Hausbesitzern und Brauherren, auf deren Haus das Recht zum Brauen mehrerer Biere lag, das laufende Einnahmen sicherte, obgleich der Bierverbrauch durch die neuen Getränke aus Übersee, Kaffee, Tee und Schokolade, langsam zurückging und die »Brauerben« daher nicht mehr ein so begehrter Besitz waren wie noch zu Anfang des Jahrhunderts. Wein, nicht Bier, füllte die Becher der vornehmen jungen Gesellschaft, die sich um Carl Gottfried Niese scharte und deren geistiger, zum mindesten poetischer Mittelpunkt er war. Der »Bund« der Knabenjahre wurde erneuert, und an jedem sechsten Tage der Woche, am Sonnabend also, fanden sich die jungen Männer zusammen, im Winter in einem der Bürgerhäuser, im Sommer im Freien in einem vor den Toren gelegenen Garten, in einem Weinberge oder in einem Pappelhain an dem die Stadt umgebenden »Schwarzen Graben«, wo ein Freundschaftstempel mit einem Bundesaltar errichtet worden war und man bei Becherklang sonnige, aber auch nächtliche, mondscheinbeschienene Stunden verbrachte. Die Geburtstage der Freunde, die Frühlingsfeiern im beginnenden Mai, die letzten Stunden des Jahres, die Aufnahme eines neuen Mitgliedes in den Bund begingen die jungen Männer zusammen in einem Gemeinschaftsgefühl, das mehr war als eine vergängliche Schwärmerei.

Zu solchen Feiern spendete Nieses gewandte Feder die Festgedichte. Geschult an Klopstock und den Hainbündlern und allmählich auch immer deutlicher an Schiller, fügte der Advokat mühelos Verse in gereimten und ungereimten Strophen. Im Stile der Zeit, mit dem Schmuck von antiken Metaphern und Götternamen, be-

sang er den Geist des »Bundes«, Freundschaft und Treue, die
Hoffnung auf einen lebenslangen Zusammenhalt sowie den Glauben, daß ein solches Band auch Verpflichtung über den Tod hinaus
bedeute. Bei allem spielerischen antikisierenden Gerank, allen
überkommenen Symbolen ist doch spürbar, daß hier nicht nur ein
Zeitgefühl und ein Zeitgeschmack Ausdruck fanden, sondern daß
es dem Verfasser um ein persönliches Bekenntnis ging. Selbst im
Rückschauen genoß Niese die im Kreise der Vertrauten verlebten
Stunden, immer wieder rief er die gemeinsam verbrachte Jugend
den Freunden ins Gedächtnis und ließ sie in »der Erinnerung zu
sehr behauchten Spiegel« schauen. Er pries die Rebe, die sanfte
Hügellandschaft, den heimatlichen Strom, und durch die arka-
disch aufgeputzten Landschaften brach mit neuantikischem
Schwung das Bild sächsischen Erntefleißes:

> »Dem Schnitter gleich, der ruhigen Schlummer heischt,
> wenn nach des Tages lastender Schwüle sein
> Haupt nun auf die letzte Garbe,
> die er gewendet, ermattet hinsinkt.«

Als Mitglied des Rates von Torgau stand Niese im Licht der Öffentlichkeit. Hochachtung nötigte ihm der Bürgermeister Dr.
Carl Gottlieb Magnus ab, ein Arzt, der sich besonders durch die
Bekämpfung der Blattern verdient gemacht hatte. Nachdem Ma-
gnus jahrelang gegen Vorurteile hatte ankämpfen müssen, waren
seine Bemühungen schließlich belohnt worden, und der König
selbst hatte ihm seine Kinder anvertraut. Mit Magnus und dessen
Kindern, vor allem dem Wittenberger Studiengenossen, verband
Niese ein freundschaftliches Verhältnis. Unter den übrigen Ratsmitgliedern trat ihm der fünfzehn Jahre ältere Georg Adam
Brunner nahe, der, gleichfalls Jurist, 1797 Bürgermeister von
Torgau wurde. Bald hatte Niese auch die Freude, den Schul- und
Studienkameraden Benemann unter den Ratsmitgliedern begrüßen zu können. Auch zu den führenden Geistlichen Torgaus
stand er in näherer Beziehung. Der greise Superintendent Lingke
war ihm mehr ein Gegenstand der Verehrung, während der Sohn
von dessen Vorgänger, der gelehrte, schriftstellerisch tätige Diakon Grulich ihm durch verschiedene Studien nähertrat. Denn die
Arbeit im Rat und die sich immer mehr ausdehnende juristische

Praxis ließen Nieses wissenschaftliche, meist der Geschichte seiner Vaterstadt geltenden Studien nicht zum Erliegen kommen. Er begann, Denkmäler zur Geschichte Torgaus zu sammeln und ein Archiv aufzubauen. Da er diese Aufgabe nicht allein durchführen konnte, forderte er die Freunde zur Mitarbeit auf. In Torgau selbst und in den umliegenden Flecken und Gütern ging man daran, Urkunden, die mit der Vergangenheit Torgaus in Zusammenhang standen, in der alten Sprache und Orthographie säuberlich abzuschreiben, sie mit dem Vermerk des Fundortes zu versehen und zu registrieren. Torgaus Ratsakten wurden ausgezogen, das älteste Stadtbuch schrieb Niese selbst ab. Er beschäftigte sich auch damit, der Bedeutung von vertrauten Ortsnamen nachzugehen und das noch historisch Erklärbare für die Nachwelt aufzuzeichnen. Der Senator vergrub sich auch gern für ein paar Nachmittagsstunden in den dämmrigen Bibliotheksraum des Gymnasiums im Franziskanerkloster und ließ den Duft der alten Bücher wie als Gymnasiast auf sich einwirken. Aus solchen Studien erwuchs ihm der Plan einer lateinisch geschriebenen Geschichte seiner Vaterstadt, deren älteste, oft mehr auf Vermutungen als Wissen gestützte Epoche langsam ein Kapitel zu ergeben begann.

Kaum aber schien seit der Mitte des letzten Jahrzehnts jenes Jahrhunderts das Glück volle Gaben vor dem jungen Senator auszuschütten, als auch schon erste Schatten auf seinen Weg fielen. Er fühlte sich immer wieder krank, Schmerzen und Krämpfe im Leib plagten ihn. Die von Kindheit an vorhandene Kurzsichtigkeit, durch vieles Lesen verschlimmert, hinderte ihn am Studieren und hatte heftige, andauernde Kopfschmerzen zur Folge. Das alles hemmte Nieses Neigung zur Geselligkeit und vergällte ihm manche erhoffte heitere Stunde. Nicht geschaffen, sich geduldig zu fügen, klagte er über sein Mißgeschick und befürchtete das Schlimmste. Dazu kamen Streitigkeiten mit dem Vater, der noch immer der alleinige Herr im Hause war und dem sich der nun einen eigenen Bereich innerhalb des väterlichen Hauses unterhaltende Senator nicht immer unterwerfen mochte.

Zudem drang aus Frankreich eine Welle fremdartiger Erregung, der Rhein im Westen schien von ihr bereits überflutet. Der Gedanke an Krieg erfüllte den Senator mit Schrecken. Er kannte die Erzählungen seines Vaters vom Siebenjährigen Krieg und den

Belastungen, die Torgau durchgestanden hatte, er entsann sich selbst aus der Knabenzeit, wie Torgau im Bayerischen Erbfolgekrieg Lazarettstadt war und wie der Typhus unter der Bürgerschaft gewütet hatte. Obgleich jetzt das engere Vaterland von dem Unruheherd weit entfernt schien, so war doch schon im Januar 1795 das in Torgau liegende Zanthierische Infanterieregiment ausgezogen, um zu den verbündeten deutschen Heeren zu stoßen. Niese hatte im Namen der Ressource den »ins Feld marschierenden Herrn Offiziers« nachdenkliche Verse gewidmet, voll »Unmuts« gegen den Krieg, »der Erde größte Plage«, aber die von ihm am Schluß ausgesprochene Hoffnung, daß der Friede nach einem kurzen Feldzug wiederhergestellt sein möge, hatte sich nicht erfüllt.

In sorgenvollen Stunden schrieb sich Niese seinen Weltschmerz von der Seele. Lange Briefe mit ernsten Erwägungen richtete er an den Freund Spitzner, der seit 1797 Substitut seines Vaters in Trebitz war und – ähnlich wie Niese – unter dem Starrsinn des körperlich schwächer werdenden, aber geistig noch immer streitbaren Hausherrn zu leiden hatte. Der Freund auf der ländlichen Pfarre war gerade fern genug, um den nötigen Abstand von den Torgauer Verhältnissen zu haben, und zugleich nah genug, daß man den Briefwechsel auch einmal durch ein persönliches Treffen ersetzen konnte. Im Sommer holte das Fuhrwerk des Pfarrers, wenn die Pferde nicht auf dem Felde gebraucht wurden, den Senator auf halber Strecke ab, und im Winter, wenn ihn die landwirtschaftlichen Aufgaben losließen, fuhr der junge Pfarramtsstellvertreter gern einmal auf Schlittenkufen aus der dörflichen Einsamkeit in das belebtere Torgau, wo er meist in den ersten Januartagen erschien, um den Geburtstag des Senators mit diesem zu feiern. Niese wußte, daß er an Spitzner einen verständnisvollen Leser seiner kummervollen Briefe besaß und daß pünktlich mit der nächsten Post vom Aufgabeort Pretzsch eine vernünftige, ermunternde, oft auch disziplinierende Antwort anlangte.

Nieses trübe Ahnungen sollten sich bewahrheiten. Traurige Ereignisse griffen in sein Leben ein. Am 23. März 1799 starb zunächst sein Vater. Noch in dessen letzten Lebensjahren war ein Bild von ihm angefertigt worden. Es zeigte den Hinterbliebenen und Nachkommen seine beherrschten Züge mit der kräftigen Nase und die

Johann Gottfried (II.) Niese, Sohn des gleichnamigen Torgauer Bürgers, brachte es im Handwerk seines Vaters zum Kurfürstlichen Schloß- und Amtsmaurermeister, als den er sich in Öl porträtieren ließ.

klugen, grauen Augen, die von Stimmungen unangefochten in die Welt blickten.

Kurz darauf griff der Tod erneut zu. Im Juli desselben Jahres starb der Jugendfreund Freiesleben, der, kränklich von Kindheit an, immer wieder mit dem Feuer seines Geistes den Willen zum Leben entflammt hatte. Niese sang ihm ein Totenlied, und ein Kranz im Freundschaftstempel hielt die Erinnerung an ihn wach.

Selbst die Natur erschien bedrohlich. Im letzten Winter des zu Ende gehenden Jahrhunderts gefährdete ein Eisgang auf der Elbe die Vorstädte und begann, Torgau von der Welt abzuschneiden. Die Brücken brachen, und der Verkehr zwischen beiden Elbufern wurde noch lange Zeit nach dem Rückgang des Wassers durch

Fähren aufrechterhalten. Nur zögernd stimmte der Senator in den Jubel der Säkularfeiern ein. Angst vor kommendem Unheil ließ ihn um die Erhaltung des Friedens bitten:

> »Spende von des Ölbaums Kränzen,
> die in Deiner Rechten glänzen,
> Göttersohn, mit milder Hand
> einen unserm Vaterland.«

Er hoffte, daß der neue Regent auf dem wettinischen Thron sein Land »sonder Schlachten, sonder Blut« durch die bewegten Zeiten führen werde.

Die für einige Jahre aufgeblühte Lebenskraft Nieses schien seinen Freunden überraschend und besorgniserregend geschwunden. Niese konnte auch in fröhlicher Gesellschaft still und wortkarg werden. Trat er aus dem Rathaus auf den rechteckigen Marktplatz hinaus, der vom höchsten Punkt der Stadt aus das Häusergewirr beherrschte, und ließ er den Blick von dem Renaissancebau mit den drei stilvollen Giebeln die Gassen hinabschweifen, die sich in schönem Schwunge zu den niedriger gelegenen Stadtteilen und Vorstädten hinzogen, so ergriff ihn Wehmut. Saß er auf seinem weit südlich der Stadt nahe dem Rittergut Mahitzschen gelegenen Weingut, von wo er nach der Stadt hinüberschaute, überfiel ihn plötzlich Angst. Im engsten Kreise gab er gelegentlich sogar der Furcht vor einem baldigen Tod Ausdruck. Der alte Doktor Magnus, den die Freunde um Rat fragten, verordnete eine Kur in Karlsbad, und der Schulkamerad Autenrieth, der kürzlich erst seine Praxis in Torgau begonnen hatte, schloß sich dieser Weisung an. Tatsächlich lenkte der sommerliche Aufenthalt in dem eleganten Bade, das erneute Eintauchen in eine Atmosphäre, die der Leipziger verwandt war, den Senator von seinen melancholischen Stimmungen ab und trug wohl genau soviel wie die heilsamen Wasser zur Gesundung bei. Außerdem straffte der Zwang zu gesellschaftlicher Repräsentation Geist und Körper, und verwandelt kehrte er nach Torgau zurück.

Schon lange hatte Niese den Wunsch gehabt, sich eine Wohnung nach eigenem Geschmack zu schaffen, und sich deshalb nach dem Tod des Vaters um eines der wüst liegenden »kaduken« Grundstücke bemüht, deren es in Torgau von den Schwedenzügen und

*Zu einem bunten Biedermeier-Idyll gestaltete eine Torgauer
Amateur-Malerin das Haus der Familie Niese in der
Bäckergasse. Sie tat es in drei nahezu gleichen Fassungen für
die drei Söhne des verstorbenen Senators Carl Gottfried Niese,
wie es heißt, aus Dankbarkeit für juristischen Beistand.*

anderen Kriegszeiten her noch manche gab. Bereits im Juli 1799
hatte er ein Baugelände in der Bäckergasse »adjustiziert« erhalten, auf dem zehn erbliche Biere lagen. Nun betrieb er den endgültigen Kauf des Grundstücks, das ihm im März 1801 erblich zuge-
sprochen wurde. Groß sollte das Haus nicht sein, aber bequem
und gastlich. Der letzte Torgauer Winter hatte dem Genesenen die
Geselligkeit wieder schmackhaft gemacht. Die Veranstaltungen
der Ressource, Bälle und Fastnachtsvergnügen hatten ihn spüren
lassen, daß er ein angesehener und ansehnlicher Mann war.

Mit Mädchen und Frauen war es ihm bis dahin seltsam ergangen. Nach einer ersten, sein Gefühl erschließenden, aber unerwi-

derten Leidenschaft pflegte er zwar mancherlei Freundschaft mit den Kusinen, den Töchtern der Kollegen und Schwestern der Freunde, ließ jedoch keine besonderen Neigungen mehr erkennen. Er war kein Misogyn. Die Unterhaltung mit klugen, gleichgestimmten Mädchen schätzte er durchaus. Ernste und scherzhafte Huldigungsgedichte hat er an manche von ihnen gerichtet. Aber er war Individualist und wahrte seine Freiheit. Bindung, Hausstand, Einschränkung der persönlichen Bedürfnisse, Störung seiner geistigen Interessen durch wirtschaftliche Sorgen und Kindergeschrei erschreckten ihn. Er hatte die Mutter, die für ihn unauffällig und lautlos sorgte, und er hatte die Freunde. Es bekümmerte ihn, wenn der eine oder andere von ihnen heiratete, und als es Christian Friedrich Wagner, inzwischen wohlbestallter Wasserbauinspektor, im Sommer 1801 tat, sprach aus Nieses Glückwunschversen hinter dem gespielten ein echter Unmut, daß so oft Liebe »die Blüten der Freundschaft« vernichte.

Freunde, auch Freundinnen, waren bemüht, Niese darauf hinzuweisen, daß es nicht gut sei, wenn »der Mensch alleine des Lebens Lust empfänd und seine Last beweine«. Den Senator fochten dergleichen Belehrungen nicht an, und er war federgewandt genug, um das Recht auf Freiheit weiter für sich in Anspruch zu nehmen.

Die Sinnesänderung bewirkte schließlich eine dreiundzwanzigjährige Pastorstochter aus der Nähe von Grimma, Julchen Schulze. Sie lebte bei ihren Verwandten, dem Bürgermeister Brunner und seiner Frau, die ihre wesentlich ältere Schwester war. Bei den engen kollegialen und nachbarlichen Beziehungen ergab es sich, daß das muntere, kapriziöse Mädchen dem Senator immer wieder einmal begegnete: in der Ressource, bei Maskenbällen, in den Häusern der Freunde, selbst auf den Hängen der Weinberge von Mahitzschen, wo die Besitzungen der Senatoren aneinandergrenzten und manche sommerliche Gartenveranstaltung stattfand. Der Mann, der eben noch die Untreue eines Freundes gerügt hatte, wurde sehr schnell selbst ein Abtrünniger: schon im Februar 1802 heiratete Carl Gottfried Niese in Zwethau nordöstlich von Torgau Juliane Schulze.

Die Hochzeit war ein großes und repräsentatives Fest. Zahlreiche Mitglieder des Senats gehörten zu den Gästen, vor allem der Bürgermeister Brunner, nun Nieses Schwager. In Versen und Lie-

dern feierte man das junge Paar, Bekannte und Vertraute überreichten schön gedruckte Gratulationsgedichte, in Seide gebunden, mit goldgepreßten Aufschriften und zierlichen Vignetten, die
Kupido mit Pfeil und Bogen in mehreren Variationen darstellten.
Die Freunde triumphierten. Wo waren Nieses trübe Zukunftspro-
phezeiungen geblieben?! Die Liebe habe ihn gründlicher kuriert
als »Böhmens Bäder«. Und wohin war seine »freie Schmetterlings-
natur« entschwunden? Er, der noch jüngst »der Ehe bittre Frucht«
weit von sich gewiesen hatte, werde nun allem untreu: den Freunden, dem philosophischen Prinzip, dem Freiheitsideal.

Das in der Bäckergasse entstandene Haus füllte sich mit Leben.
Mehr noch als Niese war seine junge Frau jeglicher Geselligkeit
zugetan. Wie in einem Rausch stürzte sie sich in vergnügliche Geschäftigkeit, und der Senator sah die glücklichen Tage seiner ersten Torgauer Jahre zurückgekehrt. Um den Hausstand kümmerte
sich Juliane weniger. Ihn überließ sie gern Nieses Mutter, und außerdem hatte man die zuverlässige Sophie, die alles so besorgte,
wie es die alte Dame und der Herr Senator gewohnt waren. Im
übrigen war Juliane oft nicht wohlauf, fühlte sich abgespannt und
mußte sich ganze Tage lang hinlegen. Im März 1803 kam das erste
Kind zur Welt, ein Mädchen, das von dem neuen Superintendenten Koch auf den Namen Juliane Magdalene getauft wurde.
Einen Monat darauf starb Nieses Mutter. Juliane Niese, jetzt Her-
rin im Hause, fand ihre neue Würde und Aufgabe nicht sonderlich
verlockend. Durch Unpünktlichkeiten und Nachlässigkeiten
wurde manches versehen und vertan. Niese, aus der Junggesellen-
zeit an ein präzise funktionierendes Hauswesen gewohnt, stellte
die junge Frau zur Rede. Juliane schmollte. Eine Zeitlang hing
eine Wolke der Verstimmung über dem Haus, bis sie durch einen
lustigen Einfall Julianes wieder vertrieben wurde.

Schon im Oktober des nächsten Jahres gebar Juliane dem Senator, der nun auch zum Supernumerar und Schöppen ernannt worden war, ein zweites Kind, Carl Eduard. Die Mutter, deren Stimmung abwechselnd von gewaltsamer Munterkeit und Krankheit
geprägt war, schien nicht die Stetigkeit für eine rechte Pflege der
Kinder zu besitzen. Das Töchterchen Juliane war weder völlig gesund noch sonderlich ansehnlich. Bei den ersten Gehversuchen
zeigte sich, daß es einen etwas schiefen Gang hatte. Gerade die
Mängel aber machten die Mutter noch weniger geneigt, sich um

das Kind zu kümmern. Der Vater sah die Schwäche des Kindes mit Schmerz und fürchtete auch für den recht zarten Knaben. Er war oft erschrocken über die plötzlichen Launen seiner Frau, die, alle Würde vergessend, einer Horde rüpelhaft gewesener Gassenjungen die ganze Bäckergasse bis zum Tor nachlaufen konnte, wobei sie nichts erreichte, vielmehr nur ihr Kleid zerriß, das dann angeblich an einem Kommodenschloß hängengeblieben war. Juliane scheute den Zorn ihres Mannes über dergleichen Unbedachtsamkeiten, dann wieder ging der Trotz mit ihr durch. Als der Senator einmal unerwartet spät vom Rathaus nach Hause kam und fragte: »Julchen, wie steht's denn mit meinem Essen?«, wurde Sophie erschreckt Zeugin, daß er von der Hausherrin die Antwort erhielt: »Da kannst du's nun kalt fressen!«

Während Juliane Niese zum dritten Mal einer Niederkunft entgegenging und im Oktober 1806 den Sohn Julius Gottfried gebar, schlug Napoleon die Preußen bei Jena und Auerstedt und marschierte in Berlin ein. Im Dezember schloß er in Posen ein Bündnis mit Friedrich August von Sachsen, der dem Rheinbund beitrat. Auf die Nachricht von der verlorenen Schlacht bildete die Stadt Torgau einen Bürgerausschuß für Kriegsangelegenheiten, der bereits im November den Senator Gottfried August Kämpfe nach Meißen entsandte, wo die Stände des meißnischen Kreises über die Kontribution berieten, die der französische Kaiser dem Staat Sachsen auferlegt hatte. Torgau verteilte seinen Anteil in Höhe von rund 3020 Taler auf Hausbesitz und Mobiliar und zog jeden Hausgenossen heran. Im Februar 1807 erschien der erste französische Kommissar mit starker Begleitung in Torgau. Rat und Bürgerschaft weigerten sich, die Franzosen zu verpflegen. Darauf beschlagnahmten diese die Magazine und errechneten einen Kostenansatz für die Verpflegung, den der Rat dann wohl oder übel akzeptierte. Von diesem Zeitpunkt an wurde die Stadt die lästigen Einquartierungen nicht wieder los, und die Truppendurchzüge erwiesen sich in den nächsten Jahren als schwere finanzielle Belastung.

Den Senator peinigte das alte Angstgefühl. War durch den Krieg sein Vermögen, das Leben seiner Angehörigen und sein eigenes bedroht? Es drängte ihn zu einem Lied für den nun schon verkleinerten und versprengten Bund der Freunde:

Brüder, als die Scheidestunde
des Jahrhunderts einst erklang,
schön begrüßt von unserm Bunde
mit dem Becher, mit Gesang –
Ach, sie sah zum letzten Mal
froh vereint die Brüderzahl!

Friede, Glück und stille Freuden,
süße Ruh und Tätigkeit,
linden Trost in kurzen Leiden,
das verhieß die neue Zeit.
Grausam täuschte das Geschick
unsern wonnetrunknen Blick ...

Aber als des Krieges wilde
Woge um das Vaterland
Tosend brauste und der milde
Sonnenschein des Friedens schwand,
da starb in der Brüder Brust
selbst der Sinn für neue Lust.

Bald, ach, hüllt in tiefes Trauern
auch des Bundes Heimat sich,
als aus ihren stillen Mauern
Bürgerwohl und Freiheit wich.
Ach, wer bringt das hohe Glück
goldner Vorzeit uns zurück?

Ähnliche Klagen über das Schicksal der »blutbefleckten, seuf-
zenden Erde« und den Schmerz der »leidenden Menschheit«
stimmten Nieses Gedicht zur Hochzeit der ältesten Tochter des
Superintendenten Koch auf einen ernsten Grundton. Friedrich
Leberecht Koch, Pate des Kindes Carl Eduard, war in jungen Jahren Erzieher des Sohnes eines Ministers in Dresden gewesen, hatte
dort Vorlesungen über Philologie, Geschichte, Enzyklopädie der
Wissenschaften gehalten und in geistigem Austausch mit Christian
Felix Weiße gestanden. In dem Jahr vor Nieses Verehelichung
nach Torgau berufen, nutzte Koch seine Gaben, energisch in das
kulturelle Leben der Stadt einzugreifen. Die Kriegszeit ließ nun

die Familien enger zusammenrücken. Der Senator konnte sich an der düsteren Spekulationen abholden Art des Geistlichen aufrichten.

Seine Melancholie und Verzagtheit eröffnete er um so freimütiger in Briefen an den Freund Spitzner in Trebitz. Spitzner hatte 1805 kurz nacheinander seine Eltern verloren, und die Sorge für vier unverheiratete Schwestern sowie für den jüngsten Bruder Ernst Franz, der noch auf dem Gymnasium in Schulpforta war, lastete nun allein auf ihm. Kummer bereitete ihm auch Ernst Karl, der Kaufmann geworden war und es aus Mangel an Beständigkeit zu keiner ordentlichen Lebensstellung brachte. Niese hatte dem Freund aus ärgster finanzieller Bedrängnis helfen und ihm eine Grundlage geben können, auf der eine Existenz aufzubauen möglich schien. Nun aber kam die Besatzungszeit mit ständigen Lieferungen von Heu und Hafer für die französischen Truppen. Der ohnehin angespannte Haushalt des Pfarrers mußte das Letzte hergeben. Eine Heirat schien Spitzner angesichts seiner wirtschaftlichen Lage unmöglich, und er gab sich damit zufrieden, daß ihm die Schwestern das Haus in Ordnung hielten. Schließlich gelang es mit Nieses Unterstützung, daß der sehr begabte jüngste Bruder, den man großzügigerweise in Pforta noch ein Jahr länger behalten hatte, 1807 die Universität Wittenberg bezog. Und glücklicherweise heiratete auch wenigstens eine der Schwestern 1808 in das nahe Elster.

Im Februar 1809 wurde dem Ehepaar Niese abermals ein Sohn geboren. Moritz, ein kräftiges und schönes Kind, ließ den Vater vorübergehend manche Sorge vergessen. Er wußte inzwischen, daß seine Frau unheilbar krank war und es für ihn galt, ihr Leben durch Schonung zu verlängern. Auch die kleine Tochter kränkelte, ihre Ohren sonderten eine häßliche Flüssigkeit ab, und sie hörte schwer. Die Ablehnung, die das schwierige, launenhafte Kind bei der Mutter erfuhr, machte es nur noch störrischer und linkischer. Erfreulicher entwickelten sich die beiden älteren Jungen: der zarte, empfindsame, aber lerneifrige Carl Eduard, der nun schon zusammen mit seinem Vetter Leyser dem Unterricht des Diakons Grulich überantwortet war, und der etwas schwerfällige, brave Julius. Wahre Fröhlichkeit empfand Niese indes nur noch selten, etwa wenn er an schönen Sommernachmittagen Frau und Kinder im Garten vor dem Fischertor besuchte oder wenn er im Haus des Superintendenten ergiebige Gespräche führte.

Im Juli 1809 zog die schwarze Schar des Herzogs von Braunschweig auf dem Rückweg von ihrer verfehlten Unternehmung gegen Napoleon durch Torgau. Auch in Sachsen spürte man, wie unter der Oberfläche die Auflehnung gegen die Besatzung, die sogenannten Bundesgenossen, wuchs. Alle militärischen Positionen im Lande hatten Franzosen inne, die von Napoleon angewiesen worden waren, »viel Förmlichkeit, viel gute Lebensart, viel Höflichkeit« an den Tag zu legen, »aber in Wirklichkeit sich aller Dinge zu bemächtigen, besonders der Mittel zum Kriege, unter dem Vorwande, daß sie der König ja doch nicht mehr brauche«. König Friedrich August I. war ein ebenso vorsichtiger, unentschlossener Regent wie Friedrich Wilhelm III. in Preußen, aber den sächsischen Adel hatte der in Preußen langsam wachsende Widerstandsgeist angesteckt. Napoleon wußte es, der sächsische Adel war für ihn »ein Wespennest«. Man munkelte in Sachsen von geheimen Zusammenkünften, auf denen ein Umschwung vorbereitet werden sollte. Der Rat in Torgau zog die richtigen Schlüsse aus den häufigen Durchfahrten oder Durchritten der Herren v. Miltitz und v. Carlowitz, zu deren Umkreis auch preußische Patrioten wie die Herren v. Pfuel und v. Kleist gehörten. Von Preußen liefen Fäden zu den um Meißen gelegenen Schlössern und Gütern Siebeneichen, Neukirchen und Scharfenberg. Militärs wie Thielmann und Kielmannsegg, freiheitsliebende Schriftsteller wie die Körners sah man dort zu Gast, wo man sich vorgeblich wissenschaftlichen und künstlerischen Interessen widmete.

Der König blieb jedoch ein ängstlicher Parteigänger des französischen Kaisers, und der Torgauer Bürgermeister Brunner sowie seine Senatoren, unter denen Niese jetzt das Amt des Kämmerers bekleidete, empfingen ihren Monarchen mit sehr gemischten Gefühlen, als er im Jahre 1810 der Stadt einen offiziellen Besuch abstattete und auf dem Markt eine große Parade der seit kurzem hier stationierten sächsischen Truppen abnahm. Sprach man doch davon, der König habe, als Napoleon Wittenberg oder Torgau zur Festung erklären wollte und dabei für Wittenberg plädierte, den Ausbau Torgaus vorgeschlagen. Tatsächlich erhielt der Rat von Torgau am 18. November 1810 ein Schreiben des Königs, das den Festungsbau anordnete und einen hohen Offizier zu dessen Beaufsichtigung beorderte. Kurz darauf langte auch schon die Bauleitung an.

Der Festungsbau bedeutete den schlimmsten Eingriff in bürgerliche Ordnung und Wohlstand, den die Stadt seit dem Siebenjährigen Kriege erlitt. Im März 1811 kamen vier sächsische Infanterie-Bataillone nach Torgau, die bei den Abbrucharbeiten beschäftigt werden sollten. Bald darauf wurden die Bauten der Vorstadt samt Kirche und Waisenhaus abgerissen, die Gärten und Friedhöfe vor den Toren verwüstet und planiert. Den ehemaligen Besitzern der Grundstücke zahlte man noch im Laufe des Jahres eine Entschädigung, durch die mancher gewann, aber keiner wurde des neuen Reichtums froh. Der Sommer sah viertausend beim Bau beschäftigte Soldaten und siebenhundert Handwerker in Torgaus Mauern, die Zahl der Zivilarbeiter wurde später auf fünfzehnhundert erhöht. Vom Morgengrauen bis in die Nacht hinein durchdröhnte die Straßen der Lärm der Baukolonnen und der Fuhrwerke, die wegen der schlammigen Umgebung Torgaus die nötige Erde von weither herbeiholten.

Als der Sommer sich neigte, verlosch im Hause Niese das kurze Leben eines Knaben, der zu Beginn des Jahres geboren worden war und dem die kranke Mutter wohl nicht mehr genug Kraft mit auf den Weg geben konnte. Sein Schicksal hatte sich bald angezeigt, und der Vater weinte, als das Kindchen oben in der mittelsten Stube des Gebäudes in der Bäckergasse getauft wurde. Nicht nur dieser Tod und die schleichende Krankheit der Frau, neuerlich auch der Gesundheitszustand Carls erstickten hier zunehmend jeglichen Frohsinn. Carl, der allen Eindrücken gegenüber so aufgeschlossene, den der Hanswurst, den er im Theater gesehen hatte, noch wochenlang beschäftigte und zur Nachahmung anregte, war oft auffallend müde und abgespannt, und der Vater hörte mit Schrecken das Kind husten, so husten wie die Mutter. Autenrieth, der befragt wurde, riet, Carl fortzubringen, vor allem an einen Ort mit gesünderer Luft als der im aufgewühlten Torgau, fort auch von der kranken Mutter. Es war für Niese zunächst unvorstellbar, sich von einem Kind zu trennen, mit dem man bisweilen schon wie mit seinesgleichen sprechen konnte. Jedoch zu Neujahr 1812 schilderte er schließlich seinem Freund Spitzner brieflich seine Lage und fragte an, ob er Spitzner wohl Carl für eine Weile anvertrauen dürfe. Kurz darauf brachte man ihm aus der Absendestation Pretzsch die Antwort:

»Trebitz, am 10. des Januars 1812
Mein redlicher Niese!
Viel zu wichtig ist mir der Inhalt Deines Briefes, als daß ich auch
nur einen Posttag könnte hingehen lassen, ohne ihn beantwortet
zu haben... Ich habe Gott gedankt, daß er mir eine Gelegenheit
gibt, Dir zu beweisen, daß Freundestreue noch kein leerer Name
ist, so herzlich ich wünschte, daß diese Veranlassung nicht gewesen
wäre. Dein Carl ist der meinige, so lange Du willst, es für gut
hältst, und ich ihm gewähren kann, was er bedarf! Siehe, so habe
ich ja auch einen Sohn, den mir die Umstände bisher nicht vergönnten, er soll an mir einen redlichen zweiten Vater finden.

In Deiner Lage kannst Du wegen seines Herunterbringens, das
fühle ich, nichts besorgen. Also auch hier vor allen Dingen meine
Vorschläge. Du schreibst mir mit der Mittwochspost, den Donnerstag Nachmittags erhalte ich den Brief, wann Dein Carl reise-
fertig ist. Sobald ich kann, entweder gleich den Freitag darauf oder
den Montag darauf bin ich mit meinen Pferden und Wagen bei Dir
und hole Carln ab. Sollte Deiner guten Frau durch Aufenthalt auf
dem Lande geholfen werden können, so stehet meine Oberstube
nebst Kammer in der Pfarre und in meinem Hause alles, was oben
bewohnbar ist, jederzeit zur Aufnahme bereit!... Mir ist erzählt
worden, man gelange nicht ohne Paß mehr nach Torgau hinein,
vergiß nicht, mir darüber Nachricht zu erteilen!

Deiner guten leidenden Frau meine herzlichen Wünsche und
Grüße! Wollte Gott, ich träfe sie genesen von aller Schwachheit
an. Meine Schwester läßt Dir und ihr versichern, daß sie Carln mit
Freude empfangen und behalten werde. Bis auf baldiges, Gott
gebe recht freudiges, Wiedersehen, wie immer und ewig

Dein treuer Spitzner«

Die Eile des Freundes erschreckte den Senator fast. So schnell
wollte er das Kind gar nicht hergeben, es genügte ihm zu wissen,
daß er es treuen Händen übergeben konnte. Jetzt im Winter war
außerdem keine günstige Zeit für eine Übersiedlung aufs Land.
Dem kleinen Carl sollte auch die Notwendigkeit des Landaufent-
haltes langsam vorgestellt werden. So bat Niese den Freund, der
schon ein Bettchen besorgt hatte, ihn doch zunächst zu einer ausführlichen Besprechung der Angelegenheit in Torgau zu besuchen. Spitzner legte bereitwillig die vierstündige Fahrt zu der in

eine Festung verwandelten Stadt zurück. Die Befestigungen waren seit dem Dezember 1811 im Rohbau fertig, sollten aber im kommenden Frühjahr noch weiter ausgebaut werden. Acht Bastionen zogen sich wie ein eiserner Gürtel um die Stadt. Am Tor war eine Kontrolle für Fremde eingerichtet worden. Spitzner war erschüttert über den Anblick der veränderten Stadt und noch mehr über den des Freundes und seiner Familie. Er fühlte tiefstes Mitleid mit der kleinen Kinderschar, die nun bald ohne Mutter sein sollte, er erkannte, wie sehr dem Haushalt trotz der treuschaffenden Sophie die Hand der Hausherrin fehlte, er hörte die Richtlinien des Senators für die Erziehung seines Sohnes an und nahm bewegt Abschied von der Senatorin. »Und wenn alles mißlingt«, schrieb er nach seiner Heimkehr, »dann nimm, wenn Dich das letzte Deiner gegenwärtigen häuslichen Leiden getroffen, meinen freundschaftlichen Vorschlag und lege auf mich eine Zeitlang ganz und alle Deine Vater- und Muttersorgen.« Selbst um eine Haushälterin für den dann verwaisten Haushalt wollte er sich bemühen, und er erkundigte sich nach einem erfahrenen Arzt für die Krankheit der kleinen Julie. Die Übersiedlung des achtjährigen Carl wurde für das Frühjahr festgelegt.

Bevor Carl jedoch nach Trebitz zog, trat in der Familie Niese das lang gefürchtete Ereignis ein. Am 15. März 1812 starb Juliane, die Frau und Mutter. Man hatte die Kinder aus dem Hause gegeben. »Als ich des Nachts bei Brunners im Bette lag«, – so schrieb Carl später auf – »kam die Tante und sagte: die Niesen ist tot. Sie habe immer um zwei gerufen und sei zu derselben Stunde gestorben. Ich konnte es gar nicht glauben, die Tränen liefen mir aus den Augen, aber ich blieb still und ließ keinen Laut von mir hören.« Spitzner, den die Sorge um sein von französischer Einquartierung geplagtes Dorf in Trebitz festhielt, versuchte, den Freund brieflich zu trösten.

»Mein teurer Trauernder!
... Es ist doch eine abermals durch Deine vollendete Julie bestätigte merkwürdige Erfahrung, die ich an meinem eigenen guten Vater zu machen Gelegenheit gehabt, daß sie die Zeit ihres Hingangs fast bestimmt vorher anzeigen. In der Nacht vor meines guten Vaters Tode hieß er alle andere fortgehen, nur mich behielt er bei sich mit der Äußerung: ›Gegen Morgen komme ich zur Ruhe‹ –

und gleich nach zwei Uhr erfolgte sein letzter Odemzug in sanfter Stille. So hat sicher auch Deine Julie geendet.

Was sie Dir noch aufgetragen und eröffnet hat, das wird Dir gewiß heilig sein. Es ist und bleibt eine erquickende Empfindung, daran zu denken, daß man der Vollendeten letzten Willen ausführte und dadurch ihre Wirksamkeit fortdauern macht. Wie oft haben die fast letzten Worte meines Vaters: ›Meine Kinder sind nun die Deinigen‹ in mir den gereizten Unwillen besänftigt, mich unter meiner Krankheit aufgerichtet durch die Hoffnung: nicht um meinet- sondern um derer willen, die mein bedurften, würde mich Gott erhalten, und wie innig war die Freude, wenn ich mir sagen konnte: das hätten Deine Eltern an dem und jenem gewiß auch getan, was Du jetzt ausgeführt hast... Auch Du wirst noch den süßen Trost empfinden, mehr bewirkt zu haben, als Du Dir zutrauen konntest. Haben wir beide wahrscheinlich auf kein hohes Alter zu rechnen, wohlan, laß uns gemeinschaftlich und treu wirken, so lange wir's vermögen!«

Der letzte nachhaltige Eindruck, den der mutterlose Carl aus Torgau mitnahm, war die Parade der französischen Truppen, die nach Rußland aufbrachen. Unter den Fenstern des Nieseschen Hauses, in der Bäckergasse und auf dem Marktplatz zogen sie mit klingendem Spiel vorüber, und Carl sah, wie der Vater bei ihrem Anblick weinte. Als er dann im Mai nach Trebitz übersiedelte, rollte bereits die Walze der großen Armee über Sachsen und Preußen hin nach Osten. Die Einquartierungen wechselten alle paar Tage, Pferde wurden requiriert, Ochsen und Kühe mußten für die Versorgung der Truppen hergegeben werden. Die Stimmung in den an der Elbe entlang liegenden Audörfern, deren Bewohner ihre Tiere gerade durch einen harten Winter gebracht hatten, in dem selbst die Strohdächer der Häuser verfüttert wurden, war verzweifelt.

Carl begriff von dem allen noch wenig. Spitzner bettete den Jungen nachts an seiner Seite, achtete auf dessen Husten, ging mit ihm spazieren und unterrichtete ihn, mußte ihn aber ausdrücklich von übermäßigem Sitzen und Lernen zurückhalten.

»Frühmorgens steht er um fünf Uhr, längsten um sechs Uhr, auf, und wiewohl er immer noch fest schläft, ist es ihm doch unangenehm, wenn ihn meine Schwester einmal länger ruhen läßt. Er bringt dann gewöhnlich bis gegen acht Uhr teils bei derselben, teils im Garten zu; sodann folgt etwas lateinischer Unterricht, eine deutsche Stunde und etwas Rechnen oder Schreiben. Nun ist der Garten oder der Kirchhof sein Aufenthalt, entweder es wird gearbeitet oder gekegelt bis zum Mittag. Bis um zwei Uhr hält er sich wieder im Freien auf, dann lasse ich ihn etwas für sich allein aus dem Lateinischen übersetzen und schreiben oder präparieren. Nun kommt ein großer Spaziergang von mehreren Stunden, häufig vormittags oder gegen Abend noch ein kürzerer. Schon hat er tüchtige Fußreisen von mehreren Stunden mitgemacht. Öfters habe ich ihn nach und nach mit den anderen Knaben laufen gelassen auf freiem Felde, und er hielt es, ohne zu husten, ziemlich lange aus. Seine Sachen hält er bis jetzt ziemlich an Ort und Stelle, auch gibt er sich Mühe, wenn ich ihm etwas auftrage, es nicht zu vergessen und mich zur rechten Zeit daran zu erinnern. In seinem ganzen Tun und Wesen ist er freilich noch langsam, allein seine Jahre und seine körperliche Konstitution erheischen es doch, daß man ihn nur sehr bedächtig ins Feuer zu setzen sucht. Sein Gedächtnis und seine Beurteilungskraft sind trefflich, er erwägt ordentlicherweise schon die Gründe für und wider...«

Niese, Empfänger dieses und ähnlicher Briefe, ersah aus ihnen, daß sein Sohn bei Spitzner und dessen Schwester Caroline in fürsorglichen Händen war. Natürlich sehnte er sich auch oft nach den Geschwistern, er schrieb regelmäßig Briefe an die kleine Julie, auch bat Spitzner seinen Freund wiederholt, freilich vergeblich, mit den anderen Kindern Carl in Trebitz zu besuchen. Carl seinerseits begleitete den Pflegevater nach Wittenberg zu dessen Bruder Ernst Franz, dem klassischen Philologen, der seit seiner im April erfolgten Habilitation nun auch Vorlesungen an der Universität hielt. Der gelehrte Mann und die Universität machten auf den Knaben einen tiefen Eindruck, doch die Stadt Wittenberg bedrückte ihn: »Es sieht auch aus wie eine verfluchte Festung!« Schließlich machte sich Spitzner Mitte Juli mit Carl nach Torgau auf, damit er wenigstens seinen Geschwistern die Jahrmarktsgeschenke, die er gekauft hatte, bringen konnte. Das Wiedersehen mit der Familie und dem Vaterhaus sowie das Bewußtsein davon, was verloren war, wurde für Carl ein eher verwirrendes Erlebnis. In Torgau zu sehr in den Mittelpunkt gestellt und von den Geschwistern bestaunt, litt er unter der erneuten Trennung.

Die Ernte, die in der Pfarre alle Arbeitskräfte verlangte,

Das Pfarrhaus des zwischen Torgau und Wittenberg gelegenen Dorfes Trebitz, in dem Pfarrer Ernst Traugott Spitzner die vier Kinder seines Freundes Carl Gottfried Niese aufnahm und später großzog.

brachte ihn auf andere Gedanken. Das schmächtige Kerlchen half als Handlanger auf dem Felde und verdiente sich ein paar Groschen, über die er stolz dem Vater Rechenschaft ablegte. Nur die große Hitze bei dieser Arbeit war ihm unangenehm: »Der Kornmann hat's doch schlecht, er muß so schwitzen.« Im Regen dagegen ging er gern spazieren, um, wie er sagte, stark zu werden. Seine Schwäche und Anfälligkeit schienen sich zu verringern. Das Lernen wurde, wie Spitzner mitteilte, nie ganz vernachlässigt. »Alle Morgen von sechs bis sieben Uhr war zum wenigsten lateinische Stunde, und gab es zu Mittage oder abends Ruhepunkte, so wurde etwas anderes vorgenommen. Sein Geist ist äußerst lebhaft, und er hält Vorstellungen fest, wie es irgend sonst erst in den höheren Jugendjahren zu geschehen pflegt. Jetzt, da der Konrektor einen Tag hier war, habe ich meine Not mit ihm, daß er Griechisch lernen will. Alle Tage muß ich ihm wenigstens etliche Vokabeln sagen, und schlechterdings verlangt er, die griechischen Buchstaben schreiben zu lernen. Was meinst Du dazu? Sein Fehler, dem ich noch nicht recht beikommen kann, ist etwas Langsamkeit in allem, selbst im Essen. Er macht mir immer so viele Präambula, ehe er ans Werk kommt. Ist er einmal dabei, dann geht's. Nur durch allmähliche Entwöhnung wird sich dies verbessern lassen...«

Beide Männer wurden sich darüber einig, daß es mit dem Griechischen noch zu früh sei, es ergäbe sich ex omnibus aliquid et in toto nihil. Auch hatten sie wichtigere Dinge im Kopf als Carls verfrühten Lerneifer, zum Beispiel eine neue Steuer, die von der verarmten Bevölkerung schlechterdings nicht aufzubringen war. Nachdem Niese und Spitzner bei dessen Besuch in Torgau sorgenvoll die wirtschaftliche Lage besprochen hatten, beobachtete Spitzner seit kurzem in seiner Umgebung, wie ein Übermaß an Forderungen die Menschen zu krummen Wegen verleitet: »Empörend ist es zu bemerken, wie viele Bauern glauben, durch Bestechungen ließe sich auch bei dieser Einrichtung wegkommen. So hat sich die öffentliche Meinung von den Höheren verschlechtert!« Bei den Torgauer Gesprächen war außerdem die Entwicklung im eigenen Hausstand erörtert worden. Spitzner, der bald wieder eine Schwester durch Heirat fortziehen sah, fürchtete, daß auch Caroline ihn verlassen werde. Nieses Ansichten über eine Neuordnung seines Haushalts und seinen Sorgen um die Betreuung seiner Kinder begegnete Spitzner mit dem Rat:

»... Wären Deine Kinder schon mehr erwachsen oder bedürfte nur eines derselben der mütterlichen Pflege, ja, dann möchte Dein Entschluß, nie zu heiraten, in diesen schwierigen Zeiten feststehen, aber so kann es doch am Ende nicht anders werden, Du tust den Schritt zu zweitem Male... Bei den mir bevorstehenden Veränderungen zweier meiner Schwestern, von denen ich wenigstens für immer auf eine als meinen Beistand rechnete, schwebt mir die Frage mehr als einmal vor den Augen: wie soll es mit dir werden, wenn auch die letzte nun dem weiblichen Berufe folgt? Meiner Häuslichkeit und meiner Ökonomie verdanke ich mein bisheriges Bestehen. Aber zu beiden gehört ein tätiges häusliches weibliches Mitwirken. Auf den gewöhnlichen Fuß unserer Tage Visiten geben und annehmen, verträgt sich selten mit meinen oft weitschichtigen

Berufsgeschäften, noch weniger mit der Wirtschaft, denn fehlt es da in meiner Abwesenheit an Beratung, Zurechtweisung, Antrieb und bisweilen selbst an Teilnahme, dann ist alles vergeblich oder wird vernachlässigt. So ist es zum Beispiel in der Ernte hergebracht bei mir: am Vormittag bin ich auf dem Felde dabei, nachmittags bis um fünf Uhr meine Schwester, wo ich sie dann gewöhnlich wieder ablöse. Im Ernst habe ich gegenwärtig oft an eine Veränderung gedacht, aber es ist beim Denken und Bedenken geblieben und wird vielleicht noch so bleiben, wenn mich nicht Umstände nötigen. Kurz, in diesem Punkte befinden wir uns beide in einer üblen Lage...«

Überzeugt, an einem Wendepunkt seines Lebens zu stehen und dem bewährten Freund vollen Einblick in seine widerstreitenden Überlegungen geben zu müssen, erinnerte Niese diesen in seiner Antwort an frühere Anlässe zu lebhaftem Briefwechsel:

»Gedenke nur der Zeiten Deiner ersten Liebe, die sich etwas deutlicher aussprach als die meinige, ob ich schon auch eine derbe Schramme hatte. Oder – abgesehen von diesen Jugendträumen, die doch wesentlich auf die Entwicklung unseres Ichs eingewirkt haben – erinnere Dich der Zeiten, wo Du, als Substitut Deines Vaters, ich, als angehender Hauswirt, also wir beide fast auf die nämliche Weise, uns über Personen beklagen zu müssen glaubten, denen wir Liebe und Dankbarkeit so sehr schuldig waren. Besinne Dich auf meine Klagen, auf meinen Lebensüberdruß, als stete Kränklichkeit mir jahrelang alle Freuden verbitterte und mich einen frühen Tod ahnden ließ. Rufe Dir die Sorgen, die Angst zurück, als der Ausbruch des französisch-preußischen Krieges unser öffentliches und besonderes Glück mit gänzlicher Vernichtung bedrohte. Gedenke endlich der neuesten Zeit, wo die unheilbare Krankheit meiner Frau, ihr Tod und die Zerrüttung meiner schönsten Verhältnisse mich bald in wilde Verzweiflung, bald in dumpfe Unempfindlichkeit warfen...

Sage selbst, erhellet nicht aus obgenannten Beispielen, daß wir in trüben Tagen uns inniger aneinander geschlossen haben als in guten? Wie könnte es auch anders sein? Wir bedurften gerade da Rat, Trost, Hilfe: wo die suchen als am Herzen des Freundes?...

Kurz und mit Shakespeare zu reden: ›Heiraten oder nicht heiraten – das ist die Frage!‹ Zwar nach allen Deinen bisherigen Äußerungen scheinst Du mehr zu- als abzuraten, aber die Sache hat zwei

Seiten und will auf beiden wohl angesehen sein. Ich will Dir die Argumente pro und contra, wie sie mir bisher vorgeschwebt haben, ganz kurz und trocken vorlegen.

Das Pro hat folgende Hauptstützung. A) Die Wirtschaft mit Haushälterinnen und Mägden taugt nichts. Gesetzt, ihr Lohn sei auch so hoch, daß man davon füglich eine Frau unterhalten könnte, sie lassen zu Grunde gehen, was da will und kann, denn es ist fremdes Eigentum: sie sparen nicht, da es nicht aus ihrer Tasche geht; sie bevorteilen und veruntreuen wohl gar, teils aus Eigennutz, teils weil ich wenigstens nicht geschaffen bin, ihnen auf die Finger zu sehen. Gute Haushälterinnen, auf die hier alles ankäme, sind sehr rar. Die jungen sind unerfahren, leichtsinnig und haben kein Ansehen über die Mägde; die alten sind eigenwillig, anmaßend und interessiert. Ein öfterer Wechsel ist an sich schädlich und geht mir besonders schwer ein. Meine Neigung zu Ruhe und Bequemlichkeit läßt es aufs Äußerste kommen, ehe ich Veränderung bestimme. B) Die Zucht und Erziehung der Kinder leidet ungemein. Ich bin leider auch in diesem Stücke sehr bequem und bekümmere mich viel zu wenig um meine Kinder, bin auch oft nicht im Hause. Wie kann man bei Dienstboten oder Haushälterinnen Grundsätze der Erziehung oder nur aus der Erfahrung genommene Regeln vermuten, nach welchen sie die Kinder zu behandeln wüßten? Sie sind sogar nur selten geneigt, sich mit Kindern abzugeben, und froh, wenn sie ihrer los sind. Nun vollends, was können nicht ihre Fehler, die sie immer in reichem Maße haben, wohl gar ihre Laster für Unkraut in die weichen Seelen säen? C) Ein Mann, der die Vergnügungen der Ehe genossen, ist auf die Dauer selten so ganz Herr seiner selbst, daß er nicht in Versuchungen und Stricke geraten könnte. Du verstehest mich. So viel vom Pro.

Das Contra aber hat auch seine sehr starken Gründe. A) Die Weiber sind oft auch schlechte Wirtinnen. Man muß erst warten, wenn sie noch Mädchen waren, wie sie einschlagen werden. Und dann sind sie es selten durchaus. Manche spart in der Kost, um in Kleidern zu verschwenden, manche darbt am unrechten Orte ab und verwendet es, wo es nicht nötig ist. B) Die Kinderzucht ist bei den Weibern auch nicht zum besten bestellt. Grundsätze und Übersicht der Menschenbestimmung haben sie selten: sie handeln meistens nach Laune oder augenblicklichen Eindrücken, höchstens nach den im elterlichen Hause eingeführten Regeln.

Schlimmer ist noch das Verhalten von Stiefmutter zu Stiefkindern. Gemeiniglich sind sie eifersüchtig und neidisch auf die letzteren und darum nicht selten hart. Wenn man davon Ausnahmen findet, so hat ihr Herz und ihr Verstand fast immer den wenigsten Anteil daran, meistens die Klugheit, sich dem Mann gefällig zu machen. Um wie vieles besser sind im Durchschnitte die Stiefväter! C) Wenn man auch eine erste Heirat gutheißen kann, so ist die zweite doch allezeit sehr bedenklich. Angenommen, daß diese nicht, wie meistens geschieht, aus Sinnlichkeit und Interesse geschlossen werde, die Vergleichung beider Ehen ist unvermeidlich. War die erste nicht ganz unglücklich, so steht die zweite zuweilen im Schatten. Man übersieht das gegenwärtige Glück zuweilen über der Erinnerung an das vorige. Hier Gerechtigkeit zu üben ist oft schwer. In meiner individuellen Lage hat das Contra noch ein ganz eigenes Gewicht. Denn a) da in meinem Äußeren nicht viel Liebenswürdiges ist und man mich näher kennen muß, um mich erträglich zu finden, b) da ich nicht mehr jung bin und höchstens noch etliche zwanzig Jahre zu leben habe, c) da ich vier kleine unerzogene und also auch ungezogene Kinder habe, die der Stiefmutter sofort ihr bißchen Arbeit und manchmal Not machen würden, vor allem aber d) da bei meinem Alter und dem Vorsatze, auf keinen Fall eine Person, welche die dreißig lang im Rücken hat, zu heiraten, zuletzt ein hübsches Hördchen Kinder zusammenkommen könnte, so folgt daraus klärlich, daß man mich einerseits nicht aus Liebe, sondern weil die Partie sonst convenable scheinen könnte, zum Altar begleiten würde; andererseits daß ich, der ich allenfalls vier Kinder ohne außerordentliche Sorge erziehen konnte, durch die Doppelzahl in Nahrungssorgen versetzt werden könnte, die mir, je fremder sie mir sind, desto unerträglicher sein würden. Laß mir diesen letzten Punkt in Deiner Überlegung nicht aus den Augen: er ist in vieler Rücksicht zu beherzigen.

Hier hast Du zwei Heere von Gründen in einer für mich so wichtigen Sache, mit all ihrem schweren Geschütz. Führe sie gegeneinander und siehe, welches bei Dir das andere schlägt... Deine Feldherrntalente mußt Du probieren, einer reifen Überlegung und aufrichtigen Mitteilung Deiner Meinung kann ich Dich – bei unserer Freundschaft! – nicht erlassen.

Lebe wohl. Grüße die Deinen und Meinen.

Am 10. September 1812   Dein treuer Freund Niese«

Ein wie stets »redlicher Spitzner«, als der er seine Antwort vom 24. September unterschrieb, sprach aus dem Bemühen, die ihm gestellte Aufgabe zu lösen, obgleich er nicht leugnete, daß ihm alle Gründe Nieses »zu scharf nach der Theorie abgewogen« schienen, denn »Glauben, Vertrauen und Gewissenhaftigkeit müssen uns auch Bedenklichkeiten beseitigen und niederschlagen helfen, über die uns menschlicher Rat nie hinlänglich aufklären und eigne Kraft sie nicht hinwegräumen kann.

Du wirst aus diesem allem bereits abnehmen, daß ich meine Meinung in der mir von Dir vorgelegten Angelegenheit Deines künftigen Seins nicht geändert und ich immer des Sinnes bleibe, Deine Lage fordere Dich selbst zu einer zweiten Heirat auf.

Also zuvörderst das Pro nach meinem Ermessen; ich folge Punkt vor Punkt Deiner aufgestellten Schlachtordnung. A) Eigentum ist es, was den Menschen allein fesseln und dahin bringen kann, sich den Gesetzen der Ordnung und Sparsamkeit zu unterwerfen; es sind wohl nur seltene Fälle, in denen der Ehrtrieb den Eigentumstrieb ersetzt, und die seltensten, wo Pflichtgefühl allein den Ausschlag gibt. Deine Wirtschaft wird Dir's lehren! Änder, so oft Du willst, gib, soviel Du vermagst, die eigene herzliche Anhänglichkeit an dem Bestehen Deines Wesens erkaufst Du nie mit allem Golde, welche der Frau ihre Vereinigung und ihre eigene Subsistenz gleichsam aufnötigt. Ich selbst, etwas mehr als Du mit dem ökonomischen Teil des Hauswesens bekannt, würde mich nie entschließen, mit Haushälterinnen fremden Gelichters zu wirtschaften... B) Deine Kinder! Sie liegen Dir billig am nächsten! Und dennoch gelingt es uns Männern bei aller Liebe und Herablassung zu ihnen niemals in dem Grade, ihr, der Kinder, Vertrauen und Nachahmungstrieb auf uns zu richten und für unsere Maximen zu gewinnen, als dem zärter menschlich fühlenden weiblichen Geschlechte. Du vergibst mir's, daß ich offenherzig bin und gerade an Dir noch mehr das vermisse, was Dich fähig machen könnte, die Stellung einer Mutter ganz zu ersetzen... Stiefmütter, allerdings sind sie im übeln Ruf, aber bürde ihnen nicht zuviel auf! Sie werden weit bekannter mit den Unarten der Kinder, haben weit mehr kleinliche, nie abbrechende Sorgen (denke nur an waschen, reinigen und dgl.) um sie als Stiefväter, die – wenn es hoch kommt – Geld zu ihrem Fortkommen geben, und das ist doch immer leichter als die kleinste Handreichung oft und täglich tun... Julie ist herzlich und willig und schließt sich sicher an ein ihr dargebotenes Herz innig an. Carl ist klug und listig, er wird bald sehen, wo das Brett zu bohren ist, und läßt Du mir ihn, stärkt sich seine Gesundheit immer mehr, so tritt er nicht eher wieder in Deinen Kreis, bis ihn schon dringendere Beschäftigungen (wenn Du ihn auch in Torgau behieltest) aus Deinem Hause entfernt halten. Julius ist gelassen, er verdient Aufmunterung, der wird schwerlich im Wege sein. Der wilde Moritz, der einzige, dems bald höchst not tun wird Zaum und Zügel anzulegen, scheint mir am bedenklichsten in dieser Hinsicht. Wohlan, will es nicht mit ihm fort, wie es soll, dann wechseln wir, so Gott uns ferner beiden Leben und Gesundheit verleihet, und ich versuche mein Heil an ihm auch. C) Du hast sehr recht, wenn Du Dir gewissermaßen nicht zuviel zutrauest. Wie wahr sagt Gellert: Ein jedes Herz hat eine schwache Seite! Zwar würde unser frivoles Zeitalter, wie es ja häufig schon getan hat, Stoff zu Spötteleien, Achselzucken und Klätschereien aus Deiner Wirtschaft mit Haushälterinnen zu jeder Zeit sammeln und frohlockend jauchzen: Das ist auch einer von uns! Allein Du denkst recht und edel, Dich auch vor der Gefahr des Falles zu sichern, und da ist Pauli Rat der sicherste: Es ist besser... Die Zeiten sind vorbei, da wir zwei beide auf unser Äußeres so taliter, qualiter hätten etwas rechnen können; aber einzig und allein Eingang, Gehör und Zusage dadurch erlangen zu wollen – würde es etwas anderes als törichte Eitelkeit verraten? Einen Teil unserer gewohnten Persönlichkeit – müssen wir sie nicht immer jedem neuen Verhältnis, in das wir treten, aufopfern? Diese Aufopferung scheint Dein Herz am meisten zu fürchten, so sparsam auch die Winke sind, die diese Furcht andeuten... Torheit, offenbare Torheit begänge ich und Du, wenn wir eine junge Person von zwanzig Jahren heiraten wollten. Aber daß Du im entgegengesetzten Fall so ängstlich im Geiste auf das zu erwartende Häuflein blickst, daß Du sogar Nahrungssorgen befürchtest, daran hat der ganze Gang Deines Schicksals mehr Anteil, als Dir vielleicht beigefallen ist. Kaum dem Namen nach kennst Du das Wort Mangel. Ich kenne es aus Erfahrung. Und dennoch, ging mir als Schüler, Student, Informator, kurz auf allen Stufen meines Seins bisher manches ab, das andere besaßen und genossen, bin ich noch itzt in dieser Hinsicht nicht sorgenfrei, und ich sollte dem, der uns alle leitet, die Frage beantworten, ob ich je Mangel gehabt? – ich müßte antworten, wie dort stehet: Nie keinen. Kennst Du nicht Kinder zahlreicher Familien, die nichts zum Erbteil hatten als die Ehrlichkeit und Rechtschaffenheit ihrer Eltern und die dennoch ihr Fortkommen fanden, es vielleicht mühsamer, aber doch wahrlich ehrenvoller fanden, als wenn ihnen überall Hützschen hingesetzt waren. Auf der anderen Seite, durchlaufe einmal den Kreis unserer Jugendbekannten – triffst Du nicht manchen, für den alles in der Zukunft geebnet zu sein schien und der das Ziel doch nicht erreichte? Vielleicht gerade dadurch verunglückte, daß er es früh wußte, worauf er sich glaubte, verlassen zu können?... Gesetzt auch, es kämen gerade diese von Dir gefürchteten Sorgen über Dich! Willst Du der einzige sein, der es genau zu bestimmen in seiner Gewalt habe, welcher Prüfungen er bedarf, um sein eigentliches Ich immer mehr zu veredeln? Der Einzige, der einer Gewitterwolke halber, die von ferne drohet, augenblicklich Haus und Hof veräußert, um nicht den Jammer über verhagelte Fluren zu empfinden, da sie doch durch einen fruchtbaren Regen den reichsten Segen mitteilen kann? Mache die Anwendung selbst! Geben auch viele Kinder viele Sorgen, sind doch auch viel Freuden zu hoffen!

Doch ich muß schließen! Laß es sein, daß mein ganzes Schreiben bisweilen in Predigerton übergegangen ist. Ich gebe es, wie ich es vermag, ohne darauf zu achten, ob es zierlich und wohlstilisiert ist.

Und das Resultat? Ist wie von Anfange: entschließe Dich um Dein und Deiner Kinder willen zu einer zweiten Heirat. Willst Du noch den Rat der freilich nur wahrscheinlichen menschlichen Klugheit hören, so heirate, wenn es möglich ist, aus der Freundschaft Deiner ersten Frau! Das wäre ein Opfer für Deine Kinder gebracht, wiewohl gerade dadurch nicht alle unberufenen Einmischungen verhindert werden können, doch manche!«

Spitzner mußte erst noch eine Schwester in Crossen verheiraten, dann fuhr er wieder zu dem Freund nach Torgau, um sich erneut mit ihm zu besprechen. Caroline und Carl begleiteten ihn. Es stellte sich heraus, daß der Senator schon bestimmte Absichten hatte und daß sein Herz dabei nicht unbeteiligt war.

Es schlug nämlich für die Tochter des Bürgermeisters Brunner, dessen Familie während des Sommers in Mahitzschen in der Nachbarschaft des Nieseschen Weinbergs lebte, dort, wo ihm einst Julchen Schulze so häufig begegnet war. Mit dem Bürgermeister pflegte Niese eine kollegial freundschaftliche Beziehung, und seine Schwägerin, Julianes Schwester, hatte ihm bei deren Krankheit hilfreich zur Seite gestanden, sich später der verwaisten Kinder angenommen und sie immer wieder einmal in ihr Haus geholt. Niese ging bei der Familie Brunner aus und ein und bemerkte wohl auch, daß Frau Brunner es nicht ungern gesehen hätte, wenn ihr Schwager zum Schwiegersohn würde. Marianne Brunner, die er zugleich mit Julchen näher kennengelernt hatte, stand ihm am nächsten, wenn denn der Schritt in eine Ehe noch einmal getan werden mußte. Caroline Spitzner wurde von den Männern vorgeschickt, um das Feld zu sondieren. Marianne äußerte sich zwar sehr liebevoll über Nieses verstorbene Frau, und Spitzners Schwester fand auch Gefallen an ihr, aber sie konnte sich nicht des Eindrucks erwehren, daß Mariannes Neigung vielleicht anderswohin zielte.

Niese wollte nun selbst die entscheidende Frage tun; Spitzner wartete ungeduldig auf Nachricht, er erhoffte, in Kirmeslaune scherzend, eine Siegesbotschaft. Aber das Ergebnis der Aussprache in Mahitzschen ist enttäuschend, fast entmutigend. Die Umworbene ist bei Nieses Antrag tief erschrocken und gibt zu verstehen, daß ihr Herz nicht mehr frei sei, läßt allerdings offen, ob ihre Neigung erwidert werde. Spitzner, eben noch ein Befürworter dieser Werbung, rät nun heftig von ihr ab, gleichgültig, ob Mariannes Liebe erwidert werde oder nicht. Nichts sei törichter, als auf dem Grabe einer Neigung ein Eheglück aufbauen zu wollen: »Der Stachel früher, aus Neigung entstandener Liebe, Bruder – er liegt tief im fühlenden Herzen und verläßt es vielleicht nie, bis es aufhört zu fühlen.« Vielleicht sei auch die Gefühlsresignation des Mädchens nur vorgetäuscht, weil sie den Namen des glücklicheren Bewerbers nicht nennen wolle. Da von einer Bindung Mariannes bisher nichts bekannt gewesen und Niese deutlich als Freier aufgetreten sei, könne er sich nicht unbeachtet zurückziehen. Er müsse durch einen Brief seine Werbung noch einmal offiziell wiederholen, um dadurch die andere Partei zu einer ebenso offenen Stellungnahme zu zwingen.

Nur ungern befolgt Niese Spitzners freundschaftliche Weisung. Um sich erneut Rat zu holen, macht er sich Anfang Dezember nach Trebitz auf. Häuslicher Behaglichkeit nun schon entwöhnt, empfindet Niese angesichts der ländlichen Pfarre und Carolines, die seinem Carl eine zweite Mutter geworden ist, die Notwendigkeit einer Erneuerung seines Hausstandes mehr denn je. Auf dem Heimweg durch das winterliche Elbtal glaubt er sogar, sich mit einem ähnlich stillen Glück, wie dem in Trebitz vorgelebten, bescheiden zu können. Bald darauf muß er Spitzner von seiner endgültigen Niederlage in Kenntnis setzen:

»Die bewußte und viel besprochene und beschriebene Angelegenheit ist beendigt und zwar ganz und gar. Seit gestern liegt der höfliche Absagebrief in meinem Pulte. Der Leutnant Wiedemann ist der Glückliche, welcher die Braut heimführt. Zwar soll's noch nicht bekannt werden, aber Dir darf ich's wohl sagen. Über die Entstehung und das Wachstum dieser äußerst geheimgehaltenen Liebe weiß ich durchaus nichts, allein mich dünkt, daß sie fast noch älter als die meinige ist und früher erwidert wurde.

Ich bin nicht nur völlig beruhigt, sondern auch getröstet: Mindestens hat eine Unbehaglichkeit aufgehört, die mir zuletzt unerträglich war. Nur noch ein wenig verlegen bin ich über das Verhältnis, in dem ich künftig mit der Familie leben soll ...

Weit näher ans Herz geht mir ein anderer Umstand, nämlich, daß ich diese Unternehmung aufs neue wagen soll. Du selbst siehst ein, daß ich wieder eine Frau haben muß, und hast vom Anfang dazu geraten. Nachdem ich mich über die allgemeinen und besonderen Bedenklichkeiten hinweggesetzt und für Marianne entschieden hatte, so war ich geneigt, das beste zu hoffen. Nun aber ist die Sache fast schlimmer als zuvor. Hier in Torgau ist keine mehr, zu der ich Neigung und Zutrauen fühlte. Wohl möglich, daß unter den vielen auch ein braves Weib für mich zu finden wäre, aber ich kenne es nicht. Auswärts habe ich vollends gar keine Bekanntschaft, und sie auf's Gratewohl zu suchen, ist mir meiner Lage und meiner Denkungsart nach unmöglich. Nur eine Person kenne ich noch, die meine Achtung im hohen Grade besitzt und um die ich mit vollem Zutrauen werben könnte, wenn mir es nicht zu früh schiene und ich nicht etwas schüchtern geworden wäre. Bin ich mit mir völlig im Reinen, so bist Du der geheime Rat nach wie vor. Indessen lebe wohl ...

Torgau   Ewig
am 10. Dezember 1812   Dein treuer Freund Niese«

Über den vereitelten Plänen für eine zweite Heirat war es Winter geworden. Niese hatte im Herbst mehr der Form halber bei Spitzner angefragt, ob er seinen Carl noch eine Weile behalten wolle, und war dabei auf fast entrüsteten Protest gestoßen. Die Geschwister betrachteten Carl ganz als ihr Kind, von dem sie sich nicht mehr trennen wollten. Jeden Dank wies Spitzner zurück:

»Was machst Du mir immer für eine Danksagung wegen Carln? Was ich Dir, Deiner Julie... und mir selbst gelobte, da Dein freundschaftliches Zutrauen mich aufrief und neues Leben unserer Freundschaft mitteilte, kann ich das für mehr halten als für Treue und Schuldigkeit? Will ich, soviel ich vermag, den Knaben zum guten, festgesinnten Manne erziehen helfen, dann darf ja von mir keine Neigung, die sich in ihm äußert, am wenigsten eine gute, unbestärkt bleiben. Also damit Punctum!«

Das Kind mache keine Erziehungsschwierigkeiten, zum Lernen habe er es noch nie anhalten müssen. Wenn Carl »dann bisweilen Abneigung gegen eine reelle Beschäftigung äußert, so weckt der Vorgang eines seiner Genossen ihn bald zur Nacheiferung, und ich tue, als wenn ich jene nicht merkte, und fahre ganz fest fort, von ihm zu heischen, was an der Tagesordnung ist.« Caroline schaffte Ersatz für Carls ausgewachsene Wäsche und Strümpfe, ließ ihm ein neues Wintergewand machen und sandte das zu klein gewordene säuberlich nach Torgau für die jüngeren Geschwister. Carls Sehnsucht nach ihnen war noch immer stark, er ließ ihnen einige seiner Kirmesleckereien zukommen und bezahlte das Postgeld aus eigener Tasche. Als Niese Anfang Dezember wieder einmal nach Trebitz kam, war die Freude auf beiden Seiten groß: »Über den Carl habe ich meine Lust gehabt: den habt Ihr mir wiedergegeben.« Vater und Pflegevater berieten über Weihnachtsgeschenke für Carl. Der Senator plädierte für einen Phädrus, der nach beider Unterrichtsplan im nächsten Sommer durchgenommen werden sollte, der Pfarrer für Campes »Robinson«, da Carl gerade anfange, abends ein Buch zu lesen. Der Konrektor werde in Wittenberg ein Bilderbuch als Geschenk Carolines besorgen, die außerdem eine Nachtweste für den Winter vorbereite. »Wenn Du ihm demnach noch die Schreibtafel ersetztest, so dächte ich, wäre es sat satis superque!«

Spitzner hatte den zum entscheidenden Gang nach Mahitzschen ansetzenden Freund spöttelnd mit dem Eroberer verglichen, der in jenem Herbst 1812 vor Moskau stand, und Nieses Niederlage hätte er später mit der freilich größeren Napoleons in Parallele bringen können. Der strenge und anhaltende Winter, der Botengänge von Torgau unmöglich machte, weil dabei Erfrierungen drohten, hatte in Rußland weit eher eingesetzt und eine Armee von 600000 Mann dem Hunger- und Frosttode ausgeliefert. Schreckliche, noch unverbürgte Gerüchte erreichten die westliche Welt: Das Heer sei vernichtet, der Kaiser habe seine Armee verlassen, die Russen sollten als Sieger aus dem unerhörten Eroberungszug hervorgegangen sein. Schon zogen sich Kranke und Blessierte, die gar nicht erst bis ans Ziel gelangt waren, nach Polen und Deutschland zurück, erzählten grauenerregende Dinge über das Sterben im Osten und schleppten Seuchen von dort ein.

Halb Europa hielt den Atem an, aber noch spielte sich die Tragödie nicht innerhalb aller Länder ab. So gab es in Sachsen wie in Preußen ein fast friedliches Weihnachtsfest. Niese feierte es mit den drei verbliebenen Kindern, und er hatte dafür gesorgt, daß die Geschenke für Carl, darunter ein Tuschkasten, pünktlich in Trebitz eintrafen. Spitzner versprach, bei der Benutzung der Mineralfarben für die nötige Vorsicht zu sorgen. Ein versiegeltes Kästchen, mit dem Niese Caroline Spitzner seine Dankbarkeit bezeigen wollte, brachte deren Bruder beinahe aus der Fassung: »Das versiegelte Kästchen! Kaum würde ich es übergeben haben, wäre es mir anvertraut worden. Das war zuviel nach meiner Meinung. Künftighin ziehe mich erst zu Rate!« Caroline, weniger im Schreiben geübt als ihr Bruder, dankte auf einem kleinen Blatt: »Glaubte ich nicht, Ihnen damit zu beleidigen, so würde ich sagen, es wäre viel zu viel für mich. Indessen werde dieselbe stets als ein teures Andenken Ihrer Güte betrachten. Nur hätte ich gewünscht, Sie wären Augenzeuge dabei gewesen, mit was für einer Freude mir's Carl übergab, wie er darüber aller seiner Geschichten vergaß.«

Zwischen Weihnachten und Neujahr fand Niese die Ruhe zu einer ausführlichen Briefbeichte. »Lies diesen Brief absatzweise, sonst stirbst Du vor Ungeduld und langer Weile« lautete die Warnung – mit roter Tinte an den oberen Rand geschrieben.

»am 27. Dezember 1812

Guter Spitzner!

Allmählich angelangt auf der Grenze zweier der wichtigsten Jahre meines Lebens, sinne ich und sinne wieder über das, was in diesem Zeitraume, dessen eine Hälfte in einer matten Beleuchtung hinter mir, die andere in tiefem Dunkel vor mir liegt, mit mir vorgegangen ist und noch geschehen wird.

O, das scheidende Jahr war traurig, aber lehrreich für mich. Was hab ich erduldet! Wieviel verloren! Noch ist mir es unbegreiflich, wo ich mir eine Gelassenheit, einen Mut hernahm, so zahllosen Leiden nur zuzusehen, die mir täglich, stündlich das Herz zerrissen. Ach und das Ende? Wie schrecklich! Sie starb, sie, die mit ihrem Herzen mir auch ihr Leben geopfert zu haben schien. Ja, das Schicksal war hart gegen sie und mich. Kaum einige Wochen in meinem Hause, entwickelte sich eine unselige Krankheit in ihrem scheinbar gesunden Körper. Zehn Jahre lang kämpfte er mit diesem tödlichen Übel, und die Bestimmung des Weibes, sonst nicht selten heilsam, beschleunigte seine Zerstörung.

Ach, die Ahnung solchen Ausgangs verbitterte mir in den letzten Jahren selbst die wenigen frohen Tage, die das Unglück der Zeit uns etwa noch finden ließ. Die früheren, besseren hatten wir uns, leider, zuweilen selbst vergället. O, wie oft hab ich mit Wehmut so manche Stunde zurückersehnt, die wir über Nichtswürdigkeiten verschmollt hatten! War denn der Nachteil, den der leichte, sorglose Sinn einer jungen Frau, kleine Unordnungen im Hauswesen oder eine überflüssige Ausgabe hervorbringen konnten, des Opfers so köstlicher Stunden wert, wie sie nur in den ersten Jahren einer glücklichen Ehe zu finden sind? ... Ich kann nicht beschreiben, wie sehr mir dies alles aufs Herz fiel, als ich, nachdem der erste Schmerz ausgeweint war, mich in so furchtbarer Einsamkeit, Verlassenheit fand. Ich hätte jene verlorenen Stunden gern mit meinem eigenen Leben zurückerkauft. Nichts schien mir wahrer, als was Julie zuweilen halb im Scherz, halb im Ernst zu mir gesprochen hatte, wenn ich, nach ihrer Meinung, grundlos haderte: ›Deine zweite Frau wird's gewiß besser haben als ich.‹

Und warum soll ich Dir nicht noch etwas gestehen, da Du sonst alles weißt?! Diese Betrachtung hat unglaublich viel gewirkt, daß ich mich, trotz so mancher Bedenklichkeiten, für Marianne entschied. Ich wollte der nächsten Verwandtin, der jüngeren Freundin meiner Julie so gern vergüten, was ich der letztern schuldig war und was mir das Schicksal einzubringen nicht vergönnt hatte. Wer weiß, ob Marianne nicht auf diese romantische Idee eingegangen wäre, wenn sie deren Kenntnis gehabt hätte? Da es nun damit vorbei ist, so bin ich festen Sinns, der Nachfolgerin meiner Julie, wer sie sein mag, diese Schuld zu vergelten, wenn sie Juliens Kindern eine zweite Mutter wird...

Leiden führen den Menschen zu sich selbst und machen ihn mit sich bekannter: darum ist mir dieses traurige Jahr auch lehrreich geworden. Ich kenne mich besser als vorher, aber ich bin auch unzufriedener mit mir geworden. Mein Herz ist gut, aus Grundsätzen gut, aber mein Wille ist schwach. Mir fehlt die Energie im häuslichen Leben, der ich in dem öffentlichen gar nicht ermangle. Die eiserne Notwendigkeit hat eben nicht viel über meine gewohnte Achtlosigkeit, über meine Scheu vor Unbequemlichkeiten, über die Absonderung von meiner Familie, über meine Sucht nach Gesellschaften vermocht. Ich leide lieber, als daß ich ändere; ich bezahle lieber, als daß ich aufmerke: daher ist es nicht zu verwundern, daß meine Wirtschaft nichts taugt. Ich habe meine Kinder herzlich lieb und tue alles für sie; ich bin streng und nachsichtig, wenn eins oder das andere nottut; ich kenne keine Vorliebe: aber ihre nähere Aufsicht geniert mich, ihre eigentliche Bildung fällt mir schwer. Zeit hätte ich allenfalls genug dazu, insonderheit des Abends; allein dann suche ich meistenteils Zerstreuung, nicht eben aus Interesse an der Gesellschaft, sondern mehr aus Gewohnheit. Und selbst, wenn ich, wie nicht selten geschieht, zu Hause bleibe, bin ich doch lieber allein in meiner Stube, nicht etwa um zu studieren – das verbietet die Schwäche meiner Augen –, sondern um mich mit allerlei Gedanken oder Leserei zu ergötzen, wie es in Gesellschaften die Abwechselung des Gesprächs tut. Ich weiß wohl, daß dem allen ein sehr schlimmer Zug in meinem Charakter, nämlich Trägheit, zu Grunde liegt; allein ich verzweifele fast, dieses durch Temperament, Lebensweise und lange Gewohnheit festgewurzelte Übel auszurotten... So wenig ich geeignet und beflissen bin, mir sogenannte gute Freunde zu erwerben, so muß ich doch sagen, daß ich bei dem harten Schlage, der mich traf, mehr und innigeres Bedauern wahrnahm, als ich nach der gemeinen Weise vermutete. Ein guter Teil davon kommt wohl auf die Rechnung meiner Julie, welche allgemein beliebt war. Freilich blieb's bei Worten, und die allermeisten würden es dabei gelassen haben: aber die ich um tätige Hilfe ansprach, haben mein Vertrauen über meine Erwartungen erfüllt.

Du und Deine gute Schwester, Ihr habt an bereitwilligem, schnellem, zweckmäßigem, aufoperndem, ausdauerndem Beistande alle anderen unendlich weit übertroffen. Zwar kannt' ich Dich, aber nicht so ganz: weniger noch Deine treffliche Schwester. Es ist viel, sehr viel, was Ihr an mir und meinem Jungen tut; aber die Art und Weise, wie Ihr es tut, ist himmlisch...

am 28. Dezember.

Wahrlich, ich bin in großer Versuchung, den gestern abgebrochenen Text fortzusetzen. Was habt Ihr nicht alles getan, wen nicht aufgeboten, dem Carl Freude zu machen! Ihr habt ihn zu Eurem Kinde gewählt. Um Euer willen ist er vielen anderen lieb geworden. Was kann ich tun als danken und – schweigen? Nähre in ihm möglichst den Sinn für Freundschaft gegen seine Kameraden, die ihm wohlwollen, leite ihn an zu Gegengefälligkeiten; die Kosten trage ich gern, wenn sein Taschengeld nicht ausreicht.

Nicht minder freuet mich Carls physisches Wohlbefinden. Mit Juliens Gehör hat es sich seit der Anwendung eines Fontanells etwas gebessert, aber der abscheuliche Ausfluß aus den Ohren hat wenig nachgelassen. Über dieses steckt die Skrofelschürfe in ihr, die itzt am Munde und Armen zum Vorschein kommt. Autenrieth hat ihr dieselbe Arznei verordnet, welche Carl nahm. Julius hatte ein geschwollenes Augenlid und scheint überhaupt zu Augenentzündungen geneigt. Moritz kann durch das eine Nasenloch keine Luft schöpfen, seitdem es vor einigen Wochen ganz verschwollen war, und ich weiß noch nicht, woran das liegt. Siehe, so kann man den Arzt selten lange entbehren. Aber glaubst Du wohl, daß meine Mamsell, welche die Kinder beständig um sich hat und weiter nichts tut und tun kann und tun soll, mir nur von einem dieser Übel Nachricht gegeben hat! Nein, ich selbst habe sie – wegen meiner Kurzsichtigkeit erst spät genug – bemerkt und zum Teil durch andere erfahren.

Auf ein anderes zu kommen. Die Verständigung mit Mariannes Eltern, auf welche Du so sehr dringst, ist noch nicht erfolgt. Ich fühle, daß sie notwendig ist, ich sehe darin nichts Arges, kaum eine kleine Beschämung. Allein seit dem Empfange von Mariannes Brief betrachte ich die Sache als eine mir durchaus fremde Angelegenheit und bin geneigt, die Erklärung ganz gelegentlich vorzunehmen oder auch ganz zu unterlassen.

Zum Schlusse noch ein psychologisches Nüßchen für Deinen Scharfsinn: wie kommt's, daß diese Geschichte, der Zeit nach so ganz nahe und von so hohem Interesse für mich, mir schon als eine längst vorübergegangene Jugendbegebenheit vorkommt, dergleichen noch mehrere, in ziemlich matten Farben, in meiner Erinnerung ruhen?«

Die am 29. Dezember geschriebene Fortsetzung seines langen Briefes begann Niese mit einem »ängstlichen Blick auf unser Vaterland«. Er glaube nicht an die Gerüchte von dem Unglück der großen Armee, denn er »kenne ihre Quellen, ihre Verbreitung und den Grad ihrer Glaubwürdigkeit aus ewigen Zeiten. Weniger noch bin ich auf unsere persönliche Sicherheit wegen einer feindlichen Okkupation besorgt: dafür bürgt mir Napoleons und seiner Generale Feldherrntalent und die Tapferkeit ihrer Armeen. Aber wenn nur ein Zehnteil wahr ist von dem Verluste bei dem wohl klüglich erwählten, aber höchst schwierigen Rückzuge, was werden für unser armes Vaterland die Folgen sein?... Du ahndest, und ich hoffe, im künftigen Jahre ein neues Leben zu beginnen. Ein neues Leben? Jawohl, ich sage nicht zuviel. Oder meinst Du, daß Heiraten so ganz ohne Veränderung der Lebensweise und selbst des Charakters abgehe?

Doch ich will davon reden, wie wir uns eine Frau zu wünschen haben. Merke wohl, daß ich vom Wünschen rede: die Wirklichkeit, wenn sie eintritt, wird manches ändern; je weniger, desto besser. Da unser Alter, unsere Lage, unser Charakter einander sehr ähneln, so könnten unsere Wünsche so ziemlich zusammentreffen, wenigstens in den Kardinaltugenden. Indem ich nun diese in Gedanken mustere, befinde ich, daß unsere Wünsche gar nicht so mäßig sind, als wir das Ansehen haben wollen. Wir suchen geraden Verstand, ein unverdorbenes Herz, Liebe zu uns, Wirtschaftlichkeit, Häuslichkeit, ich noch obendrein eine liebevolle Mutter für fremde Kinder. Das ist wahrlich nicht wenig! Und was wollen wir denn entbehren? Allenfalls Jugend, Schönheit, Reichtum, modische Geschicklichkeiten, gesellschaftliche Talente! Vortrefflich! Was teils nicht an uns kommen wird, was wir teils nicht brauchen können, das lassen wir schwinden; allein, was im ganzen und einzelnen seltener ist und immer seltener wird als die zuletzt genannten Welttugenden, von denen heutzutage jedes Äffchen sich ein Teilchen vindiziert, das soll unser werden. O über die bescheidenen Wünsche! Und doch möchte ich um alles in der Welt nicht, daß meiner Frau eine jener guten Eigenschaften durchaus mangelte.

Zum Glück hat die Natur die Anlage dazu in die meisten gelegt und nur wenige verwahrloset. Allein Erziehung, Umgang usw. haben diese schönen Anlagen in vielen ganz verdorben. In einigen stellt besonnene Liebe zu Mann und Kindern die natürliche Güte wieder her, ich glaube sogar, in vielen, allein es bleibt ein Wagestück. Also wäre für uns am nützlichsten ein schlichtes gutes Mädchen, die uns ihre vollkommene Zuneigung – nicht eine glühende Leidenschaft früher Jugend, die wir schwerlich erwidern könnten – zum Brautschatz mitbrächte, dann, glaube ich, würde uns das andere alles zufallen. Mein Bedenken gegen Witwen habe ich schon anderwärts geäußert; sie haben so viel von der Farbe des seligen Mannes. Allein wo nun eine solche finden, wie wir wünschen? Darin liegt's eben: und ehe wir sie gefunden, ist's mit dem neuen Leben vors erste nichts, sondern es bleibt beim alten.

Wohl Dir, daß Dir das alte so behaglich ist, daß Du an ein neues nur mit Ungewißheit und Furcht denken kannst. Aber Deine Stunde wird auch schlagen, Du wirst Deine treffliche Schwester verlieren, und dann wirst Du in gleiche Sorgen geraten wie ich. Dagegen mahnt mich die Sorge für meine Kinder und für mein Hauswesen an baldige Änderung. Carl ist wohl aufgehoben, an den denk' ich gar nicht. Aber die andern? Zum Glück spüre ich noch keine groben Unarten oder Anlagen zu spätern Lastern. Das ist noch mein Trost. Desto nötiger wäre meiner Haushaltung eine strengere Aufsicht und Ökonomie. Es fehlt an der so nötigen Übersicht und Einteilung im Kleinen wie im Großen. Diese verstehe ich auch nicht. Mir scheint jede Ausgabe notwendig, weil ich nicht im Zusammenhang beurteilen kann, was da dringend ist oder warten kann. Am Ende muß ich alles bezahlen ... Soll ich indessen um einiger hundert Taler Einbuße willen mich in der wichtigsten Angelegenheit übereilen, die es für mein und meiner Kinder Wohl nur geben kann? Nein, unser Wahlspruch sei auch hierinnen: festina lente!

am 30. Dezember

Nun schließe ich diesen ungeheuren Brief, welcher wohl die Stelle einer mündlichen Unterhaltung vertreten müssen wird, die ich Dir, wäre Schlittenbahn geblieben, zugedacht hatte. Lebe wohl im alten und neuen Jahre. Behalte mich und meinen Jungen lieb. Dies ist die einzige Bitte

Deines
Freundes Niese«

Mein guter Niese!

Endlich nach einem sauren Anfang dieses Jahres wird mir so wohl, mich sammeln und Dir die freien Stunden dieses Tages widmen zu können. Ich mußte die Frühpredigt am Neujahrstage in Pretzsch übernehmen, und wer spricht an diesem Tage und besonders unter den gegenwärtigen Verhängnissen nicht auch gern zu seiner Herde?

Am letzten Sonntag habe ich drei Leichen zu beschicken gehabt. Es herrschen mancherlei Krankheiten, deren eigentliche Beschaffenheit mir freilich unbekannt bleibt, da die elenden gewesenen Feldscherer, welche zum Beistande geholt werden, mir wenig Auskunft geben. In welchen Händen schwebt doch Leben und Gesundheit! Gefährlich müssen die Krankheiten sein, denn schon in zwei Häusern sind mehrere Familienmitglieder davon ergriffen worden. Wenn doch der hundertste Teil dessen, was nur seit einem Jahr zur Zerstörung des Menschenlebens, -hausens und -wirkens verschleudert worden, angewandt würde zur Erhaltung und Beförderung des Wohls des Einzelnen, wieviel könnte bewirkt werden! . . .

Mit innigem Vergnügen habe ich Deinen Brief mehr als einmal durchgelesen. Welch einen richtigen Blick hast Du auf dieses merkwürdige Jahr Deines Lebens geworfen. Und das Resultat? Ist es nicht allem, was Menschen suchen, erstreben, ähnlich? Sage nur selbst, ist das vergangene Jahr nicht reich, überschwenglich reich für Dein eigentliches Selbst an Gewinn geworden? Was wollen wir mehr? . . .

Schon als Knabe und Jüngling tat es mir wohl, wenn mir mein leiblicher Vater mir, dem Jüngeren, schwerere und bedeutendere Verrichtungen auftrug als meinem älteren Bruder; und – nenne es eitel oder wie Du sonst willst – das Zutrauen, welches er sterbend äußerte, ich würde seine Stelle an den Seinen vertreten, hat den kräftigsten Einfluß auf meine ganze bisherige Lebensweise gehabt. Denke Dich in einem unendlich höhern Verhältnisse, und Du wirst die Hand segnen, die Dich verwundete, wirst in diesen Wunden die Aufforderung nicht verkennen, mit kindlichem Sinn, Streben und Vertrauen Dich ihm zu ergeben.

Nenne ja dies nicht die einzige tröstliche Erfahrung, die Du in der traurigen nächsten Vergangenheit machtest, daß Du Freunde fandest! Wir gehörten ja längst einander an, haben so manches miteinander getragen, wovon niemand nichts wußte, unsere Grundsätze stimmen so genau miteinander überein, und Dir habe ich es zu verdanken, daß mein Bestehen, mein Kredit vor der ganzen Welt in den schwierigsten Umständen gesichert. Wie kannst Du nun mir so sehr zum Verdienst anrechnen, wozu mich Dankbarkeit aufforderte, Freundschaft aufrief, und natürliche Neigung, ja, meine zur Gewohnheit gewordene Lieblingsbeschäftigung antrieb? Ich bauete auf die natürliche Liebe aller Kinder zu denen, die ihnen mit Liebe entgegenkommen.

Ich habe Carln, teils notgedrungen, teils um seine Gesundheit zu stählen, manche Nachmittage bis auf eine halbe Stunde ganz freigegeben. Das Eisrößgen ist fertig, ein kleiner, zwar gemeiner Schlitten ist auch parat, und da geht es flott weg, manchmal noch abends im Dunkeln mit dem letzteren auf den Kirchhof. Er verträgt dabei schon ziemlich viel Kälte, bleibt bei gutem Appetit, und auch nicht ein einziges Mal hat er bis itzt Anfall von Husten gehabt. Abends bleibt er größtenteils munter, bis wir alle zu Bette gehen, und singt mit uns, auch liest er in der Reihe den Abendsegen.

Die Nachrichten von Deinen übrigen Kleinen, die Du mir mitgeteilt, sind für Dich allerdings beunruhigend, aber hauptsächlich deswegen, weil Du um Dich keine mitsorgende Seele hast. Julius' Augenübel rührt wohl von seiner Bequemlichkeitsliebe her. Er ist dicker als Carl, hat weit weniger körperliche Bewegung, kein Wunder, wenn da die Säfte unrein werden. Überhaupt schien er mir in Ansehung der Augen Dir am meisten zu ähneln. Das alles aber darf Dich nicht bange machen. Auch der Julie Ausschlag kann vielleicht dienen, innere Unreinigkeiten, die bisher ihrer Gehörskraft nachteilig wurden, aufzulösen und abzuführen. Und Moritz? Wer kann wissen, was dem Wildfang für eine Erkältung zugestoßen!...

Einige Brocken erlaube mir zur Auflösung Deines psychologischen Rätsels. Keine Eindrücke und selbst keine gefaßten Neigungen prägen sich in unseren Jahren mehr so fest ein als in den Zwanzigen. Wir sind kälter aber auch bekannter mit dem Gang von dergleichen Begebenheiten geworden. In der Stille flüstert uns der Verstand seinen aus vielen Erfahrungen gesammelten Grundsatz zu: was anfangs betrübte, erfreut oft nachher...

Daß es mit den öffentlichen Angelegenheiten in der Tat schlimmer steht, als die Zeitungen besagen, ist wohl mehr als wahrscheinlich. Gesetzt, auch nur der fünfzigste Teil von den Privatnachrichten sei wahr, welch ein ungeheurer Verlust an Menschen und Kriegsbedürfnissen – und wer muß ihn ersetzen, wer leidet darunter? Laß nun alles wiederhergestellt und glücklich an Ort und Stelle angelangt sein, laß sie im Laufe des Sommers abermals hundert und mehrere Meilen einwärts dringen, wird nicht jeder herannahende Winter einen gleich unglücklichen Rückzug aus diesem unwirtbaren Lande veranlassen? Und wozu alle diese Aufopferungen? Ohne daß man sich irgendeiner Parteilichkeit schuldig macht, war es doch vorauszusehen, daß dem Geist unserer Zeiten, der alles menschlichem Scharfsinn, Vorsicht, weisen Maßregeln und dergleichen zuschreibt und die Möglichkeiten und Unmöglichkeiten dessen, was geschehen soll, danach einzig berechnet, die Lehre gegeben würde: ihr könnt nichts ohne den Höhern, der am Ruder sitzt! Unter dem Sterbestöhnen und Seufzen von Tausenden ist sie nun erfolgt. Wird man sie aber beachten? Schwerlich! – Noch immer dauert der Durchgang von Extraposten fort, die von der Armee retournieren.

Auf den zweiten Teil Deines Briefes lasse ich mich diesmal wenig ein. Es ist, wie Du weißt, eine Veränderung, an die ich ohne gewisse Scheu nicht denken mag und kann. Und wenn ich werde müssen, dann stehe mir Gott bei, daß ich finde. Denn wählen ist mir längst ein Hirngespinst gewesen, man muß in diesem Punkte finden.

Bald hat mein Brief den Umfang des Deinigen erreicht. Wenn Du nur daraus abnimmst, daß es mir nicht an gutem Willen, sondern in der Tat bisher an Zeit gefehlt hat, bin ich zufrieden. Auch dieses Jahr, möge es herbeiführen, was es wolle, es gebe uns Gelegenheit, daß wir aufeinander sicher rechnen können, soweit menschliche Kräfte zu lindern und zu helfen vermögen.

Meine Schwester und Carl grüßen Dich und die Deinen herzlich, und mir sei und bleibe Freund auch in der Zukunft

Dein redlicher Spitzner

NSchr. Die Sagen von Berlin werden immer bedenklicher!«

Das Vertrauen Nieses auf das Feldherrntalent Napoleons erwies sich als Fehleinschätzung: während Niese seinen mehrteiligen Neujahrsbrief verfaßte, schloß der preußische General Yorck, gleichsam ein Interpret des Freiheitswillens der unterdrückten Völker, in Tauroggen den gegen Napoleon gerichteten Neutralitätsvertrag mit den Russen. Und die Gruppen zerlumpter, ausgemergelter und kranker Heimkehrer, die man jetzt auf allen Landstraßen im östlichen Deutschland sehen konnte, zeugten von der augenblicklichen Lage auf dem Kriegsschauplatz. Mit diesen Invaliden aber näherten sich langsam neue landfremde Armeen. Würden sie besser sein als die bisherige Besatzung? Würde der Zusammenprall beider auf dem schon so geplagten Boden Ost- und Mitteldeutschlands stattfinden? Ungewißheit prägte Nieses Brief an Spitzner vom 20. Januar 1813: »Nach Aussage der in großer Anzahl zurückkehrenden französischen und verbündeten Offiziers und anderer Armeeoffizianten ist die französische Armee noch immer im Rückzuge begriffen und scheint zwischen der Weichsel und Oder sich zu befinden, aber niemand weiß ihre Stellung. Die russischen Feldherrn Wittgenstein und Tschitschagow sollen ihr im Rücken und auf den Seiten folgen. Soviel scheint auch dem gemäßigten Beurteiler wahrscheinlich. Damit kontrastiert auf eine seltsame Art die Ruhe, die in unserem Lande in Absicht auf militärische Maßregeln herrscht. In unserer unvollendeten Festung spürt man gar nichts, was Annäherung eines feindlichen Heeres andeuten könnte, weder die Tätigkeit zur Wache noch Anstalten zur Räumung. Es ist doch hier eine bedeutende Anzahl Geschütz nebst Zubehör, ein großer Pulvervorrat und dergleichen; man würde doch dieses nicht geradezu preisgeben wollen? Allein die Ordre, eins oder das andere zu tun, kann stündlich eintreffen, daher ist nicht zu trauen. Ich leugne nicht, daß mich mein guter Mut, den ich lange, länger als die meisten, bewahrt hatte, zu verlassen beginnt. Es ist ein trauriges Leben, alle drei oder vier Jahre um seinen Wohlstand und um seine Existenz bangen zu müssen. Wohnt man in einer Festung vel quasi, so ist die Besorgnis um das Vierfache größer, o, ich wäre in unseren alten, zerfallenen Mauern um vieles ruhiger. Gott kehre alles zum Besten für unser Vaterland und für uns.«

Bei diesen alarmierenden Nachrichten mußte alles übrige mit kurzen Sätzen abgetan werden. Aber etwas Geld für Carls Unterhalt wurde pünktlich an Spitzner auf den Weg gebracht und ihm Aufschub für die Rückzahlung der hundert Taler zugesagt, die Spitzner sich für die Ausstattung der heiratenden Schwester geborgt hatte. Spitzner, durch seine Beziehungen nach Wittenberg und zu den eingezogenen Bauernburschen oft besser informiert als sein Freund, wußte bereits, daß über das Schicksal Torgaus entschieden war, seit Napoleon befohlen hatte, die Festung sofort im Hinblick auf eine Belagerung aufzurüsten. Am 23. Januar schrieb er:

»Hier meine Erklärung und meinen freundschaftlichen Rat. Sollte es dahin kommen, daß Torgau in Belagerungszustand erklärt wird, dann, Freund, einen Boten, und ich bin des anderen Tages mit einem Rüstwagen oder zwei, wie Du willst, bei Dir, um alle Deine Kinder und was Du sonst willst, nach der Klugheitsregel divide et impera mitzunehmen – nicht in meinen vollgültigen Schutz – wer könnte das! –, aber um mit Leib und Leben für alles zu stehen und Dich der nächsten Beängstigung in etwas zu entledigen.«

Inzwischen hatte Napoleons Befehl Torgau erreicht. Niese entschloß sich zu Sicherheitsvorkehrungen:

»Teuerster Freund!
Nach dreitägiger Abwesenheit in Leipzig, wo ich mit dem Syndikus Kämpfe in Geldgeschäften des Rates gewesen war, höre ich gestern abend bei der Rückkehr Nachrichten, die deutlichen Bezug auf eine Verteidigung der heillosen Festung zu haben scheinen. Der General Zeschau ist, wahrscheinlich als Gouverneur, angelangt. Ein Bataillon Garde, sämtliche Depots und alle Rekruten sollen herkommen. Man hat die Rathauskeller besichtigt, um sie zu Pulverniederlagen zu machen. Die Offiziers, die etwas wissen können, sind auf einmal geheimnisvoll gegen ihre Bekannten geworden. Ich kenne diese Taktik, wo man die Gefahr bis auf den letzten Augenblick verschweigt, wo keine Rettung, keine Linderung mehr möglich ist, aber ich lasse mich nicht dadurch irren. Du kannst wohl denken, daß mich Entsetzen überfiel.

Heute früh im Bette, welches mein Rathaus zu sein pflegt, wurde ich über einige provisorische Maßregeln mit mir einig. Zunächst lagen mir meine Kinder. Ich beschloß, Deine Freundschaft in ihrer größten Ausdehnung anzusprechen und Dich um Aufnahme mindestens der beiden Kleinen zu bitten. Indem ich die Feder ergreife, besinne ich mich, daß ein Brief von Dir dasein könne, den man mir, wie das oft geschieht, vergessen zu geben. Ich frage. Richtig. Ich eröffne ihn und lese, daß Du mir mit meinem innigsten Wunsch entgegenkommst. Tränen stürzten mir aus den Augen, ich hatte Mühe, mich zu sammeln und diesen Brief anzufangen. Meine Sorge ist um die größte Hälfte erleichtert. Gute Seelen, die Ihr seid! Doch heute vermag ich keinen Dank niederzuschreiben. Also es bleibe dabei. Dringt die Gefahr näher, was sich wohl aus den Anstalten abnehmen lassen wird, so erhältst Du schleunige Botschaft. Ich übergebe Dir noch zwei, im höchsten Notfall alle drei Kinder, nebst Betten, Kleidung und was sie bedürfen, nebst Geld, soviel Du willst. Vielleicht füge ich noch eine kleine Reserve an Betten, Leinengeräte und Wäsche für mich hinzu. Du hast auf keinen Fall für etwas zu stehen, wie ich hiermit ausdrücklich erkläre. Man muß auf das Schlimmste gefaßt sein. Können wir am Ende nur mit Schillern sagen, es fehlet uns kein teures Haupt, so sind wir geborgen. Das Haus in Ruinen, das Mobiliar verbrannt, einige tausend Taler Kapital verloren zu sehen, ist schmerzlich, aber es wird mit Gottes Hilfe sich verwinden lassen. Ich bin noch nicht so ganz außer Fassung als 1806.«

Torgau freilich war in einer weit schlimmeren Lage als 1806. Nicht mehr offene Stadt, sondern Festung eines Landes, das mit Frankreich in einem erzwungenen Bündnis stand, konnten ihr Freund und Feind gleichermaßen zum Verhängnis werden. Während der preußische König sich durch seine Übersiedlung nach Breslau der französischen Aufsicht entzog und von dort aus die Erhebung sowie das Bündnis mit Rußland vorbereitete, wagte der sächsische König, der seit dem Rückzug Napoleons ebenfalls der anderen Seite zuneigte, keinen offenen Schritt, sondern glaubte, in Verbindung mit Österreich eine bewaffnete Vermittlung zwischen den Franzosen einerseits und Preußen und Russen andererseits durchführen zu können. Seine Truppen aber unterstanden noch immer dem französischen Oberkommando, und sein Land war dem Kaiser wie den Verbündeten preisgegeben. Die Franzosen zogen sich auf die Elblinie und die Festungen zurück, warteten die Rückkehr des Kaisers und neuer Streitkräfte ab und ergänzten dabei ihre Truppen wieder. Wittenberg, dem der Ausbau Torgaus zur Festung dieses Schicksal bisher erspart hatte, wurde zwangsweise zur Festung gemacht. In Torgau wurden die Lücken des Hauptwalls und der Glacis ausgefüllt, neue Werke angelegt, wobei man besonders den rechtselbischen Brückenkopf zu einem starken Fort ausbaute, und Schießscharten eingeschnitten. Alle Fähren und Schiffe wurden auf das linke Elbufer gebracht. Die Bürger mußten ihre Gewehre abliefern, die Bewohner der Vorstädte sich auf die Räumung ihrer Häuser gefaßt machen und die Tore der Festung mit Sonnenuntergang geschlossen werden.

Dennoch konnte sich Senator Niese zunächst nur entschließen, ein weiteres Kind wegzugeben. Anfang Februar kamen Spitzner und Carl nach Torgau, um den gerade vierjährigen Moritz abzuholen. Mit ihm standen Spitzner und seine Schwester vor einer schwereren Aufgabe als der bisherigen, denn der dunkellockige Knabe war »weit dreister« als Carl und noch unter dem schulpflichtigen Alter. Aber Spitzner bewältigte auch das. Moritz schlief in der Stube des Pfarrers, und während dessen Konfirmandenunterricht saß er brav auf seinem Schoß. Dem großen Bruder eiferte er im Austuschen und Lesen nach. Als er die ersten Buchstaben zu lernen begann, erbat sich Spitzner von Niese eine Fibel, und wenn Carl an den Abenden vor dem Schnurren der Spinnräder in die Studierstube Spitzners floh, um seine Schulaufgaben zu erledigen, trabte ihm Moritz mit einem Buch unter dem Arm hinterher, schlief jedoch bald auf dem Sofa ein. Mit seinem Reinlichkeitssinn, Schönheitsdrang und kleinem Hochmutsteufel erwies er sich für Spitzner ganz als Sohn seines Vaters. Anders als der zuvorkommende Carl trat das Stadtkind Moritz zunächst seinen bäuerlichen Spielkameraden gegenüber. Als Carl sie dem Bruder das erste Mal präsentierte, rümpfte der Kleine die Nase: »Ihr habt ja Läuse, mit Euch spiele ich nicht!« Bei einem Spaziergang mit Spitzner fertigte er einen kleinen dreckigen Dorfjungen, der den Pfarrer höflich grüßte, mit »Du Rotzlöffel!« ab. Indes wußte er bald seine Überlegenheit zu nutzen. »Am mehresten«, berichtete Caroline, »vermißt er die Trommel, die er sehr nötig brauchen könnte beim Exerzieren, denn manchmal hat er acht Stück große Bauernjungen vor sich, die alle auf den kleinen Mann parieren.«

Nicht nur an den Kindern, auch an dem Vater mußte Spitzner sein Erziehungswerk fortsetzen. Marianne Brunner hatte sich nun öffentlich mit dem Leutnant Wiedemann verlobt; der Senator konnte einige bissige Bemerkungen nicht unterdrücken und ging dem jungen Paar geflissentlich aus dem Wege. Da bedurfte es denn der freundschaftlichen Ermahnung, der gekränkten Eitelkeit und dem verletzten Gefühl nicht nachzugeben, obwohl es weibliche Schwäche gewesen sei, Niese »einer Militärperson, und zumal in den gegenwärtigen Konjunkturen, nachzusetzen«. Suchte Spitzner seinen Freund auch immer wieder aufzumuntern, so war er selbst doch bedrückt, wenn er an die Zukunft dachte. Er habe sein Testament gemacht, gestand er, denn niemand wisse ja, ob er dieses Jahr überleben werde.

Außer dem Feind der Bajonette, Gewehre und Kanonen war seit kurzem in Torgau ein ebenso gefährlicher, eine epidemische Krankheit, zu fürchten. Niese nannte sie ein »Nervenfieber von sehr bösartigem Charakter« und gab folgende Beschreibung nach Trebitz weiter: »Die nächste Ursache dazu waren die durchgebrachten kranken Militärs, welche man aus Mangel eines Spitals in die Bürgerhäuser legen mußte. Durch den abscheulichen Geruch mancher dieser Kranken entstand Ekel, welcher einige Personen aufs Krankenbette brachte, und in diesen entwickelte sich zum Teil eine heillose Krankheit. Einige liegen auf den Tod. Dieses Unglück, von Verständigen längst geahnt, fehlt noch zur Vollendung des Elends. Ich kenne die Folgen davon aus dem 1778er Kriege, obwohl ich damals fast noch ein Kind war. Die Seuche raffte meistens gesunde kräftige Menschen in den mittlern Jahren weg. Niemand nahm sich ihrer an, weil jeder im eignen Hause Sorge genug hatte. Und doch war Torgau damals keine Festung, sondern hatte nur ein starkes Lazarett. Stelle Dir die jetzige Kombination vor: Welche Aussichten gewährt sie? Ich schweige von meiner individuellen Lage, allein ich habe auf den Fall einer Belagerung oder nur Blockade, wo alles ringsumher zu Grunde gerichtet wird, großen, sehr großen Verlust zu befürchten. Was ich sonst mich beeiferte, zu erhalten, Hypotheken auf Grundstücke bei der Stadt oder in den nächsten Ortschaften, das wird mir jetzt verderblich.«

Kurz nach Mitte Februar langte General Thielmann, ein bekannter Hauptvertreter der Freiheitspartei, als neuer Kommandant in Torgau an und löste Generalleutnant v. Zeschau ab. Damit war die Festung in der Hand eines besonnenen, aber auch entschlossenen Mannes. Der Truppenteil wurde durch Zöglinge der Dresdener Artillerieschule auf 1500 Mann verstärkt und das Jägerkorps unter Carl Adolf v. Carlowitz, einem Gesinnungsgenossen Thielmanns, in Torgau stationiert. Um die täglich wachsende Zahl der Kranken unterzubringen, mußte das Gymnasium im Franziskanerkloster innerhalb kürzester Frist geräumt und dort ein Lazarett eingerichtet werden. Die obersten Klassen wurden von Rektor Benedikt in Privathäuser verlegt und die Bücher der Gymnasialbibliothek, der Niese so manche besinnliche Stunde verdankte, über der Sakristei der Liebfrauenkirche gelagert. Die Bürger hatten sich für die Dauer von zwei Monaten zu verproviantieren. Der Ernst der Lage wurde nunmehr allen deutlich. Am 20. Februar beschloß Niese, die zwei bei ihm wohnenden Kinder ebenfalls Spitzner anzuvertrauen:

»Die Absicht dieses Briefes ist, Dich zu fragen, ob Du sie den Montag oder Dienstag abholen kannst ohne Nachteil Deiner Amtsgeschäfte: wo nicht, so bringe ich sie Dir selbst oder durch einen vertrauten Mann. Ich kann schwer abkommen, weil ich teils selbst zu Neste tragen muß, teils auch nicht weiß, was in meinem Amte mich etwa halten möchte; doch würde ich es gern tun. Wer weiß, sähe ich sie nicht zum letzten Male: denn leider greifen die Krankheiten immer mehr um sich. Wie Du es mit der Fuhre, versteht sich auf meine Kosten, einrichten willst, überlasse ich Dir. Einen Teil meiner Betten gebe ich Dir mit, ein Kästchen mit etwas Silberzeug und einen Kasten oder Koffer mit Wäsche. Gern spräche ich Dich hier in loco, um nähere Maßregeln mit Dir zu nehmen, wenn es Dir möglich ist. Hierbei aber möchtest Du es so einrichten, daß Du noch bei vollem Tage hier einträfest, weil man wahrscheinlich die Stadt mit dem Abend sperren wird. Von gänzlicher Sperre kann nicht die Rede sein, denn so nahe ist uns der Feind noch nicht. Gib mir Antwort... Ich verproviantiere mich itzt. Mehl hätte ich allenfalls, aber kannst Du mir nicht für Bezahlung etwas gebackenes Obst, Pflaumen oder Birnen ablassen? Das taugt hier auf dem Kaufe nichts. Kannst Du mir aber einen Scheffel Mehl mitbringen oder ablassen, mit Freuden nehme ich ihn.«

Spitzner fuhr auf diesen Brief hin abermals selbst nach Torgau, um noch ein paar letzte Stunden mit dem bedrückten Freund zusammen zu sein. Dann nahm er Julie und Julius mit nach Trebitz. Der Wagen blieb auf den von Tauwetter und Regengüssen unwegsamen, von Transportfahrzeugen verkeilten Straßen stecken und mußte ausgegraben werden. Die Kinder weinten.

Die stille Pfarre in Trebitz entwickelte sich unter Spitzners Leitung rasch zu einer Art Nachrichtenzentrale. Aus den nächstgelegenen Orten, vor allem aus Wittenberg, liefen regelmäßig Meldungen über die Bewegungen der französischen Truppen ein, aus denen man Schlüsse über ihre Absichten ziehen konnte. Was an Nachrichten aus dem Preußischen, vor allem aus Berlin, anlangte, fand, meist über den Konrektor Spitzner in Wittenberg, sehr schnell einen Weg nach Trebitz, von wo es in fast täglichen Berichten an den Freund in der Festung weitergegeben wurde. Man mußte Klarheit darüber gewinnen, ob die Kinder, nun zwar vor den Schrecken der Belagerung gesichert, nicht etwa in Trebitz in die noch größere Gefahr des direkten Kriegsschauplatzes gerieten. Die Elbe schien die Front der französischen Verteidigung zu werden, und so konnte Trebitz in der Hauptkampflinie liegen. Für den Fall, daß die Dörfer der Umgebung von Franzosen und Sachsen besetzt wurden, war ausgemacht, die Kinder weiter nach Westen an ausgekundschaftete sichere Orte zu bringen, die abseits der Heerstraßen lagen. »Meine Schwester wird sie unter gehöriger Bedeckung begleiten und bei ihnen bleiben. Weiter kann ich dann persönlich freilich nichts tun, denn ich muß und will an Ort und Stelle bleiben, bis ich vertrieben werde. Gott wird uns beistehen und auch aus dieser Trübsal retten.«

Die Nachricht von dem Bündnis zwischen Russen und Preußen am 28. Februar beseitigte jede Unklarheit über die Stellung Friedrich Wilhelms III. in der künftigen Auseinandersetzung. Schon standen die Russen vor den Toren Berlins, aber die Franzosen, die sich in der Stadt verbarrikadiert hatten, zogen sich bald aus ihr zurück. Frankreichs Truppen setzten sich vor allem in Wittenberg fest, wo der Vizekönig von Italien sein Hauptquartier aufschlug. Da alle Dörfer im Umkreis von Franzosen überflutet wurden, ließ Spitzner Betten sowie Kleidung der Kinder zusammenpacken. Er rüstete ein Fuhrwerk aus und versah Caroline mit zunächst hundert Talern und der Anordnung, notfalls Extrapost zu nehmen, um die Kinder von der geplanten Zufluchtsstätte weiter nach Westen zu bringen. Der geängstigte Vater drängte auf Abreise. Spitzner erkannte Nieses Wunsch zwar als maßgebend an, hielt jedoch in letzter Minute die Abreisenden zurück, weil er glaubte, eine unmittelbare Gefahr drohe nicht. Den Freund in Torgau suchte er zu beruhigen: »Wir werden's überstehen und dann danken, es überstanden zu haben. Sollte es mich treffen und wie so wenig darf ich mich sicher halten – dann erfährst Du, was ich noch von Dir wünsche, auch wenn mein Mund nicht mehr sprechen kann.« Spitzner schickte einen Studenten seines Bruders direkt nach Torgau, damit er Einzelheiten über die Torgau verwandte Lage Wittenbergs erfahre. Trebitz war weniger durch Kampfhandlungen als dadurch bedroht, daß die große französische Besatzung die Landbevölkerung völlig in Armut stürzen würde. Wiederholt erbat Spitzner von Niese die Zusendung von Wein, um die Wünsche der französischen Offiziere zu befriedigen.

Die Verfolger von Osten rückten näher, die Franzosen zogen sich langsam auf das westliche Elbufer zurück. General Thielmann ließ für den Rückzug der Franzosen oberhalb der Festung eine Schiffsbrücke schlagen, die Festung selbst durften sie nicht betreten. Da die Franzosen das rechte Elbufer verlassen müßten und Torgau sich, so gut es könne, halten solle, werde »die Lage in unserer Stadt kritisch, vielleicht bald trostlos«, schrieb Niese. Dazu komme, daß die von ihm als »Nervenfieber« bezeichnete Seuche mit »furchtbarer Gewalt um sich greift und fast kein Alter verschont, aber am meisten Leute von mittleren Jahren ins Grab reißt. Wir alle müssen aufs Äußerste gefaßt sein, aber ich gestehe, daß mir diese Resignation schwer eingehet. Ich bin nicht nur noch lebenslustig, sondern wünsche auch in meinem bisherigen Wohlstande fortzuleben: beides aber, Leben und Wohlstand, stehen auf dem Spiel. Ich mache mir nicht selten Vorwürfe über meine Unentschlossenheit, daß ich nicht alles aufgab und vor einem Monate fortzog: doch ist ein inneres Gefühl dem entgegen, welches mich einen Feigherzigen schilt, der seinen Posten verlassen will. Ich werde viel, sehr viel verlieren und am Ende das Verlorene entbehren lernen. Sollte ich gar sterben: Wohl! Gott erhalte nur meine Kinder! Soviel als zu ihrer notdürftigen Erziehung hinreicht, bleibt selbst im schlimmsten Falle übrig. Ich werde Dir über die Lage meiner Angelegenheiten noch ein Mehreres schreiben müssen, wenn der Weg nicht versperrt wird: außerdem werde ich in der Notwendigkeit sein, einem meiner hiesigen Freunde das Notwendige an Dich auszuhändigen, wenn ich es nicht gerichtlich deponieren könnte.«

Am 7. März hörte man in Trebitz deutlich Artillerie- und Gewehrfeuer und sah den Widerschein von Brand. Eilig wurden die Kinder mit Caroline in das nahe, abseits liegende Bösewig gebracht. In der Nähe dieses Dörfchens lag in der sogenannten alten Elbe, einem seit langem stillgelegten Nebenarm des Flusses, ganz verborgen eine mit dichtem Gebüsch umgebene Insel; dorthin konnte man im Notfall seine äußerste Zuflucht nehmen.

Drei Tage später erschien vor Torgau auf dem rechten Elbufer ein russisches Korps und begann mit der Blockade der Festung. Die Tore wurden bis auf das Leipziger Tor gesperrt. Als sich die Russen jedoch überzeugt hatten, daß sich nur Sachsen in der Festung aufhielten, zeigten sie sich großzügig, verschonten jeden, der sich außerhalb der Mauern blicken ließ, und hielten keinen der in die Stadt fahrenden Lebensmitteltransporte an. Das Exerzieren der sächsischen Truppen allerdings vollzog sich jetzt innerhalb der Außenwerke. Auch in der Trebitzer Gegend wurde es wieder ruhig, und schon am 12. März kehrten die Kinder, freilich ohne Gepäck und Ausrüstung, in die Pfarre zurück. Die Truppen beider Parteien, durch den Fluß getrennt, verhielten sich still. Französische Kavallerie patrouillierte auf der einen Elbseite in den nächstliegenden Dörfern, auf der anderen Seite sah man Kosaken, und hin und wieder wurde ein Schuß gewechselt. In Wittenberg, wo auf Befehl des französischen Kommandanten die Vorstädte niedergebrannt und außerhalb der Tore liegende Anlagen und Gärten eingeebnet wurden, beeilten sich die Dozenten, ihre Vorlesungen für dieses Semester durch verdreifachte Lehrstunden zu beenden; schon verließen die Studenten in Scharen die bedrohte Stadt. Erste Gerüchte über die neue Besatzung durch Russen liefen um. Der Probst von Kemberg kam im Dunkel der Nacht nach Trebitz und erzählte, was ihm von jenseits der Elbe zugetragen worden war: Da bei den Russen Fastenzeit sei, verlangten sie nachdrücklich die in der ganzen Gegend raren Heringe und andere Fische und prügelten die Leute, wenn sie nicht bekämen, was sie wollten. »Ebenso müssen die Weibspersonen sich sehr entfernt halten.« Aber man wisse auch Geschichten von ihrer überraschenden Gutmütigkeit zu erzählen, etwa daß sie aufgegriffene Studenten wieder laufen ließen, die Menschen nicht an der Ausübung ihrer Arbeit hinderten, einem Bauern, der von anderen ausgeraubt worden war, mit Kleidern versahen und beschenkten, auch oft das, was man ihnen gab, anständig bezahlten. Sie tätschelten den Einwohnern die Wangen, wenn sie zufrieden seien.
Trotz der allgemeinen Sorgen der Freunde blieb doch die beson-

dere um Gesundheit und Erziehung der Kinder ihre wichtigste. Die zehnjährige Julie war offenbar recht krank, ihre Ohren liefen, der Ausfluß ging oft in Blut über, man mußte täglich schmerzende Einspritzungen vornehmen, bei denen es Auftritte gab, die häufig erst durch Spitzners Eingreifen beendet wurden. Ungezogen, bokkig, als einziges der Kinder vernünftigen Vorstellungen nicht zugänglich, war Julie auch unstet und zu keiner rechten Tätigkeit zu bewegen. Ihre drei Brüder, bei denen sie auf Ablehnung stieß, waren fügsamer, selbst Moritz kannte keinen Trotz. Am leichtesten hatte man es mit dem bescheidenen und stillen Julius. Carl, der eine Art Anciennitätsrecht auf Trebitz verteidigte, wollte die Geschwister gern kommandieren, und das ging nicht ohne Geschrei ab. Er schien seine Anfälligkeit ganz überwunden zu haben, nahm an Gewicht zu, ohne dicker zu werden, und seine geistigen Fortschritte überraschten seinen Lehrer noch immer. Wenig Neigung bezeigte er beim Rechnen, aber Spitzner ließ nicht locker, da er aus eigener Erfahrung wußte, »daß unsereiner aus seiner Kindheit fürs ganze Leben das Rechnen mitbringen muß«. Carl schrieb seinem Vater regelmäßig und duldete nicht, wenn es die ältere Schwester einmal allein tat.

»Trebitz, den 4. März 1813

Lieber Vater!
Ich muß doch in der Abwesenheit ein wenig an Sie schreiben, sonst würden Sie glauben, ich dächte nicht an Sie. Wir befinden uns Gottseidank noch wohl. Wir sind auch noch nicht fortgekommen. Aber wie befinden Sie sich denn? Es wäre mir recht sehr lieb, wenn Sie gesund wären. Wir müssen jetzt vieles arbeiten. Nun wird Julien ihr Geburtstag bald sein. Moritz ist jetzt recht lustig. Wir rechnen auch fast alle Tage. Aber lieber Vater, Sie wollten mir ja einen Stock geben und ein Petschaft. Sie wollten ja auch einmal hierher nach Trebitz kommen. Nun fangen wir wieder an, in dem Garten zu arbeiten. Der Herr Magister hat auch recht viele Bilderbücher, welche wir besehen.«

Manchmal mußten Caroline und ihr Bruder die Kinder zu sich mit ins Bett nehmen, weil sie wegen der starken Einquartierung nicht genug Lagerstätten hatten. Sie erwähnten dergleichen, aber sie klagten nicht darüber: »Wäre es dem Gefühl, den Grundsätzen möglich, gleichgültig zu bleiben bei dem, was in der Nähe und Ferne vorgeht, bevorsteht und zu hoffen oder zu befürchten ist, ich würde sagen: wir lebten glücklich. Aber wer kann das, solange die Menschheit blutet und das Brudergeschlecht im Kampf auf Tod und Leben das höchste Ziel seines Wertes setzt!«

Am 17. März erließ der König von Preußen die Aufrufe »An mein Volk« und »An mein Kriegsheer«. Russen und Preußen drangen nun auch im Süden, von Schlesien her, in Sachsen ein und besetzten die Hauptstadt. König Friedrich August, der sich schon Ende Februar in den südöstlichen Zipfel seines Landes, nach Plauen, zurückgezogen hatte, verließ Sachsen, um weder von Napoleon noch von den Verbündeten in seiner Handlungsfreiheit gehemmt zu sein, und ging, da er weiter den Anschluß an Österreich suchte, zunächst nach Regensburg. Ein direkter Zusammenschluß mit den Verbündeten erschien unmöglich, seit im Vertrag von Kalisch schon die Einverleibung Sachsens in Preußen als Ausgleich für die an Rußland fallenden polnischen Gebiete beschlossen worden war. General Thielmann versuchte trotz der eigenen Sympathien für Preußen, den ihm auferlegten Standpunkt strenger Neutralität zu wahren und die Befestigung wirklich so weit voranzutreiben, daß Torgau jedem Ansturm gewachsen schien. Den Befehl des Vizekönigs und des Marschalls Davout, die verstärkte Torgauer Garnison zur Verteidigung der Elbe bis Meißen hin einzusetzen, wies er zurück. Als am 21. März der Marschall selbst vor den Toren erschien, wurde ihm zwar eine Besichtigung der Festung, aber weder deren Besetzung mit französischen Truppen noch die Mitnahme sächsischer gestattet.

»Torgau, am 23. März 1813

Liebster Freund!
Kaum hatte ich am Sonntage früh meinen letzten Brief auf die Post geschickt, als ich zu meinem großen Schrecken erfuhr, daß der Marschall Davout mit einem Corps Franzosen auf Torgau komme und einen Teil desselben bei uns lassen wolle. Einiger Trost wurde mir sogleich, indem ich hörte, daß die Quartiermacher bereits vor dem Tore wären, allein nicht in der Stadt Quartiere machen sollten. Nach Mittag kam auch das Corps, blieb eine Weile vor der Stadt halten und ging sodann auf die nächsten Dörfer um die Stadt, wo sie freilich dick gesäet lagen. Gegen 5 Uhr kam der gefürchtete

Marschall mit seinem Stabe zu Wasser an, nahm in der Stadt Quartier, besah die Festung, äußerte sein Wohlgefallen über den so sichtbaren Verteidigungseifer, gab ein Souper, schlief und ging am anderen Morgen wieder fort. Vielleicht habt ihr ebenfalls den Helden von Auerstedt gesehen, denn er ging nach Wittenberg. Als ihm das Offizierscorps präsentiert wurde, hat er versichert, daß er sie bald anderwärts wiederzusehen hoffe, hier werde nichts vorfallen, man werde die ersten Kanonenschüsse zwischen der Elbe und Oder hören. Wollte Gott, es wäre wahr! Indessen hat die Festigkeit unseres Gouverneurs, des Generals Thielmann, abermals französische Einquartierung abgewandt. Man spricht aber, daß der ganze Rest der sächsischen Armee, soweit er noch in Dresden stehet, hier einrücken soll. Wie diese Platz finden sollen, läßt sich schwer absehen, da die Stadt mit Menschen schon ganz überfüllt ist. Von dem, was auswärts vorgehet, wissen wir wenig und werden bald noch weniger erfahren, da auf Davouts Befehl der Brückenkopf und mithin die Stadt jenseits gesperrt ist. Aus einem heimlich eingebrachten Zeitungsblatt von Berlin erzählte man, daß die Russen mit großem Jubel, Ehren und Festen daselbst bewillkommnet worden, als Alliierte und Retter Deutschlands. Dänemark soll mit England Frieden geschlossen haben. Hamburg sei in russischer Gewalt. Die Engländer kreuzten vor der Elbe. Die Hauptmacht der Russen rücke nach der Niederelbe, ja sie sei unterhalb Magdeburgs zum Teil bereits die Elbe passiert. Ich muß gestehen, daß ich gegen die allgemeine Meinung, als ob wir dadurch etwas gebessert wären, sehr ungläubig bin, weil niemand des Kriegsgottes bluttriefende Pfade zum Voraus weiß... Ach Gott! Soeben wird Feueralarm geschlagen. Ich muß fort. – –

Dank ihm! Es ging vorüber. Es brannte in der ehemaligen Stadtschreiberei. Feuer ist unser drohendster, schrecklichster Feind von innen. Wir haben für zwei Spritzen hinreichend Wasser. Der schwarze Graben ist verschüttet, die Elbe versperrt. Dagegen überall große Heu- und Strohvorräte. Holzhaufen und Pulverdepots. Leichtsinn und Achtlosigkeit im höchsten Grade vergrößern die Gefahr. Auch das schreckliche Nervenfieber greift um sich.

Sehr viele Menschen aller Alter liegen daran, doch trifft es hauptsächlich die Zwanzig-, Dreißig- und Vierzigjährigen. Viele sterben, hauptsächlich Soldaten. Man hatte einmal, aller Vorstellungen ungeachtet, den Fehler gemacht, die von der großen Armee
zurückkehrenden Kranken nicht gleich in ein entferntes Hospital
zu legen, sondern in die Bürgerhäuser einzuquartieren; nun hat
man den Schaden, der aber eben nicht sonderlich zu Herzen zu
gehen scheint... Es sterben wöchentlich immer zwischen 25 bis
32 Erwachsene, so z. B. vom 18. bis 25. d. M. sind 28 gestorben,
unter denen 19 Soldaten sind. Der Auditeur hat die Unklugheit
gehabt, seinen Kalfaktor, welcher lange an Nervenfieber im Lazarette gelegen, wieder ins Haus zu nehmen; nun hat dieser ein Reci-
div bekommen, und ich habe diese böse Krankheit also in meinem
eigenen Hause...

Soeben rückt das sächsische Corps ein. Welch ein kleiner Rest von
so vielen, die mit Mut gestritten und den Ruhm unserer Nation
behauptet haben. Ich hasse den Krieg und alles, was um seinetwil-
len geschiehet: allein die Ehre des Vaterlandes ist mir so teuer, daß
ich das jetzige Militärsystem, so drückend es ist, um ihretwillen
erträglicher finde. Aber noch ist die Scheidewand zwischen Soldaten und Bürger gar nicht gefallen und wird auch, wenigstens bei
uns, so bald noch nicht. Es ist ein großer, harter Kampf, welcher
bevorsteht, allein, wohin die Waagschale sich neigen wird, weiß
nur Gott. Kleine Nationen werden alle Zeit die Beute der Über-
mächtigen, also auch wir...«

Die Menschen in den beiden Eckpfeilern der Linie Torgau-Witten-
berg, einer Schicksalslinie für die Familien Niese und Spitzner, lebten am Anfang April noch immer in Ungewißheit. Würden die
Festungen gegen den von Osten herandrängenden Feind verteidigt werden, oder würde der Feind sie vielleicht umgehen wollen?
Die Elbbrücken bei Meißen und Dresden waren gesprengt worden. Die Russen setzten oberhalb Meißens und unterhalb Wittenbergs über die Elbe, Kosakenstreifen schwärmten bis weit nach
Westen aus, um sich von der Abwesenheit französischer Streitkräfte zu überzeugen. General Blücher erließ einen beruhigenden

und lockenden Aufruf an die sächsische Bevölkerung, und auch der kriegsfreiwillige Schriftsteller Theodor Körner verfaßte einen »Aufruf an die sächsischen Brüder und Landsleute«. Der Senator Niese verfiel indes in immer größere Schwermut, fühlte sich krank, vermutete bereits die grassierende Seuche in seinem Leib. Spitzner hatte nicht geringe Mühe, ihn aufzurichten und zurechtzurücken. Nicht weniger als vier durch die Post, Schanzarbeiter, Rekruten, Butterfrauen übermittelte Briefe gingen in einer Woche von Trebitz nach Torgau.

»Trebitz, am 2. des Aprils 1813

Liebster Freund!

Dein letzter Brief hat mich beunruhigt. Ich muß Dir schreiben, um wieder Antwort zu erhalten, so drangvoll auch alles um mich ist. Ich habe in dieser Woche achtmal öffentlich reden müssen, und was das Unbequemste ist, mein rechter Arm ist halb lahm, da ich ihn mir verrenkt. Selbst das Schreiben wird mir sauer. Mein Mut verläßt mich noch nicht. Bewahre den Deinen sorgfältig. Ich fürchte für Dich alles, wenn Du fortfährst, so düster in die Zukunft zu blicken. Jede Unpäßlichkeit wird Dir Angst verursachen, weil Du das Schlimmste besorgst... Ich hoffe fest, wir werden noch, wenn unsere Kinder – sie sind ja jetzt mein – einst ähnlicher Ermunterungen bedürfen, sie zurückblicken lassen können auf den Gang unserer Schicksale, der uns vereinte und einen in dem andern finden ließ, wessen er bedurfte, um nicht zu ermatten, nicht zu unterliegen...«

Zuspruch wie dieser bewog freilich den Empfänger allenfalls zu ein paar Worten dankbarer Rührung, aber nicht zur Überwindung seines Trübsinns. Zu allem Unglück wurde auch Nieses Magd Sophie von der Krankheit ergriffen, und es starb die Frau des befreundeten Senators Kämpfe, Mutter acht unmündiger Kinder. Frühere Gedanken Nieses an Flucht aus der Seuchenstadt festigten sich. Für den Fall einer Erkrankung plante er, Spitzner durch einen Boten zu benachrichtigen, ihn noch einmal nach Torgau zu bitten und ihm hier letzte Verfügungen vorzutragen. Die wirtschaftliche Zukunft der Kinder quälte ihn, er wollte für den Freund zusammenstellen, an welchen Orten er seine Mobilien untergebracht hatte und wo Wertgegenstände nebst Geld vergraben lagen. Spitzner beruhigte Niese und versprach alles, deutete aber die Möglichkeit an, daß bei stärkerer Entspannung der Lage und weiterem Vorrücken der Verbündeten nach Westen ein Osterbesuch in Trebitz die Fixierung der Wünsche des Senators erlauben könne.

Tatsächlich schien sich die Front weiter nach Westen zu verlagern. Leipzig war in den Händen der Alliierten. Man hörte von einer »Affäre bei Magdeburg«, dem Gefecht bei Möckern, das für die Preußen günstig verlaufen war, und Spitzner bat um Übersendung eines Fäßchens Heringe für die russischen Soldaten, die nun gelegentlich auch in Trebitz auftauchten. »Ihr habt gewaltige Furcht vor den Kosaken, wir nicht. Brächten sie keinen Mund und Magen oder wenigstens ein Magazin mit, so wären wir ganz mit ihnen zufrieden... Laß Deine Furcht vor den Kosaken gar nicht hier merken, sonst lacht Dich Moritz aus, der sich ziemlich familiär mit einem in meiner Stube machte...« Einzig in Wittenberg sah es schlecht aus. Die Stadt war blockiert, wurde auch gelegentlich von den Alliierten beschossen, und es herrschte große Teuerung. Der Konrektor war deshalb nach Beendigung des Semesters nach Trebitz geflüchtet.

In Torgau wurden am 11. April nicht nur die linkselbischen Tore, sondern auch der jenseits der Elbe liegende Brückenkopf dem Verkehr wieder geöffnet. Am Tage darauf hatte General Thielmann, dessen Verhalten gegenüber Davout der sächsische König von Regensburg aus billigte, eine Unterredung mit dem preußischen General v. Kleist, und zehn Tage später besichtigte der preußische Heerführer genauso wie früher der französische die Festung. Am 21. wurde der Bündnisvertrag zwischen Sachsen und Österreich unterzeichnet, der geheim bleiben sollte, bis Österreich seine Rüstungen beendet hatte. Am 23. erhielt Thielmann aus Regensburg den Befehl, die Festung niemandem zu öffnen, es sei denn auf Befehl des Königs im Einverständnis mit dem Kaiser von Österreich, und am 25. nahm der General, einer Einladung Zar Alexanders folgend, zusammen mit Oberst v. Carlowitz offen an einer Parade der Verbündeten in Dresden teil. Die Stimmung in der Bevölkerung hob sich. Die Furcht vor der Blockade trat zurück.

Niese konnte denn auch das Osterfest in Trebitz verbringen. Mit Freude sah er, wie sich seine Kinder in die Ordnung und Zucht des Pfarrhauses eingefügt hatten. Julie blieb zwar weiterhin eigensinnig und zankte sich vor allem ständig mit Carl, aber Carolines Fähigkeit im Umgang mit den Pflegebefohlenen erschien Niese bewundernswert. Da er seinen Kindern kaum Süßigkeiten und Spielzeug schenken konnte, gab er wenigstens etwas zum Taschengeld obendrauf. Die drei Jungen wünschten sich im übrigen bereits Bücher, Moritz zeigte große Neigung zum Singen. Es gab fröhliche Stunden bei dem gemeinsamen Musizieren. Von Torgau aus schrieb Niese im Rückblick auf die Trebitzer Tage: »Dem Moritz aber laßt mir nicht so vielen Willen. Seine Lebhaftigkeit scheint Euch alle bestochen zu haben. Bin ich schon dem Hundsfott auch gut, so möchte ich ihm doch etwas mehr Zucht wünschen.« Es war dieses der kleine Beitrag eines Vaters zur Erziehung, der sich seiner Unsicherheit in häuslicher Pädagogik bewußt blieb. Dem Konrektor, mit dem er seine wissenschaftlichen Neigungen hatte teilen können, gingen griechische Grüße, den Kindern viele Segenswünsche, den beiden Spitznergeschwistern Bekundungen des Danks zu: »Das kann ich nicht bergen, daß meine Achtung mit meiner Verbindlichkeit gegen Deine Schwester täglich größer wird und ich nicht weiß, wie ich aus ihrer Schuld kommen soll.«

Für die Stadt Torgau waren inzwischen ein paar hochgestimmte Tage angebrochen. Während Oberst Carlowitz für eine besondere Mission des Zaren ausersehen wurde, kehrte General Thielmann von der Parade der Alliierten in Dresden zurück und feierte am 27. April seinen Geburtstag, an dem nach der offiziellen Gratulation der Militär- und Zivilbehörden ein von den Stabsoffizieren veranstaltetes Essen stattfand. Bei diesem Essen kam Thielmann in seiner Dankansprache auf sein Verhalten gegenüber den verschiedenen Okkupationsmächten zu sprechen: »Diese Schritte werden mir nie jenseits des Rheins gutgeheißen werden, aber nie tat ich auch einen derselben in der Hoffnung, von dorther Dank einzuernten.« Mit diesen Worten war seiner Yorckischen Gesinnung dann doch Ausdruck verliehen, und sofort teilte sich das Offizierskorps in zwei Lager, von denen das Thielmann feindliche sein Haupt in Generalmajor v. Sahr sah, der vor Eigenmächtigkeiten warnte. Was Thielmann gesagt hatte, verbreitete sich wie ein Lauffeuer durch die Stadt. Mit aufgesteckten kleinen weißen Kokarden machten sich die Parteigänger der Alliierten kenntlich. Am Abend brachten die Bürger Thielmann eine Ovation, er wurde unter Jubel auf den Markt geführt, ein Gedicht, das der

Diakon Grulich verfaßt hatte, und ein Glückwunsch, den Dr. Autenrieth darbrachte, umrahmten die Übergabe eines silbernen Bechers, und zum Schluß erschien Thielmanns Name illuminiert zwischen Opferaltären. Niese, weder Parteigänger der Alliierten noch Freund solcher politischen Kundgebungen, ließ zwar dem Kommandanten Gerechtigkeit widerfahren, hegte aber keine sonderliche Hochachtung für das Militär und besah sich daher die Vorgänge mit Zurückhaltung, wie er auch seinen Freunden dichterische Ovationen überließ. »Von Österreichs Politik, welcher unser König beigetreten ist, wird alles abhängen. O, daß dort, in dieser Krise, ein großer Kopf die Zukunft mit Weisheit ermäße und, die kleinlichen Rücksichten des Augenblicks verachtend, das Schicksal der Deutschen für die Dauer (soweit etwas Menschliches dauernd ist) zu gestalten suchte. Österreich selbst würde am meisten dabei gewinnen.«

Sachsen wartete auf Österreich, und Österreich wartete unter Metternichs vorsichtiger Führung die Entwicklung der Dinge erst einmal ab. So konnte der auf Freiherrn v. Steins Anraten zu Friedrich August nach Prag entsandte Parteigänger Thielmanns, Carl Adolf v. Carlowitz, am letzten Apriltag nichts anderes erreichen als einen hinhaltenden, auf Österreich verweisenden Brief an die vereinigten Monarchen. Das schien zunächst Sachsens Glück. Denn unmittelbar darauf ereignete sich der für Sachsen und so für Torgau entscheidende Schicksalsschlag: Am 2. Mai 1813 wurde Napoleons neugebildetes, aus Thüringen vorrückendes Heer in der uralten Schlachtenecke von Lützen Sieger über die Preußen und Russen, die sich in die Lausitz zurückziehen mußten.

Ängstlich hörte man in Torgau und Trebitz den entfernten Kanonendonner, der auf ein größeres Treffen deutete. »Wir alle bedürfen des Friedens und der Ruhe mehr als des glücklichsten Sieges«, seufzte der Senator, und als der Freund dieses für die äußerliche Welt zwar konzedierte, für die sittliche sich aber Läuterung und Züchtigung wünschte, wurde er fast unwillig: »Glaubst Du, daß der Krieg ein Mittel zur sittlichen Besserung sei? Ja, die Leiden des Krieges mögen, wie alle anderen Leiden, wohl Einzelne bessern: aber das Ganze verwildert desto mehr, je länger er dauert. Ordnung und Rechtlichkeit gehen am Ende total zu Grunde, und Willkür und Gewalttätigkeit nehmen ihre Stelle ein.« Nieses Angst vor einem etwaigen Rückzug der Alliierten im Falle eines für sie unglücklichen Ausgangs war groß. Es dauerte einige Tage, bis die beiden Freunde sichere Nachricht eingeholt hatten. Der Konrektor selbst machte sich in Richtung Leipzig auf den Weg und kam nach mißglückten Versuchen durchzudringen mit der Nachricht zurück, daß die Alliierten nach Osten zurückgingen und überall Lebensmittel mitnähmen, die Franzosen bereits in Leipzig seien und Wittenberg auf diese Weise entsetzt und geöffnet werde. Die Sturzwellen der zurückflutenden und nachdringenden Armeen brachen sich zunächst am Bollwerk Torgau. Die Postverbindung nach Torgau hörte auf.

Schon am 7. Mai erschien General Regnier mit 15000 Mann in der Stadt. Er forderte nicht nur Einlaß, sondern erklärte auch, daß die in Torgau befindlichen sächsischen Truppen als 7. Armeekorps dem Oberkommando Neys unterstellt würden und weiter nach Osten ziehen sollten, während Torgau eine französische Besatzung bekam. General Thielmann verweigerte sowohl den Einlaß als auch die Übergabe der Truppen und stützte sich dabei auf die letzte Anweisung seines Königs aus Prag. Beide Generale trafen sich mittags vor dem Leipziger Tore und unterhandelten zwei Stunden lang, auf einem Feldrain sitzend, während die Besatzung der Festung unter Gewehr stand und der Rat im Rathaus versammelt war. Man kam überein, die Entscheidung Napoleons und des sächsischen Königs einzuholen; die Tore blieben den Franzosen, die bei Zinna biwakierten, verschlossen. Der König, der sich in Prag von Napoleons Unterhändlern schwere Drohungen anhören mußte, falls er nicht nachgäbe, in sein Land zurückkehrte und sich Frankreich wieder anschlösse, der andererseits aber von Metternich keinerlei Zusicherungen erhielt, willigte schließlich ein und begab sich wieder in Napoleons Gewalt nach Dresden. Am 10. Mai erschien in Torgau der sächsische Kammerherr v. Friesen mit dem Befehl, die Stadt zu übergeben. Daraufhin versammelte Thielmann die Zivilbehörden sowie das Offizierkorps und teilte ihnen mit, daß er auf Befehl des Königs die Festung den Franzosen öffne, selbst aber unmittelbar nach der Übergabe zu den Russen gehen werde, wo er seinen alten Gesinnungsgenossen Carlowitz wiederzusehen hoffe. Er übergab das Kommando Generalmajor v. Steindel und verabschiedete sich. Gegen Abend verließ er in der Stille die Stadt. Wenige Worte hätten genügt, und ein großer Teil der Garnison wäre ihm gefolgt. Für die Nacht wurden Truppenbewegungen in der Stadt angeordnet, um die Soldaten, die möglicherweise zu selbständigen Handlungen geneigt waren, unter Aufsicht und in Tätigkeit zu halten. Am nächsten Morgen wurde die Festung geöffnet, und Regnier hielt seinen Einzug. Die Einquartierung war so stark, daß jedes Haus dreifach belegt wurde. Nach zwei Tagen zogen die Franzosen und der größte Teil der Sachsen in Richtung Lausitz und Schlesien weiter. Die zurückbleibende, im wesentlichen französische Besatzung stand unter dem Kommando des Generals Lauer. Marschall Ney, der persönlich Torgau besichtigte, ordnete die Einrichtung eines Feldlazaretts im Schloß an, in dem sehr bald Verwundete von den preußischen Kriegsschauplätzen eintrafen. Auch Paßkontrolle wurde eingeführt und der Brückenkopf erneut gesperrt. So war die Lage Torgaus wieder die alte; nur der Besitzer hatte gewechselt.

Am Tage von Regniers Abmarsch setzte der Postlauf wieder ein. Sowohl ein Brief von Torgau nach Trebitz als auch der von Trebitz nach Torgau enthielt Berichte vom soeben Überstandenen und Fragen nach dem beiderseitigen Befinden. Niese konnte einräumen, daß Übergriffe der Truppen oder gar Plünderungen von den Kommandeuren verhindert wurden. »Nur ist der Mangel und die Teuerung der Lebensmittel durch den Aufenthalt einer großen Armee in der Nähe der Stadt, welcher die Dorfbewohner um alles Getreide und Vieh gebracht hat, äußerst drückend. Wäre nur nicht auch die Hoffnung einer gesegneten Ernte großenteils vernichtet durch Bivouacs und Grasung. Ach, der Krieg hat kein Gebot; dies haben wir zum ersten Mal in der Nähe begriffen . . . Marianne Brunner ist gestern vor dem dritten Aufgebot getrauet worden, und heute ist ihr Mann marschiert: das geht nahe, wahrlich!« Als Spitzner seinen Freund wegen des Mitgefühls für die früher umworbene Frau lobte, schrieb dieser zurück: »Über Dein Bravo wegen meiner Teilnahme an Mariannes unglücklichem Verhängnis habe ich mich doch bald geärgert. Wenn Du diese noch in meinem Herzen suchst« (– das »diese« wurde unterstrichen –), »so irrst Du Dich gewaltig.« Niese schwankte zwischen bösen Ahnungen und der Ungeduld, dem provisorischen Zustand seines Hauswesens ein Ende zu machen: »Eine brave Frau rettet mich aus dem allen und soll es auch mit Gottes Hilfe. Allein die Drangsale der Zeit und die mißlichen Verhältnisse unserer Stadt insbesondere heißen mich warten.«

Als ärgster Feind erscheint immer wieder das Nervenfieber – der Typhus –: wöchentlich achtzig Menschen rafft die Krankheit hin, und das neue Lazarett vermag die Zahl nicht zu vermindern. Um so nachdrücklicher plant der Senator für Pfingsten einen abermaligen Besuch in Trebitz. Als nach der Schlacht bei Bautzen die Alliierten nach Schlesien zurückgehen müssen und Napoleon offenbar Herr der Lage ist, scheint der Friede näher. Zudem verbreitet sich bald das Gerücht, daß es am 4. Juni zu einem sechswöchigen Waffenstillstand gekommen sei.

Bei der ihm wichtigen Pfingstfahrt nach Trebitz findet Niese seine Kinder gesund und vom Landleben sowie Badeausflügen gekräftigt vor. Da der Konrektor inzwischen wieder nach Wittenberg gegangen ist, wo er die Bibliothek für eine Arbeit über griechische Präpositionen benutzt, haben sein Bruder und Niese Gelegenheit, zu zweit dessen lange hintangestelltes Vorhaben zu besprechen. Daß Niese um Caroline wirbt, erschreckt und erfreut Spitzner, der die ihm unentbehrliche Schwester hergeben soll und sie doch keinem lieber gibt als seinem Freund. Freilich – versprechen kann er diesem nichts. Da er Caroline auch nicht gegen ihren Willen zureden möchte, soll der Bruder Konrektor die Werbung übernehmen.

Nachdem Niese seinem Freund einen Brief an Caroline zurückgelassen hat, in dem er sich ihr erklärt, kehrt er nach Torgau zurück und wartet auf Nachricht. Er muß sich gedulden. Erst nach zehn Tagen erhält er einen ersten näheren Bescheid:

»Deine Angelegenheit, die, ich kann wohl sagen, auch die meinige ist, stehet nicht ganz so, wie ich von Herzen wünschte. Am Sonntage kam der Konrektor unvermutet, meine Schwester war in Elster. Ich sprach mit ihm über alles. Frauenzimmer sehen schärfer als wir. Sie hatte geahnt, gemutmaßt und, weil ich ihr einen Deiner Briefe nicht gegeben, richtig geschlossen und sich an den Konrektor gewendet, um ihr Herz auszuschütten. Ich hatte ebenfalls geahnet und richtig, denn man ist doch auch nicht auf den Kopf gefallen. Denke Dir aber mein Entsetzen, Du bist gerade itzt nicht der einzige Kandidat. Ohne daß ich etwas gewußt, hat sich jemand durch eine Muhme in Wittenberg gemeldet, und noch findet sich ein Mitbewerber seit gestern. Um nichts zu übereilen und ihren Entschluß nicht lediglich von meinem herzlichen Wunsch abhängen zu lassen, übertrug ich dem Konrektor die vorläufige Eröffnung. Denn ich selbst hätte es, ohne meine Vorliebe durchblicken zu lassen, nicht tun können. Vor der Hand vermeide ich's, davon

92

mit ihr zu sprechen. Es mag erst zu eigner Gährung kommen...
Aber« – hier wird Spitzners Schrift immer flattriger und flüchtiger
– »mein Guter, mich wurmt dieses Intermezzo Tag und Nacht. Wie
gerne wäre ich Einsamer in Euer glückliches Haus geeilt. Doch
Gott wird's lenken, wie es am besten ist. Heiß und dringend ist
meine tägliche Bitte, mich nur nicht Freund und Schwester verlieren zu lassen. Das wäre zu hart! Ich kann nicht weiter,
                                                    Dein treuer Spitzner«
Und am Rande: »Über diese unsere eigene Angelegenheit wollen
wir doch vor der Hand in Beilagen schreiben.«

Die meisten der Beilagen, die von dieser letzten Herzensgeschichte
des Senators in der sommerlichen Pause zwischen den Schlachten
erzählen, sind von ihren Empfängern verbrannt worden. Auf die
betrübliche Nachricht Spitzners beginnt Niese am Sonntag, dem
27. Juni, eine Beilage an den Freund:
    »Kaum ist die Post angelangt, so schicke ich um einen Brief von
Dir. Ich erhalte zur Antwort: es sei keine da. Dieses böse Anzeichen von dem unglücklichen Erfolge so aufrichtiger, wohlgemein-
ter, lange gehegter, in meine ganze Zukunft verweber Absichten
hat mich unbeschreiblich niedergeschlagen. Und doch bestätigt es
mir nur, was mir Dein Brief bereits so deutlich gesagt hatte. Allein
wer trennt sich gern von geliebten, von so teuren Hoffnungen?
Was ich da schreibe! Sich trennen – auch ungern – setzt Willen und
Kraft voraus; wo nähme ich diese her?

                                        Montags, am 28. Junius 1813
Ich habe diesen ganzen Nachmittag auf dem Entenfang, im Freien,
unter einer bejahrten Linde, an einem kleinen Tischgen zuge-
bracht, wo ich sonst, als dieser Ort noch ganz unbesucht war, mit
Julie, Kochs, Brunners und Kämpfes manche trauliche Stunde
verlebt hatte. Unsere Kinder, groß und klein, trieben ihr Wesen
um uns her. Wie hat sich das alles geändert! Meine Julie, die
Kämpfin sind in eine beßre Welt geschieden. Die Brunnerin ist
nahe daran – sie wird schwerlich aufkommen. Die Zeitumstände
und andere Verhältnisse haben uns Männer auseinandergebracht.
Die Kinder sind verwaiset und zerstreuet. Das hat unbeschreiblich
wehmütige Empfindungen in mir erregt. Ich fühle gar sehr, daß ich
allein bin. Schwerlich finde ich hier wieder einen solchen Kreis zu

*Carl Gottfried Niese, als Jurist von seiner Vaterstadt Torgau mit
höchsten Ämtern betraut, als Senator im Alter von 43 Jahren bei
der verheerenden Typhusepidemie im Jahre 1814 verstorben.*

wahrhaft geselligem Umgang. Allein, daß mir das Schicksal auch
das eine Herz mißgönnet, in dem ich Liebe, an dem ich Freude, bei
dem ich Trost zu finden wünschte, das ist hart. Ich habe schon
einmal meine Absichten scheitern gesehen, und der Verstand
wußte das Herz zu beruhigen, allein itzt, wo beide so sehr im
Bunde sind, was soll mich beruhigen?

Dienstag, am 29. Junius
Ich komme von Brunners. Dort ist alles in Tränen. Sie ist vielleicht
in wenigen Tagen nicht mehr. Ihre Krankheit, über die man lange
ungewiß war, ist im Grunde das herrschende Nervenfieber. Unge-

achtet ich ihr so vieles schuldig bin, war ich nicht imstande, lange an ihrem Bette auszuhalten. Sie ist zuweilen abwesend, öfter sich unbewußt. Ihre Kräfte sind gänzlich gesunken, und, was uns sehr bedenklich ist, sie scheint einem Stickfluß unterliegen zu müssen. Sie war meiner Julie ein treuer Beistand in allen Leiden eines kränklichen Lebens bis zum Tode. Sie wird uns verlassen in gleicher Ungewißheit über die Ihrigen und die Meinigen. Wer weiß, ob ich ihr nicht bald folge, für mich wenigstens kein Unglück.

Mittwochs, am 30. Junius

Der Schlag ist plötzlicher gefallen, als ich dachte. Davon in meinem Briefe. Mein Verlust in ihr ist groß. Meiner künftigen Gattin, wenn mir der Rat des Himmels eine zuführt, wäre sie zuerst Freundin und Beistand geworden, das weiß ich; und ohne daß mir eine solche wird, war sie mir ganz unentbehrlich, wenn die Kinder von Dir zurückkommen. Ich gestehe, daß ich bangen Herzens in die Zukunft sehe. Nun, es komme, wie Gott will. Er wird mich und die Meinigen nicht verlassen.

Ich bin acht Tage ohne Brief von Dir. Die Ursache Deines Stillschweigens ist mir klar, und ich kann Dir es nicht verargen. Aber meine Lage ist peinlich, das kannst Du Dir denken.«

Abschließend schreibt Niese einen offiziellen Brief, der für Caroline und die Kinder mitbestimmt ist:

»Heute nur wenige Worte und traurige. Die Accisinspektor Brunnerin ist in verflossener Nacht meiner Julie nachgefolgt. Wer hätte das gedacht! In fünfzehn Monaten entriß der Tod aus einem kleinen Zirkel drei Mütter, die durch Verwandtschaft und Freundschaft und Umgang nahe verbunden waren, drei Mütter, die durch ihr Hinscheiden zahlreiche Familien verwaisten. Ich habe sie gestern abend zum letztenmale gesehen und hatte, ungeachtet sie wenig Hoffnung gab, doch ihr Ende so nahe nicht vermutet... Ich bitte Dich, mache meinen ältesten Kindern diesen großen Verlust für sie begreiflich und errege in ihren Herzen, wo möglich, jenes Dankgefühl, welches sie gegen alle, die ihnen wohlgetan haben oder wohltun werden, bewahren müssen. Carolinchen ersuche ich hierbei inständig, daß sie die Güte habe, für einen Flor oder ein Band zu sorgen, von dem Du zuweilen Veranlassung nehmen kannst, jenes Gefühl zu erregen. Ich will hier schließen und zu

Brunners gehen. Lebe wohl, versichere Carolinchen meiner grenzenlosen Hochachtung und Dankbarkeit und drücke die Kinder in meinem Namen ans Herz.«

Die Stimme des Trebitzer Freundes schweigt weiter. Niese, von Unruhe und dem Schmerz über die jüngsten Begebenheiten gequält, schreibt am 2. Juli erneut:

»Heute ist's ein Jahr, daß wir uns in Prettin sahen. Was mich damals inniges Dankgefühl, daß Ihr Carln zum Sohne angenommen hattet, zu Dir und Carolinchen sagen ließ, das möchte ich heute in der höchsten Bewegung meines Herzens, in dem Übermaß von Empfindungen wiederholen, welche die ernste Betrachtung Eurer großen Aufopferung für meine ganze Familie erregt hat. Allein die Trauerfeier des heutigen Morgens hat mich wortkarg in Schrift und Sprache gemacht. Wir haben die Brunnerin begraben. Sie ruhet auf dem Stadtkirchhofe neben meiner Julie. Denke Dir, wie dieser Umstand mir ans Herz griff. Dieser kurze Gang wurde mir fast so schwer als der vorjährige... Ich bin in einer steten Unruhe, in öfterem Mißmut. Von außen dringt das Unglück unseres Vaterlandes, der Ruin meiner Heimat, die Bitterkeit meiner Amtsgeschäfte, die allmählige Auflösung meiner bisherigen Familien- und freundschaftlichen Verhältnisse, die Furcht vor Krankheit, die Sorge um die Zukunft auf mich ein; im Innern ist's, gestalten Sachen nach, nicht weniger unruhig und drohet mit noch größeren Stürmen. Wer wird den Frieden von außen, die Ruhe im Innern herstellen?

Ich lege Dir hier ein Gedicht auf meine Schwägerin bei, das Grulichen zum Verfasser hat. Ich wäre nicht vermögend gewesen, eins zu liefern, ohne in Tränen zu zerfließen. Es ist mir in meinem Leben einmal so gegangen, und darum hüte ich mich, bei dem Tode sehr geliebter Personen den Dichter abzugeben. Ich denke überhaupt meiner zu allen Zeiten forcierten Dichterei abzusagen, es bringt mir keine Lust mehr.«

Immer wieder muß Spitzner den ungeduldig Wartenden mit vertröstenden Auskünften hinhalten. Er hat sehr bald gespürt, daß Nieses Werbung Caroline nicht sehr willkommen ist, er weiß jedoch nicht recht, warum. Er fürchtet, durch einen unglücklichen Ausgang der Angelegenheit den Freund zu verlieren, der sich bei einer für ihn beschämenden Absage zurückziehen könnte, wie er sich zeitweilig von Brunners zurückgezogen hatte. Und er weiß nicht, wie sich nach einem solchen Ausgang das freie und herzliche Verhältnis zwischen ihm, der Schwester und Niese ohne geheime Risse und Narben wieder einstellen soll. Zudem hat er wirtschaftliche Sorgen. Die französische Armee sucht während des Waffenstillstands in Eile die Truppen in einen kampffähigen Zustand zu bringen sowie das besetzte Gebiet für Angriff und Verteidigung vorzubereiten. Die ganze Elblinie wird befestigt. Massenhafte Einquartierungen wechseln alle paar Tage. Sie nehmen der Landbevölkerung das letzte Vieh, Korn und Futter. Die französische Verwaltung hat überdies Ordre gegeben, daß die Pfarrer gleich den Bauern zu Lieferungen und Spanndiensten mit herangezogen werden. Spitzner berechnet sich, daß er nach Abzug der Löhne aus seiner Landwirtschaft dann keinerlei Ertrag behalten werde, und hat sich mit anderen Amtsbrüdern zusammengetan, um eine Eingabe zu machen. Nur die Anhänglichkeit seiner Bauern ermöglicht es ihm, zunächst vom Vorspanndienst freizukommen; gegen Entgelt übernehmen sie diesen für ihn mit.

»Trebitz, am 10. des Juli 1813

Teuerster Freund!

Ob man auch in dem Wirrwarr, den die Weltbegebenheiten jetzt auf unserer Straße anrichten, zu einem halben Tag kommen kann, um sich und seinen Freunden ganz eigens zu leben! Mir täte er Not, um mich Dir, was ich und noch mehr Du wünsche, so weitläufig als möglich mitzuteilen. Noch mehr bedürfte ich dessen, um hiesigen Orts das Terrain mit Vorsicht sondieren zu können und es nicht vom Zaune abbrechen zu dürfen, was nicht frommt, ich nicht mag und bis jetzt vermieden habe...

Der Konrektor kam, wie ich ihn beschieden, unvermutet an einem Sonntag, wo gerade Caroline nach Elster gegangen war. Wir hatten also Gelegenheit, uns einander mitzuteilen, die Sache von allen Seiten zu betrachten und sie in kaltblütiger, vernünftiger Beratung zu nehmen. Unser beiderseitiger Wunsch war, sie nach unserem besten Rat glücklich zu sehen, da sie's so sehr um uns verdient. Sie selbst hatte ihn auch verlangt, hatte in Absicht Deiner durchaus nichts Widriges als die Bedenklichkeit geäußert, daß sie mit vier Kindern in ein Meer von Sorgen – sunt ipsius verba – käme und sich besonders fürchtete, wenn eigene hinzukämen, wegen der Verdrießlichkeiten von seiten der Verwandten Deiner ersten

Frau. Endlich erwähnte ich selbst gegen den Konrektor, daß es mir bei itzigem Nachdenken geschienen, als ob vor einigen Jahren zwischen ihr und dem Doktoranden medicinae Spießbach ein Verständnis obgewaltet habe. Es ist derjenige, dessen Rat und Anweisung ich meine wiederkehrende Gesundheit danke. Der Konrektor wollte von eigentlichen Einverständnissen und Versprechungen nichts wissen, behauptete aber doch, Sp. habe in mehreren seiner Briefe an ihn geäußert, daß ihn die Dankbarkeit verpflichte, sich unserer Familie so innig wie möglich anzuschließen. Wir hatten ihm nämlich, da alle seine Schuldner nicht zahlten, das unumgänglich notwendige Geld zur Promotion in Breslau übersandt, dafür der Konrektor die Obligationen von Sp.'s Schuldnern in Händen hat. Zwischen diesem und Dir wankte sie und wankt, soviel ich abmerke, noch, ohngeachtet ganz unverhofft etwas Unerwartetes eintrat. Seit dem Anfang dieses Jahres wußten wir nichts von Sp. und konnten wegen der Kriegsbegebenheiten nichts wissen. Vor zwei Wochen kommt unvermutet ein Brief von Sp. In diesem meldet er, daß er beim polnischen Corps des Prinzen Poniatowski als Generalstabschirurgus stehe, zugleich Gesundheitsbeamter der ersten Klasse in Warschau und Leibarzt des Fürsten Sulkowski sei und mit diesem Corps in Zittau angekommen wäre. Er versprach, uns zu besuchen. Ohne daß er unsere Antwort empfangen, erschien er den heiligen Abend vor dem Marientag mit vier Pferden und zwei Domestiken und mancherlei Viktualien, die er alle mitgebracht, weil man oben erzählt, unsere ganze Gegend sei von Russen und Preußen rein ausgeleert. Auch zwei kleine polnische Pferde hatte er um ein Weniges erkauft, um mein verlorenes Ackervieh zu komplettieren. Denke Dir unser Erstaunen! Als einen Geretteten – zum Teil durch mich – und der menschlichen Gesellschaft Wiedergegebenen empfing ich ihn mit Freuden. Aber meine Stirne umwölkte sich, so oft ich dachte, wie nun leicht auf einmal der Wunsch meines Herzens scheitern könnte. Noch diesen Abend ging ich mit ihm allein spazieren. Er erklärte sich durchaus nicht förmlich. Seine Lage schilderte er sehr glücklich und einträglich, nur das Kriegsleben wollte ihm nicht behagen. Er reiste den Marientag morgens nach Wittenberg, kam nachmittags mit dem Konrektor heraus, andere seiner hiesigen Bekannten kamen dazu und belagerten ihn selbst am Sonnabendmorgen, bis er fortfuhr. Zufällig behauptete selbst meine Schwester, es sei von nichts we-

98

gen der Zukunft die Rede gewesen. Und sie scheint entschlossen zu sein, den Ausgang des großen politischen Schauspiels abzuwarten, ehe sie sich bestimmt. Polen ist ihr, wenn Sp. da seinen immerwährenden Aufenthalt aufschlagen sollte, höchst zuwider. Aber hängt nicht auch diese Hoffnung wie alles an einem Faden!?

Nun rate selbst, was soll ich tun? Soll ich, um ihrer Beratung Ausschlag zu geben, näher in sie dringen? Das halte ich nicht für tunlich, da ja ruhigere Zeiten selbst der terminus waren, den wir bestimmten. Soll ich, um ihrer Beratung Stoff mitzuteilen, ihr etwas Näheres von Dir eröffnen, ihr etwa einiges von Deinen Geheimberichten mitteilen? Dazu qualifizierte sich nach meinem Urteil Deine so edle Selbstberatung und die den Tod der guten Brunnerin betreffende. Soll ich erst mit dem Konrektor mich beraten? Über dies alles bedarf ich Deiner Entscheidung und harre derselben sehnlichst entgegen... Ich leugne es nicht: ich fürchte gegenwärtig eine nähere absichtliche Erörterung, schwach bleibt immer jedes weibliche Herz und läßt sich leicht von einer glänzenden Außenseite einnehmen. Ich würde also, wenn Du es billigst, das zuvor erwähnte ihr stillschweigend übergeben und sie nach Durchlesung nicht einmal sogleich um ihre Meinung fragen, sondern warten, bis sie selbst erfolgte.

So viel vor heute.

Immer und ewig
Dein redlicher Freund
Spitzner«

Mit diesem Brief Spitzners kreuzt sich ein am gleichen Tag geschriebener Brief Nieses, der in einem vertrauten Beischreiben noch einmal die schon von Entsagung gezeichnete Hoffnung auf Carolines Besitz in Worte faßt.

»am 10. Julius 1813

Liebster Freund!

Ich weiß nicht, wie das kömmt, aber wenn ich einen Brief mit Hiobsposten von Dir erhalten habe, so scheine ich mir ruhig, und in dieser scheinbaren Ruhe antworte ich, was mir Sinn und Herz gebieten. Ist aber die Antwort aus meinen Händen, so dünkt mir, daß ich zu kalt gewesen sei, mindestens scheinen müsse, daß ich meinen Zweck nicht heftig genug verfolge und darüber das Ziel verfehlen werde... Ich berge mir nicht, ich fühle es nur zu tief (und das ist's eben, was mich zuweilen stürmisch macht), daß Carolines Verlust mir unersetzlich ist und mich auf lange Zeit hinaus trostlos machen wird. Ich fürchte in der Tat weniger den Eindruck des ersten Augenblicks, wo mir die bange Ahnung zur Gewißheit reift, als die lange Trauer über meine gescheiterte Hoffnung, die schon so sehr in meine Entwürfe für die Zukunft, besonders meiner häuslichen Glückseligkeit, verwebt war. Was ich aber auch leiden und verlieren mag, so werde ich mir doch nie Carolines Hand ohne ihr Herz wünschen, wenn auch jene ohne dieses zu erlangen stünde.

Noch ist mir, nach dem, was ich weiß, dunkel, ob Carolines Herz vor meiner Bewerbung bereits versagt war oder nicht. Ebenso ungewiß bin ich, wem es sich in diesem Augenblicke unter den Mitbewerbern am meisten zuneigt. Hätte man Kardiometer, wie man so vielerlei Meters hat, so wäre weiter keine Frage. Allein in diesem Augenblicke interessiert es Dich und mich und jeden, der um Caroline redlich wirbt, dieses zu wissen, was wahrscheinlich nicht so gar leicht zu erfahren sein wird. Denn ich kann mir nicht denken, daß sie so ganz nach äußeren Verhältnissen wählen wird; auch möchten die glänzendsten vielleicht weder die glücklichsten noch die beständigsten sein, was Deiner brüderlichen Beratung wohl kaum entgangen sein wird. Also wird ihr Herz wohl immer das größte Wort in der Wahl reden. Wenn nur das Herz nicht immer ein so eigensinniges Ding wäre, als es ist, sondern sich durch hohe Liebe zu gleich hoher Liebe stimmen ließe: dann wäre mir eben nicht sehr bange. Allein der spätere Werber findet immer den ersten Platz besetzt, und prior tempore potior iure trifft gemeiniglich auch hier zu.

Darf ich also schon am wenigsten hoffen, ihr Herz zu besitzen, da ich, wie es scheint, am jüngsten in die Zahl ihrer Verehrer trat und selbst als ihre stillen Tugenden mir schon hohe Achtung abgezwungen und innigste Neigung eingeflößt hatten, meine Empfindungen noch in mich verschloß, weil mir Zeit und Stunde noch nicht gekommen schien: so schmeichle ich mir doch, daß, wie auch das Ende komme, sie sich nicht gekränkt fühlen werde durch die Anträge eines Mannes, der ebenso große Achtung als Liebe für sie hegt, der sich überzeugt hält, daß sie mit ihm und er mit ihr glücklich sein werde, der ihr, wenn auch keine glänzende, doch mit Gottes Hilfe sorgenfreie äußere Lage anbieten kann, und der ihr die Beschwerden, die sie durch die Erziehung seiner Kinder übernähme, als den größten Beweis ihrer Liebe zu ihm anrechnen und mit dankbarstem Herzen zeitlebens vergelten würde. Wie gern sagte ich ihr dieses alles schriftlich oder mündlich; aber ich kann meine Furcht vor und meine Empfindlichkeit gegen eine verneinende Antwort nicht besiegen! Ein Mann denkt anders als ein Jüngling, und diesen kleinen Stolz muß man ihm schon verzeihen, zumal wenn ihn die Erfahrung vorsichtig gemacht hat.

Indem ich zum Schlusse diesen Brief wieder überlese, finde ich, daß er nichts anderes enthält als die vorigen, nämlich Liebe, Sehnsucht, Besorgnis und Schmerz. Wie könnte er auch, da dieses die Empfindungen sind, in die mein Herz wechselweise geteilt ist. Lebe wohl.«

Wie sehr auch Liebe, Sehnsucht, Besorgnis und Schmerz Nieses Herz erfüllten – die Ereignisse der Außenwelt zwangen seinen Verstand, sich mit ganz anderen Themen zu beschäftigen, und seinem Herzen wurde es nicht erlassen, auch noch allgemeinere Ängste in sich aufzunehmen. Bereits der jenen Betrachtungen über das eigene Herz beigeschlossene offene Brief wies auf die Person und die für alle so entscheidende Frage:

>»am 12. Juli 1813

Liebster Freund!

Du hast wahrscheinlich den Kaiser Napoleon auch gesehen, als er vorgestern nach Wittenberg fuhr. Wir erwarteten ihn seit Donnerstags mittags, er kam aber erst am Sonnabend um zehn Uhr. Sein Absteigequartier war im Büchnerischen Hause am Markte. Zuerst ließ er die sächsische Kommandantschaft, die Festungsbaudirektion und den Artilleriestab vor sich. Dann wurde der Magistrat zitiert – wobei ich dieses Mal nicht war –, um einige der gewöhnlichen Fragen zu beantworten. Sodann setzte er sich zu Pferde, umritt die Festungswerke auf beiden Ufern, hielt Revue über die Truppen vor der Stadt, kehrte zurück, speisete und fuhr um zwei Uhr weiter. Er war sehr herablassend und dankte sehr vielen, die ihn grüßten. Bei seiner Rückkehr war er sogar freundlich, wie man ihn selten siehet. Die Festung hat ihm gefallen, doch scheint er neue Anordnungen in petto behalten zu haben. Ich habe ihn, selbst für mein blödes Gesicht, gut genug gesehen. Seine Physiognomie kündigt diesen gewaltigen Mann nicht an. Seine Kleidung war ganz einfach, sein Hut, beiläufig von der Form des Jahres 1788, sogar schlecht, sein Pferd ein Schimmel, der mindestens nicht ins Auge fiel. Von seinem Gefolge kann ich Dir nichts sagen, da ich nur für ihn ein Auge hatte. Man sagt, er sei von Wittenberg nach Magdeburg gegangen. Ob er noch zurückkehren wird, weiß niemand. Man spricht von einer Verlängerung des Waffenstillstandes als von einer gewissen Sache, aber niemand will eigentlich wissen, wie lange. Gott gebe nur Frieden, er sei, wie er wolle. Unser Vaterland hat zuviel gelitten...«

Als einzelner wartete Niese auf Carolines Entscheidung, die zugleich von weltpolitischen Entscheidungen beeinflußt sein mochte, und als einer von Tausenden wartete er auf den Ausgang der auch Sachsens und Torgaus Schicksal bestimmenden Verhandlungen, die in Prag zwischen dem Preußen Wilhelm v. Humboldt, dem Österreicher Metternich, Rußlands Vertreter J. P. v. Anstett und dem französischen Botschafter in Österreich, General Narbonne, stattfanden. Die Inspektionsreise des Kaisers deutete auf Rüstung und Widerstand, nicht auf Nachgiebigkeit. Am Tage nach seinem Besuch verließen die beiden letzten sächsischen Bataillone die Festung, und an ihrer Statt zogen westfälische Truppen ein. In Wittenberg, wo seit dem Waffenstillstand täglich mehrere tausend Arbeiter mit Schanzen beschäftigt waren, erklärte Napoleon am 11. Juli: »Wittenberg hört auf, eine Bildungsstätte junger Leute für die Wissenschaft zu sein.« Damit war die Universität, die schon im Frühjahr ihre Tätigkeit im wesentlichen nach Schmiedeberg verlegt hatte, aufgelöst. Der Gouverneur ließ die Universitätsgebäude binnen vierundzwanzig Stunden räumen. Die Bibliothek wurde in aller Eile aus dem Augusteum in ein benachbartes Gebäude gebracht und dort aufgestapelt: die Studenten gaben den scheidenden Büchern am Abend danach in schwarzen Kleidern und unter Absingung eines Trauerliedes das Geleit. Erst einige Zeit später wurden die Bücher in Kähnen elbaufwärts in Sicherheit gebracht.

Den Pfarrer Spitzner überfiel damit eine neue Sorge: sein Bruder, der Konrektor, verlor seine verheißungsvoll begonnene Universitätstätigkeit. Der ältere Bruder war der Meinung, daß der begabte junge Philologe sein Pfund nicht im Wittenberger Lyzeum vergraben, sondern sich ein Lehramt an einer anderen Universität suchen solle. Außerdem fehlte natürlich ein wesentlicher Verdienst zur Finanzierung wissenschaftlicher Fortbildung, bis sich vielleicht eine neue bezahlte Tätigkeit bot. Hier nun konnte Niese sich erkenntlich zeigen: noch hatte er Geld genug, die größten Sorgen der beiden Brüder zu vermindern.

Überhaupt schienen Bedrückung und Not jetzt empfindlicher in Trebitz als in Torgau zu herrschen. Die Einquartierungen wurden nahezu unerträglich, die Franzosen fühlten sich doch nach ihrer Rückkehr und der Demütigung des sächsischen Königs als die Eroberer und traten entsprechend auf. Jeder Winkel auf den Dörfern war mit Soldaten belegt. Spitzner riet dem Freund, der schon seit längerem nur noch zwei Zimmer in seinem Haus in der Bäckergasse zur Verfügung hatte, alles bis auf ein Zimmer schon jetzt an deutsche Zivilpersonen abzutreten. Die Anwesenheit der Nieseschen Kinder schützte den Pfarrer zwar vor allzu großer Raumbeschlagnahme. Dennoch kostete ihn die Einquartierung für einen Monat hundert Taler, und er konnte Niese das Darlehen, das er bei der Hochzeit seiner Schwester aufgenommen hatte, immer noch nicht zurückzahlen. Als die Besatzung für zwei Tage ins Manöver rückte, mußte ihnen Verpflegung mitgegeben werden: »Meine vier Herren nahmen mit – sie haben zum Glück nur einen Domestiken –: eine gebratene Schöpskeule, zwei gebratene Enten, einen Sauerbraten, eine gekochte Rindszunge nebst einem gekochten Stück Rindfleisch, ein Stück desgleichen rohes, ein halbes Pfund Reis, zwei Brote, drei Kannen guten Branntwein, ein Fäßchen Bier von achtzehn Kannen; und dafür, daß sie mir kein Zugemüse, Zucker und Kaffee abforderten, mußte ich acht Bouteillen Wein geben! Wir glaubten nun, zwei Tage frische Luft schöpfen zu können. Vergebens. Gestern abend um sieben Uhr rückte alles wieder ein, und meine brachten nichts wieder mit als eine halbe Ente, die sie abends vollends verzehrten, nebst dem Schöpsenbraten, den heute einer, der nach Dresden geschickt ward, mitnahm. So ist's im ganzen Dorf ergangen.« Spitzner konnte es sich nicht versagen, diesen Bericht nicht nur seinem Freund in Torgau, sondern – »zum Beleg der Sittengeschichte unserer Zeit« – auch anderen Bekannten und Amtsbrüdern bis hinauf nach Dresden zu senden, so daß die Sache weithin bekannt wurde und man öffentlich für einen Schutz der Pfarreien eintrat.

Bekundungen dieser Art blieben ohne praktischen Nutzen, und Spitzner hatte wie vor kurzem Niese Augenblicke der Anfechtung. »Mehr als einmal ist mir der Gedanke beigefallen, meine Stelle niederzulegen. Ich habe mich in bänglichen Stunden für mich selbst gefürchtet und über mich selbst geschämt. Zum Glück, daß mein besserer Genius die Oberhand behielt und, wie ich denke, behalten wird, wenn ich auch noch alles hingeben müßte. Mein erster Vorsatz, ehrlich zu sein, hat nicht geringen Anteil daran. Ich glaube, für meine Person wäre ich imstande gewesen, jenen finsteren Gedanken auszuführen. Aber die Erinnerung, daß gerade Du, mein einziger, und meine hiesige Schwester darunter leiden würden und mich vielleicht von da an gering achteten, brachte mich wieder zu mir selbst. Ja, laß uns dulden, und soll ich wieder von vorn anfangen, wohlan, es war ja bisher mein Los und Beruf, für andere tätig zu sein, darin will ich beharren. Auch itzt heitert mich glücklich die Beschäftigung mit den Kindern von Zeit zu Zeit auf, wenn alles um mich her düster ist.«

Den Kindern widmete Spitzner wirklich alle leibliche und geistige Fürsorge. Er sah sich nach tüchtigen Ärzten für die beiden älteren, die kranke Julie und den anfälligen Carl, um. Das arme Mädchen, an dessen Ohrenleiden schon mehrere Ärzte ihre Kunst versucht hatten, wurde einer neuen Behandlungsmethode unterzogen. Der Arzt »gab Juliens Malum noch nicht für ganz unheilbar aus, erklärte aber die bisherige Methode für falsch. Er wollte Mittel angewandt wissen, den Ausfluß zu dämpfen und den Unreinigkeiten, die sich in den Ohrgang würfen, einen andern Ausweg anzuweisen. Über die bange Vermutung, daß schon Knochen lädiert sein könnten, lachte er und beschuldigte den Arzt, der so etwas nur argwöhnen könne, der Unwissenheit. Das Einspritzen der Milch verwarf er, diese erweiche und locke die Feuchtigkeit. Dies schien sich zu bestätigen, da wirklich, seitdem dies aufgehört, auch der Ausfluß nicht mehr so arg ist.« Bei Carl stellte der Arzt eine Anlage zu Brustkrankheiten und eine skrofulöse Gefährdung fest, glaubte aber, daß der Junge diese Schwächen durch körperliche Übungen, Baden und Diät in seinen Wachstumsjahren überwinden werde. Bei den zwei Jüngsten brauchte Spitzner nur für einen Ausgleich der Temperamente zu sorgen: Julius mußte angespornt, Moritz im Zaum gehalten werden.

Schien damit das Wohl der Zöglinge leidlich gesichert, so bringen plötzlich Julies und Carls Teilnahme an den Erntearbeiten wieder eine Wendung zum Schlimmen. Die beiden Kinder holen sich eine Darmkrankheit, die der fügsame Carl rasch überwindet, die sich aber bei Julie, weil sie sich gegen die Anwendung von Hausmitteln wehrt, ebenso rasch verschlimmert, bis klar wird, daß sie von der umgehenden Seuche erfaßt wurde. Der geplagte Pfarrer muß nun täglich Rapporte an den Arzt in Wittenberg wie an den Freund in Torgau schicken. Die Behandlung des Kindes ist äußerst schwierig, da Julie alle Maßnahmen durch Ungehorsam zunichte macht, auch ihr Gehör durch die Krankheit so schwach wird, daß sie kaum mehr etwas versteht. Voller Angst eilt Niese am letzten Julitag nach Trebitz: Julie liegt hier vor sich hin phantasierend danieder, und Caroline, die das Kind aufopfernd pflegt, ist nicht nur völlig erschöpft, sondern bereits angesteckt. »Wie im Traume« verhandelt er mit Spitzner das Wichtigste und übergibt ihm Geld, damit er seine Schwester entlasten und eine Pflegerin für Julie bestellen kann. Der Senator, der eben jetzt für den Rat der Stadt nach Dresden und Leipzig reisen muß, ist tief bestürzt. Er schlägt dem Freund vor, ihm die beiden jüngeren Kinder zurückzuschikken und: »Vergiß nicht, mir über Carolinchens Befinden, so oft Du kannst, Nachricht zu geben.« Aber der überlastete Pfarrer, der nun die kranke Schwester in seinem Arbeitszimmer betten muß, hat nicht einmal die Zeit, die Sachen der Kinder zusammenzusuchen. Sein einziges Bestreben ist, die Knaben, die nach der kranken Julie nicht viel fragen, von dem Bett der ihnen offenbar viel näherstehenden Caroline fernzuhalten. Er kann Niese zwar über Carolines Befinden Beruhigendes mitteilen, aber dann fährt er fort: »Fast möchte ich Dich bitten, Deine Hoffnung auf meine Schwester ganz aufzugeben, so sauer mir dies ankommt. Bestimmt hat sie mir zwar erklärt, daß sie unter den jetzigen Kriegsunruhen an keine Veränderung ihrer Lage denken würde. Allein Julies Krankheit hat ihr doch Äußerungen entlockt, die es deutlich andeuten, sie fürchtet dies Kind mit seinen Launen, Eigenheiten und Übeln ebenso sehr als sie sich ihrer in der jetzigen Lage angenommen.«

Außer dieser privaten Nachricht enttäuscht den Senator die weitere Entwicklung der allgemeinen Lage.

»Torgau, am 11. August 1813.

Liebster Freund!

Das auf gestern anbefohlene und vorbereitete Fest, mit welchem die Ankündigung großen Glückes verbunden sein sollte, ist mit aller militärischer Pracht, mit aller kirchlichen Feierlichkeit, mit allem bürgerlichen Glanze begangen worden, dessen es in unserer Stadt fähig war. Nur die Verheißungen sind ausgeblieben. Man erwartete nichts Geringeres als die Erklärung des Friedens. Die Bescheideneren begnügten sich mit einer Allianz zwischen Frankreich und Österreich. Nichts von dem allen. Es war die Geburtsfeier Napoleons, um fünf Tage antizipiert, weil, wie man sagt, zum 10. die Feindseligkeiten wieder anfangen sollen. Ach Gott! Was wird unser armes Vaterland wieder zu leiden haben, zumal wenn, wie gestern allgemein die Rede ging, Österreich auf die Seite der Alliierten treten sollte...«

Tatsächlich war es den Bemühungen Humboldts gelungen, Österreich auf die Seite der Alliierten zu ziehen; am 12. August erklärte Österreich Frankreich den Krieg, General Narbonne bekam seine Pässe ausgehändigt. Drei große Heere rückten von Norden, von Schlesien und von Böhmen gegen die Mitteldeutschland beherrschenden Truppen Napoleons vor, der zunächst versuchte, zum Angriff überzugehen. Die Hauptverteidigungslinie der Elbe wurde durch einen weiter vorgeschobenen Verteidigungsriegel gesichert, Napoleon drückte in Schlesien die Preußen hinter die Katzbach zurück, und im Norden stieß Oudinot nach Berlin vor. Die Front schien weit östlich der Elbe zu liegen. In Wittenberg, Torgau und Trebitz war Ruhe.

Daher hatte der Pfarrer Spitzner trotz seiner vielen Sorgen den Mut, auch Julius und Moritz weiter bei sich zu behalten. Die Nieseschen Kinder wurden wegen des um sich greifenden Typhus von den Dorfkindern ferngehalten. »Übrigens habe ich sie so in Trapp und Ordnung, daß mich weder ihre Aufsicht noch sonst etwas inkommodiert.« Dabei war Spitzner mit seinen Kranken und Aufsichtsbedürftigen so stark belastet, daß er den Bruder aus Wittenberg zu seiner Unterstützung herbeigeholt hatte. »Du würdest lachen, wenn Du mich in meinen Quodlibetsbeschäftigungen zuweilen beobachtetest. Nur von früh vier bis sechs Uhr gehört dem Schreiben und Studieren bestimmt. Lesen kann ich noch je zuweilen in den Krankenzimmern eine Viertelstunde. Von acht bis neun

Uhr wird das Morgen-, Mittags-, Vesper- und Abendbrot arrangiert. Die Jungen haben ihre bestimmten Stunden, und dann ist's im Voraus bereitet, nimmt mir mithin keine Zeit weg. Von neun bis zehn oder gegen halb elf ist etwas Schule, dann Spielzeit. Nach Tische einige Zeit Arbeit für sie im Garten, um drei Uhr etwas Schule, um vier Uhr Vesperbrot und dann frei. Moritz war der einzige, der wegen Überschreitung der vorgesteckten Zeit und des Raums eine derbe Züchtigung empfangen. Sein Hang zum Naschen hatte ihn zwei Tage hintereinander fortgeführt und selbst das Mittagessen versäumen lassen. Das erste Mal bekam er Gemüse ohne Fleisch; das zweite Mal trocken Brot und eine Züchtigung, weil er Geld, das nicht sein war, für Birnen ausgegeben, ob sie gleich regelmäßig zum Morgen- und Vesperbrot etwas Obst bekommen.«

Anlaß zu ernstlicherer Sorge bot allein Julie. Spitzner mußte die Einnahme aller Medikamente persönlich überwachen, und es gab eine furchtbare Szene, als Julie sich der größeren Sauberkeit wegen die Haare abschneiden lassen sollte. Niese, den Julie schon die Hoffnung auf eine neue Lebensgefährtin gekostet hatte, war bemüht, sich die Beziehungen zu seinem Kind genau so ungetrübt zu erhalten wie die zu seinem Freunde: »Wie aufgebracht ich auch über ihre Untugenden und Unarten, wie besorgt ich auch über ihre moralische Besserung und die dieserhalb zu ergreifenden Maßregeln bin, so ist und bleibt sie doch mein Kind, gegen das ich alle Pflichten des Vaters erfüllen muß, wie schwer sie auch zu Zeiten sein möchten.«

Die Nachrichten vom Kriegsschauplatz waren unklar. Es ging die Rede, daß ein heftiges Gefecht südwestlich von Berlin, bei Großbeeren, stattgefunden habe, aber der Ausgang war ungewiß; manche meinten, die Franzosen, die eine sorgfältige Nachrichtenkontrolle ausübten, seien längst in Berlin. Man hörte oft Kanonendonner von jenseits der Elbe. Tagelang ertönte das dumpfe Grollen des Treffens bei Dresden, wo sich Napoleon gegen das anrückende böhmische Heer verteidigte. In den Dörfern, in deren Nähe Gefechte stattfanden, sollten Freunde und Feinde übel gehaust haben, und die Soldaten hatten es angeblich – das war etwas Neues, ganz Unerhörtes – auf die Bürger abgesehen, von denen sie in Erfahrung brachten, daß sie insgeheim zur Gegenpartei gehörten: »Auch erzählt man, daß gegen die politischen Meinungen und

Gesinnungen vom Gegenteil Krieg geführt wird.« Obgleich beide Freunde glaubten, daß Napoleon die Oberhand behalten werde, so mußte man sich doch vorsehen für den Fall, daß auch in Trebitz Plünderungen und ähnliches vorkamen. Niese schickte Spitzner eine größere Summe zur Versorgung der Kinder, denn die Kommunikation zwischen ihnen konnte einmal auf längere Zeit unterbrochen werden. Außerdem überließ er ihm Schuldscheine der Stadt Schmiedeberg, damit Spitzner für den Notfall in größerer Nähe Geld abheben konnte.

Gegen Ende August war Caroline soweit genesen, daß sie dem Bruder einen Teil ihrer Pflichten wieder abnehmen konnte. Die Werbung des Senators wurde von ihr nie erwähnt, allerdings auch die der anderen Freier nicht. Den Gedanken an eine Heirat schien sie ganz beiseite gelegt zu haben. »Zwar heißt es immer noch: wer könnte sich unter den itzigen Umständen bestimmen? Indessen kenne ich dieses Schwanken, daß es immer mehr zur Verneinung hinneigt. Und selbst treiben und drängen darf ich unter den itzigen Umständen um so weniger, je weniger ich Dir irgend eine gegründete Hoffnung machen kann.« Man müsse, meinte Spitzner, Gras über diese Geschichte wachsen lassen und so tun, als sei alles wie vor einem halben Jahr. Was die äußeren Umstände betraf, war es das ja auch: »An die Abholung der Kinder ist doch nun schlechterdings nicht zu denken, wir schweben ja leider in demselben Zustande wie bei ihrem Ausmarsch aus Torgau.« Weit eher lag es im Bereich des Möglichen, daß der Vater, den es sehr drängte, seine Kinder wiederzusehen, sich auf den Weg machte und wieder einmal einen Festtag mit den Lieben in Trebitz beging. Das Erntedankfest stand vor der Tür, und es fiel sogar auf Spitzners Geburtstag; der Senator würde dann auch ein gelehrtes Gespräch mit dem Konrektor und einigen befreundeten Professoren von der Wittenberger Universität führen können. Es kam jedoch anders.

»Torgau, am 8. Sept. 1813 früh um 6 Uhr
Teurer Freund!
Deinen letzten Brief, den reinen Ausdruck Deines edlen Herzens, erhielt ich erst vorgestern am späten Abende. Ich las ihn mit tiefer Rührung, daß mir Gott einen solchen Freund gab, und wollte gestern früh dessen Antwort beginnen, die Dir auch meine wehmütige Stimmung über die vereitelte Hoffnung entdecken sollte, de-

ren Du am Schlusse Deines Briefes erwähnest. Allein unverhoffte Sorge und Not ließen mich nicht dazu. Nach mehreren Tagen gänzlicher Windstille über die Taten der verbündeten Freunde und Feinde sahen wir eine greuliche Szene. Um sechs Uhr früh drängte sich eine dichte Reihe ungeordneter Reuterei von dem verbündeten Heere der Freunde, vermischt mit Wagen aller Art, über die Brücke in die Stadt. Nach einigen Stunden kam auch Fußvolk, zu einem großen Teile verwundet. Zuletzt nichts als Blessierte und Verstümmelte zu Fuß und zu Wagen. Der Zug dauerte von früh bis spät nach Mittag, jedoch an Zahl abnehmend. Man erfuhr gleich anfangs, daß es die Retirade einer Armee war, die vorgestern in der Gegend von Jüterbog sich unglücklich mit dem Feinde geschlagen hatte. Sie hatte aus dem Korps der Marschälle Ney und Oudinot und der Generäle Regnier und Bertrand bestanden. Sie war, an sich nicht schwach, von der angeblich doppelt stärkeren der Feinde überwunden worden. Mit der Ankunft einer solchen Truppenmasse ging unsere Not an. Zwar mußte, was dienstfähig war, vor dem Brückenkopf, bei Zwetau, biwakieren, allein ein großer Teil der Ankömmlinge blieb doch in der Stadt. Zuerst waren die Verwundeten unterzubringen. Dazu nahm man, weil alle Lazarette bereits vorher voll waren, unser letztes Gotteshaus, die schöne Stadtkirche. Ich mag Dir meine Empfindungen nicht beschreiben. Sodann die Offiziere und Soldaten. Welche Not, da die Stadt schon vorher überfüllt war! Ich hatte bereits außer dem Auditeur 3 Offiziere, erhielt noch 2, 2 andere kamen von selbst, 2 verwundete nahm ich noch aus Mitleid, und abends um neun Uhr gab man mir noch einen General vom Geniekorps, angeblich auf eine Nacht, aber soeben erfahre ich, daß es ihm bei mir anstehet und er die beiden Verwundeten vertreiben will.

Das ist die Not, die alle drückt und sich vermindern müßte, denn es kann nicht so bleiben. Allein in welcher Gefahr schweben wir? Man weiß nicht, wo sich das feindliche Heer hingewendet. Kosaken schwärmen jenseits der Elbe um die Vorposten. Wie, wenn die Hauptarmee sich hier einen Übergang über die Elbe erzwingen wollte? Man würde die Festung natürlich aufs Äußerste verteidigen, aber was würde unser Schicksal sein? Brand an allen Orten. Niemand könnte etwas retten. Es hat sogar niemand etwas verbergen können, wegen Kürze der Zeit, wegen allseitiger Aufsicht, wegen steter Geschäfte. Mindestens liegt bei mir alles, auch das

Beste, bloß. Soeben tönt es mir wie Kanonenschüsse aus der Entfernung ins Ohr, ich muß fort, zu hören, was das ist.

nach Mittag um 2 Uhr

Richtig! es war ein Kosakenangriff auf den Rest des jenseits der Elbe postierten Korps. Dieses war heute früh größtenteils herübergezogen worden und hat sich bei Süptitz aufgestellt. Der Rest wurde aus der Annaburger Waldung her angegriffen, eigentlich nur von Reuterei, die aber Batterien mit sich führte. Der Erfolg war, daß alles sich in die Festung zurückziehn mußte. Ich habe diesem Scharmützel zwei Stunden lang zugesehen, denn der Schauplatz war recht gut zu übersehen. Aus dem Brückenkopf und dessen Außenwerken mußte man ernsthaft feuern, um den Rückzug zu decken. Die eine feindliche Batterie stand zuerst auf der Anhöhe an der alten Elbe bei Zwetau, dann ging sie auf dem Landdamme vor bis zur hohen Brücke über die alte Elbe. Von da aus trafen die Granaten bis in den Brückenkopf und an die Elbbrücke. Das gab Konfusion unter der dort zusammengedrängten Reuterei und Wagenburg. Die andere feindliche Batterie operierte von Zschackau nach Werdau zu, wurde aber, wie es schien, vom Brückenkopfe aus bald zum Schweigen gebracht. Als alles unter den Kanonen der Festung war, gingen die Feinde zurück.

Über dieser Affäre habe ich den Abgang der Post versäumt, was mir nunmehr sehr ärgerlich ist. Indessen ist's nicht zu ändern. Über die Bestimmung der aus dem Jüterboger Treffen hier eingetroffenen Korps spricht man verschieden. Einige lassen sie ein Lager bei Süptitz beziehen, andere zum Kaiser stoßen.

Abends um 9 Uhr

Man spricht, daß morgen alles aufbrechen werde, was nicht zur Garnison gehört. Wohin, weiß niemand. Wir bleiben unsrem Schicksal überlassen. Wohin die Feinde gezogen, weiß man nicht. Jenseits der Elbe scheinen nur leichte Truppen die Festung zu beobachten. Morgen, so Gott will, mehr. Ich bin von zweitägiger Unruhe sehr müde. Gute Nacht.

Am 10. September

Gestern war keine Zeit zu schreiben. Es ging alles fort. Das dauerte den ganzen Tag über. Die Kolonnen schlugen den Weg nach Eilenburg und Wurzen ein. Was weiter geschehen wird, steht beim Schicksal. Seit heute früh ist die Stadt auch auf dieser Seite gesperrt. Nur was zur Versorgung dient und bringt, darf herein, niemand ohne Bescheinigung hinaus. Also ist die Kommunikation zwischen uns wahrscheinlich für lange Zeit gehemmet. Was in dieser Zeit mit uns werden wird, sei Gott anbefohlen. Ich überlasse Dir mein Teuerstes – meine Kinder. Mit dem Schmiedeberger Gelde bist Du wohl auf einige Zeit versehen zu ihren Bedürfnissen, indessen muß es sich doch ändern, sei es zum Besseren oder Schlimmeren. Wie es aber auch ausschlägt, der öffentliche und private Wohlstand in unserem teuren Vaterlande ist auf lange zerrüttet. Gott erhalte einem jeden nur so viel, daß er einen kleinen Wiederanfang behält. Bitte Deine gute Schwester, daß sie die Meinigen in dieser Not nicht verläßt...«

Schon am 14. September folgte ein weiterer Bericht aus der Festung.

»Wenn meine beiden letzten Briefe vom 10. und 11. d. M. in Deine Hände gekommen sind, so wirst Du wissen, wie es bis zum Sonnabend früh mit uns stand. Seitdem haben wir lauter Tage der Unruhe und Besorgnis gehabt, hauptsächlich aus Unwissenheit dessen, was um uns her vorgehet, als wovon unser besonderes Schicksal abhänget. Ich schrieb Dir, daß am Donnerstage das Korps des Marschalls Ney in mehreren Kolonnen abmarschierte, um sich, wie es schien, an der Mulde aufzustellen; allein am Sonnabend nach Mittag kam der Marschall mit seinem Generalstabe schon wieder zurück, und die Divisionen seines Korps nahmen ihre Stellung entlang der Elbe, eine über, die zwei anderen unter Torgau, so daß sie bis in Eure Gegend gereicht haben müssen, denn der sächsische General Lecoq hat sein Quartier in Schmiedeberg gehabt.

Was dieses Drängen und Treiben solcher Massen in den Häusern für Unruhe, in den Gemütern für Angst, in den Geldern für Lücken macht, kannst Du leicht ermessen. Und doch sind wir gegen die umliegende Landschaft glücklich zu nennen. Diese ist fast ganz verwüstet. Die allermeisten Dörfer haben keinen Halm Getreide oder Futter mehr, die wenigsten noch einiges Vieh, manche sogar keine Einwohner. Dieses gilt nicht bloß von den am Strom gelegenen Orten, sondern erstreckt sich tief ins Land von beiden Ufern aus. Unsere Vorstadt hat ganz gleiches Schicksal gehabt, ihr Anblick füllt die Augen mit Tränen. Was noch an Früchten auf den Bäumen, an Kraut über und an Erdbirnen unter der Erde war, ist unreif zum Teil genossen, meistens aber verwüstet worden. Welches grenzenlose Elend droht uns im zukünftigen Winter, und doch dämmert noch keine Hoffung der Erlösung. Wie oft denke ich an Banér und sein Heer, welches 1637 unsere Gegend ebenso verheerte. Vom 4. Januar bis 24. Junius des gedachten Jahres vernichtete er den Wohlstand zweier Jahrhunderte. Noch heute sind die Spuren der Verwüstung in Städten und auf dem Lande sichtbar genug. Zwar hinken alle Gleichnisse und historischen Parallelen, aber kann man es dem, der es mit seinem Vaterlande gut meint, verargen, wenn er das Schlimmste fürchtet?

Ich bin seit gestern in großer Sorge um Dich, da das Regniersche Korps bis zu Euch kantoniert hat. Schreib mir ja bald, wie es Dir gegangen in diesem Ungewitter.

am 15. September

Sonderbare Gerüchte durchkreuzen sich. Gestern sprach man von der Hierherkunft des Kaisers. Heute rückt ein Teil unserer disponiblen Garnison, nämlich das westfälische Regiment, aus. Man sagt, es konzentriere sich ein großes Heer in der Gegend von Oschatz, und man erwartet dort einen Hauptschlag. Gott gebe, daß durch ihn das Ungewitter entfernt werde und unser armes bedrängtes Land zu einiger Ruhe komme. Vor allem gebe Gott, daß Eurer Gegend kein Leid widerfahre, sie beschließt, was mir auf der Welt das Liebste ist: Kinder und Freunde.

Wenn dieser Brief mit der heutigen Post abgehen kann, so erhältst Du noch zwei Überzüge für die Kinder. Ich bitte Carolinchen um Verzeihung, daß der eine ungewaschen ist. Der öftere Wechsel der Einquartierung hat all mein disponibles Bettzeug, dessen eben nicht viel ist, schwarz gemacht. Zum Waschen kann man in dem Trubel nicht gelangen, und muß sich nur auf ein paar Stücken beschränken.

Und nun lebe wohl mit den Deinigen und Meinigen. Wer weiß, wie lange der Briefwechsel noch zwischen uns offen ist. Mir ahnet itzt mehr als je großes Unglück. Mein Herz ist voll Trauerns um das

Vaterland, voller Sorge um unsere Stadt und voller Unruhe um Euch. Für solches Leben, glaube ich, wäre der Tod besser, wenn nur die Kinder nicht wären. Ich umarme Euch alle herzlich. Gott mit uns!

N.«

An dem Tage, an dem Niese diesen Brief begann, langte der neue Gouverneur der Stadt, General Narbonne, in Torgau an. Der getreue Paladin Napoleons, den die mißglückten Prager Verhandlungen tief niederdrückten, erkannte sehr schnell, welche hoffnungslose Aufgabe ihm bevorstand. Die nach der verlorenen Schlacht von Dennewitz nach Torgau zurückflutenden Truppen hatten einen neuen Schub Verwundeter gebracht, denen erst nach drei Tagen militärärztliche Hilfe hatte zuteil werden können. Das Hauptquartier des Generals Ney, das sich für zehn Tage in Torgau befand, und die Fülle der Truppen kosteten Stadt und Umgebung soviel Hauptlebensmittel, daß schon jetzt Mangel spürbar wurde. Man vereinigte in Torgau alle Depots der sogenannten großen Armee und alle Rekonvaleszenten aus den verschiedenen Lazaretten. Schließlich evakuierte man auch noch die Lazarette aus Dresden und den umliegenden Orten dorthin. So würde die Stadt zwar mit der starken Besatzung, die jetzt noch um dreitausend Mann vermehrt wurde, zu verteidigen sein, aber Hunger und Seuchen unter dem Militär und unter der Bevölkerung drohten eine Verteidigung Torgaus zu einem menschenunwürdigen Unternehmen zu machen, dem doch früher oder später eine Kapitulation folgen mußte.

Am Tage seiner Ankunft befahl Narbonne sogleich die Räumung und Niederreißung der Vorstädte. Zum letzten Mal durften die Einwohner ungehindert außerhalb der Tore sein. Gänzlich unterbrochen war die Verbindung mit dem rechten Elbufer, das die Preußen besetzt hielten. Sie scharmützelten um den Brückenkopf von Torgau, und weiter unterhalb, in der Gegend von Trebitz, ließen sich Ulanen und Kosaken sogar auf Streifzügen im linkselbischen Gebiet blicken. Die Briefe, die jetzt zwischen Torgau und Trebitz hin- und hergehen, wurden von der Furcht diktiert, daß jeder Tag der letzte gegenseitiger Unterrichtung, des eigenen Lebens und desjenigen der geliebten Mitmenschen sein könnte.

Torgau sei, meldet Niese, »durch einen kaiserlichen Tagesbefehl vom 12. d. M., aus Pirna datiert, zum Hauptdepot der ganzen großen Armee sowie zum Hauptlazarett derselben erklärt. In dessen Gemäßheit trifft man schon die nötigen Anstalten. Man requiriert Keller zur Unterbringung des Pulvers, Bretter zur Erbauung von Schuppen und was weiß ich alles. Wenn Gott auch alles Unglück von uns abwendet, so werden wir aus Mangel an Platz in die Keller ziehen müssen. Hinzu kommt die schreckliche Not um Lebensmittel, die schon äußerst fühlbar ist... Ich gestehe zwar, daß ich große Sorgen, wie noch nie, in meinem Herzen trage, daß ich gern auf das Allerschlimmste gefaßt sein möchte: allein, ich weiß nicht, wie das kommt, es ist mir, als würde es uns noch leidlich gehen. Manchmal, bei recht trüben Nachrichten, ist mein bißchen Mut ganz weggewesen, ich habe über mein Schicksal und mehr noch über das Schicksal meiner Kinder im Stillen geweint. Aber so ängstlich ist mir noch nie gewesen als 1806. Leb wohl! Umarme Carolinchen und die Kinder. Sterbe ich, so sind die letzteren Dein, und Du erziehst sie von dem, was übrig bleibt. Vor allen Dingen müssen sie gut und dann festen Sinnes werden, auch jeder quantum satis lernen. Dann mögen sie selbst zusehen, wie sie fortkommen.«

Am 26. September beklagt Niese die Belastung der Hauswirte durch die bei ihnen einquartierten, »zwanzig, dreißig, vierzig und noch mehrere« Soldaten. Diese hätten außerdem »völlige Erlaubnis, auf den Feldern an Kartoffeln, Kraut und anderem Gemüse zu holen, so viel sie bedürfen, wobei natürlich nicht gefragt wird, wieviel einer bedarf. Außer dem Kommißbrot, das sie nicht essen mögen, erhalten sie nur noch Fleisch, das ihnen die Wirte zubereiten müssen. Alle Zugemüse und übrige Zutat müssen die letztern geben. Nun fehlt es ihnen immer noch an Frühstück und Abendbrot. Dann muß der Wirt um des Hausfriedens willen fast immer Rat schaffen. Denn obwohl die meisten Offiziere mit Gelde versehen sind, so scheint es ihnen doch gegen die Privilegien eines Soldaten, für eine Mahlzeit im Speisehause einige Groschen zu geben. Seit gestern heißt es nun gar, daß die Wirte ihre Offiziers an den Tisch nehmen sollen. Was wird dieses wieder für Auftritte geben, da die besten Familien sich in diesen geldlosen Zeiten gar oft auf Kartoffelbrei oder Grütze beschränken. Schlimmer noch ist man mit den Bedienten der Offiziere dran: diese Menschen sind dem Teufel aus der Hölle entlaufen zur Peinigung des Menschengeschlechtes...

Die Spitäler sind ein anderes Unglück für unsere Stadt. Da sie überall durch dieselbe verteilt sind, so ist die Luft der ganzen Stadt verpestet. Am meisten ist dieses in und um das Rathaus, also in der Mitten der Stadt, zu spüren. Du hast wahrlich keinen Begriff von dieser pestilenzialischen Ausdünstung, in welcher ich manchen Tag vier bis fünf Stunden zubringen muß. Es ist ein Wunder, daß nicht alle, die im Rathause zu schaffen haben, erkrankt sind: fehlen aber kann es nicht, daß die bösen Folgen früher oder später ausbrechen müssen...

Ich bin in Wahrheit nicht wenig besorgt um Euch und harre sehnlichst eines Briefes mit der heutigen Post, der mich beruhige. Es haben in Eurer Nähe viel Truppen gestanden und stehen wohl noch da, als daß Trebitz verschont geblieben wäre. Wenn es nur noch zu erleiden stehet, was man Euch abgenommen, so müssen wir zufrieden sein. Erschreckt wurde ich vorgestern durch die Nachricht, daß es bei Gartenberg zu einer Affäre zwischen Freund(?) und Feind gekommen sei. Dieses liegt Euch zu nahe, als daß ich nicht ängstlich um Euch besorgt geworden wäre... Was machen die Kinder? Die Armen! Doch was sage ich? Sie fühlen das Elend der Zeit weniger als wir, und was ihnen durch mich nicht werden kann, das haben sie durch Dich. Küsse sie alle tausendmal auf und ab. Auch Deiner guten, guten Schwester danke in meinem Namen mit der herzlichsten Liebe. So lebe wohl und laß uns das Beste hoffen.

> Ewig
> Dein getreuer Freund N.«

Es war dies der letzte Brief, der aus der Festung nach Trebitz gelangte. Was etwa noch in den nächsten zwei Wochen von Torgau auf den Weg geschickt wird, geht verloren in dem Chaos, das sich nun über das linke Elbufer ausbreitet. Der Feind hat zunächst nicht die Absicht, sich an der Festung die Zähne auszubeißen. Er sucht andere, schwächere Punkte der Elblinie für den Übergang über den Fluß. Die Franzosen spüren und beobachten es; sie ziehen oberhalb Wittenbergs Truppenmassen zusammen, um Blüchers Elbübergang zu hindern. Bei Gartenberg, gegenüber vom Einfluß der Schwarzen Elster, beginnen die Preußen, eine Schiffsbrücke zu bauen. Trebitz wird von französischen und sächsischen Truppen überschwemmt. In fliegender Hast mit zittrigen Buchstaben schreibt Spitzner einen kurzen Brief, der einem Notschrei

gleicht: daß die Knaben bei Anzug der Gefahr in ihre Festung bei
Bösewig gebracht wurden und im Relais kampierten, daß Julie,
die noch sehr schwach ist, auf Abruf in Bösewig selbst blieb, daß
das ganze Neysche Korps sich um Trebitz zusammenzog, daß ihm
selbst kaum Atem für ein paar Zeilen bleibe und er sich zerschlagen und krank fühle, daß der Konrektor nach Wittenberg geschickt wurde, um festzustellen, wie es in der Stadt aussieht, die in
den letzten Tagen bombardiert worden ist. Zwei Tage später folgt
dann ein ausführlicherer Bericht:

»Trebitz, am 30. des Septembers 1813
Geliebter Freund!
Ermüdet, fast entkräftet am Körper durch siebentägliche Nacht-
wachen auf einem Bund Stroh, beängstigt durch drohende Besorg-
nisse für Leib, Leben, Wohnung und alles, was einem wert sein
kann, umlagert von düsteren Sorgen wegen der Zukunft glaubte
ich vorgestern meiner alten Krankheitslaune unterliegen zu müssen. Kaum konnte ich, da mich Fieberfrost durchschüttelte, die
Feder halten, und doch wollte ich Dich so herzlich gern mit Wenigem benachrichtigen, wie es um uns und um die Deinen stünde.
Doch die Schrift selbst und das Unzusammenhängende wird Dir
Beweis gewesen sein. Laß mich nun Einiges nachholen und Parti-
kularia zu den res gestas unserer Zeiten niederlegen.
    Nach der sächs. hier in der Nacht vom 11. zum 12. September
aufgestellt gewesenen Feldwache ward am 13. des Morgens ein
Piket französische Husaren und Chasseurs stationiert. Es stellte
des Tages über seine Posten bis durch unser Dorf auf der Straße
nach Wittenberg aus, die sich jedoch des Nachts zum Hauptposten
zurückzogen. Weit schärfer bei Tag und bei Nacht war der Feldweg
nach Clöden zu, und zwar fast alle fünfzig Schritt, besetzt. Nun
ging das Geben los! Alle Tage mußten zweimal in dieser Woche
100 Rationen Heu, Hafer, ebensoviele Portionen Brot, Branntwein, Bier, Holz nebst täglich acht bis zchn Schafe geliefert werden. Diese Alimentation dauerte bis zum 20. Außerdem ward von
hier geliefert: nach Pretzsch, Wittenberg, Dommitzsch, Österlitz.
Versteht sich, daß dies alles unter Androhung militärischer Exeku-
tion und Ausforagierung gefordert ward. Denke Dir hierzu, daß
alle Wassermühlen für Wittenberg in Beschlag genommen waren
und der Wind nicht wehete, daher fast in jedem Hause Brotnot

entstand. Einige lieferungspflichtige Bauern waren zu Grunde gerichtet. Mein eigener Vorgang – mir ward nichts abgefordert – und meine Vorstellungen brachten es dahin, daß alle täglich freiwillig beitrugen, um die gewaltsame Ausleerung der Scheunen und Heuböden zu verhüten. Vergebens! Die Masse der Zehrenden erdrückte uns und verspottete unsere gutgemeinten Anstalten. Doch ich will mich nicht anticipieren!

Am 20. zogen sich die Sachsen immer mehr bei Österlitz gen Kemberg zusammen, in Pretzsch und Schmiedeberg vermehrten sich die Truppen, auf unseren Bergen ward es lebhafter, ein starkes Detachement Kavallerie und Infanterie ging durch nach Gartenberg, überdies erscholl die Nachricht, daß Schweden in Kemberg gewesen wären, und sogleich wurde meine Bagage und die Kinder auf ihre Festung versetzt. Wirklich hatten die Preußen den 15. und 16. alle Zugpferde aus Gartenberg nach Elster geholt, um, ihrem Vorgeben nach, Materialien zur Schiffsbrücke anzuführen. Am 22. kam die erste starke Einquartierung von der Division Bertrand in unser Dorf; ich hatte 3 Offiziers, 14 Pferde, 12 Domestiken, und auf meinem Hause lag noch eine ganze Kompanie mit ihren Offiziers. Feuer brannten überall, und der Greuel der Verwüstung in Gärten, auf Feldern und an Stroh nahm seinen Anfang. Am 22. kamen von einer Rekognoszierung einige 20 Mann Blessierte zurück, die auf dem Kirchhofe verbunden wurden und des Nachts unter meinem Schuppen zubringen mußten. Nun rückte noch Kavallerie ein. Die Reihe der Verwüstung traf zuerst die Heuböden, sodann die Scheunen, vorzüglich da der Artillerietrain auf unseren Bergen, die Bagagewagen und vielen Generäle, die Anzahl der Pferde vielleicht bis auf mehrere Tausende häuften. So standen auf dem Kirchhofe in einer Nacht über 300, in meinem Garten 150, in meinen Gehöften einige 80. Hafer, Gerste, Wicken, Heu sind gänzlich verfüttert bis auf sehr wenige Scheunen solcher Niederträchtigen, die die Furagierenden zu anderen hinwiesen. Den letzten Tag, wo die Generale Beaumont und Wolf bei mir standen, nannten mir ihre Leute die beiden Judasse des Dorfes. Den 24. kam der General Morand bei mir ins Quartier. Nun hieß es, den 25. sollten die Preußen bei Gartenberg angegriffen und ihre Schiffsbrücke zerschossen werden, allein sie haben sich bei Annäherung des Korps zurückgezogen und ihre Schiffsbrücke größtenteils abgetragen. Der Bruder und Adjutant des letztgenannten Ge-

nerals gab mir nicht nur des Nachts eine Wache an meiner Bienen-
hütte, aus der bereits 3 Stöcke ruiniert waren, sondern ließ mir
auch beim Ausmarschieren freiwillig eine Sauvegarde hier, weil
bei Affären, wie man hier erwartete, leicht marodiert und geplündert werden könnte, er mich aber gern davon verschont wissen
wollte. Den 25. war General Regnier in meinem Hause, er speiste
und bezog dann das Schloß. Bei mir nahm seinen Platz der sächsische Generalleutnant v. Zeschau nebst seinem Stabe ein, und auf
meinem Hause logierte noch der General Gressot. In dieser Nacht
hatte ich nur noch zwei Kammern zur Disposition, da in der unteren Wohnstube die aus Wittenberg geflüchtete Familie Wunder,
11 Köpfe stark, auf der Streue kampierte, meine Knechte lagen im
Holzstalle, denn alle Ställe, Scheunen, Schuppen, Böden waren
von Soldaten und den dazu Gehörigen besetzt. Den 26. rückten
die Sachsen wieder bei Kemberg hin, woher sie gekommen waren... ich glaube, daß in dieser Nacht über 3000 Mann in Trebitz
gelegen haben. Um das ganze Dorf herum waren überdies Lager,
in allen Gärten, selbst auf dem Kirchhofe brannten Feuer! In meinen Gärten triffst Du nichts als Runkelrüben an, die sie nicht haben essen können. Die Bohnen rissen sie gleich mit den Stangen
heraus, so daß niemand eine Saatbohne mehr hat. Sogar die Sa-
mengurken wurden noch verderbt. Daß Schweine, Schafe, Gänse,
Enten, Hühner, selbst Rindvieh, wenn man es habhaft werden
konnte, für gute Beute geachtet ward, ist auch itzige Kriegssitte.
Den 26. ward in mehreren Häusern, die an den Enden des Dorfes
lagen, förmlich geplündert, am letzten Tage auch alle Mühlen ausgeleert und beim Abmarsch noch 10 Pferde mitgenommen, die
man des Nachts von der Weide weggefangen hatte. Meine kampierten in der Festung, daher ich sie erhalten. Auch ist in meiner
Scheune der Roggen noch verschont, und am Weizen habe ich nur
einigen Schaden erlitten. Allein das Sommergetreide ist dergestalt
fort, daß ich sogar saatlos bin.

am 1. Oktober

Immer noch müssen wir einen Tag um den andern Brotkorn nach
Pretzsch liefern. So wissen sich die Städte zu helfen, aber die Dörfer überläßt man lediglich ihrem Schicksale. Eine traurige Folge,
daß das Ganze der Verpflegung nicht von oben herab geordnet und
geleitet wird. Wer kennt nun die Lasten? Wer soll nun für Vergü-

tung, käme sie auch noch so spät, sorgen? Wer soll verhüten, daß nicht das Unmögliche gefordert wird, da keine Behörde mit dem, was geschehen, bekannt, und bald die kommandierenden Offiziers, bald ein Amtmann oder Stadtrat die Lieferungen aufgeschrieben hat...

Das erste Bombardement Wittenbergs hat der Konrektor in der Nacht vom 26. zum 27. mit abgewartet, dann kam er heraus. Fürchterlicher war es den 28sten zur Nacht, aus vier Batterien, in der vergangenen Nacht hat das Bombardement erst nach 10 Uhr angefangen. Mehr als 1500 Menschen sind am Montage aus Wittenberg gegangen. Mannspersonen werden nun nicht mehr herausgelassen. Überdies sind die mehrsten Gebäude bereits stark beschädigt, auch hat es an sehr vielen Orten gebrannt.

Heute hören wir von allen Seiten in der Entfernung Kanonendonner. Bei Wittenberg, nach Dessau und selbst nach Torgau aufwärts. Was soll dies bedeuten? Für Euch ein ähnliches Schicksal wie Wittenberg oder eine Schlacht oberwärts?

Die Kinder und Bagage habe ich am 27. wieder im Standquartier einrücken lassen. Die Jungens haben leider einen Tag ohne Brot zubringen müssen, weil alle Mundvorräte des Tages von den Heuschrecken des Landes weggenommen wurden und man sich erst des Nachts durchschleichen konnte. Julie war noch nicht auf die Festung versetzt. Für sie, da sie nur äußerst langsam anfängt, sich zu erholen, war auf den äußersten Notfall Tag und Nacht ein Träger bereit, um sie in Sicherheit zu bringen. Meinen Verlust vermag ich nicht zu berechnen. Man muß sich nach Möglichkeit einschränken, sorgen, soweit die Vernunft und Kraft reicht, und dann wird der weiter sorgen, der für uns alle wacht. Immer habe ich erfreuliche Spuren seiner allwaltenden Güte erfahren und hoffe, sie noch zu erleben.

So hätte ich Dir denn eine ausführlichere Darstellung dessen, was ich bisher erlebt, entworfen, ich wünsche, sie käme bald in Deine Hände, um wieder etwas von Dir zu lesen. Lebe wohl. Gott erhalte Dich gesund. Wir grüßen Dich alle herzlich. Der Deinige auf immer

Sp.«

Der in diesem Brief erahnte und gefürchtete Gefahrenpunkt für die Trebitzer Gegend, die preußische Schiffsbrücke bei Wartenburg – von den Einheimischen Gartenberg genannt –, wird unmittelbar nach Absendung des Briefes zur entscheidenden Szenerie für Blüchers Elbübergang: hier erzwingt das Yorcksche Korps den Vorstoß auf das linke Elbufer und bereitet so die Möglichkeit einer Vereinigung der drei Heeresgruppen in Napoleons Rücken vor, der dieser nur entgehen kann, indem er sich über Düben auf Leipzig zurückzieht, wo dann in der Mitte des Oktobers die große Schlacht bei Leipzig geschlagen wird. Trebitz wird tagelang in den Schauplatz welthistorischer Ereignisse hineingerissen, über die Spitzner erst nach dem Ausgang der Völkerschlacht dem Freund in der Festung, von dem ihn nun schon seit Wochen keine Nachricht mehr erreicht hat, zu berichten vermag.

»Trebitz, am 19. Oktobers 1813
Teurer!
Ich will den Anfang machen, Dir die Fortsetzung dessen zu liefern, was den Ruin der hiesigen Gegend und Ortschaften vollendst bewirkt hat. Zwar weiß ich nicht, ob Du mein Letztes erhalten. Doch dem sei, wie ihm wolle. Irre ich mich nicht, so war ich bis zum Michaelistag mit meiner Relation gekommen. Den 1. Oktober ward Wittenberg abermals bombardiert, und es brannten viele Häuser auf der Kollegiengasse... Gegend Abend kamen über Kemberg mehrere tausend Mann, die nach Gartenberg abmarschierten. Man sprach viel, daß die Schiffsbrücke fertig wäre. Den 2. marschierten jene Straße lang immer mehrere Truppen nach Gartenberg, und bald belehrte uns das große und kleine Gewehrfeuer von abends 6 Uhr an, daß es dort ernstliche Auftritte geben würde. Vom frühen Morgen des 3. erneuerte sich das Gefecht; der linke Flügel der Preußen, die von General Yorck kommandiert wurden, drang endlich über und durch Bleddin vor. Noch einmal setzten sich die Franzosen bei Globig fest, allein es währte auch hier nicht lange. Man hatte in der Nacht noch eine zweite Schiffsbrücke von Pontons geschlagen.

Auf dem rechten Flügel, wo die Preußen noch überdies ein höchst ungünstiges Terrain zu bekämpfen hatten, sollen sie viele Tote verloren haben. Ohngefähr nachmittags um vier Uhr fing russische Kavallerie an, durch unser Dorf zu marschieren. Stärkere Kolonnen sah man teils auf Kemberg, teils auf Rackith ziehen. Es währte bis in die Nacht, und blieben wenig hier. Ich hatte einen

Dragonerhauptmann, der in der Tat sehr artig war und mit dem ich sehr gut auskam, wiewohl ich seinen Leuten nicht einmal Schnaps geben konnte. Am 4. Oktober kam der Marsch noch stärker, auf hiesigem Schlosse logierte der General Sacken, der an mein Haus geritten kam, mich herausrufen ließ und mir versicherte, es solle mir kein Leids widerfahren. Ich hatte zwei Obersten, einen vom Ingenieurkorps, ein sehr wissenschaftlicher, gebildeter Mann, und einen französischen Grafen, ebenfalls sehr human. Um das Dorf herum lag 13 000 Mann Infanterie und teils in, teils um das Dorf 4000 Mann Kavallerie ohne die starke Artillerie. Wir erfuhren, was durch unser Dorf ginge, sei der linke Flügel der Blücherschen Armee, die in diesen Tagen hier bei Gartenberg ganz über die Elbe gegangen war. Daß nun bei dem vielen Barackenbauen abermals Scheunen ausgeleert wurden, war natürlich. Überall ging's nun über Roggen- und Weizengarben her, jedoch zum Pferdefutter nahmen sie sie nicht und äußerten: is ja Brot! Teils von der Infanterie, teils von den Kosaken wurden mehrere Häuser ausgeplündert. Die Kosaken räumten die Mühlen in drei Tagen zweimal ab, daher fast im ganzen Dorfe Brotmangel entstund. Ja, in der hiesigen Wassermühle ließen die Kosaken auch nicht ein lebendiges Stück Vieh, vom kleinsten bis zum größten, räumten auch alles andere aus, selbst das Öl ließen sie auf den Erdboden laufen, weil es kein Baumöl, wie sie gewünscht, war. Den 5. Oktober rückte dies Armeekorps von hier auf Dahlenberg, wohin weiter, wissen wir nicht. Nun waren wir den täglichen Streifzusprüchen der Kosaken und der Infanterie auf dem Lager bei Gartenberg, wo man schanzte, ausgesetzt. Die Preußen requirierten Brot, und die Kosaken räumten die Mühlen ab, bis die Preußen sie besetzten. Am 7. Oktober waren gegen 10 Uhr Anführer der Baschkiren, Kalmücken, Kirgisen, Tartaren und Kosaken bei mir, sie präsentierten sich selbst, verlangten einen Kaffee, tranken ihn, ja, einer gab mir das gebackene Obst, was ein Gemeiner geraubt hatte, zurück. Hernach tranken sie sauer Milch mit Wasser vermischt und zogen in Frieden ab. Am 9. Oktober hatte ich 3 preußische Sergeanten im Quartier, der eine war bei allen Affären seit dem Waffenstillstand gewesen und erzählte alles ohne Übertreibung. In der Nacht ging russische Equipage durch, deren Bedeckung überall einfiel, auch bei mir Läden und Fenster zerschmiß, und, was sie dadurch greifen konnten an Wäsche, mitgenommen, auch einige Kinderhemden.

Diesen Morgen verlor ich einen meiner Feldwagen und die beiden kleinen polnischen Pferde; 3 einquartierte Preußen vertrieben sie endlich. Einzelne Russen und Preußen retirierten den folgenden Tag fort, und die Kosaken richteten unter meinen Hühnern eine Niederlage an. Den 11. um 10 Uhr erschienen Franzosen... 14 bis 16 000 Mann lagen ums Dorf herum. Nun ward vollends alles vernichtet, denn man machte sich von Korngarben sogar Wege auf der kotigen Gasse. Am 13. marschierten sie ab und räumten unser Dorf und mehrere andere an Rindvieh, Pferden, Schafen und Schweinen vollends beinah rein aus.

Kurz, sie schienen hierher gekommen zu sein, um nichts hier zu lassen. Schließe daraus, daß es bei uns wie in Dörfern um und bei Torgau aussieht. Gott wird helfen! Ich enthalte mich diesmal aller Reflexionen, denn ich habe wieder einige Zeit gekränkelt, jedoch nun hebt sich's allmählich. Die Kinder haben alles bisher glücklich überstanden und sind gesund. Nur Winterkleider haben wir nicht können kaufen, denn alles ringsumher war verschlossen, wir durften nicht, weil sogar die kleinsten Kinderstrümpfe geraubt worden und feilgeboten sind. Von meinem sämtlichen Verlust nächstens ausführlich. Wir grüßen Dich herzlich. Schreib nur wenige Zeilen.

Dein treuer Sp.

So ziemlich kennen wir die Resultate der letzten Affären, Leipzig ist hart mitgenommen, möchten sie noch Torgau und Wittenberg öffnen!«

Dieser Wunsch des Freundes ging nicht in Erfüllung – das Gegenteil geschah. Der Übergang des Blücherschen Heeres über die Elbe besiegelte das Schicksal der Festung: sie wurde eingeschlossen. Wenn sich das Interesse der Alliierten auch zunächst nicht auf sie, sondern auf die Vorgänge bei Leipzig konzentrierte, so war doch eine ernsthafte Blockierung, Belagerung und Bombardierung nur eine Frage der Zeit. Öffnen würde Napoleon diese Festung kaum widerstandslos. Die Domäne Kreischau, die den Feind bei seinen kleinen Unternehmungen deckte, war schon während der Tage des Elbüberganges niedergebrannt worden. Am 6. September wurde das königliche Justizamt nach Belgern verlegt, und am 8. teilte Narbonne dem Rat mit, daß der Belagerungszustand erklärt sei. Am 19. rückte der umfangreiche französische Park mit 6700 Mann und 2560 Pferden ein. Am 20. verbreitete sich das Gerücht von der großen Niederlage der Franzosen bei Leipzig, der Mitwirkung sächsischer Truppen auf seiten der Verbündeten, der Gefangennahme des Königs Friedrich August und der Verwaltung Sachsens durch den russischen Fürsten Repnin.

Die unglückliche Stadt, die nun im Südosten von den sächsischen Landsleuten unter Ryssel und im Norden von den Preußen unter Tauentzien eingeschlossen war, beherbergte in ihren Mauern nahezu 25 000 französische Soldaten, von denen etwa 7500 krank und verwundet waren. Auch von den 5000 Einwohnern war ein großer Teil krank. Etwa ein Sechstel aller Gebäude diente Lazarettzwecken, darunter das Schloß, die Kirchen, das Schulgebäude und zahllose Bürgerhäuser. Und kaum waren die Menschen in der Festung endgültig von der Außenwelt abgeriegelt, als die Typhusepidemie mit neuer und noch bösartigerer Gewalt aufflammte: die letzten französischen Truppen hatten den Flecktyphus eingeschleppt. Unbeständige, regnerische Herbstwitterung, das enge Zusammenleben der Menschen, mangelnde Hygiene und schlechte Verpflegung ließen die Krankheitsziffern emporschnellen. Dazu war das Süptitzer Röhrwasser seit dem 2. November vom Feind abgeschnitten worden. Die Braugerste wurde zum Brotbacken beschlagnahmt, und so fehlte außer dem Röhrwasser auch das hygienisch einwandfreie Bier zum Trinken. Die panische Angst, der »Ekel«, der jeden vor den Kranken und Toten ergriff, die mangelnde Pflege, die man ihnen deshalb angedeihen ließ, erhöhten die Gefahr. Wußte doch niemand, daß die Läuse, die in den verrottenden Kleidern der Soldaten zu vielen Tausenden hausten, die Krankheit übertrugen.

Der Ernährungsnotstand brach aus. Die Franzosen, die genug Geld hatten und nur an den Augenblick zu denken brauchten, zahlten jeden Preis. Das von den Dörfern hereingetriebene Vieh verendete vor Hunger, und nicht selten gelang es Soldaten wie Bürgern, die Wächter der Herden zu bestechen und die toten Tiere zu Nahrungszwecken zu verwerten, was zu neuen Erkrankungen führte. Kurz vor Schließung der Festung hatte man noch versucht, so viel Pferde wie möglich an die Landbevölkerung zu verkaufen; was man nicht schlachten konnte, wurde in die Elbe getrieben – bis nach Wittenberg hin waren die Elbufer voller Kadaver. Im November griff die Krankheit besonders auch auf die Bürger über. Die Lazarette mußten statt vorgesehener 3000 Personen 12000 aufnehmen, von denen jeden Tag etwa 300 starben, und waren eigentlich eine einzige Kloake; jedes Fenster wurde als Abtritt benutzt, menschlicher Unrat klebte an allen Wänden und lag in ungeheuren Haufen auf den Höfen. Die Kranken wälzten sich ohne richtige Beköstigung und Wartung in ihren Lumpen und Ausscheidungen, das Pflegepersonal floh. Auch viele Kranke flohen, solange sie noch bei Kräften und bei Sinnen waren, diese Orte des Grauens, irrten durch die Gassen und endeten tot in einem Winkel oder auf offener Straße. Vier Wagen waren täglich von morgens bis abends unterwegs, um die wie Holz gestapelten nackten Leichen abzutransportieren; man trat die Körper sogar ein, um mehr auf die Wagen laden zu können. Als der Zugang zu dem am Ort Zinna gelegenen Kirchhof unsicher geworden war, kippte man die Leichen aus den Wagen zuerst in den Wallgraben und bedeckte sie flüchtig mit Kalk. Später schüttete man sie wegen der Gefahr der Verpestung in die Elbe. Auch in die Abtritte etwa auf Schloß Hartenfels hat man Leichen gestürzt.

Die Militärärzte taugten wenig, die Ärzte der Stadt wie Biener und Autenrieth standen dem Massensterben ratlos gegenüber, obwohl sie unter Einsatz ihres Lebens in die Lazarette eindrangen, durch Schmutz wateten und über Leichen stiegen, um zu den noch Lebenden zu gelangen. In den Bürgerhäusern sah es nicht viel besser aus; selbst Wohlhabende waren kaum in der Lage, sich bessere Pflege zu verschaffen. Am 10. November wurde Autenrieth auch zu seinem alten Freunde, dem Senator Niese, gerufen. Es war auch hier das vermeintliche Nervenfieber, aber in einer, wie es schien, leichten Form. Wenn der Arzt nur den Freund von seinen trüben Gedanken und seiner allzu großen Besorgtheit um die Gesundheit hätte abbringen können – aber wer verfügte bei diesen täglichen apokalyptischen Bildern noch über die Kraft, sich um die Depressionen eines einzelnen, und sei es auch eines guten Freundes, zu bekümmern.

Dabei hatten die kriegerischen Handlungen noch nicht einmal begonnen. Der Gegner suchte Zeit, um sich vorzubereiten, und er ließ es nicht zu größeren Aktionen kommen. Am 9. November wurde Tauentzien zum preußischen König nach Leipzig befohlen und hier der Plan der Belagerung festgelegt. Die Sachsen unter Ryssel zog man jetzt klugerweise aus dem Einschließungsring heraus und ersetzte sie durch die preußische Brigade des Grafen Lindenau, der auf dem linken Elbufer das Kommando führte. Die Truppen auf dem rechten Elbufer standen unter dem Befehl des Generals v. Wobeser. Das Hauptquartier des Oberkommandierenden Graf Tauentzien befand sich linkselbisch in Dommitzsch.

Vielen der Belagerten schien es ein schlimmes Vorzeichen, als kurz vor dem gefürchteten Angriff der Preußen der Kommandant der Festung, Narbonne, der nach einem Sturz vom Pferde bettlägerig wurde, am 17. November dem Typhus erlag. In einem letzten Brief hatte er, der sich dieser Aufgabe nur als einem Todeskommando unterzog, noch seinem höchsten Befehlshaber versichert, daß ein Heer von 50 000 Mann nicht in der Lage sei, die Festung vor Beginn des Winters einzunehmen. In dem großen Pesthaus Torgau starb er dahin wie zahllose andere. Man mußte seine Pferde verkaufen, um die Kosten für ein standesgemäßes Begräbnis aufbringen zu können. Sein Nachfolger wurde der General Dutaillis.

Am 21. November begannen die eigentlichen kriegerischen Handlungen. In zwei Tagen eroberten die Belagerer nach Beschießung die Teichschanze. In der Nacht zum 24. fielen die ersten Granaten in die Stadt. Die Bürger schafften möglichst viel ihrer Habe in die Keller und versuchten, sich in ihnen einzurichten. Ein Tagesbefehl warnte freilich vor einer solchen Flucht in die Keller, weil dann die Häuser der Feuersgefahr ohne Aufsicht überlassen seien. In jedem Haus mußte nachts eine Person Wache stehen. Der Rat trat zusammen und wandte sich an den Gouverneur mit dem Ersuchen, der Stadt die Bombardierung zu ersparen, da die Festung in Folge der immer weiter um sich greifenden Seuche nicht lange zu halten sein werde. Ziel des Beschusses waren zunächst nur die Außenwerke, jedoch fielen öfter Granaten auch in das Innere der Stadt. Die Zahl der Kranken war ins Unfaßbare gestiegen. Trotz der täglichen Abgänge an Toten lagen im November durchschnittlich 8000 Personen in den Lazaretten. Von den Soldaten waren so viele krank, daß die Posten und Außenwerke kaum mehr besetzt werden konnten. Unter der Bevölkerung nahm die Seuche durch den Aufenthalt in den feuchten und verpesteten Kellern weiter zu. Kapitulationsersuchen scheiterten an den hochmütigen Forderungen des französischen Kommandanten, und so geschah in der Nacht vom 3. zum 4. Dezember das Unausbleibliche: Torgau wurde mit vollem Beschuß belegt. Etwa 300 Granaten trafen die

Stadt. Am Morgen danach waren alle Gassen mit Glasscherben und Ziegeln bedeckt. Die Buchbinder mußten Papierfenster liefern. Der Rat beschloß, den Bürgermeister Brunner und den Superintendenten Koch zu Tauentzien zu schicken und um Schonung der Stadt zu bitten. Der Kommandant genehmigte diese Deputation zunächst für den folgenden Tag, nahm die Erlaubnis aber dann wieder mit der Begründung zurück, er sei mit den Feinden in Unterhandlungen eingetreten. Nun entwarf der Rat ein Bittschreiben an den preußischen Oberkommandierenden, und der tatkräftige Koch unterhandelte lange mit dem Kommandanten um die Erlaubnis, eine Deputation entsenden zu können. Erst als eine neue starke Bombardierung in der Nacht vom 7. zum 8. die Bürgerschaft in Verzweiflung gesetzt hatte, gestattete Dutaillis, daß Koch allein zu Tauentzien ging und zugleich in seinem, des Kommandeurs, Namen weitere Übergabeverhandlungen aufnahm.

Ein französischer Offizier und ein Trompeter zu Pferde brachten den gleichfalls berittenen Superintendenten bis zu den feindlichen Vorposten, dann setzte Koch, von einem preußischen Offizier begleitet, seinen Weg zu dem Quartier des Generals Lindenau fort. Von dort wurde er nach Dommitzsch eskortiert, wo er gegen Abend anlangte. Graf Tauentzien, empört über die hartnäckigen Forderungen Dutaillis', hatte gerade alle Verhandlungen mit Torgau abgebrochen und verboten, Parlamentäre durchzulassen. Als er Koch erblickte, rief er im Zorn: »Wer sind Sie? Was wollen Sie? Der Offizier, welcher Sie durch die Vorposten gelassen hat, soll vor ein Kriegsgericht gestellt werden!« und warf dem Geistlichen das Bittschreiben des Senats unerbrochen vor die Füße. Als er erfuhr, daß Koch als Abgesandter der gepeinigten Bürgerschaft erschienen war, beruhigte er sich, ohne sich allerdings dazu zu verstehen, das einmal fortgeschleuderte Schreiben zu lesen, das dann Koch ungeöffnet zurückbrachte. Nach einer einstündigen Unterredung mit dem preußischen Befehlshaber übernachtete der Torgauer Geistliche im Hauptquartier des Feindes, empfing am Morgen neue Kapitulationsvorschläge und die Bewilligung eines Waffenstillstandes bis zum Morgen des 10. Dezember. Freilich dauerte es fast bis zu diesem Zeitpunkt, daß der Befehl überallhin durchgegeben und das Feuer eingestellt war. Leider hatten die Bemühungen Kochs keinen Erfolg für seine Vaterstadt; da der Gouverneur auf freiem

126

Abzug seiner Truppen nach Frankreich bestand, zerschlugen sich die Verhandlungen erneut.

In der Nacht vom 10. zum 11. Dezember mußten die Franzosen das stark beschossene Fort Zinna aufgeben. Nun schien der Gouverneur zum Einlenken geneigt, und Koch erhielt die Erlaubnis, erneut zu Tauentzien zu gehen und für die Festung zu unterhandeln. In der Nacht vom 11. zum 12. setzte wieder starkes Bombardement ein. In dieser Nacht wurde das Haus des Bürgermeisters getroffen, und der älteste Sohn stürzte durch die fehlenden Stufen der Treppe bis ins Erdgeschoß, wo er glücklicherweise auf einen Düngerhaufen fiel, der eigentlich nicht sein Aufschlagen, sondern das der Bomben mildern sollte. Nach dieser Nacht ritt der verdienstvolle Geistliche noch einmal in das Hauptquartier des Belagerers und erlangte das Ehrenwort Tauentziens, daß die Beschießung der Stadt eingestellt würde; bis zum endgültigen Abschluß der Kapitulation richteten sich die Schüsse nur noch gegen die Wälle.

Während der Gouverneur sich zur Übergabe entschloß und die von Koch so aufopfernd eingeleiteten Verhandlungen in die Hände des Generals Le Brun legte, während die Bürger hoffnungsvoll aufatmeten, aus den Kellern wieder ans Licht kamen und sich ihre durchlöcherten und zum Teil eingeäscherten Häuser besahen, Dächer und Fenster notdürftig flickten und in der Freude der überstandenen Gefahr noch gar nicht begriffen, daß Häuser und Mobiliar in vielen Fällen nicht mehr reparierbar waren, lag Niese nunmehr schwer krank danieder. Vom Generalchirurg der preußischen Truppen erhielt Koch eine Schrift zugesandt, die »Die Kunst, sich vor Ansteckung bei Epidemien zu sichern« lehren wollte. Kam das nicht für die, die schon angesteckt waren, zu spät? Niese hatte um die Mitte des Monats einen Bericht über seine Krankheit an Spitzner geschrieben und bei der ersten Verbindung mit der Außenwelt auf die Reise geschickt. Er kam nicht an.

Am zweiten Weihnachtstag wurde die Kapitulation von Welsau ratifiziert, worauf sofort die Forts Mahla und Zinna in preußische Hände übergingen. Sogleich floß auch das Süptitzer Wasser wieder in den Leitungen der Stadt, und am 1. Januar 1814 wurde die seit vier Monaten gesperrte Elbbrücke täglich für einige Stunden freigegeben. Sogar erste Exemplare von Leipziger Zeitungen gelangten in die Stadt. Am 10. Januar endlich zogen die Preußen unter klingendem Spiel ein und wurden an der Elbbrücke vom Rat, von der Geistlichkeit, von den Lehrern und Schulen empfangen. Die Belagerten zogen in entgegengesetzter Richtung ab und streckten im rechtselbischen Brückenkopf die Waffen. Es wurde auf preußische Anordnung sogleich eine Gesundheitskommission gegründet; man richtete Krankenstationen ein und nahm die Säuberung der Stadt in Angriff. In der Gesundheitskommission waren Autenrieth und Brunner führend tätig, und Superintendent Koch stellte sich auch hier zur Verfügung. Auf einem ihrer dienstlichen Besuche in den Nachbarorten konnten Koch und Autenrieth den Pfarrer Spitzner aufsuchen, ihm Grüße des kranken Freundes bringen und die von Spitzner geschriebenen und aufbewahrten Berichte über die Geschehnisse der Zwischenzeit sowie das Wohlbefinden der vier Kinder mit nach Torgau zurücknehmen.

Seltsam steif und mühselig wirken die Buchstaben der sonst so schwungvollen Handschrift, als Niese darauf zu antworten versucht:

»Torgau, am 14. Januar 1814

Teuerster Freund!

Deinen Brief vom 7. habe ich erst gestern den 13. erhalten. Ich beantworte ihn aber nur in seinen notwendigsten Punkten, denn meine Schwäche verstattet mir nicht, mehr als wenige Zeilen zu schreiben oder vielmehr zu schmieren. Daß Du meinen Brief vom 17. Dezember vorigen Jahres nicht erhalten hast, tut mir leid; er enthielt den Anfang meiner Krankheitsgeschichte. Ich kann sie nicht wiederholen. Kürzlich nur soviel, daß ich schon seit dem 10. November krank bin, daß meine Krankheit gleich anfangs leicht behandelt wurde, daß die Schrecken des Bombardements, der Aufenthalt in ungesunden Kellern, der Mangel an Ruhe und Schlaf dieselbe verschlimmerten. Seit dem 15. Dezember zehre ich mich nun unter Fieber, Krämpfen, Trübsinn ab. Meine ganze Natur ist in Zerrüttung, kein Organ gewährt mehr seinen Dienst. Daher die unheilbare Entkräftung, die täglich zunimmt. Laß Dich durch D. Kochs und Autenrieths Rede nicht irreführen: ich weiß am besten, wie mir ist. Jener weiß gar nichts von mir; dieser würde schon als mein Arzt trösten müssen, wenn er auch nicht seine Behandlungsweise in Schutz nehmen müßte. Meine Hoffnung ist gänzlich verschwunden. Ich murre nicht gegen Gottes Fügungen, das wäre frevelhaft, sondern glaube fest, daß mein Tod für mich und die Meinigen nach seinem weisen Rate nützlich ist; aber Wunder an mir elendem Menschen kann ich nicht erwarten. Ich wünsche weiter nichts, als nur noch meinen Nachlaß aus der Zerstreuung und Zerrüttung, in der er itzt ist, in einige Ordnung zu bringen. Selbst mein letzter Wille, der äußerst flüchtig hingeworfen ist, bedürfte nun einer großen Abänderung, aber mir fehlen die Kräfte. Tausendmal habe ich anfangen wollen, aber es grauet mir vor dieser Arbeit, die mir sonst etwa einen Vormittag gekostet hätte. Kurz, auch der Geist versagt seine Dienste wie der Körper: es wäre töricht, an eitlen Hoffnungen zu kleben.

Was Du mir von Ankauf eines Pferdes so wiederholt geschrieben hast, daran war gar nicht mehr zu denken, weil ich alle Deine Briefe erst nach der Übergabe der Stadt erhalten habe, wo dieser Verkauf längst aufgehört hatte und auch von den Preußen durchaus nicht geduldet worden wäre. Diese haben viel früher abgeschlossene Käufe dieser Art vernichtet und den Käufern die Pferde wieder abgenommen. Überdem war ich zu krank, um ein solches Geschäft zu besorgen, und meine Bekannten, die hierin mich unterstützt hätten, entweder krank oder tot. Von Deinen Briefen habe ich den in Deiner Krankheit zu Ausgang Oktobers geschriebenen, den vom 23. Dezember und den vom 27. Dezember durch D. Koch bei seiner Rückkehr von der letzten Reise, wo er, nebst Autenrieth, bei Dir eingesprochen, zu gleicher Zeit erhalten und weiter keine. Der vom 4. Januar ist nicht in meinen Händen.

Ich muß schließen, meine Kräfte verlassen mich ganz. Daß ich je wieder zu Euch kommen könnte, daran ist gar nicht zu denken. Komm Du selbst bald zu mir, aber ohne die Kinder, denn, alles andere abgerechnet, habe ich nicht einmal Betten genug für sie.

> Lebe wohl
> Dein
> todkranker Niese.«

Über Torgau und sein Umland war ein strenger Januarfrost hereingebrochen. Die ohnehin geplagten Kranken fanden sich in den fensterlosen und meist beschädigten Häusern bei ungenügender Heizung auch noch der bitteren Kälte ausgesetzt. Indes – die Seuche ging zurück. Niemand ahnte, daß das nicht auf Erleichterungen nach der Deblockierung, sondern darauf zurückzuführen war, daß der Frost die verderbenbringenden Läuse vernichtet hatte.

Spitzner, durch Nieses Brief aufgeschreckt, reiste mit seiner Schwester in die verpestete Stadt, während der Konrektor, der in das noch immer belagerte Wittenberg nicht zurückkehren konnte, die Betreuung der Kinder übernahm.

Torgau bot den Ankömmlingen das Bild völliger Verwüstung. In den Gräben der Festung, in Winkeln und Gassen lagen verwesende Pferdekadaver, aus Futternot verschleudertes Bauerneigentum. Strohsäcke, Decken, zerlumpte Uniformteile und Schuhe gehörten zur Hinterlassenschaft irgendwo umgekommener Soldaten. Die Lazarette und auch Privathäuser waren verunreinigt. Man hatte Sträflinge aus Lichtenberg eingesetzt, um Schloß Hartenfels und die Stadtkirche zu säubern, die nach dem Tod der letzten Insassen einfach zugeschlossen worden waren. An den Reinigungsversuchen, mindestens der Außenwerke, nahmen auch preußische Soldaten teil.

Im Haus in der Bäckergasse berieten Niese, Spitzner sowie der befreundete Benemann die finanzielle Lage sowie die Zukunft der Kinder, die nun wohl endgültig dem Pfarrer und seiner Schwester überantwortet werden mußten. Einen Augenblick lang faßte der Kranke den Gedanken, zu den Kindern mitzufahren und auf dem Lande Genesung zu suchen. Seine Kräfte reichten kaum zur kurzen Begleitung der Besucher:

»am 25. Jan. abends
Teuerster Freund!
Noch bin ich zwar unter den Lebendigen, noch zwingt man mich, Arzenei zu nehmen, noch macht Autenrieth Hoffnung; allein es geht alles täglich mehr abwärts. Höchstens kann ich vormittags einige Stunden auf sein und nachmittags oder abends einige. Die Zeit von früh zehn bis mittags drei Uhr ist eine schreckliche Fieberzeit, wo ich auf mannigfaltige Art gepeinigt werde. Schlaf habe ich durchaus nicht. Das Laudanum, was ich nachts nehme, wirft mich ein paar Stunden in eine Art von Dusel. 2 höchstens 3 Uhr sind das Ziel meiner nächtlichen Erholung. Hierzu scheinen sich nun auch Nachtschweiße gesellen zu wollen. Das Allerschrecklichste aber ist, daß ich mich nunmehr aufgelegen habe. Ich bin den

größten Teil des Tages mit einem dumpfen Kopfschmerz geplagt, vermutlich eine Folge des kontinuierlichen Fiebers; meine Heiterkeit ist fast ganz weg. Was aber das Schlimmste ist, mein Gedächtnis wird außerordentlich schwach. Wie lange dieser elende Zustand noch dauern wird, weiß Gott. Krämpfe und Fieber, Fieber und Krämpfe, das ist mein Lebenslauf. Keine Erheiterung, tägliche Ärgernis, Unvermögen, in dem leichtesten Buch zu lesen, Ermattung zum höchsten Grade, welche mir das Gehen zur höchsten Anstrengung und also zum Ekel macht. Du verlangtest Nachricht von mir: das ist sie.

Seid Ihr glücklich heimgekommen? Es war ein herrlicher Tag für alle Menschen, nur ich, der ich nach Anstrengung, Ärgernis, angreifendem Abschiede noch den Einfall hatte, mich von Sch. ein paar Straßen durchschleppen zu lassen, ich lag von zwölf Uhr mittags bis abends in einer Erschöpfung, worin ich meiner oft nicht bewußt war. Wie, wenn ich den tollen Streich der Mitreise begonnen hätte? Noch ärgere ich mich über den Einfall. Seit dieser Zeit haben die Sachen sich so gestaltet, daß er mir nicht wieder in den Sinn kommt. Ich schreibe, weil ich itzt eine leidliche Stunde habe. Ich wollte erst morgen, allein ich bin früh zuweilen so matt, daß ich die Feder nicht halten kann. Glaubst Du wohl, daß mir es heute früh eine Arbeit bis zur Erschöpfung war, vierzehn Taler Geld abzuzählen, daß sogar meine Augen beim Sortieren ganz schwach und bleich wurden? Und das war gleich nach dem Aufstehen! Wie sehr hatte mich also die vergangene Nacht erquickt! Eben erhalte ich neue Arzenei, dergleichen ich noch nicht gehabt. Dr. Autenrieth gibt sich in der Tat jede Mühe mit mir, aber was kann's helfen? Wie das Fieber tilgen, wie die Kräfte heben? Genug für heute, wer weiß, ob nicht für immer. Umarme Carolinchen, die Kinder und lebe wohl.

Niese«

Dieses Lebewohl sollte das endgültige bleiben, das Spitzner dem stattlichen Stapel starker grauer Briefbögen hinzufügte, der sich in den letzten zwei Jahren in seinem Schreibtisch angesammelt hatte. Die Hand, die sonst ehrliche Bekenntnisse, quälende Sorgen und gewandt stilisierte Betrachtungen in so zügiger eleganter Schrift zu Papier brachte, war zu schwach geworden, die Feder zu führen. Mit dem Verlust der Hoffnung und des Lebenswillens war auch der bis dahin so mitteilungsbedürftige Geist erlahmt. Und doch dauerte das Ringen des Senators noch volle vier Wochen, die wie ein großes Schweigen das bewegte Duett des Briefwechsels mit dem Freunde beschließen. Carl Gottfried Niese starb am 22. Februar 1814.

1815–1832
Lehr- und Wanderjahre

Nach dem Tod des Senators fanden die vier Kinder endgültige Aufnahme im Pfarrhaus von Trebitz. Das Haus in der Torgauer Bäckergasse wurde samt allem Mobiliar und dem größten Teil der sonstigen Einrichtung verkauft. Das Vermögen des Verstorbenen war durch den Krieg zusammengeschrumpft, und alles den Kindern nicht unmittelbar Nützliche mußte in Geld umgewandelt werden, um ihre Erziehung und weitere Ausbildung zu sichern. Dies entsprach dem letzten Willen des Senators. Die Verwaltung des Vermögens hatte er Senator Benemann, dem Freund seit Schülertagen, zugedacht. Einige wenige persönliche Erinnerungsstücke aus dem Besitz Nieses und seiner Frau verwaltete der Landwirt Magnus Schulze, Onkel der Kinder. Spitzner, zum Erziehungsvormund eingesetzt, nahm nur den Lederband mit Nieses Gedichten an sich; die eigenen Briefe, die er im Schreibtisch des Empfängers geordnet wiedersah, fügte er zu den von jenem erhaltenen und hob sie seinen Zöglingen auf.

Von den vier Vollwaisen vermochten den Verlust des Vaters wohl nur die elfjährige Juliane und der zehnjährige Carl zu begreifen, da sie sich seiner aus der Zeit des Zusammenlebens eher erinnern konnten. Wie die Pflegemutter Caroline Spitzner sehr schnell das Bild der toten, immer kränklichen Mutter verblassen ließ, so war seit längerem auch der ferne Vater hinter der Gestalt des Pfarrers Spitzner zurückgetreten. Die kriegerischen Ereignisse hatten vollends aus den beiden Spitzners und ihren vier Pflegebefohlenen eine Familie gemacht. Die Schauplätze ihrer frühesten Kindheit versanken für die Umgesiedelten in Vergessenheit, zumal die sehr seltenen Fahrten nach Torgau oder gelegentliche Besucher aus Torgau dem nicht ausreichend entgegenwirkten.

In Torgau hatten Krieg und Krankheit nicht nur die vier kleinen Nieses, sondern die Kinder von fast hundert Familien elternlos hinterlassen. Noch über das erste Viertel des Jahres 1814 hinaus forderte der Typhus seine Opfer. Ganze Familien waren ausgerottet. Der Wiederaufbau des wirtschaftlichen und kulturellen Lebens beanspruchte die noch intakten Kräfte voll und auf längere Zeit. Zudem war die Eingliederung Torgaus in einen neuen Staatskörper mit mancherlei Schwierigkeiten in der Verwaltung verbunden. Im Wiener Frieden wurde Torgau aus dem politischen Verband gelöst, dem es seit Jahrhunderten angehört hatte, und mit der Hälfte Sachsens, die dem siegreichen nördlichen Nachbarn zufiel, zu einer preußischen Stadt gemacht. Es war für viele schwer zu begreifen, daß man jetzt denen Treue schwören sollte, die gestern noch Granaten in die Stadt geworfen hatten, und das Gefühl, eigentlich zu Sachsen zu gehören, sowie eine gewisse Kühle allem spezifisch Preußischen gegenüber hielt lange an.

Auch Trebitz, dessen Scheunen sowie Ställe geleert und dessen Äcker verwüstet waren, gehörte nunmehr zu Preußen. Spitzner, schon häufig vor Neuanfänge gestellt und an Einschränkung gewöhnt, mußte seine vielfältigen Aufgaben allein mit der Hilfe seiner Schwester Caroline meistern, da der Bruder Konrektor bereits Mitte Januar nach Wittenberg zurückgekehrt war, um den Unterrichtsbetrieb wiederaufzunehmen. Dies geschah wegen des Zustands des Lyzeumsgebäudes in der Stube des Konrektors, in der allerdings die ganze neun Häupter zählende Schülerschaft Raum hatte. Sie war auf sechzehn angewachsen, als Franz Spitzner nach der Versetzung des bisherigen Rektors im April dessen Nachfolge antrat. Bald danach bezog er mit diesen Schülern den ersten benutzbaren Klassenraum im alten Schulgebäude. Einen Ruf als Rektor nach Rostock lehnte Franz Spitzner ab, weil man ihn dort nicht Vorlesungen an der Universität halten lassen wollte; denn er hoffte auf die Rückkehr der Wittenberger Universität, die ihren Sitz nominell noch immer in Schmiedeberg hatte, ohne daß dort Vorlesungen gehalten wurden.

Die Nieses entwickelten sich in Trebitz zu rechten Landkindern mit dem Bedürfnis nach frischer Luft, Weite der Landschaft, Nähe zur Natur. Der Rhythmus des bäuerlichen Jahres wurde ihnen vertraut und selbstverständlich. Alle vier übernahmen kleine Pflichten auf dem Hof mit dem Federvieh, in Stall und Scheune, bei den Feldarbeiten, und der Pfarrgarten hinter dem Pfarrhaus war zum großen Teil ihrer Pflege anvertraut. Carl, solchen »reellen Arbeiten«, wie Spitzner sie nannte, eher abgeneigt, unterzog sich ihnen nur auf Anweisung und dann mit Überwindung, widmete sich der Natur dagegen als liebender Betrachter. Sein jahrelang anhaltendes Interesse galt den Vögeln, deren Aussehen, Gesang und Lebensweise er genau beobachtete und lernte. Gern begleitete er den Pfarrer auf dessen Gängen zu den benachbarten Flecken der Gemeinde. Aber auch allein machte er sich auf, um nachzudenken, anzuschauen und zu sammeln. Als Moritz etwas größer geworden war, schloß er sich dem älteren Bruder zu solchen Streifzügen an, deren Ausweitung zu wilden Jagd-, Räuber- und Kriegsspielen durch Moritz Carl jedoch verschmähte. Dem behäbigen und etwas nüchternen Julius lag Schwärmen und Abenteuern gar nicht; lieber ging er mit Caroline auf das Feld, um dort mit ihr wie ein Erwachsener über den Stand des Getreides und der Kartoffeln zu reden. Julie schließlich zeigte zwar sprunghafte Zustimmung zu manchen Plänen ihrer Brüder, hielt aber an nichts fest und tollte am liebsten in Haus und Hof umher. Auch im Winter hielt Spitzner alle drei Jungen zu Bewegung und Ertüchtigung wie dem Schlittschuhlaufen an.

Aus unmittelbarer Nähe lernten die Kinder die Bedeutung des Pfarramts kennen, das auch ihnen eine besondere Stellung gegenüber den Bauern und Leinewebern sowie gegenüber der Familie des Patrons, Herrn v. Schönberg, zuwies. Der Glockenschlag der Kirchturmuhr, die der Vater des jetzigen Pfarrers hatte wiederherstellen lassen, teilte ihren Tageslauf ein. Ein besonderer Spaß war es, an sonnigen Tagen vom Fenster aus den Schlag der Turmuhr mit der Anzeige auf der großen Sonnenuhr zu vergleichen, die an der Südseite der Kirche angebracht war. Sonntag für Sonntag saßen die Vier in der Trebitzer Kirche seitlich vom Altar neben Caroline.

Spitzner, der christliche Gesinnung täglich an den Kindern bewies, übte in Glaubensdingen keinen Zwang auf sie aus. Auch erteilte er den Knaben keinen besonderen Religionsunterricht, sondern hielt es für ausreichend, daß sie an demjenigen der Vikariatsschule und dann am zweijährigen Konfirmandenunterricht teilnahmen. Nur in Latein und Griechisch unterrichtete er sie gesondert, und dieser Unterricht begann, zumal im Sommer, sehr früh. Nicht allein aus Mangel an Zeit, sondern auch aus grundsätzlicher Abneigung gegen Einzelunterricht schickte Spitzner die

Kinder in die Dorfschule. Der Stolz des Pastors war »sein Carl«, für den freilich der Dorfschulunterricht oft mehr Hemmnis als Förderung bedeutete. Um so mehr zeigte sich Carls Eifer in den Lateinstunden. Oft wurde der Unterricht in den Garten verlegt. Dann schritt Spitzner mit dem zierlichen blonden Schüler auf und ab, und der Kleine übersetzte seinen Cornelius Nepos ohne Glossarium. Schwieriger wurde ein Ausflug in die höheren Gefilde der Poesie. »Den Eumenes sollt' ich besingen, den wir im Nepos gelesen hatten. Da fing er mir mit hexametrischer Provokation der Muse im Garten an. Ich wußte den Henker von Hexameter, und er vielleicht selbst nicht ordentlich. Mir kam das ganz kurios vor, und der Eumenes blieb unbesungen.« Durch viel Lektüre ertastete sich Carl die Grundvorstellungen von der lateinischen Verskunst, die Spitzner ihm theoretisch nicht mitteilen konnte und nur bei jedem gelungenen Vers mit zwei Groschen belohnte.

Seine weitergreifende Wißbegierde ließ Carl mit brennendem Interesse jedem Besuch des Rektors Spitzner aus Wittenberg entgegensehen, der freilich nicht eben häufig abkömmlich war. Nur vorübergehend durch einen Konrektor entlastet gewesen, mußte Franz Spitzner wieder den gesamten Unterricht in der eigentlichen Gelehrtenschule, also in Tertia bis Prima, allein bestreiten. Anderthalb Jahre lang gab er täglich bis zu elf Unterrichtsstunden. Zudem zerschlug sich seine Hoffnung auf eine Rückführung der Universität. Auch Wittenberg war preußisch geworden, und bereits im Herbst 1815 wurde die Vereinigung der Wittenberger Universität und der preußischen Universität Halle mit dem Sitz in Halle beschlossen. Das Schulmeisteramt war ein schwacher Ersatz, zumal es Menschenkraft fast überstieg, ganz allein die jungen unbändigen Herren der Sekunda und Prima – in diesen Jahren etwa dreißig an der Zahl – im Zaum zu halten und Disziplinlosigkeiten zu unterdrücken. Da verfiel Spitzner auf den ebenso weisen wie freiheitlichen Gedanken, die Schüler aufzufordern, sich selbst Gesetze zu geben, auf deren Einhaltung er sie und dann sich verpflichtete. Diese Verfassung sah, wohl in Anlehnung an Schulpforta, eine weitgehende Selbstbeaufsichtigung und wechselseitigen Selbstunterricht der Schüler vor. Die fünf besten Schüler der Anstalt wurden zu Inspektoren ernannt, die dem Rektor jeden Sonnabend Bericht erstatteten; zwei Abgeordnete der Schüler wiederum konnten über die Inspektoren Klage führen. Der Unterricht in Tertia wurde von den besten Primanern erteilt; Spitzner selbst unterrichtete nur zur Kontrolle alle zwei Wochen auch in dieser untersten Klasse. Mit der großzügigen, aber keineswegs revolutionären Methode, die auf das Ehr- und Verantwortungsgefühl der Schüler vertraute, erreichte der Rektor, daß die Disziplin gewahrt und das Pensum bewältigt wurde.

Franz Spitzner strebte danach, aus dem Lyzeum ein Gymnasium zu machen. Er schraubte die Anforderungen, vor allem in den klassischen Sprachen, immer höher hinauf, so wie er an sich selbst unablässig arbeitete. Seit seiner Schulzeit in Pforta stand die Erforschung Homers im Mittelpunkt seiner wissenschaftlichen Arbeit, und bereits mit seiner ersten einschlägigen Publikation »De versu Graecorum heroico maxime Homerico« erstritt er sich 1815 einen achtbaren Platz unter den Fachkollegen. Aus seinem Mund griechische Verse zu hören, war dann freilich etwas anderes als der Versuch des Pfarrers, Carl in antike Metrik einzuführen. Zwar reichten Carls damalige Kenntnisse nicht weit genug, um den Gehalt des Ohrenschmauses geistig zu erfassen, aber so oft es möglich war, suchte er sich in der Nähe des Rektors zu halten, um sich dies und jenes erklären zu lassen.

Wenn die jungen Nieses dem Pfarrer mit Zuneigung, dem Rektor mit Respekt anhingen, so war ein anderer Bruder der Spitzners geeignet, ihnen als das Gegenstück zu den ersteren zu erscheinen. Er war ein Unseßhafter, der in keinem Beruf und an keinem Ort bleiben und mit keinem Geldbetrag haushalten konnte. Wenn er in Trebitz auftauchte, geschah es, um sich Geld zu beschaffen, das er sehr bald wieder vertat. Er war der Kummer seiner Geschwister, die gelegentlich den Charakter dieses Außenseiters mit dem unter den Nieses so fremdartigen Temperament Julies verglichen, für deren Zukunft man nicht geringe Befürchtungen hegen zu müssen glaubte. Unstet und arbeitsunwillig erledigte sie weder Schulaufgaben noch Hausaufträge, und im Bewußtsein ihrer körperlichen Schwächen blieb sie schüchtern und gehemmt. Noch immer war sie anfällig und ermüdete schnell. Ihr Ohrenübel plagte sie und ihre Betreuer wie von jeher. Immer wieder mußte den drei Jungen, die alle gegen sie standen, gesagt werden, daß sie krank sei und Rücksicht brauche.

Obwohl sie an Bildung und selbst an Klugheit weit hinter ihren Brüdern Ernst Traugott und Franz zurückstand, blieb Caroline der

Mittelpunkt des Trebitzer Pfarrhauses. Unbestritten waren ihr Mutterwitz, ihr gerader Verstand und ihre nie ermüdende Güte. Ihre oft von Widersprüchlichkeit geprägten Handlungen unterlagen der Diktatur eines leicht zu beeinflussenden Herzens. »Gut ist sie, aber die Inkonsequenz selber«, meinte der Rektor. Der Pfarrer brachte ihr eine Art zärtlichen Respekts entgegen, denn sie garantierte ihm seine Lebensweise. Einmal hatte er das Opfer, Caroline wegzugeben, bringen wollen: seinem Freund Niese. Nachdem sie selbst anders entschieden hatte, setzte er nun alles daran, sie für sich zu behalten. Es war das eine kuriose, aber verzeihliche Schwäche. Dem Mediziner Spießbach, an den Caroline zur Zeit der Werbung des Senators doch wohl gedacht hatte, nahm Spitzner auf gelinde Weise jede Hoffnung, und alle späteren Freier suchte er abzuweisen, ehe sie der Schwester überhaupt zu Gesicht kamen.

In diesen ersten Friedensjahren wurde es Caroline wohl zur Gewißheit, daß ihr Bruder nicht mehr lange am Leben sein werde. Die Lungenkrankheit, die sein Hauptleiden geworden war, schwächte seine Kräfte so rasch, daß er schon zur Zeit von Carls Konfirmation, Ostern 1818, sein Amt weitgehend einem Jüngeren übertragen mußte. Zur Erleichterung des Haushalts und angesichts von Carls Reife, wurde der älteste Junge zu dem Bruder Rektor auf das Wittenberger Gymnasium gegeben. Wenig später, am 29. August, ist Ernst Traugott Spitzner nach mehrfachem Blutsturz gestorben.

Diesmal waren alle Kinder alt genug, um den Verlust zu begreifen, der sie betroffen hatte. Betroffen war in besonderer Weise Carl, der am längsten und engsten mit dem Pfarrer zusammengelebt hatte und dem auch dessen »Testament an meinen Carl« galt, das keine irdischen Güter für den Knaben, sondern Anweisungen für sein künftiges Dasein enthielt. Als Bekräftigung der von ihm erlebten Einsichten in Göttliches und Menschliches hatte der Tote dem Pflegesohn seinen Briefwechsel mit dem Senator Niese vermacht.

Nach einer weiteren Bestimmung des Verstorbenen wurde nun der Rektor Franz Spitzner Erziehungsvormund der vier Kinder. Die drei jüngeren, von denen der leicht zu leitende Julius im nächsten Frühjahr das Torgauer Gymnasium beziehen und dann bei den Verwandten Brunner wohnen sollte, blieben zunächst bei ihrer bisherigen Pflegemutter. Die Gemeinde Trebitz gestand Caroline zu, daß sie das zwischen der Pfarre und dem Schulzenhaus gelegene »Pfarrdotel«, das für die Substituten und Pfarrwitwen bestimmt war, beziehen konnte. Carl kehrte mit dem Rektor an das Wittenberger Gymnasium zurück, das er gegen Pfingsten bezogen hatte.

Wittenberg trug nicht mehr das Antlitz der Stadt Friedrichs des Weisen wie in den Jahren, als der Senator hier studierte. Es trug wie Torgau die Zeichen einer belagerten, bombardierten und eroberten Festung. Die beiden Türme des Schlosses waren zum zweiten Mal durch Brand zerstört worden. Sie wurden nicht wieder erneuert, vielmehr wurde, da Wittenberg unter preußischer Verwaltung endgültig Festung blieb, das bisherige Schloß von der Militärverwaltung mit in die erneuerten Festungswerke einbezogen und als Zitadelle kriegsmäßig ausgebaut. Es war mit flachen, bombensicheren Abdachungen versehen und beherrschte als ein grauer Steinklotz mit zwei walzenförmigen Rundturmstümpfen an jeder Seite, in dem die Schießscharten sich als dunkle Punkte abzeichneten, das Gelände. Nur die Schloßkirche hatte ihr richtiges Dach behalten, freilich ohne Turm und Dachreiter.

Ein düsteres, festungsartiges Aussehen hatte auch das aus dem 16. Jahrhundert stammende Lyzeumsgebäude, Carls neue Heimat. Es war schmal und hochgezogen. Auf der Nordseite rauschte ein Bach vorbei, und das erinnerte an einen Festungsgraben. In dem dreistöckigen Gebäude waren die Klassenräume über zwei, die Wohnräume über drei Stockwerke verteilt. Carl besaß ein Kämmerchen im Dachgeschoß, das außerdem noch die Wohnung zweier Lehrer enthielt; im ersten Stock, wo noch andere Kostschüler des Rektors wohnten, lag dessen Studierzimmer, im Erdgeschoß befanden sich die Küche und der Speiseraum. Das Erdgeschoß und der erste Stock enthielten je drei Schulklassen.

Seit dem Frühjahr 1817 hatte sich die Lage des Wittenberger Lyzeums durch eine Eingabe Spitzners beim preußischen Unterrichtsministerium gebessert. Aus dem Fundus der nach Halle verlegten Universität wurde für den inneren und äußeren Ausbau der Schule ein wesentlicher Zuschuß gewährt, so daß eine Anzahl Lehrer eingestellt und das Gehalt des Leiters erhöht werden konnten. Auch wurde der theologische und philologische Teil der Wittenberger Universitätsbibliothek, die nach ihrer Verschiffung im

Jahre 1813 Dresden nicht erreicht hatte, sondern ein Jahr lang auf Schloß Seußlitz aufbewahrt worden war, dem Gymnasium und dem neugegründeten Predigerseminar zur Verfügung gestellt. Die drei unteren Klassen der Schule gehörten nicht eigentlich zum Lyzeum, sondern bildeten die sogenannte Bürgerschule und vermittelten nur denjenigen Schülern Latein und Griechisch, die auf die Gelehrtenschule übergehen wollten und ein Studium anstrebten.

Es war nicht zum besten für Carls Gesundheit und geistige Entwicklung, daß der ehrgeizige Rektor ihn unter die Schüler der Sekunda einschreiben ließ. Während der sechs Jahre Dorfschule hatte er von Mathematik, Geschichte, Geographie fast nichts erfahren, in Latein konnte er zwar mit einem nahezu vollständigen Nepos, aber sonst nur mit etwas Ovid aufwarten, und mit dem seit einem Jahr betriebenen Griechisch war er kaum über die regelmäßigen Verben hinausgekommen. Jetzt aber präsentierten sich ihm außer den klassischen Sprachen noch Deutsch, Hebräisch, Französisch, Geschichte, Geographie, Religion, Mathematik und Naturwissenschaft als vollwertige Fächer, und eine Fülle von Wissen mußte nachgeholt werden.

Im Sommer saß Carl schon um sechs Uhr, im Winter um sieben Uhr auf seiner Klassenbank, und der Unterricht erstreckte sich mit verschiedenen Ruhepausen über den ganzen Tag. Dieser Arbeitsrhythmus war Carl nicht ungewohnt, da es auch der Pfarrer in Trebitz so gehalten hatte. Außer den Lehrstunden gab es nach dem Muster der sächsischen Fürstenschulen auch noch morgens und nachmittags Stunden für gemeinsame Arbeiten der Schüler, und am späten Nachmittag wurden die Tertianer bei ihren Arbeiten von Schülern der oberen Klassen beaufsichtigt. Da die Bücher immer mehr Carls Freunde wurden, gewöhnte er sich langsam an den Verlust der ländlichen Freiheit; weit schmerzlicher schien ihm die Trennung von den Brüdern.

Die wichtigste Person seines neuen Lebenskreises war natürlich der Rektor Spitzner, ein wirklicher Lehrer, der heranreifende junge Menschen faszinieren konnte. Lebendig, kraftvoll, mit starker Stimme und meist munterem Ton trat er vor seine Schüler hin. Er dozierte nicht, sondern regte sie zu eigenem Denken an, ließ sie das, worauf er abzielte, selber entwickeln. Der Fleiß, den er den Schülern abverlangte, war ihm persönlich bis zur Selbstentäußerung eigen. Für das Gedeihen und den guten Namen seiner Anstalt konnte er alles hintansetzen. Dem Wissenschaftler Spitzner galt Carls ganze Bewunderung, dem Menschen stand er mit Zurückhaltung gegenüber.

Wenig vertrauenerweckend schien ihm die junge Frau des Rektors, die das Hauswesen regierte und auch auf die Ordnung und Wirtschaft der ihr anvertrauten Knaben ein Auge hatte. Sie verstand es, ihre Herrschaft und ihren Einfluß überallhin, selbst in die schulischen Bezirke hinein, auszudehnen und wollte nicht nur im Herzen ihres Mannes, sondern auch in dem der Schüler den ersten Platz einnehmen. Sie spürte sehr bald eifersüchtig die Anhänglichkeit, die Carl seiner Pflegemutter Caroline bewahrte: »Ihr denkt wohl, Carolinchen tut das alles so für euch. Ja, sie tut zwar immer so aufopfernd, aber sie weiß dann ja doch, wie sie zu ihrem Vorteil kommen soll.« Damit hatte sie sich den Zugang zum Herzen Carls für immer versperrt.

Auch die Mitschüler waren nicht gut auf die Frau Rektorin zu sprechen und suchten sich ihrer Aufsicht zu entziehen. Sie machten Carl bald darauf aufmerksam, wie knauserig sie mit dem Kostgeld wirtschaftete und wie minderwertig das Essen war, das sie ihnen vorsetzte. Ihr Geiz und ihre schlechte Wirtschaft waren bei ihnen sprichwörtlich: »Da soll man nun der Rektorn ihre alte abgeschabte Haut auf dem Butterbrote essen!« Klagen über die Verpflegung dokumentierte Carl häufig in seinem Tagebuch. Aber seinen Ärger über eine gepanschte Suppe vergaß er meist bald über den reizvolleren Seiten des Internatslebens.

Mit Bewunderung und fast mädchenhafter Schwärmerei hing Carl an dem Primaner August Loßnitzer, seinem Stubengenossen und Betreuer, der Carl im Lateinischen, Griechischen und Französischen wesentlich förderte. Konrektor Friedemann, der Carl sehr zugetan war, sah diese Schwärmerei mit Mißtrauen und drang wiederholt in Carl, sich von Loßnitzer loszusagen, dem, als er die Universität Leipzig bezogen hatte, ein maßloses und leichtsinniges Treiben nachgesagt wurde. Loßnitzers Nachfolger als Stubengenosse war der leidenschaftliche und freiheitsliebende Oswald Glühmann. Unter den Gleichaltrigen trat Carl nur der aus der Wittenberger Gegend stammende Karl Schmidt näher. Im Umgang mit den vielen Jungen nahm Carls Auftreten härtere und rauhere Züge an, und es war ihm peinlich, aus Anlaß gelegentlicher Besuche aus Trebitz mit seiner Schwester vor die Wittenberger Kameraden zu treten. Wie einst sein Vater wanderte Carl an manchem Sonnabend mit einem der neuen Freunde die Elbaue stromaufwärts nach Trebitz, und für denjenigen, dessen eigenes Zuhause für einen Wochenendausflug zu weit entfernt lag, wurde Carls und seiner Geschwister Heim bei Jungfer Caroline Spitznerin ein freundlicher Erholungsort.

Auch über ihn legte sich im Frühjahr 1819 ein Schatten. Julie, von zunehmender Kränklichkeit geschwächt, sah Brüdern und Gästen nur mit müden, fernen Blicken zu. Weil es ihr zu schwer wurde, schnitt sie sich eines Tages sogar ihr langes Haar ab, nachdem sie sich doch im Kriegsjahr 1814 während ihres Nervenfiebers verzweifelt gegen eine derartige Maßnahme gewehrt hatte. Gegen Ende Juni läßt Caroline Spitzner die Brüder aus Wittenberg und aus Torgau rufen. Carl und Julius haben Angst vor der Nähe ihrer todgeweihten Schwester und halten sich in diesen Tagen möglichst im Garten auf. Mehrmals müssen sie durch den kleinen Moritz, den noch keine Scheu vor dem Tod anficht, herbeigeholt werden, um von Juliane Abschied zu nehmen. Das sechzehnjährige Mädchen ist sehr still geworden: »Sehen kann ich dich nicht mehr, Mutter, aber hören kann ich dich noch.« Am Grabe spricht Pfarrer Spitzners Nachfolger, Friedrich Gottlob Koch, der auch die Vorbereitung des Bruders Moritz für das Gymnasium übernommen hat.

Carl Nieses Entwicklung blieb vom Beispiel seines Lehrers Franz Spitzner bestimmt. Philologie hieß das Leitwort allen Denkens und Lernens. Daneben suchte sich freilich langsam auch das vom Vater ererbte Formgefühl und eine beweglich schweifende Phantasie ihr Betätigungsfeld. Die metrischen Anfänge im Pfarrgarten von Trebitz waren längst abgetan: Carl schrieb die materia poetica der Primaner ohne einen prosodischen Fehler mit. Kühn trug er in das ledergebundene Buch, in das sein Vater seine Gedichte geschrieben und in dem der Vormund Benemann noch einige nachgetragen hatte, vom rückwärtigen Ende her beginnend die eigenen ersten Gedichte ein: gereimte und ungereimte Oden unter dem Einfluß Klopstocks und Schillers, schülerhaft unselbständig, bei denen der leicht produzierte Vers oft den Gedankenfluß überwucherte. Auch der Tod der Schwester fand seinen Niederschlag, ohne daß sich ein persönliches Empfinden Bahn brach. Die Themen der poetischen Versuche waren die traditionellen, großen: Gott, Natur und Freundschaft. Naheliegenden, etwa Verliebtheiten oder den Gefühlen der Freiheitsliebe und Empörung gegen staatliche Unterdrückung, von denen die deutsche Jugend weithin erfüllt war, wußte Carl Niese offenbar noch nichts abzugewinnen. Dabei spielten sich die Wartburgfeier und der erste Burschenschaftstag in Jena doch in unmittelbarer Nachbarschaft ab und wirkten lange nach. Im Frühjahr 1819 wurde Staatsrat Kotzebue ermordet. Nieses Mitschüler Glühmann hatte sich ein Bild des Täters Sand verschafft, betete es heimlich an und verteidigte es gegen Spott und Angriff. Ganz anders dagegen Carl Niese:

> Und Legionen fielen hin
> für eitler Worte leeren Sinn:
> s'gilt doch fürs Vaterland!
> Und alles haut und würgt und sticht,
> und keiner weiß, mit wem er ficht:
> s'gilt doch fürs Vaterland!

Im Zuge der Allgemeinen preußischen Gymnasialreform erhielt Franz Spitzner 1820 eine Berufung an das neugeschaffene Gymnasium in Erfurt. Das Angebot, an eine große und nach neuesten Plänen aufgebaute, gut dotierte Schule zu kommen, war verlockend, und Spitzner nahm an. Zwei Schüler entschlossen sich sofort, um des Lehrers willen Schule und Wohnort zu wechseln. Auch für Carl, dem ja keine Wahl gelassen blieb, war dieser Schritt selbstverständlich, obgleich ihn die Trennung von Trebitz und die größere Entfernung zwischen ihm und den Geschwistern bekümmerte. Am 20. August verließ das Ehepaar mit den drei Schülern Wittenberg und begab sich auf die Reise nach der jüngst gleichfalls preußisch gewordenen, ehemals kurmainzischen Stadt, die mitten in das thüringische Kleinstaatengewirr eingesprengt lag.

Die Route durch das romantische Saaletal mochte Erwartungen wecken, die sich bei der Anfahrt von Weimar zu dem Schmidtstedter Tor nicht erfüllten. Die Domstadt war von einer weiten Ebene umgeben, und nur von fern blauten die thüringischen Berge. Aber es schien eine fruchtbare und heitere Ebene zu sein, farbiger als die Umgebung von Wittenberg. Heiter wirkte auch das Schulgebäude, das kürzlich noch ein gräfliches Wohnhaus gewesen war und nun auf Anordnung der Regierung als Schule und Rektorswohnung dienen sollte, bis sich ein geeigneteres größeres Gebäude fand. Das von der Stadt verwaltete alte evangelische Gymnasium im Augustinerkloster war durch die Gymnasialreform aufgelöst worden. Das nunmehrige Schulhaus lag in der Eichengasse zwischen der Hauptstraße, dem Anger und der durch Erfurt fließenden Gera. Mit ein paar Schritten war man auf dem Markt und konnte die wie eine Burg die Stadt beherrschenden steinernen Wunder, St. Ägidi und den Dom, auf sich wirken lassen.

Franz Spitzner, der mit seinen Zöglingen ein Haus in unmittelbarer Nähe der Schule bezog, war hier nicht Alleinherrscher wie in Wittenberg, sondern nur erster Professor. Über ihm stand der Rektor Straß, und ein ganz entscheidendes Wort in allen Schuldingen hatte der Regierungsrat Hahn mitzureden, der im wesentlichen die Schule eingerichtet hatte. Ihm schwebte eine humanistische Anstalt im Humboldtischen Geiste vor, und er sorgte, da er gute Beziehungen zu Berlin hatte, auch dafür, daß mit den finanziellen Mitteln zur Verwirklichung des Planes nicht gespart wurde. Seit zwei Monaten war die Schule in Betrieb, und Spitzner und seine Schüler waren voll Bewunderung für die große Schüler- und Lehrerzahl. Das Haus in der Eichengasse beherbergte sechs Klassen mit etwa sechzig Schülern. Die meisten von ihnen hatten schon das Erfurter Ratsgymnasium besucht, aber wie Spitzner, so hatte auch der Rektor aus seiner bisherigen Schule, aus Nordhausen, einige Schüler mitgebracht. Leider bildeten sich um diese beiden, den Rektor Straß und seinen bedeutenden ersten Professor, sowohl unter den Lehrern wie unter den Schülern zwei Parteien, die sich bekämpften. Carl glaubte, sich durch Zurückhaltung und Freundlichkeit nach allen Seiten hin abschirmen zu können, aber er errang sich damit keineswegs die Sympathie der beiden Gebieter, die ihn eher für verdächtig ansahen. Diese schiefe Lage spiegelte sich gelegentlich auch in Carl Nieses Verhältnis zu Mitschülern, zumal er sich von heimlichen Ausflügen und Zechgelagen größerer Gruppen ausschloß.

Lieber spazierte er mit dem besten Freunde auf den Wällen umher. Dieser beste Freund war Wilhelm Panse, ein robuster, starkknochiger Junge, um zwei Jahre älter als Carl, ein Dickschädel und Eigensinniger, der im Zorn furchtbar werden konnte. Er hatte es zu Hause schwer durchsetzen können, das Gymnasium beziehen zu dürfen, und noch schwerer, mit dem Rektor von Nordhausen nach Erfurt überzusiedeln. Sein Vater, Pfarrer in Hesserode bei Nordhausen, war ein unzugänglicher Mann, hielt nichts von höherer Bildung und hätte am liebsten Wilhelm ganz wie dessen Bruder Carl zum Pfluge greifen sehen. Wilhelm fürchtete den Vater, die ganze Familie fürchtete ihn, wie er erzählte; seine zahlreichen Schwestern hatten ein unfrohes, arbeitsreiches Dasein bei einer kränklichen Mutter und kamen noch weniger als die Brüder dazu, an den schöneren Dingen des Lebens teilzunehmen. Nach Hause sehnte sich Wilhelm wenig; aber er hatte eine Schwester Minchen, die mit dem Amtmann Steuber in Nägelstedt an der Unstrut verheiratet war, zu der nahm er Carl sonntags mit. Es war kein weiter Weg zum Andreastor hinaus, das Gera- und schließlich das Unstruttal entlang nach Nordwesten.

Eng benachbart und befreundet mit den Nägelstedtern wohnte der Inspektor Schmalfuß in Gräfentonna, dessen Haus mit zahlreichen Söhnen jeder Altersstufe gesegnet war. Einen Bruder, Konstantin, kannte Carl schon von der Schule her; Konstantin saß zwei Klassen unter ihm. Als einzige Tochter des Hauses bestach Emilie durch ein munteres, schelmisches bis kokettes Wesen, Gescheitheit und gesundes Urteil. Sie hielt ihre Umgebung in Atem, indem sie feine Andeutungen in das Gespräch einflocht und Komplimenten geschickt zu begegnen wußte. Bei gemeinsamen Spaziergängen mit Carl Niese teilte sie dessen Sinn für die Schönheiten des Gartens sowie der Landschaft. Die jüngeren Knaben der Familie hatten einen Erzieher, August v. Eldern. Außer Wilhelm Panse und Niese kehrten auch andere Schüler gern in den gastlichen Häusern an der Unstrut ein.

Ein stillerer Sonntagsaufenthalt war für Carl die Wohnung des Diakons Ritschl von der Erfurter Augustinerkirche. Der zwei Jahre jüngere Sekundaner Friedrich Wilhelm Ritschl hatte es Carl von der ersten Begegnung an angetan. Der zierliche Knabe mit dem braunen Krauskopf war in den alten Sprachen weit über seine Mitschüler hinaus und durfte mit Spitzners Erlaubnis, dessen Lieblingsschüler er war, in diesen Fächern am Unterricht der nächsthöheren Klasse teilnehmen. Er saß also in diesen Stunden mit Niese zusammen, und beide gaben sich willig dem Eindruck hin, den Spitzners Vortrag über Horaz und Plato in der ganzen Klasse auslöste. Ritschl wußte mehr als andere die philologische Arbeit zu würdigen, die da geleistet wurde, während Niese sich eher von der Dichtung selber und den Gedanken fortgetragen fühlte. Spitzner arbeitete gerade an einer »Kurzen Anweisung zur griechischen Prosodie« und ließ seine besten Schüler an dieser Arbeit teilnehmen. Seele des Hauses Ritschl, zu dem auch noch die Tochter Jettchen gehörte, war die energische Frau des Diakons, eines beschaulichen Mannes, denn sie sorgte für eine lebensvolle Geselligkeit und öffnete ihr Heim den diskussionsfreudigen jungen Leuten. Ritschl war durch seine Mutter mit Konstantin Schmalfuß verwandt, dazu gesellte sich freundschaftlich Johann Heinrich Deinhardt, der mit Niese den Hang zum Philosophieren teilte; schließlich schlossen sich ihnen noch die Brüder Simon und Agathon Benary zu einer Art von philologischem Kränzchen an.

»Glückliche Wittenberger-Pförtner Zucht« hat Ritschl später über seine Schulung bei Spitzner gesagt. Was da unter dessen Leitung heranwuchs, schien eine Elite junger Philologen zu sein, mit denen zusammen der Gelehrte wie mit seinesgleichen Homer und die griechischen Tragiker las. Carl Niese fühlte dunkel, daß die Philologie nicht sein Hauptanliegen war. Es kam die Zeit, in der jeder Gegenstand sein Interesse entzünden konnte, wo die logische Schärfe des Mathematikprofessors Mensing ihn ebenso anzog wie der anthropologische und physiologische Unterricht bei Straß oder deutsche Dichtung, die in den oberen Klassen gelesen wurde. Wegen der Vielseitigkeit seiner Neigungen riet ihm Spitzner, nach dem Vorbild des verstorbenen Vaters Jura zu studieren, um nebenher seine Liebhabereien pflegen zu können. Carl befreundete sich mit diesem Gedanken, obgleich er sich sonst Spitzners Unterweisungen nicht bedingungslos fügte und immer empfindlicher gegen verletzend zufahrende Worte aus dessen Mund wurde. Ihn verstimmte die Bemerkung über den Pflegevater Ernst Traugott Spitzner »Mein Bruder war ein erträglicher Orthodoxe«. Dabei war Carl selber längst zu einem von philologischer Kritik bestimmten religiösen Liberalismus übergegangen.

In den Ferien fuhr Carl nach Trebitz, saß mit Caroline Spitzner im Gärtchen des Pfarrdotels und erfuhr von ihr die Geschichte von der Werbung des Vaters und ihrer Ablehnung, weil sie damals an den Mediziner Spießbach gedacht habe. Caroline war für Carl immer wie eine Mutter gewesen, aber daß sie wirklich seine Mutter hätte werden können, wenn sie nur gewollt hätte, rückte sie in ein neues Licht. Kam Carl nach Torgau zu Vormund Benemann, so hörte er diesen noch immer mit Verehrung von dem verstorbenen Senator sprechen: »Er war ein wahrer Dichter!« Von dem Onkel Akzisinspektor Brunner, dem älteren Vetter Albert Brunner und anderswo erfuhr er, der Vater habe durch sein ängstliches Wesen viel zu seinem Tod beigetragen. Auch über die Mutter und die verstorbene Schwester hörte er manches. »Das Mädchen hat die selige Niesen auch auf dem Gewissen«, fuhr es dem Vetter heraus, und »das war überhaupt eine Frau!«. Von der alten Sophie, der langjährigen Magd, erfuhr er ebenfalls einiges über die Wirtschaft der Eltern in deren jungen Jahren. Carl frischte die Knabenfreundschaft mit dem gleichaltrigen Vetter Leyser aus mütterlicher Verwandtschaft wieder auf und unterhielt sich mit dem Diakon Grulich, der nun Lehrer des Bruders Julius am Torgauer Gymnasium war. Von Julius ließ er sich mitnehmen nach dem Gute Plotha, auf dem jetzt Onkel Magnus Schulze, der Bruder der Mutter, Pächter war und ging auch dort den Spuren der kaum gekannten Eltern nach. Er stieß auf das Bild des Großvaters, des Kurfürstlichen Schloß- und Amtsmaurermeisters, und er forschte in den Zügen des Vaters, den der Maler im blauen Frack mit zierlichem Spitzenjabot dargestellt hatte. Dem dicken Julius hatten die Jahre auf dem Acker von Trebitz einen so entscheidenden Anstoß gegeben, daß er Landwirt zu werden gedachte und schon in allen Ferien bei dem Onkel praktische Erfahrungen sammelte. Moritz dagegen artete Carl nach, der erstaunt von Julius' Plänen hörte und bei aller Naturliebe dem Ackerbau nichts abgewinnen konnte. Mit der Frage »Mutter, ich werde doch ganz wie Carl?« forderte Moritz ständig Carolines Anerkennung über seine Fortschritte bei Pfarrer Koch, und er konnte es kaum erwarten, im nächsten Frühjahr – 1822 – auch nach Erfurt aufs Gymnasium zu kommen.

Carl Niese war nun siebzehn Jahre alt, und die Welt schien ihm mit jedem Tage neu und verwirrend. Alles an ihm war in Aufruhr und Aufbruch. Die Gedichte, die er weiter pünktlich in das Buch seines Vaters eintrug, gewannen an Ton und Rhythmus, sofern ein offizieller Anlaß, wie bei dem Geburtstagscarmen für Spitzner, das er im Namen der Schüler 1821 verfaßte, nicht akademische Feierlichkeit aufdrängte. Nicht kühn zugreifend und nicht schwungvolle Metaphern bauend wie der Vater, ging der Sohn zart und behutsam ans Werk. Feiner Humor, bisweilen auch

Selbstironie, klingt auf. Und ein Nachhall von Rokoko sind die Verse des Primaners, der an seine Trebitzer Erlebnisse zurückdenkt:

> »Wo ein Blatt sich regte, eine Meise
> zirpte durch den moosgen Zaun,
> hüpft ich hurtig nach und hing ihr eine
> purpurrote Beere hin.«

Natürlich bedichtete Carl nicht nur Vergangenes, sondern auch das Gegenwärtige, das ihm in der Gestalt junger Mädchen entgegentrat. Regierungs- und Schulrat Hahn, ehemaliger Miterzieher der Söhne des preußischen Königs und ein sehr geachteter Mann, besaß eine Tochter, Adelheid. Alle Schüler der Gelehrtenschule drehten die Köpfe zu ihr hin, wenn sie vorüberging, und alle Lehrer schüttelten die ihrigen über sie. Das Leben, das sie führte, mißfiel den meisten Bürgern, aber es schien, daß Hahn ihr Treiben nicht hindern konnte. Sie hatte Möglichkeiten, abends außer Hause zu sein und sich bei einer Freundin mit denen zu treffen, die ihr verfielen. Carl war nicht der erste und nicht der letzte. Nach Schülerart trug er Adelheids Namen in seine Mütze eingeschrieben. Dabei wußte er, daß sie auch ihm nicht treu zu sein vermochte. Wenn Niese sich von ihr zu lösen versuchte, halfen ihm Sonntagsbesuche in Nägelstedt und Gräfentonna. Mit Emilie Schmalfuß begegnete ihm ein ganz anderes Mädchen als der lokkere Vogel in Erfurt. Daß sie ihn gern sah und in seiner Gegenwart auflebte, fühlte Carl, aber ihr Schwanken zwischen ungezwungener Heiterkeit und abweisender Kühle verunsicherte ihn, und so erlag er bald wieder Adelheid Hahns Wirkung.

Im Frühjahr 1822 war Carl in die Oberprima versetzt worden. Nur noch ein Schuljahr lag vor ihm, und das würde er mit Bruder Moritz gemeinsam verbringen. Als Carl von Wilhelm Panse eingeladen wurde, mit in dessen Heimat nach Hesserode zu wandern, machten sich die beiden auf den Weg durch die fruchtbare Ebene, die sich zwischen den thüringischen Bergen und dem Harz erstreckt. Flüsse und Bäche waren vom Schmelzwasser angeschwollen, der Schnee hing noch in den schattigen Winkeln, der feuchte, schwere Boden klebte an den Stiefeln, und die Wasserlachen, die sie zu durchschreiten hatten, spritzten oft hoch auf. Schon nach

einem halben Tagesmarsch sollte Rast gemacht werden, in Nägelstedt, wo Minchen Steuber soeben von einem Kind entbunden und
noch der Fürsorge der Schwester Gustchen anvertraut war, die
diese Gelegenheit, Hesserode einmal zu verlassen, gern ergriffen
hatte. Die beiden Freunde kamen auf den vertrauten Hof des
Amtmannes und freuten sich auf die warme Stube, die Haus-
schuhe und eine Tasse dampfenden Kaffee. »Da trat sie geschäftig
aus der Milchkammer und blieb ein Weilchen betroffen stehen,
worauf sie den Bruder küssend bewillkommnete. Mein Aufzug in
den Zentnerstiefeln, der Vergißmeinnichthose und dem Harmge-
sichte kann nicht schuld daran gewesen sein.« Auguste Panse war
drei Jahre jünger als ihr Bruder Wilhelm, dunkelhaarig und dun-
keläugig, schlank und von mittlerer Größe, aber nicht düster und
verbissen wie Wilhelm, sondern freundlich. Carl Niese war sofort
von ihr entzückt. Wilhelm mußte sich abends in der gemeinsamen
Schlafkammer ein Loblied auf seine Schwester anhören und die
immer erneute Frage, ob denn die beiden übrigen Schwestern in
Hesserode ebenso hübsch seien; er antwortete nur immer: »Ach
was, ich weiß es nicht!« Als Gustchen am nächsten Morgen erwähnte, daß sie die laute Diskussion vom nebenan gelegenen
Wohnzimmer aus gehört habe, ergriff Wilhelm die Gelegenheit,
Carl mit Adelheid aufzuziehen, und zeigte seiner Schwester die
Mütze mit dem eingeschriebenen Namen. In einem Anflug plötzlichen Sinneswandels riß Carl den Namen heraus. An diesem Tag
»war Schnee gefallen, und die liebenswürdige Notwendigkeit
zwang uns, in Nägelstedt zu bleiben. Nachmittags wurden Veilchen gesucht. Ich muß von Gänseblümchen und Blumensprache
etwas erwähnt haben. Soviel ich mich entsinne, kannte ich die Bedeutung dieser Blume damals nicht. Den Tag darauf gingen wir
nach Gräfentonna, den Herrn Inspektor Schmalfuß zu besuchen.
Hier bekam sie den Namen Schön-Gustchen. Die Veilchen, die wir
in der Fasanerie gepflückt hatten, behielt ich, bis wir zurück nach
Nägelstedt kamen.«

In Hesserode, wohin nach diesem Zwischenspiel endgültig aufgebrochen wurde, fand Carl Niese die beiden dort verbliebenen
Schwestern Lenchen und Riekchen längst nicht so anziehend, den
Vater Panse herrisch und mißtrauisch, die Mutter verängstigt und
versorgt. Trotz Freund Wilhelms Bitten war er nicht lange zu halten, zumal die hübschere der Schwestern, Riekchen, bald zu einer

verheirateten Schwester nach Liebenrode verreiste. In Nägelstedt, wohin es Carl zog, ergab sich nur eine Abendunterhaltung mit Minchen Steuber und Gustchen Panse, bei der Carl seine Enttäuschung über Emilie Schmalfuß durch spitze Bemerkungen über sie bekundete, die Auguste nachsichtig lächelnd zur Kenntnis nahm, aber die Hoffnung, mit ihr ein ungestörtes Gespräch zu führen, wenn sie ihn am nächsten Morgen ein Stück begleitete, wurde enttäuscht; da ihr das nasse Gras zu hoch sei, lehnte sie es ab, ihm den Weg nach Gräfentonna zu verkürzen.

Hier fand er sich den kaum zu erwartenden Anspielungen Emilies auf seine Begegnung mit »Schön-Gustchen« ausgesetzt, die auf entsprechende Mitteilungen über ihn schließen ließen. Zu seinem Ärger begleitete ihn am Nachmittag ein ganzes Komitat von Brüdern Schmalfuß nach Nägelstedt, die angeblich gleichfalls Gustchen besuchen wollten, sie dann aber nicht antrafen und nach Gräfentonna zurückkehrten, während Niese wenigstens noch zu später Stunde des Mädchens ansichtig wurde, bevor er am nächsten Morgen nach Erfurt zog.

Für Auguste Panse, das einfache Landpfarrerskind, dessen lebhaftes Gefühl und heller Verstand durch einen jähzornigen, tyrannischen Vater und von Jugend an ausgeübte Landarbeit in ihrer Entwicklung gehemmt worden waren, öffnete sich mit Carls Wesen und Worten eine neue Welt. Er kam ihr nicht wieder aus dem Sinn. »Bei mir schlug es gleich tiefe Wurzeln, obgleich ich es mir nicht gestehen wollte. Wie beglückte mich diese stille Liebe, die ich tief verborgen in meinem Herzen trug, von der ich zu niemanden sprach! Niemand konnte mein Glück stören, und doch wußte ich nicht, ob ich wiedergeliebt wurde.«

Den Namen Adelheids zwar hatten ihm mutwillige Schulkameraden wieder in die Mütze hineingeschrieben, aber ihn aus seinem Herzen zu reißen, war Carl jetzt entschlossener als je. Eine seltsame Fügung kam ihm zu Hilfe. Ein neuer Fisch war Adelheid ins Netz gegangen, ein bedauernswertes Fischlein, das sich vor Qual wand und krümmte. Carls Freund Wilhelm litt. Niese half ihm, indem er sich selber half, ein Verhältnis zu beenden, das ihn ohnehin seit längerem schmerzte. Er sprach mit Adelheid, der ein Wechsel von dem zarten Carl zu dem leidenschaftlichen, zwar etwas ungefügen Wilhelm nicht schwerfiel. Sie gab indes der Trennung eine tragische Note und kostete ihre erotische Macht bis zum letzten aus: »Sie lag mir an der Brust, schlug das Köpfchen nieder, und die leisen Seufzer schienen sich allmählich mit der fremden Sehnsucht zu verschmelzen. Da glitt mir der Kopf hinab, die befreundeten Magneten fanden sich und feierten ihre Reminiszenz. Sie müssen mich von nun an immer als Schwester betrachten, Ihr ganzes Leben hindurch. Das müssen Sie mir versprechen.«

Am dritten Pfingstfeiertag lag Carl im Bett und grollte, weil er wegen Zahnschmerzen vom Ausflug mit Wilhelm und den anderen Freunden nach den Drei Gleichen hatte zurückbleiben müssen. Da schickte man aus dem Gasthof zum Halben Giebel nach ihm: Steuber mit seinem Minchen und der Schwägerin Riekchen aus Hesserode waren angekommen. Die Zahnschmerzen verflogen rasch, und wenn auch Gustchen nicht dabei war, so waren ihre Schwestern doch ein Teil von ihr. Carl führte sie stolz in Erfurts Läden und bestieg mit ihnen als Höhepunkt des heiteren Tages den Domturm, um die berühmte Glocke, die alte Susanne, zu besichtigen, die aber »vom zweiten Feiertage noch dergestalt brummte, daß wir uns in wenigen Minuten aus ihrer Nähe wieder entfernen mußten, wenn wir nicht Gefahr laufen wollten, bei der Höllenmusik in kurzem uns allen das Trommelfell zersprengen zu lassen.« Das Zusammensein mit den dreien hatte die Erinnerung an Gustchen wieder so in Carl geweckt, daß er nicht umhin konnte, Wilhelms nächstem Brief an die Seinen einen eigenen beizulegen – seinen ersten Brief an Auguste Panse.

»Erfurt, den 14. Juni 1822

Liebes Gustchen!

Endlich habe ich nach langem Treiben und Pochen den faulen Herrn Bruder an den Schreibtisch gejagt, daß er seinen Lieben in Hesserode wieder einmal etwas von sich hören läßt, ja, und ich glaube, wäre nicht noch ein anderer Brief dazwischen gekommen, mein Zanken und Reden wäre vergebens gewesen, Freund Wilhelm säße noch in seinem alten Geleise. Ob er sich bequemen wird, seinem armen, immer so einsamen Schwesterchen aus Gnade und Barmherzigkeit ein wenig Dinte und Papier aufzuopfern, das weiß ich selbst noch nicht. Noch gestern abend hatte er eben keine rechte Lust, seine Hand doppelt ans Werk zu legen; an den Vater muß er schreiben, das geht nicht anders, dazu treibt ihn mehr als ein Grund, und ob dann sein Gustchen nicht vielleicht mit einem bloßen Gruße abgespeist wird, daran läßt sich bei seinem Phlegma im Briefschreiben fast gar nicht zweifeln. Länger aber kann ich der Sache nicht zusehen, länger kann ich es nicht ertragen, daß Ihre Briefe für einen trockenen Gruß erkauft werden sollen. Darum greif' ich nach der Feder, um durch meine bereitwillige Hand Ihnen wenigstens einigermaßen, wenn es möglich ist, den brüderlichen Verlust ersetzen zu können. Riekchen ist wahrscheinlich schon wieder zu Ihnen zurück, und meine Neuigkeiten kommen unstreitig zu spät. Nun wenn auch! . . .«

Es folgt nun eine launige Beschreibung des Besuches der Schwestern, Schilderung einer Feuersbrunst, in Erwägung möglicher Hesseroder Interessen eine Aufzählung der Lebensmittelpreise in Erfurt, Grüße an die übrigen Familienmitglieder, Bemerkungen über gemeinsame Bekannte.

»Vierzehn Tage nach Ostern kam mein kleiner Bruder nach Erfurt und ist jetzt noch bei mir, zur großen Freude für mich, wenn man sich schon so lange so ganz allein unter fremden Leuten hat herumtreiben müssen. Emilchen Schmalfuß ist noch gesund und munter, soviel ich von ihrem Bruder weiß; vor kurzem ist ihr Geburtstag gewesen, wo sie denn recht viel bekommen hat, einen Schleier und ein neues Kleid, ein nettes Nähkästchen, ein schönes Buch vom Vater, ein paar blühende Levkojstöcke und noch mehr. Sie hat immer wollen einmal nach Erfurt kommen, ist bis jetzt aber noch nicht hier gewesen. Dem. Adelheid steht schon wieder vierfach in der vermaledeiten blauen Mütze; gleich den anderen Tag, nachdem ich wieder in Erfurt angekommen war, hatte man die Lücke bemerkt und mir zum Possen wieder den Namen an alle vier Seiten geschrieben. Aber zum Glücke steht er auch bloß in der Mütze. Erkundigen Sie sich einmal bei Bruder Wilhelm, wo er noch steht; der gute Freund scheint sehr unbeständig und schwankend in mancher Hinsicht zu sein. Aber sagen Sie nur, wann kommen Sie denn einmal wieder nach Erfurt? Ich habe gelauert und gewartet von Tag zu Tage, aber alles vergebens. Sie könnten dann gleich einige Wochen oder Monate hier bleiben, Ihre Freundinnen und Bekannten besuchen, den Bruder in seine neue Wirtschaft ein wenig hineinbringen und was dergleichen noch alles es gibt, das würde sich schon von selbst finden. Meine drei Frühlingskinderchen sind noch alle am Leben und hoch und heilig aufgehoben und lassen ihr Gustchen recht freundlich grüßen. Aber vor allem muß ich Ihnen noch tausendmal von ganzem Herzen für Ihre Mühen in Nägelstedt danken. Wahrlich, es gefiel mir bei Ihnen das Landleben so gut, ich hätte gleich die Feder mit dem Pfluge vertauschen mögen, um nach Nägelstedt ziehen zu können. Doch ich muß enden. Leben Sie recht wohl und munter und vergnügt, bis ich Sie einmal wiedersehe, und hoffentlich recht bald hier in Erfurt. Bis dahin bin ich

der Ihrige
C. E. Niese«

Erfurt war für Carl heimatlicher geworden, seit Bruder Moritz mit ihm das Zimmer teilte. Im Juni machte er mit ihm zusammen die erste Reise, sie erwanderten sich gemeinsam ein Stück Landschaft, wie dann noch so oft in ihrem späteren Leben. War Carl in Wittenberg an der Wirkungsstätte Luthers zu geistigem Leben erwacht, kam er in Erfurt fast täglich an der Augustinerzelle des Bruders Martinus vorüber, so lockte es ihn, auch Eisenach zu besuchen. In einem Gedichtzyklus »Die Wartburg« hielt er Bilder, Gedanken und Gefühlsüberschwang dieser Wanderung fest. Von eigener Entwicklung zeugte noch weniges. Etwa der Vers über den Tintenfleck und Luthers Teufelsglauben:

»Soll das Mal zum Spott der Welt hier stehen?
Warum hat's die Zeit so lang bewahrt!
Löscht es aus, der Irrwahn muß vergehen!«

Es bedurfte der wirklich erschauten Landschaft am Rande des Mittelgebirges im warmen Juniwind, wenn Zeilen wie diese entstehen sollten:

»Werfet mir euren Duft, ihr Apfelblüten, herüber,
Goldenes Rübsengefild, wehe den Balsam mir zu!«

Das Leben im Hesseroder Pfarrhaus, das Carl Niese bald wieder und diesmal näher kennenlernte, hatte wenig Ähnlichkeit mit jenem in Trebitz. Über der Familie, die neben der einfachen Feldsteinkirche mit dem dicken niedrigen Turm und der aufgesetzten Laterne wohnte, lastete der unberechenbare Zorn des Vaters, den jede Kleinigkeit erregen konnte. Oft zeigten die verweinten Au-

153

gen der Mutter, welche Strenge hier herrschte. Gustchen umgab die zudem auch kränkelnde Pfarrersfrau mit Zärtlichkeit, um wiedergutzumachen, was ihr angetan worden war. Als Kind hatte diese Tochter, wie sie gestand, »oft gebetet, wenn der Vater heftig war, daß Mutter und Schwestern weinten. Ich dachte, wenn der liebe Gott wollte, könnte der Vater doch milder werden. Doch er wurde es nicht.« Mit Wilhelm vollends gab es ständige Reibereien. Die Schwestern sah Carl hart arbeiten: außer dem täglichen Kochen mußten sie kehren, scheuern, Brot backen, Bier brauen, Flachs rösten und hecheln, spinnen, Getreide vom Erntewagen abladen, denn hier war, wie in Trebitz, der Pfarrer ein halber Landwirt. Carl wußte es von Wilhelm, und er spürte es auch selbst bald deutlich, daß Gustchen keinerlei höhere Bildung genossen hatte, wie er sie etwa bei Emilie antraf. Sie war nur in die Hesseroder Dorfschule gegangen, und der dortige Kantor pflegte die Kinder oft nach einigen Stunden zu entlassen, ohne sich im mindesten um sie gekümmert zu haben. Als sie eine Zeitlang bei Verwandten mit bei deren Hauslehrer den Unterricht genossen hatte, war sie sehr glücklich gewesen und hatte sehnlichst gewünscht, dort bleiben zu dürfen; doch der Wunsch ging nicht in Erfüllung, für Bildungszwecke war in Hesserode kein Geld übrig, schon gar nicht für die Mädchen. Sogar der Bruder Karl Panse, der die väterliche Landwirtschaft betreute, konnte von sich behaupten, daß Rechnen, Schreiben und alles, was von seinen Kenntnissen in das wissenschaftliche Fach schlüge, Frucht eigener Anstrengung und nicht einer ordentlichen Ausbildung sei. Kein Wunder, wenn so die Schwestern hin und wieder die Hausarbeit aufeinander abschoben und in Streit gerieten. »In der Küche sollte etwas gemacht werden. Riekchen wollte schreiben, und Gustchen wollte schreiben. Beide machten Anstalt dazu, und die Küche wurde stillschweigend von jeder der anderen zugeteilt. Man kam zum Wortwechsel. Gustchen schien recht zu haben. Riekchen zerriß in ärgerlichem Eigensinn ihren Brief. Ohne Ärger und Scham ging es von beiden Seiten nicht ab. Gustchen setzte sich in das Küchenstübchen und weinte. Ich wollt' zureden, es half nichts; ich bat, es half nichts. Da hatt' ich im Knigge gelesen: man solle es in solchen Fällen nicht zu weit treiben und werde das künftig nicht zu bereuen haben. Ich hörte auf, ging fort, und der Abend bestätigte, daß der alte Praktikus recht hatte. Man saß getrennt hinter dem Ofen, man

154

bat mit den Augen ab, man setzte sich endlich zu uns, man machte alles wieder gut.«

In Erfurt vollzog sich inzwischen eine Veränderung: das Gymnasium zog in ein neues prächtiges Gebäude, das ehemalige Jesuitenkolleg, das nicht weit vom bisherigen Schulhaus, an der Ecke des Angers und der Schlossergasse, lag. Carl berichtete Gustchen von der feierlichen Einweihung und von dem fröhlichen »Ferienschwanz«, den sie noch anhängen konnten, weil die Schulbänke und Öfen noch nicht gesetzt worden waren; er verbrachte ihn in Gräfentonna. Abends »lagerte sich die ganze kleine Schar um mich herum, und ich mußte erzählen. Da wurde manches Märchen wieder aufgewärmt, manches alte Geschichtchen ergänzt und mit Zusätzen vermehrt, um die langen Abende damit auszufüllen. Ich habe in der Tat sehr viel Vergnügen in Tonna gehabt. Die Heiterkeit des Herrn Inspektors, die ruhige Freundlichkeit der Mutter, die verträgliche Einigkeit der Brüder, vereint mit der zärtlichen Schwesterliebe und sorgsamen Geschäftigkeit Emiliens, sind gewiß das seltene Glück einer so zahlreichen Familie ... Neuigkeiten wüßt' ich weiter nicht, als etwa, daß vor kurzem Deutschlands alte Muse, Luise Brachmann, in jene Welt hinübergegangen ist. Bei Halle hat sich die Sängerin verzweiflungsvoll in die Saale gestürzt. Schon wieder ein Opfer unglücklicher Liebe! Unser Schauspielhaus wächst fast zusehends von Tag zu Tage; mit Anfange künftigen Monats soll es eingeweiht werden. Nun und Sie werden ihm doch auch einmal die Ehre Ihrer Gegenwart geben? Nichtwahr? ... Und zuletzt noch: was macht das Rotkehlchen? Ihnen liebes Gustchen, meinen herzlichsten Dank für die tausend Gefälligkeiten gegen mich in unseren Hesseroder Feiertagen. Wie sehr es mir bei Ihnen gefallen hat, wird zeigen, ob ich Ostern wieder nach Hesserode komme oder nicht.«

Eine von ihm kaum erwartete Antwort erhielt Carl über Wilhelm. Rührend steife Schriftzüge wiesen auf die Mühe zurück, die Auguste aufgewendet hatte. Dabei fanden sich in dem Schreiben merkwürdige Nebentöne und Anspielungen: eine Stichelei auf Schwester Riekchen und verheimlichte Verlobungspläne oder die Mitteilung, daß sie sich auf einem Ball in Ellrich »wieder einmal recht satt getanzt habe, doch nur von abends sieben bis morgens fünf Uhr.« Sie berichtete von einer »Freischütz«-Aufführung in Nordhausen, und sie wurde sogar ein wenig geistreich: »Das Rotkehlchen nicht zu vergessen, von dem gäbe ich nun gern eine bessere Nachricht: das hat es gemacht wie Luise Brachmann, es hat sich in ein Faß voll Molke gestürzt, wahrscheinlich auch aus Verzweiflung.«

Carls nächster Brief zeigt erneut den formulierfreudigen Primaner:

»Erfurt, am 18.12.1822

Liebes Gustchen!

Vor allem meinen freundlichen Gruß unserer holden Braut! Es wäre auch wirklich nicht halb recht, wenn sie jetzt nicht die Vorhand haben sollte... Sie verzeihen, liebes Gustchen, wenn ich meine Erkenntlichkeit der Gewohnheit nachsetzte, wenn ich Ihnen den zweiten Platz gab, wo Ihre Freundlichkeit die gerechtesten Ansprüche auf den ersten hatte. Ich bringe, hör' ich einmal, daß Gustchen Braut geworden ist, alles wieder ein, gewiß, ich will alles wieder gutzumachen suchen. Die Wahrheit zu reden, haben Sie meine Gedanken erraten: ich hatte die Hoffnung auf die Beantwortung meines Briefes aufgegeben, entschuldigte Sie mit notwendigen Geschäften. ...Da brachte mir auf einmal Freund Wilhelm eines Abends einen Brief aus Hesserode, ich erkannte die Züge Ihrer Hand, meine Vermutungen waren zunichte... Mein ganzes Tun und Treiben ist, auf Komplimente zu studieren und Floskeln zum Hochzeitsgedichte zu sammeln; zwei wichtige Geschäfte, von welchen das erste um so notwendiger ist, je mehr es schade sein würde, wenn die herrlichen Anlagen dazu in mir verloren gehen sollten, das zweite hingegen um so schwieriger, je kitzliger die Sache ist, über einen Gegenstand seine poetischen Floskeln paradieren zu lassen, von dem man ebensowenig weiß als Adam und Eva vom Schießpulver...

Auch unser Erfurt kann mit seinen Neuigkeiten wenig ergötzen. Die ganze Welt treibt sich Tag für Tag auf Schmausereien, Tänzen, Bällen und Konzerten herum und hat am Ende den Profit bloß für Schuhmacher und Schneider berechnet. Mit dem neuen Jahre nehmen die Maskeraden ihren Anfang, neue Gelegenheit, die Zeit zu verderben. Mit dem zweiten Feiertage wird endlich das neue Schauspielhaus eröffnet werden, das einzige Vergnügen für mich, das ich freudig mit den übrigen teile.

Mein einziger Wunsch ist, Ostern heranziehen zu können; man

wird auch die Schule zuletzt so satt, daß man lieber heute als morgen heraus wäre. Wenn man schon fünf lange Jahre dieses ewige Einerlei mit durchgemacht hat, wenn man die Notwendigkeit sieht, daß man fort muß, und das Examen immer noch nicht hinter dem Rücken ist, dann wird einem jede Stunde zum Tage, jeder Tag zur Woche und jeder Monat zum Jahre.

Nochmals wiederhole ich die Grüße an alle die Ihrigen und schließe mit den freudigsten Glückwünschen auf das Neue Jahr, mit der innigsten Teilnahme an Ihren Freuden und wünsche Ihnen von ganzem Herzen, daß das Weihnachtsfest so reich für sie ankommen möge als arm für mich. Ich weiß nicht, liebes Gustchen, helfen Sie mir einmal auf die Sprünge: werden die Zeiten schlechter, oder werde ich vollkommener? Seit ich zu denken anfing und aufhörte, in den Tag hineinzuleben, ist es mit dem lieben heiligen Christe immer abwärts gegangen. Entweder ich brauche immer weniger und werde zuletzt vollkommen wie die Götter im Olymp, oder die Jahre werden immer schlechter und schlechter, die Kost immer magerer und dürrer, und das Finale wird der Mann mit Stundenglas und Hippe, wie Hölty sagt. Auf beiden Seiten vertausch' ich den Himmel mit der Erde und muß auf alle Fälle profitieren. Was will ich mehr?

C. Niese«

Ganz abgesehen von seiner Leidenschaft für das Theater – so abgeneigt, wie er hier tat, war Carl den städtischen Vergnügen nicht; das beweist eine Umdichtung von Schillers Kapuzinerpredigt, die er auf einem Maskenball in entsprechendem Kostüm vortrug. Und die freundlichen Gedanken, die nach Hesserode wanderten, hinderten ihn keineswegs, das Haus eines seiner Professoren wegen eines blonden Töchterleins häufig zu besuchen und sich die übrige Erfurter Mädchenwelt anzusehen. Bei anderer festlicher Gelegenheit ließ er zweiunddreißig Mädchen in Reimen Revue passieren und ermahnte die Freunde:

»Richte mit nüchternem Sinn nimmer die trunkene Welt!
Ewig wirst du nur Fehler, nur Mängel und Schwächen bemerken,
Und nur der liebende Blick wird das Vollkommene schaun!«

Aus der Schule allerdings war er herausgewachsen wie aus einem zu engen Rock. Er war ein junger Mann geworden, dessen Interesse für die Wissenschaft zwar keinen Augenblick nachgelassen hatte, deren schulmäßige Formen ihn aber nicht mehr befriedigten. Das Verhältnis zu Spitzner war nicht mehr das beste: achtete er den Wissenschaftler auch noch immer hoch, so war ihm doch mancher Schachzug des ehrgeizigen Gelehrten und seiner eitlen Frau menschlich nicht gemäß. Noch im letzten Augenblick erhielt seine lange bewahrte Anhänglichkeit einen harten Stoß. Kurz vor dem Examen hinterbrachte die Spitznerin Carl das Thema der griechischen Arbeit: einen Chor aus der »Antigone«, den sie im schönsten Sächsisch zitierte. Wie hatte die Frau den griechischen Text lesen können? Es mußte also wahr sein, was man sich unter den Schülern seit langem zuflüsterte: der sonst so strenge Mann gab aus Eitelkeit eignen Prüflingen Winke, damit sie in seinen Fächern gut bestehen sollten. Nur mit Mühe würgte Carl Niese seine Mißbilligung und Enttäuschung herunter; Aufbegehren lohnte sich ja kaum noch. Denn nun war endlich der Tag nahe, an dem er nach bestandener Prüfung sich von seinen Professoren und Freunden verabschieden und sein schmales Ränzchen packen konnte. Obenauf lag ein dickes, vor langem schon beschafftes, in Pergament gebundenes Buch mit vielen leeren Blättern und ledernen Riemen zum Verschließen. Auf dem Deckel stand: »Acta Academica chartae mandavit Carolus Eduardus Niese, Torganus, studiosus Lipsiensis.« Es war ein Tagebuch, das nicht nur »Akademisches« aufbewahrte.

»Mittwoch, den 26. März

Spitzners ›Prosodie‹ war vollendet. Wir setzten uns in den Wagen, Ritschl begleitete uns bis zum nächsten Dorfe, er stieg aus, und der Wagen rollte davon. So war Erfurt verlassen und vergessen, die freie Aussicht in die Zukunft lachte mich freundlicher an als die Erinnerung einer gefesselten Vergangenheit. Die Universität war das längst erwünschte Ziel, das ich jetzt vor mir sah. Ich träumte nicht von einer ideellen Freiheit des akademischen Lebens, nicht von goldenen Tagen eines ungefesselten Schaltens und Waltens, – die freie Wahl in den Stunden meines Arbeitens, die Unabhängigkeit in dem Nachgehen meiner Lieblingsbeschäftigungen, das Glück, über all mein Tun bloß mir Rechenschaft geben zu müssen, das waren die Hoffnungen, die ich in heiterem Lichte vor mir zu sehen glaubte, die die Stunden erhellen sollten, mit denen ich mir das Leben zu verschönern wünschte. Mit diesem Hoffen einte sich die freudige Ahndung, Seelen zu finden, die der meinigen nicht unwert wären, und die Aussicht, die langen Winterabende im Theater fröhlich und heiter hinzubringen. Jeder Art von Ordensverbindung auszuweichen, mit allen Besseren, wer sie auch sein möchten, Umgang zu haben, gerecht gegen jeden zu sein, keinen auf Waffen herauszufordern, keinem durch Waffen Genugtuung zu geben, hatte ich mir fest vorgenommen. Wir blieben diese Nacht in Goseck, kamen den anderen Tag nach Leipzig und ließen uns Freitag, den 28. März, bei Rektor Müller immatrikulieren.«

Nach der Immatrikulation fuhr Carl mit seinem Lehrer und Erziehungsvormund Spitzner von Leipzig weiter nach Torgau. Hier berieten die beiden Vormünder Spitzner und Benemann Carls Stundenplan, der ja den finanziellen Grenzen, die der sehr sparsame Benemann vorschrieb, angepaßt werden mußten. Dann rief die Hochzeit von Friederike Panse wieder nach dem Harz. Während Carl den Weg, den er eben mit Spitzner gefahren war, zurückwanderte, dichtete er das versprochene Hochzeitscarmen, gab es in Erfurt eilig in Druck und fuhr – die noch nassen Druckabzüge im Ränzchen – in einem Lohnfuhrwerk den vertrauten Weg von Erfurt nach Norden.

»8. – 12. April
Die Trauung wollt ich als Hochzeitsgast nicht verpassen, mein Versprechen hatt' ich gegeben. Deinen Willen mußt du durchsetzen, dacht' ich, und sollst du die ganze Nacht hindurch wandern! Da saß ich seelenallein im Wagen und rollte der Nacht entgegen, und der Regen schlug unaufhörlich an das alte Kutschenleder, während ich den schäbigen Flausrock übereinander schlug und mich frostig in die Ecke zusammendrängte. Da ließ der Himmel mit Grollen nach, und die Wolken zerteilten sich, und die Sonne stand hinter den grauen Bergwäldern und blickte freundlich in das lange Tal, das tief bis zum Ettersberge hinüberlief. Mich aber fror fort und fort, ich kroch nur noch tiefer in meinen Winterkittel hinein, bewunderte den Riesenschatten unseres Wagenkleppers und die großen Kutschenräder und achtete wenig auf die altklugen Redens-

arten meines philosophierenden Wagenlenkers. Die Sonne ging unter, der Wagen hielt, Wirt und Fuhrmann begrüßten sich, aber ich blieb ruhig im Wagen liegen. ›Wirst schwer heute den Seeberg hinaufkommen‹, schrie der Wirt seinem Gastfreunde nach, als die Reise weiterging. ›Soll schon gehen‹, brummte mein Kutscher, gab dem Fuchse die Peitsche und trollte sich fort. Aber mir brummte der Seeberg vor den Ohren, und wenn ich die dürren Schenkel unseres Renners in der Dämmerung sah, da ward mir's stockfinster wie die Nacht vor den Augen. In anderthalb Stündchen sah ich meine Ahnung erfüllt. Roß und Wagen lag unten im Hohlwege, ich stand am Hange des gefürchteten Seeberges, zog mein Beutelchen aus der Tasche, bezahlte dem Fuhrmann, und die Sterne leuchteten mir bis Weißensee. Da gab ich den Vorsatz, mein Versprechen zu halten, auf, wanderte den anderen Morgen früh um sechs Uhr weiter und stand, als die Sonne hinter die Wälder sank, vor Hesserode. Gesang und Musik, Jubel und Tanz hatte ich zu vernehmen mir geträumt; aber alles war still und stumm, mehr einem Sterbe- als einem Hochzeitstage ähnlich: die Hochzeit war um acht Tage verschoben worden.«

So gern Carl Niese Auguste Panse sah und so gern er überhaupt mit hübschen Mädchen umging – im Augenblick war sein Interesse doch mehr auf den Ernst der Studien und die Freiheit des studentischen Lebens gerichtet. Er hatte nicht im Sinn, sich innerlich oder gar äußerlich zu binden. So spielte er in diesen Frühlingstagen Auguste gegenüber den Kühlen, trennte sich sogar einige Tage von ihr, um mit Wilhelm einen Verwandtenausflug zu den verschiedenen verheirateten Schwestern Panse in die umliegenden Harzdörfchen zu unternehmen.

»Und als die Hochzeit herangekommen war, da sammelten sich die Gäste im Hause, und die Alten trennten sich von den Jungen, und wir aßen und tranken und sangen und spielten und scherzten durcheinander, daß die Mitternacht herankam, eh wir es dachten, während die Punschterrine auf dem Tische dampfte und die Herzen sich freier ergossen. Lange war ich nicht so heiter gewesen als an diesem Abend; ob es die Mädchen machten, ob der Punsch, ob beides zusammen, weiß ich selber nicht... Und der Rausch war vorüber, die Gemüter schlossen sich wieder in ihre trockene Alltagsform, die Gäste entfernten sich, und unser Herr Leopold führte sein Weibchen nach Steigerthal. Da steckte ich mit Gustchen

Panse spanische Wicken in das frische Land unter die Rosensträucher, und wir suchten uns junge Veilchen und wechselten sie.«

Carl hatte zugesagt, noch einmal in Gräfentonna vorzusprechen und brach daher gleich nach der Hochzeit von Hesserode auf. Aber aus wenigen Stunden Aufenthalt wurden mehrere Tage; ehe er es recht gemerkt hatte, war der Beginn des Semesters herangekommen. Nach Abschiedsbesuchen in Erfurt zog Carl Niese diesmal allein in die Universitätsstadt ein, am Tore von mittelalterlich mit gelbledernen Hosen bekleideten, mit Hellebarden bewaffneten Stadtsoldaten kontrolliert.

Nachdem er sich für die Nacht einen Unterschlupf bei seinem Vetter Franz Brunner gesichert hatte, war seine erste Unternehmung in Leipzig ein Gang ins Theater. Und wenn ihm auch Mme. Miedke als Jungfrau von Orleans nur in wenigen Szenen gefiel, so hatte er doch das Gefühl, schon einen ersten Vorgeschmack von den geistigen Genüssen bekommen zu haben, die seiner in der großen Stadt warteten. Erst am nächsten Morgen suchte er dann im Gasthof »Stadt Berlin« den Vormund Benemann auf, der mit ihm zusammen ein Logis ausfindig machte, und noch am selben Tage zog Carl Niese in seine »Kneipe« auf der Burgstraße 91 ein. Die Kollegs hatten noch nicht begonnen, Carl ging ungeduldig in seiner Stube auf und ab, »blätterte im Homer und spielte mit den Hesseröder Veilchen«. Das beginnende Semester wurde schwieriger als erwartet; der junge Student fühlte sich unsicher und noch fremd unter den Kommilitonen. Die Pfingstfeiertage verbrachte er in Trebitz, wo er sich mit seinem Bruder Julius traf, der seit Ostern in Plotha als Eleve bei Onkel Schulze tätig war. In Trebitz erfuhren die beiden Brüder zu ihrer Überraschung, daß Mutter Carolinchen schon bald das Pfarrdotel verlassen und den Pfarrer Schönherr in Podelwitz heiraten werde.

Das neue Leben, das Carl Niese in Leipzig führte, war karg an äußerem Aufwand und an äußeren Geschehnissen, auch bewilligte er sich selber keine Abschweifung vom Geistigen. Gegen 6 Uhr morgens stand er auf und verzehrte zum Frühstück ein Butterbrot. Der Vormittag war durch Kollegs besetzt, mittags wurde während des ersten Monats in einem studentischen Speisehaus ein kleines Essen eingenommen, doch schon Anfang Juni probierte Carl zum erstenmal, statt dessen mit einem Butterbrot auf der eigenen Bude auszukommen, und dabei blieb es dann. Am

Nachmittag schlenderte er allein oder mit Kommilitonen fast täglich hinaus nach Gohlis, wo in einem Milchgarten, dessen Inhaberin unter dem idyllischen Namen »Milchröschen« bekannt war, mehrere Barren und ein Reck standen, an denen man sich körperlich stählte. Anschließend bestellte man ein- oder zweimal die beliebte Semmelmilch, einen Teller mit frischer Milch, in dem Weißbrot eingebrockt war, wie man es in Sachsen auf den Dörfern abends zu essen pflegte. Dann spazierte man durchs Rosental nach Hause, und abends wurde gelernt oder gelesen. In diesen bescheidenen Grenzen verlief fast jeder Tag, nur selten vermerkte Carl in seinem Tagebuch, daß er an regnerischen Tagen noch einmal aufs »Brett« gezogen war, um dort ein kräftigeres Butterbrot oder ausnahmsweise auch eine Haarnudelsuppe zu sich zu nehmen. Es gab aber auch Tage am Monatsende, an denen als Abendessen nur trockenes Brot verzeichnet werden konnte. Angenehme Abwechslungen ergaben sich für die Speisekarte, wenn einmal aus feierlichem Anlaß eine kostenlose Schmauserei für die Studenten stattfand oder die Pflegemutter, das »Linchen«, aus Podelwitz einen Korb mit Kirschen schickte und mit einem Trebitz-Podelwitzer Honigtopf Niese nebst seinen Freunden die Franzbrötchen versüßte. An den Tagen, an denen das Geld gar zu knapp war, ging Carl kaum aus seiner Kneipe, und als er einmal sein einziges Paar Stiefel zum Vorschuhen weggegeben hatte und der Schuster sie ihm sonntags völlig verändert und viel zu eng zurückbrachte, kam er an diesem Tag um die erhoffte sensationelle »Freischütz«-Aufführung.

Die Bezahlung der Fechtausrüstung freilich brachte Nieses Kasse für längere Zeit durcheinander. Dabei widersprach diese Anschaffung seiner ursprünglichen Absicht, nicht zu fechten, sondern seine körperlichen Übungen auf das billigere und ihm gemäßere Turnen zu beschränken. Eines Abends war er nämlich zum »Milchröschen« hinausgezogen, um sich bei einer Semmelmilch die Zeit zu vertreiben. »Aber wie wurde mir die Semmelmilch versalzen, als ich die eine Hälfte unseres Barrens vernichtet sah, während die andere unnütz und verlassen im Hintergrunde stand. Einige sprachen, der Befehl sei von Berlin, andere, von Dresden ausgegangen. Da sah ich denn alle meine Aussicht, den Fechtboden zu vermeiden und doch dabei mir die nötige Bewegung zu verschaffen, mit einem Male vereitelt.« Zwei Tage diente noch das

Reck als Ersatz für den zerstörten Barren, dann war es auch um dieses geschehen.

Nieses erste Eindrücke von den Zusammenkünften farbentragender Kommilitonen waren zwiespältig. Der eine oder andere nahm ihn auf eine »Kneipe« mit: »Langeweile und fade Witze machten mich verstimmt, ich hörte dem Singen ohne große Teilnahme zu und drückte mich um neun nach Hause.« Zweifellos war es nicht Mangel an Kameradschaftsgefühl, der Niese von studentischen Verbindungen fernhielt. Wie sein Vater war auch er ein geselliger und seinen Freunden treuer Mensch. Zu den neuen zählte der etwas ältere Theodor Schönherr, dessen Stiefmutter Caroline Spitzner kürzlich geworden war. Mit ihm zog er nach Podelwitz, um das Johannisfest mitzufeiern. »Unser Linchen« – referiert er im Tagebuch – »nahm sich recht niedlich als junges Weibchen aus. Sie kochte uns so schnell als möglich ein Täßchen Kaffee, ich ließ mir's schmecken und tat wie zu Hause. Den Herrn Pastor hatte ich mir ihren Beschreibungen nach weit älter vorgestellt. Ich fand in ihm einen Mann, der für sein Alter immer noch so verliebt war als mancher Hirtenknabe Arcadiens.«

Von Nieses Freunden gab einer Anlaß zu Sorgen. Wilhelm Panse, der in Halle Theologie studierte, gestand bei seinem Besuch in Leipzig, er plane, da er von Adelheid Hahn nicht lassen konnte, sich an sie für immer zu binden. Er war schon wiederholt heimlich für einige Tage von Halle nach Erfurt gewandert, statt das heimatliche Hesserode aufzusuchen. Carl, der nach Gustchen zu fragen weder Neigung noch Gelegenheit hatte, trat Wilhelm Panse vorübergehend Bett und Decke ab. Die halben Nächte, in denen Carl auf dem Sofa unter dem Mantel zu schlafen suchte, wurden verredet, ohne daß Wilhelm zu besseren Einsichten kam. Nach wenigen Wochen schrieb er, sein Vater habe von der Angelegenheit erfahren, ihn nach Hesserode zitiert und bei Strafe der Verstoßung verlangt, daß Wilhelm das Verhältnis aufgeben solle. Wilhelm gab zunächst äußerlich nach. Der zornige Alte konnte schwerlich kontrollieren, was der Sohn in Halle tat.

Für Studenten, die wie der junge Niese mit ihren finanziellen Mitteln sparsam umgehen mußten, war es eine treffliche Einrichtung, daß viele Kollegs gratis gelesen wurden. Niese mußte pflichtgemäß vor allem das Neue Petrinum, das Hauptquartier der Juristen, aufsuchen. Den Ordinarius der Fakultät, Christian Gottlieb

Biener, hatte schon Carls Vater gehört. Er vertrat die konservative Richtung und konnte nicht verhindern, daß Leipzig seine führende Stellung in der Rechtswissenschaft zunehmend an Göttingen verlor. Carl Niese begnügte sich im ersten Semester damit, bei Christian Gottlieb Haubold, dem damals bedeutendsten Rechtslehrer Leipzigs und Inhaber der fünften Professur juris patrii, viermal in der Woche morgens zweistündig Institutiones zu hören. Bei Haubold spürte man eine von der romantischen Geistesströmung befruchtete neue Geschichtsauffassung.

In den anderen Fakultäten schien sie Niese den Geist der Aufklärung nicht ähnlich verjüngt zu haben, wie es in den preußischen Gelehrtenschulen Wittenbergs und Erfurts bereits geschehen war. Zunächst hatte Niese gehofft, daß der seit 1809 in der philosophischen Fakultät tonangebende Krug, bei dem er Logik hörte, als ehemaliger Königsberger Nachfolger Kants etwas von dessen Ideen nach Leipzig verpflanzte, aber allmählich gewann er den Eindruck, Krug nehme sich aus Kants Gedankengut heraus, was im Sinne des gesunden Menschenverstandes zu interpretieren war, und als werde die Aufklärung gewissermaßen zur Hintertür wieder hereingelassen. Krug vermied es ängstlich, zu den neuen philosophischen Lehrgebäuden Stellung zu nehmen, von denen man aus Berlin und München hörte. Sein Einfluß war auch in der benachbarten theologischen Fakultät bedeutend. Suchte Carl Niese gelegentlich die Theologie Leipzigs auf Katheder und Kanzel auf, so klang ihm auch hier die gleiche Stimme der Vernunft entgegen, die nun schon seit dem frühen 18. Jahrhundert das Christentum zu einer Moralphilosophie degradierte.

Vom Studium der Philologie hatte Niese die Abneigung gegen den Beruf des Schulmeisters abgehalten, aber als eine Grundmethode wissenschaftlichen Arbeitens war sie ihm vertraut und unerläßlich. Jeden Tag las er sein Stück Homer, und selbstverständlich ging er früh um 10 Uhr zu dem »Jupiter« Gottfried Hermann, der sporenklirrend das Katheder betrat und mit Akribie die Fundamente der griechischen Grammatik entwickelte. Aus Hermanns strenger formalkritischer Schule war auch Franz Spitzner hervorgegangen, Hermann war der größte Anziehungspunkt der Universität überhaupt, mit ihm war Leipzigs Ruhm als einer philologisch betonten Universität verknüpft. Er war die Seele des philologischen Seminars, das der Polyhistor Christian Daniel Beck mehr

dem Namen nach leitete. Dieses Seminar, das sich als erstes Fach-
seminar 1809 aus dem universalen Lehr- und Lernbetrieb losgelöst
hatte, war Hermanns Hochburg, von der aus er eifersüchtig seine
kritische Methode verteidigte und argwöhnisch die Entwicklung in
Berlin beobachtete, wo Boeckh die Antike aus der historischen
Kenntnis lebendig zu machen suchte. Die Elite seiner Anhänger
faßte er darüber hinaus in der von ihm 1798 gegründeten Societas
graeca zusammen, der Nachfolgerin der Beckschen Societas philologica. Carl schien es oft, als sei die Homer-Interpretation seines
Lehrers Spitzner lebendiger gewesen. Überall waltete der gleiche
Geist nüchterner Bravheit, der ihm so wenig zusagte. Er wurde an
keiner der Lehrstätten, von denen er sich geistige Offenbarungen
erhofft hatte, heimisch.

Doch das sonstige geistige Leben Leipzigs bot Ersatz für das,
was die Universität schuldig blieb. Hier wirkten sich die Ansprüche, die das akademische Element Leipzigs an die Kultur stellte,
erkennbar aus. Vor allem befruchteten sie das Verlags- und Buch-
handelswesen. Spitzner hatte Carl Niese gleich beim ersten Aufenthalt in Leipzig zu dem Verleger Teubner in das mächtige Haus
an der Ecke des Grimmaischen Steinwegs mitgenommen. Für die
soeben von Wilhelm Dindorf gegründete Reihe »Auswahl griechischer und der gelesensten römischen Autoren« sollte Spitzner die
Sallust-Ausgabe übernehmen, und darüber gingen Verhandlungen hin und her, die Niese noch häufig in Spitzners Auftrag in das
Verlagshaus führten und ihm auch hin und wieder kleine Korrek-
turarbeiten verschafften, durch die er seine Kasse auffüllte. Andererseits kehrte mancher Groschen in das Verlagshaus zurück, denn
Carls Bestreben war, sich die neu erscheinenden Texte wie die des
Konkurrenzunternehmens Tauchnitz möglichst vollständig zu verschaffen. Wenn er oft den Tag über den Hunger nur mit Butterbro-
ten stillte, so war das mehr seine als des Senator Benemanns
Schuld, der Carl zwar knapp hielt, ihn aber keineswegs zum Hun-
gern zwingen wollte. Niese gab eben sein Geld lieber für Bücher,
Zeitschriften und Theaterbesuche aus. Er war eifriges Mitglied in
Blumes Leseverein, wo man Bücher und Journale leihen konnte,
und verbrachte lange Stunden nicht nur in der Universitätsbibliothek im Paulinum, sondern auch im »Museum«, einer Lesebiblio-
thek, die gelehrte und schöngeistige Blätter auslegte. Mancher
Tag, an dem er sich wegen mangelnder Barschaft nicht unter die

Leute wagte, wurde mit den Schätzen dieser nützlichen Institute verbracht. Die »Literaturzeitung«, das literarisch sehr regsame Leipziger »Tageblatt« und das literarische Konversationsblatt von Brockhaus mit den stets witzigen Kritiken und Glossen des rührigen Literaten Herloßsohn vermittelten Kenntnisse der neuesten Literatur, nach denen Niese trachtete.

Der Lektüre gehörten fast immer seine Abende. Er nahm in sich auf, was er nur irgend bekommen konnte, Jacobis philosophische Schriften, Lessing, Calderons erst jüngst entdeckte und übersetzte Dramen, Gedichte von Heinrich Stieglitz, Tiecks »Phantasus«, alles in buntem Durcheinander. Auch bei der Lektüre konnte er keine befriedigende Richtung, keinen Plan finden. Er suchte vor allem nach Büchern, die ihm Anweisung über das Was und Wie des Lebens gaben, und so geriet er an Adolph v. Schadens Opus »Kritischer Bocksprung«, das er aber unbefriedigt wieder beiseite legte. Unfähig, sich im Wirrwarr des Modernen zurechtzufinden, griff er zu Horaz, dem »comiti perpetuo« seiner »Pennalitätenjahre«, und fand in dessen Oden die gewohnte Beglückung. Seine Verehrung für die anerkannten Meister der deutschen Dichtung bezeugte er auch an Gräbern wie an demjenigen Gellerts: »Da lag es denn vor mir, von Rosen umgürtet, in ein hölzernes Gitter eingeschlossen und von vier hohen Pappeln beschattet, einfach, prunklos, still wie sein Bewohner und neben ihm Weiße unter Marmorstein begraben.«

Leipzigs Theater, noch immer in dem geräumigen Bau am Ranstädter Tor, war nicht mehr die von Studententumulten erfüllte Unterhaltungsstätte. Bürgerliche Alltagsschicksale waren auf der Bühne zurückgetreten hinter den Gestalten des Mythos und der Geschichte, die zwar den Spielplan nicht beherrschten, aber für viele seine Höhepunkte wurden. Karl Theodor Küstner, seit 1817 Leiter des Theaters, der den in Weimar gepflegten Stil gern in Leipzig durchgesetzt hätte, vermittelte immerhin Einblicke in das, was weithin als moralische Anstalt verstanden und ersehnt wurde. Auch Küstners rechte Hand, der Regisseur August v. Ziethen-Liberati, den es immer wieder einmal vom Theaterbetrieb weg zum angeborenen Offiziersstand hinzog, war ein Mann von guter literarischer Bildung, dem ein hochwertiges Schauspielrepertoire am Herzen lag. Sein Geschmack tendierte jedoch nach der rationalistisch-realistischen Richtung, seine Bearbeitungen Shakespeares und Holbergs kamen aus dem Geist des 18. Jahrhunderts, und, wie er es schon in Goethes Ensemble nicht lange ausgehalten hatte, beschwerte er sich bitter über Küstners klassizistisches »Leierkastenwesen und die Ertötung aller Charakteristik«. Aber trotz solcher Widerstände ließ Küstner nicht locker. Immer wieder zwang er die Leipziger, sich die von ihm bevorzugten Stücke anzusehen. Im Juni 1823 gehörte Carl Niese zu den Besuchern von »Kabale und Liebe«, einem Werk, nach dem er »schon lange geschnuppert« hatte:

»... Ich rannte dem Theater zu und hätte auf jeden Fall stehen müssen, hätte ich durch Bernhardt nicht doch noch einen herrlichen Sitz bekommen. Der Vorhang rollte in die Höhe. Schade, daß Madame Maurer und Herr Maurer, Mitglieder des Theaters von Stuttgart, die Rolle Ferdinands und der Luise durch ihre unnatürlichen Stimmen so verhunzten. Herr Genast als Miller spielte seine Hauptszene besonders gut, Herr v. Ziethen paßte ganz für einen Präsidenten, Reinecke, wäre er nur etwas antiker oder malitiöser angezogen gewesen, noch besser für den niederträchtigen Wurm und Herr Koch, wenn ich nicht irre, vollkommen für den Hofmarschall Kalb. Aber was soll ich von der Lady Milford von Madame Genast sagen? Bin ich jemals durch Schauspielerkunst so ganz und gar hingerissen worden, so war es heute, hat mich jemals ein Schauspieler durch das Talent seines Vortrags zum Bewundern und Erstaunen hingerissen, so war es Madame Genast in dieser Rolle; hab ich je den Ausspruch des Demosthenes über den Wert der Aktion nicht so ganz in seiner Wahrheit erkennen wollen, so hat mich Lady Milford d. 24. Juni 1823 überzeugt. Dieses Charakteristische des weiblichen Gemüts in Stimme, Ton, Haltung und Gang, dieser Stolz in der Favoritin des Fürsten, dieser Edelmut einer Britin, die Majestät der Figur, das Feuer der Augen, die königlichen schwarzen Locken, das Himmlische in der Darstellung ihrer Schicksale auf dem Wege zur Tugend, vor den Augen ihres Geliebten, das Erhabene der Heldenseele, die dann durch Selbstüberwindung siegend aus dem Kampfe schreitet, wenn sie all ihr Glück, all ihre Hoffnungen der Tugend opfert.« Hier fand Carl, was er gesucht hatte und was Leipzig sonst nicht zu geben vermochte. Die Genasts kamen direkt aus Goethes Weimarer Pflanzstätte dramatischer Kunst, und die Leipziger Primadonna Corona Werner war ein Kind jener früh verstorbenen Christiane Neumann, deren holdseligen Schatten Goethe als »Euphrosyne« beschworen hatte.

»Mittwoch, den 10. September
Der Schlag fünf rief mich ins Theater. ›Käthchen von Heilbronn‹. Ich hatte das Stück schon zweimal in Erfurt aufführen sehen; aber meine Vorliebe für diese Arbeit sowie die Neugier nach der Vergleichung zwischen dem Leipziger und dem Erfurter Theater trieb mich zu heftig, als daß ich meinen Geldbeutel hier länger schonen konnte. Mit Rettichbirnen beladen zog ich ins Parterre hinein und hatte das Glück, den gewünschten Platz zu erwischen. So viel mir noch erinnerlich ist, gab Herr Jerrmann als Kaiser seiner Rolle mehr Eindruck, als es in Erfurt geschah, Herr Stein als Graf Wetter vom Strahl will mir trotz des lauten Geschreis immer noch nicht recht gefallen. Es fehlt aber ohnedies dem Leipziger Theater noch ein Subjekt für die erste Heldenrolle, wenn nicht Herr Devrient hier Abhilfe schaffen sollte. Herrn Steins Figur ist dem Helden zu fern... Dem. Hanff hat mich ganz mit sich ausgesöhnt. Dem. Krickeberg in Erfurt steht ihr trotz des Beifalls, den sie damals erlangte, weit nach, und man muß der Hanff zum Ruhme nachsagen, daß sie dieser Rolle in einem Umfange gewachsen war, den nicht leicht eine andere Schauspielerin sollte vergrößern können. Ich möchte wohl Dem. Holbein in Prag zur Vergleichung bekritteln können...« Daß Emil Devrient die von Niese erwartete »Abhilfe« tatsächlich schuf, konnte er im folgenden Winter bemerken.

Für die Ferien nach dem ersten Semester war von Niese mit einigen Kameraden eine große Wanderung geplant, die, durch die Lektüre entsprechender Reiseführer, durch neue Stiefelsohlen, Reisebeinkleider und Gamaschen vorbereitet, am 18. September begann.

Ein Lohnfuhrwerk brachte die sieben Studenten in zwei Tagen nach Dresden. Dort besichtigte man drei Tage lang die Kunstschätze. Das Grüne Gewölbe und die Rüstkammer mit ihren aufgehäuften Kostbarkeiten, die nicht immer schön zu nennen waren, verursachten Carl fast Langeweile, aber immer wieder zog ihn die Gemäldegalerie an, wo er besonders den mythologischen Darstellungen sein Interesse zuwandte. Mehr noch entzückte ihn die Sammlung von Homer-Ausgaben in der Königlichen Bibliothek, von einer Prachtausgabe der Wolfschen Iliade kam er kaum los.

Am Sonntag gegen 11 Uhr verfügten sich die Studenten, »um denn einmal die Dresdener Sitte mitzumachen, in das katholische Heiligtum, die Kastraten singen zu hören. Der König war eben mit seiner Gemahlin links vom Altar in seine Loge getreten und die Prinzen und Prinzessinnen ihm zur Rechten gefolgt, als der Prediger von der Kanzel herunter die Dogmen der christlichen Moral ableierte, während die ungläubige Menge wie auf einem Marktplatz sich ungeduldig und neugierig durch die Säulengänge drängte und die Kirchenvögte mit ihren Baculis vollauf zu tun hatten, den sexum virilem und femininum der gaffenden Ketzer zu trennen... Endlich ertönte die Orgel, und der Kastratengesang nahm seinen Anfang. Ein jämmerliches Gemisch von Männlichkeit und Weiblichkeit. Man läßt, das verzogene Gehör zu kitzeln, vor der versammelten Christenheit dem großen Gott im Himmel von seinen verstümmelten Geschöpfen ein Hallelujah vorwinseln. Ich stand aufmerksam hinter dem Frauengestühl und weidete meine Augen an dem zarten, schlanken Wuchse eines katholischen Jüngferchens, alle Augenblicke erwartend, das von dem modischen Strohhute verpallisadierte Lärvchen zu Gesichte zu bekommen...«

Von Dresden ging es über Loschwitz, wo man das Schillerhäuschen besah, zu Fuß weiter stromaufwärts. In Pillnitz konnte man, wie jeder sächsische Bürger, durch die niedrigen Fenster des Schlosses die königliche Familie bei der Tafel beobachten, aber Carl fand, daß doch immer noch ein bißchen viel Aufwand an Speisen und an Personal getrieben wurde, wenn auch Teile der den Tisch zierenden Gerichte nur Nachahmungen aus Meißener Porzellan waren. Nachdem die Gefährten sich nach Jäger- und Wanderersitte gegen das Wundlaufen der Füße einen Busch Wacholder auf dem Hut befestigt hatten, hielt man Einzug in das sächsische Felsengebirge. Schon am ersten Abend gingen die sieben Wanderer in die Irre und steckten mit beginnender Dunkelheit in einem scheußlichen Hohlweg, aus dem sie erst spät zu Dach und Bett fanden. Dann aber ging die Reise ohne Zwischenfälle weiter. Man kreuzte wiederholt die Elbe, erstieg die Bastei, den Lilienstein, die Winterberge, schlief abends todmüde zu zweit oder dritt im Kämmerchen eines ländlichen Gasthofes, gelegentlich auch in einer Scheune, aß Schöpsenbraten, Eier, Kartoffeln und viele Butterbrote und trank Bier dazu. Neugierig durchstöberte man die Städtchen nach Merkwürdigkeiten und notierte sich gern die Distichen, mit denen der klassisch gebildete Bürger seine Ausflugsorte zierte, so den über dem Bade von Schandau:

> Balnea, vina, Venus corrumpunt corpora nostra,
> Conservant eadem balnea, vina, Venus.

Im Böhmischen, wo sie die Reise nur noch zu dritt fortsetzten, vermochte Niese seine Antipathie gegen den Katholizismus, die er schon in der Dresdener Hofkirche empfunden hatte, kaum zu unterdrücken. Es war dies eine durch Tradition und Erziehung eingewurzelte Voreingenommenheit. Mit dem ersten Heiligenbild am Wege, der ersten ihren Rosenkranz betenden alten Frau brach die Abneigung auf und schlug sich im Tagebuch nieder. Die fremden Bräuche wurden von ihm nicht überprüft, ihrem Sinn und Symbolgehalt ging er nicht nach. Alle Heiligenbilder waren ihm »Karikaturen«, die Dörfler, die sein landfremdes »Guten Tag« nicht erwiderten, Stockfische, die Prager Studenten Vagabunden. Dagegen konnte ihm das Grabmal des von ihm so verehrten Dichters Seume in Teplitz Tränen entlocken, und die Bedrückung über das Schicksal des unglücklichen Sonderlings wich für Stunden nicht von ihm.

Am 3. Oktober zogen die drei jungen Männer dann im Roten Haus zu Prag ein. Sie blieben drei Tage in der Stadt, und sie genossen besonders das gepriesene Prager Theater, waren aber etwas befremdet von einem allegorischen Spiel des Theaterdirektors Holbein, das zum Geburtstag des Kaisers aufgeführt wurde.

»Der Plan der Stadt scheint sich Unregelmäßigkeit zur Regel gemacht zu haben, die Häuser sind größtenteils von schöner Bauart, vorzüglich in der Altstadt und Kleinseite, und haben fast durchgängig Doppelfenster, die Gassen und Straßen sind im Vergleich zu den Häusern meist sehr eng und laufen unordentlich in tausend Winkeln kreuzweis durcheinander. Das Pflaster ist schlecht und fehlt an vielen Stellen noch gänzlich. Die Mädchen – um auch diesen Punkt zu berücksichtigen – sind selten von griechischem Profil, haben meist freundliche, muntere runde Gesichterchen und sind mehr hübsch als schön zu nennen. Das österreichische Geld ist für den Fremden, besonders wenn er in dergleichen Sachen sich nicht viel über das Einmaleins in Adam Rieses Rechenbuch erhoben hat, eine wahre Plage, bevor man sich durch das Chaos von Papiergeld, von guten und schlechten Gulden und den tausendfachen Kreuzerstücken hindurchgewürgt hat . . .

Die Universität verhält sich mit ihren Subjekten ziemlich philiströs, an Verbindungen ist nicht zu denken, die geheime Polizei soll jeden Schritt belauern, der Fechtboden wird von äußerst wenigen besucht. Student heißt jedes Mitglied, das Humaniora treibt, vom Gymnasiasten an bis zum akademischen Bürger; die eigentlichen akademischen Bürger haben dann gesetzlich nur das Vorrecht vor den übrigen, daß man sie als Herren tituliert und ihnen die Freiheit erlaubt worden ist, Stöcke mit in das Kollegium zu nehmen. In jener verhängnisvollen Zeit, wo Kotzebue ermordet worden war, hat man ihnen sogar negativ eine Kleiderordnung vorgeschrieben unter dem Befehle: die deutsche Kutte abzulegen, die roten Jakobinermützen zu verbannen, keine langen Haare zu tragen, nicht mit bloßem Halse zu gehen, den Bart zu scheren und die altdeutschen Ziegenhainer Stöcke den Flammen zu übergeben.«

Im bevorstehenden Wintersemester wollte Niese mit Zeit und Kraft ökonomischer vorgehen. Er wußte jetzt, was überflüssig und was notwendig war. Er entwarf einen Arbeitsplan, nach dem er Montag, Dienstag, Donnerstag der Juristerei, Mittwoch für Geschichte und Geographie, Freitag für Philosophie und Sonnabend sowie Sonntag für seine Lieblingsstudien bestimmte. Als Zentrum der privaten Neigungen zeichneten sich immer stärker Literatur und Theater ab. In Leipzig las Poelitz über Ode und Hymne, und seine »Theorie der Prosa und Poesie der deutschen Sprache« half Niese, das Wesen des Dichterischen und die Arbeitsweise der bedeutenden Schriftsteller zu erfassen. Als der Jurist Haubold erkrankte und starb, fielen Pflichten fort: »Ich werde schöne Tage bis Ostern haben.«

Mit dem von ihm geliebten Seume, mit Rabener, Lichtwer, Wieland, Gellert und Klopstock war Niese von der Schule her vertraut. Begeisterte Worte fand er für Lessing: »Minna von Barnhelm« sei »hinreichend, eine Legion von Lustspielen unserer Zeit entbehrlich zu machen.« Griff Niese jedoch bei seiner Lektüre über die Aufklärung zurück, etwa zu Christian Günther, so fiel ihm die Einfühlung schwer: »Der schleppende, eintönige Alexandriner . . . es scheint, als machte dieses Metrum jeden deutschen Dichter um ein Vierteljahrhundert älter.« Ebenso ging es ihm mit der zeitgenössischen

Literatur. Schwer wagte er sich von Schiller zu Goethe, noch schwerer zu Novalis vor. Dessen »höchstoriginellen Geist« erkannte er zwar an, aber er fand doch: »Eigentlich ist mir das ganze Gebiet dieser Schwärmerei noch ein unbekanntes Land.« Auch bei den eifrigen Theaterbesuchen dieses Winters bewährte sich sein schärferes Urteil. In Müllners »Schuld« fand er das poetische Leben nicht, von dem er hatte reden hören, nach seiner Erinnerung könne »Die Ahnfrau« Grillparzers »höheren Anspruch auf Phantasie machen«. Schließlich fand Carl auch den Mut, das geheime Ziel, um das all diese Bemühungen uneingestanden kreisten, wenigstens seinem Tagebuche anzuvertrauen: »9. Nov... der erste Entwurf zu meinem Drame.« Vorläufig begnügte sich allerdings sein schriftstellerischer Ehrgeiz mit zwei poetischen Episteln an den Vetter Leyser, in denen er der Abneigung gegen alles Theoretische und der Hoffnung auf Ruhm und Unsterblichkeit offen Ausdruck verlieh:

> Zwar hab ich, nebenbei gesagt,
> um Kant und Plato wenig mich geplagt
> und kam in all der grämlichen Moral
> von Fegefeuer und Höllenqual,
> von Himmel und Dreifaltigkeit,
> die Wahrheit zu gestehn, – nicht weit.

Grämlichkeit, Einsamkeit und Stubenhockerei waren trotz aller literarischen Interessen Nieses Sache nicht. Immer wieder zog es ihn hinaus in die Natur und in den Kreis lieber Menschen. Anfang November besuchte er Wilhelm Panse in Halle, und zu Weihnachten traf er sich in Torgau mit den Brüdern, mit Julius, der inzwischen mit dem Onkel Schulze auf ein im meißnischen Neukirchen, bei Wilsdruff, gelegenes Gut umgezogen war, und mit dem Gymnasiasten Moritz. Dieser brachte von Erfurt die große Neuigkeit mit, daß Professor Spitzner zu Ostern als Rektor an seine alte Wirkungsstätte Wittenberg zurückkehren werde. Moritz würde also in umgekehrter Richtung wie einst sein Bruder Carl mit dem Rektor umziehen müssen. Konstantin Schmalfuß wollte sich ihm anschließen, und auch Ritschl, obgleich schon für universitätsreif erklärt, hatte sich entschlossen, noch ein weiteres Jahr zu des verehrten Lehrers Füßen zu sitzen.

Nach solchen Abstechern und Zusammenkünften in Leipzig wieder allein, fand Carl bei der plötzlichen Leere und als Übergang zu den restlichen arbeitsreichen Wintermonaten keine liebere Beschäftigung, als den Briefwechsel seines Vaters mit dem Pastor Spitzner zu lesen, bis er ihn bald tränenden Auges beiseite legte. Auch eine Abhandlung seines Vaters über die Beschreibung des Goldenen Zeitalters arbeitete er durch; sie rührte ihn über das Sachliche hinaus tief an, denn er glaubte, darin »Spuren einer etwas getrübten Lebensansicht« zu finden. Von einer solchen Trübung verspürte Carl Niese an sich selber nichts. Nach Schluß des Wintersemesters lockte ihn erneut eine Reise, auf der er Besuche bei Lebenden mit einer »Gräberwallfahrt« verbinden wollte.

Inspektor Schmalfuß war nach Thallwitz gegangen, weil er in Gräfentonna mit einer großen Summe in Rückstand geraten war und hoffte, auf der ansehnlichen Besitzung des Hauses Reuß mehr herauszuwirtschaften. Tatsächlich machte das im Muldetal gelegene Gut mit dem Dorf, das gegen Norden durch Hügel geschützt war, die nach beiden Seiten in Weinberge ausliefen, einen stattlichen Eindruck. Aber den Inspektor drückten die wirtschaftlichen Sorgen und die Angst vor Mißernten schwer, und so war es besonders den Frauen willkommen, daß durch Carl Nieses Ankunft der im Hause herrschende Ernst etwas gemildert wurde. Emilie blühte in der gewohnten, reifer gewordenen heiteren Mädchenhaftigkeit. Noch immer saß ihr der Schalk im Nacken. Sie und die Brüder begleiteten Niese nach vierzehntägigem Aufenthalt bis zum Fluß. »An der Mulde aber ging der Wind stark und heftig und fing eben an, etwas ungezogen mit dem Kattunkleidchen meiner Begleiterin zu wirtschaften, da setzte sich das listige Kind flink auf den Rasen und verdarb dem launischen Gott seine mutwilligen Scherze.«

Von Thallwitz führte Carl seine Wallfahrt zum Grabe Liscows und weiter zum Grabe Gustav Adolfs auf dem Lützener Feld. Dann suchte er die Jugendstätten seines geliebten Seume bei Weißenfels auf, fuhr am nächsten Morgen in aller Frühe von Weißenfels weiter »den Hohlweg fort, die schlagenden Nachtigallen hinter uns, bis der kürzere Weg rechts ab nach Naumburg führt«, gelangte nachmittags beim Cromsdorf an die hoch angeschwollene Ilm, die der Fuhrmann durchfuhr, so daß das Wasser von beiden Seiten in den Wagen drang, und stieg noch vor Weimar aus, um dem Tiefurter Park einen Besuch abzustatten. »Die Büsten waren noch nicht aufgestellt, denn der Frühling war erst im Anzuge. Herders Postament stand oben am Abhange, bezeichnet mit einem Distichon des Professor Knebel in Jena. Herder mag noch viel Feinde haben; man sprach von öfterer Zertrümmerung seiner Büste in Tiefurt und Belvedere. Tiefer unten fand ich die Basis für Wieland und am anderen Ende des Parkes für Schiller und Goethe. Außerdem waren Goethes Distichen auf Eros und die Nachtigall zu lesen, ihm zur Rechten, weiter die Ilm hinauf, steht Leopolds Monument, dessen, der bei Frankfurt in der Oder ertrank, und ihm zur Linken ein anderes, von der Amalia ihrem gestorbenen Sohne errichtet. Zwischen diesem und der Basis des Eros sprang eine Quelle aus dem Bergabhange. Ich lagerte mich nieder und sah die klassischen Helden wandeln und mit ihnen Amalie, und der Ilmgott rauschte vorüber und murmelte durch die schwarzen Baumwurzeln . . .«

Nach wenigen Tagen in Erfurt – Moritz war schon nach Wittenberg abgereist –, wanderte Carl dieselbe Marschroute wie vor einem Jahr über Berg und Tal auf den weißen Lichtpunkt des Hesseroder Kirchturms zu. Er entsann sich nicht einmal genau, ob er in diesem Jahr mit Gustchen Panse Briefe gewechselt hatte oder nicht. Gustchen jedoch hatte in der ländlichen Abgeschiedenheit viel Zeit gehabt, an ihn zu denken. Fast alle Schwestern waren nun verheiratet, und »die Arbeit kam meist auf mich, denn die Mutter war oft krank und Helene tat nicht gern etwas. Die Mutter war sanft und gut und hätte uns nur zu gern mehr Freuden bereitet, doch stand das nicht in ihrer Macht. Ich hatte die Mutter zu lieb, mir war stets, als müßte ich jede freie Minute benutzen, um bei ihr zu bleiben. Ich habe viel mit ihr zusammen ertragen.« Wie ein Jubelruf klingt, was Gustchen nach vielerlei Eintragungen über häusliche Arbeit und häusliche Kümmernis an einem Tag der ersten Maiwoche dieses Jahres 1824 schrieb: »Nachmittags kam mein Freund aller Freunde!« Ihre Freude wurde freilich bald gedämpft. Carl wollte nichts in sich und über sich entscheiden. Er nahm seine alte Rolle des Kühlen und Verständigen wieder auf und wurde immer abweisender, je mehr er fühlte, daß sie anderes von ihm erwartete und sein Verhalten sie traurig stimmte.

Die Zwiespältigkeit seiner gefühlsmäßigen und wissenschaftlichen Neigungen sollte der nächste Besuch in Thallwitz vergessen machen. Niese erholte sich bei Emilies unverbindlichem Getändel und all dem Schabernack, mit dem sie ihm und sich täglich die Zeit vertrieb. Doch übte nicht nur das Mädchen, sondern die ganze Familie Schmalfuß einen erfreulichen Einfluß auf ihn aus: »Hier bin ich wieder froh und gesund gewesen und habe mir's heimisch sein lassen. Ich habe hier mehr gelernt und genossen denn irgendwo, mich gesonnt und geläutert in den wohltuenden Strahlen der klaren Milde, meine Leidenschaften eingewiegt, mein Gemüt geheilt und Natur geschöpft aus dem kindlichen Herzen.«

Für das laufende Semester wurde »an Collegia nicht mehr gedacht«. Carl begnügte sich damit, juristische Privatlektüre zu treiben und bei Vetter Leysers Schlußexamen den Disputationsopponenten zu spielen. »In schwarzer Weste, schwarzem Frack, in der Krawatte bis an die Ohren, seidenen Strümpfen, Escarpins und Schnallenschuhen, den Staatsdegen an der Seite und den Chapeaubas unter dem Arme ... so trat ich am Sonnabend in das juristische Auditorium ein und opponierte meinem Freunde Leyser aus Torgau, der seine öffentliche Disputation hielt. Weiß der Himmel, ob mir die Augen aufgingen wie dem Blinden im Evangelio oder ob der rote Stein auf der Brust mir alle Weisheit in die Augen leuchtete, die Sache ging besser, als ich nur zu hoffen gewagt hatte, und der Präses machte mir am Ende so viele Elogen und Komplimente, daß ich hätte feuerrot werden müssen, wie der Zauberstein, wenn ich dem Manne nur ein Wörtchen davon geglaubt hätte.«

Daß Niese in diesem Sommer so gar nicht zu seinen Studienpflichten zurückfand, hatte letztlich seinen Grund darin, daß sein ganzes Denken einem einzigen Gegenstand galt: einem Drama, an dem er Monat für Monat dieses Jahres 1824 schrieb, ohne selbst Freunden davon etwas zu sagen. Natürlich gab es Aufenthalte und Schwierigkeiten. Als er im Juni den ersten Akt beendete, wußte er, daß ihm mancherlei mißlungen war, seit er gegen Schluß die Lust am Schreiben verloren hatte. Dennoch versuchte er immer wieder, die vorschnelle Phantasie in die Zucht der geistigen Konzentration zu nehmen und das anfangs skizzierte Handlungsschema mit aussagekräftigen Sätzen sowie theaterwirksamen Szenen zu füllen. Dabei kam ihm der ständige Anschauungsunterricht zu Hilfe, den das Leipziger Theater auch durch Gastspiele bot. Im Juli spielte der berühmte Goetheschüler Pius Alexander Wolff den

Hamlet und den Leicester in der »Maria Stuart«. Niese spürte die Ergriffenheit durch Shakespeares abgründige Ironien, die ihm im Innersten fremd waren, weil Wolff sie in eine edle Form zu überführen vermochte; zugleich erreichte es Wolff, indem er jedem Wort Bedeutung gab, daß man kaum etwas von dem »Pathos« merkte, »das man Schiller sonst zum Vorwurfe macht.« An dem im September gastierenden Ludwig Devrient hingegen erlebte er, »was gute Schauspieler unbedeutenden Stücken für Farbe geben können.« Unter den belanglosen Stücken, in denen Devrient auftrat, war jener vielgespielte »Hund des Aubry«, von dem man sich erzählte, daß Goethe seinetwegen das Theateramt niedergelegt habe.

Niese begegnete der Gefahr eines idealistischen Überschwangs durch weitgehende Zeit- und Ortsnähe. Sein Held Robert ist Sohn eines Pfarrers und als Student in Leipzig Angehöriger einer Gruppe freiheitlicher Kommilitonen, die auf der schwarzen Liste stehen. Bei den Studentenszenen des ersten Aktes überwältigte Niese die Erinnerung an Karl Moors wilde studentische Gesellen, und der Spitzel Schindler trägt Züge von Franz Moor und Spiegelberg in einem, während der Präsident, der Robert seine Tochter Bertha verweigert, wohl seinen Ahnherrn in »Kabale und Liebe« hat. Aber Nieses studentische Verschwörer sind doch andere Menschen als die Unterdrückten bei dem jungen Schiller, sie tragen die Kennzeichen der jüngsten Tage, der Demagogenverfolgung, einer Zeit, in der »Die Völker mit den Königen verfallen; bei uns – die Könige mit ihren Völkern. Weh solchen Völkern, solchen Königen.« Die Messestadt Leipzig gab das Kolorit, Leipziger Burschen trinken, fechten und singen das Lied von dem Mädel, »der's Mieder eng wird«, mit dem Refrain: »Die große Hure Babylon, Babylon, ja Babylon, Babylon die Große.« Der Wein, den der Wirt ihnen als Johannisberger, den berühmten Rheinwein, anpreist, wird schnell als Naumburger entlarvt. Für den Knaben bei der ländlichen Wirtschaft, in der die Studenten zusammenkommen, dichtete Niese einen Singtext mit beziehungsreichen Nachsätzen:

> »Liebe Mutter, Müllers Rösel
> Saß bei ihrer Kuh.
> Und ich war kein dummer Esel,
> setzte mich dazu.

Ach, sollst dir nur das Rösel sehn,
Das Rösel und die Kuh! –
Du sollst mir nicht nach Mädeln gehn,
Du dummer Junge du!

Das hat mir unsere neue Hanne aus Erfurt gesagt – die Mädchen aus Erfurt, ach, die wissen viel. Ach wissen die viel!« Von einem Mädchen aus Erfurt war auch Carl Niese einmal in die Schule genommen worden.

Um die Tochter des Präsidenten zu erringen, ist Robert in Nieses Drama bereit, dem revolutionären Treiben ein Ende zu machen und ein anderes Leben zu beginnen. Als er dann hört, die junge Bertha habe sich verlobt, entschließt Robert sich, mit seinen Kameraden am griechischen Freiheitskampf teilzunehmen. Noch weiß Robert nicht, daß Berthas Verlobung nur der Täuschungsversuch eines Nebenbuhlers war.

Da er den neuen Schauplatz wenigstens geistig erfassen wollte, studierte Niese die Griechenlieder Wilhelm Müllers. Auch Homer sollte ihn auf den richtigen Ton einstimmen: »Du schönes Land, das meinen Knabenstreichen den Riesenstempel seiner Größe gab.« Jedoch Nieses Freiheitskämpfer werden sehr schnell ernüchtert. Die Griechen sind nicht mehr das Volk, das die europäische Jugend befreien zu müssen glaubte, sondern »ein verdorbenes Geschlecht, das von Jahrhundert zu Jahrhunderten der Sklaverei verpfändet, seine Menschheit mit Füßen trat.« Robert kehrt nach Deutschland zurück, in das Deutschland der Karlsbader Beschlüsse, in dem jeder Untertan die Gesinnung eines preußischen Grenzjägers hat.

»Man hat die Radikalen eingezogen,
Die deutschen Ideale vegetieren
Zu Köpenick!«

Robert und der Graf, sein Nebenbuhler, übernachten in benachbarten Zimmern desselben Gasthofes. Mit kühnem Griff sind nun von Niese zwei Bilder nebeneinander auf die geteilte Szene gestellt. In parallel gebauten Monologen werden die gegensätzlichen Charaktere der beiden Rivalen deutlich, ihre Worte nähern sich dem gleichen Gegenstand, der umworbenen Bertha, bis die Ne-

177

benbuhler körperlich aufeinanderprallen. Robert beleidigt den Grafen, schlägt ihn und kommt vor ein Gericht. Hier hält er eine große Verteidigungs- und Revolutionsrede, die sowohl die politischen Unterdrücker als auch die Ideologen unter der Jugend mit bitteren Worten trifft, und nimmt resigniert Abschied von dem schwarz-rot-goldenen Bande. Er wird hingerichtet, die Begnadigung kommt zu spät, Präsident und Graf werden von der empörten Studentenschaft gefangengenommen und vor den Herzog geschleppt.

Für die Erzählung von der öffentlichen Hinrichtung des Studenten Robert auf dem Marktplatz, die mit den grausigen Worten des alten Pedells schließt: »Der Kopf ist lange auf der Anatomie«, hatte Carl Niese ein wirkliches Ereignis zum Vorbild nehmen können, das mitten in die Zeit der Abfassung des Dramas fiel. Für die Leipziger Studenten der Rechte wie für die Juristerei überhaupt gab es damals einen berühmten Fall: den des Barbiers Woyzeck, der 1821 seine Geliebte aus Eifersucht erstochen hatte und dessen Geschick zum Gegenstand eifriger Parteinahme geworden war. Man hatte dem Täter zwar Haltlosigkeit, aber nicht verbrecherische Anlagen nachweisen können, und sein williges Geständnis, seine Bußfertigkeit und die zu Tage tretende Dumpfheit seiner Gefühlswelt waren Anlaß zu allgemeinem Erstaunen gewesen. Es gab Juristen, die den Fall mit einem in diesem Umfang bis dahin unbekannten Argument der Unzurechnungsfähigkeit betrachteten. Aber die Partei des Hofrates Clarus und die konservative Rechtsanschauung hatten doch den Ausschlag gegeben, und Woyzeck war zum Tode verurteilt worden. Als Augenzeuge der »Execution« am Freitag, dem 27. August 1824, schrieb Carl Niese in sein Tagebuch:

»Wir standen gegen sechs Uhr auf und begaben uns auf den Naschmarkt, wo sämtliche cives academici sich versammeln sollten. Zwischen 8 u. 9 Uhr ging der Zug auf den Markt, u. ungefähr 15 Schritte vom Schafott bildeten wir einen Kreis, der durch Reiter von den übrigen Zuschauern abgesondert war. Der Platz selbst war mit gelbem Sande bestreut, in seiner Mitte stand das Schafott ungefähr so hoch, daß ein Mann hinaufreichen konnte. Zwei Treppen führten hinauf, oben war es mit einem hölzernen Geländer umgeben, sein Umfang war ungefähr vier Schritt ins Quadrat, und mitten darauf stand ein schwarzer Stuhl. Rings herum waren die Fenster besetzt, die Balkone voll, hier u. da die Dächer abgedeckt, und die Leute saßen an den Feueressen u. über den Dachfenstern. Die Schornsteinfegerjungen, die das Project gehabt hatten, während der Execution ihr Manöver auf den Dächern zu machen, waren samt u. sonders incarcerirt in dem Rathause. . . . Das Armesünderglöckchen war eine häßliche Parodie auf die Feierlichkeit des Tages, und an ein: ›Horch, die Glocken hallen dumpf zusammen‹ war gar nicht zu denken. Als es zum dritten Male anfing, in die erwartungsvolle Stille hineinzuschreien, traten die geharnischten Männer zum Rathause heraus – in ihrer Mitte der Verbrecher Woyzeck, im bloßen Kopfe, weißgekleidet mit schwarzem Besatze, von zwei Predigern begleitet. Bleich, mit fühllosen Augen, die nichts sahen, keine Festigkeit, keine Gewißheit, keine Seele, dumme Verblüfftheit, die eigentlich nicht weiß, wie ihr zu Mut ist. Ich hatte eine starke Portion Mitleid verloren, als ich ihn zu Gesicht bekam. Am Fuße der Treppe traten die Geistlichen zurück, u. Woyzeck schritt in die Höhe, mit ihm drei Scharfrichter, von denen der eine unter dem Mantel das Richtschwert trug. Jetzt warf sich Woyzeck neben dem Stuhle auf ein Knie nieder und hielt sein letztes Gebet, das jedoch wahrscheinlich aus abgerissenen Floskeln bestand, die ihm die Todesangst auspressen mochte. Sein Gesicht sprach kleinliche, ohnmächtige Verzweiflung nicht ohne Wunsch u. Hoffnung. Nichts Edles, Schönes, Großes, Festes. Jetzt stand er auf, krampfhaft zog er sich den Stuhl unter die Schenkel, man band ihm sein Habit am Halse auf, er entblößte sich den Nakken, die Binde kam vor die Augen. Da saß er nun, weiß wie Marmor, die starre Todesangst versteinerte die Halsmuskeln, das Gesicht ward länger. Noch hatte der eine Scharfrichter dem Kopf die Richtung gegeben, noch gab der andere dem dritten das Richtschwert, als der Kopf schon vom Rumpfe flog und die Pulsadern wie Springbrunnen in die Höhe stiegen. Das Bravo blieb den meisten im Halse stecken u. taumelte in gedämpftem heiseren Gebrüll durch den Volkshaufen. Der Meister machte seine Referenz, Rumpf u. Kopf rollten in das hohle Schafott hinunter, u. das Spectakulum mundi war vorüber.

Woyzecks letzte Worte auf dem Schafott: Vater, ich komme. Ja, mein himmlischer Vater, du rufest mich, dein gnädiger Wille geschehe. Dank, herzlicher Dank, Preis u. Ehre sei dir, Allerbarmer, daß du bei aller Schuld dennoch liebreich auf mich blickst und mich würdigest, dein zu sein. Dank sei dir, daß du nach so vielen ausgestandenen Leiden Tränen trocknest, davon ich dir manche Nacht weinte. Vater, ich befehle meinen Geist in deine Hände, dir lebe ich, dir sterbe ich, dein bin ich tot u. lebendig. Amen! Herr hilf, laß alles wohl gelingen. Das erhielt ich von meinem Wirte. Der Tachygraph ist mir unbekannt; doch scheinen einzelne aufgefangene Floskeln für die Echtheit zu sprechen.«

Woyzecks Hinrichtung wirkte noch auf Niese als Autor nach, als er an den letzten Akt seines Dramas ging. Das Schicksal des Mörders etwa dichterisch zu verarbeiten, bedurfte es anderer Kriterien für Menschliches als »Edles, Schönes, Großes, Festes«. Erst mit dem Wintersemester nahm Niese seine juristischen Studien wieder auf. Er betrieb sie zwar sorgfältiger als zuvor, aber mehr beschäftigte ihn anderes, etwa Galls Schädellehre, wozu er sich von Thallwitz und Podelwitz ein reiches Anschauungsmaterial an Vogelköpfen beschaffte, oder die Lavatersche Physiognomik und Hufelands Makrobiotik. Mit Eifer versuchte er in das ihm recht undurchsichtige Gebiet der Philosophie einzudringen, las Montaigne, Kant, Heidenreich und Platner, deren Werke er aus der Bibliothek seines Vaters geerbt hatte, las vor allem Fichte, dessen »Reden an die deutsche Nation« zur Empörung aller fortschrittlichen Deutschen und besonders der Studenten soeben verboten worden waren, und tastete sich durch Bibellektüre auch hinüber in das Gebiet der Theologie. Als förderlich erwies sich hierbei die junge Bekanntschaft mit Julius Kurt Sybel, einem vom Grauen Kloster in Berlin kommenden neugebackenen Studenten dieses Faches, den Niese auf Betreiben eines Berliner Freundes in das akademische Leben einweihte. Er und der etwas jüngere sensible Sybel sahen sich durch ein ähnliches Schicksal verbunden. Auch Sybels Vater war 1813 als Arzt in Brandenburg, Sybels Geburtsort, der Typhusepidemie zum Opfer gefallen. Die Mutter war mit den Kindern, einem weiteren Sohn August, der jetzt in Bonn Theologie studierte, sowie einer Tochter Malwine zu Verwandten nach Berlin gezogen, und von dem regen Geist der preußischen Hauptstadt wußte Kurt Sybel wahre Wunderdinge zu erzählen. Niese nahm Sybel bald auch zu den nahezu regelmäßig stattfindenden Treffen in Thallwitz mit, bei denen die Wittenberger Freunde das Neueste aus der alten Schule berichteten. Spitzner bewohnte jetzt im ehemaligen Schulgebäude eine vertragsgemäß für ihn ausgebaute abgeschlossene Wohnung, in der die drei Freunde Moritz Niese, Konstantin Schmalfuß und Friedrich Ritschl als Kostschüler wohnten. Vom nächsten Frühjahr ab wollte Ritschl in Leipzig Philologie studieren. Er war inzwischen zum Primus omnium aufgerückt und hatte mit einem lateinischen Gedicht über den Sieg Gustav Adolfs bei Breitenfeld und ebensolchen Distichen auf den Rektor Spitzner in Wittenberg von sich reden gemacht. Um sich auf das erneute Zusammenleben mit Ritschl vorzubereiten, wandte sich Niese auch dem Philologischen wieder stärker zu und wagte sich eines Abends in Hermanns als »Philologenfabrik« gerühmte Griechische Gesellschaft: »Hermann kam, alles stand auf, ich desselbengleichen, und die Disputation ging vor sich. Am Philologentische durften freilich bloß Eingeweihte sitzen. Hermann saß mit übergeschlagenen Füßen und mit gekreuzten Armen. Er hatte den Äschylos auf das Dickbein des Fußes, der von dem anderen übergeschlagen wurde, festgestemmt, und der zweite Arm ruhete auf demjenigen, der durch den Äschylos gestützt war. So gab er sein apodiktisches Urteil. Ein klarer, verständiger Mann.«

Am 20. März 1825 hielt Niese endlich sein Drama »Die Akademiker« fertig abgeschrieben in Händen. Sein weiteres Vorgehen gestaltete er theatralisch. Laut Tagebuch zog er sich einen alten grauen Rock sowie weiße, mit Asche beschmierte Hosen an, setzte eine geborgte Mütze auf und machte sich mit einem sorgfältig abgefaßten Brief auf den Weg zum Theaterdirektor Küstner, dessen Haushälterin ihm öffnete: »Ist der Herr Hofrat zu Hause?« »Nein, er ist in Berlin und kommt erst nach Ostern wieder.« »Von meinem Herrn an den Herrn Hofrat abzugeben«. »Wie heißt denn sein Herr?« »Herr Stewart«, drückt Niese durch die Zähne. »Nun gut, es soll abgegeben werden.« »Aber richtig abgegeben werden, nicht vergessen!« »Nein, nein!« »Schön, gute Nacht.«

Erleichtert, sein Manuskript eine Zeitlang vergessen zu können, begab sich Niese auf die wieder fällige Ferienwanderung, die diesmal zusammen mit Sybel unternommen wurde und bis zu den Sehenswürdigkeiten Kassels führen sollte. Bei dem nur kurzen Besuch in Thallwitz traf Niese auf einen jungen Mann, Gustav Gebser, der auffällig vertraut mit Emilie tat. Es gab Niese einen kleinen Stich; mindestens seine Eitelkeit war verletzt.

Über Lützen und das Seumesche Poserna gelangten Niese und Sybel am ersten Tage bis zu den Drei Schwänen in Weißenfels, wo ein geschwätziges Kammermädchen erzählte, daß »der Herr Hofrat Müllner früh um fünf Uhr zu Bette geht, um zwölf aufsteht, sodann Mittagbrot ißt, in Gesellschaft geht und mit Einbruch der Nacht an zu arbeiten fängt; daß er etwas beleibt ist, einen sehr gestrengen Hauspatron, aber unterhaltenden Gesellschafter spielt.«

Niese hatte beschlossen, diesmal dem gerade hier zwischen Weißenfels und Naumburg in seinen romantischen Abschnitt eintretenden Saaletal nach Süden zu folgen. Aus einem Hohlweg gelangten die beiden Wanderer hinaus in ein weites Tal, das die Saale in einer großen Schleife durchzog. Rechts von den mit Laubwald begrünten Höhen grüßte Schloß Goseck herab, links am äußersten Punkt der großen Schleife lag auf einem rötlichen Fels die Ruine der Schönburg, zu ihren Füßen hingeduckt ein bescheidenes Dörfchen. Über Naumburg, auf dessen weitem Markt sich die bäuerlichen Stände drängten, ging es weiter im Tal »längs den Krümmungen der mäandrischen Saale« an den Dornburger Schlössern vorbei, bis man sich abends in Jena an dem landesüblichen »Eierambrosia« delektierte. Am nächsten Tag wurde gegen Mittag Weimar erreicht. »Das Schauspielhaus war eben vor einiger Zeit abgebrannt. Goethe soll gesagt haben: das sei das Grab der schönsten Erinnerungen seines Lebens. Wir haben die Brandstätte nicht gesehn.« Abends war man in Erfurt, wo Freund Sybel sich mit seinem Bruder August traf und Niese von Ritschl erwartet wurde, der eben in Wittenberg das Abschlußexamen mit dem Zeugnis der unbedingten Reife Nr. 1 bestanden hatte und die Mulusferien im elterlichen Hause verbrachte. Neuigkeiten aus Weimar machten in Erfurt die Runde: Der Professor der Philologie Reisig aus Halle hatte bei Goethe anfragen lassen, ob er kommen dürfe. »›Ja, wenn er noch der Alte wäre!‹ war die Antwort gewesen. Und mein Reisig hin und von da nach Erfurt und hier sedente corona – aus frischem Andenken – seinem Ideale einen Panegyrikus gehalten in Reisigscher Manier, laut und hochtönend, von ganzem Herzen, von ganzer Seele und von ganzem Gemüte: er habe Goethe gesehen als Minister, als Hofmann gesehn; aber diesmal habe er ihn als Goethe gesehen. Auch Hinrichs' Produkt habe dagelegen. Solche Sachen leg' ich bei Seite, sei Goethes Antwort gewesen.«

Die Erwartungen, die die beiden Wanderer an Kassels Sehenswürdigkeiten und an sein Theater geknüpft hatten, erfüllten sich nicht. Auf dem Rückweg, auf dem sie noch die Universitätsstadt Göttingen besuchten, legten sie dann einige Rasttage in Limlingerode an der Helme ein, wo Auguste Panses Schwester Wilhelmine mit ihrem Mann, dem Pfarrer Jacobi, lebte. Danach trennte sich Sybel von Niese, der nach Hesserode weiterzog. Noch immer unentschieden zwischen echter Neigung zu Auguste Panse, die doch sichtbar von anderer Art war als jene unvergessene Adelheid Hahn, und dem Drang, einer dauerhaften Verstrickung vorzubeugen, geriet Niese in ein Wechselbad der Gefühle: »Nun werden Berg und Tal, Haus und Hof, Sonne und Mond und Tag und Nacht die ironischen Panegyristen eines Helden sein, der, nachdem ihn die Reue von vier vollen Jahren noch zur rechten Zeit und glimpflich genug gerüstet, nach diesen vier Jahren noch ebenso superklug ist, seine Unbesonnenheit von vorn anzufangen! Waren endlich die paar Veilchen so viel wert, daß man sich die Finger verbrennen mußte?« Dabei war sich Niese seines schwankenden Verhaltens gegenüber dem Mädchen, der Hohlheit des »Strohkatheders«, auf das er sich zurückzog, bewußt: »Das arme Kind! Ich glaube, dem Mond sind die Tränen ins Auge getreten!« Solcher Ironien war Auguste Panse nicht fähig: »Am letzten Tag vor seiner Abreise«, vertraute sie ihren Aufzeichnungen an, »gab es ein kleines Mißverständnis zwischen uns beiden. Niese ging fort und schrieb uns nicht, wie er sonst immer getan hatte. Ich wußte nichts mehr von ihm. Da trauerte ich im stillen. Aber er lebte in meinem Herzen fort, und nie hätte ich einen anderen Mann lieben können.« Der Unstete wanderte inzwischen, von Gustchens Schwester Riekchen Leopold im Steigerthal mit Kuchen und Würsten versehen, über die Alabasterberge von Stempeda. »Der 3. Mai grünte um mich her, ich hatte den Kopf voll Schwärmereien der Vergangenheit und Zukunft, phantasierte von großen Tagen und ging schnurstracks dem Tempel der Glorie entgegen, zu dem ich mir seit einem ganzen Jahre die Straße gepflastert hatte.«

Als er jedoch nach einer traumverlorenen Wanderung durch die blütenschwere Goldene Aue wieder in Leipzig ankam, war die erhoffte Beurteilung des Manuskripts durch Küstner nicht eingetroffen. Die Unruhe trieb den jungen Dramatiker nach Thallwitz und Podelwitz, aber auch zu Beginn des neuen Semesters war sie nicht gestillt. Zum Trost ließen sich jetzt wenigstens die Abende mit dem verständnisvollen Ritschl und Sybel in »belletristischen Circumvagationen« verbringen. Ritschl erkannte sehr bald Nieses inneres Unvermögen, sich mit der Rechtswissenschaft zu befreunden. Auch Sybel sprach auf ihn ein: »Sie müssen Belletristik studieren. Werfen Sie die Jurisprudenz bei Seite! – Sie trau'n sich zu wenig zu. Das ist auch ein Fehler. Sie werden glücklicher dadurch!« Niese wollte die Aufgabe des jetzigen Studiums von Küstners Meinung über seine Begabung abhängig machen. Das bedeutete freilich weitere Ungewißheit und ein Doppelleben, »als wär' es aus Furcht, Hoffnung und gänzlicher Apathie zusammengesetzt.«

Nieses Versuche, juristische Kollegs zu hören, blieben immer wieder im Ansatz stecken. Um so eifriger besuchte er Bücherauktionen und die Buchmesse, die durch den eben im alten theologischen Hörsaal des Paulinums installierten Buchhändlerbörsenverein von sich reden machte, vor allem aber auch ein Kaffeehaus, um die ausliegenden Journale zu lesen. Um sich ernsthafter literarisch zu betätigen, trug er einige wenig bekannte Gedichte von Seume zu der Gesamtausgabe bei, die Hartknoch gerade herausgab. Immer wieder verließ er Leipzig für ein paar Tage, in der Hoffnung, bei seiner Rückkehr die ihm so wichtige Antwort vorzufinden; er ging nach Podelwitz, Thallwitz, Halle. Wilhelm Panse hatte sich heimlich mit Adelheid Hahn verlobt. Um einmal andere Universitätslehrer mit den Leipzigern zu vergleichen, hörte er den von Goethe abschätzig beurteilten Philosophen Hinrichs und den von Goethe begeisterten klassischen Philologen Reisig, der in vieler Munde war: »Einen rohen genialen Sonderling voller abgeschmackter Manieren hatt' ich mir vorgestellt, aber es war ein freies, gutmütiges, fröhliches Gesicht, dem man gut sein mußte.«

Als Niese seine Ungeduld nicht mehr zähmen konnte, ließ er sich bei Küstner als angeblichen Freund des Autors melden. Der Theaterleiter, der seine Erfahrungen mit den poetischen Produkten von Leipziger Studenten haben mochte, erklärte, er habe Hunderte von Stücken liegen und könne so schnell gar nicht alles lesen, man möge abwarten. Nach weiteren Wochen lag Ende Juli 1825 endlich das eingereichte Heft auf Nieses Tisch: »Das Siegel war gelöst, das Heft lag vor mir, ich schlug das erste Blatt desselben auf, und da fiel mir das Reskript in die Hand.

›Wohlgeborener Herr!
Auf Ihre geehrte Mitteilung erwidere ich mit Bedauern, daß ich
von dem gütigst übersandten Manuskripte für die hiesige Bühne
Gebrauch zu machen mich abgehalten sehe. Indem ich Sie ersuche, die Ursache hiervon nicht in einer ungünstigen Beurteilung
oder Verkennung der Vorzüge desselben zu sehen, danke ich Euer
Wohlgeboren ganz ergebenst für die Mitteilung und das mir dadurch verursachte Vergnügen und verbleibe mit Hochachtung

Euer Wohlgeboren
ergebener
Dr. K. E. Küstner‹

Leipzig, d. 18. Juli 1825

Da saß ich wiederum auf den Hosen, meine Pläne hatten das mise-
rere und ich dazu. Was machen? Das war nichts als eine häßliche
Abweisung. Ich zog mich an und wanderte nach Podelwitz, mich
dort in Gemächlichkeit zu besinnen, was anzufangen sei. Einmal
über das andere holt' ich die unselige Antwort aus der Tasche, las
sie die Kreuz und die Quere, suchte sie so glücklich als möglich zu
interpretieren, wollte an Küstner schreiben, an den Herrn Senator
schreiben, um nur endlich einmal ins Klare zu kommen.«
    Wieder in Leipzig, stieß Niese bei einem mit Sybel unternom-
menen Besuch der Eisbude in Rosental auf Hofrat Küstner. Als
jener angebliche Freund des Autors sprach Niese ihn an: »Ich
meinte, die Antwort sei, glaubte ich, dem Verfasser nicht ganz genügend ausgefallen, insofern derselbe nicht sowohl von Aufführung als Beurteilung gesprochen habe. Ja, antwortete er, er wisse
das recht gut, er sei damals sehr in Geschäften gewesen, er habe
das Stück gar nicht gelesen, sondern der Herr v. Ziethen als Regisseur, der ihm dann die Stücke, die zur Aufführung passend wären,
einreiche. Der habe aber gemeint, dies sei durchaus zur Aufführung nicht geschickt, es habe zu viel Szenenveränderung, vorzüglich am Ende. Der Autor sei wahrscheinlich nicht recht mit der
Bühne bekannt. Das Stück selbst könne dabei seinen Wert haben,
unsere größten Dichter hätten ja, wie ich wissen würde... Wollte
der Autor also etwas Näheres erfahren, so möchte er sich doch an
den Herrn v. Ziethen wenden; der sei ein humaner Mann und hätte
sich viel mit solchen Sachen beschäftigt. – Und Sie meinen, erwi-
derte ich, daß der Herr v. Ziethen hinlänglich fähig sei, so etwas

beurteilen zu können? – I nun, ich will nicht sagen, daß der Herr v. Ziethen ein Tieck ist, indessen... Nach einigen Phrasen empfahl er sich. Da hatte ich das Rätsel entziffert und ging nach Hause... Nach Mittag begab ich mich zum Herrn v. Ziethen. Die Frau v. Ziethen, eine Heroine, bekam ich zuerst zu Gesicht und erkundigte mich, wo ich den Herrn v. Ziethen treffen könnte. ›August!‹, rief diese Donna Julia Imperiali, ›Gehen Sie nur hinein‹, und ich trat in das offenstehende Zimmer. Der Herr v. Ziethen war mit Drechselarbeiten beschäftigt, entschuldigte sich und schüttelte die kleinen Späne ab. Ich brachte mein Anliegen vor, er meinte, es sei, wie soll ich sagen, etwas wahnsinnig geschrieben. Die Charaktere sprächen sich so in einer Manier aus. Er habe manche recht phantasievolle Stelle gefunden. Er wird mir behilflich sein, die Maschinerie des Theaters durch den Herrn Theatermeister Höck kennenzulernen. Ich sagte meine gratias. Er bedauerte, daß sein Urteil nicht besser ausgefallen sei. Er meine, das Liebste müsse dem Verfasser ja doch die Wahrheit sein. Und um die sei er ja gebeten worden. – Die Hoffnung ist in alle vier Winde geflogen. Ich werde nach Thallwitz wandern und die Sache auf sich beruhen lassen.«

Aber Niese ließ sie nicht auf sich beruhen. Von Thallwitz ging er nach Podelwitz zu seiner Pflegemutter, entschlossen, »das letzte« zu versuchen und den »Wisch« selbst drucken zu lassen. Mit der Zusage, hier für sein neues Berufsziel als Schriftsteller die erbetenen »ein- bis zweihundert Taler« zu erhalten, suchte Niese in Leipzig den Kommissionär Taubert auf und ließ sich die Druckkosten berechnen, bei 18 Bogen circa 108 Taler. Zur Michaelismesse, versprach der Kommissionär, könne das Opus der Öffentlichkeit übergeben werden. Zu Ostern würde man dann das erste Mal über die verkauften Exemplare abrechnen. Niese ließ das Manuskript zur Ansicht zurück. Als er nach ein paar Tagen wieder vorsprach, erfuhr er, daß es gefallen habe und man es in Kommission nehmen wolle, allerdings habe man große Befürchtungen, ob es die Zensur passieren werde. Der Bescheid vom Zensor, dem Professor Gottfried Hermann, kam sehr bald: »Das sei verteufeltes Zeug, er könne unmöglich seinen Namen darunter schreiben.«

Ohne seinen Willen politisch unakzeptabel und um eine schöne Hoffnung ärmer geworden, hielt Niese an der Absicht fest, Schriftsteller zu werden und Freunden sowie Erziehern davon Kenntnis zu geben: »Ich sah mich genötigt, nach diesen vergeblichen Versuchen an die Vormundschaft in Torgau zu berichten. Der Himmel ließ wider Erwarten seine Sonne leuchten: man wunderte sich, zeigte bereitwillige Nachgiebigkeit in allem.« Nieses Bitte war: »nur bis zur nächsten Zusammenkunft ein Interregnum des literarischen Reiches.« Und der Vormund bewilligte diese »Strangulation der Jurisprudenz«. Bei den Mitteilungen an die Brüder und Bekannten über die mögliche Änderung seiner Studien erwog Niese den Gedanken, die wenig geliebte Universität Leipzig zu verlassen. Es bestärkte ihn, daß auch Ritschl in Leipzig durchaus nicht glücklich war. Obwohl er zunächst auch Interesse für Juristerei bezeigte, entschloß er sich zwar endgültig zur Philologie, aber Hermann schien ihm nicht der rechte Lehrer. Die mehr aus Trotz ersuchte Aufnahme in die Societas graeca hatte Ritschl wie ein philologisches Bravourstückchen betrieben. Er erschien zur Disputation in der gelehrten Versammlung in vollem Wichs der Lusatia, mit Sporenstiefeln und Reitpeitsche, erreichte jedoch, was er gewollt hatte. Er beabsichtigte, das in Leipzig Versäumte oder nicht Empfangene an der stillen Arbeitsuniversität Halle nachzuholen und schon vor Schluß des Wintersemesters nach Erfurt zurückzukehren, um zu arbeiten. Sybel wollte im Winter nach Berlin gehen. Während der kritische Ritschl Niese nach dem Mißerfolg der »Akademiker« im Hinblick auf die auch ihm während der Lektüre aufgefallenen Schwächen des Werkes vergeblich zu überzeugen trachtete, »daß den Dichter nicht allein die in ihm lebende Welt von Ideen und Gefühlen, sondern als ganz notwendige und untrennbare Bedingung die Herrschaft über die Sprache, die Darstellungsgabe, mache«, nährte der schwärmerische Sybel durch seine Bewunderung Nieses geheime Pläne unbeirrt weiter: »Kommen Sie nur mit nach Berlin! Sie sollen ein ganz anderes Leben führen, ich will Ihnen Logis verschaffen, Pump verschaffen, Sie sollen in Umgang kommen! Was haben Sie hier? Dort ist alles besser. Kunstsachen, Bibliothek, Theater, Leben etc. Kommen Sie mit nach Berlin!«

Diesem Ruf wollte Niese in den Herbstferien folgen. Er nahm den Weg über Wittenberg, wo er die Spitzners und seinen Bruder Moritz wiedersah.

»Mit Proviant versehen wallfahrtete ich zum Schloßtore hinaus, und der Weg führte mich über Kropstädt, Marzahna, Treuenbrietzen, diesen Tag bis Beelitz. Von den Torsäulen in Treuenbrietzen klotzten mich zuerst die altpreußischen Adler an. Ich pernoktierte zu Beelitz im Posthörnchen, und von hier ging's den folgenden Morgen immer der Heerstraße nach beim Seddiner See vorbei auf Potsdam los. Der Seddiner war der erste große See, der mir zu Augen kam, den großen Teich bei Torgau etwa ausgenommen. Es war etwas kalt, und die Fläche dampfte in der Morgensonne. Die Nähe von Potsdam verkündeten mir von fernher die preußischen Hörner, die ihr Leibstückchen von 13 und 14 repetierten. Über zwanzig Windmühlen schlagen an den Seen umher. ›Er hat mir gebissen‹, sagte ein kleines Mädchen, als ich durch die Vorstadt wanderte, und auch von dieser Seite gab sich das Land zu erkennen. Ich erfuhr, daß der Personenwagen um zwei Uhr abgehe, kaufte mir eine Karte für diese Gelegenheit und wandelte bis zur bestimmten Zeit auf den Straßen herum. Meine Equipage war schon ziemlich gefüllt, als ich mich zum Einsteigen einfand. Beinahe hätte mich die alte Hexe hinter sich über die Achse praktiziert, als mir ein junges Mädchen zum Glück noch neben sich ein Plätzchen bemerklich machte. So ging die Reise über Zehlendorf, Stegelitz en Suite in die Königsstadt. Die Fahrt ging fast unaufhörlich zwischen Fichtenbäumen fort, die die Aussicht versperrten, an der ohnehin nicht viel zu sein schien. So kam ich nach Mittag fünf Uhr in Berlin an, trat auf der Alten Roßstraße im Hof von Holland ab und zitierte Freund Sybel dorthin, der sich alsbald einfand und mich, als es dunkel geworden war, durch die Stadt hin- und herschleppte, indem er äußerte, daß sich Berlin bei Lampenschein am besten ausnehme. Ich lobte mir's aber den andren Tag.

14.–20. Oktober

Die Zeit hinzubringen, wurde die schöne Friedrichstadt in Augenschein genommen, nach Charlottenburg kutschiert, Stehely und Josty besucht, das Theater frequentiert, Herrn Laues Leseinstitut besichtigt, bei der Frau Medizinalrätin Sybel tägliche Visite abgestattet, hin- und hergesprochen, hin- und hergelacht, gegessen, getrunken und geschlafen, auch einmal zu Schleiermacher in die Dreifaltigkeitskirche gegangen. Schleiermacher muß sich jedem Fremden sogleich empfehlen, wenn er das Altargebet rezitiert oder den Bibeltext. Das wird fast nun durchgängig einen Sonntag wie den andern abgeleiert in einer abscheulichen Deklamation, ohne Sinn, ohne Gefühl. Hier hatte jedes Wort Bedeutung, das Ganze Zusammenhang, Gehalt und Leben. Auf der Kanzel war er mehr Verstand als Gefühl, mehr Philosoph als Redner. Aber er sprach jeden Ausdruck mit solcher Wahl, mit solcher Bestimmtheit und Deutlichkeit, mit einer solchen ängstlichen Behutsamkeit und dringenden Sorgfalt, daß er nicht nur nicht mißverstanden, sondern auch durch und durch verstanden werden mochte, und das alles mit so fesselndem Interesse, daß der Gegenstand, über den er sprach, jedem ebenso leicht als anziehend sein mußte. Er hatte gerade zum Vorwurf die Stelle Pauli an die Epheser: ›Seht nun zu, daß ihr vorsichtiglich wandelt, nicht wie die Unweisen, sondern wie die Weisen. Schicket euch in die Zeit, denn es ist böse Zeit.‹ Das klingt nun freilich etwas zu weltklug, als daß es mit den übrigen Lehren des Christentums so ganz zu harmonieren schiene. Wenn man nun aber übersetzen könnte ›Seht nun zu, wie ihr recht sorgfältig zu Werke gehet, nicht wie die Unweisen, sondern wie die Weisen. Kaufet die Zeit aus, denn es ist böse Zeit‹, dann freilich, dann wäre jeder Anstoß verschwunden. Und so habe es auch Luther in seiner damaligen Sprache genommen; denn daß er nicht der Mann gewesen wäre, der ängstlich klug um sich geschaut habe, das wisse wohl jeder. Ich glaubte in der Tat, er habe die Worte der Bibel in das System seiner Philosophie gezwängt.« Aber der griechische Urtext – fand Niese – bestätigte Schleiermacher.

»Hübsche Gesichter habe ich leider Gottes blutwenig gesehen, und darauf halt ich einmal viel, seitdem ich die vier Quartbände der Physiognomischen Fragmente durchblättert habe. Die Physiognomien hatten mir zu wenig Leben, zu viel Gottesfurcht und überirdischen Firlefanz, besonders und fast ausschließlich beim schönen Geschlechte in der vornehmen Welt, daß ich ihnen eben nicht zu viel abgewinnen konnte. Dabei fand ich im Anzuge so wenig Geschmack, die Kleider waren so lang, der Schnitt so geziert und was weiß ich noch alles. Es gab Ausnahmen, aber deren nicht viele. Unter ihnen zeichnete sich die Schauspielerin Dem. Sontag vor allen übrigen aus, oder, was ich sagen wollte, würde sich ausgezeichnet haben, wenn sie auch nicht gerade Schauspielerin gewesen wäre. Und auf diesem ihrem Posten übertraf sie alles, was ich mir je von naiver Kunst habe träumen lassen. Ihre Figur war voll, gerundet, ihre Jugend in der Blüte, ihre Natur proportioniert, ihre Kleidung geschmackvoll. Dabei hatte sie eine schöne Haltung, eine melodische Stimme. Und nun, mit welcher Leichtigkeit, Ungezwungenheit wußte sie sich zu produzieren, mit welcher

Grazie in jeder Bewegung. Die Posse ›Der Schnee‹ war im Hoftheater durchgefallen. Hier hatte man es einzig der Henriette Sontag zu verdanken, daß man diesem faden Dinge Interesse abgewinnen konnte. Es will etwas sagen, die leere Rolle der Bertha in dem Grade zu heben, als es Henriette Sontag tat. Das sprang ihr so von der Lippe, das ging ihr so ab, als wenn alles übrige bloß dagewesen wäre, dieser Rolle zu dienen. Sie ist der Liebling des Publikums und verdient es und weiß, daß sie es ist, und genug, wenn sie nur nicht weiß, daß sie verdient, es zu sein. Ich sah lauter Stücke ohne allen Gehalt, bei denen der einzige Profit das Lachen war. Im Königlichen Theater bin ich nicht gewesen; aber im Opernhause habe ich vier Akte von der ›Jungfrau von Orleans‹ gesehen, denn vor dem letzten ging ich heraus, um nicht länger lange Weile zu haben. Saß ich zu fern, hatt' ich zuviel erwartet, ich weiß es nicht; aber das weiß ich: Mdme Unzelmann mit ihrer affektierten deklamatorischen Malerei könnte sich pappen lassen! Ich ging den 20. Oktober früh von Berlin ab, und der Regen trieb mich nach Köpenick.«

Für die Rückkehr nach Leipzig wählte Niese den Weg über die östliche Seenlandschaft: Zeuthen, Königs Wusterhausen, Baruth, Dahme. Ihn befremdete die Unfreiheit der Bauern im Brandenburgischen: »Wo ich hinkam, gab's Hofedienste. Die Leute können sich nicht einmal nach und nach loskaufen, da die Rittergüter alles Land in Beschlag genommen haben.« Seinen 21. Geburtstag beging er mutterseelenallein bei Mondschein in einem Wald, in dem er sich fast verirrte.

In Leipzig ließ er sich die juristischen Kollegs testieren, ordnete seine Bücher und teilte in Briefen an die Freunde den bevorstehenden Umzug mit. Bei seinen Abschiedsbesuchen erfuhr er in Halle von seinem Freund Wilhelm Panse, daß dessen Schwester Minchen in Nägelstedt im Kindbett gestorben war und daß Auguste das eben geborene Kind, den kleinen Carl Steuber, zu sich genommen hatte, um es großzuziehen. Über Wilhelms Bindung an Adelheid Hahn befand Niese noch immer: »Quae te dementia cepit! Bonus deus tibi apperiat oculos!« Mit den Brüdern traf er noch einmal zu Weihnachten in Torgau zusammen. Julius war seit dem Herbst bei dem Sohn des Inspektors Schmalfuß in Gräfentonna tätig. Gemeinsam mit Moritz wanderte Carl durch das Trebitzer Kindheitsparadies auf so oft gegangenen Straßen nach Wittenberg, wo er für einen Taler und sechzehn Groschen Fahrgelegenheit nach Berlin fand. Zum Entsetzen einer Wittenberger Bürgerin scherzte er anfangs mit zwei mitfahrenden Dienstmädchen, einer aus Leipzig, der anderen aus Berlin. Schließlich wurde es in dem Gefährt immer stiller und stiller: »...die Ahnungs- und Gespenstermärchen hatten aufgehört, nur der Doktor, sonst vernünftig genug, langweilte noch durch seine Walter Scottiana und Geistergeschichten. Ich war müde: ›Nun will ich das Winkelchen suchen.‹ – ›Nun, suchen Sie's Winkelchen.‹ Und da ruhte denn mein Haupt, wo an die Schulter sich der Busen schließt, so gut und so süß, als es der Wagen und meine Delikatesse zuließ. Bis das lebendige Berlin uns wieder lebendig machte. Die Leipziger Straße ging es vorwärts hinauf nach der Alten Roßstraße, und der Wagen hielt an vor dem Hof von Holland Abend halb neun Uhr den letzten Dezember 1825.«

In den ersten Januartagen des Jahres 1826 logierte Carl Niese sich Kupfergraben Nr. 5 ein, betrieb seine Inskription, sorgte für Bekleidung sowie »die übrigen Wirtschaftskleinigkeiten« und schaffte sich ein Stehpult an. Offiziell ließ er sich zunächst weiter bei den Juristen einschreiben. Aus Sympathie mit Ritschl hörte er in dem bereits weitgehend verstrichenen Semester nur bei dem klassischen Philologen Boeckh.

Vor Nieses Fenster floß der noch nicht eingedämmte Kleine Spreearm vorbei. Ohne daß gegenüberliegende Häuser etwa die Aussicht versperrt hätten, konnte der Blick frei über die Spreeinsel mit Lustgarten, Dom und Schloß schweifen. Im Rücken der Wohnung lag, mit wenigen Schritten erreichbar, das Kastanienwäldchen, durch dessen Stämme der klassisch einfache Bau der Universität schimmerte. Gleich neben ihr lag die Akademie der Wissenschaften und gegenüber, jenseits der Straße Unter den Linden mit ihren vier Baumreihen, die Bibliothek in dem Gebäude, das wegen seiner äußeren Form die »Kommode« genannt wurde. Nur eine geringe Entfernung trennte diese Stätten vom Gendarmenmarkt mit dem Königlichen Schauspielhaus, in dem Niese die geniale Charakterisierungskunst des großen Devrient im »Galeerensklaven« bewunderte. Zum Tempel der leichten Muse, dem Königstädtischen Theater, und damit zur umschwärmten Henriette Sontag mußte Niese einen längeren Weg über beide Spreearme zurücklegen.

*Mit der Immatrikulation vom Januar 1826 setzte Carl Eduard
Niese sein in Leipzig begonnenes juristisches Studium an der
Universität Berlin fort.*

Carl Niese ging jeden Tag erneut durch die Stadt, von der er so
vieles erhoffte. Zu Hause las er, an seinem Pult stehend, was
Boeckhs Kolleg vorschrieb und streifte: die griechischen Tragiker,
und was er sich selbst abforderte: Lessing, Engels »Theorie der
Dichtungsarten«, dieses oder jenes Drama, das die Berliner Thea-

ter gerade aufführten. Schon im März vermerkte er in seinem Tagebuch den Plan zu einem neuen eigenen Drama.

Da Niese in Berlin zunächst nur Umgang mit Sybel hatte, war er häufig im Hause von dessen Mutter, der Medizinalrätin, in das auch der ältere Sohn August zurückgekehrt war. In beider Sybels Schwester Malwine lernte Niese ein Mädchen kennen, das an Sensibilität und Bildung, an Selbständigkeit und Sicherheit des Auftretens sowohl Auguste Panse als auch Emilie Schmalfuß weit überlegen schien. Sie kam Niese mit der Gewandtheit der Großstädterin entgegen, hielt sich bei literarischen Gesprächen der Studenten in keiner Weise zurück, las nicht die Unterhaltungsschriftsteller Lafontaine und Clauren wie Gustchen und Emilchen, sondern Jean Paul und Goethe und Tieck. Sie konnte schwärmerisch und mit Unbedingtheit für ihre Lieblinge eintreten. Das Interesse für Literatur wurde im Hause Sybel vor allem durch den Schulfreund des älteren Sybel, Wilhelm Wackernagel, wachgehalten. Niese war dem feingesichtigen jungen Mann, der sich altdeutsch trug und dem die langen blonden Haare bis auf das schwarze Samtgewand herabfielen, schon in Boeckhs Kolleg begegnet, und er hatte gehört, daß Abhandlungen auf dem Gebiet der altdeutschen Philologie jenem bereits Preise der Fakultät eingetragen hatten. Es war bekannt, daß Wackernagel sich sein Studium erhungerte, und Sybels Mutter hatte ihn seit langem mit der gleichen Großzügigkeit bei sich aufgenommen, der nun auch Niese eine familiäre Geborgenheit verdankte. In seinem ersten Berliner Vierteljahr mit den vielfältig anregenden Eindrücken sandte er regelmäßig Berichte an Brüder und Freunde. In einem Rechtfertigungsgedicht »Nachruf aus Berlin« ließ er noch einmal die Stätten und Gestalten der Jugend an sich vorüberziehen, kehrte dann aber allem entschlossen den Rücken zu, um sich dem neuen Dasein zuzuwenden.

Wie zuletzt in Leipzig setzte Niese den ständigen Besuch von Kaffeehäusern fort, um mit dem schwarzen Trank die Lebensgeister zu erfrischen, die Journale zu studieren und mit Gleichgesinnten zu plaudern. In Berlin empfahl sich als das eigentlich literarische Kaffee neben Kranzler Unter den Linden oder Josty unter der Stechbahn, den Treffpunkten der jungen Offiziere beziehungsweise der wohlhabenden Bürger, die Konditorei Stehely auf dem Gendarmenmarkt. Hier genoß man jene prickelnde Atmosphäre eines Hin und Her von Gerüchten aus Kunst und Politik sowie des Auf und Ab von Größen aus der Welt des Geistes und des Theaters. Für seinen Aufenthalt bei Stehely bevorzugte Niese die Stunde zwischen drei und vier. Dann erschien, was von den Studenten und dem akademischen Nachwuchs literarischen Gefilden zustrebte. Niese beobachtete aus nächster Nähe den wegen seines Sarkasmus berüchtigten Philologen Lachmann, dessen schlichtes blondes Haar die Schultern berührte und den er schon oft an der Seite Schleiermachers hatte die Linden entlanggehen sehen. Er erschien oft mit einer Schar von Anhängern, unter denen Wackernagel und Simrock bereits als angehende Größen auf dem Gebiet der altdeutschen Philologie bekannt waren. Bei Stehely schien der Professor in seinem Element. Sein Witz, der sich besonders an den fortschrittlichen Zeitungen entflammte, sprühte in einem ununterbrochenen Feuerwerk, sein dröhnendes Lachen erklang über den Gendarmenmarkt.

Manchmal sah Niese auch den bürgerlich bescheiden wirkenden Mann mit der gebeugten Gestalt, dem fahlen, welken und von vielen Furchen durchzogenen Gesicht und den strähnig herabhängenden grauen Haaren, der neben ihm am Kupfergraben 4a wohnte und von dem man sich erzählte, daß er das Herz der Berliner Universität sei. Mit der Philosophie hatte sich Niese bisher vergeblich abgemüht, hatte mit Kant wenig, mit Fichte kaum viel mehr anzufangen gewußt. Und nun Hegel, der preußisch gesonnene, der diesen, auch Niese nicht in allem genehmen Staat mit einer offenbar eigens für ihn geschaffenen Philosophie unterstützte? Die Studentenschaft hatte es Hegel in den Tagen der Karlsbader Beschlüsse verübelt, und seine Vorlesungen wurden um 1820 wenig besucht. Solange man Jahn wegen freiheitlicher Gesinnung gefangen hielt, in Bonn Arndt und in Berlin den Theologen de Wette absetzte, Schleiermacher peinlich verhörte und die Burschenschaften als »geheime Verbindungen« kriminalgesetzlich verfolgte, konnten Sätze wie die, daß der Staat das »an und für sich seiende Göttliche« sei und die göttliche Idee darstelle, »wie sie auf Erden vorhanden ist«, daß die Philosophie nicht da sei, den Staat, wie er sein soll, zu konstruieren, sondern den Staat, wie er ist, zu begreifen, und schließlich die alles freiheitliche Streben ertötende These »Was vernünftig ist, das ist wirklich, und was wirklich ist, das ist vernünftig« nur auf den Unwillen der Jugend stoßen. Niese war zudem

Sachse und Verfasser eines revolutionären, von der Zensur unterdrückten Stückes. Er beabsichtigte zunächst nicht, seinen Frieden mit dieser Inkarnation des preußischen Staatsgedankens zu machen und wie andere Studenten der Berliner Universität, an der man kaum noch eine altdeutsche Tracht sah, diesen Professor wegen seiner faszinierenden dialektischen Methode als Propheten anzuerkennen. Aber im nächsten Sommer las Hegel ja nicht Kollegs über Recht, Geschichte oder Religion, sondern er las sein berühmtes Kolleg über »Ästhetik oder Philosophie der Kunst«. Das paßte Niese zu den eigenen Interessen und schien ihm geeignet, eine erste persönliche Bekanntschaft mit seinem Nachbarn vom Kupfergraben zu machen.

Kurz vor Beginn des Sommersemesters, Ende April, stellte Carl Niese sich dem Professor vor, und dieser fertigte ihm auf seine Bitte hin eine Bescheinigung für die Quästur aus: »Die königliche Quästur wird gebeten, Herrn Niese einen Schein zu meiner Vorlesung über die Ästhetik mit Stundung des Honorars bis Johannis gefällig einzuhändigen.

Prof. Hegel 26. 4. 26«

Unter den Berliner Kommilitonen hatte Niese einen alten Bekannten wiedergefunden, den aus dem Weimarischen stammenden Johann Heinrich Deinhardt, der auf dem Erfurter Gymnasium Klassengenosse von Ritschl gewesen war und schon seit einem Jahr in Berlin Mathematik studierte. Deinhardt hatte sich zu einem begeisterten Hörer Hegels entwickelt, ließ keine von dessen Kollegstunden aus und war der geeignete Interpret von dessen Lehrmethode und Vortragseigenart, die einem Neuling wie Niese anfangs befremdlich sein mochten.

Zunächst war es ratsam, sich schon eine Weile vor Beginn der Vorlesung im Hörsaal 6 der Universität einzufinden, denn man erwartete einen außerordentlichen Andrang zu diesem verständlichsten und populärsten Kolleg Hegels. Tatsächlich drängten sich zu der Eröffnungsstunde an die zweihundert Menschen in den Saal, auch viele Nicht-Studenten; selbst einige Frauen sah man unter ihnen. Dann galt es, sich gegen eine gewisse Enttäuschung zu rüsten, wenn man den berühmten Mann so gar nicht imposant auf dem Lehrstuhl sitzen sah, zusammengesunken, den Kopf gebückt, mit grämlichem, abgespanntem Gesichtsausdruck, und wenn man seine marklose, einförmige Stimme in breitem schwäbischen Dialekt dozieren hörte. Kaum aber hatte man sich einigermaßen eingehört, da machte ein Husten oder Räuspern des Vortragenden der Rede und fast auch dem Gedankenfluß ein Ende. Der Professor schien auch nicht vorbereitet zu sein und seinen Stoff nicht souverän zu beherrschen. Er suchte und blätterte in seinen langen Folioheften, rang und tastete nach dem Ausdruck, jedes Wort schien nur widerwillig preisgegeben. Er stockte und unterbrach sich, fing noch einmal dasselbe an, wiederholte es mit einem anderen Ausdruck und dann zum drittenmal, um schließlich das eben Gesagte wie einen ins Leere ragenden halbfertigen Brückenbogen stehenzulassen und die eben vorgebaute Wölbung noch einmal mit neuem Sprachmaterial und Seitenstützungen nachzuziehen. Wer dieses umständliche Verfahren als langweilig empfand und infolgedessen seine Gedanken abseits schweifen ließ, dem konnte es jedoch passieren, daß er, wenn er sich dem Vortragenden wieder zuwandte, dessen geistigen Standort inzwischen verändert fand und ihm ein Bindeglied in der Gedankenkette fehlte, das inzwischen eingefügt worden war. Zum Glück pflegte der Professor nach einiger Zeit das ganze Gewölbe noch einmal großlinig nachzuziehen, so daß man das der Aufmerksamkeit entgangene Bindeglied dann erhaschen konnte. Was als Unsicherheit gewirkt hatte, war in Wirklichkeit das Bemühen eines Mannes, der Geist in Sprache umzuwandeln suchte, auch Schwieriges den jungen Köpfen, die er vor sich sah, einprägsam zu machen. Denn trotz der voluminösen Foliohefte auf dem Pult wurde hier nicht längst Durchdachtes reproduziert, sondern in jedem Augenblick neu gestaltet.

Wenn Niese sich die viel beredete Ausstrahlungskraft des Philosophen als rhetorische Mächtigkeit und mitreißende Gedankenglut gedacht hatte, war er von falschen Vorstellungen beherrscht gewesen. Der Denkprozeß als solcher steckte an. Niese verspürte die Lust, das Spiel mit der bis ins Unendliche fortsetzbaren Dreieinheit mitzumachen, das sich da auf dem Katheder entspann, mit jener Gleichung, die so mathematisch anmutete, und in der doch, allen mathematischen Gesetzen zuwider, A gleich non-A war. Da war der Gegenstand, den Hegel behandeln wollte, die Kunst, als These, aber sie konnte nicht allein bestehen, an sich war sie nichts, sondern sie zog gleich ihre Antithese, die Wissenschaft, auf den

Plan. Die Kunst als Bewußtmachung des Absoluten bestand, das gab Hegel zu, aus ganz anderem Stoff und bediente sich ganz anderer Mittel als die Wissenschaft, jener anderen Art der Bewußtmachung des Absoluten. Wie nun konnte der Gegensatz zwischen beiden, der die Menschen seit langem beschäftigte, überbrückt, wie eine Synthese gefunden werden?

Innerhalb weniger Wochen, die Niese jeweils viermal in den Hörsaal 6 führten, fühlte er, daß ihm mehr als ein Schlüssel zur Erkenntnis der Vorgänge in der Welt geschenkt worden war. Der Denkprozeß als solcher, das Arbeiten des eigenen Kopfes ging nun offenbar auf die einzig richtige Weise vor sich. Immer, wenn sich ein Gedanke zu geschlossener Gestalt entwickelt hatte, schien er sich sogleich aus eigener Kraft aufzulösen, in Widersprüche zu verwickeln und in sein Gegenteil zu verwandeln. Sah sich Niese dann gezwungen, dieses Gegenteil als einzig richtig anzuerkennen, drängten sich ihm die Gemeinsamkeiten der Widersprüche auf, und er fand schließlich beglückt, wie das Widerstrebendste sich vereinigte und unter einem neuen, zusammenschauenden Gesichtspunkt in eins löste. An sich, für sich, an und für sich. Thesis, Antithesis, Synthesis. Es war, als denke er gar nicht mehr selber, sondern als denke etwas in ihm, als habe der erkennende Geist sich verselbständigt und mit einem absoluten Geistigen, das die Welt geheimnisvoll bewegte, Kontakt bekommen.

Kaum hatte der Professor Hegel die antithetischen Begriffe Kunst und Wissenschaft umrissen, so löste sich, ehe er zur Synthese vorwärtsschritt, aus dem Gedankenkomplex ein neues antithetisches Begriffspaar heraus. Es habe, so sagte Hegel, eine Epoche in der Kunst gegeben, während der man noch nicht imstande gewesen sei, das Geistige im Sinnlichen anschaubar zu machen, die echten Mittel der Kunst also noch nicht einzusetzen vermochte, sondern sich mit Zeichen, Allegorien behalf und der Vernunft eine allzu große Bedeutung in den künstlerischen Bezirken zumaß. Hegel fand Gelegenheit, an dieser Stelle gegen die von ihm höchst verächtlich behandelte »flach rationalistische Geisteshaltung« zu Felde zu ziehen, und die Studenten trampelten begeistert. Auf diese allegorische Epoche sei als Antithese die klassische Epoche gefolgt, die die höchste Form der Kunst überhaupt, die »schöne Erscheinung des Geistigen im Sinnlichen«, darstelle. Diese beiden antithetischen Erscheinungen, allegorische und klassische Kunst, drängten, da alles Leben und alle Geschichte sich nach dem ewigen Gesetz des Dreitaktes vollziehe, zur Synthese. Und diese Synthese sei zugleich die Synthese der vorangestellten Antithetik Kunst und Wissenschaft. Es gebe nämlich etwas Höheres als die schöne Erscheinung des Geistes in sinnlicher Gestalt, Höheres als die Kunst überhaupt. Die in der klassischen Kunst vollzogene, in sich ruhende Vollendung widerstrebe dem wahren Begriff des Geistes und dränge ihn »aus seiner Versöhnung mit dem Leiblichen auf sich selbst, zur Versöhnung seiner in sich selbst zurück«. Diese Synthese sei in der romantischen Kunst gegeben. Auf der Stufe dieser Kunst nämlich wisse der Geist, daß seine Wahrheit nicht darin bestehe, sich in die Leiblichkeit zu versenken, vielmehr sich aus dem Äußeren in seine Innigkeit mit sich zurückzuführen. So lasse der moderne romantische Mensch das klassische Ideal hinter sich zurück, die romantische Kunst sei die »geistige Schönheit des an und für sich Inneren« als die »in sich unendliche geistige Subjektivität«. In der Romantik gehe die Kunst über sich selbst hinaus, doch mit den Mitteln und im Rahmen des Künstlerischen.

Hatte Niese nicht immer empfunden, daß Goethe »bloße Natur« sei? Hatte er nicht Ritschl gegenüber den Standpunkt verteidigt, daß die dem Dichter innewohnenden Ideen, eben jene von Hegel behauptete »geistige Subjektivität«, das Wichtigste sei? Niese fühlte sich von dieser sommerlichen Vorlesung des Professors Hegel zutiefst beglückt und bestätigt. Daß Hegel mit seiner Definition der Romantik, in der die Kunst über sich selbst hinausgehe, den spezifischen Wert der Kunst als solcher doch zugunsten der Philosophie und der Wissenschaft herabsetzte, empfand er nicht. Ihn hatte eine Welle der Selbsterkenntnis emporgetragen, er sah sich als Kind seiner Zeit, dem die Tore der Zukunft offenstanden. Zudem wurden ihm seine Erfahrungen mit der Hegelschen Philosophie von den Freunden Deinhardt und Sybel immer wieder bestätigt. Zu diesen fand sich noch ein Jurist, der aus der Niederlausitz stammende Hermann Ulrici. Er war zu Hegel durch die für Juristen vorgeschriebene Logik-Vorlesung gekommen und seitdem völlig dem Einfluß des Lehrers erlegen. Ulricis Wunsch, wie der zwei Jahre ältere Niese der Juristerei aufzusagen, scheiterte an dem unbeugsamen Willen seines Vaters, der auf Beendigung des juristischen Studiums und Ergreifung der Beamtenlaufbahn bestand. Aus gewissem Abstand betrachteten die Freunde, für die ja

Philosophie nicht Hauptstudium war, den Kreis der Hegel-Jünger, denen jedes Wort des Meisters heilig war und die mit der Verachtung derer, die glauben, die Lehre für sich allein in Anspruch nehmen zu können, auf die übrige studentische Welt herabsahen. Niese kannte das nun schon, mit den Hermann-Schülern in Leipzig war es nicht anders gewesen.

Der folgenreiche Einfluß Hegels auf Niese hinderte diesen durchaus nicht, den Professor der Theologie und Hofprediger Schleiermacher, Hegels in dessen Vorlesungen mehr oder weniger deutlich angegriffenen Antipoden, im Hörsaal der Universität und an den Sonntagen in der Dreifaltigkeitskirche aufzusuchen. Eine der berühmten Predigten, die zu den Markenzeichen Berlins gehörten, war ja das erste geistige Erlebnis gewesen, das Niese in Berlin gehabt hatte. Schleiermacher besaß, was Hegel nicht hatte: die Macht der Stimme und die Gewalt des Wortes. Von der gefühlvollen Rührung bis zur Wucht der Empörung oder Begeisterung standen ihm alle Register zur Verfügung. Auf der Kanzel der Dreifaltigkeitskirche, die der gelehrte Mann als wichtigste Wirkungsstätte jahrzehntelang nahezu jeden Sonntag bestieg, wuchs Schleiermachers kleine, leicht verwachsene Gestalt im Feuer der Rede, das weiße Haar umrahmte majestätisch das blasse Antlitz, und das blaue, scharfblickende Auge beherrschte die Gemeinde. Aber nicht nur die Predigten waren Ergüsse augenblicklicher Eingebungen – man erzählte, daß Schleiermacher erst auf dem Wege von seiner Wohnung in der Wilhelmstraße überlege, was er in der Kirche sagen wollte –, auch die einstündigen Kollegs, die er morgens von sieben bis acht Uhr seinen studentischen Zuhörern hielt, waren völlig frei gehalten. Noch leicht verschlafen und fröstelnd saß Niese schon viele Minuten vor Beginn der Vorlesung in dem von mehreren hundert Studenten besuchten Hörsaal zu ebener Erde. Die breiten Kastanien in der rückseitigen Umgebung der Universität hüllten den Raum in eine grüne Dämmerung und vermehrten die Kühle. Schleiermacher trat eiligen Schrittes auf das Katheder, stützte im Sitzen das weiße Haupt in die linke Hand und sprach, vom Gefühl fortgetragen, frei und fließend, meist ohne seinen kleinen Merkzettel zu Rate zu ziehen, den er schließlich achtlos in der Hand zerknüllte. Niese erkannte bald, daß diesem Vortrag an innerer Schlüssigkeit mangelte, was er dem Hegels gegenüber an äußerer Sicherheit voraus hatte. Sprunghaftigkeit, Fallenlassen und Verwirren des Fadens waren bei diesem in dialogisierender Methode vorgehenden Redner an der Tagesordnung. An die Stelle der kristallenen Härte der Hegelschen Deduktionen trat ein in vielen Punkten angreifbares Gefühl, das aber, wie jeder Hörer spüren mußte, von einer Reinheit und Unabdingbarkeit war, die Niese zu Füßen Schleiermachers ähnlich erschütternde und beglückende Eindrücke erfahren ließen wie zu denen Hegels.

Niese begann, das Verschiedene und Gleichartige der beiden Männer für sich zu klären. Wie Hegel in seiner Ästhetik-Vorlesung die Synthese von Kunst und Wissenschaft herzustellen trachtete, so suchte Schleiermacher diejenige zwischen Religion und Wissenschaft. Dachte Niese an seine beiden Erzieher Spitzner, den Pfarrer und den Gelehrten, zurück, so sah er in ihnen die Antithetik der beiden Welten verkörpert. In neuerer Zeit schienen die Fortschritte der Wissenschaft die geoffenbarten Wahrheiten der christlichen Religion zu widerlegen, und je hochmütiger die wissenschaftliche Vernunft sich gebärdete, um so engherziger beharrte die Theologie auf jedem Buchstaben des Wortes. Nun sagte jemand, mit der Reformation sei ein Bündnis zwischen dem christlichen Glauben und der freien wissenschaftlichen Forschung geschlossen worden. Wäre das nicht der Fall, lehrte Schleiermacher mit bestürzender Folgerichtigkeit, »so leistet sie – die Religion – unserer Zeit nicht Genüge, und wir bedürfen noch einer anderen, wie und aus was für Kämpfen sie sich gestalten möge«. Er warnte die ihm anvertrauten künftigen Gemeindehirten, sich nicht gegen die Wissenschaft zu verschließen und rief beschwörend: »Soll der Knoten der Geschichte so auseinandergehen: das Christentum mit der Barbarei und die Wissenschaft mit dem Unglauben?« Mit großer Freude erfuhr Niese, daß dieser weißhaarige Prediger und tief fromme Christ die Kunst nicht als Teufelswerk ablehnte, sondern sie als Veredelung des Menschen ansah und als Lebenserhöhung aus innerstem Bedürfnis suchte, wie er sogar den als unmoralisch verschrienen Roman Friedrich Schlegels, die »Lucinde«, öffentlich verteidigt hatte. Niese stellte sich gern vor, daß dieser Mann in den Berliner literarischen Salons der Henriette Herz und der Rahel Varnhagen verkehrte und daß er im Hause seines Verlegers und Hausherrn Georg Reimer in der Wilhelmstraße 73 einen Mittelpunkt des geistigen Berlin schuf, an dem jeden Donnerstag Empfangsabende stattfanden. Und da Niese wegen seiner »Akademiker« Anstoß erregt hatte, sympathisierte er mit einem Hofprediger, der noch vor kurzem als ein politisch Verdächtiger behandelt worden war.

Sah christliche Theologie so aus und konnte man als praktischer Theologe Philosoph sein, wie es Schleiermacher war, und als Philosoph die Theologie einbeziehen, wie es Hegel tat, so mußte man wohl Theologie studieren können, zumal wenn man durch ein günstiges Schicksal vielleicht im Bannkreis der Universität gehalten wurde. Noch war die Ausbildung in beiden Fakultäten äußerlich eng verbunden. Die Studierenden wurden in beiden examiniert, und die Dozenten konnten in beiden lehren; Schleiermacher hielt auch philosophische Vorlesungen. Für Carl Niese begann sich ein neuer Weg abzuzeichnen.

Leider stand es um seine Gesundheit nicht gut. Die seit der Wittenberger Zeit anhaltende Überbeanspruchung seiner Kräfte schien sich nun rächen zu wollen. Niese litt, wie einst sein Vater, an krampfartigen Schmerzen im Leib, die sein Gemüt verdüsterten und gegen die es kein Mittel zu geben schien. Auch eine mit Bruder Moritz im August unternommene Fußreise nach der Insel Rügen besserte nichts. Der schwankende Gesundheitszustand schien ganz der Spiegel seines Innern: seines Schwankens zwischen den Studienfächern, zwischen verschiedenartigen Berufszielen, schließlich zwischen philosophischem Wissensdrang und poetischer Produktion, unter dem Nieses neuer dramatischer Entwurf so sehr litt.

Ein Zufall sollte zunächst Klarheit schaffen. Niese wurde vor den Dekan seiner Fakultät, Bethmann-Hollweg, zitiert, um sich zu verantworten, weil er nur ein einziges Kolleg, Hegels Ästhetik, belegt hatte und um über seine sonstigen Studien Rechenschaft abzulegen. Niese tat dies in kurzen Worten und bat dann in einem Anfall von Verärgerung und Tollkühnheit, ihn doch aus der Liste der Angehörigen der juristischen Fakultät zu streichen und zu den Theologen zu überschreiben. Und der Dekan notierte: Transiit ad facultatem theologicam.

Es war ein folgenreicher Entschluß des heimlichen Dramatikers. Denn Carl Niese gedachte nicht, wegen des neuen Studienziels seine literarischen Pläne aufzugeben. Hier in Berlin standen wohl ein theologisch-philosophisches Studium und künstlerische Interessen sich gegenseitig kaum im Wege. Es bedrückte Niese allerdings, wenn er an den eigentlichen Forschungsgegenstand seiner Fakultät dachte, denn bei seinem Entschluß hatte er eine der Hegelschen Philosophie eingeordnete Theologie oder allenfalls die von Schleiermacher geforderte »philosophische Theologie« im Auge gehabt. Auch wußte er, daß für ihn weniger die Sache als die menschlichen Vorbilder ausschlaggebend gewesen waren. Aber in diesem Punkte fühlte er sich durch die jubelnden und erlösten Briefe Ritschls aus Halle entlastet, der zur gleichen Zeit wie Niese in jenem Goethe-Enthusiasten Karl Reisig den akademischen Lehrer gefunden hatte, der ihm die Pforten zum eigenen Wesen und zur eigenen Begabung erschloß. Nur vierzehn Jahre älter als sein begabter Schüler, Junggeselle mit einem ungebundenen, künstlerischen Lebensstil, ein leidenschaftlicher Reiter wie sein Lehrer Hermann, ging er mit Ritschl spazieren, aß mit ihm zu Abend und vertraute ihm Aufgaben an, die er in seinem Sinne bearbeitet wünschte. Von den Reisigschen Gelagen, zu denen man nach griechischer Sitte bekränzt erschien, sprach ganz Halle. Ritschl fühlte sich in die Welt der Sturm-und-Drang-Genies versetzt und wagte nicht, dem Meister jenen wirklichen Geniestreich zu erzählen, durch den er zuerst seine Bekanntschaft gemacht hatte. Noch in Leipzig hatte er nämlich eine Wette abgeschlossen, er werde für einen Hallenser Kommilitonen, der bei Reisig das Abschlußexamen machen mußte, nach Halle fahren, um an dessen Stelle das Examen zu bestehen. Und tatsächlich war er, obwohl erst im zweiten Semester, aus der Prüfung mit der besten Note hervorgegangen. Bei der zweiten Begegnung mit Reisig hatte es Ritschl dann ein paar Minuten der Verlegenheit gekostet, dem Professor auszureden, daß er ihn schon einmal gesehen habe.

Nieses Fakultätswechsel zog eine Positionsbestimmung innerhalb der Universität und der theologischen Welt nach sich. Die Hegelianer, die sich der Unterstützung des preußischen Staats, besonders des Kultusministers Altenstein, erfreuten, bildeten eine mächtige Partei an der Universität und hatten gewichtige Vertreter. Da waren die beiden Juristen Leopold v. Henning und Eduard Gans, der letztere eine Art Modeprofessor, dessen Publica zu hören im gebildeten Berlin für fein galt. Auch die Theologen Neander und der Dekan Marheineke waren aus der Schule Schleiermachers in die Hegels übergegangen. Der betont fromme, etwas salbungsvolle Neander, der dem Pietismus zuneigte, hatte sich jedoch von der Hegelschen Richtung wieder entfernt, während Marheineke sie konsequent vertrat und seinem Gegner Schleiermacher in der Dreifaltigkeitskirche, an der sie beide predigten, viel zu schaffen machte. Die Richtung Neanders lag Niese nicht, und von Marheineke hielt ihn dessen selbstbewußtes und diktatorisches Wesen zunächst ab. Wie die Anhänger Schleiermachers in Reimers Haus zusammenkamen, so die Hegels im Haus von dessen Verleger Duncker in der Französischen Straße. Auch hier war man den schönen Künsten aufgetan, und neben den eigentlichen Hegelianern und neutralen Freunden wie Boeckh und dem jungen Historiker Ranke verkehrten dort der Kritiker Rellstab, der rührige Varnhagen und Schauspieler wie die Stich und die Sontag.

Jedoch diese weltaufgeschlossene Haltung der Theologen fand man nur in Berlin. Draußen im Land galt Schleiermacher als ein liberaler Schöngeist, der die Theologie an die Philosophie verkauft habe, oder als Schwärmer, der die Errungenschaften des aufgeklärten Jahrhunderts verrate. Da er zwischen den beiden herrschenden und sich bitter bekämpfenden Richtungen zu vermitteln suchte, erntete er den Undank von beiden Seiten.

Den Rationalismus kannte Niese schon von dem Leipziger Philosophen Krug und der dortigen Theologie her. In Berlin hatte diese Richtung unter de Wette geherrscht, den man wegen seiner Sympathien für Sand 1819 abgesetzt hatte. Von Halle hörte Niese durch Ritschl als von einer Hochburg des Rationalismus sprechen, als deren Oberhaupt der Professor August Ludwig Wegscheider angesehen wurde, jedoch schienen sich gerade jetzt die Verhältnisse grundlegend zu ändern, da nämlich in Berlin seit 1826 der Orientalist Ernst Wilhelm Hengstenberg den Lehrstuhl für alttestamentliche Theologie innehatte und sein Freund und Gesinnungsgenosse, der Privatdozent Ernst August Tholuck, von Berlin nach Halle versetzt worden war. Seitdem saß im rationalistischen Halle und im liberalen Berlin je ein Vertreter jener Richtung, die sich zu einer neuen Orthodoxie zu entwickeln drohte. Sie war seit dem Beginn des Jahrhunderts aufgekommen, nannte sich zunächst Supranaturalismus und betonte den Offenbarungscharakter der christlichen Lehren, besonders auch die Wirklichkeit des Wunders. Ihre eigentliche Stoßkraft aber hatte sie erst durch die sogenannte Erweckungsbewegung erhalten, die manches aus dem früheren Pietismus in sich aufnahm. Sie forderte die Erweckung reli-

*Eigenhändiges Ersuchen des Professors Hegel, dem »Herrn
Niese« die Kolleggebühren für die »Vorlesungen über die
philosophische Encyklopädie« zu stunden.*

giöser Erregung im christlichen Herzen, die Pflege jenes auch von
Schleiermacher betonten religiösen Gefühls. Sie hielt wie Schleiermacher und Hegel den Menschen für fähig, Gott zu begegnen,
lehnte aber die von jenen dargelegte Existenz des göttlichen Geistes im Menschen ab und verlangte statt dessen im Sinne Paulus'
und Luthers Demut und Sündenbewußtsein. Das menschliche
Herz solle sich erniedrigen und der Gnade des Erlösers hingeben.
Hegel hatte dergleichen schon im Falle Schleiermachers als »Hun-
dereligion« bezeichnet. Der Hegelsche Begriff des Geistes war
den Anhängern der Erweckungsbewegung verhaßt. Sie betonten
das Herz, wollten nicht objektive Erkenntnis, sondern persönliches Erlebnis. Der schwärmerische, dabei streitbare Tholuck bezeugte für Niese eine weltfeindliche amusische Haltung, seit ihm
bei seinem ersten Besuch in Berlin dessen anonym erschienene
Schrift »Stimme wider die Theaterlust« in die Hände gefallen war.
    Alle diese Strömungen zehrten von Impulsen aus dem deut-
schen Idealismus, und die seit dem Ausgang des 18. Jahrhunderts
herrschenden neuen politischen Vorstellungen hatten das Ihre getan, die Situation der Theologie so bewegt und zwiespältig, aber

auch so bunt und ungeheuer lebendig zu gestalten, als Carl Niese sich entschloß, Theologe zu werden.

Im Winter 1826/27 las Hegel über philosophische Enzyklopädie. Erst beim Hören dieser Kernvorlesung begriff Niese das, was man das »System« nannte und von dem ihm die Ästhetik-Vorlesung nur Umrisse vermittelt hatte. Jetzt empfand er deutlich, warum ihn Kant und Fichte unbefriedigt ließen: was dort durch Pflicht und Sollen und Müssen, bei Fichte gelegentlich auch durch Liebe angestrebt wurde und doch letztlich zur Überbrückung des Dualismus in der Welt ungenügend blieb, wurde hier gegeben: die Gewißheit, daß alles scheinbar Widerstrebende durch einen ewigen Kreislauf von Werden, Sein und Vergehen eins war. Was zunächst als ausgeklügelte mathematische Formel wirkte, war geboren aus des Philosophen Sehnsucht nach Harmonie, Schönheit und Ganzheit, aus der Überzeugung von einer geschlossenen Totalität des Universums, mit der Hegel sich zum Sprecher seines Zeitalters machte. Und welcher Begriff konnte sich eher für das, was alles beherrschte und in allem lebte, bieten als der »Geist«. »Das Absolute ist Geist« und die Natur in ihrer Vielheit nicht etwas von ihm Abgetrenntes, sondern nur das »Anderssein des Geistes«. Aber diese Antithetik ist nichts Bleibendes, der Geist wendet sich aus der Natur, »diesem Abfall der Unendlichkeit«, zu sich selbst zurück und löst den Gegensatz in einer Synthese. So ist der Geist, das Absolute, unendlich dialektisch. Diesem System alles Seienden entspricht die Methode des menschlichen Erkennens: alles Wissen ist Bezogenheit eines Objektes auf das unterscheidende Bewußtsein, ihre Synthese finden die beiden Pole im »Begriff«. Durch die Flüssigmachung der starren und in sich ruhenden, an sich seienden und für sich seienden Teile des Universums gelingt ihre Harmonisierung. So baute sich vor den Hörern im Hörsaal 6 das dialektische Gebäude aus den beiden Pfeilern Naturphilosophie und Logik und der Philosophie des Geistes als überbrückendem Tympanon auf. Nicht die blendende Klarheit, nicht die mathematische Errechenbarkeit versammelte die Elite der studierenden Jugend zu Füßen Hegels und riß sie hin, sondern die Beglückung, die davon ausging, daß man ihr hier einen Schlüssel in die Hand gab, der mit der gleichen Drehung alle Schlösser der Weisheit aufspringen ließ. Dieser Schlüssel galt für die Methode des menschlichen Denkens ebenso wie für die Gesamtheit seiner Objekte: die Natur, die menschliche Seele, den Staat, die Religion, die Geschichte, die Kunst. Alle Enttäuschung durch die Politik der jüngsten Zeit, alles Ungenügen der bestehenden Kirche, alle Gedrücktheit eines vom wirtschaftlichen Mangel bedrohten Lebens für Wissenschaft und Kunst wurde zunichte vor den Hegelschen Zauberformeln, die sich vermaßen, nicht nur der Weisheit zu dienen, sondern auch dem praktischen Leben. Von hier aus wurde auch die Antithetik in Hegel selbst verständlich, der ein Apologet des preußischen Staates war und doch noch in diesem Jahre 1826 seinen Schülern erzählte, daß er an jedem 14. Juli ein Glas auf die Ideen von 1789 leere. Man sah ins innerste Getriebe der Weltgeschichte, die Hegelsche Philosophie selbst schien Synthese aller früheren Antithetik, man konnte sich spaßhaft und ernsthaft fragen, was etwa einer Zukunft nach Hegel überhaupt noch zu lösen übrig blieb.

An Carl Nieses Lebensweise hatte sich seit dem Fakultätswechsel wenig geändert. Er wußte recht genau, daß er jetzt kaum in stärkerem Maße Theologe war als vordem Jurist. Der Überblick über die Situation der protestantischen Theologie, den er sich verschafft hatte, sein Eindringen in das Hegelsche System, das gelegentliche Hören bei Schleiermacher in dem einzigen theologischen Kolleg, das er neben zwei philologischen und außer demjenigen Hegels in diesem Winter 1826/27 belegte, machte noch keinen Theologen. Denn ein solcher stand und fiel einzig mit der Kenntnis und Bejahung des Neuen Testaments, und sich diesem anders als auf philologischem Wege zu nähern, war Niese weit entfernt.

Freilich stimmten ihn die Gespräche im Hause Sybel immer wieder nachdenklich. Er war von Leipzig her gewohnt gewesen, die sogenannten christlichen Heilswahrheiten mit aufgeklärtem Verstand abzutun. Im Hause Sybel und in manchem anderen Berliner Haus, das er kennenlernte, galt man durchaus nicht für rückständig, wenn man sich als gläubiger Christ bekannte. Und niemand hätte doch den Geschwistern Sybel nachsagen können, daß sie nicht eine großstädtische und aufgeschlossene Geistigkeit bewiesen. Manches zierliche Briefchen flog, in den Morgenstunden rasch aufs Papier geworfen, von Malwine zu Niese und berichtete von einer Theateraufführung oder einer interessanten Lektüre.

Bei Ausgang dieses bewegten Winters verschlechterte sich Carl Nieses Gesundheitszustand. Der Bescheid der Kreisersatzkommission hatte ihn für immer vom Militärdienst befreit. Die Aussicht, nun wenigstens ungestört durch militärische Verpflichtungen seinen geistigen Interessen leben zu können, schien jedoch plötzlich gefährdet. Der Arzt empfahl für den kommenden Sommer gänzliche Unterbrechung der Studien und einen Landaufenthalt. Thallwitz, so dachte Niese, würde ihm eine solche Erholung bringen, und zugleich konnte er dem Inspektor durch Zahlung eines guten Kostgeldes eine kleine finanzielle Stütze zukommen lassen.

Etwas wie Beschämung mischte sich in die Wiedersehensfreude, als Carl Niese im Mai 1827 Thallwitz mit den vertrauten Angehörigen der Familie Schmalfuß begrüßte. Was brachte er, der in Leipzig Studium und Berufsplan so hochmütig abgebrochen, nun von seinem Berliner Jahr mit? War er ein Schriftsteller geworden, oder lag nicht in seinem Koffer ein Manuskript, das außer dem Gesamtplan und der Szenierung der Akte keinen einzigen gestalteten Satz enthielt? Jurist war er nicht geblieben und Theologe noch nicht geworden. Würde er den Mut haben, sich allein auf die Philosophie zu stützen? Das zog notwendigerweise den Entschluß zur Universitätslaufbahn nach sich. Würde es dazu reichen, oder saß er nicht hier auf dem Lande, ein kranker Mann, der nicht einmal die Semester bis zum Examen durchhalten konnte?

Hegel las inzwischen in Berlin über Religionsphilosophie, und Niese erhielt begeisterte Briefe der Freunde, die diese Vorlesung miterleben durften. Durch ihre Vermittlung glückte es ihm, von einem abgehenden Studenten eine gute Nachschrift des Kollegs käuflich zu erwerben. Die Lektüre dieses Manuskripts verschaffte ihm im August endlich ein paar befriedigende Tage. Er erkannte staunend, daß Hegels stolze Berufung auf den menschlichen Geist sich auf der anderen Seite als tiefste Demut vor dem Absoluten zeigte, vor Gott als Geist, dem Beweger des Universums. Hegels Religionsphilosophie war eine Synthese von Offenbarungsglauben und Kritik. Das Rätsel der Dreieinigkeit, von den einen unzureichend angegriffen, den anderen ebenso verteidigt, löste sich: Gott kann nicht an sich sein, er muß Mensch werden im Sohn, und der absolute Heilige Geist erst ist das An-und-für-sich-Sein Gottes. Gott ist nicht statisch, sondern ewiger Prozeß. Eine ähnliche Dialektik herrscht in dem Verhältnis Gott-Mensch: »Der Mensch weiß nur von Gott, insofern Gott im Menschen von sich selber weiß; dies Wissen ist Selbstbewußtsein Gottes, aber ebenso ein

Wissen desselben vom Menschen, und dieses Wissen Gottes vom Menschen ist Wissen des Menschen von Gott; der Geist des Menschen, von Gott zu wissen, ist nur der Geist Gottes selbst«. Hier fand der gedankenkühle Systematiker Hegel zu Worten, die denen der deutschen Mystik merkwürdig ähnlich waren.

Erst gegen Ende des Sommers wirkte sich der Umgang mit den liebevollen Gastgebern und die Umgebung der reifenden Natur besänftigend auf Niese aus. Die schmerzvollen Anfälle waren zurückgegangen, er fühlte sich gekräftigt, obwohl nicht gesundet. Natürlich war er von Thallwitz aus in Torgau gewesen, auch in Podelwitz, wo er sogar eine erste Predigt gehalten hatte. Dann hatte ihn der Kandidat Wilhelm Panse besucht, ehe er als Vikar auf eine Pfarre in Pommern ging. Nach seiner öffentlichen Verlobung mit Adelheid Hahn war Panse ganz mit seinem Vater zerfallen und stand nur heimlich mit Gustchen in Verbindung. Diese, so erzählte er Niese, werde vielleicht auch das Elternhaus verlassen. Sein Schwager, der Witwer Steuber in Nägelstedt, habe um die Hand Augustes angehalten, die unter großen Opfern an Arbeit, Zeit und Freiheit Steubers letztgeborenes Söhnchen aufzog und den Schwager damit überzeugt hatte, in Auguste auch eine Mutter für die übrigen Kinder sowie eine gute Hausfrau zu finden. Eltern und Geschwister billigten die Verbindung und bedrängten Auguste mit ihren Wünschen. Sie aber hatte von der ersten Minute an abgelehnt mit keiner anderen Begründung, als daß sie den Schwager nicht lieben könne.

Am 9. September 1827 traf Carl Niese überraschend in Hesserode ein. Die Freude über das unverhoffte Wiedersehen stand zu deutlich auf Auguste Panses Gesicht, als daß es Niese verborgen bleiben konnte. Und er selbst kam ja auch nicht mehr wie früher, um den Kühlen zu spielen. In wenig Tagen war jenes Mißverständnis zwischen ihnen beseitigt. Sonst aber fand Niese Auguste sichtlich verändert. Sie war schmaler geworden, ernst, in sich gekehrt und lachte selten, auf ihrem Gesicht lag ein strenger, fast bitterer Zug. »Die Gelegenheit zum Heiraten«, bekannte sie später, »wurde mir geboten, aber mein Herz war wie Stein, nur mein Niese und der kleine Carl lebten darin. Durch meinen Bruder Wilhelm erfuhr ich, Niese habe sein Brotstudium aufgegeben und sei nach Berlin gegangen. Das gab mir einen Stich, und die stille Hoffnung auf seine Liebe war vernichtet, ich durfte nicht mehr an sie glauben. Im Jahre 1828 sollte ich zweite Mutter der Kinder meiner verstorbenen Schwester Caroline Steuber werden. Was habe ich da für Kämpfe gehabt und wie habe ich Gott gebeten, mein Herz mit Liebe zu meinem verwitweten Schwager zu erfüllen! Ohne Liebe konnte ich eine Verbindung fürs Leben nicht eingehen. Oft dachte ich, wenn ich Niesen nie gesehen hätte, würde ich den Kindern eine Mutter werden können. Aber doch wünschte ich nicht, ihn, den ich liebte, nie gesehen zu haben. War es nicht seit meinem 17. Jahre das Süßeste, was mir das Leben gebracht hatte, diese stille Liebe? Wie hatte mein Herz in Seligkeit geschwelgt! Auch in dieser schweren Zeit blieb die Liebe für Niese in mir lebendig. Nie kam ein Gedanke des Vorwurfs gegen ihn in mein Herz. Er hatte ja niemals etwas von Liebe zu mir gesagt, und es war bei mir nur ein Gefühl. Aber in der Zeit der Bedrängnis hatte ich große Sehnsucht, ihn zu sehen und mit ihm zu sprechen.« Es war für Niese nicht leicht, Augustes Bedrückung zu mildern und ihr Hoffnung auf eine Zukunft zu machen, die ihm selber ungewiß genug erscheinen mußte, da er genau wie vor vier Jahren wieder an einem Anfang stand. Einig wenigstens in der Sorge um Wilhelm Panse verabredeten Niese und Auguste bei ihrem Abschied, hinter dem Rücken des Vaters Briefe zu schreiben, die Augustes Freundin, die Frau des Bürgermeisters Kölling in Nordhausen, vermitteln sollte.

Zu Beginn des neuen Semesters wieder in der preußischen Hauptstadt, die auch Konstantin Schmalfuß mit seinem bisherigen Studienort Halle vertauscht hatte, fand Carl Niese erst im November Zeit zu einem Dankesbrief an Pastor Panse und zu einem offiziellen Brief an Auguste. Diese schrieb über ihre Freundin in Nordhausen zurück.

»Hesserode, den 4. Dezember 1827
Lieber Niese!
Im Vertrauen auf Ihre gütige Nachsicht ergreife ich die Feder, um Ihren lieben Brief vom 7. v. M. zu beantworten. Das hätte ich getan, auch wenn Sie mich nicht darum gebeten hätten, aber Sie müssen auch zufrieden sein mit dem, was ein ungelehrter Kopf und ungeübte Hand zu Papiere bringen.
Nun vor allem, wie geht es Ihnen? Hoffentlich recht gut, gesund werden Sie doch sein, gewiß! Denn ich bete auch für Sie, und ge-

wohnt sind Sie es nun auch in Berlin, und gefallen wird es Ihnen wohl in der großen Königsstadt. Sie hatten schönes Wetter zu Ihrer Reise, überhaupt ein schöner Herbst, so schön, daß gegen Ende Oktober die Veilchen in unserem Garten blühten, ganze Sträußchen habe ich gepflückt, ist das nicht merkwürdig?

An unserer Kirmes, welche den 4. und 5. November war, waren alle Geschwister hier, trotz des schlechten Wetters. Wir feierten ein frohes Familienfest, der 5. November war der Hochzeitstag unserer Eltern, der Vater hielt bei Tische eine kleine Rede und sagte der Mutter, daß er sie noch ebenso lieb habe wie vor 38 Jahren. Es war sehr rührend, denn der Vater erwähnte ja auch Caroline und – Wilhelm. Steuber war auch hier, sehr traurig.

Nun, lieber Niese, Sie wünschen, daß ich etwas über mich selbst schreibe, das klingt freilich egoistisch, doch es sei gewagt, und Sie sollen so viel lesen, daß Sie sich noch ärgern sollen über mich. Als Sie uns verließen, war ich, das fühle ich erst jetzt, wirklich krank, wenn auch nicht körperlich. Doch ich nahm mir das zu Herzen, was Sie sagten, und war tätig, und das hat geholfen; wenigstens bin ich wieder zehn Pfund schwerer geworden und sehe auch wieder gesunder aus. Nun, jetzt nähe ich fleißig, aber ich lese auch zuweilen. So ist denn meine Heiterkeit etwas wiedergekehrt, aber hart bin ich noch, das tut mir wehe, ich kann nur selten weinen, ich kann nur weinen, wenn ich an Wilhelm denke. Ich habe Wilhelm so lieb und möchte so gern, daß er glücklich wird. Wenn doch der Vater nicht so hart gegen ihn wäre und ihm das Glück, was er sich an Adelheids Seite träumt, gönnte. Ach, wenn doch Gott mein Flehen erhörte und wendete alles zum besten. Wirklich, Wilhelms Schicksal liegt mir mehr am Herzen als das meinige. Aber was haben Sie gesagt, daß uns Wilhelm so nahe gewesen und nicht zu uns gekommen ist. Und er hätte doch die Mutter, die so krank war, wiedergesehen.

Mein Schicksal habe ich ganz in Gottes Hand gelegt, er wird es wohl machen, wie es mir nützt. Wenn ich einen Rückblick auf das nun bald vergangene Jahr tue, so wünsche ich doch das künftige besser. Zwar habe ich frohe Tage gehabt, schon die Genesung der Mutter gab mir frohe Tage, aber im ganzen doch mehr trübe. Allein ich kann mir auch sagen, daß ich viel geduldiger geworden bin, es bringt mich jetzt nicht leicht etwas außer Fassung, ich habe mich mehr in Gewalt, ich bin mit allem zufrieden. Sie wollen mich gern glücklich wissen, ich kann Ihnen wenigstens sagen, daß ich zufrieden bin, was will ich mehr vors erste; ich will erwarten, ob das Glück noch dazukömmt.

Sie schreiben mir aber gar nichts von Malwine, das ist nicht recht; sie hat sich gewiß recht gefreut, als Sie kamen... ich bin neulich im Traum in Berlin gewesen; Sie, Wilhelm und ich zogen herum und sahen alles, mir gefiel es recht, so lebhaft träumte ich. Jetzt möchte ich dort sein, da gibt es viel zu sehn, es wird immer so viel angepriesen in Zeitungen, und billig. Unser kleiner Carl erinnert sich noch immer an Sie und sagt, Onkel Nieschen ist in Berlin; der Junge ist recht schelmisch. Nun muß ich wohl enden, der Kopf möchte Ihnen sonst warm werden von dem Geschmiere. Noch wünsche ich Ihnen recht vergnügte Festtage, lassen Sie sich recht viel bescheren, für mich wird das Weihnachtsfest wohl arm ausfallen. Und nun zum Neujahr, da wünsche ich Ihnen eine dauerhafte Gesundheit, alles andere haben Sie ja wohl oder sind damit zufrieden. Leben Sie wohl und bleiben Sie recht gesund

Auguste Panse«

Nieses Antwort vom 15. Januar 1828 forderte die Empfängerin auf, dem neuen Jahr vertrauensvoll entgegenzugehen: »Was es auch bringen könnte, lassen Sie uns nie vergessen, daß es uns unser Bestes nie nehmen könne, daß, ob uns heitere Tage kommen, oder ob traurige, nie aufzujubeln, nie zu verzagen sei.« Dann fuhr Niese fort:

»Ich fange mit Wilhelm an, dessen Wohl uns beiden am Herzen liegt. Leider erseh' ich aus Ihres Vaters Schreiben vom 4. dieses Monats, daß das Verhältnis zwischen beiden schlimmer ausgefallen ist, als ich immer noch gehofft hatte. Die Sache, hör' ich, soll vor der Hand sich selbst überlassen werden, aber Wilhelm soll unter Bedingung stehen, kein Wort wieder über die ganze Angelegenheit hören zu lassen, wenn er nicht Gefahr laufen will – – –

den 15. Januar abends

Als ich noch fortschreiben wollte, kam mein lang erwarteter Bruder Julius, ganz kalt und erfroren; denn er war die lange Nacht durch auf der Post gefahren und mit dem Morgen erst angekommen. Jetzt hat er sich eben niedergelegt, ich höre ihn schon lauter atmen, nehme die paar Stunden wahr, die von dem Tag noch übrig sind, und bin wieder bei Ihnen.

Um nun gleich wieder anzuknüpfen... Was ist damit anderes gesagt, als den letzten Schuß versparen zu wollen bis auf den Zeitpunkt, wo Wilhelm sich genötigt sehen wird, den Vater um seine Einwilligung zu bitten. Zwei so harte Gemüter gegeneinander, von denen jedes die Wahrheit allein zu haben meint und zum Teil auch hat. Denn das seh' ich wohl ein, der Vater darf nicht nachgeben und muß das Äußerste tun, sein Kind vor dem Unglück zu bewahren, das wenigstens er im Geiste vorauszusehen glaubt; und Wilhelm kann von seiner Liebe nicht lassen und darf sein Wort nicht brechen, um Vater, Mutter, Schwester und Bruder nicht...

Ich gehe auf das Nähere Ihres Briefes ein. Er hat mir mehr süße Freude gemacht, als Sie glauben mögen. Sie sind ein liebes, gutes Mädchen. Haben Sie Vertrauen zu mir; ich würde des jetzigen schon unwert sein, wenn Sie fürchten müßten, daß es je zu groß werden könnte. Daß Ihnen wieder besserer Mut und ein mehr zufriedener Sinn geworden ist, ist mir lieber denn vieles. Halten Sie daran, lieben Sie das Leben und die Welt und die Gegenwart. Denken Sie, daß, wer gut ist, auch zur Freude berufen ist, lassen wir doch in den Himmel nur die Guten ein, und im Himmel ist unter den Guten kein Trauriger. Himmel aber ist nirgendwo als im Menschenherzen. Wie jener Sternkundige sagen konnte: er habe den ganzen Himmel durchsucht, aber Gott habe er nicht finden können. Warum suchte er ihn dort? In sich soll ihn der Mensch gewahren und seinen Himmel finden und nach ihm die Erde bereiten, die zum Himmel berufen ist...

den 17. Januar morgens

Ich muß mir die Stunden zu Rate nehmen, wo mein Bruder schläft, liebe Auguste, damit ich nun endlich zum Schlusse komme. Wir waren gestern im Schauspiel gewesen, kamen spät nach Hause und plauderten dann noch lange nachher, daß wir ganz müde geworden waren... Meine Theologie gefällt mir recht sehr. Das Hebräische zumal, von dem ich es nie erwartet hätte, da es auf der Schule nicht eben mein Schoßhündchen gewesen ist: wer die meisten Fehler im Spezimen hatte, das war alle Mal der Primus. Ich glaube aber, ich könnte Hottentottisch studieren, es gefiele mir auch; wenn ich von einer Sprache reden höre, möchte ich sie auch gleich können, um lesen zu können, was die Leute geschrieben haben, und ihnen ins Herz zu sehen.

Von Malwine hätte ich etwas schreiben sollen? Im Grunde sind wir jetzt aus purer Liebe etwas bös aufeinander, obschon von beiden Seiten ziemlich ernsthaft. Wenn ich einen ›Herrn Niese‹ über den anderen zu hören bekomme, dann ist kein gutes Wetter. Da soll ich nun so oft hinkommen wie sonst, als ob ich an keine Arbeit weiter gewiesen wäre, und dann ganze Abende dort bleiben, und wenn ich dann einmal einen Tag nicht dort gewesen bin, ist sie bitter und böse darüber. Um so fröhlicher aber sind wir am Weihnachtsfest gewesen. Ich, Konstantin Schmalfuß und die beiden Sybel, wir warfen Geld zusammen, kauften einen Weihnachtsbaum und allerlei Frucht daran, und Malwine mit des ältesten Sybel Braut staffierten ihn aus. Das war ein Jubel, als er fertig und angezündet war, und wir sprangen herum und freuten uns wie die ABC-Schützen. Allerseits hinüber und herüber waren Geschenke gefallen. Ich und Konstantin, wir hatten unser Tischchen apart bekommen und allerlei Geschichten darauf. Malwine hatte mir eine neue Brieftasche geschenkt und ihr Bild, von einer jungen Freundin von ihr gezeichnet, das eben fertig geworden war und das ich gern hatte haben wollen, und gar ein Paar wollener Strümpfe gestrickt, weil ich einmal gesagt hatte, daß meine Wirtschaft von Seiten der Strümpfe so schlecht bestellt sei. Ich schenkte ihr einen blühenden Rosenstock und zwei Töpfe mit Maiblumen zu beiden Seiten. Es ist ein treues, liebes, herzensgutes Mädchen, ja doch, ja, aber über ihren Eigensinn und ganz närrische, kuriose Gedanken klagt doch auch jeder.

Kurz nachdem ich in Berlin wieder angekommen, hatte des ältesten Sybel Gesellschaftlichkeit ein Kränzchen gestiftet: nunmehr bestehend aus zwei guten Freunden von uns, Sybel und mir und dann, weiblicher Seite, Malwine, Luise Wilmsen und Auguste Wilmsen, Marie Schmidt und Laura Lüttke. Wir kommen Sonnabend abends alle vierzehn Tage zusammen, lesen gemeinschaftlich ein gutes Buch, teilen mit aus Schriftstellern, was jeder für passend findet und gern hat, singen dann, und ich höre zu, und tanzen wohl auch einmal, und ich sehe zu, und dergleichen mehr.

Morgen kommt Konstantin Schmalfuß von einer kleinen Reise zurück. Wir sehen uns regelmäßig jeden Tag zwei, drei Mal und essen mittags zusammen auf seiner Stube mit noch zwei guten

Freunden. Mein Bruder Julius stattet Ihnen hiermit seine aufrichtige Danksagung ab für die an ihm genommene Teilnahme durch seines Namens Unterschrift

Julius Niese

Grüßen Sie Ihre Geschwister von mir und Riekchen im Steigerthal, vor allem aber Ihre gute Mutter. Küssen Sie Ihren kleinen Zögling. Leben Sie wohl und denken Sie meiner oft und gern

Ihr C. E. Niese«

Nicht immer waren Nieses Briefe so lang wie dieser, aber in einem der nächsten fand ein Veilchen aus dem Jahre 1823 den Weg aus seinem Homer zurück nach Hesserode – so treu war er gewesen bei aller Untreue.

Während des sommerlichen Aufenthaltes in Thallwitz und noch mehr während der Herbsttage in Hesserode hatte bei Niese eine Vorstellung Gestalt gewonnen, die sich merkwürdig mit seinen beruflichen Zielsetzungen verband: die Vorstellung eines ruhigeren, beschaulichen Daseins in ländlicher Stille, die seiner Gesundheit und, wie er meinte, auch seinen geistigen Zielen mehr entgegenkam als das bisher geführte Leben. Im Idyll der Landpfarre sah er plötzlich alle seine Sehnsüchte verwirklicht, und Gustchen spielte in diesem Idyll keine geringe Rolle. Den Freunden schien es, als wolle Carl Niese den künftigen Beruf mit gesundheitlichen Gründen rechtfertigen. Tatsächlich blieben die geistigen Gründe fadenscheinig, und die Rigorosität, mit der er vom Wintersemester 1827/28 an allen Liebhabereien entsagte und nur noch theologische Vorlesungen hörte, nicht einmal mehr Hegel, kostete ihn manche heimlichen Schmerzen.

Im Jahre 1827 hatte sich die Situation der protestantischen Theologie in Deutschland zugespitzt. Beide Lager gingen zum Angriff über. Der Berliner Alttestamentler Ernst Wilhelm Hengstenberg setzte seine »Evangelische Kirchenzeitung« als bald maßgebendes Organ für die Propagierung der Erweckungsbewegung ein. Zur gleichen Zeit wurde der Königsberger Superintendent Hahn in die theologische Fakultät nach Leipzig berufen und stellte in seiner öffentlichen Disputation die These auf, daß die Rationalisten als Feinde des Christentums aus der Kirche zu entlassen seien. Mit der ebenso streitbaren Erwiderung des Philosophen Krug war

214

das Signal für einen im ganzen protestantischen Deutschland aus-
brechenden Kampf gegeben. Auf der anderen Seite sammelten
sich die Hegelianer um die Fahne der von Eduard Gans herausgegebenen »Jahrbücher für wissenschaftliche Kritik« und unterzogen hier die gesamte Produktion des geistigen Deutschland einer
Kritik sub specie der Hegelschen Philosophie. Marheineke ließ
eine zweite Auflage seiner »Grundlehren der christlichen Dogmatik« erscheinen, deren innere Umorientierung an den Lehren
Hegels schon durch den Zusatz im Titel »als Wissenschaft« offenbar wurde. Auch die eigentliche theologische Mitte, die sich
selbst als »Vermittlungstheologie« bezeichnete und in manchem
Hegel, in vielem Schleiermacher zum Lehrmeister hatte, gründete sich in den »Theologischen Studien und Kritiken« ein eigenes Organ.

Carl Niese suchte im Strudel der gegensätzlichen Strömungen
nach Anschluß. Er hörte Schleiermachers Dogmatik, die die
Spannung zwischen Religion und Wissenschaft überbrücken
wollte, in dem sie die Theologie selbst zu einer Wissenschaft
machte. Während Hegel die Eigenständigkeit der Theologie
nicht anerkannte und sie ins Schlepptau der Philosophie nahm,
kämpfte Schleiermacher erbittert gegen die Umwandlung der
Theologie in Philosophie. Die Dogmen wollte er nicht im Hegelschen Sinne als aus der Idee des menschlichen Wissens abzu-
leitende Sätze, sondern als empirisch aufgefaßt wissen. Die
historische Einmaligkeit des Christentums war gegeben und nicht
philosophisch frei zu entwickeln und zu begründen. Neben dem
Wissen, der Gnosis, gab es den Glauben, die Pistis, das religiöse
Gefühl, jene von aller Dialektik unantastbare »besondere Provinz im Gemüte«. Schleiermachers eindringliche Darstellung galt
immer wieder diesem religiösen Gefühl, das dem Menschen ein-
geboren sei wie das sinnliche. Auch aus Schleiermachers Lehre
klang Niese – nur mit einem anderen Grundakkord als bei Hegel
– der Dreitakt von Für und Wider und harmonischer Auflösung
entgegen. Dem religiösen Gefühl, in dem der Mensch sich
schlechthin abhängig weiß von Gott, steht als ebenso berechtigt
der sinnliche Verselbständigungstrieb des Menschen, das »Für-
sich-Gesetztsein des Fleisches« gegenüber; aus der Spannung zwischen beiden ergibt sich Sündengefühl und Erlösungsbedürfnis.
Die Synthese allerdings ist ein Akt der Gnade von oben, durch

den der Mensch sich nicht mehr als selbständig, sondern als Teil Gottes fühlt, der im geistigen Bewußtsein des Menschen lebt.

Die Hörerzahl in Schleiermachers Kolleg war groß, aber einen wirklich engeren Schülerkreis an sich zu ziehen, gelang dem frommen Neander weit eher, und ebenso schloß sich um Marheineke ein kleinerer, aber um so festerer Kreis. Am Ausgang des Semesters las Niese Marheinekes Dogmatik, aus der ihn ein scharfer Geist und ein scharfer Ton ansprach, der sich sowohl gegen die beiden sich bekämpfenden Flügel als auch gegen Schleiermacher richtete. Die christlichen Glaubenswahrheiten wurden konsequent im Gefäß des Hegelschen Systems geboten. Gott sei Geist, der Mensch sein Anderssein, die Religion, die Wissen ist und nicht Glauben, hebe die Distanz von Offenbarung und denkendem Menschengeist auf. Es ist der erste Schritt zur Religion, daß der menschliche Geist von sich selbst loslasse und sich dem göttlichen Geist überlasse, so werde Gott nicht nur von uns gedacht, sondern er sei auch das in uns Denkende selber.

Nicht leicht war der persönliche Zugang zu dem gut aussehenden, stattlichen Kanzelredner und Professor Marheineke: Reserviert und kühl hörte dieser den Studiosus von seinen Plänen sprechen. Fest und bestimmt wies er dann auf das, was er von seinen Studenten verlangte, und bei den abschließenden polemischen Ausfällen gegen alle Nichthegelianer fühlte der Adept endlich, wie er indirekt in den engeren Kreis aufgenommen war.

Zu Beginn des Jahres 1828 hatte sich bei Niese ein völlig unerwarteter Briefschreiber eingefunden: Adelheid Hahn erbat seinen Beistand bei der Aufhellung von Wilhelm Panses angeblich verdüstertem Gemüt. Die Schriftsätze des offenbar hysterischen und haltlosen Mädchens deuteten auf verworrene seelische Bindungen. Die Liebe der beiden war deutlich mit Haßgefühlen untermischt. Obwohl Wilhelm trotzig darauf beharrte und schwor, Adelheid nicht um der Familie willen aufzugeben, so schien doch seine düstere Stimmung dafür zu sprechen, daß er kein reines Glück gefunden hatte. Es kam brieflich zu bösen und bitteren Worten zwischen den Verlobten, und rascher, als Niese nach seinen Informationen erwarten konnte, löste sich bereits gegen Ostern das Verhältnis. Jetzt steigerte sich der Haß in Adelheids Briefen zu Schmähungen, und Niese, der noch versucht hatte, ihr den Kopf zurechtzusetzen, brach den Briefwechsel ab.

Um dieselbe Zeit begann das Schicksal des jungen Moritz den ältesten Bruder vordringlich zu beschäftigen. Moritz, inzwischen ein vorzüglicher Schüler geworden, war der ganze Stolz seines Vormundes und Lehrers Spitzner, obgleich seine entschiedene Begabung auf dem Gebiet der Mathematik lag. Als im Winter 1827/ 28 der Subrektor Schmidt erkrankte, übernahm der Primaner und Primus omnium Moritz Niese den Geometrieunterricht in der dritten und vierten Klasse. Seine poetische Begabung war nicht geringer als die Carls, und bei feierlichen Anlässen wie der Einweihung des neuen Wittenberger Schulhauses im Januar 1828, bei der Spitzner endlich das Ziel seiner Wünsche erreicht und seine Anstalt mit dem Titel Gymnasium ausgezeichnet sah, wie auch beim Tode des Wittenberger Bürgermeisters trat Moritz mit selbst verfertigten und öffentlich vorgetragenen deutschen Gedichten hervor. Das Abiturium bestand er als einziger mit der ersten Note. Im Sommer wollte er sein Studium in Berlin beginnen. Auch der dritte der Brüder, Julius, gedachte im Laufe des Jahres nach Berlin überzusiedeln, um seine Ausbildung durch naturwissenschaftliche Vorlesungen zu vervollständigen. So konnte sich Carl Niese auf ein Zusammenleben mit beiden Brüdern freuen, zumal er den Freund Ulrici, der jetzt Referendar in Frankfurt an der Oder war, sehr vermißte und auch der Schulgefährte Deinhardt Abschied nahm, um als junger Mathematiker bei ihrer aller altem Präzeptor Spitzner am Wittenberger Gymnasium zu beginnen. Andererseits bedeutete der Zuzug der Brüder für Niese, daß er die Wohnung am Kupfergraben aufgeben und seine Habe zusammenpacken mußte, ehe er kurz vor Ostern nach Wittenberg reiste, um an der feierlichen Entlassung und dem festlichen Schlußball der Wittenberger Primaner teilzunehmen.

Für die Osterfeiertage hatte Syndikus Benemann die drei Brüder zu sich nach Torgau eingeladen. Sie sahen den alten Freund ihres Vaters zum letztenmal, kurze Zeit darauf starb er. Über Thallwitz wanderten Carl und Moritz nach Hesserode. In der gedrückten Atmosphäre des Hauses fand Carl nicht die erhoffte Gelegenheit zu einem unbeschwerten Umgang mit Auguste, deren erwartete Heiterkeit ausblieb. Sie wirkte gedrückt und wich ihm aus, fragte unbeholfen nach seinem Leben in Berlin und seiner Freundschaft zu Malwine Sybel, und sie drang selbstquälerisch in ihn, ihr etwas über ihre eigenen Mängel oder Fehler zu sagen.

Eigentlich waren die beiden Brüder erst wieder froh, als sie in Halle bei Ritschl saßen und die Berliner Schnellpost erst einmal ohne sie weiterfahren ließen.

Denn in Halle wehte erquickendere Luft als in Hesserode. In Ritschls Zimmer in der Rathausgasse gab es ein tiefes Blumenfenster, das der junge Gelehrte mit viel Liebe pflegte, und auch sonst war da mancherlei Bequemlichkeit, wie man sie auf Studentenkneipen im allgemeinen nicht antraf. Ein Sofa, lang genug, daß man mit ausgestreckten Armen darauf meditieren konnte, bot auch noch einem Freunde Platz, der etwa die einsame Meditation in einen geselligen Disput umwandeln wollte. Und wie konnte Ritschl disputieren! Witzig, gewandt und doch fundiert sachlich. Er steckte voll von den philologischen Ideen seines geliebten Reisig. Kein reiner »Wortphilologe« wollte er werden, sondern stets das Sprachwissen durch Sachwissen ergänzen. Ausgerüstet mit der Kenntnis der römischen und griechischen Altertümer, der Literaturgeschichte, der Mythologie und Archäologie wollte er der Erforschung der antiken Schriftsteller zu Leibe gehen. Das »ganze griechische Theaterwesen in seinem Zusammenhang und Organismus« hatte er zum Gegenstand seiner Dissertation erwählt. Es gab Kaffee und Zwieback und später ein kräftiges Abendbrot. Ritschl, der die Gäste um ihr Studium in Berlin beneidete, schilderte seine eigenen Eindrücke von der Stadt, in der er einen Onkel besucht hatte, in den leuchtendsten Farben.

Nach ihrer Ankunft in Berlin bezogen Carl und Moritz, zu denen dann bald auch Julius stieß, in der Mittelstraße 52, erste Etage, eine kleine Wohnung und richteten sich häuslich ein. Carl konnte sich zunächst nicht zu einer Nachricht nach Hesserode aufraffen. Doch fiel es ihm leicht, Brief um Brief an Malwine Sybel zu schreiben, die zu Verwandten nach Naumburg gereist war und ihm eine solche Mitteilungslast leidenschaftlich-schwärmerisch aufgebürdet hatte.

Erst im August, kurz vor Semesterende, ging ein Dankesbrief an jedes einzelne Mitglied der Hesseroder Pfarrersfamilie ab, auch an Auguste, etwas preziös und im Stil eines jungen großstädtischen Gelehrten, der biedere Leute auf dem Lande leicht beeindrucken zu können glaubt. Der kurz danach über die Nordhäuser Adresse an Auguste gerichtete inoffizielle Brief war zwar schon in zwei Tonarten komponiert, aber in der dominierenden blieb die noch nicht beseitigte Verkrampftheit der Empfindungen kaum zu überhören:

»Berlin, den 6. August 1828

Liebe Auguste!

Ich komme wieder die krummen Wege, sagen Sie ja nicht: die unrechten. Wie ich mit Ihnen gern wieder einmal sprechen möchte, kann ich's ja doch da nicht, wo von anderen Augen der Brief gefordert werden kann, der zunächst nur für Sie geschrieben ist, und wo Sie ihn doch nicht verweigern dürfen. Ich weiß zwar wohl, daß auch dieser Weg, wie in allen solchen Fällen, nicht der so sichere ist, daß er vor jedem Mißgriff notwendig verwahren müßte; auch fürchte ich mich in der Tat vor der Möglichkeit eines solchen Unfalles so entsetzlich weiter nicht, daß ich's nicht selbst auf diese Gefahr wagen sollte. Aber wenigstens will ich das Messer nicht gerade bei der Schneide anfassen; kann mir's doch ohnedies noch durch die Finger gezogen werden. Etwas ängstlicher, liebes Mädchen, bin ich um Deinetwillen, daß ich Dir den Kummer und die Sorge vermehren möchte, die Du Dir ohnehin schon zu viel selber machst. Die Natur, weißt Du, hat Dich zu gut und zu wahr geschaffen, als daß sie Dich mit solchen Künsten so reich hätte versehen können. Lassen Sie sich das nicht weiter zu Herzen gehn: wer reine Hand hat, kann, wenn's besser ist, selbst durch das Fenster kommen, ein Dieb aber darf selbst durch die offene Türe nicht. Wenn man es uns nicht wehren wollen wird, warten zu dürfen, bis wir allein sind, wenn wir ein Wort miteinander reden wollen, das die anderen nicht hören sollen; wie wird man es uns denn verdenken können, Mittel zu suchen, einander zukommen zu lassen, was kein anderer sehen soll? Dort wählen wir den Ort, hier die Wege: Was ist da groß Unterschied?

Ich habe recht lange auf Briefe von mir warten lassen, habe mich auch bei den übrigen entschuldigt, so gut es gehen mochte. Ich weiß nicht, ob Sie sich's erklären können, wie ich darauf gekommen bin, Ihnen so recht innerlich und eigentlich die Schuld daran aufzubürden. Sie Arme, Gute! Nicht genug, daß Sie Wehs und Leides genug haben, nun muß auch noch die Last der Schuld dazukommen! Und doch, wenn Sie es gern hören, daß ich Ihnen die Wahrheit sage, dann kann ich nicht anders. Erst nahm ich mir vor, gar nicht nach Hesserode zu schreiben, bis etwa kurz vor meiner

Ankunft, um mich anzumelden. Denn hätt' ich einmal nach Hesserode geschrieben, so hätt' ich auch an Sie schreiben müssen, und das war es eben, was ich nicht wußte: wie ich zu Ihnen reden sollte. Noch immer nach wie vor stehen wir uns gegenüber nicht, wie wir sollten. Und Sie halten zurück und nicht zurück, und ich weiß nicht, woran ich bin, und Sie reden nicht offen mit mir. Warum doch nicht? Ich kann mir es so wenig erklären, daß ich nicht einmal darauf raten kann, warum Sie es tun könnten. Deshalb wollte ich lieber gar nicht schreiben, als schreiben, wo ich nicht recht wußte, wie. Aber die Zeit und die Monate her, mein Arbeiten, mein Tun und Treiben, die mir die Umstände etwas ferner gestellt und mich wieder ruhiger und vernünftiger und den harten Sinn nachgiebiger gemacht haben, und dann meine Pflicht, daß ich doch dem ungeachtet mein Versprechen halten müsse, das alles hat mich doch endlich wieder zum Schreiben vermocht. Und wie ich nun einmal angefangen hatte zu schreiben, wie ich schreiben mußte, so schrieb ich lieber auch gleich, wie ich schreiben wollte; und so haben Sie zwei Porträts auf einmal, das eine, wie ich aussehe, wenn auch die anderen allenfalls dabei sein können, das andere, wie ich aussehe, wenn wir allein sind.

›Auguste‹, heißt es in Wilhelms letztem Briefe an mich, ›hat mir vor einigen Tagen geschrieben. Sage mir nur, was aus dem Mädchen werden soll?‹ Siehst Du, so etwas zu hören, soll mir nun nicht weh tun! Sie haben wieder geklagt, ganz gewiß, in der sonstigen Trostlosigkeit und dem Verzagen und Aufgeben, in welchem die Zukunft immer und immer keine Aussicht geben will. Ach, daß Sie die Zufriedenheit und Befreundung mit der Welt so verloren haben! Ich kann es mir denken, daß Sie Stunden haben mögen, wo Sie gleichgültig und unteilnehmend in das nutzlose Getriebe der Dinge hineinsehen und sich selbst fragen mögen: Wozu doch dies alles? Und wie Ihnen das so leer und flach und fade vorkommen mag und die Welt mit all ihren Farben so farbenlos, daß es sich frage, ob es der Mühe wert sei, sie anzusehen. Ach, es klingt wie Tadel gegen Sie, und es soll es auch sein. Ach! Ich möchte Ihnen das so schmerzlich tief sagen, wie Sie es selbst nur immer empfunden haben mögen. Liebe Auguste, wer hat Sie doch diese Ansicht der Welt kennengelehrt? Er hat nicht gut an Ihnen getan! Ich weiß sehr wohl, daß es Ihr tieferer, ernsterer Sinn ist, der sich von der Oberfläche des Lebens und seiner Vergänglichkeit nach dem Besseren, Ewigen sehnt, und ich liebe Sie um dieses Sinnes willen. Aber gehen Sie nicht unter darüber, trauen Sie es dieser flüchtigen, vergänglichen Hülle zu, daß das Ewige in und unter ihr waltet in Unvergänglichkeit; daß die Millionen Töne durcheinander von einem ewigen reinen Akkorde gehalten sind! Liebe Auguste, was doch wäre es mit der Welt und mit uns in dieser Welt und mit dem Gotte über dieser Welt, wenn es das nicht wäre! Trauern Sie doch nicht, suchen Sie das Gute der Welt, und mein Wort darauf: Sie finden es. Lieben Sie die Menschen, lassen Sie sich von ihnen lieben. Freilich, wenn Ihnen selbst das nicht mehr Anruf genug ist, Mut und Hoffnung zu fassen, wenn auch schon darüber, daß die Menschen Sie lieben, daß es Herzen gibt, die ihr Leben mit dem Ihrigen leben, mit Ihnen fühlen, weinen und sich freuen mit Ihnen; wenn auch schon darüber die schleichende Krankheit der Interesselosigkeit ihre tötende Farbe gezogen hat – dann steh' ich mittellos Ihnen gegenüber, sehen werde ich es müssen, ohne helfen zu können, daß Sie und wie Sie mir verloren gehen.

Liebes Mädchen: wie Du mir das tun kannst! Kannst Du denn gar nicht anders? Oder sage mir einmal: glaubst Du wirklich, daß Du der Welt mit dem rechten, mit dem hellen und klaren Auge entgegenkommst? Oder daß sich diese Welt nicht doch endlich in ihrem besseren Lichte erblicken lassen werde, wenn man nur wolle? Wenn ich Dir meine Augen geben könnte! Schreib mir doch einmal! Mitte September sehen wir uns. Aber rede dann auch nur und sei offen gegen mich.

Leb wohl!

Dein C. Niese«

Nicht mehr in zwei Sprechweisen, sondern in eindeutiger Klarheit ist der Brief abgefaßt, den Niese nach dem herbstlichen Wiedersehen mit Auguste an sie schreibt. Er weiß jetzt, daß er zu Auguste Panse gehört, und sie hat ihm ihre so lange unausgesprochene Liebe bekräftigt. Als einer, der die Zukunft in hellem Licht vor sich sieht, stellt er ihr im Brief all seine Familienangehörigen vor, die er auf der Herbstreise weiterhin besucht hat: die Mutter Caroline in Podelwitz, die mit der Zeit den faden Ton des Pfarrers Schönherr angenommen und bei der Niese sich herzlich gelangweilt hat, die Vettern Brunner in Leipzig, Gustav, den Tabakhändler, und Franz, den Advokaten, den würdigen Onkel Syndikus

Brunner in Torgau, dem jetzt sein fünfzehnjähriges Enkelkind Auguste Wiedemann, das Kind seiner verstorbenen Tochter und sein »Äffchen und Lieblingspüppchen«, den Haushalt führt, und die Torgauer Vettern und Cousinen Brunner, vor allem Albert, den Gerichtshalter, den er von Kindheitstagen kennt. Er erzählt ihr von dem Pfarrer Koch, der in den Kirchenbüchern feststellte, daß er sein Patenonkel sei und ihn zum Geburtstag mit einer Einladung zu Kuchen und Wein überraschte, was den solcher Fürsorge Ungewohnten tief rührte. Auch von einem zweifelhaften Erlebnis, das er in Torgau hatte, berichtete er: »Denke Dir, spricht die alberne Benemann, ich soll sie heiraten! Ist das Weib verrückt geworden oder was ist mit ihr? Oh, in völligem Ernste und Liebesdrange. Mir geht der Unwille noch durch die Seele, wenn ich daran denke. Über das fade, zierige, dumme, häßliche alte kokette Weib! Ist mir doch auf der weiten Welt nichts widriger als so ein aufdringliches Weibswesen. Sie kam mir schon früher einmal mit dergleichen, als ihr Mann noch lebte, so von ferne wenigstens, und wenn's so ein Geschöpf so recht klug zu machen denkt, mich also für dümmer hält, als ich bin, da geht mir die Galle schon deshalb über. Daß sie mir unsittlich gekommen wäre, nein! Das will ich nicht sagen; aber in den Tod zuwider ist es mir schon, wenn sich ein weibliches Wesen überwinden kann, so aus ihren Schranken zu treten. Ich weiß nicht einmal, ob ich recht daran getan, daß ich Dir's gesagt habe.«

In weiteren Briefen äußert sich Niese dann zum Fortgang verschiedener Liebesschicksale. Wilhelm Panse, ihrer beider Sorgenkind, hat in Hohenbrünzow in Pommern, wo er jetzt Hauslehrer ist, eine neue Liebe gefunden, und Niese spürt enttäuscht, daß diese Bindung der eigentliche Grund war, warum Wilhelm schließlich von Adelheid Hahn ließ: »Wir wissen, wie sich unser Freund ohne Kompaß verfahren hatte; da war Holland in Not. Und nun mag er denken, es geht gar nicht anders, man muß sich den Winden so preisgeben. Liebe soll nun so was sein, das außer sich geraten will, und sie ist doch das, was in sich so still glücklich macht.«

Von Emilie Schmalfuß berichtet Niese mitfühlend, ihr Verlobter habe sich von ihr getrennt, denn Gustav Gebser sei durch die wirtschaftlichen Fehlschläge des Inspektors irritiert worden. Niese bot bei einem Aufenthalt in Wickerode bei Sangerhausen, der neuen Pächtersstelle des Inspektors, alle Kraft auf, um der tief enttäuschten Emilie Trost zuzusprechen. Denn alle Liebe zu Auguste hielt Niese nicht davon ab, in seinem Herzen noch Raum genug für Freunde, männliche und weibliche, zu haben. Und das galt weiterhin für Emilie und Malwine. Der kluge Ritschl kannte seinen Nisus, wenn er bei seiner Aufforderung, auch ihn auf der Herbstreise zu besuchen, schrieb: »Da der liebe Gott Halle glücklicher Weise an einen Ort gesetzt hat, der einem von Berlin nach Naumburg, Hesserode oder Thallwitz Reisenden nicht nur nicht vom Wege ab, sondern gerade vor der Nase liegt, so ist meines Erachtens der größte Teil Deiner Bedenklichkeiten schon behoben.«

Ritschl hatte eingesehen, daß der Plan einer Dissertation über das gesamte griechische Theaterwesen zu kühn gefaßt war, und beschränkte sich nun auf eine Arbeit »De Agathonis vita, arte et fragmentis«. Da sein Lehrer Reisig mit einem Forschungsauftrag in Italien war, kapselte sich Ritschl in seinem Studierzimmer ab, um systematisch zu arbeiten. Die Korrespondenz mit Niese, sonst ausführlich und häufig, stockte, aber es gingen Briefe über Fragen der Metrik hin und her, auch von seinen Zukunftsabsichten gab Ritschl Niese Kenntnis: sein ganzes Trachten stehe nach Berlin, dort, nicht in dem tristen Halle wollte er sich habilitieren. Sein Onkel, der Bischof von Pommern geworden war, würde ihm bei solchem Vorhaben nützlich sein, ebenso sein zukünftiger Schwager, der Berliner Professor der Rechte Carl Wilhelm v. Lancizolle. Niese mußte einen Brief an Boeckh übermitteln, in dem Ritschl für Ostern 1829 um eine Stelle an dessen pädagogischem Seminar nachsuchte; der Bescheid lautete jedoch zunächst aufschiebend.

Niese war nicht minder eifrig als Ritschl. Er steuerte ernsthaft auf ein Examen zu und hoffte, daß man ihm einen Teil seiner mit der Juristerei verbrachten Semester anrechnen werde. Eines Tages kamen die Examensthemen, und nun dehnte sich endlos vor ihm die Zeit des Lesens, Exzerpierens, Sammelns. An Osterferien in Hesserode war nicht zu denken, statt dessen gingen kummervolle und unlustige Briefe an das liebe Mädchen dorthin:

»Für meine Examensarbeiten habe ich etwas zu weit um mich gegriffen, daß mir das Sammeln und Vorbereiten dazu nach und nach etwas langweilig werden will. Und durcharbeiten, durchsetzen, wie ich's angefangen habe, muß ich's nun doch. Ich und Ritschl, der jetzt in Halle sein Doktorexamen macht und mit dem ich noch am meisten korrespondiert habe, wir klagen uns fort und fort gegenseitig die Not, daß wir vor Sammeln und Zusammenkratzen nicht an die Sache kommen können.«

Zwar werde ihm Frühling und Sommer diesmal wegen seiner Gebundenheit an eine der Städte, die alles, was die Natur Süßes und Liebes habe, nur stückweise hereinlassen, verloren gehen, doch sei, wenn er es recht bedenke, seine Theologie einer der gescheitesten Einfälle, die er in seinem Leben hatte. »Die Stille der Geschäfte, in die ich dann kommen werde, das Ungestört- und Unbeobachtetsein, ein so hoher befriedigender Beruf, der in seinem Erfolge so wenig ungewiß als nur irgendeiner sein kann – alles das sind von jeher Wünsche meiner innersten Seele gewesen, die mir in meinem schwanken und unbestimmten Umhertreiben nur um so dringender und bewußter geworden sind. Dazu für meine Gesundheit das heilende und erfrischende Landleben, die ruhige, geordnete Beschäftigung, der helle Himmel über mir, unter und vor mir und um mich her das grüne Land, und an Deiner Seite, liebes Mädchen, lange, süße, frohe Jahre!

Es ist wahr, im Grunde bin ich recht frevel und ruchlos an die Bibel gegangen, und der Theologe in mir hat einen recht untheologischen Anfang gemacht. Du hast keine Vorstellung davon, wie wenig mir sonst Religion Bedürfnis des Herzens gewesen. Von meiner frühesten Kindheit an bis in die Jahre der zwanzig herein weiß ich keinen Atemzug meiner Seele, der dem Himmel gegolten hätte, es wäre denn vielleicht so zu deuten gewesen, manchmal die Unendlichkeit meines Schmerzes, meiner Freude und meiner Liebe, also doch niemals dem Himmel zunächst. Und mit solchem Sinne, wenigstens nicht viel anderem, bin ich an die christliche Theologie gegangen. Ich konnte es den Leuten gar nicht verdenken, wenn sie die Köpfe deshalb schüttelten.«

Im Mißmut der Examensvorbereitungen und in der Sehnsucht nach Auguste schien Carl Niese nicht nur sämtliche schriftstellerischen Ehrgeize über Bord geworfen zu haben. Auch der Gedanke an eine höhere wissenschaftliche Laufbahn trat zurück – das Bild einer bescheidenen ländlichen Pfarre stand gefährlich lockend am Horizont.

Da war es gut, daß Niese in Hegels Kolleg, das in diesem Jahr des Hegelschen Rektorats die bisher unerhörte Zahl von 323 eingeschriebenen Hörern verzeichnen konnte, den Freund Ulrici wiedertraf. Dieser hatte nach seines Vaters Tod die juristische Laufbahn an den Nagel gehängt und wollte sich ganz der Philosophie widmen. Schon als Auskultator hatte es ihn immer wieder vom nahen Frankfurt nach Berlin gezogen, und seine Neigung zum Schöngeistigen war der Antrieb zur Gründung der »Namenlosen Gesellschaft« geworden, der auch Wackernagel angehörte und die es wagte, in einem aufsehenerregenden Pamphlet »M. G. Saphir und die intellektuelle Bildung« den gefürchteten Theaterkritiker anzugreifen. Einige Novellen, die der angehende Philosoph verfaßt hatte, wurden von Ludwig Tieck nicht unfreundlich aufgenommen.

Es gab also noch anderes als das Glück eines Landpfarrerlebens. Aus Halle kamen ermunternde und tröstende Briefe Ritschls. So sehr ihn der Verlust seines geliebten Lehrers Reisig traf, den in Italien Anfang 1829 der Tod ereilte, so sehr förderte dieser Schlag doch seine Arbeiten. Die Universität Halle wollte sich die junge Kraft sichern, man machte Versprechungen, und obgleich es Ritschl bekümmerte, nun Berlin fahren zu lassen und »ohne Hegelstudium, ohne Kunststudium« seine wissenschaftliche Ausbildung abzuschließen, hieß es jetzt unbedingt zu promovieren und die Habilitation gleich anzuhängen. Solche Beispiele spornten an, und im Grunde war sich Niese – das zeigte ein anderer Brief an Auguste – ja auch seiner Fähigkeiten bewußt. »Vor dem Durchfallen aber, das verspreche ich Dir, kannst Du sicher und ruhig sein, deshalb, möchte ich sagen, brauchst Du nicht einmal zu beten, wenn man nicht um alles Gott bitten müßte, ohne den man gar nichts hat, auch nicht das geringste.«

Eigentlich fand Niese das ganze eingezogene Leben, das er notgedrungen führen mußte, unerträglich. Er brauchte den engeren Kontakt mit den Freunden, und nun sah er sogar in den Osterferien die Brüder allein in die Ferne ziehen, auch hörte er mit Betrübnis, wie sie bereits Pläne für eine große Herbstreise machten. Seine Besuche bei Stehely waren auf den Sonntagnachmittag beschränkt, und ins Theater ging er selten. Die Abende aber, die er im Hause Sybel verbrachte, waren durch eine schwere Gemütskrankheit der Hausfrau beschattet. Gewiß, er sollte und mußte fertig werden, schon damit er den Argwohn der Hesseroder, er werde ewig Student bleiben, widerlegen konnte. So bildeten seine Briefe an Auguste, die er sonntags vor oder nach dem Kirchgang schrieb, eine seiner wenigen Zerstreuungen und eine recht einseitige dazu, denn Auguste hatte wenig Gelegenheit zum Schreiben, auf fünf Briefe von ihm kam ein Brief von ihr.

»An den 30. März will ich doch denken, wenn er da ist; ich habe noch gar nicht gewußt, daß das damals der 30. März war. Aber aus dem Milchkeller sehe ich Dich wohl noch treten, als wäre es heute. Du hast uns damals behorcht; das war nicht ganz recht von Dir, nur gut, daß Du Dich hinterher selbst angegeben hast. Ich weiß selbst nicht mehr, was wir da alles geschwatzt haben. Aber das weiß ich doch, daß, weil ich hörte, daß noch zwei Schwestern von Dir zu Hause wären, ich mich fürchtete, sie möchten mir noch mehr gefallen als Du, und daß ich Wilhelm des öfteren fragte, ob sie ebenso hübsch wie Du wären. Der aber sagte immer: Ach was, ich weiß es nicht. Ich kenne mich nicht mehr von daher, aber soviel ich mich besinne, ging mir's sonderbar, und ich war da schon ein halbes Jahr durch alle Woche zwei bis drei Mal bei Adelheid in die Schule gegangen...«

Nieses Blick richtete sich immer stärker auf das gemeinsame Leben mit Auguste und seine berufliche Zukunft: »Wenn uns nur unsere Liebe zueinander bleibt, unser treues verlangendes Herz, das der Quell ist von all diesen Wünschen und Erwartungen und uns selbst die kleinen Sorgen und Schmerzen süß macht, wenn uns das nur bleibt! Und wenn uns Gott nur einst, und wie gewiß hoffe ich das, und auch bald, darum bittet ihn mein ganzes Herz, unser Leben miteinander in warmer wachsender Liebe leben läßt. Auch das wird mir werden, wenn unsere guten stillen Tage kommen. Ich habe so freudig helle Hoffnung dazu. Glaube nicht, daß mich die Freiheit meines jetzigen Lebens fesselt. Ich sehne mich aus ihr heraus nach einer angewiesenen bestimmten Tätigkeit.«

Aus Augustes Briefen sprach eher der Zweifel an einer baldigen Erfüllung ihrer Hoffnungen. Sie entwarf keine künftigen Idyllen, berichtete vom jetzigen Dasein in Hesserode, allenfalls von einem Gang nach Nordhausen. Ihre Sorgen sind die Krankheit der Mutter, die Härte des strengen Vaters und der Trotz ihres Bruders Wilhelm, der nicht als Adjunkt nach Hesserode kommen will, weil er von Auseinandersetzungen mit dem Vater überzeugt ist. Auguste befürchtet noch immer, Menschen und Dinge in Berlin könnten ihr Verhältnis zu Niese gefährden. Und Niese wird auch zum Herbst noch nicht fertig sein und will erst in Hesserode erscheinen, wenn er sich als Examinierter präsentieren kann. In Augustes Briefen brechen dann bei Zweifel und Besorgnis immer wieder ungelenke Beteuerungen ihrer Liebe sowie die Frage nach einem Wiedersehen durch.

»O wie gern schriebe ich öfter, wenn es sich tun ließe. Weiter soll ich Dir nichts schreiben, als daß ich Dich noch lieb habe – das wäre wenig. Und doch viel. Nun ja, lieb habe ich Dich, so lieb, wie ich nur irgend jemanden haben kann, noch viel lieber habe ich Dich jezt wie sonst, und ich hatte Dich doch immer lieb. Glaubst Du denn nicht, daß ich Dich noch lieb habe, wenn ich es nicht schreibe...

Du schreibst mir, Du möchtest mich eifersüchtig machen. Da hättest Du nichts Gutes mit Dir im Sinne, Du würdest Dir die Hölle bereiten. Aber ja, Malwine! Ja, ja, Du weißt wohl, daß ich immer geglaubt, Du würdest Malwine noch zur Frau nehmen. Daß Dich Malwine so lieb hat, das freut mich sehr, und Du, daß Du sie auch recht lieb hast, ist mir auch recht lieb, ich habe sie auch lieb. Aber nicht wahr, mich hast Du ebenso lieb als Malwinen? Und ob Dich Malwine lieber hat als ich, das mußt Du freilich am besten beurteilen können, das kann ich nicht. Ich habe Dich unbeschreiblich lieb, aber Malwine ist Dir näher, und da möchte es scheinen, als ob sie Dich lieber hätte als ich. Ach! könnte ich Dich doch nur einmal sprechen, es ist jetzt schön in unserem Garten! ... Deine Briefe, mein Bester, ja, warum soll ich Dir meine Gefühle verleugnen, haben mich mißmutig und traurig gemacht. Ich dachte, ich würde Dich nun bald, ja recht bald, und zwar als Kandidat, sehen. Und nun höre ich: zu Weihnachten – also noch ein volles halbes Jahr. Die Zeit gehet mir zwar schnell hin, aber wenn man hofft, dauert es uns doch länger. Es ist mir wohl sehr lieb, wenn Du klug und gelehrt bist, aber Du wirst mir zu gelehrt, wirklich, da hättest Du Dir auch ein gelehrtes Mädchen wählen müssen, Du siehst gewiß aus meinen Briefen immer mehr, wie ungelehrt und einfach ich bin, nicht wahr? Übrigens wird uns zu Weihnachten das Beisammensein viel schwerer werden als jetzt, denn da sind wir auf die Stube beschränkt. Am Ende kommst Du Weihnachten auch nicht, denn die schlechte Jahreszeit. Oder trennst Du Dich doch ungern von Deinem Studentenleben? Und glaubst nun, mir schuldig zu sein, ein Brotstudium zu enden. Glaubst Du gewiß, die glücklichen Tage zu erlangen in diesem Fache, die Du träumst? Damit

Du nicht einmal sprechen kannst, ich bin schuld daran, das will ich nicht.

Nimm mir ja nichts übel in diesem Brief, wenn Du mich noch lieb hast. Ich habe Dich recht lieb, behalte auch Du lieb

Deine Auguste.«

Niese, seit dem Frühjahr exmatrikuliert, jetzt allein wohnend, ungestört durch die Brüder, die zudem auf große Ferienreise gingen, konnte ganz in der Arbeit aufgehen. Aber wie zuerst das Sammeln, bedrückte ihn nun das Gestalten. Ritschl, der sein Doktorexamen bestanden hatte und bereits an die Vorbereitung einer Vorlesung für das nächste Semester dachte, machte Niese Mut: »Erinnere Dich doch einmal, wie Du mir beim letzten Abschied auf der halleschen Chaussee den Trübsinn ausredetest und mich verwiesest auf das nächste Wiedersehen, wo alles überstanden und alles anders sein würde zu meiner Freude.« Aber die verlockende Einladung Ritschls zur Hochzeit seiner Schwester mit dem Hofrat Lancizolle, die oben auf dem Thüringer Wald auf einer der Drei Gleichen gefeiert werden sollte, muß Niese ablehnen: »So aber geht's mir nicht von der Hand, nicht von der Stelle, hier nicht und dort nicht. Alle Hände habe ich voll, den ganzen Kopf voll, auch alles in guter Ordnung, daß, wenn es möglich wäre und ich könnte so meine Seele mir nichts dir nichts abdrucken, es stände ganz passabel auf dem Papiere da. Soll ich's aber nun Wort für Wort schwarz auf weiß hinmalen, da fleckt's nicht und will's nicht, daß ich toll darüber werden möchte ... Kannst Du Dir wohl vorstellen, daß ich an einem Satze eine Stunde zubringen kann, eh' er mir maulrecht wird, und wenn er's dann nur immer wäre! – –. Ob es daran liegt, daß ich die ganze lange Universitätszeit, ob ich schon manches geschrieben und aufgesetzt und Auszüge gemacht habe, doch zu eigentlichen Ausarbeitungen, zu einer geläufigen, lesbaren und ansprechenden Darstellung mich nie angehalten habe, gleichwohl aber doch fühlen mag, wie ungefähr eine solche Arbeit aussehen und klingen müsse, wenn ich aber darangehe, gewahr werde, daß mir die Übung dazu fehlt?« Niese war überzeugt, daß er länger als zuträglich »in demselben einen Verhältnis geblieben« sei und sich »der Zeit nach überstudiert« habe. »Hätte ich doch nur von vornherein meinen Stiefel abstudiert, wie's andere vernünftige Leute tun...«

Wenigstens gute äußere Bedingungen für Nieses Arbeit bot seine neue Wohnung in der Großen Friedrichstraße Nr. 70. Hatte er bisher, wie die meisten Studenten, ein einziges Zimmer gehabt, so war er nun zu Stube und Kammer übergegangen, da es seinen Schönheitssinn störte, wenn ein Bett im Arbeitszimmer stand. Schließlich hätte er auch für ein Zimmer in der schlimmsten Gegend sieben Taler im Monat zahlen müssen, und nun zahlte er neun, während die drei Brüder bisher zusammen nur zwölf Taler im Monat bezahlt hatten. Aber das mußte sich einsparen lassen, und der neue Vormund Heintze in Torgau war bei Geldbewilligungen großzügiger als Benemann. Wenn man schon den ganzen Tag allein saß und nur die Brüder oder Ulrici gelegentlich einmal zu Besuch hatte, wollte man es doch bequem haben. Eines Morgens klopfte jemand anderes: Malwine Sybel. Sie sei nun schon drei- oder viermal von der Sommerwohnung in Weißensee nach Berlin gefahren, ohne ihn zu sehen, und nun könne sie es nicht mehr aushalten. Sie wolle auch gar nicht hereinkommen, sondern müsse gleich wieder nach Weißensee zurückfahren. Schon oft hatte Niese ihr verboten, in seine Behausung zu kommen. Daß dergleichen sich nicht schickte, war von ihr lachend als nicht stichhaltiger Grund betrachtet worden. Jetzt trieb sie die Neugier und die Sehnsucht, und sie ließ sich nicht lange auffordern, sein neues Logis zu besichtigen. Wie ein großes Kind durchstöberte sie die von ihm geöffneten Kästen und Schübe. Ihre unleugbare Anhänglichkeit rührte Niese schließlich, und er war im Grunde dankbar, daß sie mit ihrem wirbelnden Temperament Bewegung in seine Stille brachte. Daß Niese gebunden war, hatte er Malwines Mutter gesagt, ohne Auguste Panses Namen zu nennen. Malwine erfuhr es deutlich genug, als sie sich nach wenigen Tagen wieder einstellte und ihm vorwarf, ihr neulich nicht seine Briefe gezeigt zu haben:

»Oh, sagte ich, wenn sie die sehen wollte, die wollt' ich ihr holen. Und schüttete sie ihr nun insgesamt auf den Tisch hin und sagte nur: der ist von dem, von dem, von dem. Natürlich kamen nun die mehreren von Dir, zumal es die Briefe vom vorigen Herbste an waren, von wo an ich sonst mit wenigen und wenig korrespondiert habe. Die kamen mit vor, daß es nicht anders sein konnte, als daß es ihr auffallen mußte. Von da aus fragte und antwortete es sich dann weiter. Ich war so unbefangen und leicht darüber hin als möglich und bin nun recht herzensfroh, daß ich es auf so wenig herbe

Weise an sie losgeworden bin. Auch merkte ich ihr eine auffallende Veränderung weiter nicht nachher an, wie denn das bei ihr nie der Fall ist, außer daß sie ein wenig stiller geworden war.« Als sie fortging, habe Malwine gesagt, sie wolle zu Hause die Tür hinter sich zuschließen, sich ausziehen und ins Bett legen. Was das heißen sollte, fragte Niese nicht. Er brauchte es nicht, denn »es war doch noch eben erst morgens gegen zehn oder elf Uhr«.

Da Niese den Eindruck hatte, Malwine, die immer wieder etwas über ihre Konkurrentin erfahren wollte und die auch Vergleiche zwischen deren Liebe und ihrer eigenen anstellte, blicke ein wenig auf das Landpfarrertöchterchen herab, glaubte er, mit einigen von Augustes Briefen endgültige Klarheit schaffen zu können. Als er diese Briefe von Malwine zurückerhielt, fand er dabei ein Zettelchen in charaktervoller Handschrift: »Augustes Briefe habe ich mit der innigsten, heißesten Rührung und Teilnahme gelesen, ja, ich habe mit ihr empfunden, gefühlt, und mein ganzes Herz hat mir gezittert. – Viel dachte ich an Euch, und spät noch bat ich Gott mit Tränen für Euer höchstes, reinstes Glück. Oh, lebe wohl! Lebe glücklich, lebe unendlich glücklich, das ist mein einziger Wunsch, und behalte mich lieb, wie ich Dich liebe in ewige Ewigkeit. – Aber glaube mir, daß ich es bei Gott so wahr, so treu und gut mit Euch meine!«

Im September 1829 hatte Carl Niese dann die verschiedenen Examensthemen bearbeitet und eine große Arbeit über die dogmatische Bedeutung des Epheserbriefes sowie einen dreizehn Bogen umfassenden lateinischen Lebenslauf geschrieben. Die Herren von der Prüfungskommission würden ihre Freude haben: sein ganzes früheres religionsloses Leben hatte er gebeichtet, und fast war es ihm gelungen, so etwas wie eine Bekehrung im Sinne der Erweckungsbewegung hineinzukonstruieren. Daß er aber mit deren schwärmerischen und intoleranten Anhängern nichts zu tun haben wollte, hatte er der Kommission auch ganz deutlich gesagt und zwei, drei hübsche Spitzen gegen Tholuck hineingeflochten. Und immer wieder hatte er betont, daß es Hegel gewesen sei, der ihn zur Theologie geführt habe. Er bat die Kommission bescheiden, ihm, wenn er geirrt habe, doch einen besseren Weg zu zeigen und zu erwägen, ob nicht jemand auch zur Wahrheit gelangen könne von dem her, was weniger wahr ist (posse aliquem ad veritatem pervenire ex eo etiam, quod minus est verum).

Als Niese den ganzen Stoß beschriebenen Papiers eingereicht hatte, mußte er sehen, daß weithin alle Prüfungstermine besetzt waren und er an Absolvierung des mündlichen Examens vor der Hand nicht denken konnte. Aus Trotz schnürte er sein Ränzel, brachte seine bewegliche Habe zu Sybels, besuchte zunächst Wilhelm Panse im pommerschen Brünzow und wanderte dann über Berlin südwärts zu Augustes Dörfchen an der Helme. Ein zauberhaft schöner Oktober wartete hier seiner, und Niese fand sogar den Mut, vor den alten Panse hinzutreten und offiziell um Auguste anzuhalten. Der Alte konnte sich natürlich keine bestimmte Antwort abringen, aber er war auch nicht gerade ablehnend, denn Niese war ja nun ein Schrittchen weitergekommen. Im Grund sah er ihn nicht ungern und wunderte sich, wenn er längere Zeit nicht nach Hesserode kam. Er hatte auch nichts dagegen, daß die Töchter sich des Elternlosen annahmen, daß Auguste ihm Hemden nähte und Helene ihm Strümpfe strickte. Aber es sollte nicht heißen, seine Tochter sei mit einem Studenten verlobt, der den Kopf voller großer Pläne, sonst jedoch nicht viel aufzuweisen habe. Ob er selbst sich bald dazu entschließen würde, eine Arbeitskraft wie Auguste von seinem Hofe herzugeben, war noch sehr die Frage. Nachdem Niese so seinen Zielen bei der Familie Panse etwas nähergerückt war, zog er – sein Herz war ja weit und die Unruhe sein steter Begleiter – nach Wickerode zu Inspektor Schmalfuß, blieb bei diesem eine ganze Zeit und feierte hier auch seinen Geburtstag, zu dem ihm Emilie eine Tasse schenkte. Hätte er nicht noch bei Auguste bleiben sollen? Auguste wußte ihren Carl in dem so nahen Wickerode und verzehrte sich in Sehnsucht und Eifersucht. Niese dagegen gab sich aufs Neue der Anziehungskraft Emiliens hin, die doch immer wie durch eine gläserne Wand von ihm getrennt blieb, jetzt in ihrer Enttäuschung erst recht: »Emilien habe ich fröhlicher oder doch heiterer gefunden, als ich gedacht hatte. Man hält und sieht es für wer weiß was an, wenn der Liebe halber sich einer abhärmt und hinstirbt, mitten unter Freunden und Verwandten, als wenn er weiter nichts auf Gottes Welt mehr hätte, wenn ihm sein Bestes verlorengegangen ist. Es ist für ein liebendes Herz gar nichts, in solchem Schmerze unterzugehen, aber Schmerz haben und doch leben, weil es recht ist und brav und schön, doch zu leben um Gottes und anderer willen, wenn einem auch das Herz gebrochen ist, und den Schmerz behalten, sich aber desungeachtet ein neues Leben neben diesem Schmerz aufbauen, das ist Größe und Stärke und vielmal besser als jenes andere, wo der Mensch Leben und Glieder hängen und sich selbst in sich absterben und verzehren läßt. Darum freute ich mich auch über Emilien und habe sie wieder so herzlich lieb gewonnen als keine andere.«

Während Carls Brüder Julius und Moritz sich noch in Böhmen umhertrieben, nachdem sie vorher durch Schlesien über Brünn bis nach Wien gewandert waren, trat Carl langsam den Rückweg von Wickerode nach Berlin an. In Halle blieb er einige Tage bei Ritschl, der ihm gelöst und beschwingt entgegenkam. Nicht nur, daß er die lästigen Examenssorgen hinter sich hatte und mit wahrem Feuereifer seine Horazvorlesung vorbereitete – er hatte auch äußerlich den alten Adam abgestreift und eine Reform seiner Toilette durchgeführt: er ging nach der neuesten Mode gekleidet, was seiner Meinung nach dem Wesen eines Gelehrten durchaus nicht widersprach. Mit Grüßen an seine jungverheiratete Schwester in Berlin und dem Versprechen, zu Weihnachten auch dorthin zu kommen, entließ er Niese zu Deinhardt nach Wittenberg, wo gleichfalls ein paar anregende Tage verbracht wurden. Bei Spitzner, seinem ehemaligen Lehrer, machte Niese nur einen Höflichkeitsbesuch. Wenn die Frau Spitzner ihm auch ins Gesicht sagte: »Unser Carl ist noch so gut wie sonst«, so wußte er doch, daß sie anderwärts zu sagen pflegte: »Die Niesen taugen alle beide nichts.« Auch Moritz würde nicht bei den Pflegeeltern, sondern bei einem Wittenberger Freunde Quartier nehmen. »Sie müssen doch endlich merken, daß wir gar nichts auf sie halten, auch grob genug sind, des gar nicht Hehl zu haben, wenn uns die Frau Professorin auch noch so sehr die Backen streichelt.«

Berlin empfing Niese mit der bittersten Enttäuschung. Aus dem Examen würde es vor Mitte Mai des nächsten Jahres nichts werden; die Prüfungstermine des Konsistoriums waren belegt. Außerdem war keiner der Brüder zurück, Carl konnte ohne sie keine Wohnung nehmen und mußte sich über einen Monat lang bei verschiedenen Freunden herumdrücken, ohne Ziel und ohne rechte Arbeit. Es war ein böser November.

»Wäre ich doch noch vierzehn Tage auf meiner Reise geblieben, ich hätte tausendmal besser getan! Dieser Oktober vorher, und dieser November darauf. Ich habe den ganzen Monat hindurch von dem Überfluß des vorigen zehren müssen. Ich mag die dummen, albernen, verdrießlichen Stunden nicht noch einmal durchmachen; ich bin ja wieder zwischen meinen vier Pfählen, bin bei meinen Brüdern. Ach, wäre ich doch auch bei Dir! Ich habe meine Brüder von Herzen lieb, und ich habe mich bisher noch kein einzig Mal veruneint und will's auch den ganzen Winter hindurch nicht, und ich wollte, ich könnte mein Leben durch bei ihnen wohnen. Aber wenn ich doch eins von beiden lassen muß, so sollst Du doch lieber bei mir sein, so daß ich sie aufgebe, als andersherum.«

Diesem Brief an Auguste ließ Niese über deren Nordhäuser Freundin sein Bild folgen. Er hatte sich bei dem Berliner Porträtisten Ludwig Heine zeichnen lassen, und bei Augustes nächstem Besuch in Nordhausen blickten ihr zu ihrer Überraschung Carls lebhafte Augen aus einem schmalen, energischen Gesicht entgegen; sie fand das Bild sehr ähnlich und war glücklich – »einmal muß ich Dich wenigstens täglich sehen«.

Niese selbst, enttäuscht über die Leere seines Daseins in Berlin, wollte sich am liebsten alle besseren Zukunftsaussichten abschneiden und die Stelle des Rektors in dem Harzstädtchen Ellrich annehmen, von deren Vakanz er gehört hatte. Sie versprach das, was er im Augenblick ersehnte: eine ländliche Umgebung, eine nützliche, anhaltende Beschäftigung, die Nähe der Geliebten. Niese bewarb sich auch ernsthaft und teilte seinen Entschluß den Freunden mit. Sollten sie sich ruhig in seiner Laufbahn getäuscht haben, er hatte es satt! Warum sollte man in Ellrich versauern? Das Beispiel des Hainbündlers Göckingk, der dort als Kanzleidirektor seine »Lieder zweier Liebenden« verfaßt hatte, bewies, daß man in Ellrich sogar zum Poeten werden konnte. Freilich kamen beschwörende Briefe von allen Seiten, und der kluge Ritschl schrieb: »Von Dir hätte ich das eigentlich am wenigsten erwartet, daß Dich Unmut über zufällige Übel der Gegenwart zu der Unbesonnenheit eines verzweifelten Entschlusses brächte. Das Ellricher Rektorat kann ich aber für weiter nichts halten als eine Grille!« Er verlangte Niese das Versprechen ab, bis zu seinem Besuch zu Weihnachten keine Entscheidungen zu treffen. Sogar Auguste warnte:

»Hesserode, den 19. 12. 1829
Lieber guter Niese!
.. Da muß ich Dir sagen, daß ich ganz mit Ritschl einer Meinung bin. Du denkst Dir das jetzt so schön und hältst es für ein Glück

und würdest Dich am Ende doch nicht glücklich fühlen. Und warum willst Du Dich denn so auf einmal aus Deinem Studentenleben herausreißen? Du weißt ja, daß ich das Ziel unserer Wünsche noch weit fern von uns meine, und Du glaubst es schon so nahe. Sieh einmal, Du hast es ja vor so vielen Tausenden gut, die, um nur ihr Brot zu verdienen, sich quälen müssen. Das brauchst Du doch nicht, nun, ich bin bei meinen Eltern und bin zufrieden, und daß ich Dich habe, macht mich glücklich. Daß Du mich lieb hast, weiß ich ja auch, und deshalb sehnst Du Dich so nach einem eigenen Herde. Ja, Du mein alles auf der Welt, ich müßte Dich nicht lieb haben, wenn ich das gar nicht wünschte; schon um Dich möchte ich es auch, aber übereile Dich ja nicht. Denn ich glaube, Du brächtest ein Opfer, ohne daß Du es dächtest, und würde ich Dir dann alles ersetzen können?«

Nieses übereilte Pläne hatten sich freilich bereits etwas verflüchtigt, als Ritschl zu Weihnachten nach Berlin kam und Niese aus dessen Einsiedlerleben herausriß. In dem Haus von Ritschls Schwester Jettchen Lancizolle bewegte sich Niese bald heiter bis übermütig, obwohl er dem als konservativ geltenden Hofrat und Professor Carl Wilhelm v. Deleuse de Lancizolle, Abkömmling einer Refugiéfamilie, Schüler Savignys und Verfasser rechtsgeschichtlicher Bücher, zunächst mit Reserven gegenüber gestanden hatte. Doch er fand einen Mann von großer Distinktion und zugleich großer Leutseligkeit, den seine Stellung keineswegs hinderte, Niese mehrmals in dessen »Kneipe« zu besuchen. Nieses Sinnesänderung bezog sich nicht nur auf den Umgang mit Menschen und die Wiederbelebung vernachlässigter Bekannt- und Freundschaften, sondern es sollte auch eine gänzliche Umgestaltung an ihm selber vorgehen: »Einen neuen Frack oder Leibrock habe ich mir schon bestellt. Fonrobert hat neue extraordinare Seidenhüte, die den Filzhüten an Dauer, Halt und anderen Qualitäten ganz gleichkommen sollen, angekündigt, von denen will ich mir einen zulegen, dann weiße Halstücher und weiße Handschuhe, und Ritschl sagte mir, dann wäre man fertig und sehe aus wie andere Leute und dürfe in jeder honnetten Gesellschaft seine respektable Person produzieren. Wenn's mir aber nicht steht oder ich kann mich in den Trödel nicht finden, so werfe ich den ganzen Plunder wieder beiseite und hole ihn gewiß nicht wieder hervor, als bis es mit mir ins Examen geht.«

Carl Niese wurde durch Ritschl und Deinhardt, der ihn zu Beginn des Jahres 1830 besuchte, der Geselligkeit, aber auch der Wissenschaft wiedergegeben. Er hielt in der Gesellschaft für Bibelerklärung eine lateinische Rede, die den vollen Beifall Neanders und des Superintendenten Brescius fand. Dadurch ermutigt, verfolgte er den Plan, durch eine wissenschaftliche Arbeit oder Rezension die Aufmerksamkeit der Vorgesetzten auf sich zu ziehen. Sollte er nicht als Dramatiker Ruhm gewinnen, so konnte er es vielleicht als wissenschaftlicher Schriftsteller. Er sah sich nach einem geeigneten Objekt auf seinem Fachgebiet um. Eben hatte die orthodoxe Evangelische Kirchenzeitung Wegscheider und die hallischen Rationalisten, Tholucks Gegner, öffentlich als Nichtchristen angeprangert und das Eingreifen des Staates gegen die Verbreitung ihrer Lehren gefordert. Wegen der damit sich manifestierenden Intoleranz erklärte Neander seinen Austritt aus der Redaktion, und Marheineke legte vor seinem Seminar, dem Niese angehörte, klar, daß sich an diesem Vorfall am besten die Unzulänglichkeit beider Parteien erkennen lasse. Es handle sich um die Frage, was Wahrheit oder Irrtum in der Wissenschaft sei, und der Staat dürfe in einen solchen Streit nicht eingreifen. Die Rationalisten seien keine Christen mehr, die Pietisten keine Theologen. Grund genug, daß man sich der über den Parteien stehenden Wissenschaft zuwenden solle. Eine solche überparteiliche Stellungnahme, der Marheineke auch in den Jahrbüchern für wissenschaftliche Kritik Ausdruck verlieh, wurde von den Orthodoxen als unchristlich abgelehnt. Eine aus orthodoxem Standpunkt geschriebene Kritik an Hegel fand Niese auch in der Schrift des Dr. Karl Ernst Schubarth »Über die Philosophie überhaupt und Hegels Enzyklopädie der Wissenschaften insbesondere«, die 1829 erschienen war und die Philosophie, die keinem höheren Vermögen als dem Verstand entspringe und deswegen früheren Entwicklungsstadien der Menschheit angehöre, seit der Herrschaft des Christentums für überflüssig erklärte. Allertraurigstes Resultat der Philosophie sei etwa das Hegelsche System, vor allem in seiner Auffassung der Trinitätslehre, da der Gott, der sich seiner selbst entäußern müsse, um zu Natur zu werden, und der dann diese Entäußerung zurücknehme, um zu Geist zu werden, damit dem Drang und Zwang der Schöpfung unterworfen werde. Niese war geneigt, sich in einer Antikritik mit diesen Meinungen auseinanderzusetzen, und trug Marheineke diese Absicht vor. An den Studien Ritschls und Deinhardts nach eigenem Vermögen teilnehmend, las Niese mit Ritschl eine Tragödie des Aischylos und mit Deinhardt Goethes Farbenlehre. Intensiv betrieb er auch den geistigen Austausch mit den Brüdern, denn dieses Wintersemester 1829/30 sollte das letzte sein, in dem die drei Nieses gemeinsam hausten. Julius wollte nach Dresden, um noch Tierarzneikunde zu studieren, und Moritz, der nun auch zur Theologie übergewechselt war, bezog im Frühjahr eine eigene »Kneipe«.

Die Leidtragende an diesem Wiedererwachen von Nieses Interessen war Auguste, die nun manchmal einen ganzen Monat auf einen Brief warten mußte. Der Plan eines beruflichen Provisoriums, das durch Ablegung des Schulamtsexamens am Seminar in Potsdam erlangt werden konnte, war schnell vergessen. Zu Ostern reiste Niese für ein paar Tage, die der Philosophie und der Literatur gewidmet werden sollten, zu dem nunmehrigen Subkonrektor Deinhardt nach Wittenberg und von dort gegen seinen ursprünglichen Plan nach Halle. Im Spitznerschen Hause hatten sich inzwischen Dinge ereignet, die die Beziehungen zu dieser Familie endgültig zerrissen.

»Die Abiturienten haben immer die Jahre her sich die Examensarbeiten zu verschaffen gewußt. Spitzner hat Stein und Bein geleugnet, als man ihm den vergangenen Sommer und Herbst hindurch immer Anzeigen von solchen Betrügereien gebracht hat; denn die Herren haben die Examensarbeiten nicht nur vor der Zeit gewußt, sondern auf Universitäten, vorzüglich nach Halle, geschickt, und für Schülerarbeiten sind dann Studentenarbeiten eingegangen. Die Schnellpost ist da den Leuten herrlich zustatten gekommen. Jetzt kommt Deinhardt der Geschichte wieder auf die Spur, die Herren werden in die Konferenz zitiert, und siehe da, Julius Schmalfuß gesteht, daß er mit der Frau Professorin über des Herrn Professors Pult gegangen sei und die Arbeiten herausgeholt habe. Der Junge hat nun widerrufen sollen, denn das Weib hat ihn einen schändlichen Lügner gescholten. Deinhardt schrieb nun gleich an mich, weil er fürchtete, daß man Schmalfuß schändlich behandeln werde, daß ich dem Professor einen Schreck einjagen sollte. Denn mir hat die Professorin einmal selbst Abiturientenarbeiten zugetragen, sogar griechische Worte, die sie also von dem Professor selbst haben mußte. Ich habe also gestern an ihn geschrieben, daß er sich hüten solle, jemandem zu sehr Unrecht zu tun, es möchte sonst die ganze fatale Betrügerei von wer weiß wie langen Jahren her an den Tag kommen; und von Schmalfuß könne er doch unmöglich Widerruf verlangen, wenn die Sache wahr wäre.«

Es war eine schmerzliche Erfahrung, so die Götter seiner Jugend stürzen zu sehen, aber sie mußte von Niese wohl einmal gemacht werden.

Seine neue Aufgeschlossenheit für die Welt um ihn herum bekundete Niese auch in sehnsuchtsvollen Briefen nach Hesserode: »Daß Du in diesem Jahr noch mein werden möchtest, das ist die Sehnsucht aller meiner Pulsschläge: wenn mir das Gott gewähren wollte! Denn können kann er schon: und also mag ich es auch nicht aufgeben, daß er es vielleicht will. Mich dünkt, wenn ich erst bei Dir bin, an Deinem Herzen trinke ich mir neue Gesundheit und Lust und Lebensliebe, wie ich sie nie gehabt habe. Wenn wir uns dann so ineinanderordnen können und mein Leben geregelt wird, dann auch zwischen meine Bücherarbeiten, die doch einmal mein Handwerk sind, andere Beschäftigungen und Erholungen fallen, so muß ich noch lange und heiter leben können. Denn ich möchte gern steinalt werden, denn ich finde die Welt so schön, als ich sie mir nicht schöner denken kann.«

Diesen Äußerungen überquellender Gefühle stand der am 27. Februar 1830 geschriebene Brief nichts nach: »... ich würde mir Vorwürfe darüber machen, daß ich so gern sinnenglücklich bin und nicht nur Deine Seele, sondern mit ihr Deinen Leib und Dein Leben liebe. Wenn ich an Dich denke, so denke ich Dich ganz, wie Du bist; wollte ich Dir den Leib nehmen, mir würde bange, ich wüßte nicht mehr, wie ich die Seele allein lieben sollte. Aber muß ich mich nicht schämen, was ich da die Seite heruntergeredet habe? Ich kann mich aber nur immer ärgern über die Sittenkrämer, die uns Fleisch und Blut so verdächtig gemacht haben, als ob nicht gerade das beides das Unschuldige überall ist und nur der böse Sinn dahinter allenthalben Unkraut hineinsäet. – Nimm mir ja Dein Leben in acht, liebes Mädchen, und tu Deinem Fleische und Leibe kein Leid, sondern lieb es und pfleg es auch meinethalben.«

Unter der Tyrannei des strengen, mürrischen Vaters, der mit zunehmendem Alter und steigender Schwäche immer merkwürdi-

*Die drei Brüder, der sensible Carl Eduard, der robustere Julius
und der ebenso schönheitsdurstige wie lebenshungrige Moritz,
als Studierende auf der Suche nach geistiger Orientierung und
dem passenden Beruf. Die 1829, 1830, 1831 entstandenen
Zeichnungen in schwarzer und weißer Kreide wurden von dem
Berliner Porträtisten Ludwig Heine geschaffen. Sie sind weithin
unbekannte Zeugnisse für Heines Wirksamkeit.*

ger wurde, da er fühlte, wie sehr seine Kinder sich von ihm zurückzogen, sah Auguste bekümmert, wie eine Jugendfreundin nach
der anderen heiratete. Sie war kein frohes Echo für Niese, der sie
zu Ostern nicht von Wittenberg aus besucht hatte. Sie weinte und
klagte, mißverstand, nahm übel, verdächtigte und beschuldigte.
Wie ein Stachel schmerzte der Gedanke an Malwine Sybel, die von
Niese fast täglich besucht wurde, mit der er ausging und sich das
Gastspiel der Frankfurter Schauspielerin Lindner als Käthchen
von Heilbronn ansah. Malwine hatte nach Augustes Meinung so
»gar nichts Weibliches«, weil sie aus ihrer Liebe zu Niese kein Hehl
machte, und sie drängte sich zwischen Carl und Auguste, unbeeindruckt von den Briefen, die sie hatte lesen dürfen. Für Emilie

Schmalfuß fand ihr Carl Zeit zu einem Geburtstagsbrief, Malwines Geburtstag wurde auch von ihm in Berlin gefeiert, aber nach ihrem eigenen Geburtstag fragte er an, obwohl sie ihm das Datum schon wiederholt gesagt hatte. Verdächtigungen, er könnte Malwine Sybel etwas »versprochen« haben, setzte Niese ein Ende, sanft und doch bestimmt: »Malwine ist eine ganze Woche lang recht krank von den vielen Anstrengungen gewesen, und ich werde alles tun, daß sie, wenn der Sommer kommt, ganz von der Mutter fort und einige Monate aufs Land zu ihren Verwandten geht. Sonst ist sogar für ihr Leben zu fürchten. Versprochen aber, – ich habe niemandem etwas versprochen als Dir, auch nie jemandem etwas versprechen wollen. Ich denke, und mir ist es so, als ob ich Dir schon früher einmal darauf geantwortet und das nämliche gesagt hätte, und sieh, nun hast Du es wieder vergessen. Vergiß es ja nicht wieder!«

Wie zuvor im Hinblick auf das Ellricher Rektorat zeigte sich Auguste selbstlos und besonnen, wenn es galt, Niese vor bedenklichen Entscheidungen zu bewahren. Als sie von ihm erfuhr, er habe erwogen, sich nach Wilhelms endgültiger Absage, nach Hesserode zu kommen, vielleicht selber dem alten Panse zu »adjungieren«, obwohl ihn davon abhalte, daß erstens die Nähe des Vaters und seine Art, in fremde Dinge einzugreifen, ihrer beider Zusammenleben trüben könne und daß zweitens er sich keinesfalls etwa auch mit landwirtschaftlichen Aufgaben befassen möchte, antwortete sie am 15. April 1830:

»Der Vater würde Dich ohne weiteres nehmen, und ich glaube, er wird es Dir schon anbieten, ich fürchte es sogar. Aber die 2 Punkte, die Du dagegen hast, sind sehr wahr. Ich will kurz sein: Ich wünsche es nicht. Halt es nicht für unkindlich; manches Angenehme hätte es, aber ich fürchte des Unangenehmen viel mehr, ich könnte Dir das nicht sein, was ich gern möchte. Dir meine Gründe zu schreiben, verlange nicht von mir, das geht nicht. Tue ja nichts meinetwegen, was Dir dann Reue bringen könnte.« Auch die Mutter, der Auguste kürzlich gesagt habe, »daß Du mein wärst, hätte uns wohl gern bei sich, aber sie hat uns lieb, und deshalb gönnt und wünscht sie uns ein glücklicheres Los.«

Einer Vereinigung der mit solchen Problemen geplagten Liebenden stand noch immer das Warten auf einen Examenstermin im Wege. Anfang Juli erfuhr Niese schließlich, daß er im November an die Reihe komme. Er tat daraufhin, was eigentlich seinem

Lebensstil nicht entsprach – er fuhr ins Bad, reiste mit Herrn und Frau v. Lancizolle im neuen modischen Anzug per Extrapost nach Franzensbrunn im Böhmischen. Auguste tröstete er mit der Aussicht, er werde wahrscheinlich auf dem Rückweg über Erfurt und Hesserode fahren.

Franzensbrunn, so fand Carl Niese, war ein langweiliger Ort, in der Mitte eines Talkessels gelegen und rings herum wie durch eine Bannzone um eine gute Stunde Weges von jeder schöneren waldigen Gebirgsgegend getrennt, an der doch Böhmen sonst so reich ist. Es blieb ihm nichts übrig, als den Badevorschriften zu gehorchen, und so widmete er sich in der hypochondrischen Weise seines Vaters, die eigentlich eher Moritz Niese geerbt hatte, seiner Gesundheit. Er spazierte, flanierte, plauderte, freute sich, vorwiegend sächsische Laute zu hören und fern von Berlin und allen Verpflichtungen zu sein. Die Gesellschaft der Lancizolles tat das ihre, ihn auf den Ton der Vornehmheit zu stimmen, er fühlte sich wohl dabei und träumte, vielleicht doch noch eine große Laufbahn vor sich zu haben, hatte doch seine Rede in der Gesellschaft für Bibelerklärung zum 300. Jubelfest der Augsburgischen Konfession Beifall gefunden. Wenig berührt von Unruhen in anderen Ländern promenierte Niese auf den gepflegten Wegen von Franzensbrunn mit Professor v. Lancizolle, der, hieß es, ein böser Reaktionär war, und hörte sich dessen Gedanken über das Wesen des preußischen Staates an. Niese merkte, daß er durch Schleiermacher und Hegel und nun durch eben diesen Lancizolle, der den rebellierenden Franzosen ferner stand als sonst jemand, soweit preußisch zu denken gelernt hatte, wie es den Begriff der Ordnung betraf. Da er, Verfasser der »Akademiker«, eben bemüht war, sein von Kindheit an schlingerndes Lebensschifflein auf den rechten Kurs zu bringen, wünschte er nichts weniger als politische Wogen, die vielleicht auch ihn mit sich rissen.

Bei dem versprochenen Besuch in Hesserode gab es dann zunächst viele Hindernisse wegzuräumen. Augustes Vater war ungehalten, daß die beiden jungen Leute doch hier und da von ihrem Verlöbnis und Brautstand etwas hatten verlauten lassen. Niese mußte besänftigen und dem Alten auch noch die Erlaubnis abtrotzen, daß er Auguste offiziell schreiben dürfe, damit sie nicht einzig auf die heimlichen Briefe angewiesen war. Und er mußte Auguste selbst erneut für sich gewinnen, die sich zurückgesetzt und vernachlässigt glaubte und das Gefühl nicht loswurde, ihm nicht genug sein zu können und ihn zu einem Beruf zu veranlassen, für den er nicht geschaffen war und sich selbst nicht geschaffen glaubte. Über sein Verhältnis zu Malwine Sybel rief sie Emilie Schmalfuß als Schiedsrichter an: sie sollte bestimmen, ob Carl nicht die Pflicht habe, sich von Malwine zurückzuziehen. Trotzig wie ein Kind und beharrlich wie eine Frau kam sie auch nach Emilies behutsamem Schiedsspruch wieder auf ihr Thema zurück:

»Eine solche Liebe, zärtlich und zuvorkommend, wie Malwine zu Dir hat, auch ganz und gar nicht verhehlt, ist sie nicht was Süßes und Schmeichelhaftes für Dich? Und wäre es nicht menschlich, wenn Du doch zu schwach wärst, ihr zu widerstehen? Schützen kann ich Dich dafür nicht, ich bin fern von Dir, und solche Briefe, als Malwine Dir schreibt, ja solche, mein Lieber, die kann ich nicht schreiben. Du mußt nicht glauben, daß ich Dir zutraue, daß Du mir nicht treu wärst. Nein, das nicht, aber Du könntest dazu kommen und wüßtest nicht wie. Ich will Malwine nicht tadeln, aber anmaßend und – bleibt doch ihr Benehmen zu Dir, da sie unser Verhältnis kennt.«

Endlich waren der November 1830 und das Examen da. Carl Niese steckte das »Sehr gut« wie etwas Selbstverständliches ein und quittierte die Bemerkung, daß seine Katechisation »der Fassungskraft der Jugend nicht ganz angemessen« gewesen sei und er sich »in seinen praktischen Leistungen besonders der Popularität zu befleißigen« habe, mit Lächeln. Brescius war recht zufrieden, und Marheineke ließ Carl durch Moritz bestellen, daß er ihm gern eine Prämie geben wolle, er müsse aber eine von den Preisaufgaben lösen, die er seinem Seminar gestellt habe. Niese gab sich unverzüglich daran, und es fiel ihm im Zuge des angestauten Examenswissens und seines jungen Stolzes auch überraschend leicht, den Professor zufriedenzustellen. Nach einem von langen nächtlichen Debatten gekrönten Weihnachtsfest ohne Examensbedrückungen, an dem der künftige Schwager Carl Panse, Landwirt in der Nähe von Wittenberg, und Freund Deinhardt sowie Bruder Moritz und die Sybels teilnahmen, konnte in der Zeit bis zum zweiten Examen schon einmal Umschau nach einer Pfarrstelle gehalten werden. Mit diesem Ziel oder unter diesem Vorwand ging es also wieder einmal auf die Reise, nach Torgau, nach Dresden und nach Tharandt, wo Julius jetzt noch Forstwirtschaft studierte, nach Podelwitz, nach Leipzig, und von Woche zu Woche erhielt Auguste Briefe, die den Besuch in Hesserode immer weiter hinausschoben.

Ende Februar 1831 langte der junge Kandidat in Hesserode an, und Auguste, die anfangs schmollte, strahlte, als bei den Predigten, die Niese für ihren Vater hielt, die Dorfkirche voller Leute war. Niese schmiedete Pläne. Ein Jahr betrug die gesetzliche Frist zwischen dem ersten und dem zweiten theologischen Examen, das man ihm wohl aufgrund seines Zeugnisses wesentlich erleichtern würde. Wie war dieses Jahr auszufüllen? Mit Pfarrstellen schien die Welt nicht dicht besät, und er war inzwischen überhaupt etwas von dem Landpfarrenidyll abgekommen. Ritschl munterte ihn zu schriftstellerischen Arbeiten auf. Er wollte den Freund gern dem Ochsentrott einer Durchschnittslaufbahn entrissen sehen, vielleicht auch Augustes Einfluß. »Wenn Du in Leipzig Privatdozent werden willst, tue es doch, tue, als wäre ich nicht«, schrieb Auguste resigniert ihrem Carl nach, der ganz allein ein paar Tage lang im Gasthof zu Roßla auf dem Wege zwischen Hesserode und Wickerode saß, um sich nach der ungeistigen Atmosphäre in Hesserode erst einmal zu sammeln, Briefe zu schreiben und einen Ritschl versprochenen Aufsatz zustande zu bringen. Ja, eine Habilitation, das wäre der Mühe wert. Freilich, Berlin war für den Beginn einer Universitätslaufbahn ein zu hartes Pflaster, aber in Leipzig mochte es wohl gehen. Zwar warf eine Privatdozentur so gut wie keine Einnahmen ab, denn er würde meist Publica lesen und also noch einige Jahre von dem väterlichen Vermögen zehren müssen. Einem Manne ohne Einkommen würde Vater Panse seine Tochter wohl kaum geben, aber vielleicht fand sich ein Ausweg. Sonst waren der Formalitäten nicht viele zu erfüllen. Die Zulassung zum Magister legens der theologischen Fakultät setzte allerdings voraus, daß Carl Niese erst einmal das Magisterium der philosophischen Fakultät erwarb, das zugleich die philosophische Doktorwürde enthielt. Dann war die Zulassung zur Habilitation nur noch von der Habilitationsdisputation abhängig. Und das alles schien ihm nicht unerreichbar, es ging ihm jetzt alles so leicht von der Hand.

Gegenüber den Aussichten, die Leipzig bot, schienen die Reize Berlins für Carl Niese erschöpft. Mit Marheineke und Brescius konnte man den Kontakt auch von Leipzig aus aufrechterhalten, da außerdem Bruder Moritz, der nun auch schon Examensanwärter war, als Mittelsmann in Berlin blieb. Malwine schließlich lebte mit ihrer Mutter, die zeitweilig so krank war, daß sie in eine Anstalt gebracht werden mußte, auf dem Lande. Den Abschluß der Berliner Zeit bildete eine Pfingstfahrt der Freunde Niese, Ritschl, Deinhardt und Schmalfuß, der seit einem Jahr am Gymnasium in Lüneburg wirkte, in den Wörlitzer Park und nach Wickerode. Danach aber steuerte Niese ernstlich auf zielstrebige Arbeit, Beruf und Ehestand zu. Auch von Ulrici, dem letzten der Freunde außer Niese, der sich noch keine Position im bürgerlichen Leben erobert hatte, konnte man wenigstens sagen, daß er es ja in der Juristerei schon zu Abschluß und Beruf gebracht hatte.

Anfang Juli 1831 logierte sich Niese in Leipzig im gleichen Hause wie sein Vetter, der Tabakkaufmann Brunner, ein. Er wohnte auf dem Alten Neumarkt im Silbernen Bären und behielt auch in Leipzig seinen unstudentischen behaglichen Wohnstil bei. Zum Schlafen hatte er eine Kammer, und das schöne große Zimmer, durch dessen zwei Fenster er die ganze Nicolaistraße hinuntersehen konnte, war mit Spiegel, Sofa, Wandtisch, Schreibtisch, Sekretär und Bücherregal möbliert: »Vor mir an der Wand gegenüber hängen in großen Bildern Schiller und Goethe und Hegel, mir in dem Rücken, weil er doch einmal da war, habe ich den schuftigen Kotzebue aufgeknüpft, und zwischen der Tür und dem Fenster, dem Schreibsekretär gegenüber, hängt Vater Wieland. Bis um zwölf, ein Uhr wird nun gearbeitet, um den Wisch endlich fertig zu bringen, den ich in Berlin schon angefangen hatte und der, wenn es gut geht, gedruckt werden soll. Dann geh ich zu Tische, dann schlendere ich ein wenig zu Bekannten, in die Buchhandlung usw. Dann geh ich aufs Lesemuseum, um mir die Zeitschriften und Journale anzusehen, dann geh ich spazieren und von da nach Hause. Aufgestanden wird doch immer vor sechs, und zum Konditor will ich regelmäßig gar nicht mehr gehen, nicht einmal sonntags. Bist Du dann mit mir zufrieden?«

Bei aller Strenge dieses Arbeitsplanes gab Niese natürlich dem großen Vorzuge nach, den Leipzig für ihn vor Berlin hatte: der lockenden Nähe von Podelwitz, Torgau, Dresden und Tharandt. Selten verbrachte er einen Sonntag innerhalb der Mauern Leipzigs. Schließlich war auch Hesserode nicht weit, und Carl gewöhnte sich in diesem Sommer nur zu gern daran, seine Auguste öfter auf ein paar kurze Tage zu sehen: »Es ist doch gar gut, wenn man sich öfters sieht, und es ist nicht wahr, daß, wenn man sich länger nicht gesehen habe, auch die Sehnsucht nacheinander größer sei. Uns Männern geht es wenigstens so, wir gewöhnen uns mit der Zeit, wie an alle Entbehrungen, so auch an die, ohne Euch zu leben. Wir hängen uns an irgendeinen Vorsatz, eine Arbeit und machen uns daran müde, daß es uns dann scheint, als wären wir fertig mit allem, wenn wir damit fertig sind. Wie muß es viel besser und anders sein, wenn wir unser Pensum hinter uns haben und wir schlagen die Augen auf und sehen Euch an und wissen nun gleich, daß wir außer dem Kopfe, der, weil er obenan steht, auch gleich denkt, daß er alles ist, noch ein liebendes Herz haben, das auch seine Bitten und Wünsche hat.«

Im August, auf dem Rückweg von Hesserode, in dem Städtchen Roßla am Harz, kam Niese mit den Auswirkungen jenes »asiatischen Gastes« in Berührung, der in diesem Sommer Deutschland und Europa in Angst versetzte. Die Post verlangte von ihm einen Gesundheitspaß, den er sich von dem dortigen Arzt ausstellen lassen mußte, um überhaupt wieder nach Leipzig zurückzukommen. Dieser Cholera-Paß war eine der Sicherungen, mit denen man hoffte, die verseuchten Gegenden gegen die noch gesunden abzuschnüren. Über Thorn, Danzig und Frankfurt an der Oder näherte sich dem mittleren Deutschland die bisher unbekannte Krankheit, der man glaubte mit »Diät«, Pfefferminztee, Wärme, wollenen Leibbinden begegnen zu können und die doch in den befallenen Gebieten ungezählte Opfer forderte: »In Halle konnte einem wirklich Angst werden, so viel wurde davon gesprochen; auch hieß es, der Lektionskatalog für die Universität Berlin sei diesmal nicht gedruckt worden, weil man der Meinung sei, daß im nächsten Semester die Universität werde geschlossen werden müssen. Ich dachte doch, es sei nun Zeit, sich nach und nach ein wenig mehr um diese Hexe von Ostindien zu bekümmern, und habe seit gestern wenigstens 30 Schriften über die Cholera auf der Stube. Ich habe mich dabei von neuem überzeugt, daß man nicht nötig hat, so angst und bange zu sein, und daß man ihr doch nach und nach auf die Spur zu kommen scheint.« Besonders beruhige ihn, daß sie bei weitem nicht so ansteckend sei wie die Pest.

Natürlich gingen angstvolle Gedanken nach Berlin zu Moritz. Hörte man doch von den Veränderungen im Berliner Straßenbild,

von den Warntafeln an den betroffenen Häusern, den mit Schutz-
kleidung versehenen Wärtern und den unheimlichen, mit Wachstuch ausgeschlagenen Totenkörben, die vermummte Männer im
Eilschritt durch die Straßen trugen, um die Toten nach Vorschrift
noch innerhalb der nächsten vierundzwanzig Stunden zu bestat-
ten. Es waren Bilder, die an Beschreibungen von mittelalterlichen
Pestepidemien erinnerten. Und Moritz besaß eben Carls Ruhe
und Heiterkeit nicht. Er hatte viel von der Art seines Vaters geerbt, der sich, wie immer gesagt worden war, die Torgauer Seuche
geradezu durch Ängstlichkeit herangezogen hatte.

Schien Carl Niese, was die Cholera betraf, Berlin rechtzeitig
verlassen zu haben und in Leipzig sicherer zu sein, so ereigneten
sich gerade hier Dinge, die einen Aufenthalt in anderer Hinsicht
als gefährlich erscheinen ließen. Die Stadt besaß seit einigen durch
die französische Julirevolution ausgelösten Krawallen des Sommers 1830 eine Kommunalgarde, die damals die Ordnung wiederhergestellt hatte und nun weiter über sie wachte. Die Kommunalgarden waren zwar eine republikanische Einrichtung, zugleich
aber doch Exponenten der Ordnung und daher – vor allem die aus
Studenten gebildete »akademische« – bei den radikal denkenden
Schichten der Bevölkerung ebensowenig beliebt wie bei der Polizei und dem Militär. Von obrigkeitlicher Seite bestimmte man ihnen ein neues Wachlokal, das sie als Zurücksetzung empfanden.
Gewisse Elemente verhöhnten die als »zuverlässig« bekannte akademische Kompanie wegen ihres Gehorsams und hetzten andere
Kompanien, die sich aus radikaleren Kreisen zusammensetzten,
gegen sie auf. Das entstehende Handgemenge war für die militärischen Befehlshaber ein willkommener Anlaß, reguläre Truppen
hinzuzuziehen: In den letzten Augusttagen des Jahres 1831
peitschten Gewehrsalven durch die Straßen der Stadt, und der
Ausnahmezustand wurde verhängt.

»Leipzig, den 1. Sept. 1831
... Es ist diese Nacht hindurch ganz ruhig gewesen, und heute wird
der Prinz Johann erwartet, der hoffentlich diesen ganzen Unsinn
wieder beilegen wird. Es war Dir ein widerliches, greuliches Geschrei, wenn dies Gesindel, die Gassenjungen und die Straßenläu-
fer, an zu brüllen und zu pfeifen fingen, ohne Grund, ohne Zweck,
bloß aufgehetzt und vielleicht bezahlt dazu, daß man hätte mit

246

dem dicksten Prügel mögen darunter schlagen. Ich ging neulich, weil ich's für unrecht hielt, sich mit auf den Straßen herumzutreiben und die Ordnung zu erschweren, in die Vorstadt hinaus in Streubels Sommerwohnung. Auf diesem Wege sah ich wieder einzelne Kommunalgardisten von Gassenjungen umringt und schikaniert, angebrüllt und ausgepfiffen. Die armen Teufel dachten nicht einmal, von ihrer Waffe irgendeinen Gebrauch zu machen. Streubels Garten ist sehr nahe an der Stadt, gleich vor dem Grimmaischen Tore. Das Brüllen und Pfeifen hörte fort und fort nicht auf. In der Dunkelheit war es nur noch ärger geworden, man hatte die Schützen aus der Vorstadt hereingerufen, weil man der Kommunalgarde mit Steinwürfen so arg mitgespielt hatte, daß mehrere schon verletzt worden waren und erklärt hatten, daß sie ohne Gebrauch ihrer Waffe nicht mehr standhalten könnten. Mit den Schützen hatte man es aber nicht besser getrieben als mit der Kommunalgarde, und so fiel denn circa 10 Uhr die erste Salve von circa 20 Schüssen. Es war einem doch wunderlich zu Mut, wie man diesen Hagelschlag unter das Volk schlagen hörte. Die erste Salve war blind gewesen, nach einer kurzen Stille brach der Lärm wieder los, aber als mit der zweiten einige zu Boden gestürzt waren, war auch das Gesindel nach allen Enden hin auseinander gewesen, und nun gab man die übrigen in die leere Straße hinein. So kam mir's wenigstens vor, ich weiß nicht, ob es genau so gewesen ist. Es fielen ungefähr fünf Salven, und als ich später durch die Straße ging und nach Hause wollte, war es ganz still und leer... ich sah im Mondschein eine lange und breite Blutflatsche auf dem Pflaster blinken. Es sollen drei auf der Stelle geblieben und noch eine Menge, zum Teil unschuldige, bloß Neugierige, verwundet worden sein. Man räsonniert in der Stadt, daß Bürgerblut vergossen worden sei und dergleichen mehr. Und der wohllöbliche Rat hat gestern die Torheit begangen, nachzugeben und die alte Wache, um die der Streit hergekommen war, wieder beziehen lassen. Darauf ist es denn gestern und diese Nacht ganz ruhig gewesen. Heute kommt nun der Prinz Johann von Dresden, der Chef der Kommunalgarde ist, und mich soll wundern, ob er auch ein solches Schaf sein wird wie der Magistrat.«

Am 6. September teilte Niese dann mit, daß wieder alles fein ruhig sei und die 1700 Mann mit ihren vier Kanonen in der Vorstadt die Leipziger gut in der Zucht hielten. Gleichzeitig werde von der Kommission aus Dresden gegen die Rebellen hart verfahren. Die neue Wache werde im übrigen in aller Ehrerbietung bezogen, und die rebellische 6. Kompanie solle ganz aus der Reihe der Kommunalgarden ausgestoßen werden.

Das öffentliche Leben in Leipzig beruhigte sich also zunächst im Zeichen militärischer Gewalt und exemplarischer Strafen, aber die Tatsache, daß Sachsen am 4. September eine Konstitution bekam, sprach doch dafür, daß im Grunde andere Kräfte als die der obrigkeitlichen Gewalt erfolgreich gewesen waren.

Von Berlin her jagten sich indessen die Gerüchte über das weitere unaufhaltsame Vordringen der Seuche. Niese konnte sich die schöne, aufstrebende, lebendige Stadt gar nicht in ihrem düsteren Totenkleid vorstellen. An der Elbe wurde bereits ein Kordon gezogen, und Brand- und Bittbriefe gingen an Moritz, doch ja die Stadt und das Gebiet jenseits der Elbe zu verlassen. Wirklich kam Moritz mit den begonnenen Examensarbeiten gerade noch durch den Kordon, Carl atmete erleichtert auf. Er selbst hatte mit der Familie Panse Hesserode als Zufluchtsort ausgemacht, falls die Krankheit sich auch Leipzig nähern sollte. Viele Messebesucher reisten vorzeitig aus Leipzig ab. In Wittenberg mußte Spitzner sein Gymnasium vor Beginn der Ferien schließen, weil ihm die Hälfte der Schüler davongelaufen war. Auguste beschwor Carl wiederholt, lieber eher als später an einen Umzug nach Hesserode zu denken. Das Berliner Konsistorium hatte Niese, da er die Provinz Brandenburg verlassen hatte, an das Konsistorium in Magdeburg verwiesen. Von dort bekam er Themen zu den schriftlichen Arbeiten, die er im Herbst in kurzer Zeit fertigstellte. Eine Zitation zur mündlichen Prüfung aber schob sich wieder hinaus, weil auch Magdeburg von der Seuche erreicht und eine Zureise dorthin weder beabsichtigt noch überhaupt möglich war. Die Prüfung lag also wieder in weiter Ferne. Statt aber nach Hesserode zu wandern, unternahm Carl Niese eine Reise nach Dresden, um die dortigen Kunstschätze zu studieren, die er als junger Student schon einmal bewundert hatte, und danach mit Bruder Julius in der Hauptstadt und in Tharandt ein paar gute Tage zu verleben sowie in dessen Bekanntschaftskreis Kirmessen und Kindtaufen mitzumachen. Auguste mußte wieder einmal warten, in Angst vor der Seuche und in Kummer über die neuerliche Zurücksetzung. Auch Moritz Niese vergnügte sich auf den ihm aus der Schulzeit her bekannten

Dörfern zwischen Wittenberg und Nordhausen, freilich auf eine weit lustigere Art als Carl: »Er schlägt sich mit Kartenspiel, Redensarten, Tanz und Fidelität durch, was mir alles äußerst schlecht steht, und läßt sich honorieren und zu Gaste bitten, daß die Leute selbst untereinander eifersüchtig seinethalben werden.« So viel Unbeständigkeit der Brüder Niese konnte im Hause Panse, auch bei Auguste, nicht auf Verständnis stoßen. Hatte Auguste sich zunächst gefreut, daß ihr Carl Berlin und Malwines gefährlicher Nähe entrückt war, so tauchten jetzt die Basen und Freundinnen in Torgau als neue Konkurrentinnen auf, ob sie nun Laura Leyser oder Franziska Koch hießen. Es war für Auguste ein schwacher Trost, daß Carl diesmal an ihren Geburtstag gedacht und ihr einen schönen Kleiderstoff von der Messe geschickt hatte.

Als Niese spät im November in Hesserode erschien, mußte Auguste zur Kenntnis nehmen, daß der ihr etwas unheimliche Plan der Habilitation Gestalt gewonnen hatte. Nieses Verteidigung des Hegelschen Systems gegen Dr. Schubarth, die er Marheineke geschickt hatte, war zu dessen vollster Zufriedenheit ausgefallen, nur konnte er sie jetzt nicht mehr drucken lassen, weil inzwischen seit Schubarths Angriff so viel Zeit vergangen war. Dafür hatte Niese jetzt etwas Neues unter der Feder, das er vielleicht auf eigene Faust zu drucken gedachte. Mit Mißtrauen hörte Auguste auch, daß er neuerdings wieder oft ins Theater ging, um das Wesen des Dramatischen zu studieren. Der Vormund Heintze, der Onkel Brunner, der Pate Koch, sie alle wollten Niese gern auf dem Katheder sehen, und Ritschl, der jetzt auf die Professur hin arbeitete, war der Hauptantreiber. Auf dem Rückweg nach Leipzig, der durch Aufenthalte in Wittenberg und Halle wieder einmal bedeutend länger dauerte, als Niese in Hesserode angegeben, wirkte der Zauber des akademischen Kreises um Ritschl erneut stark auf ihn ein: »Ritschl hatte die ganze Nacht seiner zu erangelnden Professur halber gearbeitet, und wir tranken miteinander eine Flasche guten Medoc aus und verzehrten ein Wickeröder Hähnchen. Dr. Ruge, Professor Pernice und Professor Niemeyer kamen auch noch. In Halle widerriet man mir Leipzig sehr, so sehr man mir zur Universität selber riet und mir Jena zum Anfang vorschlug. Der Hauptgrund gegen Leipzig war, daß unter den hiesigen Studenten nicht viel theologischer und philosophischer Geist herrsche. Allein, wo hat er denn auch herkommen sollen?« Er bekehre sich, bekannte Niese, »immer wieder zur Dozentenschaft, zuletzt besonders aus dem einfachen Grunde, daß, wenn es mir hier nicht glücken sollte, ich als einer, der sein Examen gemacht hat und schon so lange Kandidat ist, mich zu jeder Zeit zu einer Stelle entschließen kann. Aber umgekehrt geht das weniger, denn will ich Dozent werden, so muß ich es jung werden. Das beste ist, ich mache zwischen hier und Ostern mein Examen in Magdeburg und zugleich meine Präparation, von Ostern an hier habilitiert zu sein.«

Wieder also mußte Auguste Ortsnamen wie Wickerode, Professoren- und Dozentennamen hören, die offensichtlich für Niese ihren betörenden Klang nie verloren. Würde er ihr etwa doch noch entgleiten?

»Hesserode, den 25. Dezember 1831
Deinen Brief, mein lieber Niese, erhielt ich richtig an dem Tage, wo ich ihn erwartete, freilich nicht daher, woher ich ihn erwartet hatte. Ich könnte Dir hierüber viel schreiben, aber ich will es nicht tun, nur so viel: ich hätte es dem Vater lieber nicht gesagt, daß Du geschrieben hättest, und ich sagte es auch nicht, und lügen durfte ich doch nicht. Sieh, und dann mußte ich denn über Dich manches hören (Du kennst ja den Vater), was ich so gern nicht gehört hätte, und weinte. Darüber wirst Du nun wohl lachen, und das hätte ich auch wohl gekonnt. Aber aufrichtig gesagt, zum Lachen ist mir's doch auch nicht, und Du mußt mir's nicht übelnehmen, wenn ich wünschte, daß Du doch mehr Festigkeit haben möchtest. Ich wagte es nicht zu bitten, daß Du bis Neujahr hier bleiben möchtest. Ich glaubte einmal, Du müßtest notwendig bald in Leipzig sein, und zweitens glaubte ich, Du wärest nicht gern mehr hier, und ich glaube auch, daß es Dir wohl in Wickerode besser gefallen kann als hier, wo ein Tag wie der andere vergeht, des Vaters Klagen und was weiß ich alles, wie es nun einmal bei uns ist. Nur eine Bitte wage ich jetzt, und die kannst Du mir wohl gewähren: wenn Du wiederkommst, so mache Deinen Besuch in Wickerode erst ab, bitte, tue es mir zu Liebe...«

Zwar schickte ihr Niese – allerdings erst am 26. Dezember – als Weihnachtsgeschenk einen Verlobungsring mit dem Datum von 1822 nach Hesserode, und es waren sogar ein paar seiner blonden Haare in ihn eingelassen, zwar hatte er für Auguste und ihre

Schwester Helene bunte Tücher zum Kopfputz ausgesucht, aber er selber kam nicht. Ritschl hatte ihm gesagt, daß er dringend nach Berlin müsse, um auch dort ein wenig wegen seiner erhofften Professur nachzuhelfen, und eigentlich hatten sie schon in Halle verabredet, zu Weihnachten gemeinsam dorthin zu fahren, falls man es wegen der Choleragefahr, die bei der Kälte geringer zu werden schien, wagen könne. Unter den letzten, die von der Seuche dahingerafft wurden, war Hegel gewesen. Er hatte auf Drängen seiner Frau, um der durch die Nähe des Klinikums erhöhten Anstekkungsgefahr in der Stadtwohnung zu entgehen, in Kriegersfelde am Kreuzberg eine Sommerwohnung bezogen, umsonst, denn mitten aus Kollegs, Examina, Singakademiebesuch heraus hatte er sich der Erkrankung beugen müssen und in kaum mehr als vierundzwanzig Stunden am 14. November ausgelitten. Niese, der bedauerte, nicht an der Beerdigung teilgenommen zu haben, wollte wenigstens an dem noch frischen Grab stehen. So brach er am Weihnachtsabend nach Berlin auf, durch den Kordon, ungeachtet aller Warnungen. Auf dem verschneiten Friedhof vor dem Oranienburger Tor nahm er Abschied von dem Mann, dessen Denken so entscheidend in seine geistige Entwicklung eingriff und der nun neben dem alten Gegner Fichte ruhte, wie er, dem sich aller Dualismus in eins löste, gewünscht hatte.

Der weihnachtliche Aufenthalt in Berlin war überhaupt ein Abschied. Seite an Seite mit Ritschl, den auch in Kürze die Fessel des Amtes binden würde, ging Niese noch einmal durch das bunte großstädtische Leben, zu Stehely, in die Theater, zur Bibliothek, zur Universität und zu den Freunden, vor allem Lancizolles, und beide dachten am Silvesterabend an eine Zukunft, die sie hoffentlich bald auf einem Universitätskatheder sehen würde.

>>Wittenberg, den 9. Januar 1832
...Ich habe fürs erste nur meine Habilitation im Auge. Ich habe mich endlich besonders um deswillen zur Universität entschlossen, weil ich erstens jetzt doch im ganzen mehr dafür als fürs Landleben neige, und zweitens, weil ich die Universitätsstelle zu jeder Zeit wieder aufgeben und Prediger werden kann, sobald ich nur examiniert bin, und drittens ist es jetzt der sicherste und kürzeste Weg, Dich zu kriegen. Den ganzen Schaden, den ich dabei haben könnte, wäre die Dransetzung von höchstens zweitausend Talern

meines Vermögens. Zudem predige ich in Leipzig gewiß auch, so oft ich kann, und eröffne mir dadurch vielleicht auch eine Stelle als Prediger in Leipzig selbst oder in seiner Nähe, was uns gewiß einmal in sehr angenehme Verhältnisse brächte.«

Vergeblich suchte Niese seine Pläne nicht so zu formulieren, daß Auguste sie nur als enttäuschend empfand. Ihre Geduld war am Ende:

»Hesserode, den 23. Januar 1832
... Du sagst, was ich überhaupt dazu sagen werde, daß Du in Berlin gewesen bist. Hierauf will ich antworten: erstens wird es, das hast Du bewiesen, Dir ganz egal sein, was ich dazu sage, und ich will daher gar nichts sagen, sondern will ganz vergessen, daß Du in Berlin gewesen bist. Was ich zu Deinen Plänen sage? Du mußt mir nicht übelnehmen, wenn ich gerade so antworte, wie ich denke: ich gebe noch gar nichts darauf, Du änderst Deine Pläne so oft, daß ich mich schon daran anfange zu gewöhnen, wenn Du sie auch wieder änderst. Ich höre Dich noch sagen, als Du hier warst: ›ich nähme gleich eine Pfarre an, wenn nur eine da wäre.‹ Jetzt ist eine da, und Du magst sie nun nicht, und ich gestehe, daß es für mich ein Schrecken wäre, wenn das etwas werden könnte. Denn ich weiß ja, daß Du ungern Pastor würdest, daher mache, was Du willst, es soll mir alles gleich sein, und ich wünsche nur zu allen Deinen Unternehmen von Herzen Glück. Nur komme ich doch oft dahin zurück, daß wir uns doch wohl noch nicht heiraten können, mir ist so, als wäre es unrecht von mir, Dein Vermögen mit zu verbrauchen, da Du doch allein von den Zinsen recht gut leben kannst, und überhaupt denke ich manchmal, Du paßt mit Deinen Grundsätzen, die zwar sehr gut sind, nicht für ein eheliches Verhältnis.«

Wieder gelang es Niese, Augustes »zweifelhaftes, trostloses und resignierendes Mädchenherz« zu beruhigen. Wenn er in allem unbeständig sei, sei er doch beständig in seiner Liebe zu ihr und in dem Wunsch, mit ihr zusammen sein Leben aufzubauen, den er keinem anderen Mädchen gegenüber zu hegen sich auch nur vorstellen könne. Allerdings berichtete er im gleichen Augenblick, daß er, als er ihr den Verlobungsring kaufte, auch für Malwine einen Ring gekauft habe, um den sie ihn schon immer gebeten hatte.

Da stellte eine Nachricht des Vormunds Niese plötzlich vor die Qual der letzten Entscheidung: in Torgau war der junge Grulich unerwartet gestorben, und das Diakonat, eine Vierhundert-Taler-Stelle, zu besetzen. Es werde – schrieb der Vormund – bei seinen einflußreichen Verwandten nicht schwer halten, sie Niese zu übertragen, er solle nur eine Probepredigt halten. Obwohl die Torgauer selbst ihm zur Habilitation rieten und in Leipzig gerade ein theologischer und ein philosophischer Lehrstuhl freigeworden war, was eine Dozentur erleichtert hätte, stellte Carl Niese um Augustes und der größeren Sicherheit willen das Torgauer Projekt an die erste Stelle. Torgau war überdies seine Vaterstadt, in der viele befreundete liebe Menschen wohnten, es war keine einsame Dorfpfarre, sondern ein Ort mit Geselligkeit und geistigem Leben. Nur wenn dieser Plan sich jetzt zerschlüge, wollte er die Habilitation betreiben, und schließlich könne man ja sogar noch von der Kanzel weg auf das Katheder berufen werden, wenn das auch selten vorkam.

Und nun jagten sich die Ereignisse. Ende Februar bestand Niese das zweite theologische Examen in Magdeburg.

»Magdeburg, den 28. 2. 1832
... Vergangenen Donnerstag machten wir unsere Cour, den Freitag und Sonnabend waren schriftliche Arbeiten, den Sonntag Predigt, gestern Katechisation und heute früh acht Uhr bis um eins mündliche Prüfung. Wir machten es gut: am Tage wurde gearbeitet, und abends ging's ins Theater, so herzlich schlecht es auch war. Ich bin während meines Hierseins dreimal drinnen gewesen und habe manchmal so schlimm darüber gebrütet, warum es so schlecht wäre, als über unseren Examensarbeiten, bis ich's herausbrachte. Die Predigt hätte ich ihnen ganz gewiß auch aus dem Stegreif gehalten, wenn es wirklich dazu gekommen wäre. Allein für mich und noch einen blieb keine Kanzel mehr übrig, und wir wurden angewiesen, einem hiesigen Prediger ein Stück unserer eingesandten Predigt zu halten. Ich hatte keine Lust dazu und ließ mir von ihm einen Bibelspruch geben und hielt ihm darüber einen kurzen Vortrag, darüber er sich denn höchst verwunderte. Übrigens mache ich Dir gewiß eine Freude, wenn ich Dir sage, daß Dein Schatz N. 1 gekriegt hat; ich unter zehnen ganz allein!«

Das »Vorzüglich gut« hatten die Prüfer mit der Einschränkung erteilt, daß eine größere Einfachheit des Redestils anzuempfehlen sei: »Der Examinandus wolle nur streben, daß ihn sein reiches Talent nicht auf Abwege leite.« Als ob die Herren der Kommission gewußt hätten, daß ihn gerade jetzt wieder, auf der Schwelle zum geistlichen Amt, der Theaterteufel ritt. Was sich an kritischen Gedanken über das Magdeburger Theater in ihm klärte, brachte Niese auf der Weiterreise zu Papier, während er gleichzeitig seine Probepredigt für Torgau abfaßte. Denn von Magdeburg machte er zunächst einen Abstecher nach Zitz zu Malwine, die noch einmal zu ihm von ihrer hoffnungslosen Liebe sprach und die er so gern mit nach Wickerode zu Emilie genommen hätte, wo sie vielleicht seelisch und körperlich gesunden konnte. Dann ging es außerdem nach Hesserode und zwischendurch schnell für ein paar Tage nach Torgau, wo die Probepredigt in der Stadtkirche zu halten war, und zu Ostern empfing Niese dann bei Auguste die Nachricht, daß er die anderen Kandidaten geschlagen und die Torgauer Stelle erhalten habe.

Mit einem Mal stand nun der Tag, der Carl und Auguste endgültig zusammenführen sollte, unmittelbar vor der Tür. Die in Eile nötigen Vorbereitungen waren ein Freibrief für Niese, sich in Geschäftigkeit, Unrast und von einem Tag zum anderen umgestürzten Plänen zu ergehen: Hausbesichtigung und Renovierung, Kauf von Hausrat und Möbeln, die einmal in Torgau selbst, einmal in Leipzig und schließlich gar in Berlin am wohlfeilsten und schönsten sein sollten, hielten ihn ständig auf der Landstraße und Auguste und die Ihren in Atem, zudem den Vater Panse, der seit dem Winter mehr krank als gesund war, in ständiger Verärgerung. Nach Magdeburg mußte Niese fahren, um sich ordinieren zu lassen, nach Merseburg, um sich »konfirmieren« zu lassen, dazwischen lag Leipzig, in dessen Tageblatt der Aufsatz über das Magdeburger Theater untergebracht werden sollte, und gar nicht weit Dresden und Tharandt, dann Wittenberg mit Deinhardt, Halle mit dem eben ausgebackenen Professor der klassischen Sprachen Ritschl, Zitz mit der trauernden Malwine, und schließlich war Berlin dann auch nur noch einen Steinwurf weit. Wenn es dort aus dem Möbelkauf trotz aller helfenden Ratschläge der Frau v. Lancizolle nichts wurde, so hatte man immerhin das große, schöne, nun wieder blühende Berlin noch einmal gesehen.

Auguste begnügte sich, über ihren Carl zu lächeln: »Ich dachte mir auch gleich, daß das Möbelkaufen nicht die Hauptsache Deiner Reise sei, sondern wohl mehr, Deine Freunde und Freundinnen in und um Berlin noch einmal vor der Hand zu besuchen. Nun, da hast Du recht getan. Denn nun künftig, wenn Du mich hast, wird das Reisen schwerer halten – ich wünschte, Du hättest noch nach Dresden gekonnt, damit Dein Wunsch befriedigt wäre, und nun nach München! Ja, sieh, wenn ich nun nicht wäre, so hättest Du die schöne Reise mit Lancizolles machen können, ganz sorglos . . . aber so mußt Du, mein lieber guter Niese, vor der Hand mit mir und der Reise mit mir vorlieb nehmen.«

Schließlich war der Bräutigam dann doch vierzehn Tage vor der Hochzeit auf dem Wege zu Auguste, um die »letzten wilden Tage noch in jungfräulicher Freiheit« mit ihr zu verleben. Diesmal, zum ersten und zum letztenmal, stattete er seinen Besuch bei Emilie in Wickerode ab, bevor er nach Hesserode ging.

»Halle, den 1. Juli 1832

Aller meiner Berechnung nach, liebe Auguste, werde ich nunmehr Dienstag abend bei Dir eintreffen. Ich würde es zwar schon morgen abend können, da die Schnellpost morgen mittag hier durchgeht, allein ich würde dann mein Versprechen in Wickerode nicht halten können. Darum scheint mir's das Richtigste, daß ich morgen früh etwa bis Eisleben fahre und dann bis Wickerode noch fortgehe, die Nacht über dort bleibe und den Dienstag abend bei Dir bin, also, wie ich früher wollte, noch vierzehn Tage vor unserer Hochzeit. Ich freue mich schon sehr auf diese Tage und sehne mich recht danach. Ich habe mich vorgestern früh in Merseburg konfirmieren lassen, bin dann noch rasch hier herüber gegangen, und, wie ich Ritschl versprochen, die zwei Tage bei ihm geblieben. Er hat mir wenig Hoffnung zu seiner Gegenwart an unserem Hochzeitstage gegeben. Allein, vielleicht bringt ihn die wenige Zeit, die er daran zu setzen hätte, und wenn vielleicht Schmalfuß mit zugegen wäre, noch dazu, darauf einzugehen. Bei seinen vielen Arbeiten kann man ihn nicht einmal recht darum bitten. Indessen haben doch Julius und Moritz festen, guten Vorsatz zu kommen, und wer weiß, wer sich dann noch daran anhängselt.

Was unseren Hausrat betrifft, so habe ich auch hier nichts Profitables und Ansprechendes auftreiben können. Die Möbeln sind hier verhältnismäßig noch teurer als in Berlin und bei weitem nicht

255

von so gutem Geschmacke. Darum habe ich nach Torgau an den Tischler Heimburger geschrieben und ihm Auftrag zu Möbeln für ein Zimmer gegeben, und das Übrige bespreche ich noch mit Dir. – Leb wohl! Und nimm den letzten Brief so freudig und freundlich hin wie alle vorhergegangenen, Du mein Herz und mein Leib und mein Leben. Behalte mich lieb wie zuvor und bleib mir treu Dein Leben lang, damit uns unser höchstes Glück dieses Lebens nicht zum tiefsten schmerzvollsten Unglücke werde. Denn alles andere will ich mit Mut und Freude tragen um Deinetwillen.

Dein Carl«

Am 3. Juli kam Niese in Hesserode an. Am 7. verstarb ganz plötzlich der Vater Panse an einem Schlagfluß. Das dritte kirchliche Aufgebot mußte der Bräutigam als Stellvertreter des Verstorbenen selber von der Kanzel verkündigen. Die Trauung von Carl Eduard Niese und Auguste Panse wurde am 17. Juli 1832 durch den Mann der ältesten Schwester Panse, den Pastor Kämpfer, vollzogen.

1832 – 1858
Ein Stammbaum wächst in die Breite

»Du denkst Dir ein Haus mit drei Dachfenstern und zwei Feueressen mit der Fronte nach der Abendseite zu, die Türe bogig und
ziemlich in der Mitte, unten drei Fenster, zwei rechts von der Tür
und eins links, und oben sechs. Denn das habe ich Dir schon gesagt, daß unten links Superintendents Waschhaus in unser Wohnhaus hineingeschoben ist. Kommst Du nun durch die Haustüre, so
hast Du rechts eine Stube mit zwei Fenstern. Fatal ist das, daß alle
diese Stuben nicht glatte, sondern Bogenwände haben. Es wird
darauf ankommen, wie sie sich machen werden, wenn erst geweißt
und tapeziert ist. Hinter dieser zweifenstrigen Stube, die etwas
hoch liegt, kommt eine ganz leidliche Küche mit zwei Fenstern
nach dem Hof hinaus und hinter der Küche der Hof; aber neben
der Küche unter der Stube liegt ein Gewölbe, sehr frisch und
kühl... Links von dem Wege von der Haustüre nach der Hoftüre
geht die Treppe in die Höhe. Man ist nun noch nicht ganz oben, so
ist nach dem Hofe hinaus eine Rollkammer und von der aus oben
an der Hinterseite des Hofes ein Gang überdeckt, ich glaube zum
Trocknen. Nach vorn heraus ein wenig höher haben wir dann noch
zwei Stuben, die eine von drei Fenstern, wenn man hinaufkommt
links, und eine zweifenstrige rechts und zwischen beiden eine ein-
fenstrige Kammer oder Stube. Nach dem Hof hinaus ist dann noch
hinter der großen Stube eine Schlafkammer mit zwei Fenstern und
neben der noch so eine Rumpelkammer, und ebenso auf der anderen Seite hinter der zweifenstrigen Stube ist auch eine Art Kammer mit einem Fenster nach dem Hof hinaus, von der es auch auf
den Boden geht. Außerdem ist dann noch ein Keller da und zwei
Bretterverschläge, die unter der Treppe angebracht sind. Ich
denke, es wird sich da wohnen lassen.«

Als Carl Niese seiner jungen Frau am 26. Juli 1832 das Torgauer
Diakonat endlich zeigen konnte, sah es jedoch weder im Haus

noch in den Gemütern der beiden so aus, als stehe der Stern froher Häuslichkeit über ihrem Einzug. Natürlich arbeiteten überall noch die Handwerker, und zudem wirkte das meiste noch kahl und ungemütlich, da Niese mit dem Möbelkauf nicht zurecht gekommen und nur das Notwendigste angeschafft worden war. Die jungen Eheleute zogen also vorübergehend zu dem Onkel Brunner, und Auguste mußte sich zunächst im Kreis fremder Menschen bewegen. Der Kummer, den ihr bis zuletzt ihr »stets reisefertiger Schatz« gemacht hatte, der Tod des Vaters, die Trennung von der Mutter, die nun als Witwe mit der wenig tüchtigen Helene zurückblieb, das alles hatte ihr Gemüt erschüttert. Das lang ersehnte Geschenk der Ehe, der Freiheit und Selbständigkeit wirkte jetzt eher erschreckend als tröstend auf sie.

Am 22. Juli war man zusammen mit Moritz und Julius von Hesserode aufgebrochen; für Auguste wurde es ein tränenreicher Abschied. Die Mutter hatte Wagen und Pferde bis Wickerode gestellt. Als man am nächsten Morgen nach durchfahrener Nacht mit der Extrapost in Halle bei Professor Ritschl ankam, war Auguste so schwach und erschöpft gewesen, daß sie kaum einen Gedanken fassen konnte. Besser war es dann am Abend in Podelwitz bei den weniger anspruchsvollen Schönherrs gegangen. Die gemeinsame Liebe zu Carl, die Gleichgestimmtheit empfindsam aufgeschlossener Herzen wirkte schnell verbindend zwischen der Pflegemutter und der jungen Frau. Da man den ganzen Dienstag über dort blieb, konnten sich die Frauen richtig kennenlernen und Carl sich noch einmal in der nahrhaften Oase seiner Studentenjahre umtun. Am Mittwoch war dann Leipzig erreicht worden, wo Auguste den ersten Repräsentanten der Brunnerschen Verwandtschaft, den Vettern Franz und Gustav, begegnete. Am Donnerstag schließlich hatten die Torgauer Brunners wirklich ihr möglichstes getan, um Auguste den Empfang freundlich zu gestalten: Blumen und Kränze begrüßten sie, und die junge Frau des Vetters Moritz Brunner, die ein Kindchen erwartete, half bei den Vorbereitungen zum Einzug, gab mancherlei Ratschläge und plauschte der Jungverheirateten ihre Kümmernisse für Stunden hinweg. Das Brunnersche Haus lag in der Rittergasse unmittelbar neben der Stadtkirche, also in der Nachbarschaft des Diakonats. So konnten die beiden jungen Frauen sich leicht und häufig vom Fortgang der Arbeiten in dem kleinen Häuschen überzeugen. Carl flüchtete inzwischen in

die Arbeitsstube des Onkels und versank in den Vorbereitungen
für seine Antrittspredigt.

Dann kam der erste Sonntag mit dem Gang in die Stadtkirche.
Auf Auguste, die an die Hesseroder Dorfkirche und manch anderes Gotteshaus in der Heimat gewöhnt war, wirkte sie großartig
und prächtig. Den behelmten Südturm sah man in der Stadt von
weit her, dagegen war sein Zwillingsbruder im Norden ein Stumpf
geblieben. Seine volle Größe offenbarte der Bau erst, als Auguste
mit den Verwandten in das Innere und, vorbei am mächtigen steinernen Grabmal der Katharina Luther, durch das südliche Seiten-
schiff an ihren offiziellen Platz gelangt war, wo sie sich unter all
den neugierigen fremden Menschen und unter den schlanken Pfeilern des weiten hallenartigen Gebäudes recht klein und verlassen
fühlte. Vor Erregung hörte sie kaum die einführenden Worte des
Superintendenten Koch. Ihre Augen waren ängstlich besorgt auf
ihren Mann gerichtet, der in feierlicher Amtstracht die Kanzel bestieg und sich, erkennbar erschüttert, zu seiner Gemeinde herab-
neigte:

»In meine Vaterstadt habt ihr mich zurückgerufen, aus einem
unbestimmten und veränderlichen Wohnen und Verweilen wieder
hergeführt in die Heimat meines ersten erwachenden Knabenle-
bens, zu den Gräbern meiner geliebten Eltern, deren Gebeine
nahe diesem Orte hier, da draußen unter der schattigen Überda-
chung eines alternden Baumes ruhen, zu dem Grabe meines teuren Vaters, dessen der eine oder andere unter euch noch mit ehren-
der Erinnerung gedenken wird, welcher um das Wohl und Wehe
eurer Stadt in jenen Tagen der Not und Bedrängnis viel Sorge getragen und Kummer gehabt hat. Der mir zum Vorbilde geblieben
ist des Ernstes und der Gewissenhaftigkeit gegen sich selbst, der
Strenge seines Verhaltens in Dienst und Pflicht, seiner gründlichen
und sorgfältigen Tätigkeit, seines Ringens und Trachtens nach
Wahrheit und Wissenschaft, auch der Reinheit seiner Gesinnungen und Tadellosigkeit seines Lebens und Wandels. Ach! – nur um
ein weniges zu viel hingegeben den Kümmernissen und Besorgnis-
sen jener unheilschwangeren kriegerischen Zeit, auch da das Bild
seines bangen, aber treuen Herzens zum Heil gegeben mir und
euch: mit allen Sinnen und Kräften und Gedanken das ewige und
unvergängliche Wesen zu ergreifen und in der Freiheit des Geistes,
in der Freiheit der Kinder Gottes uns empor zu halten über die

Wirrungen und Wandlungen der die alten Formen umzustürzen drohenden Kämpfe unserer Zeit.«

Freiheit, das war das Wort gewesen, das den jungen Diakon wie so viele seiner Generation frühzeitig zu kühnen Hoffnungen und Taten entflammt hatte. Freiheit aber entflammte wieder einmal Gutmeinende und Irregewordene zu Handlungen, die von anderen nicht verstanden oder mißverstanden wurden. So konnte Niese mit aufmerksamen Hörern rechnen, wenn er fortfuhr: »Bedenke ich nun die Beginnungen und die Bestrebungen der Menschen und Völker in dieser gegenwärtigen Zeit, erwäge ich die Erwartungen und Hoffnungen, die Wagnisse und Gefahrungen der Zeit, für deren Bildung und Gestaltung wir geboren und erzogen sind und in deren geistigen Wehen und Weben wir allesamt leben und Atem ziehen, was ist es da, das sie allzumal dränget und treibet nach einem einzigen köstlichen Ziele, dafür wir sie haben wegwerfen sehen, wie von einem wunderbaren Wahnsinn ergriffen, Hab, Gut und Blut? Da ist es die Freiheit, gegen die sie alle Dinge dieser Welt für nichts achten und alle Opfer zu gering und keinen Gegenpreis zu hoch, die Freiheit ist es, auf deren neuem Boden und Fundamente sie das Himmelreich auf Erden zu gründen, das Reich des ewigen Friedens und allgemeinen Wohlergehens der Völker zu bauen gedenken. Wenn ich das bedenke, wie sollte ich nicht ganz sein wollen ein Kind eurer und meiner Zeit.«

Die Freiheit aber, die der Verfasser der »Akademiker« noch als eher berauschenden denn als definierbaren Begriff vor sich sah, ließ sich christlich-philosophisch deuten: »So euch der Sohn frei macht, so seid ihr recht frei.« Es gebe keine Knechtschaft als die des Unrechts und der Sünde, und es gebe keine Freiheit als die der geistigen Überwindung und der Liebe, die durch den Sohn vorgelebt wurde. Anders sei die Freiheit der Menschen nur Gefangenschaft in der Beschränktheit des eigenen Ich.

Auguste und Carl Niese machten nach diesem Gottesdienst die notwendigen Besuche bei den drei Amtsbrüdern, deren Wohlwollen sich Niese in seiner Predigt anheimgestellt hatte. Zunächst gingen sie zum Superintendenten Koch, dem Freund von Carls Vater und Carls Patenonkel, dann zu dem alten Archidiakon Grulich der einmal Carls erster Lehrer gewesen war und der nun in dem Schüler zugleich den Nachfolger des eigenen jüngst verstorbenen Sohnes empfing, und schließlich zu dem zweiten Diakon Johann

Christian August Bürger, einem um die Erforschung der Geschichte Torgaus sehr bemühten Mann, zu dem Carl in ein gutes freundnachbarliches Verhältnis zu kommen hoffte.

Dieser Tag des Amtsantritts sollte auch zugleich der letzte des Aufenthaltes im Hause Brunner sein. Am nächsten Morgen zog man in das Diakonat ein, und Niese hoffte sehr, daß sich Augustes Trauer und Heimweh nun legen werde. Aber als sie ihre Sachen auspackte, stieg die Erinnerung an das Elternhaus nur noch lebhafter in ihr auf, und sie konnte keine Freude an der Einrichtung ihrer Wirtschaft finden. Immer wieder flossen die Tränen, und sie erfaßte gar nicht, wie sehr sie ihrem Mann die Seligkeit der jungen Ehe und den Stolz auf seinen Beruf und Stand mit ihrer Schwermut zerstörte.

Das, was Auguste zunächst von sich selbst abziehen und auf andere Gedanken bringen mußte, war die eigene Wirtschaft und der neue Pflichtenkreis. Für eigene Rechnung und in eigener Verantwortung wirtschaften, war ihr im Gegensatz zu Carl etwas ganz Neues, obwohl sie auf der anderen Seite weit besser als ihr Mann über die Notwendigkeiten und Kosten eines Haushaltes Bescheid wußte. Wie gewissenhaft sie ihre Aufgabe nahm, davon zeugt das genau geführte Ausgabenbuch, und das Waschfaß für 14 Groschen, das sie als erste Ausgabe am 1. August 1832 dort verzeichnete, wurde gleichsam Symbol für ihr Hausfrauendasein, in dem das Waschen eine der wichtigsten Tätigkeiten werden sollte. Es galt aber noch manches anzuschaffen, was in der Aussteuer fehlte und sich aus den besonderen Gegebenheiten als unentbehrlich erwies: Blechgeschirr und Töpfergeschirr für die Küche, Einmachgläser, eine Wanne und eine Gelte, eine Garnwinde und selbst ein Spinnrad wurden gleich in den ersten Monaten gebraucht. Um die noch recht dürftige Einrichtung der Wohnung zu vervollständigen, mußten im September 16 ½ Ellen grünes Gardinenzeug sowie 18 Ellen weißes Gardinenzeug beschafft werden, und diese Anschaffung kostete mit Haken, Schnüren und Seide die Unsumme von 6 Talern 23 Groschen. Für die feineren Bedürfnisse und den unter Carls geselligem Temperament heranwachsenden Bekanntenkreis wurde eine Teekanne und eine Teebüchse vonnöten. Außerdem gab Auguste sich zur Verschönerung des Heims ans Handarbeiten, kaufte Wolle nebst Kanevas und stickte in allen freien Stunden. Zu Weihnachten wollte sie ihren Mann, der so anfällig gegen Erkältungen war, mit einer Fußdecke erfreuen. 3 Taler gab der Diakon wöchentlich seiner jungen Frau als Wirtschaftsgeld, das war für die an die Sparsamkeit des Vaters Panse gewohnte Auguste eine große Summe, und tatsächlich konnten sie beide samt der zunächst einzigen Magd, die eine gleiche Summe als Lohn für ein ganzes Quartal erhielt, gut davon leben. Löhne für Arbeitskräfte fielen kaum ins Gewicht, die Ausgaben für den Holzspalter, die Wäscherin oder für einen Gärtner, der den verwahrlosten Garten vor dem Tore erst einmal in Ordnung brachte, waren äußerst gering. Auf die Erträgnisse des Gartens konnte man im Anfang noch nicht rechnen, daher gehörten Gemüse und Obst neben Semmel, Milch und Butter zu den Hauptposten in Augustes Ausgabenbuch. Sonntags gab es Tauben oder ein Huhn, und meist kaufte Auguste gleich eine ganze Kalbskeule, deren Fleisch dann für verschiedene Verwendungszwecke, Braten, Schnitzel, Ragout gesondert wurde. Eine zehnpfündige Kalbskeule kostete 16 Groschen, eine Taube 1 Groschen, ein Rebhuhn 3 Groschen und 3 Pfennig, eine Rindszunge 7 Groschen, ein Schock Krebse 3 Groschen 6 Pfennig, eine Mandel Eier 3 Groschen 3 Pfennig, ein Pfund Butter 5 Groschen, ein Pfund Kaffee 7 Groschen, eine halbe Tonne Bier 1 Taler, der Hase zum Weihnachtsfest 10 Groschen und der 5 Pfund schwere Silvesterkarpfen 12 Groschen 6 Pfennig. Als nach den ersten drei Monaten die notwendigsten Anschaffungen für den Haushalt gemacht waren, normalisierten sich die Ausgaben, und doch mußte Auguste zu Ende des Jahres feststellen, daß sie mit 190 Talern Ausgaben in einem halben Jahre schon fast die Hälfte des Jahreseinkommens von 400 Talern verbraucht hatte. Mit 10 Talern im halben Jahr konnte Niese die eigenen Ausgaben unmöglich decken, so mußten zu mindesten die Zinsen des kleinen Vermögens, über das er jetzt verfügen konnte, hinzugenommen werden.

Auguste Nieses Gewißheit, daß sie bald Mutter werden würde, und ihre innere Einstellung darauf trugen viel dazu bei, daß sie ihre trüben Gedanken abschüttelte. Im November fuhr das Ehepaar zu Besuch nach Hesserode, und Auguste fühlte plötzlich, daß ein Abstand zur Heimat gewonnen und sie an ihre neue Umgebung gewöhnt war. Im Winter bereitete sie sich auf den Empfang des Kindes vor, nähte fleißig an mancherlei weißem Leinenzeug. Barchent und Spitzen, und was sonst noch notwendig schien, lieferte ihr der Torgauer Jahrmarkt Anfang März. Gleichzeitig kaufte sie auch alles für die Bestellung des Gartens, auf die sie sich freute und die ihr Carl bei seiner Abneigung gegen landwirtschaftliche Tätigkeit gern überließ: eine Hacke, eine Baumschere, eine Gießkanne, Baumwachs und verschiedene Sämereien.

Dann kam überraschend schon am 10. April 1833 ein kleines Mädchen zur Welt. Die Geburt ging glatt und gut. Auguste brauchte keine besondere Pflege; Verwandte und Freundinnen, die sich ihrer in den wenigen Tagen ihrer Bettlägerigkeit annahmen, ließen sie ihre Sehnsucht nach der Mutter nicht zu sehr empfinden. Aber die Mutter konnte nicht kommen, obwohl sie auch zu den zahlreichen Paten gehörte. Nieses hatten bei ihrem ersten Kind die würdigsten unter ihren Bekannten aufgeboten: den Superintendenten Koch, der das Kind auf den Namen Marie Auguste taufte, den Onkel Brunner, die Mutter Caroline Schönherr, die Frau Bürgermeister Kölling in Nordhausen, die jahrelang über den heimlichen Briefwechsel des Paares gewacht hatte, die Base Franziska Leyser und die junge Auguste Wiedemann, um deren verstorbene Mutter der Senator Niese einst vergeblich geworben hatte. Man feierte eine fröhliche Taufe.

Wie ein Magnet zog Niesesche Geselligkeit und des jungen Pastors Wissensdurst, Aufgeschlossenheit und Mitteilsamkeit einen Kreis von Freunden in die bogigen Stuben des Diakonats. Der nächste menschliche Halt, der sich dem jungen Ehepaar bot, waren natürlich die Verwandten Brunner und Leyser. Aber der alte Brunner, der im Frühjahr nach langer Amtszeit als Sechsundsiebzigjähriger das Bürgermeisteramt niedergelegt hatte, war eher das lebendige Symbol der vorangegangenen Generation, deren Rat und Meinung man respektierte, als zu vertrautem Umgang geeignet. Ähnlich gestaltete sich das Verhältnis zu dem Superintendenten Koch. Hier brachte der gemeinsame Beruf eine recht herzliche Bindung, und der Diakon Niese empfand die noble, weitherzige, aber schlichte Frömmigkeit des Vorgesetzten als Stütze seiner eigenen liberalen Gesinnung, wenn er in Koch auch keinerlei Rückhalt für seine philosophischen Neigungen hatte. Von Kochs Töchtern, zu denen Niese seit der Kindheit in freundschaftlichem Verhältnis stand, war die eine, Rosalie, verlobt, die andere, Franziska, kurz vor Nieses Heirat gestorben. Sie war eines der klugen und vielseitig gebildeten Mädchen gewesen, auf die Auguste so leicht eifersüchtig werden konnte, und Niese hatte sie herzlich lieb gehabt, so daß ihm Bruder Moritz schreiben konnte: »Ich bin mir nicht recht klar geworden, wie Du zu Franziska gestanden hast, so viel ist aber gewiß, wie es kam, muß es auch für Dich gut sein« – klugrednerisches Zeug, wie es Carl nannte, weil er nicht einsah, warum sein Herz nicht mehrere Wohnungen haben sollte. Da die Brüder und Jugendfreunde nun weit entfernt waren, gingen bald neu hinzugetretene Bekannte in der gewölbten ebenerdigen Wohnstube aus und ein: der den Brüdern Niese von der Berliner Studienzeit her bekannte weltmännische Garnisonprediger Friedrich Cranz, Junggeselle wie der Kammergerichtsassessor Villaume und der Premierleutnant August Hencke, und dann der jüngst verwitwete Auditeur beim Militärgericht Großheim. Diese Männer kamen jede Woche an einem Abend zu einem Kränzchen zusammen, an dem auch die Frau des Hauses teilnahm. Man unterhielt sich, las oder breitete sonst etwas voreinander aus, was die jeweiligen Interessen zu Tage förderten. Der Teekessel summte und Augustes Hände ruhten selten über der Handarbeit, die zu den unerläßlichen Attributen weiblichen Fleißes gehörte.

Tatsächlich verlangte ein Haushalt, in dem alle Wäsche für Leib und Haus und vor allem für die Kinder in der Wohnung und ohne maschinelle Hilfe angefertigt wurde, die ständig stichelnde Nadel in der Hand der Hausfrau. Obwohl Carl Niese seit Mariens Geburt einen Taler wöchentlich zum Haushaltsgeld zugelegt hatte, mußten doch schon im September das erste Paar Kinderschuhe für 9 Groschen, 3 Ellen Tuch zum Mäntelchen für 3 Taler und 4 Ellen Merino zum Kleidchen für 1 Taler und 6 Groschen gekauft werden. Außerdem war die Einrichtung noch unvollkommen. Daher gab Niese, angeregt durch ein Wunderwerk von Schreibtisch mit hundert Fächern, das sich Ritschl hatte bauen lassen, einen Mahagonisekretär in Auftrag, der dem des Freundes in bezug auf Umfang und Zahl der Fächer und Schübe wenig nachstand. Es war ein Eckschrank, berechnet, mit seiner Tiefe die Ecke neben dem Fenster in des Diakons Arbeitszimmer zu füllen und mit den beiden Seitenwänden, die gleichsam die Schenkel eines gleichseitigen Dreiecks bildeten, nicht gar so weit in den Raum hineinzugreifen. Der bis unter die Decke reichende Aufbau enthielt in der Mitte Schränke und an den Seiten Bücherregale und konnte in seinem Inneren wirklich Carls Sammlung von Manuskripten und einen großen Teil der Bücher fassen, mit deren Einbänden der Torgauer

Buchbinder ständig in Tätigkeit gehalten wurde. Die Schreibfläche ließ sich mittels einer Scherentechnik in ein Stehpult verwandeln. Für verborgte Bücher hatte sich Niese kleine Attrappen aus Mahagoniholz herstellen lassen, auf deren mit einem Schiefertäfelchen versehenen Rücken man den Titel und Entleiher des Buches eintragen und die man statt des Buches in die Reihe einfügen konnte. Das ganze Wunderwerk, das im Januar 1834 in das Diakonat Einzug hielt, kostete 33 Taler, 10 Groschen und 6 Pfennige, eine Summe, die Auguste doch in gelinden Schrecken versetzte.

Aber nicht nur für ihn selbst war dem Diakon das Schönste gut genug, auch die Mahagonimöbel mit dem eingelegten hellen Faden, die er nun endlich aus Leipzig bestellt hatte, waren mit 62 Talern nicht von den billigen. Auguste, gewohnt, den Pfennig umzudrehen, schwieg zu solchen Ausgaben. Sie erkannte ihres Mannes Entscheidungen in Fragen des Geschmacks sowie der Qualität an, denn sie wußte, daß er niemals sparen würde, um Minderwertiges einzuhandeln. Bei ihm rollten ohnehin Groschen und Taler von jeher leichter davon: Ausgaben für seine kleinen Reisen, die teils dienstlichen Zwecken, teils Freunden und Brüdern galten, mußten sein, ebenso die Ausgaben für die Hinrichssche und die Wienbracksche Buchhandlung in Leipzig, für ein schönes Stück Porzellan oder Glas, für den Kunstverein, für das große Bild von Hegel, das in Carls Arbeitsstube hing. Die Bilder von sich selbst und von Moritz, beide von Heine in Berlin gezeichnet, hatte er schön gerahmt in die Wohnstube hängen lassen, und dazu war als besonderer Schmuck ein kleines Aquarell gekommen, das ihr Vaterhaus in der Bäckergasse darstellte. Eine Frau war eines Tages mit einem Päckchen in der Hand erschienen und hatte erzählt, sein verstorbener Vater habe vor Zeiten ihre Ehe, die sie hatte scheiden lassen wollen, durch gütliches Zureden und sinnvolle Ratschläge wieder geleimt, so daß sie nun schon seit Jahrzehnten zufrieden mit ihrem Manne lebe. Da habe sie gemeint, daß der Sohn es vielleicht nicht als unbescheiden auffassen würde, wenn sie ihm aus Dankbarkeit ein Bild seines Vaterhauses, das sie selbst gemalt habe, überreiche, und sie habe auch gleich zwei weitere für seine Brüder angefertigt. Diese Gerüchte von der abgestatteten Dankbarkeit gehörten seitdem zu Carl Nieses und seiner Nachkommen Freude an dem mit naiver Darstellungslust sorgfältig gepinselten Werkchen, der falschen Perspektive der Häuser und den winzigen Figürchen, mit denen die Malerin die Bäckergasse bevölkert hatte.

In der allmählich ganz stattlich eingerichteten Wohnung ließ am 9. Mai 1834 ein Söhnlein seine ersten Schreie ertönen. Man taufte es nach seinen beiden Onkeln und ersten Paten auf den Namen Julius Moritz. Die Mutter, die auch über diese Geburt ohne Schwierigkeiten hinweggekommen war, handhabe das Aufziehen kleiner Kinder, das sie schon bei Carl Steuber gelernt hatte, offenbar so vortrefflich, daß der Hausfreund Großheim, dem seine verstorbene Frau einen anderthalbjährigen Sohn Ernst hinterlassen hatte, Auguste Niese bat, auch die Erziehung dieses Jungen zu übernehmen.

Carl Niese wußte sich in seiner lebhafter werdenden Familie eine vom Auf und Ab des Haushalts unberührte Sphäre zu bewahren. Seine Studierstube war für Auguste ein Heiligtum, und auch den Kindern wurde von Anfang an eingeschärft, daß sie da nichts zu suchen und zu stören hatten. Es war unter den häuslichen und seelsorgerischen Pflichten sowieso schwer genug, sich ein paar Stündchen am Tage für die alten Lieblingsstudien abzuzweigen und die Verbindung zu den Weggefährten aufrechtzuerhalten.

Bruder Moritz, dem Vater Senator so ähnlich mit dem Hang zum Vornehmen, aber auch der Energie und Denkschärfe, schien seinen Studienkurs sicherer und flotter zu steuern als Carl. Dem theologischen Kandidatenexamen, das er 1832 in Berlin bestanden hatte, war bereits im Jahr darauf das Examen pro ministerio gefolgt. Auch Moritz Niese liebäugelte wie Carl mit einer akademischen Laufbahn, und eine Landpfarre war schon gar nicht nach seinem Sinn. Sehr bald nach seinem Examen nahm er eine Stelle als Lehrer am Seminar in Potsdam an. Nicht nur in seinem theologischen Fache, sondern auch auf seinem ursprünglichen mathematischen Studiengebiet und in der deutschen Sprache, Literatur und Geschichte erteilte er hier erfolgreichen Unterricht. Noch freiheitlicher gesonnen als Carl, dachte er vor der Hand an keine eheliche Verbindung, bedurfte der Nähe des abwechslungsreichen Berlin und der jährlichen, immer weiter ausgedehnten Reisen. Häufig schaute er auf der Durchreise bei Bruder Carl herein, ebenso bei Julius, der inzwischen als Nachfolger des Onkels Schulze Herr des Gutes Neukirchen bei Wilsdruff geworden war.

Während Wilhelm Panse in seiner mecklenburgischen Abgeschlossenheit immer mehr dem Gesichtskreis von Schwester und
Schwager entschwand, stieg der Stern des Freundes Ritschl leuch-
tend am Himmel der Wissenschaft empor. Der junge Gelehrte
hatte zwar während seines ersten Semesters als außerordentlicher
Professor nicht an Carl Nieses Hochzeit teilnehmen können, zumal er gerade mit den Korrekturen für sein erstes Buch beschäftigt
war. Aber gleich nach dem Erscheinen des Buches, in den Semesterferien, hatte er von Erfurt aus die jungen Eheleute in ihrer
Torgauer Häuslichkeit aufgesucht und auch die Schwester und den
Schwager Lancizolle mitgebracht, die gerade von jener Reise zu-
rückgekommen waren, an der teilzunehmen sie Niese vor seiner
Heirat fast noch überredet hätten. Der acht Jahre ältere, wesentlich reifere und lebenserfahrene Refugié war diesem geradezu ein
Freund geworden. In Ritschl und Lancizolle sah der Diakon zu
seiner Freude Repräsentanten der Alma mater und der großen
Welt unter seinem Dach.

Ihre Gespräche waren nachdenklich gewesen, und diese Nach-
denklichkeit schwang in ihrem Briefwechsel weiter. Die Götter ihrer Jugend waren dahingegangen: Hegel und Goethe waren gestorben, Schleiermacher war ein sehr alter Mann. Andere Kräfte
stiegen auf, Fragen gewannen an Wichtigkeit, über die sie früher
kaum nachgedacht hatten. Carl hatte selbst die Unruhen in Leipzig miterlebt, als deren Resultat die sächsische Verfassung ange-
sprochen werden konnte. Die Geister, die seine Kameraden und
Carl selbst als Verfasser der »Akademiker« fast spielerisch gerufen
hatten, waren wirkende Mächte geworden, verkörpert nicht nur in
schwärmerischer Jugend, sondern auch in ernsthaften, gelehrten
Männern. Der zu Ritschls Hallenser Kreis zählende Arnold Ruge,
der viele Jahre wegen seiner Zugehörigkeit zur Burschenschaft in-
haftiert gewesen war, sich nun aber in Halle für historische Philologie und alte Philosophie habilitiert hatte, saß auf dem Giebichen-
stein, holte das durch die Haftzeit versäumte Hegelstudium nach
und suchte die Hegelschen Prinzipien gegen die bisherigen Ergebnisse zu revolutionieren. Auf solche Tendenzen ihrer Zeit blickte
Lancizolle, Mitglied des preußischen Oberzensurkollegiums, mit
anderen Augen als Carl Niese, ehemaliger, vom Leipziger Zensor
abgewiesener Dramatiker.

Während Ritschl im Frühjahr 1833 als Ordentlicher Professor

nach Breslau ging, zog 1834 der inzwischen in Berlin habilitierte Ulrici als außerordentlicher Professor der Philosophie nach Halle. Mit beiden gelehrten Freunden den Kontakt durch eingehende Briefe aufrechtzuerhalten, fiel Niese nicht schwer. Und so konnte er bei Ulrici, dessen literarische Interessen sich mit den philosophischen paarten, an der Entstehung einer »Geschichte der hellenischen Dichtkunst« Anteil nehmen, bei Ritschl an der einer kühnen Literaturgeschichtsvorlesung, die sich den Denkmälern der klassischen Literatur als Emanationen einer geistigen Entwicklung zu nähern versuchte, die durch politische, religiöse, landschaftliche und lokale Gegebenheiten bedingt war. Zu solchem umfassenden Bild verbanden sich die philologische Genauigkeit der Hermann-Schule und die realwissenschaftliche Boeckhs mit der Geschichtsschau Schlegels und Hegels, auf die Ritschl sich oft genug berief. Den Artikel über »Enzyclopädie und Methodologie der Philologie«, den Ritschl für das Brockhaussche Konversationslexikon geschrieben hatte, ließ er Niese zur Begutachtung zugehen. So passiv, wie Carl Niese sich aus mangelndem Verständnis Ritschls musikalischen Interessen gegenüber verhalten mußte, verhielt sich Ritschl gegenüber dessen theologisch-philosophischen Spekulationen. Im Gegensatz zu Niese war ihm die Philosophie nur eine nützliche Waffe der Dialektik im wissenschaftlichen Disput nach der Devise »Philosophendum est, sed paucis«. Niese aber ging es nicht mehr um das philosophische Disputieren an sich, sondern um die Wahrheit der Religion, die er lehrte und die er als beweisbar und erwiesen anerkannt wissen wollte. Der philologisch-kritische Freund entwand sich gern dogmatischen Fesseln, und sein mangelndes Christentum, seine bloße, im Idealismus wurzelnde »Religion des Gemüts«, wurde von dem Diakon hart getadelt. Die brodelnde geistige Situation der Zeit, die gerade der Theologie genügend Herausforderungen entgegenschleuderte, stellte Carl Niese jeden Tag erneut vor die Aufgabe, seinen Standpunkt zu behaupten. Er war fest entschlossen, das, was ihm bei Hegel und Schleiermacher den inneren Frieden gebracht hatte, nicht wieder aufzugeben: die Einheit seines Weltbildes, die Einheit und gegenseitige Bedingtheit von Glauben und Wissen, Idee und Wirklichkeit.

Freilich mußte er bald erkennen, daß es draußen im Lande unter den vielen in Enge befangenen Geistlichen und den oft ehrgeizigen, ihren Mantel nach dem Winde hängenden Superintendenten anders aussah als an den Universitäten. Sie gaben die Freiheit des Denkens rasch auf und reihten sich ein in das allgemeine Feldgeschrei: Hie Rationalisten, hie Mystiker – unter welchen Begriff landläufigerweise alles fiel, was sich nicht dem platten Rationalismus alter Schule verschrieb, die Liberalen aus der Schule Schleiermachers ebenso wie die Anhänger der Erweckungsbewegung im Sinne Tholucks und Hengstenbergs. Bei seiner Probepredigt war Niese selber von den Torgauer Instanzen als »Mystiker« empfunden und bezeichnet worden, weil er das Christentum nicht als eine sittliche Anstalt, sondern als den Weg zu Gott aufgefaßt hatte.

Diesen Verdacht zu entkräften und zugleich zu beweisen, daß er auch kein Anhänger des Rationalismus war, nahm sich Niese vor. Er setzte seine Kraft überall ein, wo es auszugleichen und einen über den Parteien stehenden Grundsatz zu finden galt. In dem von ihm seit 1833 geleiteten theologischen Leseverein sollte jede der herrschenden Richtungen durch mindestens eine ihrer wichtigsten Veröffentlichungen vertreten sein. Da er wie früher Koch und Grulich wöchentlich einige Stunden am Gymnasium und an der seit 1825 bestehenden höheren Bürgerschule unterrichtete, pflanzte er seinen Schülern und Konfirmanden den Geist der Toleranz ein und verlangte mit Bestimmtheit nur, daß Christus und sein Erlösungswerk im Mittelpunkt des Glaubens zu stehen habe. Dergleichen stieß bei den Amtsbrüdern auch auf Widerspruch. So sah Koch in den Lehren Schleiermachers und Hegels zwar Wege zur Wissenschaft, aber nicht zum Glauben. Er war freilich großzügig genug, die reine Absicht sowie den Eifer seines Diakons anzuerkennen und sogar dessen Betrauung mit der Leitung eines Kandidatenvereins für die Ephorie zu befürworten, einer Aufgabe, der sich Niese freudig unterzog, nachdem er sich bei Heubner, dem Direktor des Predigerseminars in Wittenberg, Rat geholt hatte. Das Wirken in der Gruppe, die Arbeit im kleinen, interessierten Kreis erkannte er überhaupt als eine der glücklichsten Möglichkeiten, seine überparteilichen Ziele zu verfolgen, und so ergriff er auch mit Eifer die Gelegenheit, in der Torgauer Ressource für eine Spende zu Gunsten der Gustav-Adolf-Stiftung zu wirken. Aus Verehrung für den schwedischen König war er schon als Student wiederholt zum Lützener Grabmal gepilgert, längst ehe zu dessen zweihundertjährigem Todestag 1832 dort eine große Feier stattgefunden hatte, bei der auf Anregung des Leipziger Theologen Großmann jene Stiftung zur Unterstützung notleidender Glaubensgenossen gegründet worden war.

Noch 1831 hatte Schleiermacher die streitenden Parteien in einem Sendschreiben über die Lehreinheit der evangelischen Kirche zur Toleranz zu ermahnen gesucht, indem er die Kirche als eine freie Gemeinschaft begriff, welche nur durch die evangelische Freiheit zusammenhalte. Das aber vermochten weder die Anhänger der überwiegend rationalistischen Landeskirche noch die pietistischen Parteigänger Hengstenbergs gutzuheißen. Mit Schleiermacher sank 1834 eigentlich nicht mehr ein Bollwerk, sondern ein Denkmal der alten Zeit dahin. Die Lähmung der idealistischen Stoßkraft, die in Wirklichkeit schon vorher eingesetzt hatte, trat jetzt deutlicher hervor. Zum zweitenmal siegte der Rationalismus, nun in einer weitaus dürreren Gestalt, ohne den Glauben an das Gute im Menschen, den der Rationalismus des 18. Jahrhunderts vertrat, dafür bewehrt mit Rechtsansprüchen des Menschen. Schleiermachers Befürchtung, der Glaube werde mit der Unbildung, die Bildung aber mit dem Unglauben gehen, wurde sehr bald Wirklichkeit. Das Hegelsche System mit seiner dialektischen Methode zeigte eine zweite Anwendbarkeit.

Während diejenigen, die nur das beharrende Moment der Hegelschen Dialektik erfaßt hatten, sich in treuer Wortgläubigkeit an die Vernünftigkeit des Wirklichen hielten und so leicht im kirchlichen wie im politischen Leben restaurativen Programmen anheimfielen, sahen andere, die Fortschrittlichen, nur das bewegende Moment, erklärten die Dialektik für absolut und verlegten den Hegelschen Begriff des Geistes ohne dessen transzendente Bedeutung zunehmend in ein diesseitig und materialistisch gesehenes Menschentum. Sie führten den Freiheitsbegriff gegen die Wirklichkeit und die bestehenden Zustände ins Feld, um diese dem anzupassen, was als vernünftig gelten konnte. Eine neue Schriftstellergeneration forderte Freiheit für die eingeborenen Instinkte des Menschen, der zum Maß aller Dinge gesetzt wurde. Hegel selbst hatte eine solche Entwicklung vorausgesehen: die aus der Emanzipation sich ergebende Isolierung des Individuums und seine wieder daraus resultierende Abhängigkeit von der von ihm selbst geschaffenen Wirklichkeit. Einen »spekulativen Karfreitag« hatte er diesen Punkt der Entwicklung genannt und den Menschen an die Religion verwiesen. »So euch der Sohn frei macht, so seid ihr recht frei«, predigte Carl Niese seiner Gemeinde. Die Instanzen der weltlichen Mächte aber glaubten, Gewalt gegen Gewalt setzen zu müssen und das Ferment der Anarchie durch Verbote vertilgen zu können.

Der den politischen Kontroversen stärker ausgelieferte Lancizolle wußte wiederholt von solchen Eingriffen zu berichten, die sich in letzter Zeit häuften und auf eine Krise zutrieben. Da war der Roman »Madonna«, den der Privatdozent Theodor Mundt kurz vor seiner Berliner Antrittsvorlesung veröffentlichte. Lancizolle, der als Mitglied des Oberzensurkollegiums das Werk zur Beurteilung erhielt, fand darin flammende Verteidigungsworte für die Rechte des Fleisches und der Sinne sowie einen Aufruf zum Sturm gegen alles Legitime und Bestehende. Er eilte sogleich damit zum Rektor der Universität, dem keineswegs engherzigen Steffens, der jedoch nach kurzer Durchsicht des Romans Lancizolle zustimmte und die Antrittsvorlesung des Autors untersagte. Da Lancizolle sein Gutachten für die Zensurbehörde natürlich in dem gleichen Sinne verfaßte, wurde bald darauf die »Madonna« in Preußen verboten. Die Erregung, die dieses Verbot auslöste, verursachte, daß die Schraube der Verbote immer fester angezogen wurde: es folgte zunächst für Preußen und dann auf dessen Antrag in Frankfurt auch für das ganze Bundesgebiet ein Verbot der Schriften aller derer, die man als das »Junge Deutschland« bezeichnete.

Ähnliches ereignete sich in Tübingen, wo man den Repetenten David Friedrich Strauß wegen seines Buches »Das Leben Jesu« aus seinem Amt jagte und aus der Universitätslaufbahn ausschloß. Mehr als jener Roman Mundts ging das im gleichen Jahr 1835 erschienene Buch des Theologen Strauß den Diakon Niese an. Strauß war Schüler erst Schleiermachers, dann Hegels gewesen. Niese konnte sich entsinnen, den Namen als den eines Mitstudenten seines Bruders Moritz gehört zu haben. Er war ein scharfsinniger Kopf und hatte bei seinem Meister etwas gelernt, aber dessen Methode hatte sich unter seinen Händen zu einem bedrohlichen Instrument entwickelt. Das Buch, von dessen Lektüre Niese viele Wochen lang auf das tiefste beunruhigt wurde, war ein ungeheuerlicher Angriff auf das von Schleiermacher entworfene Christusbild. Die Person Jesu war für Schleiermacher ganz Mensch und ganz Gott, historische Wirklichkeit und Idee. Die von den Zeitgenossen immer wieder bezweifelten Wunder hatte Schleiermacher als erhöhte Naturkräfte zu interpretieren gesucht und vorsichtig sogar die Möglichkeit einer späteren Mythisierung angedeutet. Diese wissenschaftlich uneinheitliche Methode griff nun Strauß an. Sähe man in Christus eine historisch belegbare Person, müsse man an die Rekonstruktion seiner Vita voraussetzungslos herangehen. Es sei doch leichter, sich zu denken, daß ein Wunderbericht unhistorisch entstanden als daß Unnatürliches wirklich geschehen sein könne. Und woher komme denn auch diese mystische Gottmensch-Vorstellung? Aus dem von Schleiermacher und seinen Nachbetern so geschätzten Evangelium des Johannes, der zur Stützung seines spiritualisierten Jesusbildes Mirakelgeschichten eingebaut habe und der sich eben durch diese historisch unhaltbaren Elemente als ein später Mythologisierer erweise und keinesfalls der Zeitgenosse und Lieblingsjünger Jesu gewesen sein könne. Bei ihm lasse sich deutlich der Einfluß alexandrinischen Griechentums und der Gnostik ablesen. Sowohl die Evangelien als auch besonders Johannes lieferten keine Augenzeugennachrichten. Sie seien keine Quellen, sondern spätere Mythisierungen. Messianische Hoffnungen und Idealvorstellungen vom Menschen seien hier auf ein Individuum projiziert, das insofern eine ideale Wahrheit besitze, dessen historischer und daher absoluter Wert jedoch angefochten werden könnten.

Der Fehdehandschuh, den Strauß einem zu Ende gehenden Zeitalter hinschleuderte, galt nicht nur den frommen Christen und Theologen. Es ging nicht nur um die Person Jesu, sondern um eine ganze Denkrichtung, die ihre Aufgabe in der Versöhnung von Idee und Wirklichkeit gesehen hatte. Nicht umsonst nannte Strauß neben der Schleiermacherschen Theologie auch Fichte und Schelling, den Platonismus und die Althegelsche Schule, die ähnlich fehlerhaft vorgegangen seien, wie jede »Philosophie, die vorzugsweise durch die Phantasie, mit Zurückstellung des kritischen Verstandes, operiert«. Strauß meinte, Schleiermacher, dem er abtrünnig geworden war, mit den Waffen seines zweiten Lehrmeisters Hegels, zu schlagen, indem er dessen Satz auf den Kopf stellte und postulierte: Was nicht vernünftig ist, kann auch nicht wirklich sein. Er zerschlug ein weltweites Denkgebäude und löste eine Synthese wieder in Dualismus auf.

Niese, der allmählich zur Gewißheit des Johanneswortes von der Freiheit durch den Gottessohn zurückfand, spürte, daß es für ihn und die Gleichgesinnten schwer sein würde, die Stimme gegen den Geist der Emanzipation zu erheben, der allenthalben aufgestanden war. In der Stille wirken, Vorbild Weniger sein, auch in den kleinen und geringen Dingen des Lebens das Große erkennen und Andacht vor ihnen empfinden, mit behutsamer Hand das Gute und Schöne im eigenen Bezirk pflegen, das mochte schon Lebensinhalt genug heißen. Und – der neuen Zeit zum Trotz – in Johanneischem Geiste leben und dem Johanneischen Evangelium sein Denken und Forschen widmen.

Das Jahr 1835 war auch im engeren und häuslichen Bezirk voller Unruhe. Auguste erwartete wieder ein Kind und war recht angegriffen. Carl schickte sie im August mit Marie und Julius sowie Ernst Großheim nach Hesserode zu ihrer Mutter, wo sie längere Zeit bleiben und sich erholen sollte. Während dieser Zeit besuchte ihn Moritz auf der Rückfahrt von einer Reise in die Bäder am Taunus und Spessart und an den Rhein. Er war ein eleganter und weltmännischer junger Mann geworden, der manches Interessante von dem internationalen Badeleben in der Umgebung von Wiesbaden zu erzählen wußte. Indes kam Auguste mit den Kindern unerwartet früh schon Ende des Monats zurück, weil die Unruhe sie wieder zu ihrem Mann und Hauswesen trieb. Wenige Tage später, an ihrem Geburtstag, erkrankte sie. Wochenlang vermochte sie nur stundenweise aufzustehen. Glücklicherweise war zu ihrer Entlastung eine zweite Hilfe in Dienst genommen worden. Auch kam die alte Sophie, einst Carl Nieses Kindsmagd, die in Torgau verheiratet war, in besonders schwierigen Fällen zur Unterstützung herbei. Eine Erleichterung war, daß Großheim, der wieder heiratete, seinen Sohn Ernst in den eigenen Haushalt zurückholte. Niese selbst hatte den Kopf voller Amtspflichten und Aufgaben, auch fuhr er Mitte Oktober hinüber zu Bruder Julius nach Neukirchen, um dessen Hochzeit mit Charlotte Albrecht mitzufeiern. Dann nahmen ihn die Feierlichkeiten zur Einweihung des neuen Gymnasiums in Torgau in Anspruch. Am Vorabend des Reformationstages war es für Männer wie Brunner, Koch, Grulich, die einen Teil ihrer Lebenskraft dem Bildungsinstitut im alten Franziskanerkloster gewidmet hatten, eine wehmütige Abschiedsstunde von der zu eng und zu baufällig gewordenen Stätte. In der Abschiedsrede des Rektors Müller war auch des Senators Niese gedacht. Der große Tag des Diakons Carl Niese war dann der folgende, an dem er nach dem Einzug der Schüler in die Stadtkirche unter den Augen auch des Bischofs Dräseke den Reformations- und zugleich Festgottesdienst zur Einweihung des neuen Gebäudes an der Promenade zu halten hatte.

Auguste konnte an der Einweihungsfeier nicht teilnehmen. Sie war noch immer krank, und ihre Behandlung war sehr schwierig, da man fürchtete, das erwartete Kind könne eine Frühgeburt werden. Aber dann ging die Geburt doch recht leicht. Das Töchterchen, das am 27. November zur Welt kam und von seinem Paten, dem Divisionsprediger Cranz, auf den Namen Anna getauft wurde, war freilich ein sehr zartes Kind. Auguste, die noch den ganzen Winter hindurch immer wieder vom Fieber heimgesucht wurde, war erst im März 1836 fähig, wieder auszugehen.

Carl Niese, vollgültiger Bürger, Familienvater, Amtsbruder, sah sich mehr und mehr in die verantwortlich bestimmende Generation gerückt. Der Superintendent Koch und Augustes verständnisvolle Mutter starben im Jahre 1837, Brunner war über achtzig, Grulich kränkelte seit langem und ging seinem Beruf nicht mehr recht nach. Neues Leben aber meldete sich ganz aus der Nähe: dem Bruder Julius wurde 1837 ein Sohn Ernst geboren, der Freund Cranz heiratete im gleichen Jahre die noch nicht zwanzigjährige Friederike v. Schaper, und sogar Ritschl teilte seine Verlobung mit.

Nach der idyllischen Ruhepause der ersten Ehejahre, die er sich gegönnt hatte, begann Nieses Unrast sich wieder zu regen. Kleinere Dienstreisen in die Umgebung genügten da nicht, und zu gemeinschaftlichen Reisen war Auguste nicht der geeignete Partner. Außerdem sehnte sich Niese nach einem ihm gemäßeren Wirkungskreis. Vom Unterricht an der Bürgerschule ließ er sich entbinden, dagegen entsprachen seiner eher akademischen als volkstümlichen Unterrichtsneigung die Lehrstunden bei den Gymnasiasten und Kandidaten. Wegen der hier gesammelten Erfahrungen nahm Niese erneut Kontakt mit dem alten Freund Deinhardt auf, der gerade in zwei Schriften über den modernen Gymnasialunterricht eine stärkere Verknüpfung der Lehrgegenstände zu einem organischen Ganzen forderte. Er machte, statt etwa die Exaktheit der Naturwissenschaften gegen die Geisteswissenschaften auszuspielen, die Philosophie zur Grundlage seines Bildungsgebäudes und fand sich darin natürlich mit Niese. Ähnlich beschäftigten Niese Berichte Ritschls über die Gründung eines »Vereins deutscher Philologen, Schulmänner und Orientalisten«, bei der des Freundes Name neben so berühmten wie dem Lachmanns und der Brüder Grimm aufgeführt wurde.

Schließlich trieben Carl Niese, dem 1837 ein zweiter Sohn, Carl Eduard und 1838 noch eine Tochter Emma geboren worden war, auch wirtschaftliche Gründe, seine 400-Taler-Stelle mit einer besser dotierten zu vertauschen. Fünf Kinder und die dafür jetzt nötigen drei Mägde wollten ernährt werden. Auguste war durch die rasche Folge der Geburten nicht mehr die kräftigste. Aber wichtiger als ein höheres Gehalt blieb der günstigere Wirkungskreis. Es war naheliegend, daß sich Nieses Augen auf die durch Kochs Tod freigewordene Superintendentur richteten, mit der zunächst Grulich provisorisch betraut worden war. Grulich kam wegen seines hohen Alters für die Superintendentur nicht in Frage, Bürger hatte kein Interesse, und so wagte es Niese, trotz seiner Jugend bei der Regierung in Merseburg um das Amt nachzusuchen. Er machte den Vorschlag, daß er auf das mit der Superintendentur verknüpfte höhere Pastorat verzichten wolle, so daß er selbst die höhere Würde, Grulich aber den finanziellen Vorteil gewann. Aber die vorgesetzte Behörde hielt den jungen Diakon denn doch für zu unerfahren für ein so hohes Amt. So erbat Niese vom Senat seiner Vaterstadt die Erlaubnis, sich anderenorts zu bewerben.

Nun begann wieder das Suchen und Umschauhalten, das Gesucheschreiben, das Aufzählen der eigenen Meriten und Darlegen der Fähigkeiten. Unter allem, was sich Niese an Stellungen bot, lockte ihn am meisten die des geistlichen Inspektors der Fürstenschule Pforta, jenes Alumnats, das seit Generationen allenthalben den besten Namen hatte und das Wohlwollen des Kultusministers Altenstein und seines Beraters Johannes Schulze genoß. Die Stelle war dem Rang nach die eines Superintendenten und mit dem Titel eines Professors verbunden. Es würde schwer sein, hier anzukommen.

Unter Warten und Unruhe verstrich der Herbst des Jahres 1838. Einen Lichtblick bildete der Besuch Ritschls, der dem Freunde seine temperamentvolle, gebildete und musikbegeisterte junge Frau vorstellte. Auch Ritschl trug sich mit Veränderungsplänen: er spekulierte auf einen Ruf nach Bonn. Schon bald nach seinem Besuch in Torgau führte ihn jedoch ein trauriger Anlaß nach Berlin: Seine Schwester Jettchen Lancizolle starb im Kindbett. Es war ein Verlust, der auch Carl Niese sehr schmerzlich traf.

Ende November wurde es dann Gewißheit, daß Niese die Stelle des geistlichen Inspektors in Schulpforta erhielt und schon im Januar antreten sollte. Das Weihnachtsfest war beflügelt von neuen Aussichten und doch auch überschattet durch den nahen Abschied von Torgau, das den Eheleuten – und Carl sogar in doppeltem Sinne – Heimat geworden war. Zwar war bereits manches Blatt aus dem Kranz der Torgauer Freunde und Verwandten gebrochen: Großheim lebte bereits seit ein paar Jahren als Geheimrat in Berlin, Cranz rechnete mit seiner Beförderung und Versetzung. Aber für die Nieses war Torgau die Stätte jungen Eheglücks, der ersten Schritte ihrer Kinder, der Zurückgezogenheit und Stille, der Ort, an dem aus Not und Tod der Eltern den Kindern Segen erblüht war. Nur in Bildern reisten die Stätten der Erinnerung mit in die neue Heimat: das Bild des Hauses in der Bäckergasse, ein kleines Ölbild mit dem Diakonat, zwei zierliche Zeichnungen vom Grab des Senators und seiner Frau in der sogenannten Wintergrüne neben der Stadtkirche und die hübsche Tasse aus Meißner Porzellan mit der Torgauer Stadtkirche darauf und der Unterschrift:

> An Villaume, Cranz und Hencke,
> Wir bitten Dich, gedenke!

Während Carl Niese in der klösterlichen Abgeschlossenheit von Schulpforta eine neue Heimat fand, führte die Niesesche Unrast seinen Bruder Moritz zu immer weiter ausgreifenden Reisen. Er lebte in Potsdam ein recht flottes Leben, das wenig zu dem landläufigen Bild eines Pfarrers paßte. Ausgelassene Vergnügungen, die er schon als Student im Gegensatz zu Carl gern mitgemacht hatte, wurden jetzt erst recht genossen, viele Nächte durchtanzt oder dem Spiel – Schach, Whist und Kegeln – gewidmet. Moritz schätzte eine gute Zigarre; seine Ausgaben für Tabak und Wein waren oft recht hoch. Härter und energischer als sein Bruder, schärfer im Witz, sicherer im Auftreten, floh er auch die offiziellen Gesellschaftskreise nicht, und er verstand es, sich unter Offizieren, denen er in Potsdam begegnete, mit der nötigen Forschheit zu

Die Zeichnung von der Stadtkirche in Torgau mit dem vorn erkennbaren Grab des Senators Niese und seiner Frau läßt den gewaltigen Innenraum für die Gemeinde ahnen, der gegenüber sich der predigende Pfarrer, 1832 bis 1838 auch Carl Eduard (I.) Niese, zu bewähren hatte.

bewegen. Der vom Vater überkommene ästhetische Feinsinn, bei ihm noch mehr ausgeprägt als bei Carl und vorwiegend auf Wohnkultur, Kleidung, Umgangsformen gerichtet, dazu die ebenfalls vom Senator ererbte Eitelkeit ließen es ihm als unerträglich erscheinen, daß ein Theologe und Philologe philiströser oder provinzieller wirken sollte als ein Aristokrat, ein hoher Beamter oder gar ein Kaufmann. Solche Ansprüche verschlangen Geld und konnten zur Gefahr werden, aber seine wissenschaftlichen Interessen und sein Arbeitseifer bewahrten Moritz Niese vor wirtschaftlichem Leichtsinn, seine geistigen und musischen Gaben vor Oberflächlichkeit. Er war ausgebe- und gebefreudig. Moritz Niese spendete wirklich noble Geschenke und steckte seinen schwerer belasteten Brüdern bei seinen Besuchen gern etwas zu, ohne daß sie es als

Unterstützung betrachten mußten. Wo er Not sah, borgte er, oft ohne zu wissen, ob es ihm jemals zurückerstattet werden würde. Zu Beginn des Jahres 1837 konnte er folgendes Fazit ziehen: »Im ganzen ausgegeben seit dem 1. März 1834 bis zum November 1836 eine Summe von 2990 Talern, davon aber verborgt 1150 Taler, bleibt 1840 Taler, davon die Reise mit 320 Talern und den Ankauf von Meublen für 100 Taler abgerechnet, bleibt 1420, also jährlich doch nur gebraucht 550 Taler circa. Eingenommen habe ich als Gehalt circa 750 Taler, an Zinsen 1200 Taler, macht 1950, also wäre mein Vermögen um 100 bis 200 Taler gewachsen, wenn nicht von den obigen 1150 Talern, die ich verliehen, 400 so gut als verschenkt wären – und das schad nischt!« Er tadelte sich auch oder redete sich gut zu durch Bemerkungen, die er in sein Ausgabenbuch eintrug, so etwa »Das ist zu viel, lieber Niese!« oder »Geht noch an!« Furchtbar ernst also nahm er es mit seinem Etat nicht. Immerhin hielt er es für angezeigt, sich zu überwachen, und das war gut, denn schließlich gab er ja für sich allein annähernd das aus, was Carl für seinen ganzen Hausstand benötigte.

Die Lehrtätigkeit am Potsdamer Seminar war Moritz Niese angenehm; er wußte aus vielen Anzeichen, daß seine Seminaristen ihn liebten und etwas bei ihm lernten. Die Arbeit ließ ihm Zeit, sich weiter fortzubilden und sich frei zu bewegen. Häufige Fahrten nach Berlin mit Theaterbesuch waren an der Tagesordnung. Überdies hatte er zahlreiche Freunde dort, neben alten Studienkameraden auch Großheim, der nach seiner Versetzung aus Torgau seine Freundschaft zu Carl auf Moritz übertragen hatte. Auch beruflich führte ihn der Weg nach Berlin. Zusammen mit seinen Kollegen vom Potsdamer Seminar nahm er am Berliner Seminar die Prüfungen der dortigen Seminaristen ab, während die Lehrer des Berliner Instituts mit den Schülern des Potsdamer Seminars Examina abhielten. Die Seminare, Ausbildungsstätten für Lehrer an Elementar- und Bürgerschulen, hatten erst in den zwanziger Jahren eine eigentliche Bedeutung gewonnen und verdankten sie vor allem der Tätigkeit Friedrich Adolf Diesterwegs, der nun seit 1832 Leiter eben des Berliner Seminars war, mit dem das Potsdamer Institut in so regem Austausch stand. Der liberale Pädagoge, der in Tat und Schrift erfolgreich für die Förderung der Elementarbildung eintrat, wurde von den Lehrern in Potsdam und Berlin als Anreger und Vorbild betrachtet; man ging mit allen Fragen des

Berufes zu ihm und kehrte von jeder Aussprache mit ihm berei-
chert nach Hause zurück, wie denn Moritz auch später, als er nicht
mehr in Potsdam lebte, nie versäumte, auf Durchreisen durch Berlin Diesterweg aufzusuchen.

Zu den großen Feiertagen fuhr Moritz nach Torgau und Neukirchen, und er suchte auch andere Freunde und Verwandte im Sächsisch-Thüringischen auf. Aber das Ereignis des Jahres war immer
die große Sommerreise, die sich von Mal zu Mal kühnere Ziele
stellte. Dabei machte es ihm einen unheimlichen Spaß, die verschiedensten Rollen anzunehmen, sich einmal als geistreicher
Causeur und Courschneider im eleganten Badeleben zu gefallen,
ein andermal als schlichter Wandersmann mit dem Felleisen oder
fast als Abenteurer zu erscheinen. Er war nicht nur wie sein Bruder ein begeisterter Theatergänger, sondern er hatte auch durchaus schauspielerische Begabung und Neigung. Schon als er zur
Studentenzeit mit Julius die große Fußreise durch Schlesien nach
Wien durch Böhmen zurück unternommen hatte, belustigte es ihn
sehr, als man sie beide am Tor von Wien für Handwerksburschen
hielt und ihnen die Wanderbücher abverlangte, und auf dem Rückweg hatte er in Culm nicht gezögert, in einer Herberge zusammen
mit der Schmierenkomödiantengesellschaft des Schauspieldirektors Fugger zu bleiben und ihren Proben zuzusehen. Auf der schon
erwähnten teuren Badereise des Jahres 1836 freilich hatte er sich
ganz den gesellschaftlichen Genüssen der Taunusbäder hingegeben, den größten Teil der Zeit mit dem Engländer Churchill auf
modischem Eselsrücken verbracht und nur den Rückweg von seiner Rheinfahrt bis Köln zu Fuß zurückgelegt, um wieder die Lust
des Wanderns zu genießen. »Es ist wichtig auf Reisen«, hielt er als
Erfahrung fest, »daß man die großartigsten Szenen scharf auffaßt
und gründlich genießt; der Geist gewinnt dadurch reichere Nah-
rung und gewaltigeren Aufschwung, als wenn er eine Unmasse von
Gewöhnlichkeiten in sich aufnimmt, die ihn nicht weiterbringen.«

Trotz mancher Liebelei auf seinen Reisen, aber auch in Potsdam
und Berlin, war Moritz Niese Bindungen noch nie eingegangen,
um sich sein freies Leben nicht zu beschneiden. Ebensowenig erschien ihm seine Seminartätigkeit als dauernde Bindung, wenn ihn
auch das normale Pfarrerdasein nicht unbedingt lockte. Die Berührung mit Potsdamer Offizierskreisen brachte es mit sich, daß
ihm das Amt eines Divisionspredigers angenehm erschien, der

wohl am ehesten der immer mehr herrschenden pietistischen Mukkerei enthoben war. Eine erste Bewerbung 1836 schlug fehl, aber Besprechungen mit Bruder Carls Freund Cranz, der selbst auf Beförderung rechnete und sich deshalb im Frühjahr 1837 in Berlin aufhielt, bahnten neue Versuche an.

Wichtiger war jedoch zunächst die große Reise, die für den Sommer dieses Jahres zusammen mit dem Freund Frobenius geplant war und die Moritz zum erstenmal aus den Grenzen des deutschen Sprachraums hinausführen sollte. Diesterweg hatte im Vorjahr einen Bericht über seine pädagogische Reise durch die dänischen Staaten erscheinen lassen. Das Buch hatte Moritz Lust gemacht, sich nach Norden zu wenden, allerdings mehr, um Land und Leute als um die Schulen kennenzulernen, von denen nur einige wenige besucht werden sollten. Ein bißchen Vergnügungs- und Badeleben stand gleichfalls auf dem Programm.

Der alte Schiffskapitän aus Vegesack, der Moritz und Frobenius auf der Fahrt von Berlin nach Hamburg im Eilwagen gegenüber saß, lieferte ihnen den Auftakt zum Thema der Reise, die vor ihnen lag. Da die »Gegend märkisch i. e. langweilig« wirkte und es kaum lohnte, aus dem Fenster zu schauen, war das Seegarn, das der Alte spann, ebenso unterhaltsam wie die selbstgefällige Witzelei des Hamburger Schauspielers Lebrun, der mit seiner Tochter Antonie mit von der Partie war und dessen Behauptung, daß »wohl er, aber nicht der König von Bayern schlechte Verse machen dürfe, denn letzterer habe etwas Besseres zu tun, er aber nicht« mit beifälligem Gelächter aufgenommen wurde. Man war am Abend von Berlin weggefahren, langte am zweiten Morgen um acht Uhr früh in Hamburg an und fuhr dann mit bequemer »Droske (zugemachter Wagen)« nach dem am Hafen gelegenen »Herzog von Holstein«. Der Hafen Hamburgs mit der Unzahl von Schiffen, besonders den mächtigen Dreimastern und Ostindienfahrern, mit dem Ein- und Ausladen sowie der wirbelnden Tätigkeit allenthalben war für den Binnenländer, der die See bisher nur auf seiner Schülerfahrt nach Rügen gesehen hatte, ein lange nachwirkendes Erlebnis. Moritz Niese besichtigte auf den Spuren Diesterwegs die Schuleinrichtungen des Waisenhauses, besuchte die Gottesdienste der führenden Kanzelredner, die, wie überall, die beiden herrschenden theologischen Lager vertraten, pilgerte zu Klopstocks Grab, besah sich die Schaubuden sowie Moritatensänger von St. Pauli und ging auch den Weg in die Vorstadt St. Peter, wo sich das beste der drei Hamburger Sommertheater, das Tivoli, befand: »Es ist ein wonniger Anblick, von der Höhe der Terrassen, oben am Auslaufplatz der Rutschwagen, hinabzuschauen auf das bunte Gemisch der zahllosen goldenen Strohhüte der Damen und der ebenso vielen schwarzen Hüte der Herren, welche zu Tausenden in den Logen und im Parterre (im eigentlich Sinne) strickend, trinkend, rauchend und schwatzend teils sitzen, teils umherwandeln. Und wenn das Stück ausgespielt hat, so werden die Terrassen mit darüber gelegten Brettern geebnet, und der bal champêtre nimmt seinen lustigen Anfang um acht Uhr wie ein noch lustigeres Ende in tiefer Nacht.«

Obwohl Moritz Niese solcher Fröhlichkeit durchaus nicht abgeneigt war und gern einräumte, daß das »leibliche Vegetieren« die beste Seite des Lebens in dieser Stadt sei, mißfiel ihm an Hamburg, daß Kunst und Wissenschaft nicht um ihrer selbst willen genügend geachtet seien, sondern »nach dem Maßstab äußerer Nützlichkeit« beurteilt würden. Unerläßlich war für Niese wie für andere Fremde eine Besichtigung der Börse, wo sich fünf- bis sechstausend Menschen drängten. »Alle haben Hüte auf dem Kopfe, die meisten Stöcke in der Hand; alle tun eilig, alle wichtig, alle sind gespannt, alle eigennützig; viele schwatzen, mancher ist stumm; wenige sind ganz zufrieden, einigen liest man die Zweifel, anderen die Verzweiflung auf dem Gesicht.« In der Börsenhalle, einem schönen großen Gebäude, in das zu gelangen es einer besonderen Einlaßkarte bedürfe, würden »von den Kaufleuten nicht nur Geschäfte abgeschlossen, sondern auch Zeitungen und öffentliche Blätter gelesen und Süßes und Bitteres aller Art gegessen und getrunken. Hier liegen auch die mächtigen Silberbarren aufgehäuft, 30 bis 40 Millionen am Werte. Alle Kaufleute tragen ihr Geld dorthin und erhalten dafür eine Bescheinigung, und hat jeder sein Buch daselbst, in welches die einzelnen Summen eingetragen werden, je nachdem die gegenseitigen Zahlungen zu leisten sind.

Nächst der Börse aber findet man die Kaufmannswelt am meisten in den Pavillons versammelt, deren es außer dem Elb- und Mühlenpavillon vorzüglich zwei an dem Alsterbassin gibt. Hier ist überhaupt der Korso von Hamburg zu suchen, indem nicht nur alle Kaufleute und Kaufmannsdiener daselbst zusammenströmen, sondern auch Advokaten ohne Zahl sich unter jene mischen, mit ihren Klienten verhandeln und auf deren Rechnung ein Glas Rotwein schlürfen.«

Der Aufenthalt in Hamburg, Anlaß für Moritz Niese zu Betrachtungen über »Geldaristokratie«, war nur kurz. Mit dem Dampfboot ging es weiter nach Cuxhaven und von dort mit einem Schifferkahn, Snigge genannt, auf See Richtung Helgoland. Die Einmaligkeit der baum- und strauchlosen Insel, die Farbkontraste, der Wechsel von Ebbe und Flut, das nächtliche Feuer des Leuchtturms, das kärgliche und gefahrvolle Leben der Bewohner in Ober- und Unterstadt, das auf Fischfang und Lotsendienst sowie harmlosen Resten von Seeräuberei beruhte, das Baden und das für gesellschaftliche Vergnügungen erbaute Conversationshaus, daß man Confusionshaus nannte, das alles ließ es verlockend erscheinen, ein paar Wochen hier zu verbringen. Überall hingen die Schellfische auf Leinen, Stangen, Dächern und Zäunen »wie bei uns die Strümpfe nach der großen Wäsche«, und weitere Stangen waren überall für den Schnepfenfang aufgestellt, »um dessentwillen die Leute mitten in der Predigt allesamt aus der Kirche gelaufen sein sollen mit den Worten ›Herr Pastor, die Schneppen sün da!‹«

Das Hübscheste blieb für Moritz Niese der geschäftige Müßiggang des Badelebens: »Ein flotter Badegast, und flott sind sie meist alle, steht wohl dann und wann schon früh um 3 Uhr auf, schleicht sich still aus dem Hause, dessen Tür, weil ehrliche Leute darin und drum herum wohnen, nicht verschlossen ist, und begibt sich durch die Stille der Stadt auf die äußerste Spitze der Insel im Westen. Hier erblickt man in ziemlicher Ferne einzelne Segel, deren Weiß durch die Morgendämmerung leuchtet, und näher der Insel einzelne Fischerkähne, welche ganz still liegen, während ebenso still und stumm die Fischer ihre Angeln werfen und aus der Tiefe ziehen, sobald der Dorsch am Wurm zupft. Auf der Insel oben sehe ich am Leuchtturm dort einige alte Helgoländer stehen, Tabak kauend und in die See hinausstarrend mit ihrem Fernrohre; sie sind zu alt, um noch auf den Wogen zu leben, aber sie können es doch nicht vergessen, ihr Element, und wollen's wenigstens noch schauen, so lange der Tod es ihnen nicht verwehrt. Näher mir, weiter westlich, auf dem Grün des Rasens weiden Schafe, welche, an ihre eisernen Nägel festgebunden, Tag und Nacht hier zubringen und, während dort im Osten der Sonne Feuerball glühend aus dem

Ozean hervortaucht und eine blitzende Feuerstraße über das Meer zieht, kommen aus der Stadt Mädchen und Frauen, zu melken die Schafe, welche ihnen aufgehobenen Hauptes entgegenblöken.

Eine oder einige Stunden nach dem Kaffee, das heißt um sieben, acht oder neun Uhr, je nachdem die Flut früher oder später eintritt, steigen Herren und Damen in Mäntel gehüllt die lange Treppe hinunter und lassen sich hinüberrudern nach dem Holm, was oft mit bedeutenden Schwierigkeiten verbunden ist und bei ungünstigem Winde wohl dreiviertel Stunden dauern kann, während die ganze Gesellschaft doch noch dreißig bis vierzig Schritt weit sowohl in die Gondel hinein als auch wieder heraus getragen werden muß, denn die Kähne sind bei flachem Wasser zur Ebbezeit nicht imstande, bis ans Trockene zu fahren. Da müssen sich's denn die verziertesten Damen gefallen lassen, daß ein handfester Helgoländer sie in seine rauhen Arme schließt, während die Herren auf dem breiten Rücken der gigantischen Schiffer reiten.

Auf dem Holme selbst begeben sich nun die Damen nach der linken, die Herren nach der rechten Seite. Am Badeplatz angelangt, zieht man sich in einem am Ufer stehenden Zelte oder in einem zweirädrigen Badekarren, der in die See hineingeschoben wird, aus, genießt dann zuerst wohl ein Luftbad und läßt sich hierauf fünf bis zehn Minuten lang von den Wellen peitschen.«

Helgolands Strand diente auch als Terrain für bescheidene Spaziergänger beiderlei Geschlechts und für die Suche nach Donnerkeilen, Muscheln, Ammonshörnern, Seeigeln, Seesternen und sonstigen Raritäten, »und wenn man etwas Schönes gefunden, so schenkt man's einer bekannten Dame und bekommt wieder was geschenkt und eilt dann mit seiner Beute ins Boot, wo die Damen mit fliegendem Haar sitzen, denn die Sonne brennt auf den Buckel und der Magen verlangt nach dem Frühstück, bestehend aus Butterbrot, Fleisch, Sardellen, Anchovis und einigen Gläsern Rotwein. Bald darauf sieht man im Grün der Insel die Badewelt lustwandeln, d. h. die Herren, denn das Schlafen bekommt schlecht, wie sehr auch die Müdigkeit dazu einladet, die Damen aber sitzen daheim, etwas matt, und trocknen ihr fliegend Haar, um anständig und womöglich aufs kostbarste ausgeputzt am Table d'hôte erscheinen zu können.«

Zu den Vergnügungen nach aufgehobener Tafel gehörte für die Herren ein Spielchen und anschließend ein Gang auf die Kegelbahn, für die Damen der Tee im »Confusionshaus«, wo sie schließlich von ihren Männern abgeholt wurden. Außerdem bot sich eine gemeinsame Fahrt um die Insel oder zum Fischfang an. »Ermüdet kommt man endlich daheim wieder an, ißt noch gern gemeinschaftlich zu Abend etwas oder auch nicht und will sich nun gleich ins Bett legen.«

Nicht nur die Badegäste, sondern auch viele Inselbewohner nahmen an der spätabendlichen Umfahrt Helgolands mit Beleuchtung teil. Sie begann um 9 ¼ Uhr und erfolgte in Jollen, die mit Subskription bestellt waren: »Voraus ruderte ein Boot mit brennenden Fackeln, welche blutig durch die Finsternis der stillen Nacht leuchteten, weithin ihren dicken Qualm ausspien und die mit Blechmützen versehenen Fackelträger wie Teufel erscheinen ließen. Hinter diesem Kahn folgte ein anderer, mit Prager Musikanten beladen, welche während der Badezeit wie auf dem Confusionshause und Bellevue so auch hier den Kranken jede mögliche lange Weile von der gedrückten Seele wegblasen sollen. Hinter ihm und dem Fackelboote wimmelte es von Kähnen, jeder mit einer kleinen bunten Laterne versehen.« Zuerst ging es um die Nordseite der Insel, von oben herab donnerten Begrüßungsschüsse, und das Signalschiff ließ Schwärmer sowie Raketen in die Höhe steigen. Die Hauptsache kam, als man die äußerste Westspitze, den Hamilton Point, umfahren hatte, wo sich nach Süden hin hohe Tore und dunkle Grotten, mit Pechfeuer erleuchtet, wundervoll präsentierten. »Es war ein grandioser Anblick, hoch glühten die roten steilen Wände, wie Höllenfeuer brannte es in den finsteren Höhlen, laut jubelte die fröhliche Menge, und alle Kiele der Schiffe schienen zu brennen, denn auch das Meer leuchtete bei Südwind in dieser stillen, dunklen, schönen Nacht – da habe ich mit aufgestreiftem Ärmel eine halbe Stunde lang in der finsteren Flut herumgerührt, und es sprühten um mich her zu Tausenden die großen, Johanniswürmchen ähnlichen Funken, und es war eine Lust zu schauen das Feuer in dem ihm so feindlichen Elemente. Erst nach zweieinhalb Stunden, also gegen Mitternacht, kamen wir wieder auf den Punkt, von dem wir ausgefahren waren.«

Eines Tages hieß es dann für Moritz Niese und Frobenius von all diesen vielerlei kleinen Freuden Abschied nehmen. Ein lebendiger Nordwest brachte sie hinüber nach Husum. Von da ging es mit dem Wagen über Schleswig nach Eckernförde, wo man das Schulwesen im Christians-Pflegehaus studierte, und schließlich nach Kiel. Um acht Uhr abends fuhr das Dampfschiff nach Kopenhagen ab. Die Fremde machte sich den Freunden gleich bemerkbar. Einfachstes Volk sprach hier französisch, was Moritz insgeheim ärgerte, da er von dieser Sprache »nicht einmal so viel konnte, wie so ein Lumpus«.

Schon am nächsten Nachmittag kam das neue Reisegebiet in Sicht: »Zur Rechten erhebt sich mit Städten und Dörfern reich besäumt die Küste Schwedens, links haben wir schon die Insel Amager, hinter welcher Kopenhagens hohe Türme, vom Sonnenstrahl vergoldet, hervorleuchten. Das Ziel, wonach wir strebten, ist erreicht: Wir atmen nordische Luft, wir sind in den Regionen der altgermanischen Wohnsitze, sind im Bereich der alten skandinavischen Mythen!« Am Zeughaus gelandet, durchstreifte Moritz Niese noch am selben Abend Kopenhagen bis zu den Vorstädten. Er findet schließlich »einen gefälligen Schustergesellen, der deutsch ziemlich geläufig spricht und mir von der Armut seines Landes, von dessen Schulden, von der Wegnahme seiner mit englischem Gelde erbauten Flotte durch die stolzen Insulaner, von des Königs Soldatenliebhaberei und von dessen Mätressen Dinge erzählt, die meinen Patriotismus gewaltig beleben. Denn ich fühle es nur zu deutlich, daß es an wenigen Orten so gut wie in unserem Vaterlande hergeht, also vivat, Friedrich Wilhelm III. soll leben«.

Kopenhagen wartete mit viel Sehenswertem auf. Die alte Börse, das mächtige Schloß Christiansborg, das heitere Achteck von Amalienborg sowie das in seinen Park eingelegte Lustschloß Rosenborg wollten besucht sein. Niese und Frobenius erstiegen die Wendeltreppe rings um den Turm der Frelserskirche bis zur vergoldeten Spitze und genossen von hier wie von der Terrasse des Schlosses Frederiksborg die Aussicht auf die Stadt.

Vorbei an dem Platz, wo der ehrgeizige Reformer Struensee geköpft worden war, ging es dann mit der Extrapost weiter nach Norden, bis man mit untergehender Sonne und aufgehendem Vollmond in der Hafenstadt Helsingör anlangte, mit der die Insel Seeland fast die schwedische Küste berührt: »Abende wie diesen und die der nächsten Tage habe ich wenige erlebt und einen Mondaufgang wie den genannten in meinem ganzen Leben noch nicht. In Mannsgröße tauchte er mit seinem blassen Rot klar und rein hinter der schwedischen Küste auf, zog eine lange, breite Feuerstraße über die stille Flut, und während am Abendhimmel die letzten Gluten erloschen, traten die Sterne am Zenit deutlicher hervor und spiegelten in den klaren Gewässern des Sundes freundlich ihren ewigen Frieden ab.«

Das Hotel d'Öresund, das die beiden Reisenden am nächsten Tag verließen, präsentierte ihnen »eine schaurige Rechnung«, und dann fuhren sie »auch nicht sehr billig mit dem Postschiff hinüber nach Hälsingborg in Schweden«.

Um den Sonnenaufgang von der gebirgigen Landzunge Kullen aus zu erleben, die langgestreckt in das Kattegatt vorspringt, bestiegen die Freunde einen »ungepolsterten, federlosen Wagen, mit kleinen schwedischen Pferdchen bespannt«. Die Fahrt ging »durch Dick und Dünn, über öde, mit mächtigen Steinen übersäte Fluren, durch brauende Moorgegenden. Zur Linken wird nach schwedischer Sitte ausgewichen. Überall hemmen gesperrte Tore und Verzäunungen unseren Flug, aber Schwedenkinder, den Wagen daherrollen sehend, öffnen diese und erhalten einen halben Schilling zum Lohne. Kein Mensch kann ein Wort deutsch, auch der Kutscher nicht, denn hier ist keine Hauptstraße. Endlich sind wir am Fuße des Gebirges angelangt, die kahlen Kuppen werfen weithin ihre dunklen Schatten, während sonst die Nacht hell ist wie der Tag. Neben uns aber murmeln die geheimnisvollen Wasser des Sundes, und uns wird's etwas unheimlich zu Mute in den menschenleeren unbekannten Regionen. Es geht auf und ab, über Stock und Stein, bis wir endlich stillhalten vor einer armseligen Kneipe, in der sich bereits einige Fremde aus Dänemark befinden, so daß wir nur mit Mühe und Not ein unbequemes Lager, das wir morgen ziemlich teuer bezahlen werden, angewiesen bekommen können. Doch was hilft's! Wir sind müde, zum Sterben müde, und schlafen, bis früh der Knecht des Wirtes die Gesellschaft weckt und hinausführt auf die Spitze des Vorgebirges, wo wir die Sonne werden aufgehen sehen, während das Mondlicht immer noch stark genug ist, auf das Meer einen schwachen Schein zu werfen.«

Nach einem Bad von den glatten Klippen aus fuhr man den Weg des Vortages zurück bis zum Kohlenbergwerk Högenäs, in das die Besucher einzeln in einen Förderkorb mit dem Steiger hinab- und später wieder hinaufgewunden wurden. »Unten aber gab man uns ein Licht in die Hand und packte uns auf einen Wagen, auf dem ein langes Brett befestigt war, worauf wir uns legen mußten, um nicht mit den Schädeln gegen die Decke des Schachtes zu rennen. Den Wagen zogen kleine Pferdchen, welche da unten gefüttert werden, auf einer Eisenbahn, auf der sie für gewöhnlich die Kohlen nach der Stelle ziehen, wo jene durch die Dampfmaschinen heraufgewunden werden. Mir war's, als würde ich in der Hölle umherkutschiert, denn überall starrten uns schwarze Kohlengesichter an, und nur die blauen freundlichen Schwedenaugen wollten nicht recht passen zu solcher Teufelsfarbe. Auch schauderte uns die Haut, denn der Tag war glühend heiß gewesen, und da unten fanden wir in der nassen Gruft eine eklig kalte Temperatur.«

Um in Ystad das Schiff nach Wiek bei Greifswald noch zu erreichen, gab es eine letzte strapaziöse Tour durch Schonen über die Universitätsstadt Lund südwärts hinter einem Wagen her, der vorauseilend allerorts die nötigen Wagen und Pferde bestellte, so daß man aus einem Karren in den anderen springen mußte: »Und in was für Karren! Ohne Verdeck, ohne Decken, ohne Polster, nichts als kleine Bauernwagen mit einem darüber gelegten Brette, dem oft sogar die Lehne fehlte. Und nun darauf losgefahren, was Gott will, bergauf und bergab, von früh drei Uhr bis abends um acht. Da wird, was sonst ein Ochse ist, zu lebendigem Beefsteak.«

Die Landschaft des Nordens hatte Moritz Niese so stark beeindruckt, daß ihm die gepriesene Romantik Rügens, das er anschließend noch besuchte, nicht mehr wie früher gefallen wollte. Die Erleichterung, mit der er deutschen Boden betrat, entsprang vor allem der Einsicht in seine mangelnden Sprachkenntnisse: »Da wird man überall geprellt; da beleidigt man die Leute, ohne daß man es will; da traut man keinem, da geht alles langsamer, und wenn man was nicht weiß und nicht versteht, so kann man keinen Menschen fragen. Man hat nur halben Nutzen, nur halbes Vergnügen und doppelte Anstrengung, doppelten Aufwand.« Damit ihm dergleichen nicht wieder passieren sollte, fing er bald danach in Potsdam an, französischen Unterricht zu nehmen – im Hinblick auf künftige Reisen.

Das Jahr 1838 jedoch ging, ganz wie bei Bruder Carl, mit Bemühungen um eine bessere Anstellung hin, und im Spätsommer reichten Zeit und Geld nur für eine kleine Reise in die sächsische Heimat zu den Brüdern und Verwandten. Gegen Ende des Jahres nahm die Möglichkeit einer Anstellung als Prediger langsam Gestalt an: Moritz Niese hatte sich um die Stelle eines Divisionspredigers in Posen beworben, und da der Andrang preußischer Beamter in diese Gegend des Landes nicht groß war, konnte er mit der Möglichkeit eines positiven Bescheides rechnen. Im März 1839 trat er eine Reise in die östliche Garnisonstadt an, um sich vorzustellen und eine Probepredigt zu halten.

Hatte Moritz Niese die märkische Landschaft als langweilig bezeichnet, so mußte ihm die Gegend geradezu öde vorkommen, die er durchfuhr, nachdem er die Oder überquert hatte. Endlos dehnten sich die Flächen unter einem blaßblauen Vorfrühlingshimmel: Kiefernwälder, mit einigen Birken besäumt, sumpfiges Gelände, aus dem Scharen von Wasservögeln aufflogen, Äcker mit hellfarbiger, sandiger Erde, in deren Furchen noch hin und wieder Schneestreifen sich entlang zogen, und dann wieder Kiefern und Sumpf und vor dem Wagen her das gelbe Band der sandigen Straße, die man bis zum Horizont verfolgen konnte und an der nur von Zeit zu Zeit ärmliche und farblose Siedlungen auftauchten.

Posen, seit 1815 Hauptstadt der gleichnamigen preußischen Provinz, mochte Niese mit ihren starken Befestigungen an die Heimat Torgau erinnern. Das bedeutende Fort Winiary beherrschte und schützte die auf dem linken Ufer der Warthe gelegene Stadt, und gerade begann man, einen Kranz von Befestigungen um die Stadt zu ziehen. Da man sich des polnischen Teils der Bevölkerung seit der Julirevolution nicht so ganz sicher fühlte, wurde Posen als eine Art Burg angesehen, in der die verstreuten Deutschen draußen im Land im Notfall Zuflucht finden sollten. Zwar besaß die Provinz in dem Oberpräsidenten v. Flottwell einen geschickten Beamten und Diplomaten, der um den Ausgleich der Gegensätze bemüht war, und der Zuzug von deutschen Beamten war stärker geworden, aber es blieb heißer Boden, auf dem sich nicht jeder gern niederließ. Das Land war wenig reizvoll, die breite Warthe ein melancholisch stimmender Fluß, Vorahnung östlicher Steppenströme, die Stadt trotz mancher schöner Baulichkeiten, besonders aus der Renaissance, arm an kulturellem Leben. Die Soldaten des fünften Armeekorps, das hier stationiert war, drängten sich im Bild der Stadt für viele störend vor. Schmutz, Bettelei, Unsicherheit auf den Landstraßen waren groß, die Trunksucht war verbreitet.

Jedoch Moritz Niese hatte Lust und Mut zum Ungewöhnlichen. Die geistliche Aufgabe war verlockend: Man befand sich in der

Diaspora, der größte Teil der Bevölkerung gehörte dem katholischen Glauben an, der Tätigkeit des Generalsuperintendenten war hier nur ein lockerer Rahmen gesteckt, dem er sehr persönliche Konturen verleihen konnte, und auch die Pfarrer durften und mußten ihre Persönlichkeit sich stärker auswirken lassen als anderswo. Die Protestanten waren überwiegend lutherisch gesonnen und wehrten sich gegen die von staatlicher Seite gewünschte Union, die Moritz als Schüler Schleiermachers befürwortete. Mit diesem Widerstand verband sich im Land die Neigung zur Erweckungsbewegung und zu Konventiklertum, für alles, was nicht vom Staat diktiert, nicht uniiert, nicht liberal, nicht rationalistisch war.

Moritz Niese mußte, wenn es ihm mit der Stelle glückte, drei Herren untertan sein: dem Generalsuperintendenten Bischof Freymark, dem Oberpräsidenten v. Flottwell, der den Vorsitz im Königlichen Konsistorium innehatte, und dem Kommandanten der Stadt, General v. Grolmann. Er fuhr zum sogenannten Königlichen Schloß, dem Regierungsgebäude, und fand in Flottwell einen feinsinnigen, aufgeschlossenen Mann, dem man sich gern unterordnete. Er fuhr nach dem Breslauer Tor zum Generalkommando und fand auch hier freundliches Entgegenkommen, und in Freymark schließlich erkannte er einen toleranten Rationalisten, der ihn wohl würde gewähren lassen. Moritz war recht glücklich über diese Begegnung, und das Glücksgefühl beflügelte ihn zu einer Probepredigt, die ihre Wirkung nicht verfehlte. Schon bald nach seiner Heimreise bekam er die Nachricht, daß er sein Amt im Sommer antreten könne.

Am 16. Juni hielt Moritz Niese seine Antrittspredigt in Posen. Die Schriftworte, die er ihr zu Grunde legte »Ich schäme mich des Evangelii von Christo nicht, denn es ist eine Kraft Gottes, die da selig macht alle, die an ihn glauben«, konnten zugleich als leitender Gedanke für alles gelten, was er seiner Gemeinde je zu sagen hatte. Nach einigen Tagen, die er im Gasthaus verbrachte, nahm Niese sich eine eigene kleine Wohnung, kaufte Möbel, Silberbesteck, Geschirr, Gardinen und richtete sich mit wenigem, doch geschmackvollem Hausrat ein.

Fast ebensowenig, wie die Landschaft dem in Sachsen-Thüringen groß gewordenen, weitgereisten Mann bieten konnte, vermochte Posen dem durch Geselligkeit und geistigen Umgang Verwöhnten zu geben. Die sogenannte Gesellschaft war repräsentiert von preußischen Beamten und Offizieren, die sich je nach Temperament auf Vorposten oder in Verbannung fühlten. Vielfach fehlte ihnen der ursprüngliche innere Zusammenhang mit der Stadt, und statt den politisch schwierigen Fragen des Landes, das ja nicht einmal dem Deutschen Bund angehörte, ihre Aufmerksamkeit zuzuwenden, zeigten sie sich wenig interessiert an den öffentlichen Angelegenheiten, rückten zu einer abgeschlossenen Kaste zusammen und beschäftigten sich damit, sich gegenseitig zu beobachten.

Waren schon in Potsdam Wein und Spiel für Moritz eine angenehme Zerstreuung gewesen, in Posen erwiesen sie sich fast als Notwendigkeit. Die Wohlhabenheit und Gastfreiheit der Herren auf den großen Gütern ringsum förderte solchen Lebensstil, und Fahrten über Land im rasch dahingleitenden Wagen, östlich üppige Soupers und halb durchwachte Nächte, bei denen der rote und der Ungarwein floß, waren noch das Beste, was man in Posen hatte. Glücklicherweise spielte aber ein Theater, das Moritz, so oft es ging, besuchte. Doch hinaus von hier mußte man mindestens einmal im Jahr und dann so lange wie möglich.

Natürlich gab es auch Menschen, mit denen sich gut umgehen ließ: den tatkräftigen und sympathischen Bürgermeister Naumann, den klugen Syndikus Guderian und vor allem den Gutsbesitzer Heinrich v. Treskow auf Radojewo, mit dem zusammen es sich so wundervoll reiten, zechen, spielen und plaudern ließ. Auch verkehrte er im Haus Johann August Brinckmanns, eines der fähigsten Offiziere der Garnison, und seiner anziehenden Frau, einer geborenen v. Berlepsch, die zwei heranwachsende Söhne und drei Töchter hatten. Die sechzehnjährige Ida gehörte zu Nieses Konfirmanden. Er mußte sich bald eingestehen, daß er lieber und länger, als es die Aufmerksamkeit gegen die Tochter guter Bekannter erforderte, mit dem klugen, nachdenklichen, auch lebensfrohen jungen Mädchen sprach, und als er sich im Spätsommer 1839 auf eine kurze Erholungsreise begab, verfolgten ihn die blauen Augen und das helle Lachen seiner Konfirmandin bis auf die schlesischen Gebirge.

Zwar machte er im Bade von Salzbrunn, von wo aus verschiedene Fahrten und Wanderungen zu unternehmen er mit Freunden verabredet hatte, mancherlei Damenbekanntschaften und knüpfte freundliche Beziehungen zu Madame und Fräulein Lewald, Tochter und Enkelin des Herrn Ries aus Breslau, an, aber bei den Fahrten nach Kaltwasser, Dittersbach, Warmbrunn und Schreiberhau, beim Anblick der Wasserfälle und bei der Umschau vom Kynast und von anderen Aussichtspunkten, beim Plaudern im schummerigen Wagen, wenn es dem Nachtquartier zuging, tauchte das Bild des fernen Posener Mädchens wieder auf. Der Aufenthalt im Hause eines inzwischen verheirateten Freundes löste bisweilen auch die Zunge: »In Salzbrunn bei B. ist viel über gewisse Dinge gedacht und gesprochen worden, ich fühlte mich etwas leer, ich möchte sagen neidisch etc. etc. Ida hat recht oft gesagt, daß sich die Menschen doch recht wenig kennen.«

Nachdem die Gebirge bis hin nach Oberschlesien und Mähren durchwandert waren, nahm Moritz Abschied und wandte sich Anfang September nach Norden ins Sächsische, um den Bruder Julius in Neukirchen zu besuchen, wo nun schon zwei Kinder, der zweijährige Ernst und die noch nicht ein Jahr alte Ida den Gast begrüßten. Dann suchte er Carl in seiner neuen Heimat Schulpforta auf, dessen sechstes Kind, Paul Ferdinand, soeben das Licht der Welt erblickt hatte. Auch hier Häuslichkeit und Familienglück. Über Potsdam und Berlin kehrte Moritz nach der östlichen Provinzhauptstadt zurück.

Ida Brinckmann wurde konfirmiert, wuchs heran, besuchte Bälle, bildete sich fort, plauderte und war eine junge Dame so voller Geist und Anmut, daß Niese Vollkommeneres nie gesehen zu haben glaubte. Und dann muß er ihr eines Tages wohl die Frage gestellt haben, an deren richtiger Beantwortung ihm mehr lag als an mancher, die er ihr im geistlichen Unterricht gestellt hatte. Daß Idas Antwort ein Nein war und daß Moritz Niese noch lange eine verzweifelte Hoffnung nährte, bis er diese zunächst begrub, verrät ein kleines bleistiftbeschriebenes Billett, das Ida bis ans Ende ihrer Tage aufbewahrte:

»Sollten Sie, liebe Ida, in Ihrem Leben jemals von äußerer oder innerer Not heimgesucht werden, was ich nicht wünschen will, was aber doch nicht ganz ausbleiben dürfte (Goethe, Wilhelm Meisters Lehrjahre, Buch II, Kap. 13), dann, bitte ich, denken Sie an mich und rechnen Sie auf meine Teilnahme durch Rat und Tat. Es tauchen vor meiner Seele sonderbare Gestalten der Zukunft auf, klarer und freundlicher für mich, trüber und schwermütiger für Sie, liebe Ida. Das tut meinem Herzen wehe; aber ich werde, ein treuer Freund, Ihnen nahe sein in den Stunden der Not. – Mit diesem Versprechen, das ich halten will, zahle ich den letzten Schuldrest einer heiligen Liebe ab.

Posen, den 16. März 1841
M. N.«

»Wer nie die kummervollen Nächte auf seinem Bette weinend saß« – das Leid, das des Menschen Bestimmung ist und an das Moritz die unbeschwerte Geliebte gemahnt hatte, war ihm selbst in dieser Zeit widerfahren.

Im Jahre 1841 kam Carls Freund Friedrich Cranz als Militäroberpfarrer nach Posen, wurde also Moritz Nieses nächster Vorgesetzter, bald auch Freund und seelischer Halt. Um erneut die tröstende Kraft des Reisens zu spüren, reichte Moritz ein Gesuch um einen längeren Studienurlaub für eine Fahrt nach Italien ein, deren Plan er mit einem Posener Bekannten ausarbeitete. Die Fahrt sollte weniger dem Vergnügen und dem Landschaftsgenuß als den Altertümern und Kunstschätzen gewidmet sein. Die beiden Posener stellten sich eine gewaltige Zahl von Sehenswürdigkeiten und Erinnerungsstätten aus Antike, Mittelalter, Renaissance und jüngster Vergangenheit zusammen und fügten sie in ihre geschickt über die Karte von Italien zickzackelnde Reiseroute ein. Von Venedig aus wollte man zunächst den östlichen Teil der oberitalienischen Tiefebene bis zum Gardasee im Norden besehen, dann über den Apennin nach Florenz vorstoßen, nach längerem Aufenthalt dort einen mindestens ebenso langen in Rom anschließen, und dann als dritten Höhepunkt die Besichtigung der Kunstschätze und landschaftlichen Schönheiten Neapels folgen lassen. Mit einer Seereise nach Sizilien und Calabrien gedachte man die südlichsten Gegenden der Halbinsel anzusteuern, und mit dem Schiff an der Westküste wieder nach Norden bis nach Pisa zurückzufahren, von wo aus noch die Küste des ligurischen Meeres bis Genua und zuletzt die westliche Hälfte der Po-Tiefebene mit den oberitalienischen Seen bereist werden sollte.

Es war für die beiden von der Warthe kommenden Reisenden naheliegend, aber sonst bei deutschen Italienreisenden nicht eben üblich, daß sie sich dem Ziel von Nordosten her über Wien und den Semmeringpaß näherten und von der Mur an die Drau und von dort an die Save gelangten, um über den Karst Triest zu erreichen und sogleich zu Anfang ein sonst wenig bekanntes, reizvolles Gebiet kennenzulernen. Zwischen Wien und Neustadt gab es bereits eine schöne, wenn auch teure Eisenbahn; sonst aber mußten sie die Postkutsche benutzen, und nach Süden zu wurden die Reisegelegenheiten immer weniger komfortabel.

In Venedig, wohin ein Dampfschiff die Reisenden von Triest brachte, waren sie dann wirklich auf italienischem Boden, und es begann das anstrengende Begehen und Befahren all der vorher notierten sehenswerten Stätten, das sich in jeder italienischen Stadt wiederholte. Die beiden Deutschen scheuten keine Mühe, keinen steilen Anstieg und keine Sonnenhitze. Zu Fuß, im Lohnfuhrwerk, dem auf steileren Strecken oft Ochsen vorgespannt werden mußten, auf Maultiersrücken, im Segelschiff und im Dampfschiff erreichten sie die entferntesten Winkel. Moritz Niese trug alle Fahrten und Gänge, alles Gesehene und Besichtigte säuberlich in sein Tagebuch ein. Die Beschreibung der Kunstdenkmäler sollte ihm später als Gedächtnisstütze dienen. Mehr Raum als seinem persönlichen Befinden oder heiteren Anlässen widmete er dem fremdartigen Treiben sowie den Lebensumständen der Menschen um ihn herum. So summierte er seine Beobachtungen in Venedig: »Wenn ich nun sagen soll, welchen Eindruck die von ca. 8000 Gondeln durchfahrene Stadt auf mich gemacht hat, so muß ich ihn elegisch nennen. Wie muß aber auch die Stadt heruntergekommen sein, da sie nicht mehr ganz 110000 Einwohner zählt, während sie einst über 300000 hatte, woher es denn auch kommt, daß die großen Marmorpaläste ganz leer stehen, keine Fenster mehr haben, immer mehr zerfallen und für 50 Taler zu mieten sind, für 50 Taler diese herrlichen, im schönsten Stil errichteten Prachtgebäude, darinnen jetzt die Spinne ihr Geweb aufhängt, während die Bora durch die Marmorhallen pfeift.«

Hatten die Handwerker in Venedig ihre Arbeit in den Fenstern sitzend verrichtet, so lagen wenig südlicher bereits die Werkstätten auf offener Straße. Das Leben der Einwohner schien sich geradezu auf den Straßen abzuspielen, aber der Eindruck täuschte zum Teil, wie Moritz Niese erkannte. Da die Temperatur in der Sonne sich wesentlich von der im Schatten unterscheide, »so kommt es, daß das Gewühl auf den Straßen doppelt so groß erscheint, weil alles nach dem Schatten sucht und die Sonnenseite natürlich ganz menschenleer ist; selbst die Wagen fahren dann ungern in der Glut. Auf den belebten Straßen ist desto mehr Rennen und Laufen, auch ein großes Geschrei wahrzunehmen, denn die Italiener bieten ihre Waren immer mit einem ungeheuren Lärm aus.«

Die Fahrten durch Mittelitalien, ohnehin nicht ganz ungefährlich wegen möglicher Banditenüberfälle auf die Postkutsche und das mit ihr mitgeführte Geld, kosteten an den zahlreichen Grenzpassagen einen Betrag für den Staat sowie meist noch ein Schmiergeld, wollten die Reisenden nicht riskieren, daß man das Unterste ihrer Koffer zuoberst kehrte oder ihnen sonst Schwierigkeiten machte: »Man kann sicher rechnen, daß Pässe und Facchini im Durchschnitt täglich zwanzig Silbergroschen kosten, wobei die Visa, welche sich der Papst nach dem Ausland immer besonders bezahlen läßt, noch gar nicht gerechnet sind. Ein Belgier, mit dem wir von Bologna nach Florenz reisten, behauptete, man bedürfe auf einer Tour durch Italien bloß für den Paß gegen 100 Fl., also 25 Taler, worauf man freilich wie auf die grenzenlose Frechheit der Facchinis, Vetturinen, Konducteure, Lohnbedienten und Dienstboten in den Gasthäusern etc. beim Anschlag der Reisekosten nicht gerechnet hat. Man sage daher nie, daß das Reisen in Italien billig sei. Ja, der Kaffee und das Eis kosten allerdings wenig, nämlich etwa 1 ½ Silbergroschen, aber sonst ist alles rasend teuer, besonders das Fahren mit den Diligencen und noch mehr mit dem Kurier.«

Ein Erlebnis, mit dem sich der Theologe Niese immer wieder auseinandersetzen mußte, war der Katholizismus. Seit er in Posen amtierte, hatte er dessen Wesen und Wirken verständnisvoller zu beurteilen gelernt als sein Bruder Carl. Hier im Süden nahm sich der Ritus, den er in zahlreichen Kirchen miterlebte, wieder anders, heiterer und urtümlicher, aus. Dennoch wirkte etwa das Ablaßfest in Assisi befremdend: »Menschen ohne Zahl begegneten uns, weit hergewandert aus Neapel, wohl sechzig, siebzig Meilen weit. Da sah man kleine Wagen mit zehn, zwölf, fünfzehn Menschen angefüllt, da ritten auf einem Pferde oder Esel zwei Personen zugleich, da trugen andere ihr Reisegepäck auf dem Kopf und hatten Pilgerstäbe in Kreuzform in der Hand und die Pilgerflasche an der Seite, da zeigten sich spitze Hüte, mit Blumen und auch mit Backwerk verziert. Es war ein Leben auf den Straßen, wie ich noch nicht gesehen, wir fuhren fast fünf Meilen weit immerfort durch Menschen, und wenigstens hunderttausend müssen auf diesem dreitägigen Ablaßfeste zugegen gewesen sein. Wohl würde ich glauben, daß Gott den Leuten die Sünden vergebe, nicht, weil sie nach Maria degli Angioli wallfahrten, sondern weil ihnen die Sünde so unerträglich ist, daß sie eine Reise von siebzig Meilen machen, um jene loszuwerden. Ich würde, sage ich, an einen Ablaß glauben, wenn ich nicht zugleich mit der Kirche so viel Buden und Kneipen und darinnen wie drumherum einen so schauderhaften Skandal bemerkt hätte, der nicht allzusehr auf Herzenszerknirschung deutete, auch machten die Leute unterwegs auf den Wagen lustige Musik, und nur ein kleiner Zug von Menschen sang geistliche Lieder.«

Von den zahllosen Besichtigungen wurden Augen und Kopf allmählich müde, dennoch geriet Einzelnes zur unerwarteten Entdeckung, etwa im Palazzo Borghese in Rom: »Die Sibilla des Domenichino aber ist das Bild meiner Sehnsucht seit zwölf Jahren, ich fuhr zusammen, als ich's bemerkte, ohne vorher davon zu wissen. Das ist doch ein Weib, wie geistreich und wie schön und wie kräftig, nicht schmachtend, wie kühn und doch voll Sanftmut. Du bleibst mein Liebling unter allen Bildern!« Manchen anderen Frauenkopf verglich Moritz mit diesem, und von der Geliebten des Tizian hieß es wieder: »Ein reines schönes Gesicht, aber doch nicht meine Sibille; in ihr ist Leib und Geist gleich vollkommen; nur schade, daß man nicht einmal ein viel mangelhafteres Wesen zur Frau kriegen kann.«

Neapel brachte zahllose Spaziergänge und Fahrten zu Wagen und zu Schiff rings um die Buchten und Inseln, von denen jede neue wieder die Schönheit der vorigen in den Schatten zu stellen schien. Hier brach sich in Moritz Nieses häufig nur registrierenden Aufzeichnungen denn doch die überschwengliche Begeisterung für die Schönheit der Landschaft Bahn. Immer wieder preist er das Meer, die anmutigen Linien der Küsten, den Zauber der stets neuen Farbabschattungen. Unter den von Niese zur Erinnerung gekauften Bildern fing eine Gouachemalerei mit künstlerischer Vollendung das ein, was er gesehen hatte: den Blick aus der Grotte von Amalfi auf Küste und Stadt, die im Mondlicht schwammen und in Duft zu zergehen schienen. Höhepunkte unter den Ausflügen wurden die Besichtigungen der ausgegrabenen antiken Stätten, zuerst des seit dem Jahr 79 versunkenen und 1720 wiederentdeckten Herkulaneum, dann der Überreste von Pompeji.

Obwohl ihm der Genuß der schönen Gegenden um Neapel und dann auf Sizilien durch Magen- und Darmbeschwerden getrübt wurde, die ihn bis kurz vor Posen quälten, ließ sich Moritz Niese kaum je etwas entgehen. Er war sich der Einmaligkeit dieser Reise bewußt. Als er auf Ischia den Monte Epomeneo erstiegen hatte, notierte er: »So was sehen wenige Menschen, viele können nicht, andere wollen nicht, weil sie zu faul sind. Wer Italien sehen will, muß außer Geld auch Mut haben. Es ist nun einmal nicht so gleich nach Italien gereist, ich habe mir's auch anders gedacht: Hoc fecisse iuvat.«

Mit tiefer Befriedigung verfolgten die Reisenden den Wechsel der Szenerie, als auf der Fahrt zum Splügen hinauf die letzten Kastanien zurückblieben, Tannen den Norden ankündigten und Abgründe mit rauschenden Gewässern langentbehrte Kühle ausströmten. Jenseits der Höhe, bei der raschen Abfahrt auf Chur zu »traten die schönsten grünen Matten ein, wir hörten wieder die deutsche Sprache, sahen deutsche Früchte – nie haben die Äpfel und Birnen mir so viel Freude gemacht – sahen deutsche Burgen und Schlösser auf dem rechten Rheinufer«.

Den nach Posen zurückgekehrten Niese erwarteten wenig angenehme Feststellungen: Der von ihm aus Neapel erbetene Nachurlaub hatte bei seinen Vorgesetzten Mißmut ausgelöst, dem selbst Cranz kaum entgegenzuwirken vermochte. Auch der erste Eindruck, daß Ida Brinckmann ihm gegenüber ein ins Freundlichere gewandeltes Betragen an den Tag legte, erwies sich bald als Täuschung. So fand Niese keinen Anlaß, sich unlösbar an Posen gebunden zu fühlen und etwa einen weiteren, noch größeren Reiseplan für das kommende Jahr aufzugeben.

Die im Sommer 1842 begonnene Unternehmung, bei der sich Moritz in Berlin sein Bruder Carl anschloß, ergab zunächst einen gemeinsamen Besuch der beiden bei dem Oberpräsidenten v. Flottwell, der nach dem Regierungsantritt Friedrich Wilhelms IV. von Posen nach Magdeburg versetzt worden war: »Bruder Carl sprach auch hier bei seiner Exzellenz in seiner gewöhnlichen Weise.« Mit Grüßen an den gemeinsamen Freund Ritschl zog Moritz Niese dann allein weiter über Frankfurt und Wiesbaden nach Bonn. »In Ritschls Wohnung sieht's gelehrt und künstlerisch aus, er selbst ist liberal in religiöser und politischer Beziehung, sonst leicht enthusiasmiert und herzlich, also daß er mir sehr gefallen.

Nicht minder angenehm war mir seine Frau, obgleich sie für einen sehr ernsten Mann noch etwas zu kindlich und spielerig erscheinen dürfte, sonst hat sie noch dasselbe niedliche Gesicht und spricht gern mit, auch in wissenschaftlichen Dingen, weil sie Verstand hat.« Ritschl hatte vor, in den Semesterferien eine Reise in die belgischen Seebäder zu unternehmen und anschließend längere Zeit zu Studienzwecken in Paris zu sein. Niese ging ihm diesen Weg voran. Aber so sehr ihn Paris entzückte, sein Ziel lag südlicher. Bei einem Dampferausflug nach dem seineabwärts gelegenen Rouen lernte er einen Baron Wendt kennen, der sich ihm für die weitere Reise anschloß und mit dem er zu Anfang August die Seinestadt verließ.

Die beiden Reisenden gelangten über Chartres, Poitiers und Angoulème nach Bordeaux. Der Weg dahin war langweilig, das Land fruchtbar, aber flach, nach Bordeaux hin nahm der Weinanbau zu; Niese erfuhr mit Interesse, »daß alle guten Sorten auf dem linken Ufer der Garonne wachsen, und zwar die roten Weine von Bordeaux abwärts und die weißen aufwärts. Auf dem rechten Ufer der Garonne finden sich die leichten Sorten zwischen dem genannten Flusse und der Dordogne, und man nennt sie im allgemeinen ›entre deux mers‹. Die Weine bezeichnen Kirchspiele, und es gibt unter denselben wieder ›châteaux‹ von den Schlössern der Gutsbesitzer, Bürgerweine und Bauernweine. Und unter den Weinen selbst sind wieder ›tête‹, ›centre‹ und ›queue‹, d. h. gut, mittel und schlecht. Sonst wachsen die Weine in der Niederung und heißen ›palus‹ oder auf kleinen Anhöhen und heißen ›côtes‹.«

In Pau, dem einstigen Sitz der Könige von Navarra, wohin die Reisenden nach einer Fahrt durch unwirtliche, mit Farn und Heidekraut bestandene Steppen gelangt waren, konnte man schon die mächtige Kette der Pyrenäen aus Nebel und Wolken auftauchen sehen. Dann nahm die Gegend den Charakter etwa eines deutschen Mittelgebirges an. Man fuhr nach Tarbes und weiter nach Bagnères-de-Digorre, das mitten im Bezirk der gerade in Mode kommenden Bäder lag. Die Pyrenäenbäder konnten sich aber, so stellte Niese fest, »mit den deutschen nicht messen, weder der Frequenz nach noch was die Eleganz betrifft, aber teurer ist das Leben daselbst als bei uns, und wir armen Schlucker wurden leider für Engländer gehalten, weil Deutsche in diese Gegend gar nicht kommen«. Von Bagnères aus begab man sich mit einem Bergführer auf

Pferdesrücken zur Besteigung des Pic du Midi. »Ziegen und Schafe weideten zwischen Schneefeldern.« Das Erklimmen der Spitze wurde von einer weiten Aussicht nach Norden auf die Ebene, nach Süden auf die Alpen belohnt, den Maladetta, den Mont Perdu, Marboré, auf Brèche de Roland, Vignemale und Pic du Midi de Pau. »All diese Höhen waren mit Schnee bedeckt oder wenigstens zum Teil übersät, alle Spitzen schroff wie die Ostseewellen, Marboré turm- und domartig, die Brèche de Roland wie ein Hohlweg. Da soll Roland von einer Felswand zur anderen gesprungen sein mit dem Pferde und unterwegs mit dem Säbel noch ein Felsenstück losgeschlagen haben.«

Noch ein zweiter Tag ist auf eine ähnliche Expedition verwandt worden. Die Miete eines Pferdes kostete pro Tag 5 Francs und der Führer samt dem Pferd noch 5 Francs dazu, eine erhebliche Ausgabe, aber Moritz Niese war glücklich, diesen verhältnismäßig unbekannten Zipfel Erde kennengelernt zu haben. »Im Gebirge tragen die Leute meist Holzschuhe, auch wohl Sandalen, besonders die Spanier, dabei warme wollene Kleidung, weil die Temperatur sehr wechselt, die Frauen Hauben oder auch rote Tücher, um den Kopf zierlich geknüpft, die Männer überhängende Mützen, welche keines Schirmes bedürfen, so weit ragen sie nach vorn; auch viele Hüte sieht man, grau und schwarz, mit breiten und schmalen Krempen, auch spitze grauwollene Mützen. Die Armut ist nicht so groß, wenigstens die Bettelei, wie in den Städten Südfrankreichs, wo man entsetzlich viel verstümmelte und blinde Menschen findet.«

Im Anschluß an diese Gebirgserlebnisse widmeten die Reisenden einige Tage den altfranzösischen und antiken Kulturdenkmälern im unteren Rhônetal. Bei einem Abendspaziergang durch Montpellier, bei dem »der Duft von weißem und rotem Oleander die Luft erfüllte«, sah Moritz Niese auf einem Platz, wie »ein armer kleiner angeputzter Junge zwischen Lichtern, die auf die Erde gestellt waren, tanzte, das heißt, tanzen mußte. Ich gab gern einen Sou, weil mich das Kind dauerte und ich an Goethes Mignon dachte.«

In Marseille begann für Niese und Baron Wendt der nächste Reiseabschnitt: »Stellt man sich mit dem Gesicht nach Norden, so hat man zur Linken das blaue Meer, in welches die weißen Inseln hineinspringen, während im Meere selbt außer einzelnen Felsbänken die kahle Insel If durch einen Damm mit dem ebenso kahlen Ratonneau verbunden liegt. Hier ist ein Hafen für die Kriegsschiffe, welche wegen der Felsbänke nicht in den Hafen selbst kommen können, hier ist die Quarantaine, hier liegt Château d'If.« In der Stadt mit ihren 150000 Einwohnern fand Niese auch notierenswert, daß sich die meisten jungen Leute ihre Mätressen halten, »welche sie Flamme nennen, außerdem haben sie aber noch anständige Liebschaften, femme honnête genannt. Die ersteren kosten jährlich 1000 bis 2000 Frank, und es gibt gewisse Frauen und Männer, welche die jungen Leute zusammenbringen... In vielen Fällen essen die jungen Leute auch bei ihren Flammes, so daß sie wirklich wie Mann und Frau leben. Abgesehen von dieser Art der Unzucht gibt es hier auch Hurenhäuser, meist in der Gegend des Theaters, und während die ›Menscher‹ in Berlin handgreiflich werden, in Brüssel ruhig unter der Männerwelt, die in den Kaffees säuft, umhergehen, sitzen sie hier geputzt auf einer Erhöhung und singen, während hinter ihnen die Musik spielt...«

In Marseille schifften sich Moritz Niese, der Baron Wendt und ein Jurist Hennig auf dem Dampfer Charlemagne nach Algier ein. Am zweiten Morgen zeigte sich die Küste Afrikas. »Näher kommend erblickte ich zur Linken das Fort Maison Carrée, am östlichen Ende der zweiten Ebene Metidja liegend, geradeaus, den Berg hinauf sich ziehend, das dreieckige weiße Algier, mit der Basis dem Meere zugekehrt, während hoch oben die Spitze des Dreieckes in dem Schloß des früheren Deys, in der Kasba, sich endet, hinter welcher noch das Fort L'Empereur liegt. Sobald wir in den Hafen eingelaufen waren, umschwärmten uns sofort viele Kähne, gerudert von Türken und Mauren und Mohren, jene mit edlerem braunen Gesicht und weniger schmutzig, die zweiten elend und gelb und die letzteren schwarz wie Kohle.

Wir gingen vom Hafen die Rue de la Marine hinauf zum Hôtel du Nord. Das Haus ist im arabischen Stil erbaut, d.h. ein viereckiger Hof, umgeben von Zimmern, der Fußboden von gebrannten und glasierten Ziegeln in bunten Farben, dann ein viereckiger Korridor, auf arabischen d.h. gewundenen Säulen ruhend, dann oben auf dem Haus Gänge, welche wieder durch Säulen, die auf dem Korridor ruhen, getragen werden. Eigentlich wäre nun alles nach oben hin offen, aber man hat durch eine Art Bretterdecke den Zugang der Sonnenstrahlen sowie des Regens verhindert. Die

Betten sind alle, wie in Italien, mit Vorhängen versehen und haben eiserne Bettstellen, alles übrige gewöhnlich und ziemlich reinlich, nur der Abtritt wie überall in Frankreich etwas schmutzig und von eigentümlicher Form, d. h. ungefähr einen halben Schuh hoch und die Brille weit nach hinten gerückt, so daß man darauf sitzend die Beine ganz gerade gestreckt hält.

Der Hafen ist leidlich mit Schiffen besetzt... wie denn überhaupt dieser Teil der Stadt einen europäischen und sicher einen französischen Eindruck macht, während die Partie, die sich den Berg hinaufzieht, echt maurisch ist. So hell Algier im Sonnenstrahl blitzt, so finster ist es in diesem Teil der Stadt.« Die Deutschen ließen sich hier eine Tasse Kaffee geben:»Man sieht hier merkwürdige Gesichter und Trachten. Türken mit dem Turban, d. h. roter Mütze und darum ein langes Tuch künstlich und gewandt geschlungen, dann einer schönen Jacke und dazugehöriger Weste, oft reich gestickt, dann die Leibbinde, dazu die weiten weißen Hosen, dann blaue Strümpfe und Schuhe. Dagegen geht der Maure oder Beduine in seinem weißen Burnus ohne Ärmel meist schmutzig und zerlumpt, ob er Hosen anhat, weiß man gar nicht, die Füße sind bloß.« Am häßlichsten fand Niese die Mohren, die »fast ganz nakkend gehen. Die Weiber der Mauren sind mit Ausnahme der Huren alle ganz in den weißen Burnus gehüllt, nur die Augen sehen ein wenig vor, dagegen geht das Mohrenweib, weil eigentlich ursprünglich Sklavin, mit offenem häßlichen Gesicht, und die Jüdinnen, oft sehr schön, sind ebenfalls nicht verhüllt und haben als Kopfputz ein ellenlanges Mützending zum Kopf hinten hinaus stehen.«

An einem Abend besuchten die Reisenden das Kaffee Constantinopel: »Auf den Bänken und Sitzen lagerten anständige und schmutzige Türken und Mauren, schmauchten Pfeifen und Zigarren, tranken kalte und warme Getränke. In der Mitte der Stube war ein Springbrunnen, und am Ende des Zimmers saß ein Türke, der die Laute spielte, und einer, der die Geige in der Weise eines Basses handhabe, und zwei Mädchen, unverschleiert, also Huren, welche mit der Hand eine Art Pauke in Flaschenform schlugen. Übrigens gingen die männlichen Musikanten wie Türken, und die weiblichen hatten Schuhe, keine Strümpfe, Hosen, ein leichtes Hemdchen über dem oberen Teile des Körpers und eine Art hoher schwarzer Haube auf dem Kopfe. Die Gesichter dieser

Dirnen sind aber bei weitem weniger lüstern und frech als die europäischen.« Die gleiche Beobachtung machte Niese auch an einem
späteren Abend, als man ihn in zwei »unzüchtige Privathäuser geschleppt« hatte. »Im ersten hatte die Schöne eine Mohrin zur Bedienung, im zweiten weckte ein kleiner Junge zwei Schwestern
auf, welche aus der Flaschenpfeife rauchten, auch unsere Zigarre
gut fanden und von der Alten im Nebenzimmer Kaffee kochen
ließen. Man muß sagen, daß die europäische Lüsternheit bei diesen Mädchen nicht vorhanden war, sie verhielten sich mehr pla-
tisch und schienen gutherzig. Sonst blieb ich wie immer ein kalter
Zuschauer.«

Nach zweitägiger Besichtigung der Stadt und ihrer Umgebung
brach man um sechs Uhr früh, zunächst in einem von Menschen
voll besetzten, unbequemen Wagen, weiter nach Süden auf. Die
Gegend wurde bald öde, »die Berge waren nur noch mit Gebüsch
und Unkraut aller Art bewachsen, das teils von der Sonne ver-
dorrt, teils durch Feuer wirklich verbrannt war. So gelangten wir
nach der deutschen Kolonie Deli Ibrahim und weiter durch noch
öderes Gebirge nach Doneira mit festem Lager, Chan genannt.
Ein solches besteht aus Häusern mit Schießscharten, darum herum
gewöhnlich noch ein Wall und ein Graben. Auf dieselbe Weise sind
die einzelnen Blockhäuser befestigt, die Fourage wird in großen
Haufen Heu und Stroh vor den Überfällen der Mauren gesichert,
welche nur in der Ebene, nicht aber vor Befestigungen gefährlich
sind. Bald hinter Doneira gelangten wir endlich in die Ebene Metidja. Sie war gerade so verbrannt wie die Berge. Hin und wieder
sahen wir einen grauen Oliven- oder bestaubten Feigenbaum, oft
von bedeutender Stärke, schön aber machte es sich, hier und da
aus der gleichförmigen Ebene eine Palme ihr krauses Haupt auf
kahlem Stamme erheben zu sehen. Von wilden Tieren habe ich
nichts gesehen, einige Raubvögel schwebten über dem Gebirge,
in einem der nächsten Tage sah ich einen Schakal fuchsartig durch
das Unkraut schleichen. Übrigens läßt sich aus den Bergen wie aus
der Ebene sicher sehr viel machen, und es war bis 1839 auch schon
viel gemacht, da aber verwüsteten die Araber alles.

Der erste Ort in der Ebene und zugleich auch der größte ist Bou-
farik. Wir hatten den Atlas in wunderbarer Bläue immer vor Augen, die Pferde wühlten im gelben Staube, konnten kaum noch
fort, brachten uns aber doch endlich nach den am Fuße des Atlas

gelegenen, von einigen Forts auf dem Berge und Blockhäusern in der Ebene geschützten Blida.«

Am nächsten Morgen ritten die Reisenden teils mit, teils ohne Waffen in der Metidja bis zum Flüßchen Chiffah und – nach ergebnislosem Disput über den richtigen Weg – »sozusagen den wilden Hadjouden in den Rachen. Schon sah ich links Beduinenwohnungen und einige bewaffnete weiße Kobolde und erklärte, nicht weiter mitzuwollen. Rasch kehrte ich nun um, die Gefährten folgten, wir trabten eine Stunde zurück und wußten nicht, wo wir waren. Da trafen wir endlich Militär, und ich habe mich nie so wie diesmal über Soldaten gefreut. In Afrika ist ein Soldat wie ein schützender Engel.« Sich nunmehr auf dem richtigen Weg wissend, ritt Niese mit seinen Begleitern durch das Gebirge, »wohl zwölfmal den Chiffah passierend, der aber immer nur einen Schuh tief ist«. Sie gelangten bald an das erste der drei zwischen Blida und Medea anzutreffenden Kriegslager, da man den Bau einer Straße durch das Gebirge für dringend erforderlich hielt. »Der Atlas selbst ist wie jedes höhere Gebirge bei uns formiert, steile Felswände und einige spärliche Wasserfälle, aber die Vegetation unterscheidet ihn sehr von den europäischen Gebirgen, überall blühen der Oleander und die Olive und am Schluß des Tales, wo man über das Gebirge nach Medea hinabsteigt, viel Wein und Feigen in sehr bedeutender Höhe. Die Hitze war nicht übermäßig, das Flüßchen führt kühlen Wind mit sich und nahm nach seinem Quell hin an Wasserreichtum zu, weil er in der Ebene natürlich zu viel verdampft. Im zweiten Lager machten wir halt und tranken Wein und Wasser und aßen Brot und Käse, dann aber ging's den Berg in die Höhe zum dritten Lager, wobei ich mein mattes Pferd am Ende nicht führen, sondern ziehen mußte und froh war, mich im genannten Lager Ain d'haizid durch Wein und Wasser und Brot wieder ein wenig auf die Strümpfe zu bringen. In diesem Lager nun sah ich, daß auch Eingeborene, selbst Mohren mit Soldat spielten, wie denn überhaupt die ganze Geschichte hübsch kriegerisch war. Übrigens darf man sich aber durch die Kleidung nicht täuschen lassen, denn die Franzosen haben Regimenter in türkischer Tracht; die Tracht ist bequem und dem Klima angemessen. Mir gefällt das französische Militär sehr, es ist flott und frisch. Man sieht den Gemeinen wie den Offizier mit dem Kreuz der Ehrenlegion, und dieses trägt jenem, wenn er den Abschied nimmt 270 Franken Pension, was viel wert ist und die Leute sehr spornt.«

Medea, auf ziemlicher Anhöhe gelegen, erwies sich als eine zur Festung umgerüstete Stadt: »Vorn war ein großes Magazin von Heu etc., daneben einige Buden und Läden, dann hinter dem Lager hinauf alle Häuser leer und einige wenige nur in Kasernen verwandelt. Einzelne Wachen standen längs der Mauer nach dem Inneren Afrikas hin. Der Abend war sehr schön, aber kein Gasthof, kein Unterkommen! Wir aßen in einer Hütte, denn Haus kann man es nicht nennen, wobei uns während der Mahlzeit die Hühner um den Kopf flogen und die Mäuse und Ratten neben uns an den Wänden hinaufliefen. Das Essen entsprach dieser Umgebung, kostete aber doch wie die große Table d'hôte in Bordeaux drei Franken. Durst fehlte nicht, daher tranken wir bis in die Nacht hinein États Major und schliefen über unseren Pferden mit einigen Kerlen im Stroh. Die Ratten spazierten dem Baron übers Gesicht, ich aber schlief wie ein König bis früh fünf Uhr, wo das Blasen der Soldaten uns weckte. Nachdem wir für das schöne Lager einen Frank Schlafgeld gezahlt und schlechten Kaffee getrunken und ohne Handtuch uns gewaschen hatten, bestiegen wir wieder die Pferde.« Die drei Männer ritten den Berg hinauf zu den beiden ersten Lagern, erquickten sich »abermals, umschwirrt von Millionen Fliegen, an Wein und Wasser und Zucker und Brot und Käse«, um schließlich die nächste Nacht in Blida zu verbringen, wo sie am Morgen bei dem Gasthaus eine Anzahl Beduinen liegen sahen, »welche in ihren schmutzigen Burnus gewickelt auf der Erde übernachteten; andere brachten Vieh zum Verkauf, d.h. Kamele, Pferde, Rinder, Schafe usw. Das war früher in der Zeit des Kampfes anders, und das Fleisch deshalb auf 12 Silbergroschen gestiegen, jetzt kostet es keinen Dritteil mehr, aber der Friede wird wohl nicht lange dauern, man will nun Geld haben und die Ernte mit Ruhe verkaufen, dann dürfte Abd el Kadr, der sich in die Wüste zurückgezogen, leicht wiederkommen oder mit den Hadjouden auf die Franzosen losschlagen. Diese wollen jetzt eben in drei Zügen, von Constantine, Medea und Oran aus, dem wilden Mauren einen Besuch in der Wüste abstatten, worüber man das Nähere wohl hören wird.«

An Bord des Dampfbootes, das ihn von Algier wieder nach Marseille zurückbringen sollte, ging Moritz Niese schon bald in die Kajüte, weil er, wie auf allen Seefahrten, seekrank wurde. »Ich blieb während des folgenden Tages im Bett, und 24 Stunden ging die Fahrt gut, wir passierten glücklich die Balearen. Da brach der Mistral aus dem Golf von Lyon herein, der Kapitän eilte nach der spanischen Küste, man sah Barcelona, aber statt einzulaufen, wandte er sich von der Richtung des Ufers nach Cette und wollte nun von hier nach Marseille. Da schmiß uns der Sturm wieder südlich, und wir waren nun mitten in der Not drin.

Um Mitternacht zwischen dem 31. August und 1. September wache ich auf, fühle furchtbare Stöße der Wellen gegen den hohlen Schiffsbauch, höre alle Rippen des leichten Fahrzeugs knarren und sehe, wie auf einmal Tisch, Bänke, Stühle, Gepäck und Menschen in der Kajüte übereinander stürzen. Das hatte ich früher schon, wenn auch in geringerem Maße, zwischen Neapel und Livorno erlebt und blieb deshalb ruhig liegen. Aber plötzlich stürzten die Wellen vom Verdeck in die Kajüte hinein, und nun sprang ich doch auf und laufe die Treppe in die Höhe. Siehe, da kochte die ganze See«. Ganze Wasserberge mit weißen Schaumquasten umstürmten das kleine Schiff, hin und wieder wälzten sich noch höhere Flutmassen ihm entgegen, prallten mit einem dumpfen, hohlen Schlag auf, fuhren an seinen Wänden hoch und schlugen über dem Verdeck zusammen, »wo die Matrosen pudelnaß sich nicht auf den Beinen halten konnten, so brauste der Sturm; sie lagen alle auf dem Verdeck wie niedergedonnert, Segel und was sonst den Wind fangen konnte, war niedergelegt. Zu helfen vermochte ich nicht, schlich mich in mein Bett und harrte hier volle dreißig Stunden ruhig und bebend. Meine Brüder sind immer der Hauptgedanke gewesen; ich frug mich, ob ich jemand noch was zu vergeben hätte, fand aber nichts, wohl aber fühlte ich, daß mir manches zu vergeben war. Auch war es mir schmerzlich, in dieser Not nicht auf Wegen des Berufes, sondern des Vergnügens und der Neugierde geraten zu sein. Ich bat Gott, mich zu retten, und, da es mir zuweilen unmöglich schien, mich selig sterben zu lassen. Ich frug mich, wenn das Schiff sänke, ob ich mich gleich dem Tode übergeben sollte oder ins Rettungsboot mich schwingen oder an den Mast hängen und mit Schwimmen mein Heil versuchen. Ich hatte die kochende See und die Berge von Wasser gesehen und entschied mich dafür, gleich in die Flut zu springen und Meerwasser zu trinken, bis ich stürbe. Auch der Sturm des Paulus fiel mir oft ein, und ich faßte dann immer wieder Mut.« Infolge der ständigen Erschütterungen durch die anstürmenden Wogen »hatte der Wind die

Kramme, welche mein Fenster schloß, herausgedrückt (ich habe sie mitgebracht zum Andenken), die Wellen schlugen herein, und ich lag achtundvierzig Stunden lang im Meerwasser. Während dieser Zeit hielt ich, so gut ich konnte, das Fenster zu, bekam aber natürlich ein Bad nach dem anderen. Endlich am 2. September früh 5 Uhr, als es tagte, kroch ich wieder hinauf, um zu sehen, wie es stehe. Derselbe furchtbare Anblick, die hohle See, um uns die Berge mit weißen Kuppen, gerade so wie in den Pyrenäen, als ich auf dem Pic du Midi stand, damals aber schaute ich stolz und selig in die Bergesfluten, ich stand über denselben, jetzt saß ich mit der Nußschale tief im Tal und wartete, bis wir ganz herunterfahren würden. Doch eins gab mir einigen Mut: am Notsteuer, denn das eigentliche war längst zerbrochen, saß der Mann, in dessen Hand unser Leben gegeben war, kalt und ernst und schaute unverwandt auf die vor ihm zitternde Magnetnadel. Ich schlich wieder in mein Nest und hatte nochmals acht schwere Stunden. Da ließen die Stöße nach, ich hörte wieder die Maschine, welche bis dahin vergeblich an den Wasserbergen geschabt hatte, in die Wellen eingreifen, und ein französischer Offizier trat in die erste Kajüte und sagte: ›Man sieht durchs Fernrohr Land!‹ Da wurden die bleichen Gesichter wieder lebendig, mir aber stürzten die Tränen in die Augen, und an die Stelle der Bitte trat das Dankgebet.«

Nach den furchtbaren Erlebnissen der Schiffsreise gönnten sich der Baron Wendt und Niese erst einmal ein paar Tage Ruhe. Niese ließ sich den langen Bart scheren und schrieb an die Brüder und Cranz, weil ihn die Sehnsucht nach ihnen erfaßt hatte. Eine starke Erkältung war die Folge des tagelangen Bades, auch sie sollte erst abklingen. Inzwischen wurde der Kriegshafen Toulon und das Bagno mit seinen finsteren Insassen besichtigt und schließlich der Weg an der Riviera entlang nach Italien eingeschlagen. Die Grenze zum sardinischen Staat lag zwischen Cannes und Nizza, und beim Grenzübergang ergab es sich, daß Nieses Pässe versehentlich nicht nach Sardinien visiert waren. Er wurde zurückgehalten, ließ aber sein Gepäck mit dem Baron Wendt weitergehen. Beim nächsten Präfekten wurde für ihn um die Erlaubnis zur Einreise nachgesucht. Nachdem er die halbe Nacht im Schilderhaus eines elsässischen Soldaten verbracht hatte, erhielt er am Morgen die Auskunft, daß seinem Gesuch nicht stattgegeben sei und er nach Marseille zurück müsse. Der Grenzaufseher zeigte sich unerbittlich.

»Da frage ich ihn aufrichtig und herzlich: ›Wie, wenn ich den Fluß passierte?‹ – ›Wollen Sie es riskieren‹, ist die Antwort, ›so gehen Sie zwei Lieues nördlich.‹ Das tue ich, aber das Ufer ist steil, ich kann keinen Weg hinunter finden. Endlich mache ich einen Steg über eine am Fluß hingehende Wasserleitung ausfindig, gehe hinüber, springe das steile Ufer hinab, durchwate den ersten kleineren Arm (der Var ist eine Viertelstunde breit, in der Regenzeit furchtbar, jetzt nur von einzelnen Wasserströmen durchflossen). Das Wasser ging bis übers Knie, ich eile weiter und komme an den Hauptstrom und hatte leider die beste Stelle nicht getroffen. Ich springe hinein, das Wasser steigt mir bis über die Brust, ich werde gehoben und steuere, vom Strom getragen, die Pfeife in der Hand, den Rock gehoben, in der Diagonale. Eine Stimme hinter mir ruft etwas, das ich nicht verstehe. Ich gewinne, als ich eben zum Schwimmen meine Zuflucht nehmen will, wieder festen Grund – eile aus dem Wasser, sehe mich um und erblicke einen Kerl mit einer Flinte! Es war kein Soldat, sondern ein Jäger, hatte auch nicht auf mich angelegt, sondern wahrscheinlich nur gerufen, daß die Stelle zu tief sei. Ich jage vondannen und gewinne das Gebüsch jenseits des Var. Also schlich ich durch nasses Gras und stachelige Hecken, bis ich nicht mehr weiter konnte und das Gebüsch verlasse und einen Weg gewinne. Es kommen Leute, ich springe wieder ins Gebüsch, ich schlage einen Weg durch Gärten nach dem Gebirge ein, es kommt ein Bauer, und ich eile wieder ins Gebüsch. Endlich von Nässe und Hecken desparat gemacht, gehe ich mitten durch die Gärten. So gelange ich eine halbe Stunde vor Nizza auf die große Straße. Ich streute Staub auf Stiefeln und Hose, damit die Nässe nicht zu sehen war, ich hielt meinen Rock der scharfen Sonne entgegen, damit er trockne, ich nehme mein Handbuch aus der Tasche unter die Nase, meine Pfeife auch wie ein Stöckchen in die Hand und schlendere, die Angst im Herzen, die Ruhe und Gleichgültigkeit im Gesicht, zur Stadt hinein, und der Soldat am Tore, mich für einen Schulmeister oder so etwas haltend, fragt nach keinem Passe.«

Der preußische Konsul in Nizza konnte nicht umhin, dem Divisionspfarrer Niese Vorhaltungen über seine Grenzverletzung zu machen, doch verhalfen sein Einfluß sowie ein bißchen Flunkerei vor der sardinischen Polizei schließlich Moritz Niese zu einem Visum für Turin. Denn der soeben mancherlei Gefahren Entronnene gedachte keineswegs, auf weitere Abenteuer zu verzichten. Die nächste Gefahr drohte ihm schon bei der Fahrt von Nizza nordwärts über die Meeralpen, als der Gebirgssturm Tourmente mit furchtbarer Gewalt und begleitet von einem ohrenbetäubenden Gewitter den Wagen überfiel. Aber auch dieser Nacht folgte wieder die Sonne, die Berge glänzten im Weiß frischgefallenen Schnees, und bald breitete sich die wohlbekannte oberitalienische Tiefebene, im Norden und Westen von den Alpen gesäumt, vor den Augen aus. In Turin waren noch einmal antike Ruinen und Kunstdenkmäler der Renaissance zu sehen. In Aosta gab dann Niese seinen Koffer nach Zürich auf und wanderte mit dem Nachtsack auf dem Rücken die Straßen zum Großen St. Bernhard. Eine Stunde vor dem Hospiz fing es an zu dunkeln und heftig zu schneien, so daß er die Augen nicht richtig offenhalten konnte, und wenn nicht Hirten gekommen wären, die denselben Weg gingen, wäre er hier schon wieder in größte Not geraten.

Klosterglocken weckten ihn am anderen Morgen zum Frühstück, er schnürte seinen Sack und zog auf frischgefallenem Schnee, während er noch vor vierundzwanzig Stunden unter italienischer Hitze gelitten hatte, in das Tal der Rhône bis nach Martigny bergab. Statt nun dem Fluß zu folgen und sich heimwärts zu wenden, konnte er nicht der Verlockung widerstehen, sich näher an Europas höchsten Berg heranzuwagen, und er wanderte am nächsten Tage über die Tête noire, mietete sich dort einen Maulesel und ritt weiter nach Chamonix am Fuße des Mont Blanc. Der Anblick der Gletscher überwältigte ihn, »ich dachte, der Himmel täte sich auf und Gottes Silberthron würde dem Auge der Menschenkinder sichtbar«.

Dieses Gletscherwunder wollte Niese nun auch aus der Nähe betrachten und womöglich nach dem sogenannten Jardin, einer im Mer de Glace liegenden eisfreien Stelle, vordringen. Nachdem er sich zunächst ohne Führer auf den Weg gemacht und den Mont-Ouvert bestiegen hatte, schloß er sich dort einer Gruppe von zwei Deutschen, zwei Franzosen und einem Engländer an, die zum Jardin aufbrachen. »Eine halbe Stunde weit ging's zunächst an den Felsen neben dem Gletscher hin, auf allen Vieren sind wir gekrochen, am schroffen Felsabhang nur einen Zoll Fußtritt oder Stufe habend; ich zerriß mir die Hand am schroffen, scharfen Gestein. Bald verließen wir das Gestein und überschritten den Hauptgletscher, der eigentlich ein Zusammenfluß von vier Gletschern ist, ein mächtiger Stein von erstarrten Wellen, so groß wie die der sturmbewegten See. Es ist nichts Kleines, darüber hinzulaufen mit dem langen Alpenstock. Die Spalten, die man überspringt, sind oft sehr breit, hier und da sind Löcher von 600 Fuß Tiefe und noch tiefer, wo hinein sich die Tauwasser des Gletschers als kleine Bäche ergießen, um unter dem Gletscher weiter fortzulaufen und als Flußquellen am Ende des Gletschers in blasser Farbe rauschend ans Licht zu treten. Und diese ungeheuren Eismassen haben eine furchtbare Gewalt, sie reißen Felsblöcke von ungeheurer Größe mit sich fort, und es ist, als ob man über Gebirge stiege, weil man auf lauter Gestein und Schutt tritt, darunter aber ist doch nur Eis, weshalb man denn auch, ganz sicheren Tritt zu haben glaubend, nicht selten ausrutscht. So arbeiteten wir uns denn in südöstlicher Richtung drei Stunden vorwärts, wobei wir an den Füßen meist auf kaltem Eise froren, während oben die Sonne wütend brannte. Nachdem wir ein Viertelstündchen ausgeruht, Schnee zu Brot genossen und viel aus kalter Quelle getrunken, auch die Gesichter uns gesalbt, ging's wieder vom Gletscher herunter einen furchtbar schroffen Berg in die Höhe, abermals gefährlich an jäher Felswand hin, gebückt wegen des überhängenden Gesteins. Wir litten viel. Und aus dieser Not erlöst, ging's nun wieder zwei Stunden weit durch Gestein, mit Schnee überdeckt, was eigentlich die gefährlichste Partie war. Oft rutschten wir aus, der Schnee gab nach, und man fiel mit den Füßen in Steinspalten hinein, so daß das Fußbrechen ein Leichtes war. Und als wir nun auch das überstanden, da trennte uns noch ein Gletscher von dem Jardin. Frischer Schnee war darauf gefallen, man sah die Spalten nicht, aber, der Führer voran und wir nach, immer in dieselben ellentiefen Löcher und Fußtapfen tretend.

Auf dem Jardin angekommen, in einer Höhe von 9000 Fuß, aßen wir Brot und Käse und tranken Wasser, ich pflückte einige Blumen zum Andenken und genoß nun das Großartige dieses Prachtpunktes. Man befindet sich in einem prächtigen Amphitheater, die Kulissen sind mächtige Felsen, an deren Zacken Eis und Schnee hängt, die Bühne ist mit Schnee- und Eismassen überzogen. Der Himmel ist dunkelblau, wie ich ihn nie gesehen, und die Sonne ohne alles Gelb, es ist wie ein Lichtballon in schwarzer Nacht; von Hineinsehen kann nicht die Rede sein, der Schnee blendet schon genug, daß es einem ganz schwarz vor den Augen wird. Von lebenden Wesen habe ich nur einige Bienen bemerkt. Nachdem wir eine halbe Stunde gesessen, drang ich auf Rückkehr, wir eilten denselben beschwerlichen Weg zurück. Auf dem Hauptgletscher oder eigentlich Mer de Glace aber trat Nebel ein, die Sonne mußte bald untergehen. Ich bekam einige Angst. Wie liefen an den Spalten hin und her, setzten über breite Risse, verfolgten dieselben bis zu ihrem Ende, denn auch hierin gleicht die Eiswelle der Wasserwelle, ein Tal endet immer in einem Winkel, wo man es passieren kann, wenn die Scheidewand zwischen der nächsten Welle nicht zu schwer und scharfkantig ist. Nach manchem Sprung und Lauf kamen wir endlich an die Felswand, krochen daranhin, gelangten nach Montouvert, und von da an lief ich in zwei Stunden allein herunter und zerstörte mir die Füße so, daß die Nägel an den großen Zehen blau und alle übrigen Zehen abgeschunden waren.«

Diese Gletscherwanderung war das letzte Abenteuer, das Moritz Niese auf dieser Reise bestand. Denn daß er auf der Weiterreise über Genf, Lausanne, Bern, Zürich noch den Rigi bestieg, sich dort im Nebel verlief, vor einem Gewitter in Maria-zum-Schnee Zuflucht nahm und so länger bleiben mußte, als er wollte, wodurch seine pünktliche Ankunft in Pforta und die Rückkehr nach Posen abermals in Gefahr gerieten, das war mit all dem, was er hinter sich gebracht hatte, nicht mehr vergleichbar. Nachdem er in Zürich seinen Koffer eingelöst und sich ein wenig europäischer hergerichtet hatte, ging's über Basel, Mülhausen, Straßburg, Mannheim, Frankfurt nach Thüringen, und als seine Postkutsche von Kösen her über die Windluke den Berg hinunter nach Pforta gerollt war, sah er den Bruder Carl vor der Tür stehen.

»Ich fand Carl wie sonst, seine Kinder freundlich, die Schwägerin gegen Besuch nicht aufmerksam genug; aber ich habe mir das letztere nicht zu Herzen gehen lassen, so wenig wie des Bruders Indifferenz bei vielen Dingen, die nicht so ganz indifferent sind.« Dies trug der aus Algier zurückgekehrte Posener Divisionsprediger im Herbst 1842 in sein Tagebuch als Votum über seinen Bruder und seine Schwägerin ein, die mit der ehrwürdigen Erziehungsanstalt Schulpforta ihre neue Heimat und Wirkungsstätte gefunden hatten, Carl Niese als Professor sowie geistlicher Inspektor, seine

Frau Auguste als Mutter der seit Sophies Geburt nun schon sieben Kinder und Verwalterin eines umfangreichen Haushalts mit Garten. Um dem weitgereisten und erlebnishungrigen Bruder das Gegenbild gleichmäßiger Tätigkeit, innerer Ruhe und Heiterkeit vorzustellen, wollte Carl ihm die Schilderung seines jetzigen Wirkungsbereichs, die »Aussicht auf Pforte«, widmen, die er für die Säkularschrift zur Feier des dreihundertjährigen Bestehens von Pforta im Mai 1843 vorbereitete.

»Wenn du von Naumburg her auf der Landstraße, die nach Frankfurt führt, an das erste Wirtshaus von Altenburg an der Saale kommst – geh nicht auf der Landstraße fort, es führt ein Weg oberhalb den Häusern hin: wenn du dort zwischen dem letzten und dem vorletzten Hause, wo die Baumpflanzung am Berge aufhört und das Ackerland anfängt, auf einem Raine den Berg hinansteigst und dann dem Fußwege, der dir oben entgegentritt, rechts bis zu der Höhe folgst, wo dir der Blick in das Tal vergönnt ist – da liegt Schulpforte, das alte Kloster-Pforte.

Zisterziensermönche, von heidnischen Slawen im Pleißener Lande vertrieben und vom Bischof Udo von Naumburg gastlich aufgenommen, sollen es um die Mitte des 12. Jahrhunderts gegründet haben. Der zweite Pfeiler am hohen Chore der Kirche dort trägt noch eine alte Inschrift aus der Mitte des folgenden Jahrhunderts: Anno Domini MCCLI. XII. Kal. Aprilis positum est fundamentum hujus sanctuarii.

Einen lieblicheren Ort hätten sie kaum wählen können: Dort drängt sich der Fluß am Fuße der Berge hin und überläßt den üppigen Saaten die gesegneten Fluren, hier zieht er befruchtend mitten durch die Felder, unter dir pranget die Wiese in ihrem frischesten, lachendsten Grün, zwischen beiden breitet sich das fruchtbare saatengesegnete Tal. Von Feldern, Wiesen und Gärten umgeben drängt sich das Kloster in den Bergausschnitt hinein: hierhin sind die Anhöhen mit Buchen, Linden und Ahorn geschmückt, jenseits des Flusses wechseln Weinberge und Winzerwohnungen in reizender Lage miteinander. Einen lieblicheren Ort hätten sie nicht wählen können.

Auch einen günstiger gelegenen kaum. Sieh, wie nach Mittag hin das Kloster unter der Kühlung des schirmenden Waldes ruht: Seine dunklen Schatten müssen nie von der gewinnsüchtigen Axt gelichtet, seine hohen Wipfel nie wieder von dem diebischen Beile geschändet werden! Dort, wo hinter dem Kloster der Abhang unter dem scharfen Winkel nach Süden umbeugt, siehst du einen Bergfortsatz nordwestlich tief in das Tal hineingreifen, der hat es gegen die Gewalt der heftigen Abendwinde schützen sollen: daß er nie seines grünen Waldschmuckes entkleidet, noch von der breiten Landstraße tief durchschnitten das stille Kloster den abendlichen Stürmen preisgegeben hätte! Um den Bergfortsatz herum windet sich ein Arm des Flusses dem Kloster zu, und hierherwärts hinter dem Kloster bricht die Quelle unten aus dem Berge hervor, welche noch jetzt dem Klosterhofe das Trinkwasser zuführt. An dieser Stelle, wo die Anhöhen nach Mittag und Abend aufsteigen, daß sie gegen Wind und Sonne Schutz gewähren konnten, in der Nähe des reichhaltigen klaren Bergquells und zugleich in dieser günstigen Lage zu der Wasserhöhe des Flusses, wurden Kirche und Kloster angelegt, nahe um sie her Klostergebäude und Gärten, in weiterer Entfernung Wiesen und Felder, diesseit und jenseit an den Höhen Waldung und Weinberge. Auch einen günstiger gelegenen Ort hätten sie nicht wählen können.

Durch Herzog Moritz von Sachsen ist das Kloster im Jahre 1543 mit allem Zubehör dem Zwecke des öffentlichen Unterrichts überwiesen worden. Zu einer Pflanz- und Pflegestätte der Wissenschaft ist die Übungsstätte klösterlicher Frömmigkeit und Gebetsübung umgewandelt worden. Es ist eine andere Befreiung des Menschen von den Banden des Irdischen als durch Fasten und Entsagen und leibliche Bereitung, es ist eine andere Verpflanzung in die höhere, unsichtbare Welt, in die Welt der Freiheit des Geistes und der Gemeinschaft mit Gott – die Erziehung des Menschen durch die Wissenschaft...«

Der zunächst als Fürstenschule berühmten nunmehrigen preußischen Landesschule gehörte Carl Eduard Niese an, seit ihn der Naumburger Superintendent Caspari am 20. Januar 1839 in sein kirchliches Amt und am Tag darauf der Rektor Kirchner in sein Schulamt eingeführt hatte. Hier lebten dreizehn Lehrer und rund zweihundert Schüler in einem nach außen abgeschlossenen Gebiet, das sich auch wirtschaftlich durch die dazugehörige Landwirtschaft, Fischerei und Försterei selbst versorgte, in enger Lebens- und Arbeitsgemeinschaft. Weitaus die meisten Schüler hatten Freistellen und wohnten als Alumnen in dem alten Hauptgebäude des Klosters, nur wenige Extraner waren als Kostschüler in den

Lehrerfamilien untergebracht. Der Schulbetrieb umfaßte zwar die sechs Klassen Untertertia bis Prima, aber die kleinen Lebensgemeinschaften der Schüler waren nicht nach Klassen, sondern nach zwölf Arbeitsstuben gegliedert, in denen Schüler aller Altersstufen zusammen hausten. Jede Stube hatte vier bis fünf Arbeitstische, an denen je ein Primaner, Obergesell genannt, ein Sekundaner oder Mittlerer und zwei Tertianer oder Untere schrieben, lasen und lernten. Zu je zwei Stuben gehörte ein Schlafsaal. Die Stuben, nicht die Klassen, waren das Herz der Schülergemeinschaften, denn die über den Tag verteilten eigentlichen Unterrichtsstunden, die von den Professoren und den als Adjunkten bezeichneten jüngeren Lehrern in den Unterrichtsräumen abgehalten wurden, hielten sich die Waage mit den Arbeitsstunden, in denen die Schüler unter Aufsicht der Obergesellen an ihren Tischen für sich selbst arbeiteten. Dazu kam als dritte Art des Studiums die sogenannte Lesestunde von vier bis fünf Uhr nachmittags, in der die Unteren einzeln von ihren Oberen in der Anfertigung lateinischer und griechischer Exerzitien und in der Verskunst dieser Sprachen unterrichtet wurden. Der Tag begann im Sommer um fünf, im Winter um sechs Uhr und schloß um neun, für die Primaner um zehn Uhr. Am Beginn stand die gemeinsame Morgenandacht, dann folgten in ständigem und gesundem Wechsel Aufenthalte in den Klassen, den Stuben und im Garten. Die Mahlzeiten wurden im sogenannten Coenakel eingenommen, in das die einzelnen Klassen nach strenger Ordnung einzogen, der leistungsschwächste oder jüngst gekommene und daher letzte Tertianer zuerst und der Primus Portensis zuletzt. Die Mitarbeit der Schüler an Organisation und Unterricht beschränkte sich nicht nur auf die beaufsichtigende und lehrende Rolle der Obergesellen, sondern kam auch in der Tätigkeit von fünfzehn aus den oberen Klassen ausgewählten Inspektoren zum Ausdruck, die für die Ordnung im Haus und das Benehmen des gesamten Coetus sorgen und dafür jeden Sonnabend vormittag vor der Lehrerkonferenz Rede stehen mußten.

Das Verhältnis von Schülern und Lehrern wurde dadurch enger als an anderen Gymnasien, daß jeder Schüler, der in die Anstalt aufgenommen wurde, einem der Lehrer für die Dauer seiner Schulzeit als seinem Tutor zugewiesen wurde. Der Tutor stand in brieflichem Verkehr mit dem Elternhaus der ihm »Empfohlenen«, hatte für deren Bedürfnisse Sorge zu tragen und verwaltete ihre

Gelder. Aus ihrer Schar wählte er sich einen Sekundaner oder Primaner als Famulus, der ihm kleine Dienste leisten und der vor allem sein ständiger Begleiter und Beistand sein mußte, wenn der Lehrer Hebdomadar wurde, d. h. eine Woche lang die Aufsicht über die Funktion des gesamten Schulapparates außerhalb des Unterrichts übernahm. Durch diese Einrichtung, die Woche um Woche unter den Lehrern wechselte, wurde das übrige Kollegium zugunsten der Unterrichts- und Wissenschaftsarbeit entlastet.

Einmal innerhalb von vierzehn Tagen, in späterer Zeit sogar einmal in jeder Woche gab es einen Studiertag, von den Schülern, weil eine Stunde länger geschlafen wurde, »Ausschlafetag« genannt. An ihm fielen alle Unterrichts- und Lesestunden fort, und er war dem Privatstudium der Schüler, vor allem der Lektüre klassischer Autoren, gewidmet. Hier besonders zeigte sich der akademische Geist der Pforte, der den Schülern schon früh die Möglichkeit und Notwendigkeit studentischer eigener Wahl und Einteilung der Arbeit nahebrachte. Selbst für den Sonntag waren einzelne Arbeitsstunden angesetzt, doch erwartete man nicht eigentlich, daß dann Exerzitien gemacht wurden, sondern nur, daß die Knaben auf ihren Stuben saßen und lasen oder auch Briefe schrieben. Neben reichlicher Freizeit im Schulgarten gab es sonntags den ersehnten Spaziergang von vier bis sechs Uhr, bei dem die Schüler sich das einzige Mal in der Woche aus den Mauern des Klosters entfernen und an einem der nahegelegenen Ausflugsorte Kaffee oder Kuchen genießen konnten. Man kannte die »Knaben«, wie sie bei der Bevölkerung kurzweg hießen, in der ganzen Umgebung, und mancher Bürger zog bei ihrem Anblick die Börse und zahlte ein Stück Kuchen oder ein Wurstbrot.

Was der Sonntag im Ablauf der Woche, das waren die Hundstagsferien in dem des Jahres. Zwölf Tage vor ihrem Beginn setzte ein hübscher Brauch ein: Die zwölfte Stube hatte am Vorabend Erlaubnis, in den angrenzenden Wald zu gehen und grüne Zweige zu pflücken. Die Lehrersfrauen spendeten Blumen aus ihren Gärten, es begann ein fröhliches Sträuße- und Girlandenwinden, und am nächsten Morgen prangte die zwölfte Stube samt Pulten und Tischen im Blumenschmuck. Das wiederholte sich am folgenden Tag mit der elften Stube und so fort durch die Reihe der Stuben bis zum letzten Schultag, an dem die Mauern des Klosters sich von den Schülern leerten und die Lehrergärten wie geplündert aussahen.

Für vier Wochen durften sich nun auch die Lehrer frei von jeder Pflicht gegenüber Alumnen und etwa bei ihnen einquartierten Extranern fühlen.

Dafür, daß der Geist dieser pädagogischen Provinz nicht zu streng und das Feiern nicht auf so kleine Feste beschränkt wurde, sorgten zwei Umstände. In seiner »Aussicht auf Pforte« rechnete Niese es zu den Veränderungen, daß sich in dem einstigen Kloster »die Segnungen des häuslichen Lebens niedergelassen« hätten. Es gab also nicht nur Lehrer und Schüler, sondern Familien mit Frauen und Töchtern, die ein freundliches, auch wohl prickelndes Element in das Pförtner Leben brachten. Außerdem erwuchs aus diesen Familien eine kleine Gemeinschaft, die sich gegenseitig anregen und unterhalten wollte. Die meisten Professoren und Lehrer waren kraftvolle Temperamente und bewegliche Geister, die nicht mit Haut und Haar im Schulbetrieb und im Studium aufgingen.

Schon im ersten Jahr von Nieses Zugehörigkeit zu ihnen, am 6. November, waren hundert Jahre vergangen, seit Klopstock, der bis dahin größte Schüler der Pforte, hier aufgenommen worden war. Man hatte allen Anlaß zu einem der immer gern begangenen Jubiläen. So füllte sich das große Auditorium um halb zehn Uhr zu einem Rede-Aktus, bei dem Primaner selbstverfaßte lateinische und deutsche Gedichte über Klopstocks Leben vortrugen. Dann betrat Professor August Koberstein das geschmückte Rednerpult. Der untersetzte, rundliche Mann mit den lebhaften dunklen Augen, dem das bräunliche, etwas schüttere Haar in leichten Wellen über die Schläfen und die Bügel der schmalen Brille fiel, mühte sich vergebens, dem Thema der Feier ganz den Enthusiasmus zu weihen, den es forderte. Der seraphische Sänger des »Messias« lag ihm nicht, und er konnte es nicht verbergen, so sehr er sich immer wieder auf Klopstocks Verdienst, die neuere deutsche Dichtersprache mitgeschaffen zu haben, zurückzog. Jeder im Saale kannte diese mangelnde Neigung Kobersteins zu seinem Gegenstand und genoß des Redners Kampf zwischen Pflicht und Vorliebe, die Goethe, Kleist, Tieck oder einem mittelhochdeutschen Dichter galt. Der liebe »Dicke«, wie er von den Schülern genannt wurde, pflegte gelegentlich eine Auswahl reiferer Schüler bei sich zu versammeln und vor diesen deutsche Dramen oder auch Shakespeare zu lesen – mit vollendeter Sprachgebung, die er bei Tieck gelernt hatte, und einer schauspielerischen Begabung, die seinen Hörern oft genug Tränen entlockte. Die Neigung zum Theater, die er schon als Student auf dem Liebhabertheater des Nicolaischen Hauses in Berlin betätigt hatte, kam in Pforte bei der Leitung der Schüleraufführungen zur Auswirkung, die regelmäßig zu Fastnacht, aber auch sonst bei festlichen Anlässen veranstaltet wurden. Koberstein stand im Zenith seiner Leistungen und seiner Anerkennung: Er hatte als erster das Wagnis unternommen, eine deutsche Literaturgeschichte zu schreiben, und das ursprünglich als Leitfaden für seine Schüler gedachte Büchlein hatte sich in bereits dritter Auflage die Lesewelt auch außerhalb der Mauern von Pforta erobert. Ausgangspunkt und Nährboden seiner wissenschaftlichen Leistung aber blieb die Schule, der er schon seit zwanzig Jahren angehörte und deren musisches, lebendigstes und vielleicht auch unruhigstes Element er war. Er hatte 1819 hier überhaupt erst den Deutschunterricht eingeführt und mußte sein Leben lang gegen den Vorrang der klassischen Sprachen und ihrer Vertreter ankämpfen, anfänglich auch gegen den Hochmut der Schüler, die lateinisch sprachen, wenn er selbst deutsch sprach. Niese spürte in Koberstein sehr bald Verwandtes, und die Beziehungen zu ihm sowie zu seiner Familie wurden im Lauf der Zeit vertraut und herzlich.

Spontaner und von Anfang an freundschaftlich gestaltete sich Nieses Verhältnis zu dem Gräzisten Steinhart, einem Mann von stupender Gelehrsamkeit und dabei großem Idealismus, von Begeisterungsfähigkeit und freiheitlicher Gesinnung. Wo der kleine, etwas behäbige Steinhart mit seinem rosigen, von kräftigem, langem, hellem Haar umrahmten Gesicht auftauchte, schlug ihm das Zutrauen der Schüler entgegen, die ihn wegen seiner Eigenheit, sie in Zorn und Begeisterung mit »Mensch« anzureden, mit dem Spitznamen »Der Mensch« belegt hatten. Mit Freude lieferte er die Übersetzungen antiker Stücke für Schüleraufführungen.

Die dritte überdurchschnittliche Persönlichkeit in Pforta war der Mathematiker Jacobi I, ein vornehmer und nobler Charakter, der im Gegensatz zu Koberstein und Steinhart auch noch ein guter und strenger Pädagoge war. Trotz einer Sprachstörung, die bei anderen zu bösen Scherzen der Schüler herausgefordert hätte, hielt er die gesamte Schülerschaft in Respekt und ersetzte so das, was dem etwas unausgeglichenen und taktlosen Wesen des »Papel«, des Rektors Kirchner, abging. Jacobi I hatte einen weniger bedeutenden Bruder, Jacobi II, der in den unteren Klassen Mathematik gab; zusammen waren sie »der große und der kleine Matthes«. Auch zu Jacobi I trat Niese in ein herzliches Verhältnis, ebenso zu Professor Keil, der neben Kirchner in den Primen Latein lehrte.

Bald nach seinem Amtsantritt hatte Niese dafür gesorgt, daß der Neffe Carl Steuber, das Pflegekind seiner Frau, in das Alumnat aufgenommen wurde. Mit diesem munteren Tertianer gewannen die eigenen Kinder einen älteren Spielgefährten. Söhnchen Julius, ein strammer und unternehmungslustiger Junge, hatte schon im Torgauer Entenfang schwimmen gelernt. Jetzt nahm ihn der Vater mit zu den Fischhäusern, wo die Pförtner Schwimmanstalt lag. Nieses alte Liebe zur Vogelwelt wachte wieder auf und fand ihre Objekte in dem an Pforta grenzenden Laubwald. Die stilleren unter seinen »Empfohlenen« lehrte er bei Spaziergängen an den Sonntagen Gesang, Gestalt und Flug der Vögel, und besonders seine Konfirmanden forderte er zu solchen Gängen auf. Sein Interesse widmete er ebenso den Turnübungen der Jungen, die allerdings in Ermanglung einer Turnhalle nur während des Sommers in dem weiten Schulgarten stattfanden, einer großen, mit Bäumen bestandenen Wiese, in die das Klosterterritorium nach Norden auslief. Längst war die Zeit vergangen, während der man dem politisch verpönten Turnen auch hier in Pforta die tarnende Bezeichnung Gymnastik geben mußte. Die Mischung von Sport, Spiel, Naturliebe und Sangeslust, die der jetzt drüben in Freyburg ein kaum beachtetes Dasein führende Turnvater Jahn einst der Jugend vorgezeichnet hatte, kam am heitersten an zwei »Bergtagen« zum Ausdruck, dem Frühlings- und dem Herbstfest, an dem der ganze Coetus mit der Lehrerschaft und deren Angehörigen nachmittags unter klingendem Spiel auf den Knabenberg zog, nachdem man vor der Wohnung des Rektors das »Berglied« angestimmt hatte. Oben auf dem Berg warteten schon Semmelfrauen und Kuchenbuden aus Naumburg und Kösen, auch ein Ausschank für Kaffee und Bier, so daß jeder die an diesem Tage ausgeworfenen fünf Silbergroschen schnell loswerden konnte. Man veranstaltete Turnspiele, sang, brachte Lebehochs aus. Um sieben Uhr abends versammelte man sich unter der Eiche in der Nähe des Portals. Ein feierlicher Umzug durch den ganzen Klosterbezirk und nach dem Abendessen oft noch ein allgemeiner Tanz beschloß den fröhlichen Tag.

So weit die ländliche Idylle, in die Carl Niese sich und seine Auguste in den früheren Tagen so oft hineingeträumt hatte. Nicht weniger kam seine Neigung zu den Büchern, zu stiller, weltabgeschlossener Forschung, zu gelehrtem Lernen und Lehren jetzt auf ihre Kosten. Denn Gelehrte waren die Herren Professoren eingestandener- und uneingestandenermaßen in erster Linie. Mit den Tertianern wußten sie oft nicht viel anzufangen. Ein engeres Band zum Schüler entwickelte sich meist erst, wenn man in ihm den Gleichstrebenden erkannte, dann aber wurde er auch als ein Gleicher behandelt. Wenn Steinhart beim Latein in der Tertia mit den Jungen nicht fertig wurde und bisweilen im Zorn eine Ohrfeige austeilte, so glichen dafür sein Sophokles und Demosthenes und sein Plato in Prima schon einem Universitätsseminar. Wenn Koberstein den im Nebenfach gegebenen Unterricht im Französischen sträflich vernachlässigte und seine Aussprache des fremden Idioms sich keineswegs durch Pariser Eleganz auszeichnete, so entschädigte er im Deutschunterricht mit der Lachmannschen Liedertheorie und mit Disputationen über frei gewählte Themen aus der Literatur, die auf deutschen Schulen eine Seltenheit gewesen sein dürften. Wenn Niese nachgesagt wurde, er beschäftigte die Tertianer vor allem mit der Geographie des Heiligen Landes und den Zügen des Volkes Israel durch die Wüste, so fingen doch seine in Prima betriebene Exegese des Johannesevangeliums und dialektische Auseinandersetzungen über religionsphilosophische Themen auch die Freidenker und Skeptiker unter den Schülern ein. Pforte war eben noch eine wirkliche Gelehrtenschule, die sich selbst als Vorstufe zur Universität auffaßte.

Auch der Religionsunterricht wurde in Pforte von alters her als Vermittlung der Grundlagen theologischer Wissenschaft angesehen, und so trug der erste Geistliche den Titel Professor zu Recht. Schon seit hundertundfünfzig Jahren war ihm zur Entlastung von seinen nichtwissenschaftlichen Pflichten als Collega extraordinarius ein zweiter Geistlicher beigegeben, der für ihn die hebdomadarische Inspektion und die philologischen Lektionen übernahm. Die kirchliche Aufsicht über die Diözesen Eckartsberga, Weißenfels und Freyburg, auf die noch der alte Titel Inspektor hindeutete, war längst auf die geistliche Betreuung der nachbarlichen Gemeinde Kösen zusammengeschrumpft. Sechs Stunden Religionsunterricht wöchentlich in drei Klassen, davon vier Stunden in den obersten Klassen, dazu natürlich der Konfirmandenunterricht bei den Alumnen, das war Nieses ganze Unterrichtspflicht.

Aber Religionsunterricht in einer Prima zu geben, in der Koberstein, Steinhart und Jacobi unterrichteten, war keine Kleinigkeit. Die Fächer, die diese Männer vertraten, wurden als die eigentlich wissenschaftlichen angesehen, und ein Geistlicher machte in deren Reihe oft eine schlechte Figur. In der jungen Elite hinter den Pulten lebte ein kritischer, vielleicht auch überheblicher Geist. Die Tatsache, daß in Pforta täglich auf akademischem Niveau Textkritik an griechischen, lateinischen und altdeutschen Werken geübt wurde, tat das ihre dazu, die Schüler zu kritischen Lesern der neutestamentlichen Wahrheiten zu machen. Niese war nicht orthodox und nicht eng genug, um das etwa als Gefahr zu empfinden. Hegel hatte darauf hingewiesen, »wie sehr die Protestanten auf gelehrte Bildungsanstalten halten. Daß ihnen diese so teuer sind als die Kirchen, und gewiß sind sie so viel wert als diese; der Protestantismus besteht nicht so sehr in einer besonderen Konfession als im Geiste des Nachdenkens und höherer vernünftiger Bildung, nicht eines zu irgend diesen und jenen Brauchbarkeiten zweckmäßigen Dressierens.« In einem solchen denkerisch weitgespannten Rahmen bewegte sich auch das Religionslehrbuch für Gymnasien, das Marheineke schon 1823 hatte erscheinen lassen und das Niese eher zusagte als das von pietistischem Geist geprägte seines Pförtner Vorgängers Schmieder.

Die Einbeziehung der Philosophie in den Gymnasialunterricht war umstritten. Nieses Schulfreund Deinhardt hatte sie befürwortet, und an dessen Vorschlägen anknüpfend publizierte Niese selber 1842 einen Aufsatz »Über die Berechtigung der philosophischen Propädeutik im Gymnasialunterricht«. Schulische Vorbildung sei unerläßlich, damit Studenten den Universitätsvorlesungen folgen können und nicht vom Studium der Philosophie abgeschreckt werden. »Der Schüler, der zur freien Wissenschaft erzogen werden soll, muß darauf aufmerksam gemacht werden, daß die wahre Wissenschaft nicht im bloßen Wissen und Können besteht, sondern in dem klaren Bewußtsein über sich selbst, nämlich über ihren Inhalt sowohl als ihre Methode.« Ähnliche Gedanken lagen Nieses Bildungsplan in der für die Säkularschrift bestimmten »Aussicht auf Pforte« zugrunde: Die Mathematik bildet die höchste Stufe der stofflichen Wissenschaften und zugleich den

Übergang zur höheren Stufe der Metaphysik, die den Schüler erst auf der Universität erwartet.

Daß Pforta auch ein Tor zu einem mannigfaltigen Leben war, das sich oft weit vom Reich der Wissenschaften entfernte, bewiesen die Hunderte ehemaliger Schüler, die am Nachmittag des 20. Mai 1843, am Vortag der Dreihundertjahrfeier, jahrgangsweise von der Windluke her durch das Tor ihrer alten Alma mater einmarschierten und in die Kirche zogen, wo eine Festkantate aufgeführt wurde. Sie hatten befolgt, was Goethe den Portensern nahegelegt:

> »An dem stillbegrenzten Orte
> Bilde dich, so wie's gebührt,
> Jüngling! Öffne dir die Pforte,
> Die ins weite Leben führt.«

Aus allen Berufszweigen und allen Gegenden Deutschlands waren sie zu dem Ort gekommen, der ihnen einmal als Eingang zum Himmel vorgestellt worden war und ihnen am nächsten Morgen vom geistlichen Inspektor durch das Bibelwort aus der Geschichte Jakobs bestätigt wurde: »Hier ist nichts anderes denn Gottes Haus, hier ist die Pforte des Himmels.«

Zwei der berühmtesten Schüler der Pforte fehlten: Ranke arbeitete im Pariser Archiv über den Ursprung des Siebenjährigen Krieges, der Ägyptologe Lepsius war in Ägypten. Der alte Gottfried Hermann in Leipzig schickte einen lateinischen Glückwunsch mit leise grollendem Unterton gegen die moderne Vielwisserei ohne rechte Wissenschaftlichkeit und gegen die unfromme Frömmelei der Finsterlinge, von der er Gefahren für Pforte fürchtete. Von den Anwesenden bemerkte der Berliner Professor der Medizin, Christian Gottfried Ehrenberg, der Pfortas Wäldern seine ersten botanischen Entdeckungen verdankte, sehr erfreut, daß die Kastanie, die er einst in dem den Primanern vorbehaltenen Gärtchen zwischen den Kreuzgängen gepflanzt hatte, gewachsen und erblüht war. Er, der Naturwissenschaftler, feierte in der einem seiner Werke vorausgestellten Widmung die Pforte, weil sie ihn das Dichten gelehrt habe. Am Mittag gab es im Coenakel ein Festessen für die Alumnen, bei der Kultusminister Eichhorn eine Ansprache hielt, während die Gäste in einer Festhalle im Turngarten bewirtet wurden. Am Abend war festliche Illumination, am nächsten Tag Prämienverteilung und Fackelzug, am vierten Tage endlich ein Bergfest, an dessen Schluß der allgemeine Enthusiasmus für die Pforte so stieg, daß ergraute Männer und Knaben Arm in Arm singend den Berg herunterzogen, die Jungen die Alten auf die Schultern hoben und unter Tränen der Rührung voneinander Abschied nahmen.

Solche Tage hoher Gefühle drängten die Erinnerung an dunklere vorübergehend in den Hintergrund. Carl Nieses Lehrer seiner frühesten Knabenjahre, Grulich in Torgau, war schon 1839 dahingegangen, und auch der Tod Spitzners 1841 hatte zum Nachdenken aufgefordert. Klaffte auch ein unheilbarer Riß zwischen ihm und diesem Mentor, hatte sich auch die verletzte Eitelkeit des Lehrers am deutlichsten darin gezeigt, daß er in seiner Geschichte des Wittenberger Gymnasiums Moritz Niese zwar wiederholt gelobt, Carl aber überhaupt nicht erwähnt hatte, so mußte sich Carl doch eingestehen, daß er jenem die Fundamente seines Wissens verdankte. Auch ganz in Carl Nieses Nähe hatte der Tod zugeschlagen: Nach wenigen Tagen war ein im Dezember desselben Jahres geborenes Söhnchen gestorben.

Zudem wurde der Theologe Niese auf seinem Fachgebiet gefordert. Die geistige Welt schied sich zunehmend deutlicher in zwei Fronten. Einerseits trat seit dem Regierungsantritt Friedrich Wilhelms IV. und der Ernennung Eichhorns zum Kultusminister die »positive« supranaturalistische Richtung noch diktatorischer auf, andrerseits waren Strauß weitere Kämpfer gegen die idealistische Philosophie gefolgt. Auch der Berliner Privatdozent Bruno Bauer war von Hegel ausgegangen und hatte sich bereits 1839 mit Hengstenberg über den Gegensatz zwischen Gesetz und Evangelium gerieben. Mit seiner 1840 erschienenen »Kritik der evangelischen Geschichte des Johannes« übertrumpfte er dann plötzlich noch Strauß und dessen Behauptung von der historischen Unhaltbarkeit des evangelischen Berichts, indem er nicht nur von einem Mythos, sondern einer bewußten spätantiken Dichtung zwecks Glorifizierung des von der Gemeinde angebeteten Urbildes sprach. Eine so freimütige und radikale Kritik war natürlich auf den Widerstand des Hengstenberg-Kreises gestoßen, und das Kultusministerium hatte Bauer, nachdem man ihn erst nach Bonn abgeschoben, trotz der Warnung Marheinekes seines Lehramtes für verlustig erklärt. Inzwischen war schon Ludwig Feuerbach mit seiner revolutionierenden Schrift »Das Wesen des Christentums«, der weitere, immer extremere folgten, auf den Plan getreten. Auch er ein Schüler Hegels, der sich alsbald kritisch gegen diesen wandte und die Einheit von Wissen und Glauben zu zerstören suchte. Die Gottesvorstellung des Menschen sei nämlich nur eine Projektion der Idealvorstellungen des Menschen von sich selbst ins Übernatürliche und Unendliche. Die Theologie sei daher eigentlich Anthropologie, der Mensch sei und müsse der höchste Gedanke des Menschen sein. Das einzig Wirkliche, also nach Hegel Vernünftige, sei nicht das Geistige, sondern das Sinnliche. Diesem zu geben, was ihm gebühre, mache den Sinn alles menschlichen Strebens aus.

Für Carl Niese galt es angesichts solcher Ideologien, das schon von Schleiermacher befürchtete Auseinanderbrechen von Glauben und Bildung für sein Teil zu verhindern und mit Hilfe der Philosophie die wissenschaftlichen sowie religiösen Zweifel oder Widersprüche in den Köpfen seiner Schüler auszuräumen.

Auch Nieses Freunde und Generationsgenossen gerieten in die Mühlsteine zwischen Reaktion und Fortschritt. So hatte man Deinhardt, als er sich um den mit Spitzners Tod freigewordenen Rektorposten des Wittenberger Gymnasiums bewarb, vorgeworfen, er neige der Richtung der »Halleschen Jahrbücher« zu. Seiner Behörde genügte es, daß er mit dem interessanten und sympathischen Arnold Ruge, dem Herausgeber der genannten Jahrbücher, den er durch Ritschl kannte, menschlichen Kontakt gewahrt hatte, auch nachdem dessen Zeitschrift zum Sammelplatz unzufriedener Elemente und radikaler Kritik geworden war und nach Sachsen hatte verlegt werden müssen. So bekam er den Wittenberger Rektorposten nicht, vielmehr übertrug man ihm 1844 die Leitung des Gymnasiums im fernen Bromberg. Auch Ulricis Entwicklung ließ die zwiespältige Situation erkennen, in der sich ein Philosoph dieser Jahre befand. Auf der Suche nach einer realistischeren Basis des Idealismus und damit in kritischem Abstand zu Hegel war er der spätidealistischen Gruppe nahegetreten, die sich um Immanuel Hermann Fichte und die »Zeitschrift für Philosophie« bildete. Er geriet ebenfalls zwischen die herrschenden Parteien, nur mit anderen Vorzeichen als Deinhardt, denn solange die Hegelianer noch Einfluß auf die Besetzung von Lehrstühlen hatten, rückte er nicht in eine ordentliche Professur auf.

Selbst an Ritschl und seiner Philologie ging diese Zeit der Umbrüche nicht spurlos vorüber. Niese hatte ihn zuletzt im April 1839 gesehen und gesprochen, als Ritschl bei seiner Übersiedlung von Breslau nach Bonn über Pforta gereist war, und er wußte auch durch den Besuch des Bruders Moritz in Bonn von dem Freund. Bei diesem machte sich das Mannesalter in dem Verzicht auf manche weitgespannten Pläne früherer Jahre bemerkbar. Unter Hintanstellung großangelegter Vorlesungen zugunsten eng umgrenzter, sogar abseitiger Stoffe, zog er sich auf rein philologische Fragen zurück. Aus dem romantischen Anhänger Friedrich Schlegels wurde er allmählich ein Schüler des realistischen Lachmann, der die Grundsätze historischer Textkritik festgelegt hatte, denen Ritschl bei der Plautus-Ausgabe folgte, die er vorbereitete, einem gewiß verdienstvollen Rest des kühnen ursprünglichen Plans, das »ganze griechische Theaterwesen« darzustellen. Es war ein Tribut an den gewandelten Zeitgeist, der die großen Gedankengebäude gegenüber positivistischer Stoffhuberei zurücktreten ließ. Außerdem erhielt die »Methode« nun bei Ritschl einen viel exakteren Sinn als jenen der nach seiner Meinung »philosophierenden und spekulierenden Köpfe«, zu denen er auch Niese, Nieses Bruder und andere zählte: »Ich will sie auch im einzelnen und kleinen... lese auch gerade jetzt Kritik und Hermeneutik, wozu mir Schleiermachers Allgemeinheiten herzlich wenig helfen.« Welche Folgen Lachmanns am Neuen Testament exerzierte philologisch-historische Textkritik auch sonst noch haben konnte, zeigte die von dem Orientalisten Konstantin v. Tischendorf 1840 begonnene, neun Jahre fortgesetzte Forschung nach Handschriften im Orient, um den Urtext des Neuen Testaments rekonstruieren zu können.

Anlaß, selber in die Auseinandersetzungen der theologischen Fronten einzugreifen, fand Niese, als ein Torgauer Kindheitsgefährte, der Pfarrer Gustav Adolph Wislicenus in Halle, ein Angehöriger der »Gesellschaft protestantischer Freunde«, die Bibel als Fundament des Glaubens ablehnte und in dem Pamphlet »Ob Schrift ob Geist« wieder die von Rationalisten aufgegriffene Frage der Wunder zum Angelpunkt der Debatte machte. Wohler als bei einer solchen Erwiderung im Jahre 1845 fühlte sich Niese bei praktischem Einsatz für die Stärkung des Protestantismus, wie ihn der inzwischen aufgeblühte Gustav-Adolf-Verein bot, zumal Niese Gelegenheit dazu in dem von ihm mitgestifteten Naumburger

Zweigverband fand. Dabei bewahrte sich der Pförtner Professor seine Liberalität im Umgang auch mit Andersdenkenden und vor allem seinen Schülern. »Vater Niese« war bekannt dafür, daß er Verfehlungen nie vor die Konferenz brachte, sondern stets unter vier Augen verhandelte. Die in Pforta noch übliche Verpflichtung zur Beichte, in der Regel von Schulsünden, lehnte er ab. Den Konfirmandenunterricht erteilte er in seinem Studierzimmer, wo die Jungen – wie der Potsdamer Hofprediger Rogge sich erinnerte – »im Halbkreis um ihn herum saßen« zu den eher seelsorgerischen »Besprechungen über einzelne Glaubensfragen« als zu »lehrhafter Unterweisung«. Rogges Mitschüler Carl Plath, der spätere Inspektor der Goßnerschen Mission, schrieb 1846 an seine Eltern, ihm seien die Stunden bei Niese die liebsten unter den Lektionen: »Da kann man sich doch einmal aussprechen, seine Zweifel und Bedenklichkeiten nennen. Niese nennt uns alle ›Du‹ und ist überhaupt immer sehr liebreich gegen uns.« Natürlich kannten die Schüler auch die Schwäche des »Nisus« für die Hegelsche Philosophie; seine ständig gebrauchte Wendung, er wolle oder man müsse an dem und dem Punkt »einsetzen«, wurde von ihnen gern im Spaß zitiert.

»Mein lieber Mann hatte viel Arbeit, aber sie wurde ihm nicht schwer, und er war stets heiter«, schrieb Auguste Niese über diese Jahre. Solche Heiterkeit war ihr selber nicht gegeben. Auch lag eine große Pflichtenlast auf ihren Schultern. 1843 wurde wieder eine Tochter, Johanne, 1844 ein Sohn Moritz und 1847 noch eine Tochter Thekla geboren. So wollten täglich zehn Kinder saubergehalten, gekleidet und ernährt werden. Daß sie elf Geburten gesund überstanden hatte, zeugte wohl für eine widerstandsfähige Natur, obwohl Auguste später in ihren Aufzeichnungen bekannte, daß sie die Aussicht auf eine Niederkunft bedrückt habe, dieses besonders bei dem kleinen Paul, der dann der Liebling der Familie wurde. Um die vierzig Taler, die Auguste Niese monatlich zur Verfügung hatte, aufzubessern, entschloß man sich in den kommenden Jahren, Extraner als Kostschüler bei sich einzuquartieren: »Die Einnahmen reichten freilich nicht aus, und wir setzten das zu, was wir ohne unser Verdienst besaßen. Mein lieber Niese konnte nicht so sparsam sein, wie mein Sinn war, und weil ich sah, daß das eben nicht ging, sagte ich auch nichts mehr zu ihm darüber, sondern nahm alles zusammen, wo es möglich war, ohne zu geizen.

Was ich bekam, brauchte ich für die Wirtschaft und konnte nicht viel geben und nichts sparen. Ob ich gut getan? Ich weiß es nicht. Aber ich handelte nach Pflicht und Gewissen, und der liebe Gott half immer. Oftmals hatten wir wenig Geld, das wußte ich, doch mein lieber Niese gab mir stets, als hätte er viel gehabt. Schulden habe ich nie gemacht, was ich nicht gleich bezahlen konnte, kaufte ich nicht.«

Sicher standen Carl Nieses in Augustes Augen vielleicht kostspielige Liebhabereien im Gegensatz zu der Tatsache, daß sie ihre kleinen Kinder im wesentlichen mit Buchweizengrütze großzog. Aber im Grunde war es beiden und allen im Hause selbstverständlich, daß auch in dieser Beziehung der Geist vor dem Körper rangierte. Auch blieben spontane Gaben von der Größe des Almosens, das Carl in seiner alten Neigung für die Schauspielkunst 1839 dem Schauspieldirektor Quandt gegeben hatte, vereinzelt, und das Pianoforte für 148 Taler, das er für seine musikalischen Töchter im gleichen Jahre von Wieck in Leipzig bezog, dürfte wohl das letzte größere und luxuriöse Möbel gewesen sein, das sich das Ehepaar Niese anschaffte. Auguste war genauso gastfrei wie ihr Mann. Sie zog die »Empfohlenen« ihres Mannes gern an den sonntäglichen Mittagstisch, und bei den Alumnen zählte die »Nisa« neben den Frauen der Professoren Steinhart, Jacobi und Koberstein zu denen, deren mütterliche Herzlichkeit man schätzte.

Daß Ehe und Familie zur Sparsamkeit erziehen, erfuhr nun auch Moritz Niese in Posen, der Ida Brinckmann doch noch für sich gewinnen konnte. Aber wie einst Auguste Panse war Ida eine arme Braut, die nur wenig Aussteuer mitbrachte. Etwas Silber und schönes Tischzeug mit dem mütterlichen Stammschloß Berlepsch als eingewebtem Zeichen war zwar vorhanden, aber Geld besaß die Offizierstochter kaum. So mußte Moritz beschaffen, was für den neuen Hausstand nötig war, und seine finanzielle Bewegungsfreiheit selbst beschränken. Im Juni 1844 heirateten die beiden, und schon im März des nächsten Jahres wurde die Ankunft einer Tochter Hedwig gemeldet.

Wenn Bruder und Schwägerin aber gedacht hatten, Moritz würde nun seßhafter werden, so mußten sie im Hochsommer 1845 zu ihrem Erstaunen erfahren, daß er mit dem Posener Bürgermeister Naumann und seinem Freund Heinrich v. Treskow eine Reise in die Karpaten unternahm. Von Krakau stießen sie das Tal der

Arva entlang auf die Tatra vor, ließen Zakopane mit dem Tal des Dunajec westlich von sich liegen und gelangten über das Bialka-Tal zu dem berühten Meerauge im Fünfseetal, stets von schrecklichem Regen begleitet, so daß sie nur mit Mühe bei den über ihre Ufer tretenden Gebirgsbächen im jenseitigen ungarischen Käsmark ankamen. Nachdem sie die Lomnitzer Spitze und den Krivan bestiegen hatten, trennten sich die Freunde von Moritz und fuhren weiter nach Pest. Er selbst wandte sich zu Fuß nach Westen, hatte aber das Glück, in St. Miklos ein Floß zu erwischen, mit dem er in zwei Tagen auf der reißenden Waag, die alle Brücken hinweggespült hatte, hinab bis Sillein gelangte. Dann begab er sich zu Fuß nach Norden über den Jablunka-Paß, begegnete in der alten österreichischen festen Stadt Teschen endlich wieder deutsch sprechender Bevölkerung und erreichte schließlich im preußischen Ratibor das weite Odertal, froh, nach dieser gänzlich durch das Wetter mißglückten Reise wieder in die Arme seiner Frau eilen zu können. Wieviel haushälterischer klangen die Briefe an Ida, die er diesmal statt eines Reisetagebuches schrieb, im Vergleich zu früheren Aufzeichnungen, wie ängstlich legte er über eine ruinierte Hose oder über den notwendig gewordenen Kauf neuer Stiefel Rechenschaft ab, wie bescheiden war er mit Einkäufen von Andenken und Geschenken!

Die fünfzig Taler Reisegeld waren immer noch viel gegen das, was der Bruder Carl sich leistete. Auch er war ja ein unrastiger Mensch, aber seine Reisen hielten sich in dem bescheidenen Rahmen der Orte, an die ihn dienstliche Pflichten führten, etwa zu der von Friedrich Wilhelm IV. zur inneren Neukonstituierung der Kirche ins Leben gerufenen Provinzialsynode, die in Magdeburg stattfand, oder zu den jährlichen Haupt- und Zweigversammlungen des Gustav-Adolf-Vereins. Moritz, der als nunmehriger Militäroberprediger in Posen die für die Provinz sehr wichtigen Belange des Gustav-Adolf-Vereins wahrnahm, hatte sich daher zu ihrer beider Nutzen und Vergnügen, vor allem aber, um den Bruder einmal aus seiner Umgebung zu lösen, eine Reise für sie beide ausgedacht. Ein gemeinsamer Paß berechtigte die Brüder im Juli 1847 zu einer Vergnügungsreise über Dresden und Prag nach Wien, deren eigentliches Ziel aber der Besuch protestantischer Gemeinden in Böhmen war. Die Eindrücke dieser Reise gaben Carl die Anregung zu einem dramatischen Spiel »Die Flucht«, das die Emigration einer protestantischen Bauernfamilie aus Deutsch-Gablonz im Dreißigjährigen Kriege zum Thema hatte und sein einziger Versuch auf dramatischem Gebiet nach den »Akademikern« blieb.

Carl und Auguste Nieses sieben älteste Kinder von Marie bis Sophie gingen zu dieser Zeit schon in die Klippschule von Pforte, die dem zweiten Geistlichen unterstand. Die Mädchen freilich erhielten ihre Hauptausbildung im Hause. Bei der Mutter lernten sie nähen und stricken, was ihnen allen leicht von der Hand ging, und sie bekamen auch ihre Pflichten im Haushalt zugeteilt. Marie, die älteste, ein zartes Kind mit hellblauen Augen, dunkelblondem, beinahe braunem Haar und dem rundlichen Kopf der Mutter, war wie diese die geborene Hausfrau, unverdrossen, fleißig, geduldig und liebevoll. Sie konnte der Mutter schon ein gut Teil Last abnehmen, und auch die kluge Anna hatte einen wirtschaftlichen Sinn und vermochte die jüngeren Geschwister zu leiten. Gerade an dieser Tochter zeigte sich bald deutlich, wie folgenreich es wurde, daß die Eltern es nicht bei der Klippschulausbildung und der Unterweisung in den angeblich weiblichen Fertigkeiten beließen. Die Mutter hatte nicht vergessen, was ihr versagt geblieben war: »In litteris hat mein lieber Mann dafür gesorgt, daß sie das lernten, was ihnen gut war. Sie wissen mehr als ihre Mutter – das war mein Wunsch.«

Julius, der älteste Junge, kam Ostern 1847 auf die Untertertia. Mit persönlichstem Interesse verfolgte nun der Vater den brauchtumsreichen Ablauf des Schuljahres, die Mutproben für den Neuling auf dem Turnplatz, die kuriose Aufnahme in den Coetus, die durch einen als »Musikdirektor« verkleideten Primaner erfolgte, der die verschüchterten Tertianer »im Gesang prüfte«, die Seligkeit der ersten Ferien, die der wilde, des Zwanges ungewohnte Julius ganz besonders herbeisehnte. Dann gab es im September nach der Entlassung der Abiturienten die für alle Beteiligten strapazenreichen halbjährlichen Prüfungen. Zwei Wochen, die große und die kleine Elaborierwoche, nahmen die schriftlichen Arbeiten in Anspruch. Damit war das Wichtigste überstanden, und während des Mittagessens im Coenakel wurde Bank für Bank weitergesagt: Musikanten auf die erste. Wer sich als »Musikant« fühlte, stellte sich darauf mit einem Lärminstrument auf der ersten Stube ein. Man putzte eine Strohpuppe mit alten Kleidungsstücken auf und

326

*Preußischer Paß Nr. 2017 für »Professor Carl Niese, 43 Jahre
alt« und seinen Bruder, »Dr. Moritz Niese, 38 Jahre alt«,
als sie im Sommer 1847 von Berlin über Dresden
und Prag nach Wien reisten.*

trug sie nach dem Abendessen bei Laternenschein und Katzenmusik in den Primanergarten. Dort hielt ein Primaner eine gereimte Rede auf die glücklich überstandene Arbeit, und unter dem Gesang »Vater Abram war gestorben« wurde der stroherne Examensmann in den Mühlteich versenkt, an dessen anderem Ufer schon die Küchenjungen standen, um die Kleider für sich aus dem Wasser zu ziehen. In der nächsten Woche folgten dann noch zwei Tage mündliche Prüfung und schließlich drei Tage lang die öffentliche Zensurierung der Klassen und der einzelnen Schüler im Betsaal. Julius gehörte nicht zu den guten Schülern, aber es ging noch glimpflich ab.

Die Märzstürme des Jahres 48 schienen zunächst alles Private hinwegzufegen. In ihnen wehte der Geist der Freiheit und des Patriotismus sowie des Widerstandes gegen mystische Gedanken von Gottesgnadentum, gegen Menschenverachtung und Despotie. Blut floß und Opfer fielen, freiwillige und unfreiwillige. In Posen handelte es sich zunächst nicht um den Aufstand deutscher Bürger und Arbeiter gegen ein Regime, das die konstitutionelle Freiheit versagte, sondern um denjenigen polnischer Nationalisten gegen Preußen. Ehe man es sich versah, wehte vom Rathausturm die polnische Flagge, und ein polnisches Nationalkomitee saß im Stadtverordnetensitzungssaal. Die Deutschen, unfähig, ihr eigenes Freiheitsstreben von dem der Polen zu unterscheiden, unterstützten die polnischen Forderungen und waren sehr erstaunt, als die Polen die Mitarbeit eines deutschen Komitees in ihren Reihen ablehnten und den Sitzungssaal für sich behielten. Erst allmählich besannen sich die Deutschen auf die für sie wichtigen Forderungen und konzentrierten sich auf die Aufnahme in den Deutschen Bund, die vorübergehend auch gelang. Schließlich wurde dann Militär eingesetzt, das Standrecht über die Provinz verhängt und Anfang Mai die Kapitulation der Aufständischen erzwungen.

Einem Militärpfarrer wie Moritz Niese nötigten solche Krisenwochen keineswegs leichte Entscheidungen auf. Es war naheliegend, an dem revolutionären Aufbegehren mehr die Lösung von Fesseln als die Grundlegung einer neuen Ordnung zu sehen und einen anspruchsvollen Liberalismus als Ausgangspunkt der Anarchie zu beurteilen.

In Pforta blies der revolutionäre Wind nur ein bißchen Staub von den alten Statuten, die im Laufe der nächsten Zeit etwas gelockert wurden: Der Sonnabendnachmittag wurde frei gegeben, die Ausgangsmöglichkeit etwas erweitert, das lange verweigerte Billardspiel für die Primaner angeschafft, das Vater Unser vor und nach Tisch gestrichen, die öffentliche Abbitte bei der Beichte jetzt vom Primus omnium für den gesamten Coetus gesprochen. Das geschah durchaus in Nieses Sinn; er haßte alles, was routinemäßiger Erledigung von Glaubensdingen glich. So weit es den Gewissenszwang und ein überspanntes Autoritätsprinzip betraf, waren die Kollegen sich in ihrer freiheitlichen Gesinnung einig. So reichte man bei Kirchner ein Promemoria ein, mit dem die Einschränkung seiner Rechte auf diejenigen eines Primus inter pares angestrebt wurde. Im übrigen gab es keine Rebellion. Ganz Konservative wie der in Pforta als Hauslehrer tätige Kandidat der Theologie August Mitzschke, ein strenggläubiger Schüler Tholucks, steckten sich zum Nachweis ihrer königstreuen Gesinnung eine schwarz-weiße Schleife ins Knopfloch.

Unruhe gab es eher im kleinen Kreis der Familie. Zunächst mußte Niese sich damit abfinden, daß Sohn Julius zu Ostern nicht versetzt wurde, sondern Untertertianer blieb. Dabei war er nicht unintelligent, sondern geweckt und phantasiebegabt. Jedoch wollten Latein und Griechisch nur schwer in seinen Kopf, und Julius besaß auch nicht genügend Sitzfleisch, um durch regelmäßige Arbeit voranzukommen. Außerdem war er empfindlich, ein Hitzkopf, der auf Zwang durch Auflehnung reagierte. Der Vater wußte, daß er mit Strafen und Drohen wenig erreichen würde. Nur wenn er sich mit dem Jungen freundschaftlich-väterlich aussprach, würde dieser sich offen und vertrauensvoll zeigen.

Daß die jetzt fünfzehnjährige Tochter Marie immer mehr der Grund zu Besuchen des Adjunkt Dr. Dietrich im Hause Niese war, wußte lange nur sie, auch, daß sie ihm herzlich zugetan war. Aber Marie besaß die schlichte und ausschließende Gläubigkeit ihrer Mutter, und Dr. Dietrich dachte in religiösen Dingen recht freimütig. Marie sah darin ein schweres Hindernis für eine Verbindung und keinen Weg, wie solche Kluft je zu überbrücken sei. Erst Maries sichtbare Verstörtheit klärte die Eltern über dieses Liebesleid auf, aber sie konnten der Tochter nur allzu häufige Begegnungen mit Dietrich ersparen, der ja nicht aus ihrem Gesichtskreis schied und den zu vergessen sie nicht imstande war.

Nachdem die Generation der Väterzeit, zuletzt der Onkel Brunner in Torgau im Alter von 89 Jahren, aus diesem Leben hinweggegangen war, klaffte eine erste Lücke in der eigenen Generation auf: Bruder Julius in Neukirchen verlor im Juli 1848 seine Frau. Und der Tod streifte Auguste, als sie am 27. August in Pforta den Sohn Heinrich, ihr zwölftes Kind, gebar. Es blieb schwächlich. Die Geschwister nannten es daher wegen seines Ausmaßes ein Lot.

Gegen Ende dieses unruhigen Jahres flackerte die Flamme der Revolution noch einmal auf. Als der König von Preußen die Berliner Nationalversammlung zur Abschirmung gegen rebellierende Gruppen der Hauptstadt nach Brandenburg verlegen wollte, spitzte sich deren Widerstand bis zu dem Entschluß zu, die Steuern zu verweigern. Die Aktion war geeignet, die Gemüter erneut zu erregen und zu demonstrativen Bekundungen auf beiden Seiten zu veranlassen. Spontan stellte Niese sein restliches Vermögen – etwa 8000 Taler – dem König zur Verfügung, ein Angebot, das Friedrich Wilhelm IV. durch seinen Finanzminister dankend ablehnen ließ.

Die große Politik geriet in den Hintergrund, als es wieder Aufregung um Sohn Julius gab. Dr. Dietrich hatte ihn vor seiner Klasse so nachdrücklich zurechtgewiesen, daß dieser aus verletztem Stolz und vermeintlicher Auswegslosigkeit auf und davon lief, sich während der Nacht in einem nahen Getreideschober verbarg, am nächsten Morgen saaleaufwärts rannte und in Camburg aufgegriffen wurde. Auf ein solches Verhalten stand unweigerlich Relegation, die der Vater ohne Erfolg abzuwenden suchte. Er sah das Festhalten an Grundsätzen gerade bei einem Professorensohn und schlechten Schüler vermutlich eher ein als seine Frau, die seitdem einen Groll gegen die Kollegen empfand. Julius mußte also aus dem Haus gegeben werden, um an anderer Stelle eine ordentliche Ausbildung zu erhalten. Wieder bewährte sich brüderliche Hilfe: Moritz Niese willigte ein, den Neffen zu Ostern bei sich aufzunehmen und ihn auf das Posener Friedrich-Wilhelm-Gymnasium zu schicken.

Als Julius Pforta verließ, gab es mancherlei Neues, an dem auch er hätte Freude haben können. Eine Turnhalle war gebaut worden, die auch den Theateraufführungen der Schüler dienen sollte, die jetzt viermal im Jahr stattfinden durften. Gleich bei zwei Gelegenheiten konnten die Alumnen sich mit ihren Leistungen präsentieren. Erstens fand zum Dienstjubiläum Steinharts eine von den Primanern heimlich vorbereitete Aufführung der »Antigone« auf einem erhöhten griechischen Theater und mit Kostümen statt, die das Berliner Königliche Schauspielhaus hatte ausleihen dürfen: »Der ›Mensch‹ war ganz außer sich und weinte fast Freudentränen.« Und zweitens wurden zu Goethes hundertstem Geburtstag zur Musik von Anton Fürst Radziwill Szenen aus »Faust« von Koberstein, Steinhart und verschiedenen Schülern vorgetragen.

Julius Niese aber hielt indes vor seinen Posener Mitschülern nicht mit einer Anklage gegen Pforta zurück. Geradezu als Pforte der Hölle erschien hier die Landesschule: »Jeder kann froh sein, wer sie noch nicht genossen hat, und ich wünsche jedem, daß er sie nie genießen werde.« Da er auch in der neuen Schule kaum Leistungsverbesserungen erzielte und besonders mit den Sprachen weiter Schwierigkeiten hatte, fragte er wiederholt zu Hause an, ob er sich nicht vom Griechischen dispensieren lassen könne. Seine Abenteuerlust war ungebrochen: »Neulich gehe ich baden, da kommt ein Reitknecht mit zwei Hengsten geritten und fragt, ob ich nicht eins von seinen Pferden in die Schwemme reiten wollte. Ich hatte anfangs keine Lust, weil mir das Tier doch zu mutig aussah, doch er sagte gleich: Es ist ganz zahm. Also ich zog mich schnell aus und setzte mich hinauf, und nun, hast du nicht gesehn, in die Warthe hinein und immer in den Strom, wo die Schiffe fahren, so daß man bald von mir und dem Pferd bloß noch den Kopf sah. Und das Tier schwamm immer mit mir den Strom hinab, bis es mir endlich gelang, die Bestie ans Ufer zu lenken.«

Mit der Tante kam Julius gut zurecht, auch mit der kleinen Hedwig, am besten mit der jüngeren Schwester der Tante, Laura Brinckmann, am wenigsten freilich mit dem Onkel, der kränkelte und sich in Posen nicht mehr sonderlich wohl fühlte: »Er hat zu mir selbst gesagt«, bekannte Julius, »ich sollte mich immer in Schußweite halten, damit er etwa nicht einmal bei einer geringen Ursache über mich käme. Denn das ist wahr: bei ihm ist es nicht auszuhalten, nichts ist ihm recht.« Wegen seines vorlauten Wesens, seiner Unordnung und mangelnden Pflichterfüllung löste Julius wiederholt Kontroversen aus. Als es im Winter auf die Versetzung und Konfirmation zuging, überfiel ihn erneut die Unlust an der Schule. Er faßte den Plan, Kaufmann zu werden und baldigst das Gymnasium zu verlassen. Der Onkel, ein nüchterner Beurteiler des Jungen, fand den Plan bedenkenswert, der Vater, enttäuscht, zögerte. Man erwog zunächst, Julius zu Ostern wieder nach Hause zu nehmen. Aber Julius drängte weiter. Auf die Anfrage des Vaters, warum er gern Buchhändler oder Kaufmann werden wolle, antwortete er: »Buchhändler, weil ich für mein Leben gern in Büchern herumwirtschafte, und Kaufmann, weil ich da denke, recht viel sparen zu können. Drittens möchte ich wohl auch gern Apotheker werden, und das deswegen, weil ich da denke, rechte Experimente machen zu können. Denn mein Wunsch ist, daß ich mir so ein Geschäft erwähle, wo ich mich in meiner Freizeit recht mit Naturgeschichte und Physik und Chemie beschäftigen kann. Diese drei Stücke, lieber Vater, sind mir ganz gleich lieb und wünsche ich, daß Du mir eins vorschlägst, welches Dir am geeignetsten erscheint. Findest Du aber ein anderes, besseres Geschäft und es gefällt mir, so bin ich es auch zufrieden...« Der Onkel Moritz fügte dann noch hinzu: »Aus dem, was Julius geschrieben, geht klar hervor, was und wie er ist. Willst Du ihn nach Ostern noch bei mir lassen, so behalte ich ihn natürlich gern; aber ich sage es zugleich auch offen, daß es besser sein dürfte, er käme bald in ein Geschäft, und zwar in ein solches, was weniger Geist als Klugheit erfordert.«

Noch ehe ein Ausweg für Julius gefunden wurde, versperrte ihn dieser sich selber durch eine jugendlich unbesonnene Handlung, die sowohl einen weiteren Aufenthalt bei dem Onkel in Posen als auch eine Heimkehr nach Pforta unmöglich zu machen schien. Da der Vater sich nicht entschließen konnte, ihn in die Lehre zu geben, und immer noch auf eine Änderung hoffte, ordnete er zunächst an, daß der Sohn einem ihm bekannten Pastor Klee nach Horburg bei Schkeuditz in Obhut und zu weiterem Unterricht anvertraut wurde. Wie ein Notschrei klingt der Brief, den Julius am 19. April nach Hause schrieb: »Mittwoch den 15. reiste ich von Posen ab, kam Abends um zehn Uhr nach Berlin. Sogleich setzte ich mich in eine Droschke, fuhr nach dem Anhalter Bahnhof und kam um vier Uhr nach Halle, blieb dann bis sieben Uhr in der Restauration und ging dann in die Stadt, fand aber Steubern nicht zu Hause, und wo Ulricis wohnten, wußte ich nicht mehr. Ich besuchte daher Plath und mehrere. Um halb zwei Uhr fuhr ich nun von Halle fort und kam glücklich nach Horburg, wo es mir auch so weit sehr gut gefällt. Der Herr und die Frau Pastor sind wirklich sehr gut gegen mich. Doch was nun aus mir werden soll, das weiß ich nicht und kann damit gar nicht ins klare kommen. Schon werde ich sechzehn Jahre, wann werde ich dann ausgelernt haben? Ich kann nichts anderes denken, als Du hast doch etwas anderes mit mir vor. Ich bitte Dich nochmals, so sehr ich kann, bringe mich, sobald Du kannst, in einem Geschäft unter. Einen Apotheker findest du gewiß augenblicklich, denn studieren, so gern ich es möchte, kann ich nicht... Ich hatte mir schon alles ausgedacht, wenn ich in vier Jahren ausgelernt haben würde, wollte und würde ich auch jetzt noch nach Amerika gehen. Ich habe jetzt auch, lieber Vater, etwas Geld nötig, denn zehn Taler bekam ich vom Onkel zur Reise. Ich habe jedoch nur noch zehn Silbergroschen, und ich muß mir erstens noch Papier und Feder kaufen und zweitens die Kiste bezahlen, die als Frachtgut kommt. Ich muß nun schließen, bitte Euch aber nochmals um Verzeihung für den Schmerz und Kummer, den ich Euch wiederum gemacht habe.«

Der Vater gab die Hoffnung nicht auf, daß Julius sich noch besinnen werde, denn der Lebensweg, den der Junge sich vorstellte, war für ihn undenkbar, da er ihm nach seiner Überzeugung die geistigen Güter für jetzt und immer verschließen würde. Doch in der Landpfarre und unter mitfühlender Anleitung raffte sich Julius bald zu dem Entschluß auf, noch einmal einen Abschluß der Schulausbildung zu versuchen. Umgehend fragte der Vater bei dem Rektor Sauppe vom Torgauer Gymnasium deswegen an. Kaum hatte Niese die Antwort in Händen, so überließ er der Tochter Anna die Sorge für Haus und Geschwister – seine Frau und Marie waren gerade auf Besuch in Hesserode –, stieg in Naumburg in die Eisenbahn, nahm in Schkeuditz den dorthin beorderten Julius zu sich, brachte in Leipzig schnell noch seine neueste Abhandlung über »Die Grundgedanken des Johanneischen Evangeliums« zum Drucker und fuhr in Richtung Torgau weiter. Um elf Uhr abends langten Vater und Sohn dort mit der Postkutsche an und bezogen bei Carls Amtsbruder Bürger Quartier.

»Die Hauptsache«, so berichtete der besorgte Vater seiner Frau, »war, wie morgen bis um halb elf Julius examiniert, korrigiert und untergebracht werden sollte. Fürs erste legten wir uns nieder und schliefen, ich bis um vier, die anderen bis um sechs. Um sieben wurde zu Sauppe geschickt, ob und wann ich zu ihm kommen könnte. Die Antwort war: um acht. Zwischen sieben und acht wurde in Bürgers Studierstube Kaffee getrunken, um acht brachte uns Bürger hin, blieb mit Julius unten, und ich ging zu Sauppe hinauf. Der tröstete mich nun gleich damit, daß er mit dem Klassenlehrer von Obertertia gesprochen habe und daß sie beide der Meinung wären, Julius nach Obertertia zu setzen. Er setzte auch hinzu: ›Was sollen wir ihn denn noch lange examinieren, wir wissen, was Sie mit ihm vorhaben, es kommt also darauf an, ihm Mut einzuflößen.‹ Wohnung und Kost wird etwa sechzig bis siebzig Taler betragen, das ist auch ganz mäßig... Ich war herzensfroh und dankte Gott, daß alles so leicht gegangen war und daß mir die Leute mit so viel Liebe und Anhänglichkeit entgegenkamen. Das Zeugnis von Klee ließ ich mir von Sauppe wieder zurückgeben, um Dir eine Freude damit zu machen. Ich lege Dir auch seinen Brief über Julius bei. Ach, anderwärts scheint doch mehr Liebe zu sein, hier weht nur kalte, elende Luft.«

Glücklicherweise machte der zweite Sohn, Carl Eduard, der im Herbst 1849 die Untertertia in Pforta bezogen hatte, den Eltern keine Sorgen. Der zarte blonde, blauäugige Junge besaß Energie und Sicherheit im Auftreten, darin wohl dem Onkel Moritz ähnlich. Marie schien ihre Liebe zu Dr. Dietrich allmählich zu verwinden. Ablenkung genug fand sie auch durch die Pflege und Besorgung des jüngsten Bruders Heinrich, der fast so sehr ihr Kind wie das der Mutter wurde. Dennoch waren die Eltern froh, daß Ida Niese in Posen, nachdem das Experiment mit der Erziehung des Neffen Julius mißglückt war, Marie zu ihrer Gesellschaft einlud, eine hilfreiche Geste des Bruders Moritz zur Entlastung des Pförtner Haushalts. Auguste wurde der finanziellen Sorgen bisweilen kaum Herr, zumal ihr Mann bei den sogenannten freiwilligen Staatsanleihen dieser Jahre den geringen Bestand an Silbergeschirr so geplündert hatte, daß an eine Auffüllung bei den laufenden Ausgaben nicht zu denken war. Willkommen blieben so auch die Spenden der »Urgroßen« Caroline Spitzner-Schönherr, die nach dem Tod ihres Mannes bisweilen ein paar Tage in Pforta verbrachte. Sie hatte ihre Pflegesöhne nicht vergessen: Als sie im Jahre 1856 starb, sicherte ihr Testament den Nachkommen der Brüder Niese ebenso einen Anteil an dem ausgesetzten Stipendium wie den leiblichen Verwandten.

Als Marie Pforta verließ, war die Zweitälteste, Anna, reif genug, um neben der Mutter den Haushalt zu führen. Sie verfügte über Geschick dazu, doch nicht über Maries Sanftmut. Statt etwa in ihren Haushaltspflichten oder feinen Handarbeiten aufzugehen, wünschte sie, an dem geistigen Leben in Pforta teilzunehmen, sie lernte mit den Brüdern Griechisch und Latein und eignete sich aus persönlichem Antrieb Kenntnisse des Englischen und der Literatur an. Sie war eine der eifrigsten Zuhörerinnen bei den dramatischen Vorlesungen Kobersteins, die sich zu einer stehenden Mittwochseinrichtung entwickelt hatten. Koberstein, der Anna halb mit der Zärtlichkeit des ergrauten Ritters, halb wie ein Vater behandelte, stärkte ihren Wissensdrang durch Leihgaben aus seiner Bibliothek und Buchgeschenke. Auch zog er sie gern zu dem zweimal im Jahr begangenen sogenannten »Frauentag« in der Naumburger »Litteraria« hinzu.

Diese allgemeinbildende und literarische Gesellschaft stellte einen der geistigen Mittelpunkte des Lebens von Naumburg, Pforta und Kösen dar. Koberstein hatte sie 1821 mit begründen helfen, und seitdem kam man zwischen November und Palmsonntag wöchentlich – meist donnerstags – im Naumburger Blauen Hecht zu einem von Mitgliedern abwechselnd gehaltenen Vortrag zusammen. Die Gesellschaft stützte sich hauptsächlich auf die Naumburger und Pförtner Schulleute und die Angehörigen des Naumburger Oberlandesgerichts. Neben Koberstein waren der Oberlandesgerichtsrat Pinder und der Ägyptologe Lepsius sowie sein Bruder, der Landrat, die führenden Persönlichkeiten. Natürlich hatte Koberstein nicht versäumt, Niese bald nach dessen Amtsanstritt dort einzuführen, und dieser hielt der Gesellschaft gern Vorträge über kirchenpolitische und religionsphilosophische Fragen sowie über Probleme der evangelischen Gemeinden in der Diaspora, die ihn im Zusammenhang mit seiner Arbeit für den Gustav-Adolf-Verein beschäftigten. Die an dem »Frauentag« der »Litteraria« fälligen Vorträge bestritt hauptsächlich Koberstein. In dem nicht sehr geräumigen Gasthofzimmer saßen um einen langen, mit grünem Wachstuch bezogenen Tisch dicht geschart die Frauen und Jungfrauen, jene in der ersten, diese in der zweiten Reihe, meist mit Stricken und anderen Handarbeiten beschäftigt. Hinter den Damen saßen oder standen die Herren, oder sie lehnten in den Fensternischen. Der Vortragende nahm an der Schmalseite des Tisches hinter zwei Lichtern Platz, und der Vorsitzende gab das Zeichen zum Beginn, indem er mit einer Lichtputze auf den Tisch schlug. Dieses Instrument betätigte er dann während des Vortrags seinem eigentlichen Zwecke entsprechend, soweit ihm die Frauen das Lichtputzen nicht abnahmen. Der Saal hätte sonst trotz einer auf dem Tisch stehenden, unförmlich großen Astrallampe nicht hell genug erhalten werden können. Nach dem belehrenden Teil des Abends begaben sich alle in den anstoßenden Saal zur Tafel, wo es stets fröhlich zuging. Man trennte sich oft erst um Mitternacht.

Die Mitwirkung in diesem sehr regen Verein war nicht die einzige nicht zu den rein amtlichen Aufgaben gehörende Tätigkeit Nieses. Im Laufe der Jahre entstanden für den Gustav-Adolf-Verein zahlreiche Aufsätze zur Geschichte versprengter Gemeinden und über verschiedene Persönlichkeiten, und Niese widmete auch einer sporadischen Rezensentenwirksamkeit für die seit 1848 von Ulrici geleitete »Zeitschrift für Philosophie« manche Stunde. Seine Hauptaufgabe jedoch sah Carl Niese in einer wissenschaftlichen Darlegung der Übereinstimmung zwischen den Lehren des Christentums und den Ergebnissen der Philosophie. Eine erste Studie dazu bildeten jene »Grundgedanken des Johanneischen Evangeliums«, die er anläßlich seiner Reise mit Julius in Leipzig in Druck gegeben hatte und die dann in der Schulschrift der Pforte im Jahr 1850 erschienen.

Es ging Niese darum, jenseits der dogmatischen Fragen eine Metaphysik des Johannes zu erstellen. »Wie wesentlich kommt es in unserer Zeit darauf an, daß die menschliche Vernunft mit Gottes Wort, unsere Überzeugung mit dem kirchlichen Bekenntnisse ausgesöhnt werde. Der Zwiespalt ist nicht zu leugnen: er ist als Zweifel, Bedenken, Ungewißheit in vielen Punkten der kirchlichen Lehre, selbst in den Gläubigen, vorhanden. Die bloße Autorität der Kirche oder auch des göttlichen Wortes hebt diesen Zwiespalt nicht auf. Alle Autorität, auch die höchste, kann doch nur die Bedeutung haben, daß sie dem Leichtsinne und Übermute menschlicher Gedanken wehren, den daraus entspringenden Gedanken vorbeugen und zu ernsteren, tieferen Erwägungen auffordern soll; und es hätte in der christlichen Kirche niemals dazu kommen sollen, daß man sich in Fällen des Zweifels und Unglaubens bloß und allein auf die Autorität der Schrift berufen hätte. Denn, wie gesagt, Autorität löst den Zweifel nicht..., wahren Glauben hervorrufen, wahren Frieden stiften kann sie nicht, sondern das muß auf anderen, geistigeren Wegen versucht werden.« In seiner neuen Schrift arbeitete nun Niese bis in die Details hinein mit Hegels Dreigliedrigkeit und suchte Johannes im Sinn dieser Philosophie und überhaupt des Idealismus zu deuten: Gott ist Geist und zugleich Licht, Wahrheit und Leben. Alles, was außer ihm liegt, ist daher unwirklich und unlebendig; um in den Besitz von Wirklichkeit und Leben zu gelangen, muß es geistiger Natur werden können. Die Verbindung von der Welt Gottes als der Welt des Geistes und der Menschenwelt wurde hergestellt durch den Sohn und weiterhin von dem Heiligen Geist als seinem Stellvertreter. Durch ihn können die Kinder Gottes in den Bereich der göttlichen Eigenschaften, Wahrheit, Liebe, Leben gelangen, ihnen vermittelt er die in Gott tätige Einheit von Wissen, Wollen und Empfinden, ihnen wird durch Christus nicht nur eine neue Weisheit, sondern das ewige Leben gebracht. Mochten die »Positiven« solche philosophischen Bemühungen um das Evangelium mit argwöhnischen Blicken und die Aufgeklärten von der Gegenseite sie für völlig überholt ansehen. Niese hielt an diesen Erkenntnissen langjährigen Nachdenkens und Glaubens ebenso fest wie an den Idealen seiner Jugend, die er in die Tat umsetzen wollte.

Als er im nächsten Sommer mit Anna und Paul eine Harzreise unternahm, schrieb er aus Hesserode an seine Frau: »Wie lange, liebe Auguste, ist es her, daß wir uns hier so manchmal sahen und zuletzt gefunden und gebunden haben. Im ganzen ist es noch immer so wie damals, dieselben Häuser, Wege, Gärten, Bäume. Nur wir sind anders geworden, ... ganz eigene Gedanken sind mir doch hier gekommen, als ich der Zeiten dachte, wo wir uns vor zwanzig, dreißig Jahren hier hatten und liebten. Ich sehe Dich immer noch mit Deiner frischen Gesundheit und Deinen festen jugendlichen Gliedern. Und nun steht Anna, unser Kind, fast in demselben Lebensalter vor meinen Augen. Schön war das Leben damals doch, allein wir verabsäumen auch zu leicht vieles, was das spätere Leben schöner machen könnte, als es gewöhnlich ist.«

Für Teile dieser Reise hatte sich der seit dem Frühjahr 1850 als Domprediger in Naumburg wirkende, ehemalige Hauslehrer und zeitweilige Vertreter des Leiters an der Schola collecta in Pforta Mitzschke angeschlossen. Einen früheren engen Anschluß an die Nieses hielt er aufrecht, seit er Marie im Garten Wäsche aufhängen und in ihr eine künftige tüchtige Hausfrau gesehen hatte. Dann traf er die inzwischen Achtzehnjährige wieder im Garten, diesmal mit ihrem Bruder Heinrich auf dem Arm. Kurzer Hand war er mit der Frage auf sie zugegangen, ob sie sich wohl vorstellen könne, einmal seine Frau zu werden, und hatte von ihr hören müssen: »Nein, Herr Mitzschke, das kann ich mir nicht vorstellen.« Daß die erschrocken ins Haus zur Mutter gelaufene Marie mit der Erzählung von dem Vorfall und der Erklärung, daß Mitzschke doch ein alter Mann sei, nicht gleich die Gedanken aller an eine Verbindung mit dem Domprediger ausschloß, ergab sich aus unterschiedlicher Betrachtung der Ehe. Eltern und auch Geschwister redeten zu, weil sie hier den sichersten Weg zu wissen meinten, Marie über ihren Liebeskummer und die Erinnerung an Dr. Dietrich hinwegzubringen, und weil eine respektable Versorgung Maries, außerdem in angenehmer Nähe, durchaus erwägenswert sei. Fügsamer als einst Auguste Panse, die es abgelehnt hatte, auf dem Grabe einer eigenen Liebe die Ehe mit einem ungewählten Bewerber aufzubauen, war Marie seit November 1850 die Verlobte Mitzschkes.

Nachdem Sohn Julius eine Weile auf der Torgauer Schule Schritt gehalten, aber auch in ständigem Konflikt mit dem Griechisch-Lehrer gelegen hatte, bereute er wieder, seine ursprünglichen Absichten aufgegeben zu haben, und bestürmte den Vater im März 1852, ihn mit Primareife oder noch früher abgehen zu lassen: »Du schreibst, daß es so schwer sei, auf ein Schiff kommen zu können. Das glaube ich nun nicht, denn meine Absicht ist es allerdings, von unten zu dienen, denn lange kann ich doch nicht der letzte bleiben. Ich sage Dir, ich muß auf die See und zwar so bald als möglich. Du sprichst ferner, ob ich denn auf allen Schulen mit meinen Lehrern verfallen wollte. Kann ich etwas dafür, daß mich der eine nicht leiden kann? Wahrhaftig, wäre ich nicht überredet worden, noch eine Schule zu besuchen, Ihr hättet um mich keine Sorge mehr, und ich wäre nicht unglücklich! Was nun das Rauchen anbetrifft, so habe ich nicht Dein Gebot übertreten, indem ich, um andere nicht zu verraten, die bei mir geraucht hatten, sagte, ich hätte geraucht. – Lieber Vater, ich habe Dir meinen Plan im vorigen Brief geschrieben, und ich habe ihn immer noch. Du schreibst zwar, ich soll bis Prima gehen, aber ich bin der festen Überzeugung, daß ich den Höhestand meiner Bildung erreicht habe, und ich sage Dir nur so viel, daß dieses Jahr auf der Schule für mich ganz unnütz sein wird. Ich sage Dir noch einmal, da Du einem jeden freistellst, zu werden, was er will, ich muß spätestens nächstes Frühjahr auf die

See, es soll Dir, obgleich Du schreibst, es sei sehr teuer, auch keinen Pfennig kosten.«

Immer wieder beschwichtigte der Vater den ungeduldigen Jungen, der zwar wieder fleißig zu arbeiten versuchte, keine Karte mehr anrührte und nur noch in den Ferien »das unschuldigste aller Spiele«, Billard, spielte, aber den Eltern stets versicherte, daß »jeder Mensch nur bis zu einem gewissen Grade in der Bildung und Wissenschaft kommt, den er nicht überschreiten kann«. Bei Streitigkeiten mit dem Lehrer begehrte der viel zu alte Obersekundaner immer wieder auf: »Zweimal aber lasse ich mir so etwas nicht sagen, und sollte ich Holz hacken gehen müssen, aber dann gnade Gott dem, der daran schuld ist.« Als dann die Nachricht kam, daß der Rektor Sauppe, der ihm wohlwollte und ihn einmal wöchentlich zum Mittag einlud, von Torgau versetzt werden würde, teilte Julius dem Vater mit, er wisse, daß junge Leute in San Antonio in Texas sehr gute Stellen als Privatlehrer fänden: »Ich habe hin und her überlegt meiner Zukunft wegen, aber sieh hierhin, sieh dorthin, Du wirst jeden Stand, jedes Gewerbe überfüllt sehen, und wer jetzt nicht den Teufel zum Paten hat, bekommt keine Stelle in der Hölle. Du wirst zwar sagen, wer sich auszeichnet – denn seine Schuldigkeit tun, reicht nicht aus – kommt überall fort und wird belohnt. Auch hierin kann ich Dir nicht recht geben, denn das ganze Avancement in Europa besteht von der höchsten Staatswürde bis zum niedrigsten Amte 1. in Bestechung, 2. in Einschmeichelei und 3. in Konnexion.«

Wie bereits in Posen war Julius Niese von dem Gedanken ergriffen, auswandern zu wollen. Sein unruhiges Temperament, seine Unfähigkeit, sich ein- und unterzuordnen, bildeten einen günstigen Nährboden für das Amerika-Fieber, das in Deutschland umging. Nachdem die Zahl der Auswanderungen nach den Vereinigten Staaten wegen der politischen Aussichten, die das Jahr 48 zu eröffnen schien, zunächst einmal gesunken war, wuchs sie gerade zu Beginn der fünfziger Jahre wieder an und stieg bis zur Höhe von einer Viertelmillion im Jahr. In einem der nächsten Briefe wurden freilich schon die Europamüdigkeit des auf Ausbruch sinnenden Julius durch einen neuen Plan verdrängt und soeben geäußerte Ansichten als Reaktion auf fremdes »Gewäsch« zurückgeführt: »Es ist eigentlich komisch: zuerst scheint mir sich so etwas von selbst zu verstehen und als Wahrheit dazustehen, wie zum Beispiel das, daß die ganze Welt ungerecht sei; dabei dachte ich aber in dem Augenblick nicht daran, daß zur ganzen Welt Amerika auch gehöre und daß es dort natürlich auch ungerecht zugehen müsse. Nachher, als ich mir alles überlegt hatte, dachte ich ziemlich so, wie Du mir schreibst... Du brauchst nur an den Professor zu schreiben, und ich bin fest überzeugt, daß ich dann das Zeugnis von Prima bekomme. Den Homer will ich dann in vier Wochen zu Hause durchlesen, denn das ist ja doch einmal Dein Wunsch. Dann aber will ich dem Onkel auch etwas zu Liebe tun und den 1. Januar 1853 in die Armee eintreten, denn das scheint meiner Gesundheit am zuträglichsten zu sein. Ich habe dem Onkel darüber geschrieben.« Wie vorher Kaufmannslehre und Auswanderung, so schien nun für eine Weile der Militärdienst das einzig wünschenswerte Ziel: »Du bist nicht zufrieden, daß ich Soldat werden will, und Du hast doch immer gesagt, es könnte jeder werden, was er wollte. Leider bin ich jetzt erst auf den Gedanken gekommen. Ich könnte bereits Fähnrich sein wenn nicht Lieutenant.« Ein paar Monate ging die Diskussion über dieses Thema hin und her, selbst auf der Hochzeit der Lieblingsschwester Marie hielt Julius, der ganz als Herr, mit Hut, weißer Weste und Halsbinde erschienen war, an der Idee fest. Bis der Onkel Oberfeldprediger in Posen entscheidende Worte sprach:

»Posen, 1. 11. 52

Lieber Bruder!

Ich muß an Dich schreiben und zwar wegen Deines Julius. Derselbe hat mir schon vor einiger Zeit mitgeteilt, daß er große Lust habe, Soldat zu werden. Ich antwortete ihm, er möchte sich die Sache nochmals überlegen, weil ich nicht glaubte, daß er das Offiziersexamen, welches jetzt viel schwerer als früher ist, bestehen würde; vor allem aber, sagte ich ihm, müsse er die Sache mit Dir besprechen und beraten. Ob das geschehen, weiß ich nicht, aber Julius behandelt in den Briefen, die er heute an Ida und Laura geschrieben, die ganze Geschichte wie eine vollständig abgemachte und will, wie es scheint, ohne weiteres hier in Posen bei einem Regiment eintreten. Das geht nun aber nicht gleich so und zwar aus folgenden Gründen. Erstlich fragt es sich, ob einer unserer Regimentskommandeure ihn annehmen wird, was notwendig ist. Ich stehe zwar den Herren nicht ganz fern, aber auch doch nicht so nahe, daß ich mit Sicherheit auf ein Ja rechnen könnte. Zweitens weiß ich nicht, wie Julius, dem es doch eigentlich an innerem Halt fehlt, sich als Soldat resp. als Offizier machen würde, so daß ich leicht in die größte Verlegenheit kommen könnte, wenn die Sache schief ginge und ich mich vorher für den Neffen ins Zeug geworfen hätte. Drittens darf ihn kein Regimentskommandeur annehmen, wenn nicht von Deiner Seite eine jährliche Zulage von achtzig bis hundert Taler zugesichert wird, wozu Du vielleicht wenn auch den guten Willen, doch nicht die Kräfte haben möchtest.« Außerdem müßte Julius bei einem Eintritt in Posen bei der Familie des Onkels wohnen, was zur Zeit unmöglich wäre. Schließlich sei »das Examen in Glogau so scharf, daß immer circa zwei Drittel bis drei Viertel durchfallen und daß ich, obgleich meine Glogauer Divisionsprediger einige Nachsicht haben würden, doch für nichts stehen könnte, da ja noch eine Menge mir unbekannter Offiziere mit examinieren und Julius noch immer, wie auch in den heute angelangten Briefen, orthographische Fehler macht. Vor allen Dingen mußt Du daher die Sache nochmals als Vater in Überlegung nehmen und samt Julius Dich mit den Erfordernissen des Examens durch die vorhandenen Instruktionen bekannt machen.«

Julius, der wieder nur die Vereitelung einer Hoffnung begriff, war endgültig ratlos. Er verspüre zu allem ebenso viel Lust wie Unlust, am wenigsten Lust, weiter auf der Schule zu bleiben. »Ich muß mich doch sehr zusammennehmen, daß ich nicht in Träumereien verfalle, zumal wenn ich allein bin; dann gefällt mir nichts mehr, nichts macht Eindruck auf mich, und endlich frage ich mich, wozu bist du eigentlich da, es ginge doch auch ohne dich. Eben weil ich zu gar nichts einen Beruf fühle... Eins kann ich Dir freilich offen gestehen, das Schülerleben habe ich satt.«

Bei aller Ratlosigkeit hielt Julius an einem offenen Gespräch mit dem Vater fest: »Wenn Du ferner schreibst, ich müßte vor allen Dingen ein gutes sittliches Zeugnis haben, so kommt mir das komisch vor, nämlich insofern, als ich von vielen meiner Mitschüler für dumm und, was man so sagt, unpolitisch ausgegeben werde, meiner Moral und Sittlichkeit wegen, weil ich mit der größten Festigkeit sich mir bietende Gelegenheiten verschmähe, dann aber die Krankheit besitze, anderen und mir angetanes Unrecht nicht zu ertragen, was dann freilich die Lehrer auf die Seite der Unsittlichkeit rechnen.« Auch bleibt der Vater die Vertrauensperson für

Heikles: »Daß ich aber jetzt schon wieder antworte, hat darin seinen Grund, daß Du meiner am Sonnabend und Sonntag gedenken magst, denn am Sonnabend um ein Uhr gehe ich zur Beichte und Sonntag zum heiligen Abendmahl. Ich habe es Dir bis jetzt noch nie geschrieben, aber ich fühle mich diesmal ganz besonders dazu veranlaßt, da ich einen schweren Kampf zu kämpfen hatte. Ich hoffe, ich habe gesiegt, aber bete noch für mich. Wenn eine Hure im Hause wohnt, denn so nenne ich jedes gemeine Frauenzimmer, und sie bietet gewissermaßen ihren Umgang an und man hat sich mit ihr erst etwas abgegeben (denn ich wußte nichts davon), so ist es gewiß ein harter Kampf, zu widerstehen. Nur Seume und noch jemand haben mich gerettet. Ich fliehe das Bild wie höllisches Feuer.« Als Julius nach Prima versetzt war, meldete sich in seinen Briefen das erste Mal flüchtig der Gedanke an ein Studium.

Es schien, als solle sich doch noch alles zum Guten und den Wünschen des Vaters entsprechend wenden. Ein fröhlicher gereimter Toast, den dieser am Stiftungsfest im Mai 1853 auf die Alumnen ausbrachte, unter denen sich nun schon zwei Söhne, Carl Eduard und Paul, befanden, zeigte den Professor Niese mit Pforta völlig ausgesöhnt und spiegelte die heitere Zuversicht dieses Augenblicks. Im Juli unternahm er mit dem Schwiegersohn Mitzschke, mit Anna und Julius eine Reise ins Elbsandsteingebirge, wohin er als Student seine erste größere Fahrt gemacht hatte. Dort fand sich auch Onkel Moritz aus Posen ein, der bei einem abendlichen Spielchen und einem Glase Wein den Neffen endgültig überredete, bis zum Abiturientenexamen durchzuhalten. Der Vater atmete erleichtert auf und begab sich, während die Kinder nach Pforta vorausfuhren, mit Behagen noch zu einem lange verabredeten Besuch nach Halle zu Freund Ulrici.

Wenige Tage nach seiner Rückkehr wurde der Sohn Paul von einem hitzigen Fieber ergriffen. Der lebensfrohe Junge mit dem freundlichen Gesicht, das ganz von zwei großen Augen beherrscht wurde, erlag der Krankheit in wenigen Tagen. So galt zum erstenmal einem Mitglied der Familie Niese die altherkömmliche Feier, die man in Pforta jedem, auch ehemaligen Schülern und Lehrern, widmete, wenn die Nachricht von seinem Tod die alte Alma mater erreichte. Bei Wiederbeginn der Schule nach den Ferien rief die Glocke die Alumnen in den Betsaal zum Ecce für Paul Ferdinand Niese, und nach dem von einem Schüler verlesenen Lebenslauf des Verstorbenen hielt der Hebdomadar Dr. Purmann eine Rede, an deren Schluß er das alte Reiselied anstimmte: »Wir reisen nun in Deinem Namen, sei Du Gefährte, Weg und Stab.« Der Chor sang das feierliche traditionelle »Ecce, quomodo moritur justus«. Der Lehrer rief dem Toten die Abschiedsworte nach: »Have, cara anima«, und die Versammelten stimmten ein: »Have!« Von dem Sohn Paul blieb eine Mappe frühreifer Zeichnungen zurück, die auf ein besonderes Talent hindeuteten und von der Familie zusammen mit dem Gedicht aufbewahrt wurden, das der Vater dem Frühverstorbenen an dem Tag zudachte, an dem dieser vierzehn Jahre alt geworden wäre.

>... Wir denken Dein, wenn hin zu Deinem Grabe
Die Wehmut unsre stillen Schritte lenkt,
Hier hat man Dich, Du süße Himmelsgabe,
Dich, unsern guten Bruder, eingesenkt.

Wir denken Dein und schauen dort hinüber,
Wo Wiedersehen und Vollendung ist,
Und schaun und wissen's, daß Du unser lieber
Und unser guter Bruder ewig bist.«

Mit deutlicher Beziehung auf diesen Paul ist das bald darauf geborene erste Kind der Marie Mitzschke ebenfalls Paul getauft worden.

Veränderungen, die auch Nieses Bedarf sowie Interesse an Dienst- oder Berufsreisen betrafen, waren in den vorangegangenen Jahren im Bereich der Verkehrsmittel vor sich gegangen. Als der preußische König mit Prinz Wilhelm und dem Großherzog von Weimar das Alumnat einer aufsehenerregenden Besichtigung würdigte, ließ er seinen Sonderzug an den Fischhäusern halten. Auf allen größeren Strecken hatte auch im sächsisch-thüringischen Gebiet die Eisenbahn die Postkutsche abgelöst. Niese, der viel unterwegs war, erreichte so immerhin zu Fuß oder mit einem Fuhrwerk den Anschluß an eine schnellere Verbindung zu Kirchentagen oder Versammlungen des Gustav-Adolf-Vereins. Und überall hatte er Amtsbrüder und Freunde, bei denen er während solcher Reisen hineinschaute. Keine Reise ging ohne einen Abstecher zu dem treuen Ulrici vor sich. Ritschl freilich war ihm in Bonn jetzt räumlich so fern gerückt, daß er ihn in diesen Jahren nur einmal anläßlich der Wiesbadener Hauptversammlung des Gustav-Adolf-Vereins 1852 besuchen konnte.

Daß Niese, der vieles von seinem Adjunkt Buddensieg erledigen ließ, in Pforta nicht pflichtvergessen oder seiner Hauptaufgabe entfremdet worden war, beweist das kleine Buch über »Das christliche Gymnasium«, das er in dieser Zeit verfaßte. »Gymnasien sind Schulen für die Wissenschaft«, schrieb er hier, und solange Schüler und Lehrer an den Universitäten nicht in einem innigeren Verhältnis zueinander stünden, als es der Fall sei, »behalten die Gymnasien um der strengeren Zucht willen, welche sie üben können, vor den Universitäten den Vorzug, unsere schönsten und vollkommensten Schulen zu sein.« Höchster Gegenstand eines christlichen Gymnasiums müsse die Religion sein, doch behandelten die Gymnasien die Religion nicht im gymnasialen, wissenschaftlichen Sinn, sondern in Form bloßer Erbauungsstunden und damit unter dem gymnasialen Niveau. Die Religion verliere in den Augen des Schülers, »weil er sie nicht mit der in seinen Augen allein würdigen Weise behandelt sieht«. Durch die Behandlung der Religion auf Schulen und Universitäten sei »die unendliche Kluft zwischen der Religion und den übrigen Wissenschaften befestigt worden«. Es werde behauptet, daß man Glauben nicht lehren könne. Das sei richtig, aber was ein Schüler glauben solle, müsse er doch erst einmal wissen, und daher sei es notwendig, das, was der Religion auf dem Wege des Wissens zu vermitteln sei, auch in wissenschaftlicher Form zu lehren. Es gelte, das Herz des Schülers für diesen Lehrgegenstand zu erobern, denn das Wissen solle zu einem lebendigen Glauben werden.

In dem Jahr, in dem dieses Buch erschien, hatte Niese die Freude, daß sein ältester Sohn denn doch noch zu Ostern 1855 das Abitur bestand. Nach selig genossenen Mulusferien in Pforta begann Julius in Leipzig das Jurastudium so fröhlich und selbstverständlich, als habe es nie anderes für ihn gegeben. Da sein heiteres Wesen sich nun auch wieder zur Geltung brachte, trat er ganz entgegen den Grundsätzen seines Vaters sogar dem Corps Westphalia bei. Ein Jahr später verließ Carl Eduard, der zweite Sohn, die Pforte und ging ebenfalls nach Leipzig, um Theologie zu studieren, während wieder ein Jahr später Moritz die Untertertia bezog.

Während sich so im engsten Familienkreise manches glücklich

anzulassen schien, der Schmerz um den Sohn Paul langsam einem wehmütigen Gedenken wich und in Naumburg noch zwei Enkel geboren wurden, drückten den Professor Sorgen um seinen Bruder Moritz. Moritz Niese war in Posen ein angesehener Mann und beliebter Prediger. Als Oberfeldprediger des fünften Armeekorps konnte er von sich sagen, daß er Karriere gemacht hatte. Er war Mitglied des Konsistoriums und hatte also einen über das Militärkirchenwesen hinausgreifenden Wirkungskreis. Seine pädagogischen Interessen kamen in dem Religionsunterricht, den er an der Höheren Töchterschule und am Institut für Erzieherinnen gab, zur Auswirkung. Dennoch fühlte er sich nicht wohl. Das Militär, dem er zum Teil eingegliedert war, sagte ihm auf die Dauer nicht zu, Posen und der Osten blieben ihm ewig fremd, und die Sehnsucht nach der Heimat und den Brüdern wuchs von Jahr zu Jahr. Die Gesamteinnahmen aus seinen vielerlei Tätigkeiten in Höhe von etwa 1600 Talern jährlich waren besonders angesichts der teuren Lebensverhältnisse in Posen nicht sonderlich hoch, so daß er wie Carl jährlich aus dem Vermögen zusetzte, das langsam dahinschwand.

Das alles hatte ihn zu einem reizbaren und schwer zu behandelnden Menschen gemacht. Schon 1854 hatte Carl Niese seiner Frau mitgeteilt: »Ich habe gestern auch noch an Ida in Posen geschrieben, um mich über Moritzens Lage vollends klar auszusprechen. Ich hoffe, daß er den Gewinn davon haben wird, daß er künftig das vermaledeite Spiel läßt, wieder mehr seine Theologie treibt und sich auch um seine geistlichen Pflichten angelegentlicher bekümmert, wiewohl das bei dem Militär wohl nicht so herkömmlich sein mag. Auch habe ich Ida geschrieben, daß ich hoffte, daß Moritz künftig auch milder als bisher werden würde, einmal nicht so heftig wie gewöhnlich, aber dann auch nicht so immer das Richtige sehen wollend.« Solche Belehrungen trübten das Einverständnis zwischen Carl und Moritz Niese nicht, deren »Bruderlieb und Bruderlust« von den Neffen und Nichten in einem Geburtstagsgedicht für den Onkel besungen worden ist. Daß Moritz trotz seiner Launen auch einen gestörten Frieden wiederherzustellen wußte, zeigt ein Blättchen an seine »liebe, liebe Frau«: Alle Fragen, die er ihr am Morgen vorgelegt habe, nehme er zurück, »aber sprich Ja zu der Frage: willst Du heut und alle Zeit Dein Herz mir treu bewahren, wie ich's Dir bewahrt habe immerdar? – Sage Ja, und ich will das Ja so tief in meine Seele drücken wie jenes vor dreizehn Jahren, und will Dich noch tausendmal lieber haben als bisher.«

Der Freund Cranz war 1854 Generalsuperintendent der Provinz Posen geworden. Es konnte nicht ausbleiben, daß auf seine frühere Konsistorialratsstelle ein jüngerer Mann als Moritz Niese aufrückte, wodurch dieser in eine mißliche Lage geriet. Aufrücken konnte er hier kaum mehr, und den Konsistorialratstitel verlieh man an Militärgeistliche nur in Ausnahmefällen. Aus diesen und den schon erwähnten Gründen reichte er über das Konsistorium ein Gesuch an den Evangelischen Oberkirchenrat in Berlin ein, in dem er um seine Versetzung an eine städtische Pfarre, möglichst in der Provinz Sachsen, bat. Der Oberkirchenrat, in dem Bischof Ritschl, der Onkel des Bonner Professors, eine ausschlaggebende Stimme hatte, war ihm günstig gesinnt, weniger der Kultusminister v. Raumer, ein Mann, der ganz die in den letzten Jahren Friedrich Wilhelms IV. herrschende orthodoxe Gläubigkeit vertrat. Die Akten der obersten Kirchenbehörde spiegeln deren zähes Ringen mit dem Minister sowohl um den Konsistorialratstitel, den Moritz Niese im März 1856 verliehen erhielt, als auch um eine geeignete Pfarre für ihn. Da Niese es für angebracht hielt, selber auf die Suche nach einer solchen zu gehen, bewarb er sich nach anderen Unternehmungen schließlich um die reich dotierte Stelle des Stadtpfarrers in Barby bei Magdeburg. Das ihm angeborene Selbstgefühl, das er bei seiner Vorstellung vor dem Präsidium des Konsistoriums in Magdeburg zur Schau trug, wäre ihm jedoch fast zum Verhängnis geworden. Die Herren, die ohnehin die Stelle gern nach eigenem Ermessen mit einem Pfarrer ihrer Denkungsart und aus ihrer eigenen Provinz besetzt hätten, waren verletzt und fanden bei Raumer sogleich Unterstützung ihrer Ablehnung des sowenig devoten Bewerbers, während der Oberkirchenrat die Einwände nicht für schwerwiegend genug hielt. Von den verwikkelten Hintergründen ahnte der Bruder Carl Niese nichts, als er bei einem Besuch Raumers in Pforta für Moritz Niese ein empfehlendes Wort wagte. Dabei zog Raumer sich hinter unverbindliche Bemerkungen zurück. Er hatte Moritz Nieses Gesuch bereits abgelehnt. Er lehnte auch im Januar 1857 die Stellungnahme des Oberkirchenrats ab, daß Moritz Niese »bei seinen nicht gewöhnlichen Kanzelgaben, seiner wissenschaftlichen Tüchtigkeit, seiner pädagogischen Erfahrung und seinem sonstigen gediegenen Charakter als Stadtpfarrer in Barby . . . eine ganz geeignete Persönlichkeit sein dürfte«. Raumer hielt am Votum des Magdeburger Konsistoriums fest. Da die hohe Kirchenbehörde jedoch mit aller Entschiedenheit auf ihrem Vorschlag bestand, wurde Moritz Niese im Februar 1857 Stadtpfarrer in Barby.

Sein Neffe Julius war inzwischen nach drei Leipziger Semestern nach Berlin übergesiedelt. »Er macht Erfahrungen, studiert und ist in seinen Augen schon ein gemachter Mann«, schrieb sein Vater über ihn. Das dauerte freilich nicht lange. Der anfängliche Reiz des Studiums war bald verflogen, und die stete Unruhe überkam ihn erneut. Wieder trat Julius an den Vater mit dem Anliegen heran, er solle ihn nach Amerika gehen lassen, wieder suchte der Vater den Sohn zu bewegen, erst das Examen zu machen, denn er hoffte, Julius werde dann als wirklich »gemachter Mann« in der Heimat Wurzeln schlagen. Wider Erwarten absolvierte der ja nicht ungescheite Sohn auch in kürzester Zeit im Juli 1858 das erste juristische Examen in Berlin und begann danach als Auskultator am Naumburger Gericht. Hartnäckig wiederholte er den Wunsch nach Auswanderung bei den Eltern, und da kaum noch zwingende Gründe vorgeschützt werden konnten, gab der Vater schließlich seine Einwilligung. Die Behörde gewährte bei der Überfüllung der juristischen Laufbahn gern den erbetenen einjährigen Auslandsurlaub.

Über einen reellen Grund zu seiner Auswanderung vermochte sich Julius selbst keine Rechenschaft zu geben, es sei denn mit Platens Versen »Es lockt mich stets, ich weiß nicht recht wohin, es treibt mich stets, ich weiß nicht recht wozu«. Auch war er in seinem Entschluß keineswegs so fest, wie er sich gab, und als eines Tages die große eisenbeschlagene Kiste, die seine Habe bergen sollte, auf seiner Stube in Pforta stand, wurde ihm Angst vor dem eigenen Mut. Der Abschied von Eltern und Geschwistern, besonders von der geliebten Schwester Marie, warf ihn fast um – »ich erkannte klar und offen in der schweren Stunde des Scheidens, daß trotz meines jahrelangen Fernseins von Hause ein gewaltiges geistiges Band mich fort und fort mit den Meinen umschlungen gehalten hatte und daß auch meine Liebe zu ihnen durch die häufige Trennung nicht erkaltet war, sondern vielmehr nur glühender und herzlicher geworden sein konnte«. In Barby sagte er noch seinem Onkel Moritz Lebewohl, in Gnadau blieben sein Vater und sein jüngerer Bruder Carl zurück. Der Weg war frei.

Aber noch einmal schien das Rad der Ereignisse gebremst. Als Julius in Hamburg ankam, war sein Schiff noch nicht eingelaufen, und Bekannte boten ihm eine gute Stelle als Verwalter auf einem Gut an, die er antrat, um den Winter über noch in Deutschland zu bleiben. Mochte das Schiff, das seine Pläne vereitelt hatte, gegebenenfalls ohne ihn fahren! Schon hielt man in Pforta die nur allzu willkommene Nachricht in der Hand. »Na, im März gehst Du dann aber doch, dachte ich bei mir selbstgewiß. Amerika läuft ja nicht fort, ja, das dachte ich wohl, wußte aber nur zu gut, daß, wenn ich jetzt den Augenblick vorüber ließ, er sich mir schwerlich wieder bieten würde. Mit der größten Resignation hörte ich dennoch die Nachricht, daß die ›Oder‹ fort sei, und dachte: nun, es hat so sein sollen. Den Montag darauf wollte ich dann mit meinen Siebensachen in Langenhorn einrücken, um mein neues Amt anzutreten. Nach Tische hatte ich mich etwas niedergelegt, da ich mich ungeheuer schwach fühlte. Ein allgemeines Unbehagen, ein Zustand, der sich nicht beschreiben läßt, hatte mich völlig zerrüttet. Halb angekleidet hatte ich mich auf das Bett geworfen und lag halb wachend und halb schlafend da. Auf einmal trat ganz unerwartet Frau Dr. Cordes herein und sprach: ›Die ‚Oder‘ ist noch da, wenn Sie noch mit wollen, noch ist es Zeit!‹ Ich hatte nur ihre Worte vernommen, so sprang ich auf, packte hastig meine herumliegenden Sachen, lief Knall und Fall zum Mäkler, löste von neuem ein Billett, besorgte dann meine Sachen an Bord, machte in der Hast noch einige nötige Einkäufe. Nach eineinhalb Stunden war ich mit allem in Ordnung... Kaum aber war ich in das Zimmer wieder eingetreten, so mußte ich mich ganz aufgelöst und erschöpft auf das Sofa niederlassen, ich war unvermögend, mich auf den Füßen zu halten. Jetzt erst konnte ich ruhig überlegen, was ich getan hatte. Der Würfel war gefallen, und nur noch wenige Stunden konnte ich auf dem Boden weilen, wo ich geboren und erzogen war... Nie, glaube ich, bin ich in meinem Leben so aufgeregt gewesen wie an diesem Abend, und doch war ich bloß im Begriff, das auszuführen, was von Jugend an das Ziel meiner Wünsche gewesen war, was ich Jahre lang ersehnt hatte.«

Am Sonntag, dem 17. Oktober 1858, verließ Julius Niese an Bord des HAPAG-Schiffes »Oder« den Hamburger Hafen und Europa.

1858–1882
Die vierte Generation

»Die Kinder hielt ich in der Kleidung einfach und reinlich. Sie waren auch bescheiden und freuten sich über ein reines Hemdchen oder ein neues Bett. Die Mädchen sind zu meiner Freude auch so geblieben, die Söhne weniger... Ein reiches und glückliches Leben habe ich gehabt. Der Herr hat mir einen so lieben und guten Mann und 12 Kinder gegeben. Wie viele Freuden habe ich durch die Kinder gehabt und wie viele hätte ich noch mehr haben können, wenn ich das Leben nur etwas leichter genommen hätte! Doch daran ist meine Erziehung schuld.« Dieses schrieb Auguste Niese in den Aufzeichnungen über ihr Leben, die sie in der Zeit nach der Auswanderung des Sohns Julius begann. Das Jahr zuvor hatten Carl Niese und sie Silberne Hochzeit feiern können, und von den zehn lebenden Kindern traten immer mehr, bald wohl auch das jüngste, Heinrich, in eine Persönlichkeitsentfaltung, die vielleicht noch Rat der Eltern, jedoch nicht mehr deren Weisung zuließ.

»Die Söhne weniger«, aber eigentlich liederlich oder vergnügungssüchtig waren sie nicht, wenn sie sich das Recht auf Erlebnisse, Reisen, das Naturschöne und das Kunstschöne nahmen, das sich ihr Großvater, ihr Vater und ihre Onkel genommen hatten, freilich mit immer beschränkteren Mitteln. Daß die Töchter anspruchsloser schienen, ist eher eine Folge ihrer Stellung im Haus als diejenige von Anlage, Temperament, Überzeugung gewesen. Während die Söhne hinaus auf Bildungserwerb zogen, blieben die Töchter daheim. Sie durften ihre Liebe, ihre Arbeitkraft oder ihr Können den Eltern, jüngeren Geschwistern, später einem Mann und eigenen Kindern widmen. Ihre Bescheidenheit war ein Tribut an eine Tradition, durch die sie ihn als berechtigt ansehen lernten. Was an geistiger oder künstlerischer Begabung bei den Brüdern zur Reife gebracht zu werden pflegte, blieb bei Schwestern so lange brach liegen, wie sie sich nicht selber den Weg in die Freiheit oder wenigstens in eine Teilfreiheit zu bahnen wußten.

Als Auguste Niese mit der vierzehnjährigen Johanne den in Leipzig studierenden Sohn Carl besuchte, ging ihr eine vom Vater und von den zu Hause gebliebenen Kindern verfaßte »Pfortaische Zeitung« zu. Auf sieben Blättern folgten einer Art Leitartikel des Hausherrn bunte Berichte von dem Kränzchen bei Amtmann Jäger, den Konzerten in der Turnhalle, wo Anna, Emma und Sophie ihre Stimmen hören lassen durften, von Freundinnen, Schlittenpartien und Ausflügen nach Schönburg und Kösen, vom Stand der Handarbeiten, der »Staatsfinanzen« und des Küchenzettels bis zu des Vaters Erörterung über die Anschaffung einer neuen Zuckerschale, und von den Mädchen wurden mit leisen Spitzen die Herren Professoren und ihre Frauen bei den Pförtner Gesellichkeiten charakterisiert. Es war ein Dokument glücklicher Eintracht im geliebten Pfarrhaus neben dem Eingangstor zum Klosterbezirk.

Und doch spielten die Eltern schon längere Zeit mit dem Gedanken, von Pforta wegzugehen. Das Gehalt langte nun einmal nicht. Zwanzig Taler monatlich waren zunächst für jeden der beiden studierenden Söhne angesetzt worden, diese Summe hatte aber bald auf fünfundzwanzig, dann dreißig Taler erhöht werden müssen. Carl war noch nicht fertig, und Julius hatte die begonnene Laufbahn abgebrochen und würde vielleicht nicht wieder zu ihr zurückkehren. Wie sollten die Töchter versorgt werden? Zwar war für Niese ein nur praktisches Landpfarrerdasein nicht verlockend, doch mußte er nun beginnen, sich nach einer Stelle umzusehen, wo er und Auguste frei von materiellen Sorgen existieren könnten. 1859 bewarb er sich zum erstenmal in diesem Sinne beim Magdeburger Konsistorium. Die Kinder aber sagten: »Lieber Kostschüler als von Pforte fort!«

Von Pforta fort und doch mit Pforta unlöslich verbunden zu sein, trieb Marie, die Frau des Dompredigers Mitzschke, oft, nachmittags mit Kindern und Kinderwagen den etwa vier Kilometer langen Weg von Naumburg zur alten Heimat zu gehen. Mit ihrer Mutter fand sich Marie in tieferer Übereinstimmung bei den Alltagssorgen und dem selbstquälerischen Vorwurf »Heute habe ich mir nicht einmal das Salz auf dem Brot verdient« als bei ihrem Mann, der zwar weit entfernt war von jenen freisinnigen Ansichten des Dr. Dietrich, an dem ihre Jugendliebe scheiterte, der aber ein strenges Regiment nicht nur in seinem Amt, sondern auch in seiner Ehe führte. In ihren Briefen warb Marie um ein zärtliches Wort, eine kleine Aufmerksamkeit für sie und die Kinder, auch überhaupt um häufigere und längere Briefe, wenn Mitzschke im Sommer die Quellen von Karlsbad aufsuchte oder sie selber zu den Eltern übergesiedelt war. Mitzschke fand den Weg nach Pforta auffallend selten, nicht einmal zum Geburtstag des Schwiegervaters, obgleich ihm dieser bei verwandtem Anlaß durch pünktliches Erscheinen an der Naumburger Mittagstafel zu verstehen gab, daß dergleichen den Lebensstil einer guten Familie ausmache. Mitzschke vergrub sich in sein Studierzimmer und hielt an einem täglichen einsamen Nachmittagsspaziergang fest, ein Sonderling und Pünktlichkeitsfanatiker, in dessen Nähe Maries ursprünglich lebensfrohe Frömmigkeit erstarrte. Noch nach zwanzig Ehejahren bat sie ihren Mann um Verzeihung für ihre »Sünden« gegen ihn. Sie wünschte sich für ihrer beider Gemeinschaft, daß »jeder um des anderen willen sich vergessen lerne«.

Von Pforta fort und doch mit Pforta verbunden zu sein, trieb den Sorgensohn Niese, auf hoher See am 21. Oktober 1858 beim Erwachen an den Geburtstag des Vaters und die ihn feiernde Familie zu denken. Dem Ansturm von Heimweh gab er freilich schnell eine festlich gesellige Form. Als er mit den wenigen Reisegefährten der ersten Kajüte zu Tisch saß, ließ er zwei Flaschen alten Xeres kommen und bat die Anwesenden, mit ihm ein volles Glas auf das Wohl des Vaters zu leeren.

Das Schiff passierte an diesem Tag den Ärmelkanal in ruhiger Fahrt, so daß der junge Niese von der Übelkeit verschont blieb, die ihn vierzehn Tage lang geplagt hatte. Die Beköstigung in der ersten Kajüte, von der er bisher wenig zu sich nehmen konnte, übertraf alles, was ihm bisher je geboten worden war. Der Morgen begann mit Kaffee oder Milch oder Schokolade, Butterbrot oder Zwieback. Das Frühstück um zehn bestand in »Kartoffeln oder Grütze mit Butter, Salaten, dazu Kaffee mit Wurst, Käse, Zunge, Hering, Sardellen, Sardinen, mit Schwarz- oder Weißbrot, stets frisch. Um zwölf halten wir meist ein kleines Lunch, d. h. wer will, und um drei Uhr wird dann diniert: Suppe, Braten, Mehlspeise mit Kompott, Gemüse, sonntags noch mehr, und als Dessert Äpfel, Nüsse, Knackmandeln und Traubenrosinen. Um fünf Uhr wird Kaffee getrunken und achteinhalb Uhr das Abendbrot angerichtet, ähnlich dem Frühstück, nur daß statt des Kaffees Tee gereicht wird. Die Kost in der zweiten Kajüte ist der im Zwischendeck gleich. Sie ist mittelmäßig im besseren Sinne, und wer nicht zu parasitisch bis dahin gelebt hat, der gewöhnt sich schon mit der Zeit an diese Menage. Nur über die kleinen Rationen Wasser klagen die Passagiere zuzeiten, zumal wenn es sehr heiß ist oder das Mittagbrot aus sauren Heringen und Pellkartoffeln bestanden hat. Sonst erhalten sie in abwechselnder Folge Linsen mit Pflaumen, grüne Erbsen, weiße Bohnen und Sauerkraut und sonntags Klöße mit Backobst. Salzfleisch alle Tage, dies wird jedoch von den wenigsten seiner Schärfe wegen genossen. Der Kaffee früh und der Tee abends führt wohl mehr seinen Namen von der Farbe. Butter und Brot bekommt jeder wöchentlich in genügendem Maße.« Daß in dem Essen der zweiten Qualität häufig »Kukuratschen«, cockroaches, also Schaben, schwammen, vor denen man sich im Zwischendeck kaum retten konnte, hat Julius in seinem Tagebuch auch für erwähnenswert gehalten.

Wie auf allen Schiffen wurde auch auf dem noch neuen dreimastigen Fregattschiff »Oder« bei der Behandlung der fünf Passagiere der ersten Kajüte und den dreizehn der zweiten ein erheblicher Unterschied gemacht. Ein riesiger Abstand aber bestand zu dem mit etwa achtzig Personen besetzten Zwischendeck, die meist zu dem Flugsand gehörten, der in Europa keinen Halt fand und den ein frischer Wind in die Neue Welt hinüberwehte. Julius, der sich selbst keineswegs als einen Gescheiterten, sondern mehr als eine Art Forschungsreisenden betrachtete, beobachtete neugierig, aber mit etwas Vorsicht, was hier an Schicksalen seinen Weg kreuzte: den Deutschen von der Insel Fehmarn, der seine Flucht vor der dänischen Militärpflicht mit preußischem Patriotismus beschönigte, den französischen Orleanisten, der sich dem Zugriff Napoleons III. entzogen hatte, den italienischen Jesuitenzögling, der, jetzt Mazzinist und Sozialist, in der Fremde auf die Einheit Italiens warten wollte, und den böhmischen Benediktinernovizen und jetzigen protestantischen Theologen, der sich von der katholischen Kirche verfolgt glaubte.

Nachdem Julius Niese die Wirrnisse des Abschieds und die Depression durch die Seekrankheit überwunden hatte, fühlte er eine nie gekannte Zuversicht und Sicherheit. Er war davon überzeugt, eine gute Entscheidung getroffen und stets recht gehabt zu haben:

daß die Schulweisheit und das Sitzen auf Schul- und Universitäts-
bänken nichts für ihn war, daß er nicht den wissenschaftlichen
Geist besaß, den der Vater so gern in ihm gesehen hätte, weil er
sich erst da entwickeln konnte, wo es praktisch zuzupacken, wen-
dig und erfinderisch zu sein, Pläne zu erdenken und in die Tat um-
zusetzen galt, ohne Rücksicht auf Stand, Herkommen und Bildung. Er hatte recht gehabt, wenn er geglaubt hatte, daß ihm eher
naturwissenschaftliche Experimente lägen als die alten Sprachen,
und instinktiv hatte er auch mit seinen wechselnden Knabenplä-
nen – Kaufmann, Apotheker, Seefahrer – erahnt, woraus sich sein
Tätigkeitsfeld einmal formen würde. Wenn er jedoch jetzt auf die
Leiden der Vergangenheit zurücksah, so mußte er sich sagen, daß
er ohne Bitterkeit an den Vater und den sanften Zwang, den dieser
auf ihn ausgeübt, denken konnte. Denn auch der Vater hatte recht
gehabt: zu früh und zu unklar waren diese Ziele von Julius erstrebt
worden, die Schulung durch Gymnasium und Studium hatten ihn
gelehrt, den Trotzkopf zu beugen und der schweifenden Phantasie
etwas mehr Zügel anzulegen, sein akademisches Wissen hatte seinem mit allzuwenig Tiefgang ausgestatteten Wesen etwas mehr
Gediegenheit gegeben. Statt eines abenteuernden, halbgebildeten
Menschen fuhr nun ein gereifter Mann in die Neue Welt, das Abstreifen lästiger Fesseln war nun überlegter Verzicht, keine übereilte Torheit. Er war keineswegs Flugsand.

So hatte es auch nichts von Anmaßung und Dilettantismus,
wenn er, nachdem er am Sonntag vergeblich nach einem Gottesdienst Ausschau gehalten und sich die Glocken von Pforta vor das
innere Gehör gezaubert hatte, am Sonntag, dem 31. Oktober,
Mannschaft und Passagiere der »Oder« durch die Schiffsglocke in
das Zwischendeck rufen ließ und eine »Laienpredigt« zum Refor-
mationsfest hielt. Und aus dem gleichen Grunde war es nicht als
Kurpfuscherei zu bezeichnen, wenn er in Ermangelung eines
Schiffsarztes mit den Mitteln, die seine für die Reise beschaffte
homöopathische Apotheke enthielt, die an Durchfall, Verstop-
fung oder anderen kleinen Leiden krankenden Passagiere behandelte, unentgeltlich zunächst, dann, als seine Praxis zu sehr an-
wuchs, gegen eine kleine Aufwandsentschädigung. Er verstand
sich ein wenig auf die Funktionen des menschlichen Körpers, hatte
sein Schülerinteresse für die Apothekerkunst wesentlich erweitert
und besaß eine gute, zarte Doktorhand. Für Besatzung und Passa-

giere war er kurzweg »der Doktor«. Aber auch das ehemals so gehaßte humanistische Wissen bekam hier in der Ferne einen warmen, heimatlichen Reiz. Lateinische und sogar griechische Zitate drangen in seinen Tagebuchtext, und die kritischen Bemerkungen über seine Kajütengenossen schrieb er sogar ganz auf lateinisch nieder, um vor ungebetenen Lesern sicher zu sein.

Nachdem sie die Insel Wight hinter sich gelassen, ging die »Oder« auf Südsüdwest-Kurs. Günstiger Wind ließ das Schiff mit großer Geschwindigkeit dahinfahren. Am 27. Oktober verließen die Auswanderer bei Überschreiten des Grades von Ferro die östliche Hemisphäre, am 29. passierten sie die Azoren. Das Thermometer stieg täglich an, das Meer verlor allmählich seine hellgrüne Farbe, wurde immer dunkler, schließlich fast indigofarben. Man war in den Tropen. Julius gingen häufig die Verse seines Lieblings Platen durch den Sinn:

> »Schön ist's, häuslichen Kreis zu sammeln um sich, wiewohl
> schön nicht minder, sich selbst leben und frei vom Zwang
> anschaun Städte der Menschen,
> stehn auf hohem Verdeck zu Schiff!«

Genußreicher als die Tage erschienen ihm in der heißen Zone ein Abend und eine Nacht bei ruhigem Wetter auf dem Meer. Die Dunkelheit tritt äußerst schnell ein. Ist Mondschein, so leuchtet er »alsbald mit seinem Silberlicht in einer Pracht und Helle, wie man sie in der gemäßigten Zone nicht kennt, und auch die Fixsterne und Planeten leuchten intensiver. Aber nicht allein der Himmel hat seinen Mond und seine Myriaden von Sternen, das dunkle Meer scheint mit ihm zu wetteifern, und nicht ohne Erfolg. Der Himmel hat nur einen Mond, der still und ruhig seine Straße zieht, aufzuweisen. Im Grund des Meeres und auf den Wellen zittern und spielen aber ihrer unzählige herum, die bald verschwinden, bald in doppelter Zahl wiederkehren. Ebensowenig fehlen dem blauen Ozean die goldenen und silbernen Sterne. Auch sie erscheinen mit der Dunkelheit und schwimmen und schimmern in unzähliger Menge am Schiff vorüber, bis bei den ersten Strahlen der aufgehenden Sonne sie zugleich mit ihren himmlischen Brüdern dem Auge verschwinden.«

Am 1. November, auf einer Höhe von 30° nördlicher Breite und

15° westlicher Länge, schlug das Schiff völligen Südkurs ein, bis es am 7. den Wendekreis des Krebses passierte und nun bei günstigem Passatwind schnell mit Westsüdwest-Kurs nach den westindischen Inseln steuerte. Die Fahrt ging so glatt, daß sie fast langweilig schien, zumal es unerträglich heiß wurde, da die Temperatur um Mittag in der Kajüte bei Zug und Schatten 29° Reaumur erreichte und man sich auf Deck trotz Sonnensegels kaum aufhalten konnte. Fliegende Fische begleiteten oft das Schiff: »Von fern gesehen gleicht so ein Schwarm am besten einem dichten Haufen von Sperlingen, der aufgescheucht von dem einen zum anderen Baume fliegt, oft auch schießen sie wie ein silberner Pfeil eine weite Strecke in gerader Richtung über die bunten Wogen hin – ich sage »bunt« nicht ohne Grund, da ich zu den verschiedensten Zeiten das mannigfache Aussehen des Meeres beobachtet habe. Seitdem kann ich mir auch erst die verschiedenen Epitheta erklären, die Homer dem Meere beigelegt hat. Welcher angehende Sekundaner, der seinen Homer treibt, kann sich wohl einen Begriff von der schwarzen Farbe des Meeres und nun gar von der purpurnen machen! Zu gewissen Zeiten gibt es aber kaum passendere Bezeichnungen dafür. Die glänzend schwarze Farbe hat es besonders beim Grauen des Tages, aber auch am sonnenhellen Mittag im Osten und Westen zu beiden Seiten der sich im Meer spiegelnden Sonne. Purpurn, besser hell- und dunkelviolett, erscheint es im Morgen- und schöner noch im Abendrot. Geht der Mond am Horizont auf, so wirft sein Licht einen grünlich-silbergrauen Reflex. Der Schaum des Meeres ist von milchweißer Farbe, und man kann es bei starkem Wellenschlag daher auch weiß nennen...«

Nach fünf Wochen erscholl der Ruf »Land, Land«. Haiti kam in Sicht, ein Rudel Wale zog am Schiff vorbei, das Tempo der Fahrt verlangsamte sich, wiederholt zwang Windstille das Schiff zum Liegenbleiben, und im Nu lagerten sich herumschwimmende Seegewächse wie eine grüne Decke um den Kiel. Nachts fuhr man an Kuba vorüber, die Straße von Yucatan wurde passiert, jetzt hielt man auf die Mississippimündung zu.

Kurz ehe Julius sein gelobtes Land erreichte, feierte er still und nachdenklich den Tag, der nicht nur der Geburtstag seiner Schwester Anna, sondern zugleich auch der zehnte Jahrestag des »dümmsten von seinen dummen Streichen«, seiner Flucht aus Pforta, war: »Mein jetziges Vorhaben ist doch eigentlich auch

355

weiter nichts als ein Streich.« Ob es ein dummer oder gescheiter Streich sei, das – und jetzt zitierte der einst Schulflüchtige eine griechische Reminiszenz originalgetreu – »liegt im Schoße der Götter«. Hier komme es auf den Erfolg an, der alles rechtfertigen oder verdammen werde.

Mit Hilfe eines Lotsen fuhr die »Oder« dann in die mächtige Mündung des Stromes ein, die einem Meeresarm glich. Meilenweit erstreckte sich das Sumpfland der Deltaarme, unwegsam und von keinem Menschen betretbar. Aus dem von zahlreichen Wasserläufen durchzogenen Grund ragten Gebüsche von Fächerpalmen auf, verfilzt mit den verfaulten und erstickten Resten gestürzter größerer Sumpfbäume, die als eine zweite Etage die kleineren überwuchsen, und wiederum überragt von Riesenpalmen, die ihre grünen Kronen aus dem Urwalddunkel in die freie Luft stießen, wie um dem Erstickungstode zu entgehen, den die Tillandsien allen niedrigeren Bäumen bereiteten, silbergrau alles Lebendige überziehend und wie Zöpfe von den hohen Ästen im Windhauch schaukelnd. Eine monotone, unheimliche Kulisse, nur selten von höher liegender Steppe mit vereinzelten Baumgruppen unterbrochen.

Da, wo diese subtropische Deltalandschaft in eine gemäßigtere trockenere Zone überging, lag die Stadt New Orleans, hineingeschoben in einen mächtigen Mäander des Mississippi, von drei Seiten also vom Strom umflossen, ein idealer Hafen. Am 4. Dezember 1858 warf das Hapag-Schiff hier Anker, und Julius Niese betrat den Boden der Neuen Welt. Es hätte kaum eine Stadt in den Vereinigten Staaten geben können, die für einen Mitteldeutschen fremdartiger gewesen wäre. Sie nahm selbst innerhalb der Staaten eine Sonderstellung ein, da sie ihren durch lange Zugehörigkeit zum spanischen und französischen Kolonialgebiet geprägten Charakter nicht hatte abstreifen können. Hier gab es zwar, wie überall in diesem Land des raschen Auf und Ab der Schicksale, das bezeichnende Nebeneinander von märchenhaftem Reichtum und unvorstellbarer Armut, aber es gab nicht jenen puritanischen Bienenfleiß und Geschäftsgeist, der den nördlicheren Yankee kennzeichnete, vielmehr war ein lässiges grandseigneurhaftes Gehabe dem reichen Plantagenbesitzer wie dem Bettler eigen. Freilich begann dieser Zug unter der Bevölkerung nun nach über fünfzig Jahren Zugehörigkeit zu den Staaten langsam zu schwinden. Wie draußen im Urwald die Riesenbäume die kleineren überwucherten und erstickten, so wurden die vornehmen und zierlichen spanischen Häuser des Stadtkerns vom plumperen Stil neuerer, schnell emporschießender Bauten überwachsen, ohne daß eine Hand sich geregt hätte, jene auszubessern und instand zu halten.

In einer der modernen Prachtbauten in der belebtesten Gegend der Stadt, wenige Schritte nördlich der Canal Street, im St. Charles Hotel, fand Julius Niese eine Anstellung als Kellner. Er hatte ja vorgehabt, keine Arbeit zu scheuen, und um sein kleines Notkapital von hundert Dollar nicht zu sehr zu strapazieren, griff er zu. Ebenso entschlossen mietete er sich bescheiden und billig bei einer chinesischen Familie im Norden der Stadt, unmittelbar an der Devée, ein. Abend für Abend kroch er nach anstrengendem Tagewerk die steile Stiege in den Bodenraum empor, in dem sein Lager stand und seine Habseligkeiten untergebracht waren, und zwar in einem Haus, das eigentlich »eine bewohnte Ruine« genannt werden mußte, »wo Wind und Wetter von oben bis unten, von vorn bis hinten freien Durchzug hat; ein Haus voller Risse und Sprünge, ohne Scheiben in den Fenstern, ohne Schlösser und Angeln an den Türen«. Julius hatte bereits das erste Gebot der Neuen Welt gelernt: nur die Gegenwart im Auge zu haben und an die Zukunft nicht zu denken, die Zukunft, »ein Begriff, den jeder wahre Yankee verachtet, ja kaum dem Namen nach kennt... Hier kann man nur sagen: das bin ich in diesem Augenblick, nicht: das will ich werden oder werde ich.«

Noch nicht gelernt aber hatte er, daß es in diesem demokratischen Land keine sozialen Rücksichten gab, sondern daß man hier immer noch schneller und mehr als der Nebenmann arbeiten mußte, wenn man nicht auf der Strecke bleiben wollte. So gab er mit dem ihm eigenen Trotz seine Kellnerstellung auf, als man ihm den eintägigen Weihnachtsurlaub abschlug. Arbeitslos und mit einem immer rascher dahinschwindenden Kapital ging er dem neuen Jahre entgegen, und sein weiches Gemüt verzehrte sich in Sehnsucht nach der Heimat, nach Eltern und Geschwistern, als er in der Silvesternacht sich auf seinem ärmlichen Lager wälzte. Mit eins fand er sich in die vertrauten Stuben in der Dompredigergasse in Naumburg versetzt. Er vernahm die helle Stimme seiner Lieblingsschwester Marie, die ihrem Sohn zurief: »Da kommen die Eltern! Paul, mach geschwind auf, es klingelt!« Er sah Paul zur Tür laufen, hörte deutlich die Türglocke von Mitzschkes Wohnung, horchte auf die Schritte der Eltern – statt dessen aber kreischte eine Weiberstimme: »Doctor, get up, it's five o'clock!« Seufzend, doch gestärkt von dem Traum, erhob sich Julius Niese, um, wie an jedem Tag, auf Arbeitssuche zu gehen.

Diesmal winkte ihm ein besseres Brot. Eine deutsche Siedlung am Lake Pontchartrain brauchte einen geeigneten Lehrer, und Niese gründete dort eine Privatschule. Die Farmer und Siedler zahlten ihm gern für jedes Kind zwei Dollar pro Monat. Er fühlte sich bald bei seiner Aufgabe sehr wohl und gab sogar interessierten Schülern Lateinunterricht. Die riesige Fläche des Pontchartrain lag im Norden von New Orleans und bildete den größten der Küstenseen, die als Zeichen früherer Küstensäume hinter dem ständig weiter ins Meer wachsenden Deltagebiet zurückgeblieben waren. Hier begannen die Reisfelder und Zuckerrohrplantagen, die sich in mehreren Gürteln an das Stromdelta anschlossen, um noch weiter nördlich in Baumwoll- und Maisfelder überzugehen. Die zarten Pflanzen des Reises, die aus den unter Wasser stehenden Feldern hervorsahen, die Büschel gelbgrüner Zuckerrohre und die mächtigen Schildkröten und Alligatoren, die das Ufer des Sees bevölkerten, bezeugten, daß hier noch das feuchte Element vorherrschte. »Die größten Alligators«, schrieb Julius an seinen zehnjährigen Bruder Heinrich, »sind noch sechsmal so groß als Du. Hunde und Schweine verschlucken sie wie nichts. Ihr Gebrüll gleicht dem der Ochsen, und manche Nacht bin ich geweckt worden durch so ein Biest, das sich der Hühner wegen unter mein Fenster gewöhnt hatte und teils mit dem Schwanze gegen die Bretterwand schlug, teils brüllte, daß die Ohren gellten. Erschreckt haben sie mich auch oft, wenn sie plötzlich vier bis fünf Schritte von einem entfernt ins Wasser platschen.«

Das Wasser wurde Nieses Unglück. Der Frühling kam, und mit ihm traten die Fluten des Mississippi über ihre Ufer und überschwemmten das ganze Gebiet. Die Farmer sahen ihre Ernte zerstört und wußten nicht, wovon sie ihren Lehrer bezahlen sollten. So mußte Julius sein Amt aufgeben und zog, nachdem er das wenige Verdiente bei seinen freundlichen Wirtsleuten aufgegessen hatte, im Mai wieder in das ungeliebte New Orleans, um erneut Arbeit zu suchen. Zu dieser Jahreszeit aber, in der die Temperatur allmählich von Rivieragraden auf tropische anstieg und alles Geschäftsleben erlahmte, war es nahezu unmöglich, etwas zu finden.

Die Hoffnung, bei dem Lehrerberuf bleiben zu können, der immerhin in einer Welt von Un- und Halbgebildeten ein gewisses Ansehen genoß, ließ ihn Kontakt mit Lehrern und Pfarrern suchen. Man verwies ihn immer wieder auf das nördlicher gelegene St. Louis, das einen großen Prozentsatz deutscher Bevölkerung hatte. Julius, der Unruhige, griff das Stichwort »weiterziehen« gern auf. Texas, Kalifornien, St. Louis, die Ziele wechselten: »Der Reiseteufel macht den Menschen noch ganz verdreht«, schrieb er an seinen Vater. Unter anderen lernte Julius Niese einen Pfarrer Metz kennen, der Mitglied der lutherischen Missouri-Synode war, die ihren Sitz in St. Louis hatte. Dieser Mann versprach ihm, sich für ihn bei seiner Kirchenbehörde zu verwenden, falls er bereit sei, wirklich nach St. Louis zu gehen. Julius überlegte und schwankte. Inzwischen hatte er des schnöden Mammons wegen ein Schild an seine Tür gehängt »Dr. Julius Niese from Berlin, cures every toothache in two minutes. Inquire within!« und auf diese Weise die Bekanntschaft eines Apothekers gemacht, der ihn bei sich anstellte und sogar in seinem Geschäft behalten wollte. Aber das Abwiegen von Drogen und der gelben, roten und grünen Farbe, mit der die Leute am Sonnabend ihre Treppen und Ziegelsteine färbten, war ihm dann doch gar zu eintönig. Am Tage nach Pfingsten packte er zusammen, kaufte sich Mundvorrat in Gestalt eines sieben Pfund schweren Schinkens sowie von Kaffee, Zucker und Rum und begab sich zum Hafen. Das Steamboat, dem er sich anzuvertrauen vorhatte, trug den stolzen Namen »Imperial« und war bis kurz vor der Abfahrt das Ziel zahlloser Menschen. »Eben hatten«, berichtete Niese Dr. Cordes, seinem letzten Gastgeber in Hamburg, »die sieben Feuerleute der sieben Feuerlöcher frisch nachgelegt, als das Zeichen, die beiden größeren Stege wegzunehmen, gegeben wurde. In toller Eile strömte jetzt alles, was nicht mitfahren wollte, vom Boote. Kaum war auch der dritte Steg an Bord, so fing das Schiff auch schon an zu arbeiten. Sogleich begann ich nun zu untersuchen, mit was für Gelichter ich denn eigentlich reise. Die Schiffsmannschaft, durchgehend irischen Schlages, mochte sechzig Mann stark sein. In der Kajüte oben waren auch siebzig bis achtzig Personen und unten im Deck zwischen Kisten, Kasten, Ballen und Säcken trieben sich ungefähr zweihundert Personen jeden Alters und Geschlechts herum, die es vorgezogen hatten, lieber mit einigen Unbequemlichkeiten ein paar Tage zu kämpfen und dafür noch drei Dollar als dreißig Dollar für ein paar gute Tage zu zahlen. Als Freund der Billigkeit brauche ich meinen Aufenthalt wohl nicht erst zu nennen, und doch muß ich's tun, denn gleich nach der Abfahrt schaffte ich meine Sachen in die verschlossene Werkstatt des Schiffszimmermanns, dessen Bekanntschaft ich gemacht hatte. Daselbst schlief ich auch, oder auch nicht, und zwar auf der Hobelbank unmittelbar neben dem Radkasten. Das Lager war, versichre ich Sie, hart, erschütternd, feucht und geräuschvoll zugleich, und doch zog ich es jenem zwischen Kisten, Ballen und Säcken vor, denn da ist man des Lebens nicht sicher. Der größte Teil der Deckpassagiere waren deutsche Auswanderer, zwei Tage zuvor von Bremen angekommen...

Die Art und Weise, wie uns die drei Dollar Passagiergeld abgenommen wurden, mag Ihnen eine ungefähre Ansicht von den Passagieren im Deck beibringen. Zwei irische Hünen, jeder mit einer gewaltigen Keule versehen, trieben alles nach dem Hinterteil des Schiffes, wo ein halb Dutzend Pferde und Riesenschildkröten das Gedränge noch vermehrten. Alles wurde verrammt und besetzt mit Irischen und nur eine kleine hohle Gasse nach dem Vorderteil freigelassen; in diese postierten sich der Clerk des Schiffes, der Kassierer, ein mate und ein bewaffneter Ire. Wem nun drei Dollar zu viel scheinen, der fängt an zu disputieren und bezahlt dann nur zwei oder anderthalb, ja, eine Familie von zehn Personen kam mit zehn Dollar davon. Manchmal kommt es auch vor, daß einer gar nichts geben kann oder will, der wird dann unbarmherzig an das Ufer der Wildnis gesetzt.«

In Louisiana und auch noch in Arkansas sah Niese zu beiden Seiten meist Plantagen. Trotzdem war immer noch gut dreiviertel des Ufers bis St. Louis mit Wald besetzt, fast durchgängig jungem Holz. »Das kommt daher, weil der river jährlich gewaltige Strecken hier wegnimmt und dort wieder ansetzt, die dann schon im zweiten Jahr einen dichten Wald bilden. Erst fünfundzwanzig deutsche Meilen von St. Louis wird das rechte Ufer des Flusses bergig, es sind die letzten Ausläufer des Ozark Gebirges; sonst sind beide Ufer bis auf einige wenige Punkte flach.«

In einem ergänzenden Brief an den Vater teilte Julius mit, daß das Einladen des Feuerholzes oder der Kohlen bei Nacht ein schauerliches und gefährliches Manöver zugleich sei. »Große, floßartige Kähne werden an die Seite des Bootes gebunden und dann zwei schmale Bretter vom Boot auf das Floß gelegt. Große Kienflammen, in schwebenden eisernen Körben angezündet, erleuchten das Ganze. Während des Hinübertragens des Holzes steht das Boot aber nicht still, das geht immer in Saus und Braus fort. Dabei rufen die mates fortwährend ›Quick, quick‹ und kicken den, der ihnen nicht schnell genug macht. So ein Floß enthält gewöhnlich vierundzwanzig bis dreißig Klaftern Holz.

Sonnabend nachmittag, den 18. Juni, kamen wir in St. Louis an. Noch nicht am Lande, hörte man schon deutsch schreien, fluchen und schimpfen. Ich glaubte, nach Deutschland gekommen zu sein. Im Rheinischen Hof stieg ich ab; alles deutsch, alles deutsch, essen, trinken, Bedienung, Straßen, Häuser etc. Es ist eine gewaltige Stadt. In bezug auf Handel könnte man es mit Recht Amerikanisch-Leipzig nennen, in bezug auf Bierkonsum hätte es freilich eher Anspruch auf den Namen München; vierhundert und mehr Lagerbeer-Saloons stillen hier die durstigen Kehlen. Jede Nation ist hier deutsch in bezug auf das Biertrinken. Die Bauart ist hier solid, und man findet Gebäude, wie man sie in Europa nicht schöner und solider treffen kann. Die nächste Umgebung von St. Louis ist romantisch zu nennen und ist überfüllt mit Belustigungsorten wie sonst eine Stadt Deutschlands. Kurz, wer in St. Louis sein Auskommen findet, dem verdenke ich es nicht, wenn er sein deutsches Vaterland vergißt.«

Mit Julius Nieses eigenem Auskommen sollte es noch gute Weile haben. Vorläufig hatte er nur bei sehr leichtem Gepäck das alte Zutrauen zu seinem Stern und den unverwüstlichen Humor, mit dem er einem Freund schrieb:

»Du denkst wohl, ich bin noch Schullehrer und Küster?
Ja – Scheibchen! mein Lieber, er war es! Nun ist er
Des freien Amerikas freiester loafer
Und lebt vom Kredit, den er hat noch – im Koffer!«

Amerikas freiester loafer konnte sich jedoch bald wie ein Pförtner Alumnus vorkommen. Mit dem Brief des Pfarrers Metz aus New Orleans in der Tasche, zog er zum evangelisch-lutherischen Concordia-College in der Nähe der Stadt und bewarb sich dort um die Vermittlung einer Lehrerstelle. Präses dieses ansehnlichen und angesehenen Colleges war ein Dr. Walther, der mit einer großen

*Mit der Totalansicht von St. Louis am Mississippi sowie den
amerikanischen Details wollte Julius (II.) Niese seinen Eltern
im März 1860 Anschauungsmaterial zu dem Bericht über sein
noch instabiles Leben in der Neuen Welt liefern.*

Gruppe von sächsischen Lutheranern, die 1839 die Heimat aus konfessionellen Gründen verließen, in die Staaten gekommen war. Diese hatten zunächst die Siedlung Altenburg am Mississippi gegründet, waren aber vor der Malaria und den aus den umliegenden sumpfigen Urwäldern eindringenden Moskitos nach St. Louis geflohen, wo sie unter Dr. Walther, der bald den Namen »lutherischer Papst« führte, eine für das Aufblühen der Stadt wichtige Gemeinde bildeten. Präses Walther sah sich den Brief des jungen Herrn Niese an, und Julius vernahm zu seinem Schrecken, daß ihn Metz nicht als Schullehrer, sondern als angehenden Theologen empfohlen hatte, der in das College eintreten wolle. Er berichtete dem Vater:

»Man verlangt meine Papiere, ich gebe sie, man ist entzückt, einen wissenschaftlich gebildeten jungen Mann zu acquirieren... ›Ist Ihr Vater gläubig christlich?‹ Kurz, man ist zufrieden in allen Stücken. Geld und Mittel für zwei Jahre Studium wird beschafft, sagt man, darüber soll ich mir keine grauen Haare wachsen lassen... Ich muß gestehen, ich war anfangs wie aus den Wolken gefallen und ganz verblüfft, ließ mir daher die Beschlüsse der Leute über mich ruhig gefallen. Es würde unrecht von mir gewesen sein, ihrer Aufopferung, Liebe, Güte und Hilfe direkt ganz ausgewichen zu sein, um so mehr als ich selbst in der Tat schwankend war, ob es nicht Pflicht von mir sei, der großen Not an Predigern hier mit meinen schwachen Kräften zu Hilfe zu kommen. Was aus mir schließlich noch wird, das möchte ich doch nun bald erfahren. Ich wandle wie in einem Labyrinthe herum, den Anfang habe ich verloren, und das Ende will sich mir nicht zeigen. Ein gut Teil ist immer noch meine Unentschlossenheit und mein Wankelmut daran schuld... Da soll ich erst noch ein Jahr und drüber studieren, Hebräisch, Dogmatik und Kirchengeschichte, den 1. September im Concordia College eintreten, und bis dahin soll ich nach Neu-Bielefeld an der Mündung des Missouri gehen zu einem Farmer und theologische Vorstudien treiben. Ich weiß nun vor der Hand nicht, was ich tun soll. Mich den Leuten zu verbinden, erlaubt mir mein unbeständiges Wesen nicht. Ich muß mir alles erst reiflich überlegen. Vor allem will mir aber das Studieren nicht in den Kopf, man wird ihn nimmer zum Doktor schlagen, wenn er sich nicht selbst dazu schlägt... Vor dem 1. September kann ich dann von Dir Briefe haben, da magst Du mir sagen, was Du denkst – europäisches Geld kann ich aber unter keiner Bedingung annehmen.«

Schließlich gestand Julius Niese der Synode, daß er keinesfalls Pfarrer, aber sehr gern Lehrer werden wolle. Man nahm ihm das in keiner Weise übel, sondern bot ihm an, zunächst in das College überzusiedeln, wo er frei wohnen und leben könne. Niese griff mit Freuden zu, denn seine Barschaft war inzwischen auf neun Dollar zusammengeschmolzen. So nahm er im rechten Flügel des stattlichen Gebäudes Wohnung bei einem Professor Seyffarth, der ehemals Professor für Orientalistik in Leipzig gewesen war. »Dieses Institut zählt in diesem Augenblick circa zwölf Studenten und vierundfünfzig Gymnasiasten, von denen dreiundfünfzig Theologie studieren wollen. Beides, Seminar, um nicht Universität zu sagen, obwohl jeder drei Jahre studieren muß, wie das Gymnasium sind im wahren Sinne des Wortes christliche Anstalten, die einzig und allein von christlichen Liebesgaben erhalten werden. Denn nicht ein Schüler oder Student wird von seinen Eltern erhalten, hier gibt's schon gar sehr arme Leute, das ist anders als im Süden... Der Eifer der Studierenden wie Schüler ist ein ganz musterhafter. Dabei wissen sie alle, daß sie auf jedes noch so unschuldige Vergnügen für ihr ganzes Leben verzichten müssen und daß sie als Pfarrer nur eben so viel bekommen, um nicht Not und Hunger leiden zu brauchen. Auf Bücher und besonders auf alte, in Schweineschwarte gebundene theologische Schriften sind Schüler, Studenten und Geistliche ganz verrückt; für Luthers Werke Erlanger Ausgabe zahlt man fünfundvierzig Dollar und mehr mit Vergnügen. Beim Anblick einer Studenten- oder Pastorstube glaubt man unwillkürlich, im deutschen Vaterlande zu sein. Die innere Einrichtung des Instituts ähnelt in vielen Stücken, ja in den meisten der von Pforte. Nur ist das Essen viel frugaler. Die Kirchenzucht wird sehr streng gehandhabt, man wird leicht vor die Gemeinde zitiert, selbst beim geringsten Vergehen. Den Zehnten der Kirche zu geben ist gebräuchlich. Das ist nun alles ganz schön, man muß die Leute in jeder Beziehung achten, ehren und hochschätzen, sie besitzen eine Selbstverleugnung, wie man sie nur selten finden wird, zugleich aber auch in demselben Maße eine Exklusivität und ein konfessionelles Wesen, was sich auf keine Weise mit wahrem Christentum vereinigen läßt. So ist Theatergehen, tanzen, Schnaps trinken, ja sogar das Verkaufen desselben, Karten spielen a priori verboten und zieht mit der Zeit Ausstoßung aus der Gemeinde nach sich. Das möchte nun noch alles gehen, aber mit welcher Bestimmtheit und Anmaßung sie behaupten, die allein wahre Kirche bis in die kleinsten Einzelheiten, die ganze volle Wahrheit (denn es gebe ja nur eine Wahrheit) zu haben, das ist doch ein bißchen zu arg. Nur wer in ihr Horn bläst, der ist ihr Schwager, ein Andersdenkender, selbst nur in den indifferentesten Punkten, ist zum wenigsten außer ihrer Gemeinschaft... Erlebnisse begegnen mir jetzt ebensowenig wie einem Sekundaner in Pforte. Meine Aussicht geht auf Gärten, Wiesen und den river, der immer noch gut so breit ist wie unser Saaletal, und hören tue ich alle Stunden die Schulglocke läuten und als Intermezzo bisweilen das Brüllen der weidenden Kühe.«

Die Beschreibung ließ erkennen, daß Julius Niese sich nicht auf längere Zeit an das College binden würde. Betrachtete man den Aufenthalt als vorübergehend, so hatte er auch seine heiteren Seiten, etwa das Baden mit Seyffarth im Mississippi. »Auf dem Haupte trug der Professor der Archäologie einen dunkelbraunen geflochtenen Hut, geschmückt mit einem großen Strauß Blumen vom Tage zuvor, Hals ganz bloß, Rock und Beinkleider, ersterer sehr zerrissen, letztere vom letzten Regenwetter noch aufgestreift, beide aber vom Anstreichen der Kirchenbänke im vorigen Jahre mit großen fuchsbraunen Ölflecken bemalt und beschmiert und bespritzt. Diese Flecken wurden nun noch dadurch vermehrt, daß der Herr Professor in Ermangelung eines Taschentuches – denn die Taschen waren nicht im Rocke, nur die Löcher, wo sie einst gesessen haben mochten – sich ganz ungeniert in die flatternden Rockschöße schnaubte. Rock und Beinkleider, sage ich, waren aus grauem Drillich gefertigt, seine Strümpfe deuteten natürlich auf Regen, die Schuhe aber mußten notwendiger Weise einen perfekten Tanzmeister präsumieren. Nachher erzählte er mir auch als Merkwürdigkeit, daß diese Schuhe noch dieselben seien, mit denen er anno 17 in Leipzig als Student tanzen lernen. Heute war der Aufzug des Herrn Professors ganz derselbe, nur mit dem Unterschied, daß er ein Hosenbein bis ans Knie aufgestreift trug, da er beim Anziehen damit ins Wasser getreten war, so daß des einen Beines nackte Wade bis zum Knöchel zu sehen war. In diesem Aufzuge trank er mit mir Kaffee in einem Kaffeegarten. So etwas fällt aber hier weiter nicht auf, selbst wenn man durch die ganze Stadt so ginge.«

Durch seine Beziehungen zur lutherischen Synode wurde Julius

Niese mit verschiedenen angesehenen Bürgern von St. Louis bekannt. So lernte er einen Kaufmann Knoblauch kennen, und da er sich beim Hören dieses Namens an eine Grabstelle in Naumburg erinnerte und weitere Fragen stellte, kam heraus, daß Knoblauch wirklich aus Naumburg stammte, schon als junger Mann ausgewandert war, gegen zwanzig Jahre in Le Havre gelebt, als reifer Mann dann in Amerika sein Vermögen verloren und nun erst langsam gewissen Wohlstand erlangt hatte. Frau und Töchter Knoblauch zeigten viel französisches Wesen, während der Sohn Charles ein richtiger Amerikaner geworden war. Eine andere Bekanntschaft war der Kaufmann Henry Steinmeyer, weiland Schneidermeister in Wolfenbüttel, den sein älterer Bruder David nach Amerika hatte nachkommen lassen, wo er mit nichts einen kleinen Kramhandel anfing und jetzt ein Vermögen von zwölftausend Dollar besaß. Da es mit dem Lehrerposten nichts wurde, ergriff Niese freudig die Gelegenheit, als bookkeeper und clerk in Steinmeyers Geschäft zu treten, wo er nun von früh sechs bis abends acht Uhr tätig war und sich rasch einarbeitete. Auf vielen Umwegen also schien er zu dem gelangt, was er sich als Tertianer erträumte. »Möglich, daß ich nun beim Handelsstande bleibe«, schrieb er.

Er beschließt jedenfalls ernstlich, endlich Sitzefleisch zu entwickeln und den Reiseteufel zu verbannen. Aus dem College zieht er aus und mietet sich bei Knoblauchs ein. Eines Tages stellt sich dann heraus, was Niese schon gefürchtet hatte, daß der gute Steinmeyer ihm nämlich nur ein Taschengeld zu zahlen willens ist, ihm aber seinen store anbietet, falls er sich selbständig machen und Waren von Europa beschaffen wolle. Niese hegt schon seit langem Pläne wegen heimischer Waren. Er hat sich umgesehen, womit sich wohl ein gutes Geschäft machen ließe, aber ehe etwas davon den langen Weg über den Ozean hätte machen können, wäre ihm der letzte Penny aus der Tasche gelaufen. Seine Lage ist verzweifelt. Schon überlegt er, nach Mexiko weiterzugehen, da schalten sich Knoblauchs ein: sie wollen ihn unterhalten, bis die Ware da ist, dafür soll er den jungen Charles als Kompagnon mit ins Geschäft nehmen. Auch Steinmeyer macht ein großzügiges Angebot: Er hat weit vor der Stadt auf der Prärie ein Haus, das die beiden Kompagnons mieten können, und außerdem stellt er ihnen für dreihundert Dollar Ware zur Verfügung. Nun gehen wirklich die ersten Sendungen aus der alten Heimat an die im Entstehen begriffene Wholesale Grocery Niese & Co., St. Louis, ab: Der Onkel Brunner aus Leipzig schickt eine Sendung Zigarren und – als Hauptbesitzer des Aktienkapitals von Bad Elster – Elstersalz, auf dessen Absatz man bei der stark sächsischen Bevölkerung von St. Louis rechnen kann. Die Mutter Auguste aber muß sich nach preiswerten Dörrpflaumen im Saaletal umsehen und fünfzig Zentner davon auf den Weg bringen, denn diese bescheidenen Produkte der Heimat sind im Mittelwesten recht begehrt. Damit ist für Niese ein Anfang gemacht und zugleich ein Ende: »Der Herr Landrat weiß über meine Militärpflicht so viel wie der chinesische Kaiser. Bevor mich meine Militärpflicht aus Amerika ruft, kommt Ihr alle herüber, denn dann pfeift Preußen auf dem letzten Loche... Meinen Urlaub laßt nur ruhig ablaufen. Ich denke, die Rechnung mit Preußen ist abgeschlossen, es müßte mich denn einmal zu einem Amte rufen, betteln werde ich jedenfalls um keins... Laßt das laufen, wie es will mit der Juristerei, streichen sie mich, dann habe ich sie schon gestrichen, was man mir dort offerieren kann, das nähme ich hier wirklich noch gar nicht an.«

Der Vater in Pforta, derlei völlig ungewohnt, stand ziemlich ratlos dem Auftrag gegenüber, das Geld für die Einkäufe zu beschaffen, das Julius mit sieben Prozent zu verzinsen versprach. Aber er unternahm die notwendigen Gänge. Der Vetter Brunner in Leipzig mochte für Tabak und Salz zunächst einmal stunden, und für den Rest müßte eigentlich wie immer der welterfahrene Onkel Moritz in Barby Rat wissen. Trotz des Ausgangs, den einst seines Neffen Aufenthalt in Posen genommen hatte, liebte Moritz Niese ihn und schoß dem Bruder das Geld vor.

Onkel Moritz, für seine Neffen und Nichten Onkel Kambyses, war in den Ruf eines nicht nur wohlhabenden, sondern auch stets alle Schwierigkeiten und Streitigkeiten beilegenden Vermittlers gekommen. Nicht nur in Pforta unterwarf man sich seinem Richterspruch, auch aus Neukirchen wandte man sich an ihn. Der dort in seinem mühevollen Beruf ganz aufgegangene Bruder Julius Niese schien für seine beiden Brüder, die enge Verbindung miteinander hielten, und besonders für den Pförtner, lange fast verstummt. Jetzt gab es auch in Neukirchen, wo kein mütterliches Wort vermittelnd wirken konnte, heranwachsende Kinder, die Sorgen machten und der Hilfe bedurften, und so mischte sich Ende der fünfziger Jahre nach langer Pause auch des alten Julius Stimme wieder in die große Symphonie der Familienbriefe. Es war die Stimme eines Landwirts, schroffer und härter als die der pfarrherrlichen Brüder, bitter oft und angerauht durch ein Leben voll Arbeit mit wenig Erfolg und wenig Freude, doch rechtschaffen und gelegentlich auch, besonders beim Gedanken an die Tochter Ida, voll untergründiger Wärme, vor allem aber erstaunlich sicher und gewandt im Formulieren und Stilisieren, darin ganz den Brüdern ebenbürtig. Bei diesem Landwirt wirkte die Niesesche Lust am Zitieren besonders auffällig, und die Tatsache, daß er infolge seiner nicht mehr nachgewachsenen literarischen Bildung seine Zitate den Autoren seiner Jugendtage entnahm, verlieh seinen Briefen einen merkwürdig altertümlichen Reiz.

Julius Nieses seit Jahren größer gewordener Kummer war der Sohn Ernst. Nicht unintelligent, aber ohne Ausdauer, voller Pläne, ohne die Energie, sie durchzusetzen, kritisch gegenüber den Fehlern anderer, für sich selbst aber stets mit Beschönigungen zur Hand, eitel und anspruchsvoll, ohne den Trieb zu erwerben oder doch zu erhalten, hatte Ernst Niese schon als Knabe in der väterlichen Wirtschaft Überheblichkeit und Trägheit an den Tag gelegt. Er wollte nicht Landwirt, sondern Gelehrter werden. Die Liebe der Schwester Ida, die ein gescheites, gerades und aufopferungsfähiges Mädchen war, nutzte er nur aus; im Grunde dünkte er sich Vater und Schwester überlegen. Schon 1855 hatte er versucht, bei dem feinen Onkel Moritz in Posen einen besseren Aufenthalt zu finden unter dem Vorwand, das Freiburger Gymnasium, das er besuchte, tauge nichts. Aber da Moritz Niese ja von Posen fortwollte, zerschlug sich der Plan, und das traurige Ergebnis von Ernsts Selbstgefälligkeit war es schließlich gewesen, daß er Ostern 1858 als Einundzwanzigjähriger durch das Abiturientenexamen fiel, nachdem er kurz zuvor noch die Anschaffung eines neuen Fracks für die Prüfung geplant hatte. Der bittere Brief des Vaters, in dem sich viel aufgestauter Unmut und wirtschaftliche Sorgen Luft machten, zeugt davon, wie unbestechlich klar er den Sohn erkannte.

»Neukirchen, den 9. März 1858
Hier die mit tiefem väterlichen Schmerze niedergeschriebene Antwort auf Deine Zeilen vom 6. d. M., die in mir eine Seelenstimmung hervorriefen, wie ich sie, soweit meine Rückerinnerung reicht, nicht empfunden.

... Wer von uns beiden hat nun denn vernünftiger gehandelt, der bedenkliche, aber praktische Vater oder der eitle, aber seinen Jahren nach viel zu unpraktische Sohn? Ich kann nur froh sein, auf diesem Wege nicht abermals fünfzehn bis zwanzig Taler und darüber zum Fenster hinausgeworfen zu haben. Geld zu vertun, ist eine sehr leichte Sache und jedem Schafszipfel diese Kunst bei seiner Geburt schon mit beigegeben worden. Aber Geld zu verdienen, solltest Du nun bald einsehen gelernt haben, ist nicht so leicht, denn wo bliebe sonst das Resultat Deiner pomphaften Phrasen ›Wenn ich nur erst in Prima bin, werde ich durch Erteilung von Privatstunden einen Teil meiner Ausgaben schon selbst zu decken wissen‹, und was dergleichen hochtrabende Redensarten mehr waren. Wem, frage ich, hast Du denn bis jetzt Privatunterricht erteilt und wieviel damit verdient? O ja, ich glaube, es wäre von meiner Seite nicht zuviel verlangt und von Deiner nicht zuviel geleistet gewesen, wenn ich mich über diesen Tatbestand hätte freuen dürfen, aber Du hast es ganz und gar für überflüssig erachtet, Dich in der für Deinen künftigen Stand so wichtigen Gabe des Unterrichterteilens auch nur üben zu wollen. Statt den nötigen Fleiß und besondere Aufmerksamkeit auf alles zu verwenden, erging sich Deine Faulheit und Gleichgültigkeit in Herabwürdigung der Lehrer und ihrer ›ledernen‹ Vorträge nicht nur, sondern auch über die ›Trockenheit‹ der Lehrgegenstände selbst, und zwar nicht bloß der Mathematik, sondern fast aller übrigen – von denen die Religion selbst, leider! nicht in der letzten Reihe stand. Und Du bildest Dir hierbei noch ein, mit solchen Hundeansichten ein guter Mensch und später ein guter Theolog werden zu wollen und zu können?!... Ja, wohl mag es amüsanter, kommoder und weniger anstrengend sein, seine Muttersprache zu lesen, als alte klassische und neue ebenso notwendig gewordene Sprachen zu studieren, und das um so mehr, wenn erstere, was Gott in Gnaden abgewendet haben möge, vielleicht phantasieerhitzenden Inhalts waren. Habe ich Dir aber darum mit diesen Werken zu Deinen Geburtstagen eine Freude machen wollen, daß sie Deiner Faulheit als Stufenleiter dienen und Dich den Weg ganz vergessen und vernachlässigen lassen sollten, den der gesunde Menschenverstand in Deinen Jahren und Verhältnissen unbedingt für den besten halten und einschlagen mußte?! – Erholung sollten sie für Dich sein und Dir den Weg zum Guten und

Edlen zeigen, Du aber hast weiter nichts gewußt, als sie zum Sarge Deiner Studien herabzuwürdigen.

Wenn Du Dich weiter mit dem Bewußtsein tröstest, daß Du weißt, Du könntest's besser machen und hältst anderen Abiturienten die Waage, was Deine Mitschüler auch offen eingestanden, so kann ich erstens nur beklagen, daß, wenn Du es besser machen konntest, Du es nicht besser gemacht hast, und daß zweitens ich abermals Deine verfluchte Eitelkeit und erbärmliche Einbildung bloß bejammern und bemitleiden kann, die sich mit so nichtssagenden Entschuldigungsgründen begnügt und einzuschläfern bemüht ist. Statt offen und ehrlich mit Dir zu Rate zu gehen, Dich selbst streng und strenger als jeden anderen zu richten und, nachdem solches geschehen, ernste Vorsätze zur Abstellung so heilloser Mißgriffe und Fehler zu fassen, tröstest Du Dich mit unwürdigen, Dir in den Bart geworfenen Schmeicheleien junger, unerfahrener und in einem richtigen Urteile Deinen Lehrern jedenfalls nicht das Wasser reichenden Schulgenossen. Ich will Dir's besser sagen, wo der Hund begraben liegt: die Hauptsache ist immer wieder Deine unter allen Umständen nicht zu entschuldigende Faulheit, die Du in allen Ferien mit geringer Ausnahme auch vor meinen Augen offen und ohne Scheu zur Schau getragen...

Was hast Du nun von den so erteilten ärztlichen Ratschlägen für Gebrauch gemacht? Die Brille saß, quasi als Weisheitssymbol, ohne Unterlaß und sozusagen im Schlafe noch, auf der Nase. Alle Mahnungen gegen das Bei-Licht-Arbeiten und Kleinschrift-Lesen waren in den Wind gesprochen. Tiefes Atemholen war Dir schon viel zu unbequem. Deine Brust zu schonen, ließ ich Dir ein Stehpult fertigen, kann aber nicht wissen, ob Du und welchen Gebrauch davon gemacht. Zu körperlicher Bewegung warst Du, schon in früheren Zeiten verwöhnt und verdorben, zu faul. Ich habe Dir stets im Sommer das Baden angeraten, Schwimmunterricht nicht bloß vorgeschlagen, sondern sogar das Honorar dafür bezahlt, ohne daß Du in beiderlei Beziehung auch nur eine Zehe naß gemacht hättest. Statt wie andere, bei ebensoviel Arbeit, im Spazierengehen tunlichst die freie Luft zu genießen, lagst Du in brahminenähnlicher Stumpfsinnigkeit auf dem Kanapee. Das Turnen, wozu ich Dir mehr als ein Habit schaffte, ist nur in ganz unvollkommener Weise, weil nur aus Zwang, von Dir geübt worden. Zur Bewegung des Körpers auf dem Eise habe ich Dir zweimal

Schlittschuhe gekauft, und Du bist wahrscheinlich nicht zweimal dieses stärkenden Vergnügens Teilnehmer gewesen.

Ich könnte dieses Register Deiner Vergehungen, mit ähnlichen Farben gemalt, noch weiter fortsetzen, aber solche Arbeit ekelt mich an und verwundet mein Innerstes tief, daher ich es hierbei bewenden lassen will, und füge bloß in der Kürze noch hinzu: daß ich durchaus nicht gesonnen bin, durch Ärger über Dein teils unüberlegtes und unverständiges, teils heuchlerisches und lügenhaftes Betragen den letzten Hügel über mich aufzutürmen, sondern daß ich vielmehr noch die Pflicht zu haben glaube, wenn auch vielleicht nach Deinen Begriffen nicht für Dich, doch für Deine gute Schwester leben zu müssen und außerdem noch meinen Nebenmenschen nach Kräften nützlich zu sein. Dir aber halte ich noch die Bemerkung entgegen, daß das laufende für Dich das Jahr der Majorennität ist und daß, wenn ich zu solchem Schritte gezwungen werden sollte, ich keinen Anstand nehme, Dir verabfolgen zu lassen, was Du gesetzlich von mir zu fordern berechtigt bist.«

Dieser Brief hatte weder Anrede noch Unterschrift. Ernst nahm ihn zum Anlaß, sich bei Onkel Moritz über den Vater zu beklagen und so ganz nebenbei einfließen zu lassen, daß der Vater so aufbrausend sei, weil er gar zu oft seine Sorgen im Wein zu ertränken suche. Moritz Niese, vorsichtig taktierend, wies seinen Neffen vorerst nur darauf hin, daß eine kleine Demütigung keinem Menschen schade und daß er des Vaters Schwäche nur mit Liebe und Bitten entgegenzutreten habe. Im Herbst des gleichen Jahres, als der Neffe das Examen dann doch bestanden hatte, sagte er ihm weit deutlicher die Meinung: »Jetzt will ich einmal recht offen mit Dir reden; jetzt kannst Du's vertragen, jetzt bist Du innerlich frisch, und ich brauche nicht zu fürchten, daß ich Dir wehe tue. Sieh, lieber Vetter, Dir erscheint alles trüber, als es wirklich ist. Du beurteilst deshalb auch alles strenger und schärfer, als es zu beurteilen ist; Du hältst auch an Deiner Meinung eigensinniger fest, als gut ist etc. etc. Ich will dies Dein Wesen, Denken, Urteilen und Handeln nicht zu streng richten. Aber so gewiß Du zu entschuldigen bist, so gewiß ist es auch Deine Pflicht, Dich zu bekämpfen und Deinen verstimmten Unterleibsnerven nicht die Gewalt zu gestatten, daß sie den freien Geist tyrannisieren...«

Moritz Niese lud den Neffen für die Mulusferien nach Barby ein, erlegte ihm aber auf, erst den Pförtner Onkel zu besuchen und anschließend durch den Thüringer Wald zum Harz zu wandern, um über Halberstadt und Magdeburg zu den Verwandten in Barby zu gelangen. »Sage dem Vater, Du müßtest reisen nach Deines Onkels Ansicht nicht um des Vergnügens willen, sondern damit Du aus Dir selber herauskämst, durch Anschauung der Welt und ungewöhnlichen Verkehr mit der Welt. Ich glaube gar nicht, daß Du eigentlich sehr gern wanderst; aber gerade deshalb mußt Du wandern, Du mußt Deiner Natur eine neue, idealere, kühnere Richtung geben.«

Ernst Niese begann in Leipzig Theologie zu studieren und wurde von seinem Vetter Carl Eduard, der in Berlin schon dicht vor dem Examen stand, hin und wieder beraten. Er affektierte sofort den Gelehrten, schaffte eine Tabakspfeife an und bat die Schwester um Anfertigung eines »Stubenkäppchens«. Der vom Vater zur Verfügung gestellte Wechsel schien dem Onkel Moritz etwas knapp. Der Vater knurrte, daß das aus dem großen Geldbeutel des Onkels gesprochen sei, und auch der Vetter in Berlin fand, daß man damit auskommen könne, zumal die fürsorgliche Ida den Bruder regelmäßig mit Wäsche und Naturalien versah. Jedoch gaben schon im ersten Semester die Ansprüche und Ausgaben Ernsts, der zudem seiner Schwester einen zu großen Aufwand vorwarf, erneuten Anlaß zu Zerwürfnissen, bei denen Ernst einen respektlosen Ton anschlug. Der Barbyer Onkel redete ihm ins Gewissen:

»Barby, 11.2.59

Lieber Ernst!

Ich weiß nicht, wie ich Dir antworten soll; meine Seele wird von zwiefachen Gefühlen, von denen des bittern Wehs und des ernsten Zornes, bewegt. Ich will das Wort Deines Vaters, meines Bruders, nicht verteidigen, ja nicht einmal entschuldigen; aber noch weniger kann ich mit dem Ton Deines Briefes mich einverstanden erklären. Großer Gott! Hast Du vergessen, daß Du Deines Vaters Sohn bist und bleibst? Gehörst Du nicht zu Christi Jüngern und willst Du nicht einst als Diener Jesu Christi das Wort der Liebe, Milde und Versöhnung predigen?... Setze Dich hin und schreibe unter Gottes heiligem Beistande ungefähr folgendes: ›Vater, Dein vielleicht zu harter Brief hat mich zu Worten gegen Dich fortgerissen, die ich tief bereue und deren ich mich schäme. Vater, vergib mir, meine Ruhe ist dahin, wenn ich diese Sünde auf meinem Herzen behalte. Zugleich flehe ich Dich an aus dem Innersten meiner Seele, sprich hinfort nicht mehr so hart und schneidend zu mir, wie Du getan. Du ertötest sonst die Liebe in dem Herzen Deines Kindes und machst mich namenlos unglücklich. Vater, sei nicht mehr böse und richte mich wieder auf und vergib mir und sei mein guter und lieber Vater, damit ich Gott und Menschen gegenüber mich nicht schämen darf, Dein Sohn zu heißen.‹ Kannst Du so schreiben, lieber Ernst? Wenn Du es nicht kannst, hast Du Dich selber und Dein Verhältnis zu Deinem Vater noch nicht klar erkannt... Vergiß nicht, daß Du an dem Tage, an dem Du diese Zeilen empfängst, einen ernsten und über Dein ganzes Leben entscheidenden Kampf kämpfen wirst. Gott schenke Dir Sieg.

Dein treuer Onkel Moritz.«

Als Ernst bei halben Schritten stehenblieb, ohne sich ernstlich mit dem Vater zu versöhnen, schrieb Moritz noch einmal, bittend, eindringlich. Es ist danach zu einem Versuch der Wiederannäherung zwischen Sohn und Vater gekommen.

Geistige und materielle Hilfe für seine Neffen und Nichten unterließ Moritz Niese auch dann nicht, wenn seine eigenen Angelegenheiten durchaus nicht so erfreulich waren, wie seine beiden Brüder denken mochten. Das Konsistorium in Magdeburg hatte nicht vergessen, daß er die Stelle in Barby gegen dessen Willen erkämpfen konnte. Man betraute seinen Diakon mit einer auswärtigen Pfarre, lud ihm mehr Arbeit und die Bezahlung des Diakons auf, belegte seine Predigt bei der ersten Visitation mit Tadel, so daß erst der Bischof Ritschl in Berlin zu Nieses Gunsten einschreiten mußte – es gab Mißliches genug. Auch sein einziges Kind, die vierzehnjährige Hedwig, fing an, ihm Sorgen zu machen. Sie war im Vergleich zu den Pförtner Mädchen und zu Ida in Neukirchen sicher wesentlich verwöhnter. Moritz hatte sie in ihrer Abneigung gegen hausfräuliche Pflichten gewähren lassen und sie mehr im Dienste der Musen als für das praktische Leben erzogen. Hedwig, klug, geistreich, witzig, hatte Sinn für Musik, machte Verse, beteiligte sich gern an Theateraufführungen, las viel und lange, mehr als man einem Mädchen damals zugestand. Was es an Arbeit im Hause gab, tat die Mutter, und schnell kam die Tochter bei den Verwandten in den Ruf eines untüchtigen Blaustrumpfes. So schrieb Ida in Neukirchen an ihren Bruder Ernst: »Du nennst Hedwig ein gelungenes Mädchen, welches nicht so verwöhnt sei, als ich und der Vater glaubten, schreibst aber zugleich, daß sie faul in weiblichen Arbeiten sei. Nun, du mein Himmel, da sehe ich nun eben nichts Gelungenes darin, denn sie kann nicht wissen, wie sie die Arbeiten vielleicht einmal in späteren Jahren gebrauchen kann. Sie sollte sich in dem Alter schämen. Ich gebe schon zu, daß sie noch andere Stunden hat, aber den ganzen Tag braucht sie doch gewiß nicht dazu.« Moritz Niese, vor allem aber seine Frau, mochte spüren, daß hier ein erzieherisches Gegengewicht not tat: sie planten daher, ihre Hedwig im Tausch gegen eine der Töchter des Pförtner Bruders nach Pforta zu geben, und machten deswegen den Verwandten im Herbst 1859 einen längeren Besuch.

Anna Niese in Pforta, der dieses Erziehungsamt an der Kusine in erster Linie zugefallen wäre, war von dem Gedanken an diese schwierige Aufgabe, die sie mit ziemlicher Sicherheit in Auseinandersetzungen mit der Tante und dem Onkel gebracht hätte, keineswegs erfreut, obwohl das nun vierundzwanzigjährige Mädchen mit dem etwas breitknochigen Panseschen Gesicht, den hellen Augen und einem schmerzlichen Zug des Verzichts um den Mund eine ausgezeichnete Betreuerin ihrer jüngeren Schwestern und von diesen fast so respektiert wie die Mutter war. Sie konnte Griechisch und Latein, hatte ein englisches Sprachexamen gemacht, bei ihrem väterlichen Freund und Förderer Koberstein Italienisch gelernt und half dem Vater bei seinen wissenschaftlichen Arbeiten. Auch gab sie gelegentlich in Pforta und Kösen einigen Damen Privatunterricht in Sprachen und Literatur. Letztlich aber genügte sie sich völlig in ihrem Wirken in der Familie. Vor schon mehr als zwei Jahren hatte sie eine Jugendliebe zu Werner v. Blumenthal, einem Pförtner Alumnen, begraben müssen. Sie hatte das ohne Auflehnung getan und ohne daß es viel bemerkt wurde. Seitdem gab es für sie nur das Glück der Geschwister, dem ihre geschickte Nadel wie ihr kluger Rat gleichermaßen dienten, und die Fürsorge für den Vater: »Das ist mein größtes Bestreben, in allen Dingen meinem Vater ähnlich zu werden. Ob ich es aber je erreichen werde?«

Ganz anders geartet war Annas jüngere Schwester Emma, seit den Kindertagen ihre Zimmergenossin und Vertraute, aber auch oft ihr Widerpart. Die stupsnäsige rundliche kleine Person neigte zu Exaltiertheit. Die allen Schwestern selbstverständliche Frömmigkeit streifte bei ihr die auch Marie eigene Bigotterie. Dabei ritt sie gern den stets gesattelten Pegasus, machte Verse, wo sie ging und stand, und zahlreiche eingestreute lateinische Brocken zeigen, daß auch sie nicht ganz ohne humanistische Bildung geblieben war. In ihr schlug die Niesesche Unruhe wieder durch. Als Pforta sie nichts mehr hoffen ließ – die jungen Männer in dieser engen Welt waren ja nur in Ausnahmefällen aus dem Gymnasiastenalter hinaus –, verließ sie zweiundzwanzigjährig Heimat und Familie und ging nach Leipzig, um sich dort als Gewerbelehrerin ausbilden zu lassen. Sie verdiente sich ihr Brot zunächst als Erzieherin und Gesellschafterin in einer Familie v. Haugk, in der man ihr sehr freundlich entgegenkam.

Die Schülerwelt von Pforta war Glück und Gefahr für die heranwachsenden Töchter der Familie Niese. Kaum eine entging dem Schicksal, daß das erwachende Gefühl sie mit einem der jungen Eliteschüler verband, und der Natur der Sache nach mußte eine solche erste Liebe meist zu einem unglücklichen Ausgang führen, da die Partner sich im Alter zu nahe, die Mädchen möglicherweise sogar älter waren. Wenn dann mit dem Abgang der Schüler die enge Gemeinschaft hinter den Klostermauern gelöst wurde, der junge Mann ins Leben hinaustrat, die Welt sich vor ihm weitete und andere Menschen in seinen Gesichtskreis traten, erschien die frühe Bindung als Übereilung und das Mädchen nur noch als flüchtig besehenes Blatt im Schulalbum.

Sophie Niese, nun neunzehn, war so etwas wie eine pikante Ausnahme unter den braveren Schwestern. Groß und stattlich, mit blauen Augen und der kleinen, geraden, vorn etwas rundlichen Nieseschen Nase, zeigte sie ein sprudelndes Temperament, war leidenschaftlich in Zu- und Abneigungen und keineswegs hauswirtschaftlich interessiert, schon weil sie ein bißchen bequem war und sich nicht gern bewegte. Sie hatte vielleicht die stärkste künstlerische, schöpferische Ader, das erwies sich bis hinein in ihre Handarbeiten und ihre Schneiderei, aber ihr Glück und ihr Schatz war ihre Stimme. Die Schwestern sangen alle gut und gern, aber Sophies Stimme war mehr als die hübsche Stimme einer höheren Tochter, und in Sophie steckte auch mehr als Höhere-Töchter-Ehrgeiz. Sie drängte nach außen, aus der Familie heraus, es freute sie, sich vor den Leuten hören zu lassen. Vor der Hand schien ihr freilich das Wichtigste der Oberprimaner Bernhard Herzog aus

Schkeuditz, mit dem sie heimlich versprochen war; etwas davon nach außen dringen zu lassen, hatte der Vater allerdings streng verboten.

Die nächste in der Mädchenreihe bei den Nieses war Johanne, groß, schlank, elegant in Bewegung und Auftreten, mit ebenmäßigen Gesichtszügen, die von dunklem, in leichten Wellen vom Scheitel herabfallendem Haar eingerahmt wurden. Der Onkel und die Tante waren ganz entzückt von diesem Mädchen und hätten es gar zu gern für eine Weile mit nach Barby genommen. Aber die Eltern und auch die sozusagen erziehungsberechtigte Anna waren sehr dagegen. Sie fürchteten, Johanne könne verzogen und eitel werden, wenn die Verwandten sie ihr Wohlgefallen zu sehr merken ließen. Zu Hause zählten dergleichen Vorzüge wenig gegenüber den geforderten häuslichen Tugenden, in denen sich Johanne wie Sophie etwas schlaff und bequem zeigte, wofür sie von der Mutter gern mit kräftigen Spottnamen wie »Dehnliese«, »Lehnenwalter« und ähnlichem belegt wurde. Der Abiturientenabgang im Herbst 1859 wurde wie üblich gefeiert. Nach Sophie trat diesmal Johanne in die Pförtner Gesellikeit ein. Anna hat darüber berichtet:

»Abends nun war Ball, ein großer Akt als Johannes erster. Ich zog sie denn beide an, hatte ihnen ihre Kleider wirklich sehr hübsch gemacht, die Taillen neu, ganz gleich, doch hatte Sophie ihren alten Rock (weißer Mull natürlich) mit drei ausgebogten Falbeln, während ich Johannes neu mit einem Doppelrock, auf jedem drei Säume, gemacht hatte. Das sah wirklich wunderhübsch aus. Auf dem Kopfe hatte Johanne einen Kranz von Gänseblümchen, ihrer Lieblingsblume, ein Geschenk des Onkels, und eine rosa Schleife vorstecken, während Sophie dunkelrote Blumen, die sie von der Tante hatte, ebenso gewunden wie Johannes, und eine dunkelrote Schleife hatte. Diese Gleichheit war beiden, wie es schien, das Schönste, und die Mutter mußte wohl oder übel ihre goldene Kette an Sophie geben, damit nicht Johanne allein eine hatte. Als sie fertig waren, sahen sie beide sehr hübsch aus und präsentierten sich mit vielem Unsinn dem Vater, nicht ohne geheime Angst, daß er ihnen einige Röcke auskomplimentieren möchte. Doch nein, er war ganz mit ihnen zufrieden und sie beide sehr glücklich. Ich freute mich über sie und dachte daran, wie es gar nicht so lange her war, daß ich mit gleicher Lust mich dem Vater vorstellte – jetzt ging ich ganz ehrbar in schwarzer Seide nebenher.

auf dem Kopfe eine Garnitur (denn meine Haare sind nächstens alle verschwunden), die mir Sophie und Johanne in feierlicher Prozession überreichten aus Liebe und Dankbarkeit. Auf dem Ballsaal, den ich über zwei Jahre nicht betreten, mußte ich nach genauer Beobachtung der anwesenden Damen doch Johannen als die hübscheste bezeichnen. Dabei hatte sie so ein hübsches, munteres, natürliches, einfaches und unbewußtes Wesen, daß ich mich wirklich über sie freuen mußte. Im Contre saßen Marie und ich zusammen und beobachteten unsere Schwestern, wie Sophie wild und leidenschaftlich tanzte und mit Leib und Seele dabei war, während Johanne ruhig und mit Grazie, aber doch ganz lebhaft sich bewegte. Daß sie in ihrer ganzen Erscheinung, wie die Menschen hier sagen, etwas so ›Unnahbares‹ hat, ist mir das liebste. Beim Kotillon war, wie immer, Sophie die gefeiertste, doch stand ihr Johanne wenig nach...

Das liebste an dem ganzen Balle war mir das, daß ich dadurch Sophies Vertrauen in etwas gewonnen habe. Sie hatte nämlich eine Extratour mit Herzog getanzt, und ich war darüber böse, das merkte sie mir wohl an, und als wir allein in unserer Kammer waren, fiel sie mir um den Hals und weinte und bat, ich möchte nicht böse sein, sie wisse selbst nicht, wie sie es habe tun können. Ich habe darauf ernst aber liebreich mit ihr gesprochen, und seitdem nun dies Schweigen gebrochen ist, scheint ein stilles Übereinkommen zwischen uns zu walten, daß ich ihr raten und helfen werde, wo ich kann und weiß, und daß sie mir vertraut. Und ich gebe gern zu, daß es gar nicht leicht ist, so neben ihm her zu leben, aber Ostern ist ja nicht mehr fern. Ihre Herzen scheinen noch ganz unverändert zu fühlen.«

In jenem selben Herbst 1859 war in das harmonische Leben der Pförtner Nieses unversehens ein fremdes Element getreten, und zwar von einer Seite, vor der man es am wenigsten vermutet hatte. Carl Eduard, der zweite Sohn, patri simillimus, wie er sich selbst einmal bezeichnete, schien alle in ihn gesetzten Hoffnungen erfüllen zu wollen. Er war ein frommer Mensch und Theologe, dabei von der liberalen und philosophisch betonten Art des Vaters. Er hatte sich auch dessen speziellen Interessen zugewandt und ihm zuliebe in seinen letzten Semestern ein »Leben Gustav Adolfs, König von Schweden« (1858) verfaßt, das den Freunden der Gustav-Adolf-Stiftung zugedacht war. Wären nicht seine zarte Konstitution und das Asthma gewesen, so hätten Eltern und Geschwister auf ihn mit eitel Stolz und Zuversicht schauen können. Im Sommer 1859 hatte Carl das erste theologische Examen in Berlin bestanden und eine sehr ehrenvolle Stellung als Hauslehrer bei dem damaligen russischen Gesandten am preußischen Hofe, dem Baron Andreas v. Budberg, erhalten. Aber da erschien er nach kurzer Ankündigung plötzlich in Pforta und brachte eine junge Dame mit, eine Engländerin, Tochter eines als Partikulier in Berlin lebenden Peter Giles Marinack, die sich in Musik ausbilden ließ und ihren Lebensunterhalt als Erzieherin verdiente. Miß Marinack war eine überaus temperamentvolle, sprudelnd deutsch radebrechende elegante Dame mit großen dunklen Kulleraugen und dem Kopf voll eigenwilliger Löckchen. In Pforta schlug der Blitz ein, und man vermochte sich auch während der ganzen Zeit ihres wochenlangen Aufenthalts nicht von dem Schreck zu erholen. Sie war sechs bis sieben Jahre älter als Carl Eduard, sie war Ausländerin, weltstädtisch, emanzipiert – Eltern und Geschwister standen geschlossen gegen sie, selbst die besonnene Anna, in der Miß Minnie Marinack ein willkommenes Opfer gefunden zu haben meinte, um endlich wieder ihre Muttersprache sprechen zu können. Man machte Front gegen sie, und doch hatte Carl Eduard gar nicht gesagt, daß er zu der jungen Dame in eine nähere Bindung zu treten beabsichtige, es im Gegenteil bestritten und sie nur als Freundin, Kollegin quasi, vorgestellt.

Die Erregung schwang bis hinüber nach Amerika zu Bruder Julius, der als ältester Sohn ja unbedingt eine Stimme im Familienrate hatte und sie sofort auch in einem Brief abgab, dessen »erste Seite nur für Vater und Mutter bestimmt« war: »Auch Dein Brief beginnt wie die anderen mit der gefeierten Miß Marinack. Schade, daß ich diese Miß nicht kenne. Mein Rat geht nun dahin, Carln soviel wie möglich von der Miß fernzuhalten trotz aller Versicherungen, daß ihr keine Sorge zu haben brauchtet. Diese Verhältnisse, wie es C. mit M. hat, sind entschieden die gefährlichsten. Er kaum zweiundzwanzig Jahre, sie vielleicht achtundzwanzig, neunundzwanzig. In dem Alter wie Carl ist man Feuer und Flamme, und man verschwört sich wohl heilig und hehr zehnmal in der Stunde. Tut man das nun einem Mädchen von gleichem Alter oder gar ein paar Jahre jünger gegenüber, so hat das darum nichts zu sagen, weil sie es weder für bar nimmt noch nehmen will, ja, nicht kann –

denn ›das Titelchen‹, das, wie Goethe sagt, das wahre Vertrauen einflößt, fehlt noch. Verliebt sich dagegen ein junger Mann in ein spätes Mädchen, dann versteht sie denselben mit tausend Listen zu halten, und hat er da einmal sein Wort gegeben, sie gibt es bestimmt nicht zurück, was ich ihr gar nicht verdenken kann.«

Aber Carl war nicht Julius. Wo soviel innere Unsicherheit vorhanden war wie bei dem ältesten Niese, da mochten Rat und Beistand der Angehörigen von Nutzen sein; bei all seinem Trotz und Ungestüm hatte er sich ja noch immer leiten lassen. Carl aber, der bisher nie Schwierigkeiten geboten, weil seine eigenen Pläne sich ganz mit denen der Familie deckten, wußte mit seinen ausgesprochenen Gaben genau, was er wollte. Er hatte nie geschwankt und gegaukelt wie Julius, auch mit den Mädchen nicht, und darum wurde für ihn die Begegnung mit Minnie Marinack zum Schicksal, das über sein Leben entschied und ihm auch Segen brachte.

Julius dagegen hatte als Student in Leipzig und Berlin so manches Mädchen hübsch und verehrungswert gefunden und sich in seiner kindhaften Gutgläubigkeit oft enttäuscht gesehen. Er war ohne tiefere Bindung über den Ozean gezogen, obgleich er mit freundlichen Gedanken an manches Mädchengesicht zurückdachte, so etwa an Lisettchen Lancizolle in Berlin, in deren Elternhaus er oft zu Gast gewesen war, oder an die Kusine Elise Brunner in Leipzig, deren Vater, der Onkel Advokat, ihm seinerzeit einen wöchentlichen Freitisch spendiert hatte. Mit dem gleichen Wohlgefallen betrachtete er jetzt die Schwestern seines Kompagnons, Mathilde und Anna Knoblauch, von denen die erste ihm sehr gefiel, während er selbst der zweiten mehr zu gefallen schien.

Romantische Gesichtspunkte mußten in der Neuen Welt hinter wirtschaftlichen zurücktreten, wenn es erst einmal um die Sicherung der eigenen Existenz ging: »Meine Hände solltet Ihr jetzt sehen, sie sind zerschunden, zerquetscht und aufgesprungen. Noch lieblicher sieht aber des Sommers letzte Hose aus; drei große Flecken habe ich auf die Knie selbst gesetzt und mit den schwarzen Fäden draufgenäht. Und nun erst mein grauer Reiserock! Das Futter hängt in tausend Läppchen herunter. Das geniert hier aber nicht, in Geschäften kannst Du damit überall hingehen, man führt Dich ins parlour und bietet Dir den feinsten rocking chair an, und wenn Dir der blanke H... durch die Hose blickte. Ähnlich ging mir's vorigen Sonnabend: ich fuhr aus, die Hose sah einfach schauderhaft aus auf den Knien, war aber doch ganz; bei einem kühnen Sprung vom Wagen reißt der alte Lappen vom neuen, und der Riß wird ärger denn zuvor, eine Hand lang und auch ziemlich so breit, und hindurch schimmert schauderhaft gräulich die Unaussprechliche. In diesem Aufzuge mußte ich von früh bis abend meine Geschäfte besorgen, a. e. mich auch für längere Zeit in einem der feinsten Putz- und Modegeschäfte der Stadt herumbewegen... Von früh um sechs bis nachts zwölf haben wir oft zu schaffen, täglich müssen wir zweimal in die Stadt. Es ist wirklich kaum zu glauben, wieviel Arbeit, obwohl wir doch zwei sind, auf jeden kommt. Pferd, Wagen, Stall, Yard, Store, Stube, Küche und Kocherei, Holz zu spalten und zu sägen, Kohlen zu zerschlagen und tragen, Salz und Waren zu besorgen, Salz zu füllen und wieder in die Stadt zu fahren. Betten machen geschieht alle Woche einmal. Nur Du, liebe Mutter, kannst begreifen, was das heißt. Schinken, Speck und Eier in verschiedenen Formen, aber meist verkehrt zubereitet, ist seit Monaten unsere einzige Speise. Mein Lager ist unter aller Würde, die Stuben ähneln mehr einem Viehstalle als einer menschlichen Wohnung, nämlich in bezug auf Fußboden und Ordnung. Ich möchte heiraten, um doch leben zu können, wie ich erzogen bin, nämlich ordentlich und menschlich, und um nicht Weiberarbeit fürder verrichten zu müssen.«

Es lag nahe, daß Julius Niese den Ausweg aus solcher Notlage in einer Verbindung mit einer der Schwestern des Kompagnons sah, obwohl es kein unproblematischer sein mochte. Der Vater Knoblauch, ein haltloser Mann, der seine Familie ausnutzte und mißhandelte, wäre eine üble Beigabe. Und die Lieben in der Heimat meldeten erwartungsgemäß sofort ihre Bedenken an und empfahlen ihm, er soll sich in Deutschland ein Mädchen suchen. »Würde mir ein deutsches Mädchen folgen?« entgegnete er, »eine aus meinem Stande nimmer, das soll mir niemand weismachen. Was würdet Ihr aber dazu sagen, wenn ich mir ein Mädchen aus der Mittelklasse nehmen würde? Das würde und könnte Euch doch nimmer recht sein, Ihr habt nun einmal europäische Ideen und Begriffe.«

Und dann schreckte er auch wieder vor einer Bindung zurück, da es am Ende schöner sei, »so um und um frei durch die Welt zu schweifen«, außerdem möchte der Ausgewanderte wenigstens einmal noch als »treuer Sohn und lieber Bruder den deutschen Boden betreten und sagen können: Ihr seid mir die Liebsten und

Teuersten, die ich auf dem Erdenrund gefunden habe«. Schließlich wußte Julius auch noch immer nicht, welche der beiden Schwestern es sein sollte: »Für den Fall aber nun, daß ich dieses Jahr nicht zu Euch kommen könnte, könnte es sich doch leicht ereignen, daß ich mich im Spätsommer verheirate, NB nachdem ich mich zuvor verlobt hätte. In der Tat, zur Stunde weiß ich noch nicht, mit wem, aber ich bitte mir doch im voraus dazu Eure volle direkte Einwilligung und Euren elterlichen Segen aus, ohne welchen ich doch den Schritt nicht tun könnte.«

Julius Niese hatte es inzwischen zu einem achtbaren Geschäft gebracht. Sein Name war, wie er stolz schrieb, in über zwanzigtausend Salzsäcken über das Land verbreitet. Im Frühjahr 1860 hatten die beiden Kompagnons Geschäft und Wohnung nach der Stadt verlegt, in ein hübsches Haus in der Carandolet Street. Als das Kapital zur Übernahme des Stores nicht reichte, war der alte Steinmeyer mit vierhundertfünfzig Dollar eingesprungen.

Sobald Julius Niese sich etwas freier regen konnte, erwachten seine alten literarischen Interessen wieder. Er kaufte sich den geliebten Platen und bestellte sich die inzwischen im Druck erschienenen Predigten des Vaters und des Onkels. Selbst eine Anzahl Exemplare der englischen Lyrik-Anthologie, die Bruder Carls gelehrte Freundin gerade hatte erscheinen lassen, ließ er durch Brockhaus kommen, und er plante, ein Liederbuch für deutsche Gymnasien, das der Vater vorbereitete, in etwas abgeänderter Form den Deutschamerikanern seiner neuen Heimat zu vermitteln. Auch eine Veränderung und Erweiterung des Geschäfts, zu dem schon eine Family Grocery hinzugekommen war, sah er vor. Er wollte in der Heimat Obstland pachten und das Dörrobst nach Amerika einführen, also Produzent seiner eigenen Ware werden. Er bat um ein größeres Kapital zu diesem Zweck: »Macht alle und jegliche Einwände, nur nicht die: das verstehst du nicht, das hast du ja nicht gelernt. Liebe Eltern, das sind transatlantische europäische Schulbegriffe, die man hier nicht kennt, nicht dem Namen nach... Hier in Amerika, da geht es eins, zwei, drei, da wird nicht lange überlegt, denkt man in irgendeiner Weise an einem andern Orte oder in einem anderen Fache besser auszumachen.«

Heiratspläne, Importgeschäft und Sehnsucht nach dem Vaterhaus – alles zieht den Unruhigen hinüber nach Deutschland, und im Juli kann er dann wirklich das Geschäft für eine Weile Charles

Knoblauch überlassen und mit ein paar überschüssigen Dollars die Reise über den Ozean wagen.

Die Freude des Wiedersehens mit dem oft schon verloren geglaubten Sohn spülte vorübergehend alle Sorgen der Eltern um ihn und Carl hinweg, die ihre Heiratspläne nach eigenem Gutdünken entwarfen und ausführten. Carl hatte sich bereits mit Minnie Marinack verlobt, und Julius erklärte, er werde, wenn sich in Deutschland kein geeignetes Mädchen fände, nach der Rückkehr Anna Knoblauch heiraten, da ihm die ältere, die ihm die liebere war, noch vor seiner Abfahrt deutlich zu verstehen gegeben hatte, daß er ihr in Auftreten und Hantierung nicht »fein genug« sei.

Carl war durch seinen Schritt in einen, wenn auch nicht offen erklärten Gegensatz zum Elternhaus getreten und mit seiner ältesten Schwester, der gern tonangebenden Marie, gänzlich zerfallen. Der Vater, den dies alles sehr schmerzte, wünschte unbedingt ein weiteres gutes Einvernehmen zwischen den Söhnen, und Julius ließ sich als erster durch Carl alle Einwände hinwegdiskutieren. Da er die Engländerin freundlich und aufgeschlossen fand, auch den Geschmack seines Bruders bei dieser Wahl billigen mußte, hielt er das Thema für erledigt. »Das ewige Schimpfen und Räsonnieren auf sie«, schrieb er nach Barby, »und das Fast-kein-gutes-Haar-an-ihr-Lassen brachte in meinem schwachen (um nicht gut zu sagen) Herzen eine gewisse Sympathie für sie hervor. Sie wird fortan meine liebenswürdige Schwägerin in spe sein, und mich werden hinfüro weder Carls Apotheosen rühren noch Eure und der Pförtner Raisonnements stören.« Er fand den theologischen Bruder nur spaßig, der, um sich auf den entscheidenden Schritt im Leben vorzubereiten, die Bibel las, statt, wie Julius ihm vorschlug, Goethe. Weniger von echtem Gefühl als von Vernunft geleitet, gab er im Gegensatz zu Carl seine Heiratsabsichten unter dem Einfluß der Eltern erst einmal auf. Im Herbst kehrte er mit guten deutschen Waren im Wert von tausend Talern, die der Onkel Moritz vorgeschossen hatte, nach Amerika zurück.

Jetzt schien jedoch ein Unstern über seinem Leben aufzugehen. Schon mit der Überfahrt fing es an. Julius Niese fuhr diesmal über Bremen und Southampton nach New York, und zwar im Zwischendeck, da das Geld zu mehr nicht reichte. Hier ging es nun weit weniger fein zu als auf der ersten Reise, und auch das Wetter zeigte sich weniger freundlich.

»Sonnabend nachmittag, den 1. Dezember, bekamen wir widrigen Wind, der sich bis zum Sonntag in förmlichen Sturm verwandelte. Mit einbrechender Nacht nahm das Heulen, Toben und Brausen noch mehr zu, aber nicht bloß außerhalb auf dem Meere, sondern auch unten im Zwischendeck. Nie in meinem Leben werde ich diese und die darauffolgende Nacht vergessen, während welcher ich kein Auge zugetan habe. Während der Sturm oben auf dem Verdecke heulte und sauste, daß das Takelwerk aneinander klapperte, hörte man doch von Zeit zu Zeit durch das Gebrause das Kommandieren des Kapitäns durch das Sprachrohr und gleich darauf das polternde Hin- und Herrennen und das Schreien des Hohiho und Falohö der Matrosen. Im Zwischendeck wurde es auch lauter und lauter. Geheul, Geschrei, lautes Beten, Fluchen, Jammern. Dazwischen bellten und queilten in der einen Ecke dreizehn Stück Jagdhunde, und am anderen Ende, dicht bei meinem Lager, rollten ein paar hundert leere Weinflaschen unaufhörlich in zwei leeren Kojen herum. Von Minute zu Minute wurden die Schwankungen von vorn nach hinten wie nach beiden Seiten stärker. Bei ersteren, wenn man so zwanzig bis dreißig Fuß gehoben wird, war mir's immer, als hätte ich gar kein Gewicht und hätte nicht Kraft, Atem zu holen. Ging's dann wieder abwärts, so fühlte man seine ganze Schwere. Dabei wogte und rauschte Welle auf Welle über das ganze Deck hin mit einer Dichte und Schwere, daß das Schiff in seinen innersten Fugen erzitterte, krachte und knackte. Mehr wie einmal dachte ich, eine Welle hätte das Schiff wie eine Nußschale zerdrückt. Währenddessen strömte das Wasser in Massen zu den Luken und jeder kleinen Ritze herein, laut rauschendem Regen vergleichbar. Meine unmittelbare Nähe an der Treppe bereitete mir das Schauspiel eines künstlichen Wasserfalles. Bald war mein Bett völlig durchnäßt, dito Schuhe, Rock, Hut etc. Jetzt sinkt das Schiff, jetzt ist's vorbei! Alles schrie laut auf! Ein donnerähnliches Getöse und Gepolter! Was sehe ich? Alles ist lebendig geworden, zentnerschwere Kisten, Kasten und Koffer fliegen wie Holzklötzchen von einer Schiffswand zur anderen. Balken, Bretter, das ganze Blechgeschirr, selbst ein großer Seeanker rutscht und tanzt auf dem Boden um so lustiger hin und her, als das einströmende Wasser alles recht schlüpfrig gemacht hatte. So ernsthaft und kritisch unsere Lage aber auch war, so verursachten doch die sich dazwischen mengenden lächerlichen Szenen ein wahrhaft pferdemäßiges Lachen. So flogen unter anderen ein paar Schläfer wie die Nußsäcke aus ihren oberen Kojen, andre mußten wie die Gummibälle von einer Seite zur anderen springen, unvermögend, Halt zu fassen; noch andre wieder lagen eingequetscht zwischen den Kisten. Leidend lag ich unten in meiner Koje, eingehüllt in die verschiedenen Decken und Paletöter, über mir in der Koje lagen meine Warenkisten fest und sicher, wie ich glaubte, von wegen des Bettbrettes, das zehn Zoll hoch ist. Da auf einmal wupp, schwupp – und über das Bettbrett weg fliegt meine siebzig Pfund schwere Harmonica- und Gürtelkiste direkt in eine Pfütze. Vergessen ist mein Leiden, mit einem Satze bin ich aus der Koje, ohne zu bedenken, daß ich die Inexpressibles nur halb anhabe. Ganz abgesehen vom Indecorum (denn Damen logierten ja neben mir, wenn auch nur Damen der Halle) kam ich dadurch noch zu Falle, daß ich nicht festen Fuß fassen konnte. Da lag ich nun zwischen Kisten und Fässern, bis der ›Diplomat‹ mir zu Hilfe kam, der mir auch die Kiste mit in Sicherheit brachte. – Am anderen Morgen aber hatte ich das Hundeleben satt. Erst, dacht ich, kommt deine Gesundheit, dann das Geld, besann mich kurz, zahlte eine Handvoll Dollars nach und ging zweite Kajüte, wo man sehr anständig lebt.«

War die Überfahrt lebenbedrohend gewesen, so war existenzbedrohend, was Julius Niese bei der Ankunft in Amerika erwartete. Hier schwelte schon lange der Gegensatz zwischen den in gemäßigtem Klima liegenden rasch industrialisierten Nordstaaten, die keiner farbigen Arbeiter bedurften und die Sklaverei aus humanitären Gründen abschaffen wollten, und den Südstaaten mit ihren großen Plantagen, die ohne die Neger dem Bankrott ausgeliefert zu sein fürchteten und sich daher gegen deren Befreiung sträubten. St. Louis gehörte seiner Lage nach zu den Südstaaten, und es gab viele Sklavenbesitzer in der Stadt und vor allem auf dem Umland. An bestimmten Tagen fand auf der breiten Osttreppe des Courthouse von St. Louis der Sklavenmarkt statt, bei dem die Neger einzeln an den Meistbietenden verkauft wurden. Gerade der deutsche Bevölkerungsanteil trug wesentlich dazu bei, daß sich St. Louis in seiner Mehrheit für den Norden und gegen die Sklaverei entschied, obwohl die lutherische Gemeinde offiziell verlauten ließ, daß die Sklaverei nicht im Widerspruch zur Bibel stehe.

Zur Zeit von Nieses Rückkunft hatten sich die Gegensätze immer mehr zugespitzt. Die Südstaaten strebten danach, sich aus der Union zu lösen, als der Norden erklärte, die Abschaffung der Sklaverei mit Gewalt durchsetzen zu wollen. Allgemeines Entsetzen lähmte die Menschen, man rüstete auf beiden Seiten in fieberhafter Eile, die Geschäfte standen still, das Geld verlor täglich an Wert. Vor allem fanden die mancherlei Luxusartikel, die Niese aus Deutschland mitgebracht hatte, keine Abnehmer, und er bedauerte es sehr, nicht das ganze vom Onkel geliehene Kapital in Dörrobst angelegt zu haben, das bei den unsicheren Zeiten als Dauerware sehr begehrt war und an dem er das Vierfache hätte verdienen können. Dazu kam mancherlei Pech: Ein Mississippidampfer lief auf Grund, und Niese verlor eine wichtige Pflaumensendung; das Tabakgeschäft kam zum Erliegen, weil der Zoll jetzt einem Einfuhrverbot gleichkam. Bei Knoblauchs ließ Niese sich möglichst wenig sehen. Er hatte seinen Vater noch einmal um Erlaubnis zur Heirat gebeten und Anna gesagt, daß er nichts tun könne ohne dessen Segen. Die Antwort aus Pforta ließ lange auf sich warten.

Bisweilen bereute es Julius Niese, während dieser Zeiten nicht in Europa geblieben zu sein, obwohl gerade jetzt die aus Deutschland stammenden Bewohner in ihren neuen Heimatorten eine politisch bedeutsame Rolle zu spielen begannen. Viele von ihnen, die ihrer Auswanderung ein Leben verdankten, wie es ihnen schön und sinnvoll erschien, setzten sich begeistert für ihr neues Vaterland ein, und diejenigen, die um die achtundvierziger Jahre herum die Heimat aus politischen Gründen verlassen hatten, sahen in dem Kampf gegen die Sklaverei und die großen Plantagenbesitzer die Fortsetzung ihres Kampfes gegen den Feudalismus und für die Humanität. So entstanden in einem seltsamen Wiederaufleben des Patriotismus von 1813 und des Liberalismus von 1848 deutsche Freiwilligenregimenter: Blenker, der Führer der Rheinpfälzer in den Kämpfen von 1849, bildete in New York ein deutsches Jägerregiment, Hecker, der Leiter des badischen Aufstandes von 1848, zwei Infanterieregimenter in Chicago; die Deutschen in St. Louis organisierten sich im Andenken an die berühmte Truppe aus den Freiheitskriegen zu einem Schwarzen Jägerkorps, und der Sieg des deutschen Elements über die Sezessionisten tat sich in riesigen Unionsflaggen kund, die mit der Devise »Union now and for ever« allerorts in den Straßen wehten. Mancher aus der alten Heimat bekannte Name tauchte wieder auf. Der Student Carl Schurz wurde Divisionsgeneral, der Oberbefehlshaber der Heckerschen Freiheitsarmee, Franz Sigel, übernahm das Oberkommando der Nordarmeen in Virginia, und zu seinem Erstaunen erfuhr Julius Niese, daß der Sohn Henckes, eines Torgauer Freundes seines Vaters, Adjutant bei Sigel war. Auch Niese entschied sich gegen die Sklaverei, doch hatte er keinerlei militärischen Ehrgeiz und distanzierte sich von allen, die das Loblieb für ihr jetziges Vaterland mit einer Schmähung ihres ehemaligen verbanden.

Außerdem war Niese krank. Das Darmleiden, an dem er seit seiner Rückkehr litt, ging allmählich in eine Art Ruhr über, die ihn schließlich am Ende des Winters zur Bettlägrigkeit verdammte. Er lag völlig alleingelassen und ohne Pflege und mußte sich täglich die Treppe hinunterschleppen, um sich Wasser zu holen, bis sich benachbarte Frauen erbarmten. Knoblauch war ebenfalls krank. Im Frühjahr holte dann der Geschäftsfreund Thul, der außerhalb der Stadt auf einem Hügel am River wohnte, Julius Niese zu sich. Seine Frau pflegte ihn, sie konnte eine Dankesschuld bei ihm abtragen, denn Niese hatte oft, wenn der Freund auf Geschäftsreisen war, draußen in dem einsamen Haus übernachtet, um die Frau vor Raub und Überfall zu schützen. Alle Mittel, den Durchfall aufzuhalten, versagten. Als es mit dem Kranken besonders schlimm stand, erfuhr er auch noch, daß Anna Knoblauch sich mit Thuls Bruder verlobt hatte, da sie sich in der häuslichen Misere keinen Rat mehr wußte und Niese ihr der erhoffte Halt nicht geworden war. Es schien ein Glück, daß der entkräftete Mann den Schlag fast teilnahmslos hinnahm. Vierzehn Tage später erhielt er die Einwilligung seines Vaters zur Heirat mit Anna.

Da brach im April 1861 der Sezessionskrieg aus.

»St. Louis, 16. April 1861

Geliebte Eltern!

... Dem Gouverneur unsres Staates kam der Befehl zu, vier Regimenter à tausend Mann zum Dienst der Union zu stellen. Dieser, ein Sezessionist vom reinsten Wasser, schreibt in der brutalsten Weise nach Washington, daß er das nicht tun würde, da dies ein ›teuflisches und unmenschliches Verlangen wäre‹. Kaum steht dieser Brief in den Zeitungen, so stehen auch zugleich Aufrufe für Bildung freiwilliger Regimenter (General Sigel von Baden, Hekker etc.) darin. In noch nicht acht Tagen hat St. Louis allein die vier verlangten Regimenter gestellt, vier Fünftel Deutsche, die Gut und Blut for the Stars and Stripes wagen wollen. Jungens von dreizehn und Männer bis zu fünfzig, ja sechzig Jahren zogen in Scharen, ein Bündelchen oder Carpetsack unter dem Arm, die ersten Tage die Carandolet Avenue hinunter dem Arsenal zu, wo sie sogleich eingeschworen und irgendeiner Kompanie einverleibt wurden... Obgleich nun nach meiner Ansicht hier in St. Louis nicht viel geschehen wird, wer kann's freilich wissen, so fliehen schon viele Familien, das Concordia College ist geschlossen und alle Zöglinge nach Hause geschickt. – Was mich und meinen Partner nun anbelangt, so werden wir unsern Platz und Eigentum so lange behaupten, bis wir der Gewalt oder dem Feuer weichen müssen, dann erst werden wir uns der US-Armee einreihen... Mir liegt weit mehr an meiner Gesundheit als an allem Kriegsgeschrei. Würde ich die besitzen, so könnte es kommen, wie es wollte, mir wäre vor und um nichts bange. Mit diesem meinem jetzigen Zustande aber behaftet, wäre ich lieber schon unter der Erde, als langsam hinsiechen zu müssen in einem fremden, von Aufruhr und Kriegsgeschrei bewegten Lande, wo man nur so lange etwas gilt und Freunde hat, als man Geld hat. Wenn das so fortgeht, was soll aus unseren Verpflichtungen werden?! Gott mag's wissen!

Euer treuer Sohn Julius Niese«

Für den Empfänger dieses Briefes mochten sich Erinnerungen an Schreckensnachrichten seines Vaters während der Typhusepidemie im belagerten Torgau einstellen. Aber Julius wurde wieder gesund. Auf Anna Knoblauchs Hochzeit erschien er, sich heiter überwindend, in bester Stimmung. Auch diese Enttäuschung vernarbte und sollte sich noch einmal als gnädige Fügung des Schicksals erweisen. Im übrigen blühte das Geschäft in St. Louis wieder auf, und eine Handlung der Nächstenliebe schenkte Julius einen neuen Freund. Ein vermögender Deutschamerikaner, der als Sezessionist galt, wurde in den Straßen von St. Louis vom Pöbel angegriffen, geprügelt, mit Steinen beworfen und gejagt. Julius Niese, der den Auflauf von seinem Store sah, ohne zu wissen, um wen es sich handelte, sprang dazwischen, redete auf das Volk ein, das sich nun drohend gegen ihn wandte, lief an der Seite des Unglücklichen daher, deckte ihn, als er zusammenbrach, und vermochte, ihn auf die Polizeiwache zu bringen. Seitdem stand ihm Haus und Hand des vornehmen Mannes offen, und er wußte nun erst, was er seit Jahren vermißt hatte: ein gepflegtes Heim mit kultivierter Unterhaltung, mit Hausmusik und Gartenspielen sowie einer Schar liebenswerter Kinder. In jubelnden Briefen an seine Schwestern berichtete er von seinem neuen Glück, und in Pforta galt es als Beweis, daß er das Schlimmste hinter sich gebracht und Fuß gefaßt hatte.

Ängstlichere Gedanken verursachte Carl, seine schwärmerische Neigung zu der viele Jahre älteren Engländerin, sein Trotz, mit dem er ihr anhing. Er hatte sich gegen den Willen seiner Eltern mit ihr verlobt, er wollte und mußte sie nun auch heiraten. Außerdem schien er unter Minnies Einfluß von seinem ursprünglichen und mit so viel Eifer betriebenen Lebensplan, Theologe zu werden, abgehen zu wollen. Die Tätigkeit im Hause seines Gönners, des Gesandten v. Budberg, hatte seine Neigung und Fähigkeit zum Erzieherberuf so stark hervortreten lassen, daß er beschloß, Pädagoge zu bleiben. Da er – darin dem Onkel Moritz verwandt – ein sehr selbständiger und distinguiert empfindender Mann war, wollte er jedoch keineswegs in den gewöhnlichen Schuldienst treten, sondern hatte mit der Verlobten zusammen den kühnen Entschluß gefaßt, eine private Erziehungsanstalt zu gründen, ein Institut im Geist von Pforta, der diesen Sohn Niese wie keinen anderen geprägt hatte, aber mit einem privaten, gesellschaftlich kultivierteren Charakter. Minnie wollte ihm bei dieser Aufgabe zur Hand gehen. Schon im Juli 1861 konnte er die Anzeige über die Eröffnung seines Pensionats mit zwölf Pensionären nach Pforta schicken. Natürlich waren die Eltern Niese, die den Berufsweg auch dieses Sohnes problematisch werden sahen, über den eigenwilligen Plan erschrocken, hinter dem sie Minnies Einfluß vermuteten. Sie hatten dem Sohn deutlich ihre Befürchtungen und ihre Ablehnung mitgeteilt, ohne daß es auch nur zu Auseinandersetzungen wie zwischen Vater und Sohn in Neukirchen gekommen wäre. Immerhin dokumentierte Carl Eduards Vater sein Urteil über das eigenmächtige Vorgehen dadurch, daß er es ablehnte, den Sohn, der ihn darum gebeten hatte, zu trauen und überhaupt der Hochzeit beizuwohnen. Indes siegte in des älteren Mannes Überlegungen dann der rasch ausgeführte Entschluß, nach Berlin zu reisen und den beiden jungen Menschen im dortigen Dom den kirchlichen sowie seinen persönlichen Segen zu geben.

In der großen Welt der Politik wie in der kleinen Welt der Familie erschien dieses Jahr 1861 als eine Wende. In Berlin trat der Prinzregent Wilhelm das Erbe seines unglücklichen Bruders an, jener Kartätschenprinz des Jahres achtundvierzig, dessen militärische Neigungen man nicht ohne Mißtrauen beobachtete. In Pforta rückte das Nesthäkchen, der kleine »Lot«, zu Ostern in die Sexta auf. Er hatte seine anfänglich schwache Konstitution ganz überwunden und war ein robuster, gemächlicher kleiner Knabe, trotz seiner sanften Augen mit einem Panseschen Dickschädel versehen. Bereits Obersekundaner war Moritz, der ähnlich wie Bruder Julius anfänglich unter der Härte und Roheit mancher Alumnatssitten recht gelitten hatte. Er war im Frühjahr vom Vater konfirmiert worden, der in seinem Konfirmandenunterricht zu erkennen meinte, daß die Jugend durchaus nicht so teilnahmslos der Religion gegenüberstand, wie es nach den in der Öffentlichkeit diskutierten Zeitfragen den Anschein hatte. Noch immer erwiesen sich gerade die fähigsten Schüler auch in seinem Unterricht als die am stärksten interessierten, wie jetzt etwa der von Corssen, Steinhart und Koberstein als große Hoffnung bezeichnete junge Friedrich Nietzsche, der in den Konfirmandenstunden, die er auch mit Moritz Niese gemeinsam absolviert hatte, einer der besonders anregbaren und anregenden Zöglinge gewesen war.

Freilich, philologische, philosophische und musische Gaben, wie sie Nietzsche auszeichneten, konnte Niese an seinem Moritz nicht entdecken. Dagegen beschäftigte Moritz sich gern mit technischen Dingen und hatte sich auf dem Boden des Pfarrhauses ein »Atelier« eingerichtet, in dem er mit allerlei Werkzeug bastelte und baute. Seine Bewunderung galt dem stattlichen blonden Hermann Ehrenberg, einem häufigen Gast der Familie Niese, der bald nach Johannes ersten Schritten in die »Gesellschaft« deren Herz eroberte.

Ehrenberg, Sohn des großen Berliner Naturforschers, hatte seine Mutter früh verloren und war seit seinem elften Lebensjahr fern vom Elternhaus auf Schulen untergebracht gewesen. Mit dem Vater Christian Gottfried Ehrenberg und den vier älteren Schwestern kam er nur in den Ferien zusammen. Er empfand daher das Pförtner Pfarrhaus als ein zweites Elternhaus, das freilich weit weltstädtischer und von anderer Denkart geprägt war, denn in ihm herrschte der Geist der Naturwissenschaft und statt der Spekulation das Experiment, die Welt wurde nicht im farbigen Abglanz der Poesie, sondern in der Linse des Mikroskops begriffen. Hermann hatte schon als Kind gelernt, Schmetterlinge zu fangen und aufzuziehen, Käfer und Raupen zu sammeln, Mineralien zu betreuen. Seine Schwestern waren zwar genauso in den häuslichen Fertigkeiten erzogen worden wie die Nieseschen Töchter, einige hatten auch das Seminar besucht und ein Lehrerinnenexamen abgelegt, aber ihre eigentliche geistige Fortbildung geschah durch privaten Physikunterricht, Lektionen an einem Modell des menschlichen Auges oder an der Elektrisiermaschine, durch Anhören populärer naturwissenschaftlicher Vorträge. Sie wußten Pflanzen und Landschaften gut mit dem Zeichenstift festzuhalten und halfen dem Vater bei der Vorbereitung seiner mikroskopischen Präparate. Daß der gelehrte Vater, Freund Alexander v. Humboldts, in seiner Art, Naturforschung zu treiben und die kleinsten Lebewesen in Tümpeln, im Schlamm und in Gesteinsschichten zu entdecken, noch keinen Selbstzweck sah, sondern eine Methode der Welterkenntnis, bezeugen die Zeilen, die er am 3. April 1854 dem einzigen Sohn mit auf den Weg gegeben hatte, als er ihn nach Pforta schickte: »Inneres Glück erlangst Du nur dadurch, daß Du rastlos Dich nützlich beschäftigst und Erholung nur im Wechsel der nützlichen Beschäftigung findest. Hierbei hast Du Dir den Rat Dir freundlich gesinnter achtbarer Menschen zu erbitten und ihn zu befolgen, solange Du nicht Dich selbst leiten kannst. Für harmlosen sittlich reinen Scherz bewahre Dir die Empfänglichkeit, verlebe aber keinen Tag, ohne Dich um etwas fortzubilden oder etwas anderes Nützliches zu tun. Alles, was Du heut tust, bringt morgen oder auch spät unfehlbare Frucht. Ich selbst habe meine innige Lebensfreude aus der reinen Natur geschöpft, die kein menschlicher Zwiespalt berührt. Die wohltuende Existenz der notwendig die Harmonie des Ganzen leitenden Gottheit ist mir immer klarer geworden. Jede Blume gab mir neuen Stoß zur freudigen Erkenntnis. Es gibt aber viele Quellen gleicher Art. Zu einer solchen aber wende Dich allmählich und werde so innerlich mutig, daß äußere Vorteile, wenn sie kommen, Dich erfreuen und, wenn sie fehlen, nicht entmutigen.«

Daß die Naturwissenschaft sich in diesen Jahren aus der überlieferten Einheit des Bildungsguts vielfach zu lösen begann, erfuhr Hermann Ehrenberg, als er im Frühjahr 1861 die Bauakademie in

Als eine der drei nach der Reformation gegründeten Fürstenschulen hatte Schulpforta schon beim Einzug der Familie Niese einen besonderen Ruf als Gymnasium mit Internat. Auch das Lehrerkollegium des Jahres 1865 mit dem geistlichen Inspektor Carl Eduard (I.) Niese (sitzend, zweiter von links), dem Gräzisten Steinhart (sitzend, erster von rechts), dem Literarhistoriker Koberstein (sitzend, zweiter von rechts) und dem Latinisten Corssen (stehend, vierter von links) verband seine Erziehungsaufgabe mit der traditionellen Verpflichtung zu wissenschaftlicher Betätigung.

Berlin bezog. Sie bot ihm eines der auf unmittelbare Nützlichkeit gerichteten Studien, die der Pförtner Professor Niese mit Argwohn an der jungen Generation beobachtete. Bei seinem ältesten Sohn, Julius, hatte er bereits das Aufbegehren gegen die angebliche Belastung mit totem Wissen und das Streben nach dem praktisch Nützlichen erfahren, doch wurde dies alles bei Julius noch durch dessen phantasievolle, Geld und Besitz gegenüber generöse, ja manchmal fast sträflich achtlose Art aufgewogen, die ihn nicht zu einem jener emsigen und kühl rechnenden money-maker der Neuen Welt werden ließ, die manchem Europäer als Prototypen der zeitgemäßen Lebensgestaltung erschienen.

Bezeichnend für ein verbreitetes Umdenken war der Angriff auf

Geist und Methode der Landesschule Pforta, den der Berliner Tribunalsrat Voitus in den Berliner Blättern für Schule und Erziehung 1861 veröffentlichte. Der Sohn des Tribunalrats, ein Klassenkamerad von Moritz Niese, hatte den Anforderungen in Pforta nicht genügt und die Anstalt verlassen müssen. Der gekränkte Vater fühlte sich bewogen, nachdem Beschwerden an höchsten Stellen vergebens gewesen waren, der Pforte in der Öffentlichkeit ein Zuviel an Gebeten und Gottesdiensten, Überbürdung der Schüler durch Arbeit und ein Überhandnehmen des Pennalismus vorzuwerfen. Der allgemein als einer der bedeutendsten Lehrer der Pforte geachtete Latinist Corssen schrieb eine flammende Entgegnung in den Jahrbüchern für Philologie und Pädagogik. Die gottesdienstliche Ordnung, die »christliche Einfassung des täglichen Lebens der Schüler«, beruhe auf einer bis zur Reformation zurückreichenden Tradition, über deren innere Lebendigkeit sich die Lehrer ständig Überlegungen machten. Der Pennalismus sei in Pforte nicht schlimmer als auf allen Internaten, und es seien genügend Sicherungen in den Schulbetrieb eingebaut, um ihn zu steuern. Was die Überlastung mit Arbeit anbetreffe – und dies wurde der Hauptpunkt in Corssens Verteidigung, die er selbst als einen »Weck- und Mahnruf gegen das sich erneuernde Eindringen der realistischen und materialistischen Richtungen« bezeichnete –, so sei das Privatstudium der Zentralpunkt des Pförtner Systems; mit ihm falle die Erlernung wirklich wissenschaftlicher Betätigung. Die starke Beschäftigung mit den klassischen Sprachen sei die Grundlage noch jeder echten Menschenbildung. Die von Koberstein geforderte Erlernung althochdeutscher und mittelhochdeutscher Formen, die Lektüre des mittelhochdeutschen Nibelungenliedes in Oberprima – vom Angreifer als eine Zumutung dargestellt – bezeichnete Corssen als nationale Pflicht, der Lektüre der klassischen Schriftsteller ebenbürtig. Die Namen der Flüsse in Asien und Amerika, deren Erlernung Voitus an Stelle der Geographie Altgriechenlands gefordert hatte, und vollends die Übung französischer Konversation für die table d'hôte und das Eisenbahnkupee verdammte Corssen als eben jene »Dressur auf rasche Praxis«, die man, wenn es nötig sei, jederzeit im Leben nachholen könne.

Dieser Streit um Pforta fand immerhin ein solches Echo, daß der Magdeburger Schulrat Heiland nach Pforta zur Überprüfung der dortigen Zustände entsandt wurde. Der Vorwurf des Herrn Voitus, daß das Übermaß an Andachtsübungen zur Gedankenlosigkeit und Oberflächlichkeit in religiösen Dingen erziehe, hatte die Aufmerksamkeit der Vorgesetzten vor allem auch auf die Tätigkeit des Geistlichen Inspektors gelenkt. Die nähere Prüfung ergab jedoch, daß Zahl und Handhabung der Gottesdienste nicht etwa von ihm eingerichtet worden waren, sondern ganz dem althergebrachten Brauch entsprachen und daß die täglichen Andachten nicht einmal ihm, sondern dem jeweiligen Hebdomadar unterstanden. Im Sinne der von Voitus erhobenen Anklage konnte man Niese also keine Schuld geben. Aber die ihm nicht wohlgesonnenen orthodoxen Mitglieder im Konsistorium machten ihm den Vorwurf, der eigentlich die Klagepunkte des Voitus in ihr Gegenteil verkehrte, Niese kümmere sich zu wenig um die Alumnen, sondern weit mehr um den Gustav-Adolf-Verein, der ihnen seit je ein Dorn im Auge war.

Damit war Niese so etwas wie ein Sündenbock für den durch Voitus hervorgerufenen Skandal geworden. Daß er versuchte, sein Schulamt und seine Vereinstätigkeit zu vereinen, die Aufmerksamkeit der Alumnen auf das Wirken des Vereins zu lenken und sie an dessen Veranstaltungen teilnehmen zu lassen, belegen etwa die Briefe des jungen Nietzsche. Die Unterstellung zu intensiver Arbeit für den Gustav-Adolf-Verein verschleierte nur dürftig den unausgesprochenen wirklichen Einwand, den das Konsistorium gegen Professor Niese hegte: daß er als Geistlicher und Lehrer zu liberal war und zu sehr seine Herkunft von Hegel und Schleiermacher verriet. Schon gegen sein Werkchen über das »Christliche Gymnasium« hatte die Evangelische Kirchenzeitung polemisiert, es zu philosophisch und zu wissenschaftlich gefunden und sich gegen Nieses Forderung einer »gymnasialeren« Durchbildung des Religionsunterrichtes und mehr für »christlichen Geist« ausgesprochen. Praktische Versuche zu einer solchen gymnasialeren Handhabung seines Unterrichts machte er mit Empfehlung von Hases Kirchengeschichte oder Strauß' »Leben Jesu« zur Festigung der Kritik seiner Schüler. Wagnisse dieser Art stießen jedoch mitunter schon bei den strenggläubigen Eltern der Zöglinge, etwa in der Familie des jungen Nietzsche, auf Widerstand. Die Vielzahl der Andachtsübungen in Pforta war Niese im Grunde nicht nach dem Herzen. Aber wo er sich gegen alte Einrichtungen aufgelehnt hatte, wie gegen den in Pforta noch geübten Brauch der Ohren-beichte der Schüler, waren seine Reformversuche ergebnislos ge-blieben. Auf einen nachdrücklichen Hinweis von Lehrern, keines-wegs von Niese, fühlte sich der Schüler Deussen, der spätere Philosoph und Nietzsches Freund, veranlaßt, an der Beichte teil-zunehmen: »Wiederum kniete ich im Beichtstuhl vor dem aufge-klärten, freidenkenden Niese. Ich las meine Beichtformel ab, und als er mich fragte, was ich noch auf dem Herzen habe, bekannte ich, daß ich der Gewohnheit des Rauchens frönte und doch nicht die Kraft in mir fühlte, künftig davon abzustehen. Seine Antwort bewegte sich um den Gedanken, daß das Evangelium gekommen sei, um die Werke des Gesetzes aufzulösen, und damit verließ ich den Beichtstuhl verwirrter, als ich hineingetreten war.«

Die ganze Affäre Voitus befestigte in dem Ehepaar Niese den mit Rücksicht auf die Kinder immer wieder zurückgestellten Wunsch, nun doch von Pforta wegzugehen. Das Amt in Pforta war eine Aufgabe für einen jungen, kräftigen, nicht für einen alten Mann. Schon 1859 hatte Niese dem Konsistorium vorgestellt, daß seit 1545 nur zwei seiner Amtsvorgänger länger als er in diesem Amte geblieben seien. Ohnehin drängten jüngere Kräfte und Ge-sinnungen einer Niese fremden Wesensart sich in die gewohnten Kreise. Er spürte das unter anderem an dem Nachwuchs in dem seit Jahren bestehenden philosophischen Kränzchen. Hier trat Oberlehrer Kern als Anwalt Schopenhauers auf, indem er die Lehre von der Sinnlosigkeit des Daseins und der Notwendigkeit einer Abtötung des menschlichen Lebenswillens verfocht. Der Plato-Verehrer Steinhart und der Hegelianer Niese, die beiden be-tagten Häupter des Kränzchens, hatten einen schweren Stand ge-gen die mit viel dialektischer Schärfe vorgetragene Gedankenwelt. Nieses Freund Ulrici bemühte sich zur selben Zeit redlich um eine Auseinandersetzung mit Darwin und um die Neueinordnung der Naturwissenschaft in das philosophische Weltbild; dennoch mußte er es sich gefallen lassen, daß der progressive Ludwig Büchner ihn und den Kreis um die »Zeitschrift für Philosophie« als »die letzten zehn vom spekulativen Regiment« bezeichnete.

Unter den Jungen blieb dem Professor Niese der Sohn Carl Edu-ard der Nächste, und er war entschlossen, auch der neuen Schwie-gertochter freundlich tolerant gegenüberzutreten, wozu sich seine Frau Auguste und die Töchter weniger bereit fanden. Für einige von ihnen blieb das junge Paar »die Engländer« oder »die Lordschaften«. Diese hatten ihr erstes Töchterlein gleich nach der Geburt verloren und sich um so enger aneinander geschlossen. Da sie Geld nicht besaßen, waren sie genötigt gewesen, ihre Privaterziehungsanstalt mit geliehenen Möbeln auszustatten. Das Unternehmen gedieh verhältnismäßig gut, aber mußte mit so vielen ausgezeichneten Bildungsanstalten in Berlin konkurrieren. Die Erwägung, das Institut auch mit Rücksicht auf Carls Kränklichkeit lieber in ländliche Umgebung zu verlegen, führte wie selbstverständlich zu dem Entschluß, in die Nähe des Elternhauses und der geliebten Pforte zu ziehen. So gründete Carl Eduard im Jahre 1862, als er auch seine Fähigkeiten in der neu von ihm gewählten Fakultät durch eine Dissertation aus dem Gebiet der antiken Mythologie bewies, gleichzeitig in Kösen eine Erziehungsanstalt, die er zu Ehren seines Gönners und Anregers, des Barons Andreas v. Budberg, »Andreas-Stiftung« nannte. Das Ziel der Anstalt war die Vorbereitung der Zöglinge auf den Eintritt in die Untertertia des Gymnasiums. Man dachte besonders an zarte Knaben, bei denen sich gesundheitliche Betreuung als nötig zeigte und die zugleich in Kösen das Solbad in Anspruch nehmen konnten. Den Unterricht erteilte der Dr. Niese und einige von ihm angestellte Lehrer, das Privatleben der Internatsangehörigen überwachte Minnie, die an erzieherischem Talent ihrem Mann in nichts nachstand. Sie war selbst nicht übermäßig gesund und hatte für das, was ein kränklicher Mensch braucht, ein sicheres Gefühl und eine geschickte Hand. Im übrigen zögerte sie nicht, bei Unarten auch mal eine Ohrfeige auszuteilen. Körper und Geist, Disziplin und gesellschaftliche Zucht wurden gleichermaßen im Auge behalten. Dazu lebten die Zöglinge wie in einer großen Familie, was den noch sehr jungen Knaben ein Heimatgefühl gab. Das Institut blühte rasch auf. Vater Niese ging gern und oft den halbstündigen Weg nach Kösen. Er fühlte sich wohl in der kultivierten Atmosphäre des Instituts und bei den Gesprächen mit dem gleichgearteten Sohn, bei dem den größten Teil seiner Ferien zuzubringen ihm liebe Gewohnheit wurde, auch nachdem im nächsten Jahr das Institut in das ein wenig saaleaufwärts gelegene Bad Sulza verlegt worden war.

Hier, wo die Ilm sich in die Saale ergießt, etwas abseits vom eigentlichen Bade in dem Flecken Oberneusulza, an einem der romantischen Punkte des Saaletals, wo die Muschelkalkhöhen verhältnismäßig eng zusammenrücken und einen Talkessel entstehen lassen, der von schroffen Felsabhängen und bewaldeten Höhen umgrenzt wird, erlebte das Andreas-Institut seine eigentliche Blütezeit. Sehr schnell erhielt es die staatliche Anerkennung als konzessioniertes Privatpädagogium. Sein Ruf breitete sich bald aus, Söhne vor allem adliger Familien suchten um die Aufnahme nach. Das große gelbe Haus hart am Ufer der Ilm war durchschnittlich von zwanzig bis dreißig Knaben bewohnt, die für die hervorragenden Gymnasien zu Roßleben, Pforta, Dresden, Liegnitz und Brandenburg vorbereitet wurden. Als er zwei Prinzen des Weimarer Fürstenhauses erzog, wurde Carl Eduard Niese vom Großherzog Carl Alexander zum Professor ernannt. An dem Erfolg der erzieherischen Arbeit hatte seine Frau einen anerkannten Anteil. Sie verstand es, die besonderen Neigungen und Begabungen der Zöglinge aufzuspüren und zu begünstigen, ohne daß sie darum weniger Wert auf tadellose Manieren gelegt hätte – eine Sparte der Erziehung, auf die nach Ansicht des späteren Schriftstellers Richard Voß etwas zu viel Wert gelegt worden sei.

In jenem Jahr 1862 kam Julius Niese erneut von Amerika nach Deutschland herüber. Hier feierte man seine Verlobung mit Elise Brunner, der Tochter des Advokaten und Rentamtmanns Franz Brunner in Leipzig, einem Mädchen, das allen Angehörigen der Familie willkommen war, weil man gern die alte Bindung an die Familie Brunner erneuerte: die Großmutter Julchen Niese und die Frau Bürgermeister Brunner waren Schwestern gewesen. Elise, einzige Schwester dreier Brüder, hatte früh die Mutter verloren und dem Haushalt des Vaters ein bißchen vorgestanden, während die wirkliche Arbeit freilich von einer alten Tante erledigt wurde. Sie war gebildet, ruhig, zurückhaltend, insofern für den unsteten Julius ein geeigneter Widerpart. Sie stammte außerdem aus wohlhabendem Hause und brachte keine geringe Mitgift mit. Der Professor mochte aufatmen, da er zwei Söhne gut versorgt wußte, denn seine eigenen Finanzen standen recht schlecht. Die Stelle in Pforta forderte eine ständige Zubuße von dem immer mehr dahinschwindenden Vermögen, die unverheirateten Töchter waren keineswegs sichergestellt, und noch würden zwei Söhne studieren müssen. Außerdem hatte der Professor dem Bruder seiner Frau, Gottfried Panse, zur Deckung von Mißerfolgen in der Landwirtschaft, 2000 Taler geborgt, auf deren Rückgabe er nicht rechnen konnte, so daß er sich nicht einmal an der Restaurierung der Familiengrabstätten in Torgau zu beteiligten vermochte, wo der Senator Niese und der Bürgermeister Brunner mit ihren Frauen ruhten. Mit der gleichen Selbstverständlichkeit, mit der er für den Schwager eingesprungen war, übernahmen die Brüder Moritz in Barby und Julius in Neukirchen zunächst den Anteil der Kosten, der auf den Professor fiel.

Die Verhältnisse bei den Neukirchener Nieses blieben das dunkle Gegenbild zu den freundlichen von Pforta und Barby. Sie waren inzwischen noch durch eine Herzensbeziehung zwischen der allseits geachteten Tochter Ida und dem Inspektor des dortigen Rittergutes, einem gewissen Dähnert, belastet. Idas Vater sah in dieser Verbindung künftige Sorgen voraus. Da Dähnert nicht vermögend war, konnte er eigenen Landbesitz nicht erwerben, er selber andererseits gedachte noch nicht abzutreten, und sein Gut würde auch nicht zu halten sein, falls der Sohn Ernst ausbezahlt werden mußte. Da Ernst nicht Landwirt wurde, blieb Neukirchen nur dann ein Besitz der Nieses, wenn Ida in ein anderes Gut einheiraten oder Kapital zufließen würde. In dieser Situation zeigte sich Ernsts Egoismus unverhüllt. Er fürchtete eine Einbuße an Zuschüssen und setzte alles daran, eine etwaige Ehe Idas mit dem Inspektor zu hintertreiben. Ein Inspektor war ihm angeblich nicht gut genug für seine Schwester, er warf ihr Flatterhaftigkeit, Leichtsinn und Vergnügungssucht vor. Schon als er im Herbst 1861 in den Semesterferien die Heimat aufsuchte, sprach er kein einziges Wort mit Ida, und seine Briefe waren voll von Tadel und Vorwürfen, von Befehlen und Anweisungen, die seine Versorgung mit Wäsche und Lebensmitteln betrafen. Der Vater, der zwar versuchte, die Tochter von Dähnert fernzuhalten, aber doch ihre Empfindungen schonte, war über Ernsts Verhalten empört: »Nun, ich gestehe, daß solche Niedrigkeit und Unwürdigkeit des Charakters alle meine Begriffe übersteigt und ich Dich dessen nicht für fähig gehalten hätte, obschon nach allem bisher Vorgefallenen ich Dir etwas zutrauen mußte. Und wenn ich nun vollends Deine letzten an Ida gerichteten Zeilen lese, die sie mir auf mein Verlangen hat vorzeigen müssen, so gestehe ich, daß ob solcher Malice und Niederträchtigkeit, die jedes Wort darin atmet, ich in die Erde hätte sinken mögen vor Scham, einen solchen Sohn den meinigen nennen zu müssen.«

Bei dem Vater, der dieses Maß an Kummer mit Hilfe des Alkohols leichter zu bewältigen hoffte, kam es bedauerlicherweise zu furchtbaren Zornausbrüchen, vor allem gegen die betagte Schwiegermutter und auch gegen die Tochter. Der Sohn suchte wie immer Zuflucht bei Onkel Moritz, von dem er sich verstanden glaubte und bei dem er, unter dem Mantel der Sorge und moralischen Entrüstung, den Vater anschwärzen zu können meinte.

Der Onkel hielt in seiner Entgegnung nicht mit der Überzeugung zurück »der Sohn muß für seinen Vater bei Gott bitten und muß zugleich den Vater selber bitten«, denn Gott wolle ihn offensichtlich »in die Schule der Selbstüberwindung nehmen«, aber er zögerte bald darauf auch nicht, vermittelnd in die Neukirchener Wirrnisse einzugreifen:

»Barby, 7.2.62
Lieber Ernst!
In aller Schnelligkeit folgendes: ich habe versucht, ein besseres Herzensverhältnis zwischen Dir und Deinem Vater und Dir und Deiner Schwester anzubahnen. Es wird mir, so Gott will, gelingen; aber Du mußt auch die Hand dazu bieten. Deshalb schreib erstlich an den Vater und schildere ihm in recht herzlicher Weise, wie weit Du mit Deinen Studien und Deinem Examen gediehen bist, wovon er, wie es scheint, noch nichts weiß. Außerdem sage ihm, wenn möglich noch herzlicher, wie sehr lieb es Dir sein würde, wenn Du mit ihm in eine recht fleißige und trauliche Korrespondenz treten könntest... Ebenso schreib an Deine Schwester und sage ihr, daß Deine Herzensstellung zu ihr und ihre zu Dir eine andere werden müßte; Du hättest es gut gemeint, indem Du gegen ihr Verhältnis mit dem Inspektor gesprochen; Du könntest darin ihr auch jetzt noch nicht beistimmen, aber das solle und dürfe doch Eure geschwisterliche Einigkeit nicht stören und zerstören. Du mußt auch das tun, und es wird um so segensreicher für Dich sein, je schwerer es Dir wird.«

Der Onkel fuhr selbst nach Neukirchen, um sich Idas Freier anzuschauen und mit dem Bruder zu beratschlagen. Dähnert hatte sich inzwischen in der Nähe ein Gut gekauft, dessen Kosten freilich nur zum sehr geringen Teil gedeckt waren. Vater und Onkel kamen darin überein, für die beiden jungen Leute eine Wartezeit anzusetzen. Ernst aber hörte nicht auf, dem Vater und dem Onkel wegen dieser »Mesalliance« Idas in den Ohren zu liegen. Der Onkel wies ihn zurück: »Ich habe mich genau erkundigt, ich habe den Mann selber gesehn und gesprochen, und es wäre ein Unrecht von mir, wollte ich in Dein Urteil einstimmen. Höre ein Wort von Deinem Onkel: Dein starrer Sinn ist's, der Dich blind macht. Du durftest Deiner Schwester übrigens gar nicht das Versprechen abnehmen, ohne Dich nicht auszugehen. Das ist einem liebenden Herzen zuviel zugemutet, ist auch von Deiner Seite mehr oder weniger eine Anmaßung. Der Bruder ist nicht der Vater und darf nach Gottes Ordnung auch nicht die Rechte eines Vaters in Anspruch nehmen. Lieber Ernst, überwinde Dich und gib Dir Mühe, von jetzt ab also zu denken und zu handeln: ich will's Gott anheimstellen, und gibt mir Gott den Inspektor zum Schwager, so soll er mir als eine Gottesgabe lieb sein; ich werde nichts dafür tun, aber auch nichts dagegen.« Selbst der Neukirchener Pfarrer, hinter den er sich gesteckt hatte, warnte Ernst, und der Vater verwahrte sich gegen den Vorwurf, er verziehe die Tochter: »Ich habe Deiner Schwester in der bewußten Angelegenheit Vorstellungen in einer Weise gemacht, die nichts weniger schonend waren, sie zum Weinen brachten, ja in der jüngsten Zeit bedenklich erkranken ließen, so daß sie über einen Tag lang das Bett hüten mußte. Weiter noch meine väterliche Gewalt ausdehnen zu wollen, halte ich für bedenklich, ja vielleicht strafbar und unchristlich und hoffe immer noch, daß die Zeit einen günstigen Wendepunkt für alle herbeiführen soll.«

Jedoch Ernst Niese war unnachgiebig. Er absolvierte zwar sein erstes theologisches Examen, aber versuchte nicht, Geld zu verdienen, schlug sogar ansehnliche Stellungen aus. Er ging nach Heidelberg, nach Jena, nach Tübingen und studierte fort. Das Erbteil der Schwester, dessen Zinsgenuß ihr bis zum Tode des Vaters zunächst zustand, sollte erst festgesetzt werden, wenn er ausstudiert hatte und auf eigenen Füßen stand. Da war es am klügsten, ad libitum fortzustudieren. Statt sich in eine Lebensordnung einzufügen, war es leichter, den Kritiker zu spielen und Vorschläge zu einer Kirchenreform zu machen.

Ida ging es wie den meisten Mädchen in jener Zeit, wenn ihre Neigungen den Wünschen der Eltern nicht entsprachen. Durch Trennung von dem Geliebten, Vorstellen der Schwierigkeiten, Warnen und Abreden wurde der Verzicht vorbereitet, der an Ida allerdings mit gesundheitlichen Schädigungen erkauft wurde. Nervenleiden mit schweren Augen- und Kopfschmerzen machten sie für Wochen bettlägerig, bis die Barbyer Nieses sie zur Erholung bei sich aufnahmen. Gerade in diesem Winter 1863 auf 64 jedoch kehrte Ernst an den heimatlichen Futtertrog zurück, ließ sich bedienen, ohne in der Wirtschaft zu helfen, und ärgerte Gesinde und Nachbarn durch seine Überheblichkeit dermaßen, daß er mit knapper Not den Prügeln der Bauern entging. Mit dem Vater kam es zu furchtbaren Auftritten und mit der alten Großmutter zu bösen Reibereien, so daß Schwester Ida sich entschloß, vorzeitig nach Neukirchen zurückzukehren, um sich zwischen die Streitenden zu stellen. Nun aber riß dem Onkel Moritz, der sich inzwischen mit dem Pförtner Bruder beraten hatte, die Geduld:

»Barby, 3.5.64

Lieber Ernst!

Ich wollte eigentlich nie mehr an Dich schreiben und noch weniger den Ausdruck ›lieber‹ gebrauchen; denn Du hast den Bruder Deines Vaters durch die in bezug auf letzteren gebrauchten ungeheuerlichen Ausdrücke zu tief gekränkt und so schwer beleidigt, daß mir ein weiterer Verkehr mit Dir unmöglich schien. Dennoch habe ich mich überwunden und will nochmals versuchen, ob ich durch ein herzlich Wort in Dein Herz eindringen kann. Viel Redensarten sind meine Sache nicht, daher höre mein letztes Wort, und Gott gebe, daß es nicht vergeblich ist. Du kannst und darfst nicht in Neukirchen bleiben; denn Du denkst und fühlst Deinem Vater gegenüber so, daß Du entweder heucheln oder ganz unkindlich Dich betragen mußt. Beides aber ist eines Sohnes unwürdig und gereicht Dir zur Schande. Also eile und verlaß Neukirchen sofort; Dein Seelenheil erfordert das. Fragst Du mich: wohin soll ich gehen? So antworte ich: wohin Du willst, nur fort! Vater wird und muß Dir für die nächste Zeit das nötige Geld geben, und ein Vorwand findet sich bald. Höre auf dieses letzte herzliche Wort und zwinge Deinen Onkel nicht, zu Deinem Vater etwas zu reden, was dem Bruder wie dem Onkel gleich schwer wird. Ich bitte Dich um Gottes willen, achte nur diesmal auf den treu gemeinten Rat

Deines
Onkels Moritz«

Mit dem Onkel Moritz Niese entzog sich Ernst der einzige, der vielleicht noch Gutes hätte bewirken können. Vettern und Kusinen hatten sich längst von diesem Verwandten innerlich getrennt. Aus dem Jahr 1865 liegt ein letzter zornig abrechnender Brief des Vaters vor, dann folgten, über die Zeit verteilt, einige Zettel, ohne Anrede und nur mit »Julius Niese« unterzeichnet, dürftige Belege über Geldzahlungen an den Sohn. Von diesem selber ist kein einziger Brief erhalten, der zu seinen Gunsten sprechen könnte. So zeugen allein die Äußerungen seiner Angehörigen für, und das heißt gegen ihn als einen egoistischen, böswilligen und untüchtigen Mann. Er bewahrte diese Dokumente immerhin auf. Man fand sie, nachdem er einsam inmitten vieler Bücher und Sammlungen – er hatte später noch orientalische Sprachen studiert – als Privatgelehrter in Tanneberg bei Wilsdruff gestorben war.

In Pforta begann das Jahr 1864 mit dem fünfundzwanzigjährigen Amtsjubiläum des Professors. Der Tag seines einstigen Einzugs in die Anstalt wurde von Lehrern, Beamten und Schülern festlich begangen. Am frühen Morgen stimmte der Schülerchor ein »Lobe den Herren« vor dem Pfarrhaus an. Dann versammelte sich das Lehrerkollegium in der Studierstube des Jubilars, wobei Steinhart seinem »Niso, amico carissimo« ein lateinisches Festgedicht übermittelte. Die beiden Geistlichen der Inspektion Pforta verehrten ihrem Ephorus eine damals viel gelesene Luther-Monographie, die Schüler überreichten durch den Primus portensis im Namen sämtlicher früherer Famuli ein silbernes Tafelservice und die Schnorrsche Bilderbibel. Kaum war man von diesen Ehrungen etwas zu Atem gekommen, so erschienen schon um ein Uhr Rektor Peter und Freund Steinhart als Deputation des Kollegiums und der Beamten, um die Familie zu einem Festessen im Hause des Amtmannes Jäger abzuholen, wo solche Akte der Ehrung in Pforte vor sich zu gehen pflegten. Keines von Nieses Kindern fehlte an diesem Tag, auch Marie war trotz ihrer Trauer um den Tod des Söhnchens Heinrich erschienen, und sogar Julius, der im Frühjahr seine Elise heiraten wollte, hatte ungeachtet der winterlichen Jahreszeit die Überfahrt nach Europa vorverlegt. Aus Barby waren Bruder Moritz, Schwägerin und Nichte angereist. Aus weiterer Ferne liefen die Briefe vieler langjähriger Freunde ein.

Moritz, der dritte Sohn des Ehepaars, verließ bald nach diesem

Festtag die Pforte und sein Elternhaus. Er hatte sich entschlossen, seine vorwiegend technischen Gaben und Interessen für den Beruf zu nutzen und am Gewerbeinstitut in Berlin zu studieren, zuvor aber seiner Militärpflicht zu genügen. Auch dieses sollte zwecks Eingewöhnung in die neue Umgebung in Berlin vor sich gehen, während der Vater dafür plädierte, weil sich so eine Immatrikulation an der Universität und der Besuch allgemeinbildender Vorlesungen anböte. Der Fortgang aus Pforta fiel dem Jungen schwer; in seinem Tagebuch bat er Gott um Beistand bei diesem Schritt. Eingeweihte und gute Beobachter wußten, daß Moritz noch etwas anderes an die Heimat band, die Liebe zu Pauline Felker, die mit ihrer Mutter und zwei Schwestern in Kösen wohnte und zum Bekanntenkreis der Nieses gehörte.

Moritz Niese der Jüngere wurde ohne jede ärztliche Untersuchung als Freiwilliger in das Kaiser-Alexander-Garderegiment aufgenommen und bezog ein Zimmer in der Spandauer Straße 49 – es waren noch jene Zeiten, in denen man, wenigstens als Freiwilliger, außerhalb der Dienstzeit sein eigener Herr sein durfte. Und das sogar, obwohl sich Preußen im Kriegszustand befand. Denn während Moritz allmorgendlich die knapp zehn Minuten zur Kaserne zurücklegte und sich täglich von acht bis elf und von eins bis drei Uhr im Exerzieren übte, lagen die Hauptkräfte der 37000 Mann starken preußischen Okkupationsarmee, die zu Anfang des Jahres in Dänemark eingerückt war, vor den Düppeler Schanzen. Gleich in den ersten Tagen von Moritz' Dienstzeit löste die Nachricht von der Eroberung dieser Befestigungswerke begreifliche Erregung aus: »Gestern abend riesiger Spuk Unter den Linden vonwegen der Einnahme Düppels, das Volk sang unter den Fenstern des Palais ›Schleswig-Holstein...‹, und als der König mit der Königin sich zeigte, stimmte es plötzlich ›Heil Dir im Siegerkranz‹ an und brüllte fürchterlich ›Hurra!‹.« Der Sohn sah sich veranlaßt, die Eltern darauf vorzubereiten, daß das Regiment mobilisiert werden könne. Es lag nahe, einer unblutigen Lösung des Konflikts zwischen Preußen unter dem neuen König und dem seit 1862 amtierenden Bismarck sowie Österreich auf der einen und Dänemark auf der anderen Seite zu mißtrauen und daher für das Leben des Sohns Moritz zu fürchten, der sich als erster der Nieseschen Söhne der Militärpflicht gestellt hatte, nachdem Julius ihr entgangen und Carl für untauglich befunden worden war.

Die Briefe, die Moritz schrieb, ließen freilich nichts von solcher Furcht erkennen, sondern gefielen sich in einem kühl kritischen Ton: »Da kommt erstens noch allerhand dazu, so daß es oft um fünf wird, ehe ich wieder in mein Quartier komme, und dann ist der Dienst außerordentlich anstrengend, man muß seinem Körper die allerunnatürlichste Haltung geben, die Beine ausschmeißen, als sollte der Stiefel abfliegen, und dabei ohne auszuruhn mit dem Gewehr von einer Schulter zur andern herüberfuhrwerken, daß alles blau und gelb aussieht... Von der Parade am Freitag hast Du wohl gelesen, es waren ca. 34000 Mann auf dem Kreuzberg zusammengezogen, und wir defilierten zweimal an den hohen Herrschaften in noch höherem Sande vorüber. Die Sonne brannte so, daß man den Helm und das Kochgeschirr kaum anfassen konnte. Da wir uns von früh sieben bis Mittag um drei in dieser Hitze und dem Drecke befanden... so war es auch gar nicht verwunderbar, daß die Kerls wie die Fliegen stürzten, von zwanzig Mann im Durchschnitt einer, was bei einer solchen Anzahl von Soldaten immer schon ein ganzes Regiment ausmacht... Dein Wunsch, mich mit geraderen Knien einherschreiten zu sehen, wird sich wohl, so lange ich Soldat bin, nicht realisieren lassen, da das ganze Geheimnis des berühmten preußischen Parademarsch darin besteht, daß man wie die Pferde zuerst den Oberschenkel hebt und dann das Bein gerade macht.«

Daß dem zwar körperlich robust wirkenden, aber seelisch verletzbaren Moritz Niese Heimweh und Einsamkeit mehr zusetzten, als solche Berichte ahnen ließen, war Hermann Ehrenbergs Briefen an die Familie Niese zu entnehmen. Der künftige Schwager hatte Moritz in sein Elternhaus in der Französischen Straße eingeführt und sich selber als gleichaltriger, gleichgestimmter Umgang bewährt. Natürlich gab es in Berlin mancherlei Bekannte des Vaters, so die Familie des Konsuls Ryno Quehl, der einmal Professor Nieses erster Famulus in Pforte gewesen und jüngst in Kopenhagen verstorben war, Lancizolles und Ritschls inzwischen auch mit Niese gut bekannten Freund Geheimrat Graffunder, Lancizolles selbst und schließlich das alte Fräulein Malwine Sybel, bei der alle Kinder Nieses stets wohl aufgenommen wurden. Aber am Hochzeitstag seines Bruders Julius saß Moritz Niese recht betrübt in seiner Bude und dachte an die heiteren Stunden, die seine Angehörigen jetzt in Leipzig verlebten. Er hatte bisher kaum Zeit gefunden, sich Berlin gründlicher anzusehen, die neuen Palais in der Wilhelmstraße, die eleganten Läden der Königsstraße oder Hitzigs gerade eröffnete Börse.

Gleich der erste Brief seines Vaters war eine erneute Aufforderung gewesen, sich an der Universität immatrikulieren zu lassen. Er sollte dort mit anderen Menschen als nur mit Soldaten bekannt werden und seine Interessen erweitern. Aber der Sohn lehnte dies entschieden ab, da er von dem militärischen Drill zu erschöpft und zeitlich ausgelastet sei. Auch zwei Monate später antwortete er dem Vater abschlägig: »Der Vormittag bis elf Uhr ist fast regelmäßig durch den Dienst besetzt, und wenn ich nach Hause komme, habe ich keine Lust, in der Sonnenhitze nach der Universität zu rennen, um hier vielleicht von zwölf bis zwei Kollegia zu hören und dann wieder nach der Kaserne, die ungefähr so weit von der Universität ist als Pforte von Kösen, zu laufen und mich hier noch einige Stunden abhetzen zu lassen.« Ein unregelmäßiger Besuch der Vorlesungen, wie er ihn von Kameraden kenne, verhindere auch näheren Umgang mit den Studenten. Die zehn Taler wären »rein fortgeworfen, und läßt sich das Geld viel besser anwenden. Ich werde, wenn ich am ersten Oktober in das Gewerbe-Institut eintrete, abgesehen von den nötigen Büchern mir so viel Zeichenmaterialien anschaffen müssen, daß ich sicherlich Etatsüberschreitungen machen muß, besonders da das Militär mich schon so viel kostet, daß ich mich ganz außerordentlich einzuschränken habe, wenn ich, ohne Schulden zu machen, auskommen will. Wenn Du nach Berlin kommst, will ich Dir mein Ausgabebuch zeigen, daß Du Dich durch den Augenschein überzeugen sollst, ob ich jemals unnötige Ausgaben mache oder zu gut lebe. Natürlicherweise werde ich mich, wenn Du willst, immatrikulieren lassen. Nur verwahre ich mich dann schon jetzt vor jedem Anspruch, daß das Kapital sich etwa in mir verzinsen sollte.«

Die Auseinandersetzung mit Dänemark nahm Ende Juni nach vorübergehender Waffenruhe ihren Fortgang. Verhandlungen in London waren erfolglos geblieben. Am 28. Juni rückte das 1. Bataillon des Regiments Kaiser Alexander in Kantonementsquartiere nach Eberswalde, und Moritz schrieb, sich verabschiedend, an die Eltern: »Wer weiß, ob ich nun doch nicht vor den Feind komme. Mir soll es ganz recht sein, denn das ewige Einerlei beim Exerzieren kann einen verrückt machen.« Aber schon einen Tag später erzwang der preußische General Herwarth v. Bittenfeld den Übergang nach der Insel Alsen, womit der Feldzug praktisch entschieden war.

Den Eltern in Pforta war so eine Sorge genommen, es blieben ihnen andere. Wieder war bei den Mitzschkes in Naumburg, nachdem sie sich über die Geburt eines Sohnes Walter hatten freuen können, ein Kind, die achtjährige Elisabeth, gestorben, und Marie litt sehr. Anlaß zu Kummer gab ferner die Enttäuschung der Tochter Sophie, die sich von dem inzwischen zum Artillerieleutnant avancierten Bernhard Herzog verlassen sah. Weder fähig zur Leidenserduldung Maries noch zur Resignationsbereitschaft Annas, reagierte sie ihre Verzweiflung in Szenen ab, die den Geschwistern noch lange in Erinnerung blieben. Die Familie plante erneut, Sophie zur Sängerin ausbilden zu lassen. Sie wurde in dieser Absicht von Onkel Moritz nachdrücklich bestärkt. Auch Julius Niese in Amerika, dem deutsch-bürgerliche Hemmungen längst fremd waren, plädierte dafür, daß Sophie ihr Talent auf der Opernbühne erproben solle, während der feinere Carl, dessen Minnie ja auch in Musik ausgebildet worden war, mehr für Konzert- und Oratoriensängerin sprach, wiewohl er selbst gerade in diesen Jahren zum begeisterten Anhänger Richard Wagners wurde und seinen Schülern häufig ganze Partien aus dessen musikdramatischen Werken vorspielte und vorsang.

So entschloß sich der Vater, nach Berlin zu fahren und sich über den Ausbildungsgang sowie eine Wohnmöglichkeit für Sophie zu erkundigen. Sie wurde bei dem Gesangspädagogen Professor Ferdinand Sieber angemeldet und sollte im Herbst nach Berlin ziehen. Ohne seinen Sohn Moritz begrüßen zu können, der noch in Eberswalde war, fuhr der Senior zurück, um von Julius und Elise Abschied zu nehmen, denen Advokat Brunner den zwanzigjährigen Bruder Elises, einen unsteten Nichtsnutz, als zusätzliche Mitgift für Amerika übergeben hatte, da er »hier doch kein gut« tue.

Kaum war für Sophies nächste Zukunft gesorgt und die vielleicht endgültige Trennung von Julius überstanden, da kam die alarmierende Nachricht von einem plötzlichen Herzanfall des Sohnes Moritz. Noch vor den großen Herbstmanövern mußte er den Militärdienst abbrechen. Es bestand Hoffnung, daß Moritz dank kräftiger Konstitution den zweifellos auf Überanstrengung zurückzuführenden Anfall überwinden werde.

Doch die Kette der Unglücksbotschaften riß nicht ab. Der alte Ehrenberg verfehlte beim Aufbruch zu einem Examen die letzte Stufe der Treppe in seinem Berliner Haus, schlug hin und brach sich den Schenkelhals. Dieses geschah kurz, ehe Hermann Ehrenberg sein Bauführerexamen ablegte und sich dann öffentlich mit Johanne Niese verlobte. So wurde Johannes erste Reise nach Berlin und ihr Einführungsbesuch in Hermanns Vaterhaus, wo sich alles um das Krankenbett bewegte, von dem Unglücksfall überschattet, der freilich die Aufnahme Johannes in den Familienkreis begünstigte, da sie zugreifen und sich nützlich erweisen konnte. Sie gewann rasch die Sympathie des großen Gelehrten und das Zutrauen der Schwägerinnen. Das Haus Ehrenberg war eine weibliche Domäne, geprägt von der Stiefmutter und den vier Schwestern Hermanns, der sich infolge seiner langen Abwesenheit nie ganz dazugehörig fühlte. Die Schwestern waren viel vertrauter mit dem Vater als er, sie pflegten ihn, nahmen an seinen wissenschaftlichen Arbeiten teil und machten jährlich schöne, erkenntnisreiche Reisen mit ihm, während er als Elfjähriger von dem Vater eines Tages ohne viel Fragen und Ankündigen in ein Internat gesteckt, erst von der Schule und dann von seinen Studien in Anspruch genommen worden war. Darum stand Hermanns ganzes Trachten danach, einen eigenen Hausstand zu gründen. Er absolvierte seine Studien- und Lehrjahre mit möglichster Schnelligkeit, strebte nicht nach einer dornigen und umwegreichen wissenschaftlichen Laufbahn, sondern nach naheliegenden, praktischen, schnell zu verwirklichenden Zielen, wie es der Eisenbahnbau in jenen Jahren versprach.

Ein Unglücksfall wie der des alten Ehrenberg war wie ein Warnsignal, daß das Alter vor der Tür stand, das man nicht nur, wie der Professor Niese träumte, in Besinnlichkeit und »Anmut«, sondern auch in Schwäche und Gebrechlichkeit verbringen konnte. Auch die Nachrichten von Freund Ritschl klangen nicht gut. Ein vor zehn Jahren zum erstenmal aufgetauchtes Nervenleiden machte sich mit Gliederschmerzen und Lähmungserscheinungen zunehmend bemerkbar. Fünfundzwanzig Jahre lang war der Freund nun Universitätslehrer in Bonn, und dreiundvierzig namhafte Schüler konnten ihn zu diesem Anlaß in einer Festschrift feiern. Die Ritschl-Schule war unter den Philologen zu einem festen Begriff geworden. Wenn Gegner sie als Brutstätte einseitiger critici und grammatici angriffen, so mochte die Bezeichnung für manchen gelten, der Haupttendenzen verengend übertrieb, aber keinesfalls für Werk und Persönlichkeit Friedrich Ritschls. Zwar hatte er die Aufmerksamkeit seines Bonner Seminars in erster Linie auf literarische Überreste gerichtet, deren Edition und Kommentierung er dann getrost der durch seine Schule gegangenen neuen Philologengeneration überließ, aber er blieb doch immer neuen Anregungen offen, wie er sie durch Fühlungnahme mit Franz Bopp und der jungen Sprachwissenschaft erfuhr, nachdem er schon vorher Interesse am Altlateinischen gewonnen und erste Vorstöße in das Gebiet der Epigraphik getan hatte. Um so schmerzlicher traf Ritschl ein methodischer, jedoch sehr persönlicher Angriff aus unmittelbarer Nähe, nämlich durch den Kollegen Otto Jahn, der seit 1854 in Bonn neben ihm lehrte.

Die Landesschule Pforta schickte dem Bonner klassischen Seminar jährlich Zöglinge zu. Neben Professor Niese, der dem alten Freund so manchen Schüler empfahl, bekannte sich Ritschls engerer Fachkollege Wilhelm Corssen, ursprünglich Schüler des Berliners Boeckh, zu Ritschls Methode und wirkte als begeisternder Anreger auf die künftigen Philologen unter den Pförtner Alumnen ein. Eben in jenem Herbst 1864 beriet das Pförtner Kollegium über einen der meistversprechenden Schüler der Anstalt, dem selbst die Lehrer ihre Bewunderung nur mühsam verbargen, über den Abiturienten Friedrich Nietzsche. Dieser Landpfarrerssohn, der von Mutter und Tanten im nahen Naumburg erzogen worden war, galt tatsächlich als eine Art Wunderkind. Er musizierte und komponierte, er dichtete ernsthaft, was allerdings nur seine engsten Vertrauten wie Paul Deussen wußten, während seine witzigen Spottverse von Hand zu Hand gingen – selbst der junge Heinrich Niese zeichnete sich das Gedicht des Mitschülers in sein Taschenbuch ein, in dem dieser die gewaltige Nase des Freundes Deussen verspottete. Seine stoffgeschichtliche Arbeit über die Ermanarich-Sage erregte Kobersteins Lob, und Corssen, Keil und Peter schätzten an ihm die philologische Begabung. Familientradition und sein eigenes grüblerisch um ethische Probleme kreisendes Denken wiesen ihn auf den Weg des Theologen, daher schloß er sich besonders an die Geistlichen in Schulpforta an: Buddensieg war bis zu seinem Tod 1861 sein Tutor gewesen, und dessen Nachfolger Kletschke hatte Nietzsche zu seinem Famulus erwählt. Ein sehr persönliches, pietistisch grundiertes Verhältnis zu dem Gekreuzigten suchte sich in mehreren Gedichten auszusprechen und erinnerte an die »Nachfolge Christi« des Thomas a Kempis, ein Werk, das Niese Schülern und Söhnen gern ans Herz legte. In dem Urteil über den Abiturienten Nietzsche wurde auch die Intelligenz erwähnt, die der Glaubensbereitschaft ein gutes Gegengewicht hielt: »Im Unterricht bewies er ein reges und lebendiges Interesse an den Heilslehren des Christentums, eignete sich dieselben leicht und sicher an, verband damit ein gutes Verständnis des neutestamentlichen Grundtextes und verstand es auch, sich mit Klarheit darüber auszusprechen. Es wird ihm deshalb das Prädikant vorzüglich erteilt, wie er denn auch in der mündlichen Prüfung vorzüglich bestand.« Da auch Koberstein und Corssen Nietzsche dieses Prädikat erteilten, wogen solche Bewertungen dessen etwaige Gleichgültigkeit in der Mathematik mehr als auf. Niese formulierte für Nietzsche und Deussen ein Empfehlungsschreiben an Ritschl in Bonn, das den Empfänger zum Erstaunen der beiden Überbringer mehr nach Niese als nach ihren studentischen Anliegen fragen ließ.

Von den Vorlesungen, die der Sohn Moritz am Berliner Gewerbeinstitut hörte, konnte sich Nicse, wie Moritz vermutete, in der Tat keine Vorstellung machen. Ihre Gegenstände waren Physik, Chemie, Baukonstruktionslehre, Zeichnen, darstellende Geometrie, analytische Geometrie und niedere Analysis und Algebra. Daneben arbeitete Moritz jeden Tag eine Stunde praktisch in der Werkstatt. Die vielen Arbeitsstunden – sechsunddreißig in der Woche – war er von Pforta her gewohnt. Er schrieb aber, daß er an diesen Stunden weit mehr Interesse habe als an denen in Pforta, obgleich auch in Berlin der größte Teil des Unterrichts theoretisch sei. Das einzige Unangenehme schien ihm die sehr gemischte Gesellschaft, die im Institut vereinigt war: »Die Verschiedenheit tritt schon im Alter sehr deutlich hervor, denn neben Jungens von sechzehn bis siebzehn Jahren sitzen Leute, die schon nahe an die dreißig sind. Das würde jedoch wenig stören, wenn nicht auch der Grad der Bildung bei den einzelnen Individuen ein sehr verschiedener wäre; da gibt es welche, die wahrscheinlich aus irgendeiner kleinen Stadt sind, in der eine Gewerbeschule ist, und deren Vater irgendein ehrsamer Handwerker sich zu sein rühmt, die von einem anständigen Benehmen sehr wenig Vorstellungen zu haben scheinen. Während andere wieder, die schon in irgendeiner Fabrik gearbeitet haben, sich mehr wie Kommis als Studenten gerieren und immer den blasierten Gentleman spielen wollen. Deshalb fiel auch der Kommers, der neulich veranstaltet wurde und den ich auch besuchte, ziemlich schwach aus, und er hatte mit einem studentischen wohl bloß die Ähnlichkeit, daß zuletzt niemand mehr nüchtern war und jeder sichtlich bemüht war, den größtmöglichen Spektakel zu machen.«

Für das Studium an dem in der Klosterstraße 36 gelegenen Gewerbeinstitut, der höchsten technischen Lehranstalt Preußens, genügte eben die Absolvierung einer Provinzialgewerbeschule oder Realschule. Es machte gar nicht den Anspruch darauf, eine »akademische« Laufbahn zu eröffnen. Darum gingen junge Leute, die sich für die technischen Wissenschaften interessierten und höhere Berufe anstrebten, lieber an die Bauakademie, so wie es Hermann Ehrenberg getan hatte. Die Bauakademie bildete Baukunstbeflissene auf den Gebieten des Straßen-, Eisenbahn- und Wasserbaues aus. Moritz Nieses Neigung galt jedoch dem rein Technischen, vor allem dem Maschinenbau. Derartiges lehrten in Theorie und Praxis damals nur die Gewerbeinstitute oder, wie sie sich in anderen Ländern gern nannten, Polytechnika, und so schlug Moritz diesen Bildungsgang ein. Er hat das, zumal man an dem Institut nach dreijährigem Lehrgang damals kein Abschlußexamen machen konnte, später oft bereut, weil er, wie er sagte, dem dümmsten Bauführer nachstehen mußte. Der Gedanke, den in den Gewerben Tätigen eine tüchtige Fachausbildung zu verleihen und einen neuen Typ selbständiger und schöpferischer Techniker und Fabrikanten heranzuziehen, hatte Geheimrat Peter Christian Wilhelm Beuth, einstmals Leiter der Abteilung für Handel, Gewerbe und Bauwesen im Finanzministerium, bei der Gründung des Instituts 1820 geleitet, und noch bis 1850 war in die Lehrgänge der Elementarunterricht eingegliedert gewesen. Selbst zu dem Zeitpunkt, an dem Moritz in Berlin begann, hatte es die Technik noch nicht, wie die ältere und vornehmere Baukunst, zu einer Akademie oder Hochschule gebracht.

Die Institutsausbildung bezog die praktische Arbeit ein und verlegte sie nicht, wie die Bauakademie, in eine praktische Arbeitszeit vor und nach dem theoretischen Studium. Die Arbeit in den technischen Werkstätten und chemischen Laboratorien und die zum Teil von Universitätsprofessoren gehaltenen Vorlesungen füllten den ganzen Tag aus und stellten erhebliche Anforderungen. Für die Gesamtausbildung war dagegen nur eine kurze Zeit angesetzt, man gelangte schnell zum Ziel. »Wissen ist Macht«, mit diesem Schlagwort operierte man damals immer mehr, und mit der Macht verband man in Gedanken auch gern das Geld. Daß beides mit dem Wissen, das Moritz in seinem Institut lernte, rascher zu erlangen war als mit dem, das der Vater ihm immer wieder abverlangte, wenn er ihn an die philosophischen, philologischen und historischen Kollegs in dem klassischen Bau Unter den Linden verwies, lag auf der Hand. Das Studium, das der Vater anpries, verwirrte und machte unsicher. Wenn Moritz aber vom Zeichensaal, der Werkstatt oder der Mathematikvorlesung bei Weierstraß nach Hause ging, wußte er, was er in der Hand und im Kopf hatte. Wozu man es mit dem im Beuthschen Institut Gelernten bringen konnte, bewies ein Gang zum Palais des ehemaligen Zimmergesellen Borsig am Wilhelmplatz Ecke Voßstraße oder die Besichtigung seiner Residenz in Moabit. Und im Gedanken an das, was er einmal erreichen konnte, ertrug Moritz auch jede Art geistiger und körperlicher Anspannung und den oft störend empfundenen Umgang der Mitlernenden.

Denn gerade er hatte noch mehr als seine Brüder die Neigung, elegant zu sein, sich fein zu kleiden, ein gutes Leben zu führen. Anna, die »Kommunkorrespondentin« der Familie, schickte dem lieben »Mörchen« immer wieder heimatliche Delikatessen, und die Hemden für ihn konnten nicht hübsch genug genäht sein. Er besuchte gern die Hausbälle bei den befreundeten Familien, er ließ sich Visitenkarten drucken, für die Anna ein Täschchen mit Grecborte anfertigte, das beim Buchbinder gebunden wurde. Auch solche Kleinigkeiten mehrten die Geldnöte: »Lieber Vater, ich weiß nicht, ob Carl und Julius mit fünfundzwanzig Talern hier ausgekommen sind, beide haben wohl wenigstens eine Zeitlang zusammengewohnt, und dann werden sie es wohl getan haben – ich kann es nicht, obwohl ich über jeden Pfennig, den ich ausgebe, Rechnung führe und auch Rechenschaft geben kann; ich habe es Januar und Februar versucht und habe eben gesehen, daß es nicht geht, wenigstens sehr schwer geht. Zehn Taler muß ich den Monat für Miete, Kaffee am Morgen und Aufwartung der Wirtin geben, zehn Silbergroschen brauche ich für Essen, und für Stiefeln und Kleidung muß man den Monat doch sechs Taler rechnen, und da bleibt für Wäsche, Bücher, Schreib- und Zeichenmaterialien gar nichts übrig. Wenn Du indessen mir nicht mehr als fünfundzwanzig Taler geben kannst, so muß ich natürlich auch damit auskommen und werde dann mit irgend jemand zusammenziehen. Zu Michaeli denke ich übrigens ganz bestimmt ein Stipendium von Merseburg aus oder von der Regierung zu bekommen.« Gleichzeitig eröffnete er dem Vater, er wolle im Sommer auf das Polytechnikum in Zürich gehen, da das Stipendium erst im Herbst zu erwarten sei, die Ex- und Reimmatrikulation in Berlin nichts koste und die Kolleggebühren in Zürich niedrig sein würden.

Nachdem er dann in den Semesterferien daheim in Pforta gewesen war und die geliebte Pauline wiedergesehen hatte, zog Moritz im Frühjahr 1865 nach Zürich. Fröhliche Schilderungen von der Reise gingen an die Schwestern, ein Bericht aus Zürich an den Vater. Man habe ihm wegen seiner Pförtner Zeugnisse Komplimente gemacht und mit dem schulmäßigen Betrieb am Polytechnikum, monatlichen schriftlichen Arbeiten, Pflichtrepetitorien sowie regelrechten Versetzungen könne er sich so wenig einverstanden erklären. Leider seien die Kolleggelder keineswegs gering, daher habe er sich entschlossen, der Anstalt nur als Auditor anzugehören und recht wenig Vorlesungen zu belegen. Aber als einen großartigen modernen Bau müsse man das Polytechnikum schon bezeichnen, und auch sein Zimmer im Studentenviertel auf der Platte, zweihundert Meter hoch über dem See, sei wunderschön.

Da erreichte Moritz Niese ein Brief seines Freundes Heinrich Jäger – Pauline Felker hatte sich mit einem anderen verlobt! Aus allen Hoffnungen und Plänen jäh herausgerissen, schrieb er einen vorwurfsvollen Brief an die Familie, von der er annahm, sie habe ihm den Treubruch aus Zartgefühl seit geraumer Zeit verschwiegen. Aber schon zwei Tage später klärte ihn ein ernstes Schreiben des Vaters darüber auf, daß sein Argwohn falsch war. Moritz antwortete offenbar gefaßt: »Du weißt, ich liebe es nicht, viele Worte über etwas zu machen, was nicht mehr zu ändern ist. Was mir an anderen mißfällt, werde ich selbst nicht tun. Da Du mich jedoch gebeten hast, mich darüber zu äußern, ob und inwiefern ich mir selbst eine Schuld an diesem Bruche beizumessen habe, so will ich Dir darauf erwidern, daß ich mir nicht der geringsten Schuld bewußt bin. Ich bin mir von dem ersten Augenblick meiner Bekanntschaft mit Pauline bis dahin, wo ich zum letzten Male sie gesehn habe, vollkommen gleich geblieben. Ich kenne die näheren Verhältnisse nicht und weiß die Einflüsse nicht, die auf sie eingewirkt haben mögen, fühle mich auch selbst längst nicht ruhig genug, um ein vollkommen vorurteilfreies Urteil über sie abzugeben, aber ich bin froh, daß ich wohl sagen kann, daß ich kein Recht habe, über sie ein hartes Urteil zu fällen. Freilich ist die ganze Angelegenheit auch nicht dazu geeignet, meine allgemeine Ansicht über die Menschen sonderlich zu verbessern. Euch alle bitte ich, Euch Felkers sowie den übrigen Leuten gegenüber nichts merken zu lassen, und wenn es, wie Anna und Thekla mir schreiben, Euch auch schwer werden würde, Pauline zu gratulieren, so bitte ich, es doch zu tun. Ich habe mich überwunden und habe an die Frau Felker geschrieben und ihr Glück gewünscht, ich glaube, dann könnt Ihr es auch tun.«

Die von Moritz scheinbar niedergezwungene Enttäuschung löste wenige Tage darauf einen schweren nächtlichen Herzanfall aus, der sich sogar wiederholte. Von Angst und Verlassenheit gequält, fragte er bei den Eltern an, ob sie ihm erlauben würden, nach Hause zu kommen. Umgehend erfolgte ihr Ja. »So werde ich denn noch einmal die Hundstagsferien in Pforte feiern, und ich hoffe, daß die Ruhe, die ich bekommen werde, wenn ich erst bei Euch bin, mir mehr helfen wird als alle Arzeneien.« Er hoffte nicht vergebens, aber sein Herz behielt einen Panzer zurück. Bewußte Nüchternheit, Barschheit und eine ständig plänkelnde Ironie gehörten nun in zunehmendem Maße zu seiner Art, sich zu geben und auszudrücken.

»Noch einmal Hundstagsferien in Pforta« – so hieß es 1865 nicht nur für den heimgekehrten kranken Sohn, sondern für alle Kinder Niese. Es war nun entschieden worden, daß der Professor mit Beginn des nächsten Jahres die gut dotierte Pfarre Bahrendorf im Magdeburgischen erhalten würde. Seine Frau Auguste war sicher die einzige, die dem Landpastorenleben mit Freude entgegensah und sich unbekümmerter von Pforta löste, das ihr nicht so viel bedeutet hatte wie den anderen. Niese selber und die Kinder gingen ungern von Pforta weg. Nur Emma teilte den allgemeinen Kummer nicht, denn sie sollte für zwei Jahre zu Bruder Julius nach St. Louis reisen und Elise im Haushalt beistehen. Julius' Kompagnon, Charles Knoblauch, der in diesem Sommer zur Erweiterung der Geschäftsverbindungen nach Deutschland gekommen war, würde sie mitnehmen, obgleich er persönlich eher in Sophie eine mögliche künftige Partnerin für sich selber sah. Julius hatte mancherlei Ärger durch den Schwager Franz Brunner, den er, um Schlimmeres zu verhüten, in sein Geschäft nehmen mußte.

Professor Nieses Abschiedsgeschenk an Pforta wurde »Die Johanneische Psychologie«, im Programm des Jahres 1865 erschienenes Ergebnis seiner Studien in der jüngsten Vergangenheit. Unter Hinweis auf die Psychologie des jüngeren Fichte, Ulricis Buch über »Gott und Mensch« sowie die »Biblische Psychologie« des Theologen Franz Delitzsch stellte Niese in Anlehnung an die von Aristoteles in seinem Buch über die Seele definierten Kategorien die psychologischen Vorstellungen des Johannes-Evangeliums dar. Dessen Grundanliegen sei, daß der Mensch durch das Christentum wiedergeboren werde. Diese Wiedergeburt führe über die Stufen des Schauens und Vernehmens der Wahrheit, des Erkennens, Wissens, Glaubens, Liebens und gipfele in der praktischen Frucht dieser Liebe, im Gutes-tun. »In unserer Zeit hat man vielfach das Gefühl zu dem Grund und Boden gemacht, aus welchem alle unsere höheren Gedanken und Entscheidungen als aus ihrer Wurzel sich entwickeln sollen... Man hat in der Heilslehre des Christentums den umgewandelten Willen zur Basis und ersten Bedingung des neuen wiedergeborenen Lebens gemacht und also aus ihm die weitere Entwicklung der reineren christlichen Erkenntnis und der geläuterten christlichen Gefühle ableiten wollen.« Johannes mache zur Glaubensgrundlage jedoch das Wort, und das Wort richte sich an den vernehmenden und verstehenden Geist. Es sei nicht im Sinne des Johanneischen Geistes der Wahrheit und der Liebe, der Glauben nur durch das Wort der Wahrheit hervorrufen will, daß man etwas akzeptiere, weil es in der Schrift stehe. Gerade aus der Johanneischen Psychologie ergebe sich die logische Folgerung, daß »ich kann nicht glauben« meist nichts anderes bedeute als »ich kann nicht verstehen«. Es fehle den Menschen am richtigen Verständnis, denn nicht jedes vermeintliche Verständnis sei ein richtiges und wahres Verständnis, wie auch Johannes schreibt »Sie konnten nicht verstehen«. Mit dem verborgenen Bezug dieses »sie konnten nicht« verlagere sich das Problem vom Bereich der Psychologie auf das der Metaphysik.

Nieses letzte größere Amtshandlung in Pforta wurde die Beisetzung seines Freundes Keil, des um Weihnachten 1865 verstorbenen Gräzisten. Es gab weitere Veränderungen in der Anstalt: Unmittelbar nach Niese verließ auch Steinhart sie und ging als Honorarprofessor an die Universität Halle, außerdem schieden noch Corssen sowie Kern aus.

In dem kleinen Pfarrdorf, wohin das Ehepaar Niese mit den drei Töchtern Anna, Johanne und Thekla umgezogen war, wurde Niese Silvester 1865 durch den Patron Dohrn in sein Amt eingeführt. Hier war das Land recht flach, Kornfelder und vor allem Rübenäcker beherrschten das Landschaftsbild. Der schwarze fruchtbare Boden wurde zur Winterzeit, wenn es nicht fror, grundloser Morast und die Dorfstraße unpassierbar. An Ausgehen war nicht zu denken. Und wohin auch? Höchstens um konventionelle Besuche mit dem Patron und den Pastoren und Lehrern der umliegenden Dörfer auszutauschen. Keine professoralen Kollegen, keine lernbegierigen Schüler, kein philosophisches Kränzchen, keine Konzerte, Aufführungen oder Bälle in der Turnhalle! Thekla schrieb dem als Pförtner Alumne zurückgebliebenen Bruder Heinrich: »Hier sind die Menschen sogar so unkultiviert, keine Stollen zu backen!« Besonders die beiden jüngeren Schwestern langweilten sich, denn sie konnten der Hausarbeit nicht viel Freude abgewinnen; Thekla, ein kleiner Flattergeist, verstand mit Blumen umzugehen, und so nahm sie sofort die hochstämmigen Rosen im Garten hinter dem weißen, breithingelagerten einstöckigen Pfarrhaus in Obhut. Johanne führte die Kasse des Hauses, die nun zum ersten Male seit langen Jahren ein wenig voller war. »Wie hätte ich denken können, jemals so viel ausgeben und den Armen schenken zu können wie hier in Bahrendorf! In Pforte war das unmöglich«, bekannte Auguste. Ihr war das Alter stärker anzumerken als ihrem lieben Carl; zwar blieb die Küche ihr Ressort, aber die Herrschaft im Hause ging langsam an Anna über. »Anna ist unermüdlich im Schaffen und ist daher die Schaffnerin aller Gemütlichkeit«, charakterisierte sie der Vater. Neben ihren Schneider- und Handarbeitskünsten fand sie meist noch Zeit, Bücher zu lesen, immer wieder einmal an die Geschwister zu schreiben und für den Vater sowie den Bruder Carl als Hilfe für deren Arbeiten Übersetzungen aus dem Englischen und Italienischen zu machen. Sie unterhielt einen regen Briefwechsel mit Professor Koberstein, als dessen Schülerin sie sich fühlte und von dem sie als teures Andenken einen handgeschriebenen Band »Vermischte Aufsätze«

bewahrte, die als Nachlese zu einem 1858 erschienenen ersten Band nicht für den Druck bestimmt, sondern ihr als seiner »lieben Zuhörerin und teuersten Freundin« gewidmet und geschenkt worden war.

Die Nieses ließen sich nicht lange von der Einsamkeit und der Langeweile erschlagen. Die vielen überall verstreuten Kinder und Schwiegerkinder, die Freunde der Alten und die Freunde der Jungen sorgten dafür, daß in Bahrendorf während der schönen Jahreszeit ein dauerndes Kommen und Gehen war. Der große und schöne Garten verbarg ihnen die Reizlosigkeit der Landschaft, die Familie versammelte sich dort gern unter dem hohen Birnbaum. Außerdem reiste man häufig. Barby und Moritz Niese waren schnell zu erreichen, dann gab es Ulrici in Halle, Marie in Naumburg, alte Beziehungen zu Pforte, wo zunächst noch Heinrich zu besuchen war. Schließlich trieb es Niese wiederholt nach Leipzig, denn hier lehrte jetzt Ritschl, der die ihn kränkende Haltung des Kultusministeriums bei seiner Auseinandersetzung mit Jahn durch ein Gesuch um Entlassung aus dem preußischen Staatsdienst beantwortet hatte. Der junge Nietzsche, der Ritschl von Bonn nach Leipzig gefolgt und ganz zur Philologie übergegangen war, versetzte den gelehrten Mann durch einen Vortrag, den dieses nunmehr dritte Semester gehalten hatte, geradezu in Entzücken: Er habe noch nie einen jungen Mann gekannt, »der so früh und so jung so reif gewesen wäre wie dieser Nietzsche«.

Nicht nur durch häufige Besuche, sondern auch durch zahlreiche Briefe hielten die Nieses den Kontakt untereinander und nach allen Seiten aufrecht. Sechs Kinder hatten nach und nach das Vaterhaus verlassen und wollten unterrichtet, beraten und oft auch noch mit leiser Hand geführt sein, und der siebzehnjährige Heinrich, der durch den Umzug der Familie vorzeitig auf eigene Füße, wenn auch in die Obhut seines Tutors, des Professors Koberstein, gestellt worden war, bedurfte besonders aufmerksamer Betreuung. Dem etwas behäbigen, langsamen Unterprimaner mußte stets zugeredet werden, die Schule nicht nur mit einem Mindestmaß an geistigem Aufwand zu bewältigen, vor allem nicht die Mathematik bei Professor Buchbinder. Anfänglich trug er die Trennung von der Familie mannhaft und genoß die täglichen Spaziergänge nach Almrich, die ihm als Primaner erlaubt wurden. Aber als fremde Menschen, des Vaters Nachfolger nebst dessen Familie, in das Pfarrhaus eingezogen waren, ergriff ihn das Gefühl der Verlassenheit: »Ich sehe weder meine starke, rote Johanne, noch meine schlanke, bleiche Thekla, noch mein kleines Täubchen noch meine helltönende Nachtigall in jenen Gestalten wieder.« Der Vater riet ihm, Gott um einen treuen Freund zu bitten, dann werde er die Familie weniger vermissen, und vertröstete ihn. »Pfingsten wird dann der Onkel, die Tante und Hedwig bei uns sein und wer uns sonst noch wird besuchen wollen, als Moritz, der noch ein paar Freunde mitbringen will, und Hermann, wenn dann der Krieg schon wieder vorüber ist, und Änne Jäger. Und nach Pfingsten komme ich dann zu Euch zum Abschiedsphilosophikum, und danach kommst Du zu uns, und mit Dir wohl auch Carl und Minnie, und wenn die Naumburger Ferien angehen, Marie und Waltherchen, und Mitzschke wird sich doch auch einmal sehen lassen. Und dann kommen wohl Anna oder Sophie oder Johanne oder Thekla oder die Mutter oder ich wieder einmal und so fort, wenn uns Gott das Leben läßt, bis Du nicht mehr in Pforte bist.«

Aus allen diesen Pfingstbesuchen wurde jedoch nichts. Das so gemütvoll ausgesponnene Familienidyll blieb unerfüllte Erwartung. Österreich und Preußen wurden sich nicht einig über die Beute nach der blutig besiegelten Lösung der schleswig-holsteinischen Frage, und eine Politik, die eine kriegerische Lösung der »deutschen Frage« für unvermeidlich hielt, mußte notwendig zum Waffengang führen.

»Erlaubst Du mir vielleicht«, fragte Heinrich den Vater, »daß ich mir, wenn es wirklich zum Schlagen kommen sollte, mit mehreren andern eine Zeitung halte, man weiß wirklich sonst gar nichts, was passiert, und schließlich ist es doch ein Krieg, den man vielleicht, wenn er länger dauert, selbst mitmachen muß. Die Artillerie in Naumburg steht schon auf dem Sprunge, nach Lützen auszurücken, die Besatzung von Torgau hat am Sonnabend Ordre, gegen die sächsische Grenze vorzurücken... Was meint Ihr über das Attentat auf Bismarck?« Natürlich wurde die Zeitung erlaubt, aber im übrigen beruhigte der Vater: »Glaube nur nicht an den Krieg... daß es ja ein Bundesbruch sein würde, wenn ein deutsches Land gegen das andre Krieg führen würde, ohne vorher den Bund in Beratung gezogen zu haben. Und endlich ist die ganze Geschichte ja auch viel zu dumm, daß um des bißchen Schleswig-Holsteins willen die beiden Verbündeten zuletzt darüber einander in die Haare geraten wollten.« An Krieg sei also gar nicht zu denken, war die Schlußfolgerung des alten Niese gewesen, doch bald mußte er gestehen: »Leider sinken jetzt mit jedem Tage die Aktien meiner Friedenshoffnungen. Vorhin kam Herr Dohrn zu uns und meldete, daß die Preußen in Sachsen, Hannover und Hessen eingerückt wären; noch will ich annehmen, daß es eine falsche und voreilige Zeitungsnachricht ist. Gott gebe es.« Schmerzlich war ihm die Tatsache des Krieges an sich, noch schmerzlicher aber, daß dieser Krieg, wie er meinte, kein gutes Gewissen habe, weil Deutsche gegen Deutsche zogen und »Preußen losschlug, bevor es noch eine bestimmte Kriegserklärung hatte. Das mochte sehr klug sein, weil es doch ohnehin dazu gekommen wäre, allein alles Mögliche war nicht getan, uns den Frieden zu erhalten«. Schwer fiel es, den Sohn Moritz, der erklärter Bismarckianer war, davon abzubringen, sich freiwillig zu melden. »Was Deine Kriegsdienste anbetrifft, so wartest Du doch, bis Du eingerufen wirst? Daran halte Dich also!« schrieb der Vater gegen seine sonstige Art ziemlich energisch.

Denn der Vater blieb immer leise, auch wenn er einmal bestimmter wurde. Seine Art, sich mitzuteilen, war der ruhige und beruhigende Leitton in dem Konzert der Familienbriefe. Behutsam als Menschenführer wußte er, daß man den Eigenwuchs der Kinder nicht mit Gewalt umbiegen kann, sein Ton war höflich belehrend, und er verlangte auch von den Kindern den höflichen Ton. Wenn ihm Heinrich ein gewünschtes Buch nicht schickte, hieß es: »Wenn jemand etwas wünscht, so muß man es so schnell als möglich beschaffen«, oder wenn er den Schwestern die Ankunft eines Paketes nicht meldete, meinte er »dergleichen, lieber Sohn, muß man nicht vergessen« oder »zum Danken muß man stets brieffertig sein!« Erinnerte er die Söhne an ihren Gott, so nahm es sich in seinem Munde ganz anders aus, als wenn die Mutter das tat, die sich viel pastoraler hören ließ als ihr Mann und, wie einst als Braut, bisweilen in Klagen und Vorwürfe verfiel.

Die heiteren Melodien im Familienbriefkonzert lieferte in erster Linie immer Julius, dessen Geschäft, seinem Temperament entsprechend, bergauf und bergab ging, ohne daß er je ganz ins Leere fiel, und der zum Staunen der biederen Schwestern dabei stets auf gutem Fuße lebte. Das Amerikanertum hatte sein Wesen gelöst. Er war schwungvoll und neuen Projekten stets zugänglich, obgleich ihm vieles fehlschlug. Der Schwiegervater Brunner hielt das Portemonnaie zu und war selten bereit, Julius in seinen Kalamitäten beizuspringen. Aber es gab in St. Louis merkwürdige Leute, die einem Kredit einräumten, wenn man in deren Haus vor einer Gesellschaft aus dem »Faust« vortrug, und das tat Julius gern, nicht nur des Kredites wegen, sondern weil es ihm Spaß machte. Immer wieder zog es ihn nach der Heimat, wo er im Spätsommer 1867 eines Morgens um sechs Uhr unangemeldet in die Küche und vor seine überraschte Mutter trat.

An den Briefen, die sie von dem Sohn Moritz erhielten, lasen die Empfänger hinter mancher witzigen Wendung, die dem früher so amüsanten Erzähler noch gelang, die Folgen seiner menschlichen Enttäuschung und seine Verbitterung ab. Er war ein intensiver, wenn auch einseitiger Arbeiter und raffte mit Eifer an sich, was ihm zu seiner Ausbildung nötig erschien, hörte Kollegs nicht nur an dem 1866 zur Akademie aufgerückten Gewerbeinstitut, sondern auch an der Bau- und an der Bergakademie und kam so auf vierzig Wochenstunden. Im Herbst 1867 beendete er sein Studium und ging – ohne akademischen Grad oder Titel, den man an der Gewerbeakademie noch immer nicht erwerben konnte – nach dem Eisenwerk Lauchhammer. Er betrachtete diese Stellung nur als Gelegenheit zum Lernen. Die volle Erfüllung seiner technischen Interessen erhoffte er sich an anderem Orte.

Enttäuschung las man auch trotz eines etwas forcierten Humors aus den Briefen der Schwester Emma. Die Wirtschaft in St. Louis mit Julius' Töchtern, zwei Kleinkindern, wuchs ihr bei Elises geringem Hausfrauentalent oft über den Kopf. Zufriedener klangen ihre Briefe erst, als sie Anfang 1867 durch Akklamation der deutschen Gemeinde in St. Louis zur Schullehrerin gewählt wurde. Sie enthielten hübsche Beobachtungen aus dem dortigen Leben: »Hier muß man in der Kirche sich fortwährend Luft wedeln, damit man der Hitze nicht unterliegt.« Auch die Männer hätten Fächer von nicht unbedeutender Größe. Sie bestünden aus getrockneten Palmblättern, von einer halben Elle im Durchmesser für die Männer und einer viertel Elle im Durchmesser für die Damen. »Diese Mode ist aber eine von den feineren, deren es nicht zu viel gibt, während es der gröberen mehrere gibt. So zum Beispiel gehen alle Herren sans gêne in Hemdsärmeln, welche letztere noch bis über den Ellenbogen emporgeschoben sind, dann tuen sie die Halsbinden ab, und die Füße legen sie auf den Tisch und spucken nach allen Seiten hin...« Emmas gutes Herz und ihre Anhänglichkeit zeigte sich in den Gedichten, mit denen sie die Schwester Marie Mitzschke über den Verlust ihrer Kinder zu trösten suchte, und einen gewissen Charme hatten ihre in den verschiedensten Versmaßen abgefaßten poetischen Briefe an den Bruder Heinrich: »Well, Pegasus, ich muß ja bald zu Bett, hilf mir zu einem leidlichen Sonett! Ihr holden Musen, kommt und habt Erbarmen, begeistert mich für das Geburtstagscarmen – umsonst, der manchmal leicht beschwingte Gaul ist bei der großen Hitze matt und faul!«

Was Sophie aus Berlin mitteilte, beschränkte sich in der Regel auf Nachrichten. Ihre im Frühjahr 1866 krankheitshalber abgebrochenen Studien nahm sie im Sommer 1867 wieder auf, vorwiegend auf Betreiben des Onkels Moritz in Barby, der die Kosten für ihre Ausbildung zum Teil schenkte, zum Teil lieh.

Auch Johannes Briefe waren knapp und sachlich. Da sie ihr Amt als häuslicher Finanzminister energisch zu vertreten wußte, kam es auch zu kräftigen Tönen, wenn Moritz der Kopf gewaschen wurde: »Sage nur um alle Welt, wo sind die hundert Taler hin? Noch nicht zwei Monate sind verflossen, seitdem Du sie bekamst! Du wirst und mußt selbst einsehen, daß für des Vaters Verhältnisse solche Ausgaben zu groß sind. Poche nur nicht auf die gute Stelle, denn erstens haben in diesem Jahre die Eltern noch Schulden zu bezahlen, und dann sind sie auch nicht hierher gegangen, um alles zu verbrauchen, sondern um für Deine Schwestern und überhaupt für Fälle der Not zurückzulegen, so viel es geht. Wir können ja gar nicht wissen, ob alles so bleibt. Ich weiß wohl, daß der Vater nicht wünscht, daß wir uns in seine Geldangelegenheiten mischen, und daß er nicht denkt, wir gönnen Dir's nicht, daß Du so viel bekommst, denn wenn Dir der Vater vierhundert Taler jährlich gibt, so ist das für Dich sehr viel. Darüber wirst Du lachen, aber es ist mein völliger Ernst. Du bist einfach und anspruchslos erzogen, und demnach müßtest Du mit dem Geld ohne alle Frage auskommen. Wenn Du erst selbständig bist und Dir Deinen Unterhalt verdienen mußt, wirst Du hoffentlich einsehen lernen, daß es nicht so leicht ist, hundert Taler zu erwerben, und nicht so verächtlich sprechen, als könnte der Vater es aus den Ärmeln schütteln, ohne sich weiter zu bemühen. Halte Dich sauberer, so wirst Du bloß halb so viel Kleider brauchen und ebenso elegant aussehen. Ich glaube,

Deine Garderobe kostet Dich viel zu viel. Versuch's einmal und sieh nicht so darauf, ob Du modern gehst, sei weniger eitel und wie gesagt, achte darauf, daß Du nicht gleich so fleckig aussiehst, ein alter Rock ohne Fleck sieht immer besser aus als ein neuer mit Flecken. Ich schreibe Dir das, weil ich weiß, daß der Vater sehr leise nur anfragen wird, wo das Geld geblieben ist, obgleich es ihm unangenehm ist, daß Du schon wieder welches haben willst... Ich beanspruche ja nicht, daß die Eltern für mich mit sparen... wenn mir der liebe Gott meinen Hermann erhält, so brauche ich nichts, der hat so viel gelernt, daß er mich und sich gut erhalten kann, aber wir haben noch vier Schwestern und wissen nicht, ob sie sich noch verheiraten...«

Thekla, die jüngste der Töchter, fand und gab Stoff zu Briefen vor allem durch vergnügliches Umherreisen. Sie versäumte keinen Ball, besonders nicht den in Pforte zu Fastnacht und zum Bergfest jährlich veranstalteten. Bald besuchte sie den Onkel in Barby, bald den Bruder Carl in Sulza, sogar nach Leipzig zu den Ritschls fuhr sie.

Es war mehr als eine Geste distanzierter Verehrung, daß Minnie Niese ihrer Schwiegermutter, die ihr ein wenig im Schatten des Mannes zu stehen schien, einen kleinen Brillantring schenkte. Zwar stand das Haus der empfindsamen, auch kränklichen Eheleute in Sulza den Eltern sowie den Geschwistern stets offen, aber sie selbst mieden eher Familientrubel. Als Minnie Niese 1867 schwer erkrankte, übernahm Anna die Führung des Haushalts. Sie blieb bemüht, die Verbindung auch zu Carl und seiner Frau ebenso harmonisch aufrechtzuerhalten wie zu allen Nieses, und sie erwartete von anderen, daß sie sich dem Zusammenhalt nicht entzogen. Den Bruder Moritz ermahnte sie, häufiger nach Haus zu schreiben und sich als Kind seines Vaterhauses »in stetem Verkehr mit demselben zu erhalten. Wir wissen ja nicht, wie lange es uns der liebe Gott noch erhalten wird, und der Verlust desselben ist gewiß einer der bittersten auf dieser Erde, deshalb wollen wir recht dankbar sein, so lange es uns noch geschenkt ist, und diese Dankbarkeit können wir ja nur dadurch beweisen, daß wir in engstem Zusammenhang mit ihm bleiben.«

Der elterlichen Weisung bedurfte zunächst noch am ehesten der Primaner Heinrich in Pforta. »Denke stets daran, lieber Heinrich«, schrieb ihm die Mutter zum Geburtstag, »daß die zwei Jahre in Prima recht schnell vergehen, und wenn Du da nicht fleißig gewesen bist, sich das gewiß recht kundtut, wenn das Examen beginnt zum Abgang und die verlorene Zeit nicht wiederkehrt... Ach, lieber Heinrich, der Herr hat uns viel Gnade gegeben, daß wir das erlebt, daß Du, unser jüngstes Kind, nun achtzehn Jahr bist, wie dankbar bin ich Gott dafür, zumal ich dem Tode so nah war, als Du geboren wurdest. In zwei Jahren, so Gott will, bist Du als Student bei uns zu deinem Geburtstage.« Aber als sich Heinrich dazu aufraffte, bei seinen Hausarbeiten die Benutzung von alten Schülerarbeiten aufzugeben und seine eigenen Fähigkeiten leuchten zu lassen, da passierte es ihm, daß ihm sein Klassenlehrer Corssen gerade diese eigene Arbeit nicht zutraute und ihn nun wirklich fälschlich der Abschreiberei verdächtigte. Der Vater gab Heinrichs selbstgerechtem Trotz einen heftigen Stüber: »Präge Dir doch ein für alle Mal ein, daß Lüge und Täuschung niemals Segen bringt... Ohne Fleiß und ernsten tüchtigen Fleiß wird nichts aus uns, und so lange man jung ist, muß man ihn sich angewöhnen und seine träge Natur überwinden; man muß eine Sache studieren, bis sie einem lieb wird. Was Du mir von Deiner Begegnung mit Professor Corssen berichtest, so bist Du wahrscheinlich nicht mit der rechten Bescheidenheit zu ihm gekommen, sondern in dem Gefühle, daß er Dir unrecht getan habe, in Deiner unfeinen und borstigen Weise... da Du Dir doch vielmehr hättest sagen müssen: das läßt jetzt Gott über Dich ergehen, weil Du früher betrogen hast, und das ist eine sehr gnädige Strafe von ihm.« Zu Michaelis teilte dann Professor Koberstein dem alten Kollegen mit Bedauern mit, daß Heinrichs Versetzung nach Oberprima zweifelhaft und Heinrich wohl der Meinung sei, Professor Buchbinder beurteile seine Leistungen in Mathematik deswegen schlecht, weil er früher einmal einen Streit mit Heinrichs Vater gehabt habe. Dieser Streit aber war längst vergessen, und Buchbinder gab Heinrich sogar privat Nachhilfestunden. »Das ist Schülerart«, schrieb daraufhin der Vater, »wenn der Lehrer mit ihnen unzufrieden ist, dann suchen sie die Schuld anderswo als in sich selbst. Von Dir war es sehr unrecht, daß Du, ungeachtet er sich mit Dir Mühe gab und Dir nachhelfen wollte, Dich dennoch nicht mehr anstrengtest und fleißiger wurdest. Das war ein Zeichen von Undankbarkeit, die ich unter allen Untugenden am wenigsten leiden kann und womit Du mich betrübst, wenn ich davon Zeichen an Dir sehe.«

Erst kurz vor dem Ende der Schulzeit besserten sich Heinrichs Leistungen ein wenig. Des Vaters Warnungen begleiteten ihn noch immer: »einen Rückschritt merkt man erst dann, wenn er eigentlich schon lange da ist«. Zum ersten Mal nach seinen Berufsvorstellungen befragt, antwortete Heinrich seinem Vater, sein Wunsch sei, Baufach zu studieren. »Wenn ich Dir zu Gefallen Theologie studieren wollte, würdest Du mir es wohl nicht erlauben. Zum Theologen passe ich nicht, vor dem medizinischen Studium habe ich einen wahren Ekel, und zum Juristen und Soldaten werde ich schwerlich passen, habe auch zu keinem von beiden Lust. Zum Baufach habe ich viel Lust, die Mathematik, in der ich zwar nichts weniger als ein lumen bin, wird mir doch nicht schwer zu kapieren, und zeichnen werde ich wohl auch noch besser lernen.« Es galt nun, einen Ort zu finden, an dem Heinrich sowohl das nötige Praktikum als auch sein Militärjahr abdienen konnte. Wieder versuchte der Vater, den Sohn zur Wahl einer Universitätsstadt und zum Nebeneinander von Militärdienst und Studium zu bewegen. »Du kämst dann freilich«, räumte er ein, »ein Jahr in Deiner Karriere zurück. Allein, das würde ich doch für einen so großen Schaden nicht halten; Du lerntest doch das Studentenleben kennen und könntest Dir dabei zugleich einen allgemeinen Blick über die Wissenschaften überhaupt erwerben, wenn Du ein paar philosophische und historische Kollegia hörtest, und die Mathematik brauchte dabei nicht ausgeschlossen zu sein.« Dann fand sich freilich doch noch für Ostern 1868 eine Lehrstelle beim Eisenbahnbau in Halberstadt, und der Vater tröstete sich mit dem Gedanken, daß es den Studierenden der Berliner Bauakademie gestattet war, an den Vorlesungen der Universität mit teilzunehmen, was allerdings, wie er betonte, sehr sein Wunsch sei. Aus Amerika meldete sich Schwester Emma reimefreudig glückwünschend »und von der Heimat stillem Ort zieht auch der letzte Niese fort«.

Inzwischen schob sich wieder die Sorge um den Ingenieur Moritz in den Vordergrund. Julius hatte ihn, als er ein Jahr zuvor in Deutschland war, nach St. Louis eingeladen, und da Moritz in Deutschland nichts finden konnte, was seinen technischen Interessen und finanziellen Wünschen entsprach, war er entschlossen, der Einladung zu folgen; er wollte den Eltern nicht länger auf der Tasche liegen. Die Familie war unglücklich, nun ein drittes Mitglied über den Ozean und in eine vielleicht abenteuerliche Zukunft entlassen zu sollen. Es kam jedoch noch einmal anders, obgleich auch nicht mit gesicherter Zukunft. Moritz ging im Sommer 1868 im Auftrag des Eisenbahnkönigs Bethel Henry Strousberg nach Rumänien, um bei dem Bau der dortigen Eisenbahn mitzuwirken.

Strousberg stammte aus Ostpreußen. Er hatte in England und Amerika Erfahrungen, Geld sowie den englisch klingenden Namen erworben und war nun fast so sagenumwoben und witzumknistert wie Bismarck. Sein Palais mit der antikischen Front in der Wilhelmstraße 70 war mit allem denkbaren Luxus jener Tage, einer Gemäldegalerie und einem Wintergarten, in dem eine künstliche Nachtigall sang, ausgestattet. Die Gaffer stauten sich, wenn er von dort auf englische Art im Vierspänner nach seinem Büro in der Jägerstraße fuhr, wo im funkelnden Vestibül Geldadel und Blutsadel in gleicher Weise antichambrierten und sich ein eben ausgebackener kleiner Ingenieur wie Moritz Niese nur mit Zagen einem der livrierten Diener genähert hätte. Strousberg war Generalentrepreneur des preußischen Staates beim Bau verschiedener Eisenbahnen gewesen, in einer Form des Unternehmertums, die er selbst erfunden hatte. Der Staat besorgte nur Bewilligung, Pläne, Grundenteignung – alles übrige, Erdbewegung, Baumaterial und die vollständige Einrichtung der Strecke mit Zügen und Bahnhofsanlagen lag in den Händen des Unternehmers, der das Kapital durch Ausgabe von Aktien zusammenbrachte. Bei der Beschaffung dieser Gelder zeigte sich Strousbergs Finanzgenie. Er selber wurde einer der reichsten Männer Deutschlands. Da er mit seinem Geld verschiedene Werke und Rohstoffquellen der für seine Eisenbahnen erforderlichen Grundindustrien kaufte, war er zugleich sein eigener Produzent und Lieferant.

Bei dem rumänischen Projekt, mit dem ihn der Hohenzoller Fürst Karl von Rumänien betraut hatte, wurden Männer wie der Herzog von Ratibor, der Graf v. Lehndorff-Steinort und der Herzog von Ujest bewogen, wesentliche Summen zu zeichnen, und zahllose Kleinsparer ließen sich durch die Höhe der Verzinsung von sieben Prozent verlocken. Strousberg hatte sich verpflichtet, die Zinsen für die Obligationen bis zur Inbetriebnahme der Bahn zu zahlen, die Zahlung war jedoch von der rumänischen Regierung garantiert worden. Bis 1872 sollten die beiden Strecken, die eine von Bukarest nach Nordosten über Braila und Galatz, dann nach Norden bis Roman, und die andere von Bukarest westlich nach Craiova und Turn bis nach Severin an der österreichischen Grenze betriebsfertig sein. Das bedeutete, daß der Bau in großer Eile begonnen und durchgeführt werden mußte. Rumänien besaß weder Facharbeiter noch Ingenieure für ein solches Unternehmen; Strousbergs eigene erprobte Ingenieure waren anderenorts eingesetzt, und so mußte er zahlreiche neue Kräfte engagieren. Zu diesen gehörte auch Moritz Niese. Am 20. Juli 1868 langte er mit einem der ersten Transporte bei glühender Hitze in Galatz an. Hier, am Zusammenfluß der Wasserwege von Osten, Süden und Norden, sah es aus wie in einem Heerlager. Ganze Flotten kamen vom Schwarzen Meer her die Donau heraufgesegelt, befrachtet mit Schienen, Brückenteilen, Bahnzubehör, das auf Hunderte von Ochsengespannen verladen und weiter landeinwärts transportiert wurde. Moritz wurde sofort den Sereth aufwärts nach Roman, dem nördlichsten Punkt der Strecke, dirigiert, auch das per Fuhrwerk, denn andere Verkehrsmöglichkeiten gab es nicht. Die genauen Pläne für den Bau der Bahn lagen zwar noch nicht vor, aber aus Terminnot baute man gleichzeitig an einzelnen Punkten der Streckenführung.

Es begann eine wirkliche Pionierarbeit. Der ganze Tag war mit Arbeit im Freien ausgefüllt. Oft mußte Moritz zusammen mit der Arbeitergruppe, die ihm unterstellt war, tagelang im Wasser oder im Schlamm stehen. Auf langen Abschnitten war kein Bettungsmaterial für die Gleise vorhanden, eine große Anzahl von nicht regulierten Flüssen mußte überbrückt werden, bei denen mit Treibsand zu rechnen war, und Hochwasser und Überschwemmungen waren häufig. Der schwierige Überlandtransport jeglichen Materials brachte den Fortgang der Arbeit manchmal für Tage und Wochen ins Stocken. An den Bauplätzen gab es vielfach weder Brunnen noch Obdach für die Arbeiter, alles mußten die Strousbergleute sich erst selbst schaffen.

Die Ungeordnetheit und Unsicherheit der Zustände brachten es mit sich, daß das Leben kostspieliger wurde, als man geahnt hatte. Ein Ingenieur wie Moritz hatte zahlreiche Auslagen für die Direktion, die ihm oft erst nach langer Zeit wiedererstattet wurden. Ein Reitpferd und ein Revolver wurden für die langen Strecken notwendig, die Straßen waren unsicher; ein Bediensteter lief ihm eines Tages mit seinen schönsten neuen Stiefeln davon. Eine Kiste mit Wäsche aus der Heimat brauchte bei dem niedrigen Wasserstand der Donau ein halbes Jahr, bis sie in seine Hand kam. Ein guter Teil daraus war gestohlen, und die Wollsachen, die er im unvermittelt und streng hereingebrochenen Winter so gut hätte brauchen können, kamen zu spät. Moritz Niese hatte Winterquartiere in Bakan bezogen, wo es nun an die Büroarbeit und ans Plänezeichnen ging. Bakan besaß eine deutsche Kolonie, so daß er etwas Umgang bekam.

Ein deutscher Ingenieur war in diesem Lande schon etwas Besonderes, jemand, dem man Beachtung schenkte. So geschah es, daß der Einsame sich eines Tages in eines der fremdländischen Mädchen verliebte, und zwar so ernsthaft, daß er es zu heiraten beschloß. Nathalie war keine Deutsche und auch keine Protestantin, Moritz wußte, was es kosten würde, dies seinen Eltern beizubringen. Doch der Vater war tolerant. Zwar empfahl er dem Sohn gründliche Erwägung, aber er gab seine Zustimmung. Im Gegensatz zu den anderen Schwestern zeigte auch Anna sich verständnisvoll: »Wenn ich Dir sage«, schrieb sie, »daß wir nichts mehr wünschen als Dein Glück, so sage ich es für die andern mit. Du weißt es selbst, daß Deine Liebe doppelt stark und fest sein muß, da Dir gewiß viele Schwierigkeiten entgegenstehen werden, die Du jetzt nicht ahnst. Glaubst Du aber, vor Gott und in Gott das Mädchen so lieb zu haben, daß Du für sie und mit ihr allen Schwierigkeiten widerstehen kannst, wohl, so kann ich nur aus vollem Herzen wünschen, daß Du durch ihre Liebe und in ihrem Besitze glücklich wirst. Es ist mir zwar der Gedanke schmerzlich, daß dann auch Du Deine Hauptinteressen weit weg von uns haben wirst, aber an sich selbst darf man in solchen Fällen nicht denken... Wir haben es zu teuer bezahlen müssen, was wir etwa Minnie gegenüber verschuldet, denn deren Vertrauen haben wir bis heute noch nicht wiedergewonnen, und haben nun erkannt, daß es beim Lieben eben nur auf die beiden Liebenden und deren Glück ankommt; deshalb werde ich wenigstens jede Schwester mit Freuden und mit Liebe willkommen heißen, von der Du mir sagen kannst, daß ihre Liebe Dich glücklich macht.«

Anna, stets um den Zusammenhalt der Familie bemüht, sah indes eines der versprengten Geschwister wenigstens vorübergehend als Heimgekehrte. Emma war zusammen mit Julius' Frau Elise und deren beiden kleinen Töchterchen im Herbst 1868 nach

Deutschland gekommen; Elise sollte in Elster eine Kur machen und dem alten Brunner zuliebe ein Jahr in Deutschland bleiben, von wo Julius sie dann abholen würde, und Emma verheimlichte kaum ihre Absicht, ebenfalls nach Amerika zurückzureisen. Sie hatte sich an den dortigen Wirkungskreis und ihre Schullehrertätigkeit gewöhnt und fühlte sich im Vaterhaus unausgefüllt. Nach Amerika richtete neuerdings auch Sophie ihren Blick, da sie sich als Oratoriensängerin in dem als rege geltenden kirchlichen Leben sowie bei kirchlichen Festlichkeiten größere Möglichkeiten erhoffte, als sie Deutschland ihr zu bieten schien. »Sonderbar«, schrieb Anna, »Thekla und ich sind von Euch allen immer als die ›Klugen‹ in der Familie bezeichnet worden, und doch sind wir beiden die, die zufrieden sind und befriedigt mit der bescheidenen Auswirkung unserer Pflichten als Tochter und Schwester, die, die nicht nach außen gestrebt haben nach einem größeren und verdienstlicheren Wirkungskreise, und ich habe noch immer nur den einen Wunsch, daß mich der liebe Gott noch recht, recht lange meine Liebespflichten einer Tochter erfüllen lassen wolle.«

Daß Amerika plötzlich für Emma nicht mehr gelobtes Land war, fand seine Erklärung in einer bisher weniger erwähnten, nun wider Erwarten nicht mehr gültigen Attraktivität. Julius Niese hatte der ihm vor vielen Jahren so hilfreich gewesenen lutherischen Synode herzliche Anhänglichkeit bewahrt, und der Präses Dr. Walther hielt bei ihm wöchentlich eine Singestunde ab. Bei dieser Gelegenheit waren Emma und ein um ein paar Jahre jüngerer deutsch-amerikanischer Theologe einander nahegekommen. Sie waren beide sehr musikalisch und sangen häufig zusammen. Emmas ganzes verdrängtes Liebesbedürfnis wandte sich dem auch von Bruder und Schwägerin sehr geschätzten Manne zu, sie überschüttete ihn mit Freundlichkeiten und Geschenken und zeigte ihm ihre Liebe so sehr, daß es der stillen und zurückhaltenden Elise peinlich war. Emma klammerte sich an die Hoffnung, wiedergeliebt zu werden. Darum und weil ihr überhaupt jede Berechnung fernlag, wies sie die Werbung des braven Charles Knoblauch ab. Und ihre Seligkeit erreichte den Gipfel, als der Geliebte ihr vor ihrer Abreise nach Europa ankündigte, er werde auch nach Deutschland kommen und sie und die Ihrigen dann besuchen. Der sehnlichst Erwartete erschien auch wirklich in Bahrendorf, machte bei Nieses Besuch und fand Gelegenheit

*Anna Niese (1835–1897), als drittes Kind zweite der sechs
Töchter des Ehepaars Carl Eduard (I.) und Auguste Niese,
stellte ihre Weiterbildung in damals noch typisch männlichen
Fächern immer wieder hinter der Betreuung der Eltern
und der zahlreichen Geschwister zurück.*

zu einer vertraulichen Aussprache mit Emma – um ihr mitzuteilen,
daß er sich mit einer anderen, der er schon immer zugetan gewesen, hier in Deutschland verlobt habe. So war der letzte Traum des
alternden Mädchens in nichts zerronnen, und es brauchte seine
Zeit, bis die Geschwister mit der enttäuschten, reizbaren und zu
dramatischen Ausbrüchen Neigenden fertig werden konnten. Die
Möglichkeit, im benachbarten Altenweddingen als Lehrerin wirken zu können, schuf wenigstens einige Ablenkung. Nun sollte ihr
wohl wirklich das Schicksal der alten Jungfer beschieden sein,
auch wenn sie noch in mancher Schwärmerei bescheidene Beglük-

kung fand und ihr unruhiges Temperament sie noch in manche Fernen trug.

Sophie dagegen schloß unter den Lobeserhebungen ihres Meisters ihre Gesangausbildung ab und verließ, durch gute Kritiken bei einigen Kirchenkonzerten in ihren künstlerischen Hoffnungen bestärkt, Berlin, um in Barby an der silbernen Hochzeit von Onkel Moritz und Tante Ida teilzunehmen und sich dann für die Überfahrt nach Amerika mit Julius und seiner Familie vorzubereiten. Da ereilte sie das Schicksal – buchstäblich auf der Schwelle des Eisenbahnabteils. Herr Dr. Edmund Meyer, der jüngst verwitwete Bruder ihrer Berliner Wirtin und mütterlichen Freundin Frau Quehl, hielt um ihre Hand an. Sie kannte ihn seit Jahren, denn bei Frau Quehl, der Witwe des Generalkonsuls Ryno Quehl, war sie während ihrer Berliner Jahre aus und ein gegangen und hatte den kleinen gescheiten Oberlehrer als fröhlichen Bräutigam, glücklichen jungen Ehemann und trauernden Witwer erlebt. Sophie sagte ja und kam als heimliche Braut nach Barby, zog dort nur ihre Schwester Anna ins Vertrauen und schickte den Brief Meyers an die Eltern diesen erst nach Bahrendorf nach.

Dann erschien Dr. Meyer selbst in Bahrendorf. »Sein Äußeres kann Sophie nicht bestochen haben«, schrieb Anna beruhigend an Moritz, »denn wenn er auch durchaus nicht häßlich ist, so ist er doch so klein – nicht größer als Sophie – und spärlich, daß er nicht imponieren kann, auch ist er noch vier Wochen jünger als Sophie. Aber sie sind beide so glücklich, daß sie ja erkannt haben müssen, was sie aneinander haben.« Es war wie ein Aufatmen bei allen Beteiligten, ein Aufatmen aus doppeltem Grunde. Man hatte nie geglaubt, daß die leidenschaftliche Sophie ihre unglückliche Jugendliebe würde vergessen können, über deren Scheitern man jetzt ganz glücklich sein konnte, da Herzog gerade in diesen Wochen als Geliebter einer verheirateten Frau in einen Giftmordprozeß verwickelt worden war und sein Ruf sowie seine militärische Karriere dadurch gelitten hatten. Und dann atmete man aus der Erleichterung darüber auf, daß Sophie nicht Künstlerin werden und nach Amerika ziehen würde, sondern daß nun, wie ihr Meister Sieber es in der seinem Stande damals eigenen blumigen Sprache formulierte, »Frauenlieb und Leben« ihr eigentlicher Wirkungskreis werden und ihre klangvolle Altstimme allein der »Verschönerung des heimischen Herdes« dienen werde.

Der einzige, der ein deutliches Mißfallen an dieser Verlobung der Schwester äußerte, war Moritz im fernen Galatz. Die genügsame und vernünftige Anna entgegnete: »Wir amüsieren uns, daß Du Dich so genau nach Edmunds Vermögensverhältnissen erkundigst; lieber Moritz, wir haben es noch nicht getan! Es scheint aber, als ob er ein lütjes Taschengeld haben müßte, denn als sechster Lehrer an der Realschule wird er allerdings wohl kein hohes Gehalt beziehen. Aber, lieber Moritz, wenn er auch keines hätte, was haben wir denn für Ansprüche zu machen? Wir haben ja auch kein Vermögen und als Pastorentöchter doch gewiß auch nichts Besseres zu erwarten, als Lehrer-, das heißt Philologenfrauen zu werden. Sophie muß ja auch am besten wissen, was sie tut, sie ist ja in seinem Haus aus- und eingegangen, weiß, auf welchem Fuße er lebt und ob sie selbst damit zufrieden ist. Aber, wie gesagt, im allgemeinen haben Deine Schwestern doch nichts Besseres zu erwarten als einen ihnen gleich gebildeten Mann, der sie lieb hat, in so bescheidenen Verhältnissen es auch wäre, und ich glaube auch nicht, daß eine einzige höhere Ansprüche macht.«

Aber bei Moritz wuchs das Mißbehagen, und fast erhielt es eine gewisse Rechtfertigung. Sophie hatte geglaubt, daß die Töchter für ihre Aussteuer wie die Söhne für ihre Ausbildung tausend Taler bekommen würden, und sie hatte sich mit ihrem Edmund ausgerechnet, daß sie davon achthundert Taler an den Onkel zurückzahlen, zweihundert Taler aber für eine kleine Aussteuer verwenden wolle. Es gab Tränen, als sie zu spät feststellte, daß für jede Aussteuer nur sechshundert Taler angesetzt waren. Sophie fühlte sich Edmund Meyer gegenüber in Schuld und erwog, zur Entlastung des Haushaltsetats Pensionäre zu nehmen und Gesangsstunden zu geben. Um Auseinandersetzungen mit ihr und dem neuen Schwiegersohn zu vermeiden, streckte Vater Niese die erträumte Summe schließlich unter der Bedingung vor, daß Sophie nur intensiv Gesangsunterricht erteilen solle, denn es sei durchaus recht und billig, eine teure Ausbildung und ein Talent fruchtbar zu machen. Moritz aber grollte weiter, dieses um so mehr, als der neue Schwager es nicht für nötig befunden hatte, sich ihm brieflich vorzustellen, und er hörte mit Genugtuung, daß Hermann Ehrenberg sich gar nicht mit dem neuen Familienmitglied vertrage und der junge Heinrich, der jetzt in Berlin an der Bauakademie studierte, sich wenig von ihm angezogen fühle und es lieber mit Hermann halte.

Während in Bahrendorf die bevorstehenden Hochzeiten von Johanne und Sophie Thema und Ziel des täglichen Lebens waren, alle vier Töchter um die Wette mit Faden, Nadel und Schere sich um die beiden Aussteuern mühten, die von Tante Ida geborgte Nähmaschine von früh bis spät ratterte und zu Weihnachten, wie Minnie sagte, das Haus »ganz voll von alle die Bräutigams« war, verlautete von Moritz' Heiratsplänen monatelang nichts mehr. Moritz hatte wechselnde Standorte in Roman, in Bakan, in Pincerti und hauptsächlich den Winter über in Galatz, von wo er jedoch oft tagelang über Land unterwegs war. Er schrieb von den starken Frösten, unter denen die Donau erstarrte, so daß man von einem Ufer zum anderen gehen und fahren und den Nachmittagskaffee jenseits des Flusses »in der Türkei« einnehmen konnte. Einzig die Kamele, mit denen die Fuhrwerke bespannt waren, erinnerten noch daran, daß man sich im Süden, fast schon im Orient, befand. Er schrieb auch, daß er Aussicht auf eine feste Anstellung in Rumänien habe und beabsichtige, für immer dort zu bleiben. Er legte sich Geld zurück und schickte dem Münzen sammelnden Heinrich einige schöne Stücke. Aber über sein Verhältnis zu Nathalie fiel kein Wort, ebensowenig, wie er es über sich brachte, Sophie zu ihrer Hochzeit im Februar einen Gruß zu schikken, obwohl er es dann bereute. Da fühlte sich der Vater verpflichtet anzufragen, und nun konnte Moritz nicht länger schweigen. Alles, was sich in ihm aufgestaut hatte, brach sich in deutlichen und oft bitteren Worten Bahn.

»Galatz, 28. Februar 1870
... Du erkundigst Dich in Deinem letzten Brief nach Nathalie, und in der Tat muß ja mein Schweigen seit Monaten Dein Befremden erregen. Grund dafür ist der Umstand, daß diese Angelegenheit allerdings einen ganz anderen Ausgang genommen hat, als ich gehofft und gewünscht hatte. Nathalie ist im Oktober hoffnungslos an der Brust leidend in ihre Heimat zurückgekehrt, die sie verhältnismäßig ganz gesund verlassen hatte. Nach den Urteilen der Ärzte ist ihr mindestens ein früher, wenn nicht baldiger Tod gewiß. Erspare mir, lieber Vater, viele Worte: das Bitterste, was in bezug auf getäuschte Hoffnungen einem Menschen begegnen kann, habe ich gekostet; jeder neue Schlag kann mich nicht mehr so erschütternd treffen. Seit jenem Tage, der mein Innerstes wie umgewan-

delt hat, und heute liegen beinahe fünf Jahre; in ihnen habe ich manche Illusion verloren und die praktische Auffassung des Lebens würdigen lernen. Ich habe Nathalie geliebt, aber kein Wort fesselt mich an sie, nicht einmal die Überzeugung, daß sie meinen Verlust besonders schmerzlich empfinden würde; denn sie war in ihrem Betragen gegen mich launenhaft. Es kränkte vielleicht ihren Stolz, mich von ihrer Mutter vielleicht zu sehr protegiert zu sehn. Mit innigem Schmerz habe ich die Nachricht von der Hoffnungslosigkeit ihres Zustandes aufgenommen, und mein erster Gedanke war, sie noch einmal zu sehen; aber die Umstände erlaubten es anfänglich nicht, und dann kam die Überlegung dazu, daß ich dadurch nichts bessern könne. Ich habe diesen Vorsatz aufgegeben. Ja, noch mehr: Ich bin nüchtern genug im Laufe der Monate geworden, um überzeugt zu sein, eine Pflicht gegen mich selbst zu erfüllen, wenn ich alle Gedanken, mein Leben an ein Wesen von so erschütterter Gesundheit zu verketten, aufgebe. Von diesem Vorsatz würde ich auch Nathalies Eltern in Kenntnis gesetzt haben, wenn die Umstände es nicht verböten, so rücksichtslos mich auszusprechen.

Lieber Vater, ich weiß, Du siehst darin mehr ein Glück als ein Unglück für mich, wenn Du mir auch damals sofort Deine Einwilligung gegeben hast, und ich finde das ja auch sehr begreiflich. Deshalb eben schwieg ich bis jetzt, weil ich ja vielleicht bald Euch das Äußerste hätte schreiben können, und ich weiß, in diesem Falle würdet Ihr über dem Unglück des armen Mädchen vergessen haben, daß sie in einer anderen Auffassung der Religion erzogen war als ich und Ihr, daß sie ihre Mutter zuerst in andern Lauten anredete, und nur mich und sie bedauert. So aber, lieber Vater, hast Du mich aufgefordert zu sprechen, und ich tue es ungescheut, weil ich mich frei von Vorwurf fühle, obwohl Ihr jetzt mehr Eure eigenen Gefühle als die meinigen bei Erwägung der Angelegenheit in Betracht ziehen werdet, besonders da Ihr mich so ruhig darüber sprechen hört. Wobei Ihr jedoch nicht vergessen sollt, daß ich bereits nahe fünf Monate darüber nachzudenken die Zeit hatte.

Ich spreche den letzten Vorwurf, denn ein gewisser Vorwurf liegt schließlich darin, nicht so unbegründet aus, wie Du vielleicht meinst, lieber Vater. Denn gleichzeitig mit dem Briefe von Dir kam auch ein solcher von Marie, in dem sie, diesen Gegenstand berührend, ziemlich offen die Hoffnung ausspricht, daß das Ganze bloß eine vorübergehende Liebelei gewesen sei. Das also, was nach den Traditionen unserer Familie immer sehr streng, vielleicht zu streng, verurteilt wurde, das wünscht man jetzt, bloß weil das Mädchen ihren Gott, der auch unser Gott ist, unter andern Formen verehrte? Ist das Gerechtigkeit? Lieber Vater, ich bin weit davon entfernt, Marie, die ich allerdings für die Dolmetscherin der Familienansicht ansehe, daraus einen Vorwurf zu machen; sie ist im blinden Religionseifer zu weit gegangen. Aber ich kann diese Gelegenheit nicht unterdrücken, die Verschiedenheit meines Standpunktes zu konstatieren und dabei auf die große Wahrscheinlichkeit hinzuweisen, daß über kurz oder lang das von Euch Gefürchtete dennoch eintreten wird.

Lieber Vater, ich bin alt genug, um zu heiraten, und im Verlauf meines Krankseins habe ich sogar das Wünschenswerte dieses Schrittes eingesehn. Ich kenne in Deutschland kein Mädchen, das mir besondere Neigung einflößte, und bei meinen eventuellen, doch immer kurzen Besuchen werde ich auch wenig Gelegenheit haben, Bekanntschaften anzuknüpfen. Ich befinde mich hier pekuniär in einer Lage, die mir wohl gestattet, eine Frau zu ernähren, wenn dieselbe keine größeren Ansprüche macht, und tut sie das, so muß sie es eben auf Grund eines eigenen Vermögens tun. Die Fortschritte in der Landessprache öffnen mir mehr und mehr den Verkehr mit den Einheimischen, ich bin in mehreren der ersten Häuser eingeführt. Die hiesigen Mädchen sind recht hübsch, ich selbst mache keine schlechte Figur, besonders mit den hiesigen jungen, meist verlebt aussehenden Männern als Folie, und außerdem heiraten jene nur gar zu gern Ausländer, besonders Protestanten. Lieber Vater, ich habe keinen Grund, die Gesellschaft zu meiden, in der ich mich ganz gut unterhalte. Sage ich da zu viel, daß es nicht unwahrscheinlich ist, daß ich eine Andersgläubige zur Frau bekomme? Die Stimme vom Himmel sagt in der Bibel: Leute aus allerlei Volk, wer ihn fürchtet und recht tut, ist ihm angenehm – eine Religionsform ist gar nicht möglich für alle Rassen und Zonen. Ich werde den Glauben meiner Frau nicht antasten, aber die Kinder, die Deinen und meinen Namen tragen, die werden auch eine evangelische Erziehung erhalten.

Lieber Vater, ich habe meine Ansichten offen ausgesprochen, sie lassen sich besser allgemein als für einen speziellen Fall diskutieren. Ich glaube, ich habe nirgends den Ton verletzt, den ich Dir gegenüber einzuhalten habe; sollte es geschehn sein, so war es nicht meine Absicht.

So schließe ich denn mit den herzlichsten Grüßen an alle und verbleibe

Dein Dich liebender Sohn Moritz.«

Diesen Brief hat der Vater seinem Sohn zurückgeschickt, weil er, wie er sagte, unter den Briefen seiner Kinder nicht solche haben wollte, die ihm nicht gefielen; er habe ihn ebenso gut zerreißen können.

Leider, und diesmal tat es ihm wirklich leid, konnte Moritz auch zu Johannes Hochzeit nicht kommen, die man am 1. Juli 1870 in Bahrendorf feierte. Es wurde ein wunderschönes Fest, zu dem alle Familienangehörigen, Julius und Moritz und den neuen Schwager Edmund ausgenommen, erschienen waren. Besonderen Glanz erhielt es nicht nur durch die zahlreichen Geschenke an Silber sowie sonstigen Wertgegenständen, die das junge Paar bekam und die den sonst in Bahrendorf gewohnten Rahmen sprengten, sondern vor allem durch die Gegenwart des greisen Forschers Ehrenberg, dessen fünfzigjähriges Doktorjubiläum Vater Niese vor zwei Jahren in Berlin mitgefeiert hatte. Der mit der Hochzeit Johannes verbundene Abschied von Eltern und Geschwistern schmerzte vor allem Anna. »Sie war ja bisher«, schrieb sie, »so lange fast als ich denken kann, der Mittelpunkt aller meiner Gedanken, meiner Sorgen und meiner Freuden, der Liebling meines Herzens, wie ist es anders möglich, als daß sie mir fehlen wird in jeder Beziehung, wohin ich sehe? Aber sie geht ja einem noch höheren Glücke entgegen, so lasse ich sie also doch mit Freuden ziehen. Hermann und Johanne haben in ihrem Brautstande schon manches durchgekämpft, was sonst erst in der Ehe eintritt, sie haben sich jetzt schon bewährt und haben füreinander dieselbe wahre und innige Liebe bewahrt, die sie von Anfang an gehabt. Mir ist nicht bange für sie. Sie sind beide gewachsen, wie in ihrer Liebe so in jeder anderen guten Eigenschaft, womit ich durchaus nicht gesagt haben will, daß sie keine Fehler hätten. Nicht ich allein, sondern alle die andern auch sagen, daß Hermann in den letzten Jahren viel liebenswürdiger geworden sei, oder vielmehr ich sage nur, daß er das geworden, wozu er die Anlagen von jeher in sich hatte – und Johanne

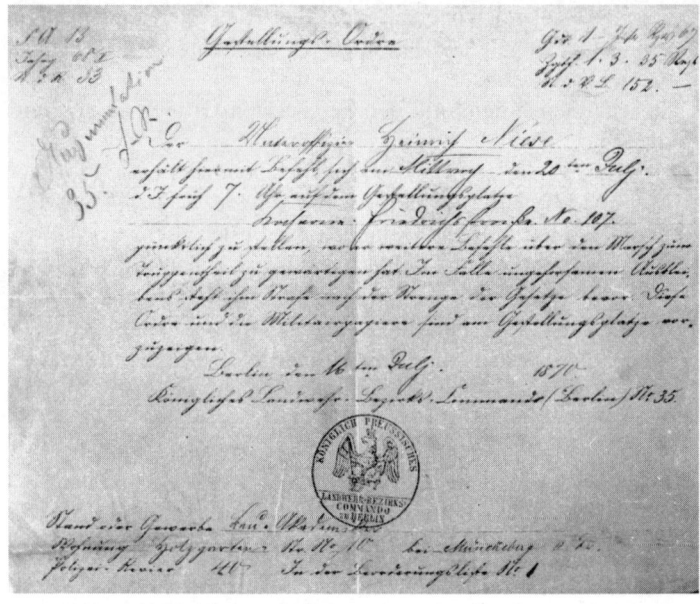

*Der Gestellungsbefehl für den Unteroffizier Heinrich Niese
vom 16. Juli 1870 ist eines der Dokumente für den Einbruch der
Kriege in das Leben von Angehörigen der Familie Niese.*

ist jetzt nicht nur mein Liebling, sondern unser aller, besonders der
Mutter ihrer.«

Als der junge Baumeister mit seiner Frau nach der neuen Heimat Tost in Oberschlesien gefahren war, reisten die Eltern Niese
zusammen mit Carl und der Schwiegertochter Minnie nach Bad
Reichenhall, wo sie sich Gesundung für Carl, der neuerlich Blut
gehustet hatte, und für den Vater mit seinen häufigen Erkältungen
erhofften. Anna, Emma und Thekla sollten in dieser Zeit jede eine
Besuchsreise machen. Das Pfarrhaus in Bahrendorf leerte sich wie
nie zuvor.

Bereits auf der Hinfahrt nach Reichenhall hören die Reisenden
in München beunruhigende Gerüchte über Unstimmigkeiten zwischen der französischen und der preußischen Regierung wegen der
spanischen Thronfolge. In Reichenhall verdichten sich die Ge-

rüchte, und so sind die ersten Urlaubstage von Nervosität und Angst überschattet, bis dann am 16. Juli die Depesche über die Abweisung des französischen Botschafters durch König Wilhelm in Ems alle alarmiert. Preußen befiehlt die Mobilmachung. Mit Hunderten von Badegästen brechen auch Nieses auf. Sie glauben noch nicht recht an den Ernst der Lage und machen noch den geplanten Umweg über Salzburg und Wien – dort erst wird ihnen der unwiderrufliche Ausbruch des Krieges klar, und nun geht es eilig zurück. Auf dem Bahnhof in Brünn treffen sie zu ihrer großen Überraschung und Freude den Sohn Moritz, der auf die Nachricht von der Mobilmachung Galatz stehenden Fußes verließ, um sich der Heimat zur Verfügung zu stellen. Am 27. Juli, gerade an Moritz' Geburtstag, treffen die Nieses von dieser einzigen und so verunglückten gemeinsamen Badereise wieder in Bahrendorf ein.

Hier lagen ein Brief vom 17. Juli und ein Telegramm vom 23. Juli – Aufbruchs- und Eilnachrichten Heinrichs; die erste aus Berlin:

»Lieber Vater!
Ich hielt es für meine Pflicht, in jetziger Zeit weder Geld noch sonst etwas zu schonen, um Dich, die Mutter und die Geschwister noch einmal zu sehen, Freitag um 11 Uhr abends reiste ich ab und war ½ 5 Sonnabend früh in Bahrendorf, wo ich Dich leider nicht traf. Schon ¼ 9 Uhr reiste ich wieder hierher, um meinem Schwure getreu mich einreihen zu lassen in die Armee, die für Deutschlands Ruhm, für Deutschlands Ehre sich um den Thron unseres Königs schart. Es wird mir schwer, sehr schwer, Abschied von Euch zu nehmen, denen ich alles verdanke, was ich habe... Mittwoch früh werde ich eingereiht, in acht Tagen kann ich am Rhein stehen, und nur Gott allein kann uns helfen... hat er es beschlossen, daß ich nicht wieder zurückkehren soll, so bitte ich Euch, mir alles, womit ich Euch gekränkt, zu verzeihen. Du wirst dann einen Brief bekommen, worin alles verzeichnet ist, was ich nach meinem Tode berichtigt wissen möchte... Wohin ich kommen werde, weiß ich noch nicht. Ihr werdet es aber bald erfahren. Aus dem Felde werde ich Euch möglichst oft schreiben.«

In dem Telegramm vom 23. aus Brandenburg hieß es: »Sonntag zwischen 12 und 3 längerer Aufenthalt in Oschersleben. Kommt, wenn Ihr könnt.

Heinrich.«

Dieser Sonntag war nun schon um drei Tage überschritten und der Sohn längst nach Westen weitergerollt. Schon am Mobilmachungstage hatte ihn der Befehl erreicht, sich am 20. in einer Berliner Kaserne zu stellen, und dann war alles sehr schnell gegangen. Drei, vier Briefe tröpfeln bis Mitte August in Bahrendorf ein, dann kommt eine große Stille, und in sie hinein hallen die Meldungen von den mörderischen Schlachten um Metz.

Der Vater schreibt gefaßte und ablenkende Briefe, die Mutter ist von Beginn an erregt: »Ach, wir schweben in Furcht und Hoffnung, ob Du mit in der Schlacht gewesen bist. Ich bitte den lieben Gott, daß er Dich behüte und gesund läßt. Ja, mein lieber Heinrich, wie denke ich an Dich, wo Du Dich zum Schlafen hinlegst und was Du essen wirst – wie gern täte ich etwas für Deine Ruhe und Bequemlichkeit, doch das sind jetzt nur Wünsche, und wir können nur für Dich beten... Es ist schrecklich, daß uns der schreckliche Napoleon nun noch einmal in meinen alten Tagen mit Furcht und Schrecken erfüllt – ich habe ja in meiner frühen Kindheit die Seufzer und Tränen meiner Eltern gehört und gesehn. Warum hat man diese Art wieder auf den Thron gelassen oder warum hat man ihn anerkannt?...« Und mit dem Warten und den umlaufenden Gerüchten schlägt die Erregung auch in des Vaters Briefen durch, als er dem Sohn etwas von Pförtner alten Lehrern zu berichten sucht: »Aber ich schreibe Dir dies alles bloß, um mir die sorgenvollen Gedanken aus dem Herzen zu schreiben. Wenn doch Gott dem Feinde bald den Sinn brechen wollte, damit das Blutvergießen aufhörte! Ich will jetzt aufhören und warten, ob den Tag über neue Nachrichten kommen – käme doch ein Brief von Dir!«

Endlich trifft in Bahrendorf eine Expreßkarte ein: »Ängstigt Euch nicht um mich, mir geht es gut, die Kugel ist herausgeschnitten, das Wundfieber weg, so daß ich Hoffnung habe, schon bald befördert werden zu können. Grüße an alle von Eurem Heinrich.«

Erst der bereits früher geschriebene genauere Bericht des schon am 16. August bei Mars la Tour verwundeten Heinrich Niese erlöste Eltern und Geschwister von der noch verbliebenen Ungewißheit.

Nach Heinrichs späterer Darstellung war er als Unteroffizier der dritten Kompanie des Brandenburgischen Füsilierregiments Nr. 35 am 6. August von St. Wendel aus in Marsch gesetzt worden. Schon hörte man nachts von Saarbrücken her Kanonendonner, und der Hauptmann führte sich angesichts eines fehlenden Schanzzeugs bei seinen Unteroffizieren mit einer fulminanten Ansprache ein. Daß er sie mit dem Satz schloß »Ich will Euch den Feldzug so schwer wie möglich machen, Ihr Lumpen« ließ Heinrich Niese nicht unkommentiert: »Die Lumpen konnten ja nun vorgehen und sich totschießen lassen zum Ruhme des Vaterlandes und des Herrn Hauptmanns. Hoffentlich haben im nächsten Feldzug die Herren Kompaniechefs nicht bloß für die Montierungsstücke ihrer Kompanie ein Herz, sondern auch etwas für ihre Untergebenen übrig.«

Seine erste Feindberührung erlebte Heinrich, nachdem sein Truppenteil die Mosel überschritten und dann einen Eilmarsch von Pagny aus an einem Nebenflüßchen der Mosel nordwärts zurückgelegt hatte. Unter dem Donner des bereits weiter rechts begonnenen Gefechts wurden die Gewehre geladen, der Wald öffnete sich, aufmarschierte Regimenter wurden sichtbar, vom Feind nur durch einen Höhenzug getrennt:

»Die Kompanie war schon auseinandergezogen, als wir Tronville passierten und der Herr Hauptmann uns sagte, wir würden bald einen Wiesengrund passieren und dort die ersten feindlichen Schrapnells erhalten, wir sollten nur aufgeschlossen bleiben. Dann ging es im Marsch, Marsch über diesen Wiesengrund, und es stellten sich, ohne zu schaden, auch die ersten Schrapnells ein. Wir marschierten nun auf den etwas hoch gelegenen Kirchhof von Vionville zu, hinter dem wir das Gepäck ablegten. Wir standen hier hinter dem Kirchhof schon recht hübsch im Bereich der weittragenden französischen Gewehre, und ich sehe noch die kleinen Ästchen einer Fichte, die auf dem Kirchhof stand, langsam zu Boden fallen. Doch es ging vorwärts, wir mußten aus der Deckung gebenden Kirchhofsmauer hervor, und es war der spaßigste Augenblick der Schlacht, als wir männiglich an der vor den Schüssen der Franzosen sicheren Südseite des Kirchhofes uns duckten und uns dann mit einem Sprung in den schützenden Wegegraben, der vom Friedhof weiterführte, warfen. Da wir auf dem vor uns befindlichen Felde absolut keine Deckung fanden, mußte sprungweise vorgegangen werden. Selbstredend war schon jetzt jede taktische Ordnung verloren. Wir legten uns auf den Boden, schossen, so gut wir konnten oder nicht, und auf Kommando des Herrn Hauptmanns sprang alles in die Höhe... So waren wir sprungweise so weit gekommen, daß wir im nächsten Anlauf Flavigny nehmen mußten. Ich lag etwas vor den Reihen der Kompanie, die jetzt auch von der sogenannten Tränke, einem Teich oder Tümpel, von einigen Bäumen umstanden, Feuer erhielten und selbstredend auch dahin schießen mußten, und so lag ich in der Schußrichtung des rechten Flügels unserer Kompanie, der etwas vorgezogen war. Die Leute riefen mir daher zu, ich sollte in die Front zurückgehen, was ich auch tat. Von hier habe ich den ersten und einzigen Schuß am Tage abgegeben, denn als ich das zweite Mal ladete, zerriß das Papier der Patrone, und ich mußte nun das Gewehr in liegender Stellung entladen, was gerade nicht zu den angenehmsten Beschäftigungen gehört. Als ich das Gewehr wieder so weit hatte, daß ich wieder laden konnte, erhielt mein Nebenmann zur Linken einen Schuß durch den Kolbenhals seines Gewehres, der ihm die Spitzen der Finger der rechten Hand verletzte. Er lamentierte, und ich beugte mich zu ihm hin, er blutete sicher stark, und der Schuß mochte auch in den Spitzen der Finger recht wehe tun, aber es war doch bloß ein Fleischschuß. Als ich zu ihm sprach: ›Nun, das wird nicht so schlimm sein, nehmen Sie Charpie‹, fühle ich auf einmal in meiner rechten Schulter einen Schlag und mache um meine Fußspitzen ungefähr einen Viertel Kreis. Ich drehe mich wieder zu dem Mann und sage: ›Was ist das?‹ – ›Sie sind auch verwundet‹, sagte er mir. – ›Wo?‹ – ›Sie haben in der Achselklappe einen Schuß‹ – ich sah und fühlte hin – so war es. Bald fühlte ich auch das warme Blut an der Wunde.

Mein Gewehr gab ich einem anderen Mann, dessen Gewehr außer Dienst gesetzt war, und blieb liegen, als die Kompanie weiter vorging und Flavigny im ersten Anlauf nahm. Es blieben an derselben Stelle noch liegen der Feldwebel, zwei Unteroffiziere und neun Mann.«

Heinrich Nieses erste Feindberührung blieb zwar seine letzte, auch gab er in der Tat gleichzeitig »den ersten und einzigen Schuß« ab, aber ihm stand noch einiges bevor. Zunächst galt es, sich mit eigner Restkraft aus dem Kampfbereich zu bringen. Vorüberkommende Krankenträger ließen ihn und einen anderen Verwundeten hilflos zurück. Niese schleppte sich südwärts, mußte sich alle fünf- bis sechshundert Schritte hinlegen, und das Wiederaufstehen fiel ihm schwer. Zuletzt unterstützt von einem

Lazarettgehilfen erreichte er schließlich den Verbandplatz, wo man ihn auf eine Matratze legte, ihm den Ärmel des rechten Armes aufschnitt und erstmals verband. Mit weiteren Verwundeten auf einem Wagen rückwärts transportiert, schlief er die Nacht in einem Gehöft. Nach einer Stärkung durch eine Tasse Bouillon und eine Scheibe Fleisch ging es am frühen Nachmittag auf einem zweirädrigen Karren weiter auf demselben Weg, auf dem Niese am Tag zuvor in die Schlacht marschiert war. Bei jedem Stein, über den der Karren fuhr, spürte er die Kugel gegen seine Rippen drücken, aber viele auf dem eng befrachteten Gefährt litten weit ärger. Endlich gab es abends in Pagny ein sauberes Bett bei freundlichen Franzosen und aufopfernde Pflege durch ein französisches Mädchen, Constance Bourbon, die nächtelang bei den deutschen Verwundeten wachte und Niese an jedem Morgen eine Weintraube mitbrachte. Er war der einzige, der etwas französisch sprach – das bei Koberstein Gelernte reichte offenbar dazu. In einem nach Pagny vorübergehend abkommandierten Feldlazarett entfernte ein junger Arzt die noch immer hinten auf Nieses Rücken sitzende Kugel. Dem schmerzvollen Akt folgte ein weiterer, als die Wunde am Abend von der Pflegerin laut Anordnung ausgewaschen wurde, denn Niese hatte völlig die französische Vokabel für »warm« vergessen und rief vergeblich »non frigide«. Das kalte Wasser brannte fürchterlich. Die am 24. August erfolgte Einweisung in ein Lazarett für Schwerverwundete zeigte ihm das Grauen des Krieges in vollem Ausmaß. Er war froh, daß ihn ein einsichtiger Arzt nach zwei Tagen aus diesem »großen Jammersaal« entließ.

Am 27. ging es in Richtung Heimat davon. Über Mannheim und Frankfurt gelangte er nach Hersfeld, entzog sich einem Befehl zu gesammeltem Abmarsch in ein Lazarett, bat um einen Wagen und setzte sich in den Wartesaal. Da hier gerade der Schnellzug nach Thüringen gemeldet wurde, hielt es ihn nicht länger, er läuft zum Schalter und verlangt eine Karte nach Sulza. Der Beamte lehnt eine Bezahlung ab, und Unteroffizier Heinrich Niese besteigt ohne Bezahlung und ohne Ordre – »unpreußisch« im damaligen Preußen – den Zug. Auf jeder Station werfen Landsleute Lebensmittel ins Abteil, so daß er ganz bepackt in Eisenach ankommt. Dem ihm dort beim Umsteigen behilflichen Zugführer sagt er, daß er der Bruder des Dr. Niese in Sulza sei. Der Beamte setzt ihn gleich in ein Abteil zweiter Klasse und depeschiert ohne sein Wissen nach Sulza, so daß sich der Heimkehrer beim Aussteigen Carl und Minnie gegenübersieht.

Einer ersten telegraphischen Benachrichtigung der Bahrendorfer folgte am nächsten Tag ein ausführlicher Brief Carls.

>>Andreas-Institut bei Sulza, den
31. August 1870

Meine lieben, lieben Eltern!

Bis heute erwarteten wir Moritz und erfahren soeben durch einen Brief vom Onkel aus Barby und eine Postkarte von Moritz aus Dessau, daß derselbe nun auch eingetreten ist – wonach ich in aufsteigender Linie demnächst auch drankommen werde! Daher erstatte ich Euch kurzen Bericht über unseren lieben, braven Loth. An eine Reise nach Hause ist vorerst nicht zu denken, denn so mutig und gesund der liebe Bruder gestern auch zu sein schien, um so mehr merkt man heute, wie ihn die Wunde, die noch in starker Eiterung begriffen, angegriffen – er war der Ohnmacht zweimal nahe. Minnie pflegt ihn... Die Kugel ist unter dem Achselknochen, ungefähr in der Mitte zwischen Arm und Hals, eingedrungen an der Stelle, wo der steife Soldatenrockkragen noch Fühlung mit dem Bruststück hat, d. h. wo Watte und starke Leinwand sich zwischen Tuch und Unterfutter befinden. Dadurch wurde die Kugel geschwächt, einen viel stärkeren Widerstand indes fand das weiche Blei der Chassepotkugel in dem sit venia verbo stark durchgeschwitzten alten Gummihosenträger, den die Kugel durchschlagen hat, um dann erst mehr oder minder matt in den Körper von oben (da sich Loth in liegender Stellung befand) einzudringen. Die Ärzte haben behauptet, die Kugel sei über den Schulterknochen hinüber den Rücken hinunter bis unter das Schulterblatt eingedrungen, wo sie ausgeschnitten ist. Nach meiner unmaßgeblichen Meinung ist dies nicht der Fall, sondern vielmehr ist dieselbe unter der Armhöhle weggegangen in schräger Richtung bis an die Stelle, wo sie ausgeschnitten wurde. Die Wunde eitert noch reichlich... Wir wollen Gott danken, daß die Kugel einen so günstigen Lauf genommen – sechs Zoll weiter, und sie mußte ihn töten.<<

Dieser Brief war mit Zeichnungen von der Form der Wunde und auch der Kugel versehen, eines altertümlich anmutenden, an seinem ursprünglich spitzen Ende zu einem Klumpen zusammengedrückten Stückchens Blei, das, in Gold gefaßt, später von Heinrich Niese an der Uhrkette getragen wurde. Die Eltern fuhren schon am Sonntag nach Sulza, um den Sohn wiederzusehen, und bald darauf durfte Heinrich den Onkel Moritz in Barby besuchen, um dann in das Privatlazarett von dessen Patron und Freund, Oberamtmann v. Dietze, nach Barby überzusiedeln, da ihm der Onkel einen Platz gesichert hatte. Der überstandenen Aufregung und Sorge der Eltern folgte noch ein betrübliches Nachspiel: Die Mutter Auguste erlitt eine plötzliche Lähmung der Füße und in geringerem Grade auch der Hände, wohl einen leichten Schlaganfall, von dem sie sich nur sehr langsam erholte – eine gewisse Schwäche der Füße blieb seitdem.

Inzwischen war der ältere Sohn Moritz, der seinerzeit seine Militärzeit wegen eines Herzanfalls hatte abbrechen müssen, als einfacher Füsilier mit den Reservisten des 93. Anhaltischen Infanterie-Regiments an die Front gekommen. Dieses Regiment gehörte zu den Verbänden, denen Mitte September die Einschließung von Paris gelang. Die Situation, vor die Moritz Niese sich gestellt fand, war eine andere als diejenige Heinrichs. Zwar hörte die Truppe im Vorbeimarsch noch die Kanonen von dem belagerten Metz herüber und zwei Tage später die vor Toul, das um der Sicherung der Nachschubwege willen in diesen Tagen genommen wurde. Aber schon war die Schlacht bei Sedan geschlagen, Napoleon gefangen, der Krieg für die verbündeten deutschen Truppen so gut wie gewonnen. Das neue, republikanische Frankreich führte nur noch den Kampf um den Entsatz und die Verteidigung der Hauptstadt, mit der es stand und fiel.

Am 8. Oktober kam die Ersatztruppe beim Regiment an, und die Kompanie, zu der Moritz gehörte, bezog drei Tage danach Stellung in Deuil, nördlich von Paris gegenüber dem befestigten Vorort St. Denis, der auf diesem Abschnitt der stärkste Schutz der Festung war. Deuil war der am weitesten nach der Festung zu vorgeschobene Punkt. Ein paar hundert Schritt von der Dorfmauer, wo sich der deutsche Vorposten befand, standen schon die französischen Vorposten, die mit ihren weittragenden Gewehren nachts nach den erleuchteten Fenstern des Dorfes schossen. Hin und wieder flog von der Festung eine Granate in der Größe eines mäßigen Zuckerhutes herüber, die aber weiter keinen Schaden anrichtete. Das Dorf wurde befestigt. Man brach Schießscharten in die Gar-

Die Kugel, die den Unteroffizier Heinrich Niese bald nach seinem Einsatz in Frankreich traf, wurde zwar herausoperiert, hinterließ aber eine schleichende Invalidität, die Nieses Berufsweg erschwerte.

tenmauern, errichtete Verhaue auf den Wegen und warf Schützengräben aus. Bis auf das nächtliche Postenstehen schien dieser Aufenthalt im Augenblick weder besonders gefahrvoll noch anstrengend, und Moritz Niese hatte Zeit, ausführliche Briefe über seine Erlebnisse und Stimmungen nach Haus zu schicken, die nicht nur die Angehörigen erfreuten, sondern bald auf das Anraten des Barbyer Onkels, mit Korrekturen des Vaters versehen, in der Magdeburger und Naumburger Zeitung Aufnahme fanden:

442

»Seitdem wir hier im Quartier liegen, ist zu unserer bisherigen Umhüllung eine neue hinzugekommen: Der lederne Leibgurt ... leider sind mit diesem Gürtel, nicht eben zur Erhöhung der Gemütlichkeit, zwei Patronentaschen mit Inhalt von 40 Patronen, also circa 5 Pfund Gewicht, und außerdem noch die Bajonettscheide unwandelbar fest verbunden. Dieser, wie er tituliert wird, ›umgeschnallte Zustand‹ beginnt nämlich nachgrade der normale für uns zu werden.« In der Vorpostenstellung, die abends bezogen wurde, hatten die Vorgänger »aus Fensterläden, Weinfässern, Türen, Butten, Stroh, Kohl- und Spargelkraut und anderen Südfrüchten kleine Hütten errichtet. Nach langem vergeblichem Umhersuchen in der Dunkelheit fand ich endlich ein noch unbelegtes Lokal: Breite fünf, Länge vier, Höhe reichlich knapp zwei Fuß. Ich kroch hinein, allein der Baumeister hatte die Hinterwand sehr vernachlässigt, und leider kam gerade von da der Wind.« Später setzte wieder Regen ein. »Die Hütte war nur vier Fuß lang, ich messe sechs Fuß, folglich lagen zwei Fuß meines Ichs unter freiem Himmel, und diese zwei Fuß wurden naß und fingen an zu frieren. Ich zog sie daher näher an mich heran und nahm die Gestalt einer Trichina spiralis an, und trotzdem fror ich weiter. Aber noch ›bevor die ersten Lerchen schwirrten‹ erschienen zwei Männer, an einem Stocke einen Kessel voll Mokka tragend – Josua kann über die Kundschafter mit der Weintraube nicht mehr erfreut gewesen sein als wir.«

Im Dezember wurde Moritz Nieses Kompanie nach Montmorency zurückgezogen, wo es sich bequemer leben ließ. Die Kälte nahm so zu, daß die Posten auf beiden Seiten nicht stillstehen konnten, sondern umherliefen und wie auf Verabredung nicht aufeinander schossen. Gelegentlich kam sogar ein Gespräch zwischen den Deutschen und den jungen französischen Mobilgardisten zustande. In Paris herrschte Hungersnot. Niese machte sich nun auf einen langen Krieg gefaßt, »denn da die Franzosen bald nichts mehr werden verlieren können, so müssen sie bei längerer Ausdauer gewinnen, sollte es auch nur die Ehre sein.« Bei dem Burschen seines Divisionskommandeurs sah Niese den einzigen Weihnachtsbaum in diesem Jahr: »Aber statt Äpfeln und Nüssen hingen Granatsplitter, Chassepot- und Mitrailleusenkugeln daran, und ganz oben stak wie triumphierend eine alte preußische Helmspitze – an ihren Früchten sollt ihr sie erkennen, nämlich die Zeiten, in denen wir leben.«

Das neue Jahr brachte einen Himmel, »so grau wie der Rücken

einer lastbaren Eselin«, aber statt der kalten Witterung trat Tauwetter ein und als Folge davon Schmutz. »Nichtsdestoweniger
mußten wir gestern mit an die Schanzarbeiten für das bevorste-
hende Bombardement von St. Denis. Die Erde war oben etwa
zwei Zoll getaut und dann einen Fuß tief gefroren, so daß man sich
tothacken konnte, um einen hohlen Zahn voll Erde loszubringen.
Das hat mich viel Schweiß gekostet... Wohl aber dachte ich neulich daran, ein Gefreiter zu werden, denn dies Avancement würde
mich wenigstens der gemeinsten Schanzarbeit überheben. Ach,
und schon fühlte ich die Adlerknöpfe an meinen Halskragen annä-
hen und sah mich durch dieselben wesentlich verschönert und erhöht... Nun aber ist dennoch alles wieder Essig. Ich muß hören:
das Regiment hat verfügt, daß vorläufig keine Beförderungsvor-
schläge gemacht werden sollten«.

Ende Januar kam es zu Verhandlungen zwischen Favre und Bismarck. Die Gerüchte schwirrten durcheinander, aber was eigentlich vorging, wußte niemand. Nachdem Niese wieder einen halben
Tag und eine ganze Nacht ohne Unterbrechung Schanzarbeit geleistet hatte und todmüde auf sein Lager gesunken war, hörte er von
dem Befehl, sich zum Marsch auf St. Denis bereitzuhalten.

»Wir passierten die Barrikaden bei La Barre und betraten darauf die klassischen Felder unseres sechzehnwöchigen Vorposten-
dienstes... unsere Compagnie wurde dazu ausersehen, als Avant-
garde vorzugehen, ein Befehl, welchen wir sofort ausführten,
indem wir, ungefähr dreihundert Schritt im Laufschritt avancie-
rend, uns neben der von uns ganz in Grund geschossenen und vollständig ausgebrannten Fabrik, aus der die Franzosen immer ihre
massenhaften Ausfälle zu machen pflegten, aufstellten. Kaum angelangt, ritt, von nur einer französischen Ordonnanz, aber mehreren preußischen Offizieren begleitet, der Ex-Kommandant von
St. Denis an uns vorüber. Der schon ältliche Herr schaute ziemlich
düster drein, grüßte aber gleichwohl unsere Compagnie durch das
uns so unmilitärisch erscheinende Abnehmen der Mütze. Auch
neugierige Leute aus der Stadt standen hier bereits in Gruppen;
Nationalgardisten mit den rotgestreiften Hosen und der Mütze mit
den Nummern ihrer Bataillone, ein auffallend großer Bruchteil
derselben aus Elsaß und Lothringen. Sie schienen nicht sonderlich
betrübt über ihre Niederlage und sangen mit Vorliebe ihr: ›Druck
nit so, Druck nit so, 's kömmt ne Zeit, wirste wiedrum froh.‹«

Zur Besetzung des stark zerstörten Forts La Briche kommandiert, hatten die Deutschen Gelegenheit, das Treiben der einheimischen Bürger zu beobachten. »Man wurde von einer ziemlich
verhungerten Bande umstanden, und durch ein Stückchen Brot
oder ein Lot Erbswurst konnte man manche moralische oder auch
unmoralische Eroberung machen.« Das Fort beherbergte noch
Stoff für ein heiteres Erobererleben: »In den Kasematten wurden
große Vorräte guten Cognacs und schönen alten Rotweins gefunden. Der erwärmte von innen. Und sollte ein Mitglied des Mäßig-
keitsvereins unter uns gewesen sein, für ihn lagen Dutzende von
Kisten mit recht wohlschmeckendem Schiffszwieback bereit, und
Säcke gebrannten Kaffees erlaubten zum Aufweichen desselben
einen Trank herzustellen, der vom sächsischen Blümchenkaffee so
himmelweit verschieden war als Château Johannisberg 1847 von
Naumburger Schattenseite 1870.«

Wer von den Soldaten gehofft hatte, Paris kennenzulernen,
wurde diesmal wegen allgemeinen Marschbefehls und im März
trotz erneuter Rückführung bis nach Clermont im Norden von Paris arg enttäuscht. Stiller Teilhaber an der Begründung des Deutschen Kaiserreichs in Versailles, lag man wochenlang untätig und
neutral vor Frankreichs Hauptstadt und erfuhr nur bisweilen, wie
die nunmehrige Republik sich ihrer inneren Gegner zu erwehren
suchte.

In dieser Zeit der abklingenden Kriegswirren hatte der Vater
Niese schweren Stand seinen beiden Söhnen Moritz und Heinrich
gegenüber: der eine mußte zur Geduld ermahnt werden, weil es
noch nicht wieder heimwärts ging, und der andere, weil er nicht
wieder an die Front konnte und weil die Schulterwunde immer
noch eiterte. Er sparte nicht mit biblischen und klassischen Zita-
ten, verwies auf die Tröstungen der Religion, Philosophie, Wissenschaft, doch bei den beiden jüngsten, ganz auf das Praktische
gerichteten Söhnen fruchtete dergleichen wenig. Heinrich hatte
gehofft, schon im November 1870 wieder nach Frankreich ziehen
zu können, und plante unter dem Einfluß des Herrn v. Dietze, des
Freundes seines Onkels Moritz, sogar vorübergehend, Berufssol-
dat zu werden. Die Familie war bemüht, ihm diese Absicht auszureden, und die zur Freundin gewordene Pflegerin Constance
Bourbon schrieb aus Pagny: »Je vous plains ainsi que vos bons
parents, qui doivent se trouver si heureux de vous avoir et de vous

soigner de tout leur cœur. Quelle peine vont-ils encore une fois éprouver, en vous voyant repartir à l'armée, exposer votre vie une seconde fois.«

Der Vater, immer bestrebt, Heinrich auf das humanistische Erbe hin- und von der nur technischen Ausbildung fortzulenken, kämpfte mit ihm, wie früher mit Moritz, einen stillen und ihn ständig enttäuschenden Kampf. Vergeblich hatte er ihn bereits in den ersten Berliner Bauakademie-Semestern aufgefordert, ein Philosophicum zu belegen, und gewarnt, seine Fortbildung allein auf sein Fach zu beschränken, »wie Moritz immer will und ich immer dagegen eifere... die Ansichten müssen einseitig und das Urteil befangen werden.« Jetzt pries er dem ungeduldigen, mißmutigen Sohn Homer, den er selber in seiner Jugend regelmäßig gelesen habe, und Thomas a Kempis, den besten Geduldsprediger. Auch Leiden könne einen Sinn haben, denn »auf etwas anderes hat es doch der liebe Gott mit der Heilung dieser Wunde nicht abgesehen... daß sie Dir wenigstens den Gewinn eingetragen haben möge, daß Du in der Geduld stärker geworden bist... außerdem aber möchte ich doch auch, daß Du den Gewinn davon hättest, daß Du sähest, wie ein ernstes Studium über mancherlei Verdruß und Leid im Leben hinweghebt, und das wäre auch wieder ein Vorteil für das ganze Leben. Allein ich möchte nicht, daß Du Dich dabei auf Dein bloßes Fachstudium beschränktest, sondern zugleich einen weiteren Blick gewännest. Wie ich Dir also schon schrieb: Laß Dir vom Onkel Fichtes ›Anweisung zum seligen Leben‹ oder auch seine ›Reden an die deutsche Nation‹ geben oder auch Schleiermachers ›Reden über die Religion‹ oder auch seine ›Monologen‹, ein ganz kleines Büchlein; und schreib mir dann ein Wort darüber.«

Es zeigte die Resignation des Vaters, daß er hinzusetzte »ein ganz kleines Büchlein«, war doch schon die Anfrage, ob Heinrich außer praktischeren Weihnachtsgeschenken denn nicht »einen besonderen Lieblingswunsch nach einem Buche« habe, unbeantwortet geblieben. Als aber im Frühjahr 1871 die Langeweile und der Unmut des Invaliden sich derart gesteigert hatten, daß er behauptete, an dem Frieden keine rechte Freude haben zu können, mußte er lesen:

446

»Bahrendorf, den 4. März 71

Mein lieber Sohn!

Ich denke eben daran, daß Du auch schriebst, daß Du an dem nun gewordenen Frieden keine rechte Freude haben könntest. Aber warum denn nicht? Du hast ja an Deinem Teile mit dazu beigetragen, daß wir ihn nun endlich haben. Und nun nimmst Du ja an seinen Segnungen teil wie wir alle. Daß Du aber das tolle Frankreich nicht weiter hast kennen lernen als bis Mars la Tour oder Vionville, daran wirst Du wohl nicht zu viel verloren haben. Nach Paris hinein würdest Du ja doch nicht gekommen sein, wie auch Dein Bruder Moritz nicht, der doch mehr Aussicht darauf hatte. Was aber, lieber Sohn, die Hauptsache ist: der Krieg ist jetzt vorüber, und nun tritt der Friede in den Vordergrund; und wie lange wird es dauern, so wird man an den Krieg nur noch durch die armen Invaliden erinnert werden, zu denen Du dann, Gott sei Dank, nicht gehören wirst – so schnell geht ja namentlich in unserer Zeit alles vorüber. Dann kommt es nicht mehr darauf an, wieviel Schlachten man mitgemacht hat, ja nicht einmal, ob man überhaupt mit im Felde gewesen ist, sondern lediglich, welche Dienste man dem Vaterlande leisten kann und leisten will«.

Als sich im Frühsommer Heinrichs Wunde endlich schloß und Moritz aus Frankreich zurückkehrte, wußte der alte Niese für die beiden Heimgekommenen keine bessere Geleitgabe zum neuen Lebensabschnitt als ein Buch. Moritz wurde mit W. v. Kügelgens »Lebenserinnerungen eines alten Mannes« bedacht, und Heinrich blieben nun doch die »Reden an die deutsche Nation« nicht erspart. »Natürlich dazu, daß Du sie auch lesen sollst – wenn Du es aber nicht solltest lesen wollen, dann mußt Du es mir umgehend zurückschicken.«

Der Barbyer Onkel Moritz, geschätzte Instanz des Urteils und der Fürsorge in der ganzen Familie, sparte nicht mit deutlichen Meinungsäußerungen sowohl den Neffen und Nichten als auch dem in seinen Augen oft lässigen Bruder gegenüber. Er redete Heinrich die Soldatenlaufbahn aus, denn der Neffe erschien ihm »von sehr gutem Herzen, aber oft etwas zu kindisch in Lust wie in Schmerz« und daher für dieses rauhe Handwerk ungeeignet. Dabei kümmerte er sich angelegen um Heinrichs Gesundheitszustand, und er wachte auch darüber, daß für die Gesundung der Schwägerin Auguste etwas geschah und der alte Geheimrat Ehrenberg konsultiert wurde. »Sprich nicht ›Moritz ist zu ängstlich‹, sonder tue etwas zu Euer aller Beruhigung«, schrieb er an den Bruder. Sehr empfindlich zeigte er sich bei Verletzungen des guten Tons und Geschmacks. Er fand es ungehörig, daß der Bruder seiner Tochter Hedwig zu Weihnachten ein ungebundenes Buch schenkte, und er hielt eine dreiseitige Epistel mit Richtlinien über korrektes Verhalten für angezeigt: »Ich soll Dir einen guten Rat geben und bin auch dazu bereit, weiß aber leider aus Erfahrung, daß Du auf meinen Rat nicht hörst; denn hättest Du gehört, so wärest Du um 25 % reicher – denke nur an die bekannten 2000 – und um 20 % gesünder – denke nur an meine vielen Mahnungen um Vorsicht und Schonung.« Moritz Niese war freilich auch sich selber gegenüber zu Verhaltensprüfungen bereit: »Das Dintefaß verschenke nur bald wieder. Ich kaufte es nur, weil ich nichts Besseres fand. Es ist ein ganz hübsches Präsent für Küster, Lehrer, Ökonomen und einen großen Teil der Pastoren, d. h. für alle solche Leute, die nicht gerade einen feinen Geschmack haben, weshalb Du selber es nicht behalten darfst.« Hier kam jener kleine Hochmutsteufel heraus, von dem er sich seit jeher gelegentlich regieren ließ. Weder Ermahnungen noch Anweisungen des zuständigen Magdeburger Konsistoriums vermochten ihn, einer der ihm zu strapaziösen Predigten des Amtsbruders beizuwohnen. Wenn er um neun Uhr früh Gottesdienst gehabt und um zehn Uhr die Liturgie gelesen hatte, ging er, statt sich, wie das Konsistorium wünschte, nun die Predigt des Oberpfarrers anzuhören, in seine benachbarte Wohnung hinüber und erschien erst um elf Uhr wieder in der Marienkirche, um das Abendmahl zu spenden. Bei aller preußisch königstreuen Gesinnung blieb er gegenüber den Erfolgen der Bismarck-Ära durchaus skeptisch und vor allem gegenüber den sich so rasch folgenden Kriegen, die ihm in erster Linie Ursache menschlichen Unglücks schienen: »Ach, dieser elende, verwünschte Krieg!«

In der skeptischen Beurteilung der politischen Entwicklung war sich Moritz im übrigen mit seinen beiden Brüdern einig. »Was wird denn nun eigentlich aus dieser Schweinerei endlich für die Zukunft noch hervorgehen? Ich denke mir immer, das Friedenschließen wird unter dermaligen Umständen noch schwieriger sein als das Kriegführen; alle werden haben und keiner geben wollen«, schrieb unverblümt der Landwirt Julius Niese aus Neukirchen. Und doch

hatte sogar er anfänglich den Krieg als Erziehungsinstrument angesehen, das seinem Sohn Ernst dienlich gewesen wäre: »Beim
Ausbruche des jetzigen Kriegs lebte ich, ich gestehe es, kurze Zeit
der Hoffnung, er werde durch Ehrgeiz und Vaterlandsliebe aus
seiner Lethargie aufgerüttelt, sich der Soldateska einreihen lassen,
wie doch so viele andere junge Leute getan, aber prosit Mahlzeit!
Damit war es ganz und gar Essig. Aber wie konnte ich auch nur im
Entferntesten daran denken, solche Träume verwirklicht zu sehen!
Wird je ein Faultier daran denken, sein eingefleischtes Bummler-
leben aufzuopfern und solches mit den unumgänglichen Strapazen
eines Kriegstumults zu vertauschen oder gar Gesundheit und das
über alles liebgewonnene Leben einer Gefahr auszusetzen? –
Nein, ein so ehrenwertes Subjekt zieht die Semmelklößchen, um
alles in der Welt, den bleiernen unter allen Umständen vor und
faultiert fort bis an sein, Gott gebe es, seliges Ende.«

Im Sommer 1871 waren endlich die Kriegssorgen in den Hintergrund gerückt. Der Bahrendorfer Niese reiste im Juni zur Hegel-
Feier nach Berlin und besuchte die Freunde Lancizolle und Sybel
sowie den Geheimrat Ehrenberg. Dann füllte sich sein Pfarrhaus
in Bahrendorf wieder mit Leben: Heinrich kam von Berlin und
fuhr anschließend zu einer Kur nach Wiesbaden, Moritz war da,
Marie kam von Naumburg mit dem Sohn Walther, der Onkel und
die Tante aus Barby schauten auch einmal kurz herein, vor allem
aber erschien Sophie mit ihrem ersten Kindchen und Johanne, die
auch ein Kind erwartete.

Und dann traf sogar noch Julius aus St. Louis ein, um als Vertreter seiner Frau die Erbteilung nach dem Tod des alten Franz Brunner wahrzunehmen. Seine Anwesenheit weckte wieder einmal
Amerikasehnsüchte bei Emma und bei Moritz, da das Unternehmen Strousbergs in Rumänien ein Fiasko gewesen war. Der Bau
hatte weit mehr gekostet als vorgesehen, Strousberg über den ab-
gemachten Rahmen Obligationen ausgegeben und am 1. Januar
1870 die Zinsen für die fälligen Kupons nicht zahlen können. Die
rumänische Regierung verweigerte die Übernahme von nur Teilen
der Bahn und lehnte infolgedessen die Zahlung der Zinsen ihrer-
seits ab. Die ganze Unternehmung entglitt Strousbergs Händen,
nachdem andere deutsche Bankiers seine Verpflichtungen gegenüber den Kleinsparern übernommen hatten. Seltsame Wirt-
schaftsformen, dem soliden ökonomischen Denken des alten Bür-

gertums fremd, zeichneten sich ab. Moritz jedenfalls hatte die Hoffnung auf Rückkehr nach Rumänien und seine dortige Stellung verloren. Was lag näher, als daß er sich dem innerlich so gleichgearteten Julius anschloß, dessen Geschäft seit 1870 ohne die Hilfe des alten Steinmeyer und aus dessen Haus in einen günstigeren Stadtteil verlegt als »Niese und Thul« firmierte. Die junge Firma blühte, und nun nahm Julius noch als Erbteil seiner Frau 40000 Taler mit über den Ozean. Wieder lockte die Ferne. Mutter Auguste war verzweifelt: »Also Moritz geht mit Julius! Ich finde es schrecklich, ich denke, Moritz würde auch hier mit bescheidenen Ansprüchen ein Unterkommen finden. Ach, das Geld, das leidige, alle wollen reich werden. Es ist recht traurig, die Kinder so gehn zu sehen. Was hilft es aber. Wenn die Kinder klein sind, sorgt und müht man sich mit ihnen, sind sie groß und man ist alt, gehn sie fort. Das ist der Welt Lauf, es geht nicht anders. Nun, unser Leben ist ja auch nicht mehr lang. Wie Gott will, so kömmt es doch, das ist mein Trost.«

Besuche Sophies in ihrem Elternhaus, und schon gar nicht häufigere, behagten Edmund Meyer wenig. Der »kleine« Edmund galt allmählich als ein kleiner Haustyrann, der in seiner Frau die Haushälterin, aber nicht die gebildete und ausgebildete Gefährtin zu sehen vermochte. »Ich meide die Deinen deshalb«, schrieb er ihr einmal, »weil Ihr unter Euch den Familiengeist ausgebildet habt, der Dich mir nicht ganz angehören läßt und Dich verhindert, mir die volle Hingabe zuteil werden zu lassen, die ich mir wünschte. Nur dachte ich, als Du mein werden wolltest, hättest Du in mir etwas gefunden, was Deinem innersten Wesen zusagte, so daß Du gern aus Deinem Kreise herausträtest, um an meiner Seite ein noch schöneres, höheres Leben zu führen als bisher. Das aber ist nicht der Fall, Du hast offenbar auch gedacht, es würde dasselbe Leben sein, das Dir bisher so wert gewesen, das Dir ja als das schönste erschienen war. Aber es ist nicht bloß anders als bei den Deinen, sondern widerstrebt der ganzen Art zu denken und zu sein, wie sie Dir aus Deiner Familie her gut und schön erscheint.« Es wurmte Meyer, daß Sophie zu Hause und in der väterlichen Kirche sang, daß sie die Anerkennung anderer Menschen erfreute. »Wie schön wäre es, wenn Du alle anderen Zwecke vergessen könntest und nur für mich singen wolltest und könntest, aber ich fürchtete freilich immer etwas, daß in Dir die Künstlerin doch stärker sein würde.«

Von der Bedrückung, noch ein zweites oder gar drittes Kind mit

Julius nach Amerika ziehen lassen zu müssen, wurde die Familie erlöst. Emma blieb im Lande, und Moritz begeisterte sich für eine seltsame Idee. In Sulza, wohin er nach dem Krieg zu Carl gezogen war, hatte er hoch über der Stadt auf dem Kalkgebirge von seinem in Rumänien ersparten Geld ein großes Gelände gekauft und einen Steinbruch begonnen, dem er eines Tages eine Kalkbrennerei anzuschließen gedachte. Dem aufs Praktische gerichteten Mann, der sonst vielleicht irgendwo im goldenen Westen gerodet hätte, gefiel die körperliche Arbeit, das Anlegen eines Gartens und das Errichten eines Gebäudes als Unterkunft für sich und seine Arbeiter. Eine Voliere mit einheimischen Singvögeln wurde gebaut und die schon in der Pförtner Knabenzeit betriebene Liebhaberei der Taubenzucht wieder aufgenommen. Das Pläneschmieden und Spekulieren mit noch in den Sternen stehendem Gewinn teilte Moritz mit Bruder Julius. Ehe er sich für geringes Geld an irgendeine Eisenbahngesellschaft verkaufte, wollte er lieber sein eigener Herr sein und auf seiner »Krähenhütte« als freier Mann sitzen.

Das Jahr 1871, als Friedensjahr begrüßt, endete für die Bahrendorfer als Trauerjahr. Nachdem schon im Sommer Lancizolle in Berlin gestorben war, verlor die Familie im Oktober den Bruder und Onkel Moritz in Barby und am Weihnachtstag auch den Bruder und Onkel Julius, der kurz vor seinem Tod noch die Geburt eines ersten Enkelkindes bei seiner Tochter Ida erlebt hatte, die mit dem Gutsbesitzer Wolf in Gasern bei Meißen verheiratet war. Das Gut Neukirchen, das der Vater ihr in seinen letzten Tagen verkauft hatte, wurde von Ida bald veräußert.

Wildes Aufbegehren war nicht Pastor Nieses Sache. Er trug den Verlust seiner nächsten Angehörigen mit der Einsicht des alten Mannes, dem die Gesetze von Leben und Vergehen vertraut sind. Bestrebt, seine Beziehungen zu Freunden, Kollegen sowie ehemaligen Schülern aufrechtzuerhalten, pflegte er seinen Briefwechsel. Noch immer führte seine Hand den Gänsekiel und behalf sich nur ungern einmal mit einer Stahlfeder. Neuartiges wie die Goldfedern, die der Sohn Julius aus Amerika schickte, wurde sogleich an die Kinder weitergegeben.

Der liebste unter allen Freunden blieb Ritschl, der aus derselben Anhänglichkeit seinem »Nisus« mehrfach Fotografien mit der Bitte um Gegengaben geschickt hatte. Der Austausch von Büchern, der Hinweis auf sie und Ereignisse in ihrer geistigen Welt waren für die beiden Männer ein eher noch wachsendes Bedürfnis. So erregten sie sich an der gelehrten Fehde zwischen dem jungen Ulrich v. Wilamowitz-Moellendorff und dessen ehemaligem Mitschüler Nietzsche, dessen Schrift »Die Geburt der Tragödie aus dem Geiste der Musik« Wilamowitz als »Zukunftsphilologie«, also Abfall von der strengen Wissenschaft, brandmarkte, indem er Nietzsche als »Schande für Pforta« bezeichnete. Ritschl hatte seinen Lieblingsschüler Nietzsche selber für die Baseler Professur empfohlen, aber er mochte die Richtung, die Nietzsche hier einschlug, nicht ohne Bedenken betrachten. Dennoch mußte er jenen aus dem Umkreis seines Gegners Jahn kommenden Angriff als ungerechtfertigt empfinden. So manches in der Schrift Nietzsches erinnerte ihn an Formulierungen, die er selber einst für die verschiedenen Wesenszüge der griechischen Literatur in ihrer engen Beziehung zur Musik gefunden hatte.

Nicht nur Nietzsches Ausbruch aus der Enge der Philologie, sondern auch eigene Skepsis in eine Wissenschaft, die sich auf den reinen Positivismus hin bewegte, bewog Ritschl zu Beifall für einige Verse Hans v. Helds, auf die ihn der jetzt in Rudolstadt lebende Freund Graffunder aufmerksam gemacht hatte und die er Niese nach Bahrendorf schickte:

> Sitzt das kleine Menschenkind
> an dem Ozean der Zeiten,
> schöpft mit seiner kleinen Hand
> Tropfen aus den Ewigkeiten.

> Sitzt das kleine Menschenkind,
> sammelt flüsternde Gerüchte,
> trägt sie in ein kleines Buch,
> schreibt darüber: Weltgeschichte.

Die Anschauung von der Wissenschaft als eines vergeblichen und ergebnislosen Bemühens bedurfte nach Ansicht Nieses und Graffunders der Korrektur, und sie verabredeten sich daraufhin, Ritschl gegenüber einen kräftigeren Glauben an die Wissenschaft zu vertreten. Nieses Sohn Moritz, der damals als Eisenbahn-Ingenieur in Leipzig tätig war, mußte zur Jahreswende 1874/75 in Ab-

ständen von wenigen Tagen kleine Gedichte Graffunders und Nieses in die »Leipziger Nachrichten« einrücken lassen, die »An F. R.
in L.« gerichtet waren und deren Verfasser ungenannt blieben.
Graffunder begann das Spiel mit zwei Versen, die das Forschungs-
streben des Menschen als sinnvoll verteidigten:

> Schöpfte nicht das kleine Menschenkind
> Tropfen aus dem Ozean der Zeit,
> was geschieht, verwehte wie der Wind
> in den Abgrund öder Ewigkeit.
>
> Tropfen aus dem Ozean der Zeit
> schöpft das Menschenkind mit kleiner Hand,
> spiegelt doch, dem Lichte zugewandt,
> sich darin die ganze Ewigkeit.

Und Niese verglich den klassischen Philologen mit dem Meerfah-
rer Odysseus, der das Ziel seines Suchens verkennt, als er es schon
erreicht hat:

> Lag ein kleines Menschenkind
> einst am Meeresstrand,
> suchte mit betrübtem Blick
> ach, sein Vaterland.
>
> Warest doch der klügste Mann
> in der Griechen Heer,
> kennst nun das geliebte Land,
> Ithaka, nicht mehr?!
>
> So, des Denkens hin und her
> und des Fragens satt,
> sucht das kleine Menschenkind
> oftmals, was es hat.

Das reine Sammeln und Registrieren freilich, zu dem die histori-
sche Wissenschaft in diesen Jahren herabzusinken drohte, schien
Niese als altem Hegelianer nicht des Schweißes der Edlen wert.
Für ihn war, wie er noch im letzten Lebensjahr bekannte, »Ge-

schichte eine der großen Offenbarungen Gottes«, und wo sie dem Historiker nicht zu wirklichen Erkenntnissen oder zu einer schöpferischen Idee verhalf, erschien ihm dessen Aufgabe verkannt. So führte er das Versturnier weiter:

> Sammelte das kleine Menschenkind
> all das nichtige Naturgezüchte,
> schrieb sie in ein Buch in Folio –
> nimmermehr wär' das Naturgeschichte!

> Aber spricht das kleine Menschenkind:
> »Einen Zeh vom kleinsten dieser Wichte
> zeige mir, und Pulex springt empor!« –
> Ja, das ist, das ist Naturgeschichte!

Dem amüsierten Adressaten, der hier ohne Zweifel die Verfasserschaft Nieses erkannt haben dürfte, ging dieses wissenschaftliche Credo zu weit und, ohne zu ahnen, daß Graffunder mit im Bündnis war, rief er diesen um Hilfe an, so daß nun in den abschließenden Versen die beiden Bundesgenossen in Gegensatz gerieten. Graffunder wies Niese in die Schranken:

> Laß Dich, liebes Menschenkind,
> nicht vom Stolz verhegeln.
> Hin und wieder läßt sich Land,
> nie die Welt umsegeln.

> Stille Deiner Seele Durst
> nur mit flüsternden Gerüchten,
> denn Geschichte hörst Du nie,
> doch zuweilen wohl Geschichten.

Als diese artige Spielerei dreier alter Freunde um geisteswissenschaftliche Krisenerscheinungen ausgetragen wurde, ließ Nietzsche die Öffentlichkeit mit seiner Schrift »Vom Nutzen und Nachteil der Historie für das Leben« aufhorchen. Wenige Jahre später, als Ritschl, der »Aristarch unserer Zeit«, schon nicht mehr lebte, verwendete der Ägyptologe Georg Ebers in seinem erfolgreichen historischen Roman »Die Schwestern« eine geraffte Wiedergabe des Versturniers von 1874 zum Gipfel eines Gesprächs zwischen Publius Scipio, Aristarch, zwei Pharaonen und Kleopatra über das Wesen der – alexandrinischen – Wissenschaft.

Unzeitgemäß wie seine in den Versen für Ritschl geäußerten Ansichten über Geschichte war es, wenn Niese einem in Arbeit befindlichen »Leben des Heiligen Johannes« die These vorwegschickte »Es können historisch sehr wenig beglaubigte Begebenheiten dennoch geschichtlich ganz wahre und dagegen historisch vollkommen beglaubigte dennoch geschichtlich ganz unwahre Begebenheiten sein«. Der seit Strauß die theologische Zunft bewegende Streit um den historischen Jesus hatte in der Johanneischen Frage ihren neuralgischen Punkt. Strauß und andere bestritten die Verfasserschaft des Jüngers Johannes und verlegten die Abfassung des vierten Evangeliums in ein späteres Jahrhundert. Damit entfiele ein Zeitzeuge für den Gottessohn. Man versuchte, zwischen zwei Verfasserpersönlichkeiten, dem Jünger und Apokalyptiker einerseits und dem Evangelisten Johannes anderseits, zu unterscheiden. Niese jedoch beließ – nicht unbekümmert um die Ergebnisse der kritischen Schule, aber sich bewußt nur stützend auf die Schriftfunde und textkritischen Untersuchungen des Orientalisten Tischendorf – Briefe, Apokalypse und Evangelium bei einem Verfasser, dem Jünger Johannes. Im übrigen lieferte Niese nicht eine weitere gelehrte Abhandlung, sondern – »Seiner treuen Lebensgefährtin Auguste gewidmet« – eine fast volkstümliche Nacherzählung aller überlieferten Ereignisse aus dem Leben des Johannes, der eine Darstellung seiner Lehre als zweiter Teil folgen sollte. In Nieses Schilderung Johanneischer Wesensart floß manches Persönliche ein, etwa in die des Greises, der »in den Anblick der Schönheit und Herrlichkeit dieses Reichs versenkt, ein mehr innerliches und beschauliches Leben zu führen und davon einen Abglanz auf seine Umgebung fallen zu lassen für das eigentliche, ihm von seinem Herrn vorgehaltene Ziel seines fernern Lebens ansehen mochte«.

Beschauliches Leben aber bedeutete für den »Greis« Niese keineswegs Müßiggang und Stillstand. Zur Sommerszeit reiste er, um seine alten Freunde aufzusuchen. Alle Fahrten in Sachen des Gustav-Adolf-Vereins, dessen Provinzialvorstand er bis kurz vor seinem Tode angehörte, wie auch die nun zur Regel werdende sommmerliche Badereise nach Bad Sulza wurden zu solchen Besuchen benutzt. In Sulza und im benachbarten Kösen war mancher Bekannte unter den Kurgästen. Leipzig, Berlin, Barby, die kleinen Städte am Harz, Torgau mit den Erinnerungen an Kindheit und erste Ehejahre, waren ihm nicht zu weit, und den Heimweg von der Bahnstation Altenweddingen legte er noch häufig, selbst bei Wind und Wetter, zu Fuß zurück. Zum siebzigsten Geburtstag des zunehmend gelähmten Ritschl ließ er wieder ein paar Verse in die »Leipziger Nachrichten« setzen, die an ein kleines Gedicht anknüpften, das Ritschl ihm einmal zugesandt hatte:

> »An Fr. R. zum 6. April 1876
> ›Die Liebe höret nimmer auf‹,
> so hört ich einst, o Freund, aus Deinem Munde,
> und Tränen sah ich Deine Augen füllen.
> Mir klang das Wort um dieser Tränen willen,
> das Wort, geboten längst der ganzen Welt zu Kauf,
> wie eine neue, nie gehörte Kunde,
> das Wort ›Die Liebe höret nimmer auf‹.
>
> ›Die Liebe höret nimmer auf‹!
> Wir schaun zurück in längst vergangne Tage:
> die goldenen Ziele, die wir einst erstrebten,
> da wir noch in der Jugend Lenze lebten,
> entwertet sind sie in der Zeiten Lauf
> und wiegen nichts auf jetzger Lebenswaage,
> allein: ›Die Liebe höret nimmer auf‹.«

Den Wert der Freundschaft, den Niese jahrzehntelang zu schätzen gelernt hatte, pries er wiederholt seinen Söhnen. Als gleichermaßen wohltätige Freunde empfahl er den Kindern die Bücher und zweckfreie Beschäftigung mit Geistigem. »Wenn die Leute, die uns umgeben, nicht nach unserem Geschmacke sind, dann zieht man sich auf einige Zeit zurück und studiert etwas Tüchtiges. Das ist auch ein wichtiger Vorteil, wenn man das Gymnasium durchgemacht hat.«

Da er sich stets darüber freue, »wenn jemand nicht bloß in der Beschäftigung mit technischen Dingen aufgehen mag«, galten Nieses erzieherische Korrekturversuche unaufhörlich dem Sohn Heinrich. Die Verwundung hatte bei ihm nicht nur eine Bewegungseinschränkung des Arms, sondern auch eine leicht in Erregung kulminierende Nervosität hinterlassen. Nachdem er so Anfang 1874 mitten im mündlichen Examen von der Prüfung zurückgetreten war, bestand er den Bauführerabschluß erst bei einem zweiten Anlauf im Sommer desselben Jahres. In dem anschließenden Praktikum wollte sich Heinrichs Starrköpfigkeit gegen Unterordnung wehren. »Es ist gut«, belehrte ihn der Vater, »wenn das Geschick nicht immer will wie wir, und von Gewinn, wenn man sich in die Umstände fügen lernt. Ohne Selbstüberwindung führt man das nicht aus ... Man wird der freieste Mensch, wenn man sich selbst vergißt und nur aus Pflicht und Liebe handelt.« Als Heinrich 1879 beim Baumeisterexamen wieder erst einmal versagte, redete ihm nun die Mutter ins Gewissen: »Du kannst Dir wohl denken, wie uns die Nachricht recht niederschlagend und traurig berührte, ich hatte doch ein gutes Ende erhofft. Ich habe Dich täglich betend auf meinem Herzen getragen, doch auch mein Gebet sollte keine Erhörung finden. – Da komme ich darauf, mein lieber Sohn, hast Du wohl Deine Arbeit mit Gebet begonnen? Ich glaube, Du bist wie alle jungen Menschen etwas davon abgekommen, leider, und das rächt sich jetzt. Und wer weiß, ob Dir dieses abermalige Mißglücken in dieser Beziehung nicht zum Segen wird, wir wollen es hoffen und wünschen.« Heinrich Niese war offenbar ein exemplarischer Fehlstarter: auch Regierungsbaumeister wurde er bald danach bei dem zweiten Anlauf.

Examensprobleme anderer Art als Heinrich hatte Moritz. Bei seinen Bewerbungen im Eisenbahnbau war die Einsicht gewachsen, daß das fehlende Abschlußexamen, der Titel eben, ein ewiges Hindernis bilden würde, als Ingenieur in eine Karriere zu kommen, die seinem Können angemessen schien. Ihm fehlte ein Examen an der Bauakademie oder an der Universität. Darum liebäugelte er immer wieder mit der Auswanderung nach Amerika, wo der Mensch noch nicht nach Examina gewogen werde. Der Vater warnte: »Du würdest dort wieder einige Jahre Deines Lebens aufs Spiel setzen, denn man hofft oft nur zu leicht und muß dann erfahren, daß Hoffnungen keine Wirklichkeit sind. Und die Jahre gehen auch vorwärts! Besprich das ja, und nicht bloß mit Dir, sondern mit verständigen Brüdern und Freunden.« Moritz, gewillt, ein freier Mann zu bleiben oder zu werden, hatte zwar wegen der Bezahlung die Stellung in Leipzig bei der Thüringischen Eisenbahn angenommen, aber den Ausbau der Krähenhütte weiter betrieben, bis er 1876 den Absprung in die volle Selbständigkeit wagte. Er kaufte in Kötzschau ein Gelände mit Kalköfen und fing dort eine Kalkbrennerei an, zu der er das Material von der Krähenhütte bezog, das in Leipzig auf einem eigenen Lagerplatz an der thüringischen Eisenbahn nach Kötzschau verladen wurde. Vater und Geschwister hatten zugeredet, in der Hoffnung, daß Moritz nun endlich festen Fuß fassen würde. Jedoch war der Vater nicht ohne Bedenken, den Sohn in einen so ganz anderen Wirkungskreis gleiten zu sehen. Er wünsche ihm zwar alles Glück, schrieb er ihm bei Gründung des Unternehmens, wolle ihm jedoch nicht verhehlen, daß mit dieser neuen Wendung des Lebenswegs eine gewisse Gefahr verbunden sei. »Du bist dadurch in eine neue, niedrigere und der Erde näher liegende Atmosphäre gekommen, als auf welche Du ursprünglich vorgebildet worden bist. Nun habe ich darüber diese Ansicht, daß der Mensch mehr ist als sein Geschäft und es deshalb gleichgültig ist, was für ein Geschäft er treibt; wie denn Spinoza, obwohl Brillenschleifer, doch der philosophischste Kopf seiner Zeit, und Hans Sachs, obwohl Schuhmacher, doch eine reich begabte poetische Natur war. Allein ohne sich selbst zu erheben und auch oben zu halten, ist das nicht möglich. Jeder muß sich sagen, wozu er berufen ist, und sich dann auch die Frage vorlegen, wodurch er es erreichen kann. Unser Beruf aber ist immer ein hoher; aber den können wir so leicht aus dem Auge verlieren.«

Die Befürchtungen des Vaters waren verfrüht: Moritz entglitt nicht, da ihm sein Unternehmen in Kötzschau bereits nach etwas mehr als einem Jahr entglitt. Bei dem Zusammenbruch sprang sofort der Bruder Carl in Sulza ein. Er bot Moritz Unterkunft und Übergangshilfe an: der Bruder sollte am Andreas-Institut mit unterrichten und sich gleichzeitig auf das Gewerbelehrerexamen vorbereiten. Moritz ergriff diesen Rettungsanker, zumal er hoffte, die Krähenhütte nebenbei weiterführen zu können. Carl gab so dem Schicksal des Bruders nicht nur eine entscheidende Wende auf sein eigentliches Berufsfeld zurück, sondern stopfte mit seinen Ersparnissen ein finanzielles Loch, das bedenklich zu werden drohte. Den mangelnden Sinn im Umgang mit Geld, den die drei anderen Söhne bewiesen, beklagte besonders die Mutter. An Moritz schrieb sie: »Was nun Deine Zukunft betrifft, ja da, mein lieber Moritz, möchte ich Dir doch wünschen, daß Dir der liebe Gott recht bald zu einer eigenen Häuslichkeit Gelegenheit gäbe, aber freilich, dazu mußt Du das Deinige tun, ich meine, mit bescheidenen Ansprüchen.« Und noch in hohem Alter, 1881, machte sie Heinrich Vorhaltungen: »Denke ja daran, daß Du nicht soviel ausgibst, man kann doch dabei immer nobel sein. Wie habe ich mich berechnen müssen, und ich habe mir nie Reichtum gewünscht, nur mich immer ohne Schulden einschränken wollen und müssen, und wenn man das will, so segnet der liebe Gott den guten Willen... Trage doch Deine Röcke mal länger und bezahle gleich, Du sollst sehen, es gehet. Man muß sich berechnen, das gehet einmal nicht anders im Leben, sonst ist es übel mit einem... Du hast stets mehr gebraucht, als Du gesollt hättest, nun nimm Dir vor, damit auszukommen, was Du hast – wie viele Familien müssen damit auskommen! Laß Dir meine Wünsche und Bitten zu Herzen gehen und sei nicht etwa böse, wie Du es gewöhnlich bist, wenn man Dir etwas sagt. Denke vielmehr, es ist Deine alte Mutter, welche Dir aus Erfahrung etwas sagt und guten Rat gibt – wie lange wird sie es vielleicht noch können.«

Auch Julius blieb eine Sorge. Am Ende der siebziger Jahre kam sein Geschäft gänzlich zum Erliegen, weil er trotz der Warnungen seiner Frau dem Partner Thul zu sehr vertraut hatte. »Warum soll er mich beschummeln, ich will ihn ja auch nicht beschummeln« argumentierte Julius. Nun war das Vermögen seiner Frau verloren und auch das wenige, was ihm die Eltern vorgestreckt hatten. Dazu herrschte in den Staaten eine Wirtschaftskrise, so daß er für einen Jammerlohn als Angestellter arbeiten mußte und nicht einmal gesonderte Schuhe für die Ehefrau und die Tochter anschaffen konnte. Die Mutter klagte: »Wir haben wieder etwas Geld geschickt, aber was ist das für Hilfe?! Julius wäre es besser gewesen, kein Geld zu haben, er hat es nur für andere gehabt. Die arme Elise, und wie gut ist sie noch, und Julius ist doch in höchstem Grade leichtsinnig mit ihrem Gelde gewesen – ein schlechter Haushalter. Julius wollte mit Gewalt reich werden, und da legt Gott keinen Segen darauf. Wie oft habe ich ihm geschrieben: ›Die da wollen reich werden...‹, aber es hat mir nicht geholfen. Nun haben auch wir das verloren, und wenn wir es auch nicht gebrauchen für uns – aber unsere armen Töchter!« Auf solche Vorhaltungen zu antworten, war für Julius schwerer, als sich und die Seinen

Statt jenes Totalbildes von St. Louis, das auf dem Briefpapier des Einwanderers Julius (II.) Niese im Jahre 1860 geprangt hatte, verwendete er später ein eigenes Firmenpapier mit der Abbildung seines Geschäftshauses.

in St. Louis mit den Worten zu trösten: »Wenn wir auch nichts ham, ham, ham, sind wir doch beisamm, samm, samm.«

Einen Ansatz zu neuem Aufstieg versprach schließlich eine von Julius' vielen »Erfindungen«, eine Seife, deren besonders durchgreifende Wirkung auf einer Beimischung von Knochenmehl beruhte, das eine zeitweise mit Freund Knoblauch zusammen geführte Knochenbrennerei lieferte. Diesem Produkt seiner alten chemischen und pharmazeutischen Neigungen gab der humanistisch gebildete Julius den von der griechischen Göttin der Jugendschönheit geborgten Namen »Hebe-Seife«. Die Seife schlug wirklich ein, und ihre Fabrikation ist eine seiner dauerhaftesten Gründungen geworden. Als es dann wieder etwas freundlicher aussah und Julius den Entschluß gefaßt hatte, ganz allein ein kaufmännisches Unternehmen ins Leben zu rufen, baute er sofort neue Luftschlösser. »Man sollte denken«, schrieb der Vater, »der Julius stände auf dem Gipfel seines Glückes, so preist er seine jetzige

Freiheit und Selbständigkeit, wo er früher Jahre lang, aus Mißtrauen gegen sich, auf andere gebaut und sich von anderen Rat
habe geben lassen. Und wenn er auf seine Elise zu sprechen
kommt, dann jagt ein Lob und Preis den andern. Und das ist wohl
auch wahr, daß er eine bessere, getreuere und aufopferungswilli-
gere Frau wohl kaum hätte finden können als sie.« Augenschein-
lich hat Elise die positiven Seiten der Stehaufmännchenart ihres
Mannes zu respektieren verstanden. »Vor ein paar Tagen«, so
teilte dieser einer seiner Töchter mit, »stand Franz Dingelstedts
Grabschrift auf meinem Kalender. Sie gefiel mir so, daß ich sie der
Mutter vorlas:

> ›Wenn ihr mich einst recht spät begrabt,
> Sollt ihr auf meinem Grabstein lesen:
> Der Mann hat immer Glück gehabt,
> Doch glücklich ist er nie gewesen.‹

Sogleich dichtete die Mama für mich:

> ›Der Mann hat immer Pech gehabt,
> Doch glücklich ist er stets gewesen.‹

Und da hat sie recht.«

Ehe, Beruf, wirtschaftliche Lage schienen sich bei dem Sohn
Carl Eduard ganz nach Wunsch zu gestalten, aber schwere Asth-
maanfälle und eine zusätzliche Bronchitis zehrten in bedrohlichem
Maße an seinen Kräften. Im Jahre 1879 mußte er seine Unterrichts-
tätigkeit aufgeben und sich auf die Fortführung des Pensionats beschränken. Um seinen Zöglingen auch künftig eine gute Schulbil-
dung zu sichern, verlegte er das Andreas-Institut nach Weimar, wo
die Jungen das Gymnasium besuchten. In Weimar hatte er einen
auf der Waldhöhe »Am Horn« gelegenen Gebäudekomplex gekauft, der ehemals zur Altenburg gehört hatte. Viele ländlich
breite, niedrige Räume, die geschmackvoll eingerichtet waren,
standen zur Verfügung und fanden Zuspruch. Die Konzentration
auf nur diesen Bereich des Instituts brachte jedoch dem Betreiber
kaum gesundheitliche Besserung, ebensowenig wie die Entspannung auf weiten sommerlichen Reisen nach der Schweiz, an die
belgische Küste, nach Südfrankreich, Schottland und Böhmen, die

461

Carl – auf seine Weise auch von Niesescher Unrast – mit seiner Frau unternahm. Minnie litt gleichfalls an zunehmender Lungenschwäche. Sie wurde mit der Zeit stiller, neigte seltener zu den ehemals heftigen Temperamentsausbrüchen und klagte nie.

Nachdem der Sohn Moritz das Gewerbelehrerexamen bestanden hatte und einer Lehrerstelle an der Gewerbeschule in Frankfurt an der Oder entgegensah, bekannte Vater Niese dankbar im Rückblick auf achtundvierzig Ehejahre, »daß nun doch alle unsere Jungen entweder versorgt oder doch so weit gebracht wären, daß sie jeden Augenblick versorgt werden könnten«. Freilich hätte die Mutter noch gern ihre beiden jüngeren Söhne verheiratet gesehen. Wegen ihrer schwachen Beine in den Sessel genötigt, pflegte sie für alle Kinder und Schwiegerkinder aus feiner weißer Baumwolle in kunstvollen Mustern Überdecken für die Betten zu stricken. Als sie damit auch Moritz und Heinrich bedacht hatte, begann sie, für diese beiden auch noch die weibliche Ergänzungsdecke zu stricken, was Moritz »conjuge deficiente«, mangels Ehefrau, heiter verhinderte. Auguste erlebte freilich noch die Hochzeit ihres ältesten Enkels Paul Mitzschke, an dem der Großvater reges Interesse nahm, weil er als Philologe und Gelehrter die alten Inschriften im Naumburger Dom erforschte, sich mit der Geschichte des antiken sowie neueren Theaters beschäftigte und eine ehrenvolle, obgleich nahezu unbezahlte Stellung an der Weimarer Bibliothek innehatte. Und das alte Paar erlebte auch noch, daß der Sohn Moritz sie eines Tages mit seiner Promotion überraschte. Die Dissertation über die »Beschränkung der Luftzufuhr, das einfachste Mittel zu Erhöhung des Heizeffectes bei Dampfkessel-Feuerungen« war für den Vater zwar eine ungewohnte Lektüre, aber ein Zeichen für die von ihm immer angemahnte geistige Tätigkeit, und so dankte er Moritz gerührt: »Von dem Glanz der Söhne fällt doch immer etwas auf die Väter ab.«

In den Stunden der Rückbesinnung schrieb die Mutter die letzten Seiten ihrer schlichten Autobiographie: »Meine Jugend war nicht sehr freudenreich. Leider habe ich nicht viel lernen können. Gern wollte ich es, aber es wurde mir nicht geboten, und ich habe den Mangel stets empfunden. Mein lieber Mann war mit meinem Wissen doch wohl zufrieden, denn sonst hätte er mich noch manches lehren können. Nun, da ich über sechsundsiebzig Jahre alt bin, muß ich schon zufrieden sein, wie ich einmal bin. Liebenswür-

*Auguste Niese, Tochter des Pfarrers Panse, aus dessen strenger
Obhut sie der lange unentschlossene Carl Eduard (I.) Niese
erlöste, hat mit zwölf Kindern, von denen zwei
früh starben, Anteil daran, daß der Stammbaum der Familie
in die Breite wuchs.*

dig bin ich, wie ich glaube, nie gewesen. Arbeit habe ich immer in
Menge gehabt, aber für alles, was ich geleistet habe, gebührt Gott
die Ehre... Und so gebe denn Gott noch seinen Segen dazu, daß
wir die bevorstehenden schönen Feste zusammen feiern können,
wenn auch in Schwachheit, so doch in Gesundheit.«

Die schönen Feste kamen. Zuerst das fünfzigjährige Amtsjubiläum mit Glückwunsch- und Dankadressen, Ehrungen und zahllo-

sen Briefen, mit einer Niese-Stiftung der Gemeinde Bahrendorf und einer mit Goldstücken gefüllten silbernen Dose, auf deren Deckel das Bild der Pfortaer Kirche eingraviert war; dankbare Schüler wollten ihrem Lehrer damit eine Badereise ermöglichen. Es folgte die Goldene Hochzeit. Von der Familie hatte nur Julius nicht kommen können, dafür war sein Bruder Moritz, seit zwei Monaten auf Grund seiner Dissertation als Ingenieur beim Magdeburger Kesselverein, der lustigsten einer. Wieder hatten sich ehemalige Schüler zusammengetan und schenkten dem greisen Paar einen Kasten mit Silberbestecken als Ersatz für das Silber, das einst einer patriotischen Geste zum Opfer gefallen war. Da sich die alten Nieses nicht mehr viel eigenen Nutzen von dem Kasten versprachen, wurde er gleich für den erhofften ältesten Stammhalter bestimmt, so wie der goldene Myrtenzweig, den Auguste an diesem Tage trug, immer an die jeweils jüngste Braut der Familie Niese weitergegeben werden sollte.

Superintendent Rogge, wohlgesinnter Vorgesetzter Nieses, der so gern seinem Konsistorium die Beantragung eines höheren Ordens abgerungen hätte als es der war, den er dem Jubilar überreichen konnte, sah freilich, wie hinfällig der Gefeierte in letzter Zeit geworden war. Er drang auf rasche Emeritierung: »Er will immer noch dies und das tun und kann's doch nicht.« Der Pastor selbst mußte allmählich einsehen, daß es wohl mit der geplanten »Lehre des Johannes« nichts mehr werden würde. Zum erstenmal war seine Schrift unsicher und verfehlte die Zeilen, als er an Carl nach Weimar schrieb: »Ich habe nur ein Leid in diesen Tagen gehabt, aber kein leichtes. Vor etwa vier Wochen versagten mit einem Male meine Augen; ich konnte die Zeitung nicht mehr lesen, und Dr. Niemann in Magdeburg, ein gesuchter Augenarzt, hat mir wenig Hoffnung zur restitutio in integrum gegeben. Schreiben kann ich noch, aber nicht mehr lesen. Eine Brille hat mir Dr. Niemann nicht gegeben, obwohl er mich sehr sorgfältig untersucht hat. Er schrieb diese Blödigkeit aufs Alter. Es hangt sich daran die Aufgebung mancher Hoffnung für die Zeit meines noch übrigen Lebens... Wie geht es denn mit Minnie jetzt? Grüße sie herzlich und gedenkt beide unser in Euren Gebeten in dieser Zeit der Wandlung in unserem Leben; denn es will Abend werden.«

Noch ehe die Nieses Bahrendorf verließen, um in der Nähe des geliebten Pforta, in Naumburg, das als Alterssitz gewählte, schon

gemietete Haus zu beziehen, deutete sich die Erfüllung eines lange
gehegten Wunsches an. Der Sohn Moritz verlobte sich mit einer
jungen Witwe, die seinen Eltern sehr gefiel, und heiratete am
8. Oktober 1882 in Köthen bei den Eltern der Braut. Es dämpfte
die Fröhlichkeit der Feier, daß Moritz Niese bettlägerig war und
die Trauung im Zimmer vollzogen werden mußte. Er hatte sich
wenige Tage vor der Hochzeit einen Polypen aus der Nase entfernen lassen. Damit mochte sein Übelbefinden zusammenhängen.
Der Arzt konstatierte eine schwere Erkältung. Jedoch fühlte sich
Moritz kräftig genug, noch am Hochzeitstag mit seiner Frau in die
neue Heimat Sudenburg abzureisen. Vier Tage später erlag er
einem Gehirnkrampf.

Der Vater trug die furchtbare Nachricht still und ergeben. Wenige Stunden danach aber fanden ihn seine Töchter bewußtlos im
Hofe. Am 14. Oktober 1882 schlummerte er sanft hinüber.

Auguste ist ihrem geliebten Niese schon bald gefolgt: am 18. Dezember des gleichen Jahres.

1883–1945
Nachkommenlos

Als dem kgl. preußischen Regierungs- und Baumeister Heinrich Niese am 2. Oktober 1889 in Gotha ein Sohn geboren wurde, telegrafierte er an seine unverheirateten Schwestern in Naumburg: »Drum ruf ich, freuddurchdrungen, den Kasten meinem Jungen!« Gemeint war der Kasten mit Silberbestecken, den ehemalige Pförtner Schüler Nieses Eltern zur goldenen Hochzeit geschenkt und die Beschenkten für den ältesten Stammhalter der nächsten Generation bestimmt hatten. Es ging Heinrich Niese bei seinem telegrafischen Jubelruf nicht um den materiellen Wert des Kastens, der in Naumburg nun schon längere Zeit auf den ausersehenen Erben wartete. Heinrich war, wie fast alle Familienangehörigen, in finanziellen Fragen großzügig, und er hatte zudem eine wohlhabende Frau geheiratet, die ihn mancher Sorge enthob. Es ging ihm darum, dem Glück Ausdruck zu geben, daß ihm, dem Jüngsten unter den Geschwistern, ein Namensträger geschenkt worden war. Der Name konnte und sollte eine lebendige Klammer mit der Vergangenheit und ein Richtweiser für die Zukunft sein.

Heinrich Niese hatte sich viel Zeit gelassen, bis er sich zur Ehe entschloß. Im Oktober 1885 war er nach Hattingen gereist, um an der Hochzeit seines Freundes Karl Jäger aus Pforta teilzunehmen, und mit einer Freundin der Braut bekannt geworden, die ihm gleich sehr gefiel. Aber der etwas schwerfällige Mann brauchte dann noch anderthalb Jahre, bis er nach weiteren Besuchen in Westfalen bei Mariechen Engelhardt und dann bei ihrem Vater seine Werbung vorbrachte. Diesem hatte sie seit dem frühen Tod der Mutter den Haushalt geführt, und er entbehrte sie ungern: »...aber selbst mit schwerstem Herzen würde ich ihrem Glücke niemals hinderlich sein, und ich wünsche nur, daß Sie sie stets als das Höchste halten, was Ihnen die Vorsehung bescheren konnte, denn sie ist es wert.«

Heinrich Niese, der Pfarrerssohn, heiratete in eine ihm sehr fremde Schicht von Grundbesitzern und höheren Bergwerksbeamten ein, deren gediegener, westfälisch-massiver Wohlstand ganz anderer Art war als die ökonomische Grundlage der eigenen Familie und ihrer Vorfahren. Aber als Heinrichs kluge Schwester Anna von Arnsberg aus, wo sie bei Ehrenbergs wieder einmal helfend eingriff, Heinrichs Braut und ihren Vater aufgesucht hatte, fegte sie etwaige Bedenken der Unvereinbarkeit hinweg: »Ich habe sie herzlich lieb gewonnen und den Eindruck empfangen, als würde sie ganz zu uns passen... Sie ist so einfach und natürlich, scheint so wahr und offen, tut, was sie tut, so still und bescheiden und scheint doch eine Hauswirtin zu sein, vor der wir uns alle verstecken müssen. So fleißige und tüchtige Mädchen gibt es heutzutage nicht viel, noch dazu in solchen Verhältnissen.« Als Heinrich Niese im Oktober 1887 heiratete, war er 39 Jahre alt und 41, als der Sohn geboren wurde. Er ließ ihn auf die Namen Karl Eduard Julius Moritz taufen und damit die drei Brüder der vorigen Generation und zugleich die eigenen drei Brüder gegenwärtig sein. Von dem Ereignis war nicht nur der Vater des Namensträgers »freuddurchdrungen«, sondern die ganze Verwandtschaft, durch deren Gratulationsbriefe so etwas wie ein Aufatmen ging. Alle empfanden ähnlich wie die Kusine Ida Wolf, Tochter des verstorbenen Onkels Julius, die aus Gasern schrieb: »ich bin ganz glücklich, daß Euer Kind ein Junge ist, weil dadurch der gute Niesesche Stamm nicht ausstirbt, denn Du mußt wissen, daß ich stolz darauf bin, eine geborene Niese zu sein, waren doch die drei Brüder gute und kluge Männer.«

Die Hoffnung der Familie hing ja allein an den möglichen Nachkommen Heinrichs. Von dessen noch lebenden Brüdern hatte Julius in Amerika vier Töchter, Carl Eduards einziges Kind war gleich nach der Geburt gestorben; von sonstigen Namensträgern war Ernst Niese, Heinrichs Vetter, ein lediger Sonderling. Krankheit und Tod zerstörten ohnehin manche andere Hoffnung der Familie. Heinrichs Schwester Johanne Ehrenberg war bereits 1885 ihrem Lungenleiden erlegen, und Thekla, die ihre Schwester gepflegt hatte und zwei Jahre später die zweite Frau Hermann Ehrenbergs geworden war, brachte zwar Zwillinge zur Welt, von denen ein Mädchen überlebte, hatte sich aber offenbar bei Johanne angesteckt. Obwohl der Weimaraner Carl Eduard mit Minnie

*Beileidsschreiben des Großherzogs Carl Alexander an Carl
Eduard (II.) Niese zum Tode von dessen Frau Minnie,
geb. Marinack. Das Handschreiben vom 23. April 1889
bezeugte zugleich die Anerkennung des Landesherrn für die
private Erziehungsanstalt des Ehepaars Niese in Weimar.*

durch eine Übersiedlung nach Bensheim an der Bergstraße wenn
nicht Heilung, so doch Linderung ihrer beider Leiden suchte, war
Minnie im Frühjahr 1889 der Krankheit erlegen, und Carl Eduard
bedurfte der dauernden Gegenwart seiner Schwester Emma.

Bei Heinrich Niese und seiner Frau Marie liefen die Dinge zunächst so gut, wie es sich ein junges Ehepaar wünschen kann. Der
Sohn Karl Eduard erwies sich als gesundes und strammes Bürsch-
chen, ein wenig klein zwar, aber munter und agil, mit blonden

Haaren und blauen Augen sowie einem Rundschädel, der sowohl ein Erbe der Panses als auch der mütterlichen westfälischen Familie sei konnte. Fast drei Jahre später bekam er ein dunkelhaariges Schwesterchen. Das Leben in der Residenzstadt Gotha war gemütlich und durch den Hof doch so bewegt, daß man sich nicht langweilte. Niese, der ja in dem thüringischen Staat nur als vom preußischen Staat beauftragter Gast arbeitete, wurde von seinem König im Jahre 1890 zum Eisenbahn-Bau- und Betriebsinspektor ernannt, 1895 dann zum Regierungs- und Baurat. Seine Kriegsteilnahme und Verwundung wurde zwar durch nachträgliches Avancement zum Seconde-Leutnant belohnt, hatte aber noch böse Spätfolgen. Im Jahre 1898 erlitt Niese einen als Schwächeanfall ausgegebenen leichten Schlaganfall, der ihn nötigte, seine Stellung bei den preußischen Eisenbahnen, die mit vielen Fahrten und körperlicher Tätigkeit im Freien verbunden war, aufzugeben und um seine Entlassung aus dem Staatsdienst nachzusuchen. Da der gerade knapp zehn Jahre alte Sohn auf ein gutes Gymnasium geschickt werden und auch die Tochter Elisabeth eine angemessene Erziehung erhalten sollte, Heinrich Niese sich wie seine Frau sehr als Preuße fühlte und ihm in Berlin eine leichtere Berufsausübung in einem privaten Betrieb winkte, entschloß sich das Ehepaar, die thüringische Residenzstadt zu verlassen, um in der Heinrich von Studienzeiten her vertrauten preußischen ein neues Leben anzufangen.

Man hatte Wohnung in Moabit gefunden, einem erst 1860 eingemeindeten, rasch aufgeblühten Stadtteil. Das Terrain dieses Bezirks, nördlich der hier in zwei Bögen nach Süden ausholenden Spree gelegen, hatte ursprünglich zu dem großen Wald- und Jagdgebiet des Tiergartens gehört, war aber, im Gegensatz zu dem südlich der Spree gelegenen Teil, schon seit dem 18. Jahrhundert in seinem Baumbestand immer mehr reduziert worden, zunächst durch Anlage von Pulvermühlen und einem Pulvermagazin sowie durch Ansiedlung von Hugenotten, die Seidenraupenzucht betreiben sollten und dem Ort seinen Namen gaben. Nach Verlegung der Pulverfabrik siedelten sich auf dem frei gewordenen Gelände Industrien an, so eine Schiffsbauerei, eine Sägemühle, eine Pumpernickelfabrik und vor allem die Borsigschen Maschinenbauwerke und die große Meierei Bolle. Diese Unternehmen hatten auch Arbeiterfamilien in den Bezirk gezogen, deren Wohnungen aber meist nördlich, in dem als Neu-Moabit bezeichneten Ortsteil, lagen. Die alte Spandauer Heerstraße, die das Gebiet von Ost nach West durchschnitt, war inzwischen unter dem Namen Alt-Moabit zu einer breiten asphaltierten Großstadtstraße mit mehrstöckigen, durch Erker und Balkons geschmückten Häusern geworden. Hier lag die Wohnung der Nieses, die aus ihren Fenstern zu dem bescheidenen Rest des nördlichen Tiergartens, dem »Kleinen Tiergarten«, hinüberblicken konnten. Das eben erst fertiggestellte Haus verdankte seine Entstehung einem erneuten Bauschub in Moabit in Folge des frei werdenden Geländes der Borsig-Werke, die nach Tegel verlegt worden waren. Mit ihm hatte der Architekt Paul Hoppe ein Musterbeispiel für ein modernes, gehobenen Ansprüchen genügendes Mietshaus geschaffen. Es war ein Eckhaus mit zwei Treppenaufgängen. In jeder Etage lagen nebeneinander vier große Wohnungen, bei denen durch Einfügung von Korridoren dafür gesorgt worden war, daß der allgemeine Wohnteil deutlich vom Schlaf- und Wirtschaftsteil getrennt lag. Genügend Platz war hier für eine vierköpfige Familie, und die freundliche Umgebung sorgte dafür, daß die Nieses den Unterschied zu der thüringischen Kleinstadt nicht als zu kraß empfanden. Durch den Kleinen Tiergarten gelangte Karl in wenigen Minuten in die Turmstraße, in der das noch junge Luisen-Gymnasium lag, und seine Schwester hatte einen nicht weniger kurzen Weg zu ihrer privaten höheren Töchterschule in der Flemmingstraße. Wenn der »kleine« Tiergarten zur Erholung und zum Spielen nicht ausreichte, konnte man über eine der zwölf Spreebrücken des Bezirks auch in den »großen« gelangen, wo man nicht nur Gelegenheit zum Spazierengehen, sondern auf dem Neuen See im Sommer zum Kahnfahren und im Winter zum Schlittschuhlaufen hatte.

Auch der Weg durch die Karlstraße in das alte Zentrum war nicht weit, wenn man die größeren Entfernungen in Betracht zog, die das moderne Berlin seinen Bürgern abverlangte. Berlin, jetzt Reichshauptstadt, wurde von rund zwei Millionen Menschen bewohnt, war in das Umland hinausgewachsen und hatte, da diesem Ausgriff Grenzen gesetzt waren, in der Innenstadt seine Bebauung so stark verdichtet, daß es als größte Mietskasernenstadt der Zeit galt. Parallel zu der alten Hauptstraße Unter den Linden, die mit ihren Repräsentationsbauten noch immer die vornehmste und bedeutendste Verkehrsader blieb, hatte sich die Leipziger Straße zu

Mit dem links im Bild sichtbaren, seit 1897 in mehreren Abschnitten erbauten Warenhaus Wertheim, das in seinem Innern mehr bot als bloße Verkaufsstände aller Art, sondern zu genußvollem Bummel einlud, erhielt die Leipziger Straße einen wirksamen Ausgangspunkt für zahlreiche weitere Geschäftshäuser, die von Restaurants besonderer Qualität ergänzt waren.

einer eleganten und vielbesuchten Geschäftsstraße entwickelt. Vom Leipziger Platz und dem dort zu Beginn des neuen Jahrhunderts errichteten Kaufhaus Wertheim, das auch architektonisch ein Zeichen für Modernität setzte, bis zum Dönhoff-Platz reihten sich, gelegentlich von Restaurants und Kaffeehäusern unterbrochen, Geschäfte und Läden in ununterbrochener Folge. Pferdebahnen, auch schon elektrische Straßenbahnen bewältigten den Verkehr, vereinzelt tauchten Autos auf. Außerdem fuhr bereits seit längerem die dampfbetriebene Stadtbahn.

Die Berliner jener glänzendsten Jahre des Kaiserreiches waren stolz auf ihre Stadt, auf die endlich erlangte nationale Einheit, auf die militärischen Erfolge. Dieser Stolz schlug bisweilen in unangenehme und militante Überheblichkeit um. Manches, was das von den Nieses gehaltene politische Witzblatt »Kladderadatsch«, das die Bismarcksche Politik kräftig unterstützt hatte, nun, da der 1888 mit noch nicht dreißig Jahren zur Regierung gekommene Kaiser Wilhelm II. den Kurs zu verordnen trachtete, an Kritik hinsichtlich der Bismarck-Nachfolger, der Innenpolitik sowie der Hofkamarilla laut werden ließ, stimmte nachdenklich. Die sich hinter viel Großsprecherei verbergende Angst, daß es einmal anders kommen könnte, wurde für politisch feinfühlige Beobachter durch die Einsicht genährt, daß es der deutschen Politik nicht gelang, der prekären Mittellage des Reichs durch Bündnispartner ein Gegengewicht zu schaffen.

Es gab auch Kreise in Berlin, die dem Fortschritt, der Zivilisation und dem ökonomischen Denken den Rücken kehren wollten. Von ehemaligen Schülern des Gymnasiums in Berlin-Steglitz wurde 1901 ein »Ausschuß für Schülerfahrten« gegründet, der als Verein den Namen »Wandervogel« erhielt und einen neuen natürlichen Lebensstil erstrebte. Die Geschwister Niese fanden einen anderen Weg zu selbstgewählter Formung, indem sie den Ideen der Münchener Zeitschrift »Jugend« Folge leisteten. Elisabeth setzte für sich eine luftige, fließende Kleidung durch, die ohne Schnürungen und Fischbeinstäbchen auskam. Sie schloß sich dem von Avenarius gegründeten Dürerbund an und kaufte gern in dem in der Kronenstraße gelegenen Albrecht-Dürer-Haus hübsche Gebrauchsgegenstände, die nicht serienmäßig hergestellt waren. Karl, der stärker literarisch Interessierte, füllte die Bücherborde des vom Großvater geerbten hohen Schreibtisches mit Büchern, die in Gehalt und Form dem Jugendstil entsprachen: mit den Büchern der Rose, Lienhards »Wegen nach Weimar« und der Balladensammlung von Avenarius. Die zum Programm gehörige Bewegung in freier Luft betrieben beide: sie schwammen, sie spielten Tennis, sie liefen Schlittschuh.

In den Ferien fuhr die Mutter mit den beiden Kindern zu dem Großvater Engelhardt nach Hattingen, wo die jungen Nieses in der Ruhr ihre Schwimmübungen abhielten. Heinrich Niese schickte die beiden aber auch häufig zu seinen Schwestern Marie Mitzschke und Emma nach Naumburg und bedauerte, daß sie sein Vaterhaus in Schulpforta nicht mehr kennenlernten.

Der so stark mit den Familienangehörigen verbundene Jüngste von zwölf Geschwistern hatte den Tod seines Bruders Julius besonders schmerzlich empfunden, da er dessen heiteres, stets das Beste herausfindendes Gemüt als erstrebenswert ansah. Und die Geschichte, die sich an Julius' Tod knüpfte, bewies, daß der Verstorbene weniger ein Leichtsinniger als ein Großzügiger gewesen war. Ein Bettler in St. Louis, der ihn im Sarge sah, bezeugte: »Er war der einzige, wenn ich von Geschäft zu Geschäft ging und um eine Unterstützung bat, der nie nach kleiner Münze suchte, sondern in die Tasche griff und oft ein größeres oder großes Geldstück erfaßte und einfach sagte: ›Hier‹.« In Heinrich wurde der Wunsch nach Zusammenrücken mit den noch verbliebenen Geschwistern lebhafter, und seine Absicht festigte sich, den Lebensabend nahe der alten Heimat in Naumburg zu verbringen.

Karl Eduard durchlief das Berliner Gymnasium ohne Schwierigkeiten. Er war hellen Geistes, handwerklich aber eher ungeschickt und besaß keineswegs die technischen Interessen seines Vaters. Er las viel, schauspielerte gern und benutzte den Totenschädel, den er auf einem Gesims des Schreibtisches postiert hatte, als Requisit, wenn er aus »Hamlet« oder »Faust« deklamierte. Die Eltern hatten nichts gegen solche Liebhabereien, die Mutter war in ihrem Frankfurter Pensionat Nutznießerin eines ungewöhnlich guten Literaturunterrichts gewesen, steckte voller Gedichte, wußte ganze Partien aus den klassischen Dramen auswendig und konnte es mit der Nieseschen Zitiersucht durchaus aufnehmen. Elisabeth, die ihre neunklassige höhere Mädchenschule schneller absolvierte als Karl das Gymnasium, verbrachte die Zeit bis zu dessen Abitur mit Schulung im Zeichnen und der Teilnahme an Kursen für Sprachen und Kunstgeschichte an dem zur Fortbildung junger Mädchen geschaffenen Victoria-Lyceum. Im Frühjahr 1908 war es dann so weit: Während die Eltern in ein dafür erworbenes Haus in Naumburg übersiedelten und ihre Tochter einem Schweizer Pensionat anvertrauten, bezog Sohn Karl die Universität Tübingen. Er hatte beschlossen, Jurist zu werden wie sein Urgroßvater, wollte jedoch gleichzeitig mit den ersten Semestern seine Militärpflicht ableisten, wodurch die Immatrikulation und das Belegen von Vorlesungen im Grunde nur symbolische Handlungen waren. Auch die Reize der alten Universitätsstadt und ihrer romantischen Umgebung vermochte er zunächst nicht zu genießen.

Der Status des Einjährig-Freiwilligen gestattete zwar, daß der Soldat nach Dienstschluß in einer Privatwohnung lebte, aber der

Umfang seines Privatlebens war dann äußerst gering. »Unsere Ausbildung muß geradezu blödsinnig rasch beendet werden: Am 18. Mai werden wir vom Herrn Oberst besichtigt, und am 19. geht's auf den Truppenübungsplatz Münsingen. Bis dahin sollen wir schießen, exerzieren, marschieren etc. pp. können. Wir sind 25 Einjährige, darunter 16 Mediziner. Wir müssen morgens ¾7 antreten, dann kommt bis 7 Uhr unser »tägliches Brot«, d. h. Klimmzüge (bei denen ich mich vorläufig negativ bewähre), dann bis ¾8 Instruktion bei unserem Sergeanten (der ziemlich stramm ist), alsdann wird ausgerückt auf den Exerzierplatz, gegen 12 kommen wir zurück, dann heißt es schnell umkleiden (denn wir laufen immer noch in Zivil herum), essen, und um 2 Uhr wieder umkleiden, dann wird geturnt, exerziert, gezielt bis 5, von 5 bis 6 Instruktionsstunde beim ausbildenden Offizier und dann Putzstunde bis 7. Dann darf man sich umziehen, nach Hause gehen (oder besser gesagt: wanken); man wirft ein paar Blicke in die Dienstvorschriften und sich todmüde und gerädert aufs Bett. Das Turnen macht mir verzweifelte Schwierigkeiten, noch mehr aber wird es das Schießen, ich habe mich hier bereits mit einer neuen Schießbrille versehen müssen! Wenn ich nur nicht noch einmal meiner Augen wegen scheitere oder womöglich ganz freikomme.«

Auf dem Truppenübungsplatz fiel dann die Vergünstigung verhältnismäßig späten Antretens weg, die Einjährigen mußten um ½5 aufstehen, dann sich waschen, anziehen und in der Kantine frühstücken, Betten machen, die Stube ausfegen, Wasser holen und um 6 antreten, wonach dann der eigentliche Dienst begann, bis man abends um 9 Uhr zu Bett gehen mußte. »Und das Ganze nennt man ›leben‹. Pfui Teufel!«

Das als Befürchtung geäußerte Scheitern oder Ganz-freikommen ohne Aussicht auf den Reserveoffizier rückte noch näher, als Karl Nieses Füße bei den ersten Marschübungen so stark anschwollen und schmerzten, daß man ihn ins Krankenrevier steckte. Der widersprüchlichen Beurteilung seiner Tauglichkeit für den Militärdienst machte erst ein neuer Oberstabsarzt ein Ende, indem er befand, Niese habe angehende Plattfüße, die sich erst noch ausbilden müßten, und dann falle das Marschieren gar nicht mehr so schwer.

Für das Jura-Studium wurde in diesem Jahr keine Zeit erübrigt, obgleich Niese 32,50 M an Kolleggeldern bezahlen mußte, die, wie er seiner Mutter auseinandersetzte, »bei einem Studenten nie zum Wechsel gehören«. Aber für Abende in dem Tübinger Korps, in das er auf Empfehlung eines »Alten Herren« aus dem Freundeskreis der Mutter eingetreten war, fand sich Zeit: »Ich esse mittags mit dem Korps zusammen und bin abends ein bis zwei Stunden auf der Kneipe, doch ¾ 10 muß ich dann leider den Oesterberg im Laufschritt marsch marsch hinuntereilen, um mit Glockenschlag 10 zu Haus zu sein.« Auch an sonntäglichen Ausflügen der Korpsbrüder nahm er, wenn es irgend anging, teil, etwa an einem Besuch in Friedrichshafen, wo man den Zeppelin bewunderte und seinem Erbauer Ovationen brachte.

Tatsächlich wurde es mit Karl Nieses Füßen allmählich besser, so daß er im November die Felddienstübung auf dem Truppenübungsplatz Münsingen mitmachen konnte und Märsche von weit über zwanzig Kilometern ohne Schmerzen überstand. »Gottseidank hatten wir wieder die Verteidigung erwischt. Es ist doch aber immerhin übel, auf fest gefrorenem Boden drei Stunden lang regungslos zu liegen (6° Kälte). Man spürt nachher kein Glied mehr, und jeder Griff verkracht einem.« Das letzte Vierteljahr der Militärzeit mit Bataillonsball, Fastnachtsvergnügungen sowie der Aussicht auf eine von Schwester Elisabeth gewünschte kleine Frühlingsreise nach dem Lago Maggiore und nach Mailand ging rasch vorüber. Da Niese es für praktischer hielt, seine künftigen Übungen in der Provinz Sachsen zu absolvieren, wo er ja Referendar sein würde, ließ er sich nach bestandener Prüfung als Reserve-Offiziers-Aspirant in Naumburg für einen dortigen Truppenteil melden. So hatte »das recht herbe Jahr doch noch einen guten Abschluß gefunden«.

Nun konnte das eigentliche Studium und das Korpsleben erst richtig beginnen. Daß Karl Niese während des »herben« Jahres in einem Korps Anschluß und geistigen Austausch gefunden hatte, war ihm eine Hilfe gewesen. Er war dankbar dafür und nun bereit, diese Gemeinschaft im Sinne ihrer Satzungen als für das Leben bindend aufzufassen. Der freiheitliche und fortschrittliche Geist, der in der ersten Hälfte des 19. Jahrhunderts von den studentischen Verbindungen ausgegangen war, konnte zwar als verblaßt gelten, der nationale Akzent und die Neigung zum »Schlagen« hatten sich seit dem siebziger Krieg noch verstärkt. Auch standen die Korps in beträchtlicher gesellschaftlicher und ökonomischer Abhängigkeit von den »alten Herren«. Karl fühlte sich jedoch wohl in dem feudalen Haus der »Borussia« auf dem Oesterberg und der ihren Zielen entsprechenden Gesellichkeit »nach norddeutscher Art«. Er war begierig, sich das schwarz-weiß-schwarze Burschenband zu verdienen.

Karl Nieses Urgroßvater, der spätere Senator in Torgau, hatte als Sohn eines Maurermeisters noch mit dem Zuschuß eines Stipendiums studiert, dessen drei Söhne waren in einem sehr armen Jahrzehnt und unter der Aufsicht eines strengen Vormundes zu größter Bescheidenheit gezwungen gewesen, und Heinrich Niese hatte von seiner Mutter hören müssen, er möge doch seine Anzüge länger tragen. Verglichen mit der »Semmelmilch«, die sich Carl Eduard I. einst an Sommerabenden bei dem Gohliser »Milchröschen« leistete, dokumentieren die üppigen Diners, die sich Karl Niese und seine Korpsbrüder – wenn auch bei besonderem Anlaß – auftischen ließen, ein verbreitetes Anspruchsdenken. Die »Wunschbriefe«, wie sie der Vater nannte, die ein Jahr lang in dichter Folge sowohl aus dem Pensionat in Genf als auch aus Tübingen in Naumburg eintrafen, muteten etwas bedenkenlos der Familienkasse Ausgaben zu, die auch von der sparsamen Mutter kaum zu tragen waren. Da halfen die Ratschläge der Bittsteller wenig, wo und wie die gewünschten Dinge am preiswertesten zu erhalten seien.

In der Rangfolge der Wünsche stand bei dem Studenten Niese derjenige nach wissenschaftlicher Befriedigung an zweiter Stelle. Vorwiegend widmete er sich seinem Korps. Seiner Mutter lieferte er detaillierte Angaben über einschlägigen Zeitaufwand: »Wenn Du mir schreibst, daß ½ 8 zu spät für mich zum Aufstehen ist, so möchte ich mir doch erlauben zu bemerken, daß ich nie die Möglichkeit habe, auch nur einmal in der Woche wie Du um ½ 10 ins Bett zu kommen. Es wird, und das ist das, was mir am allerwenigsten hier gefällt, montags gewöhnlich ½ 12, dienstags 11, mittwochs 2, donnerstags 12, freitags 10, sonnabends 3!, sonntags 10 Uhr, bis der offizielle Teil der jeweiligen Kneipe zu Ende ist.« Immerhin ging Niese fünfmal wöchentlich vormittags und außerdem zweimal abends ins Kolleg. Er hörte vor allem bei Professor Heck und bei dem Universitätskanzler M. v. Rümelin, die gemeinsam die moderne Methode der »Interessenjurisprudenz« vertraten und mit dieser Tübinger Schule Aufsehen erregten. Auch gab er seinen literarischen Neigungen Raum, indem er sich von dem als Kantforscher bekannten Philosophen Adickes über Goethes Weltanschauung belehren ließ.

Ein zweiter Aktivitätsbereich waren die Pflichtmensuren, nach deren vierter, der Rezeptionsmensur, dem Fuchs das Burschenband zugestanden wurde. Obwohl körperlich eher ungeschickt und klein, so daß er viele »flache« auf seinen Kopf bekam, hing Niese dem Fechten begeistert an und nahm Verletzungen unverdrossen hin: »Ich focht gestern vormittag meine letzte Partie und wurde nach fünf Minuten (10 Gängen) auf eine Terz hinübergetan. Das Blut spritzte in weitem Bogen hervor, und ich mußte die Abfuhr erklären. Schade, ich hätte gern das letzte Mal noch selbst etwas ausgerichtet. Aber ich konnte nicht länger fechten, da der Hauptast der Temporalis zweimal durchschlagen war. So ließ ich mich denn flicken, bekam zwei Unterbindungen und acht äußere Nadeln, was ziemlich schlaucht. Es geht mir jetzt ganz gut, ich trage noch einen Wickelkopf... Der Schmiß sitzt auf der rechten Seite und gibt wieder ein prächtiges Stirnlokal. Da meine Partie dem CC genügte, werde ich nun wohl den Schläger an die Wand hängen. Eigentlich doch schade.«

Am zweiten Weihnachtstag des Jahres 1909, als die Familie Niese in Naumburg gemütliche Ferien beging, erlag Heinrich Niese einem Schlaganfall. Das bedeutete für seinen Sohn einen tiefen Einschnitt. Es war ihm klar, daß er seiner Mutter nun nicht mehr unnötig lange auf der Tasche liegen durfte und daß es mit etwaigen weiteren Semestern in Tübingen vorbei war. Kurz entschlossen bezog er im Sommersemester die Universität Halle, an der damals der Rechtsphilosoph und Ethiker Rudolf Stammler, der sich in seinen politischen Vorlesungen auch mit Sozialismus und Marxismus auseinandersetzte, besonders großen Zulauf hatte. Da auch die wegen des Militärdienstes studienmäßig kaum wahrgenommenen ersten zwei Semester in Tübingen offiziell zählten, konnte Niese noch vor Weihnachten 1911, also mit eigentlich nur fünf Semestern, seine Mutter durch eine mit »gut« abgeschlossene Referendarprüfung erfreuen. Seine Tätigkeit als Referendar am Amtsgericht Wernigerode bot aureichend Muße für eine Doktorarbeit über »Die historische und dogmatische Entwicklung der Kollation«, mit der er am 23. September 1912 an der Universität Leipzig zum Doktor utriusque iuris promovierte: einer in das Gebiet des Erbrechts fallenden rechtshistorischen Arbeit, die ihn weder viel Forschungsarbeit noch große rechtsproblematische Überlegungen gekostet haben kann und die zu Recht mit »rite« beurteilt wurde. Aber ein Titel mehr konnte nicht schaden.

Nach seiner Versetzung an das Amtsgericht Naumburg wohnte Niese in dem Haus seiner Mutter. Es war ein eigenartiges Haus, das der verstorbene Vater gekauft hatte, und eigenartig war die ganze Straße. Hier hatte sich ein Architekt einen Jugendstil-Traum erfüllt, indem er in dem südlich vor der Stadtmauer sich angliedernden Villenbezirk eine sanft ansteigende Straße, die mit vier Reihen Linden bepflanzt wurde, auf beiden Seiten mit einer stattlichen Anzahl von Villen unterschiedlicher Größe und Ausformung besetzte, von denen jede in ihrem Innern, angefangen bei den bunten Glasfenstern, über Treppengeländer und Supraporten bis hin zu den Türklinken in den Formen des Jugendstils ausgestaltet und mit seinen Motiven geschmückt war. Zwar galt der Jugendstil, als Karl Niese in Naumburg festen Wohnsitz nahm, nicht mehr als vorherrschende Mode, aber die Atmosphäre um die alte Domstadt muß in jenen Jahren zu Erneuerungsbewegungen verschiedenster Art inspiriert haben. Wilhelm Pinder hatte vor kurzem in seinen »Deutschen Domen des Mittelalters« eine neue Sehweise für mittelalterliche Kunst erschlossen und der Schönheit seines heimatlichen Naumburger Domes Tribut gezollt. In dem Dorf Saaleck bei Kösen schrieb der Architekt Schultze-Naumburg seine vom »Kunstwart« herausgegebenen »Kulturarbeiten«, in denen er für Reformen in der Haus- und Gartenarchitektur eintrat, und auf einem Weinberg nahe dem Einfluß der Unstrut in die Saale besaß der Leipziger Bildhauer Max Klinger ein Weinbergshaus nebst Atelier, wo er seine phantasievoll gesehenen, großformatigen Gestalten schuf. Wenige Jahre zuvor schließlich hatte Gerhart Hauptmann seinem lebensfrohen Lustspiel »Die Jungfern vom Bischofsberg« mit dem Umfeld der Saale-Unstrut-Landschaft einen adäquaten Rahmen gegeben.

So scheint es, daß Karl Niese nicht von ungefähr in dieser Umgebung von der Jugendbewegung eingeholt wurde. Beeindruckt von dem »Pfadfinderbuch«, das der ehemalige Militärarzt bei der kolonialen Schutztruppe Alexander Lion in Anlehnung an den Richtweiser für den englischen Scoutismus herausgegeben hatte, trat er in den 1911 gegründeten »Deutschen Pfadfinderbund« ein und wurde bald Oberfeldmeister des Pfadfinderkorps Naumburg. Mochte ihm das zu lockere Gefüge und das etwas formlose Auftreten der Wandervögel nicht zugesagt haben, in den straff organisierten Pfadfindern und deren ideologischem Konzept, in dem sich humanitär-ethische Prinzipien mit romantischer Kulturkritik und patriotischem Wehrertüchtigungswillen merkwürdig verbanden, fand er eine ihn ansprechende Aufgabe. Zahlreiche junge Offiziere und Lehrer stellten sich wie er dieser jugendpflegerischen Bewegung zur Verfügung, die viele Tausende von Heranwachsenden umfaßte. Allerdings verlegte sich das Schwergewicht rasch auf die Ausbildung zur Wehrhaftigkeit, und die vormilitärische Erziehung, die ein Element der unter Nieses Leitung betriebenen Geländespiele in der Umgebung Naumburgs war, geriet auf einen ernsten Hintergrund durch die seit der Marokko-Krise von 1911 sich abzeichnende Kriegsgefahr. Als 1912 der General und Militärschriftsteller Friedrich v. Bernhardi in seinem Buch »Deutschland und der nächste Krieg« mit der These von einem bald möglichen und sogar notwendigen Krieg die Bevölkerung beunruhigte, zeigte sich indes, daß dem Referendar Niese doch die Gedanken an echte Kampfhandlungen oder Bedrohungen fernlagen. Er wies die allgemeinen Befürchtungen fröhlich zurück:

»...
Der Kriegstrompete Ton verhallt,
Und immer klarer wird's uns allen:
Zum Kriege kommt's doch nicht so bald!
    Drum, Bürger, regt euch auf nicht weiter!
    Ein jeder gehe still nach Haus,
    Der Himmel ist schon wieder heiter,
    Trinkt euer Bier nur ruhig aus!«

In ähnlich ungetrübter Stimmung feierte man im Mai 1914 noch die Hochzeit von Karls Schwester Elisabeth mit dem Gerichtsassessor Oswig Lüttig, der mit seiner jungen Frau nach Berlin zog, um dort am Patentamt seine berufliche Laufbahn zu beginnen.

Von Ende Juni an aber, als in Sarajewo die mörderischen Schüsse gefallen waren, verdüsterte sich innerhalb eines Monats der Himmel mit großer Schnelligkeit. In einem merkwürdigen Wechsel von Vorpreschen und Zurückziehen eskalierte die internationale Spannung, Drohungen und Ultimaten gewannen die Oberhand über diplomatisches Abwägen, ursprünglich defensive Verträge erhielten offensiven Charakter. Am 1. und 3. August erfolgten die verhängnisvollen deutschen Kriegserklärungen an Rußland bzw. an Frankreich, und die Verletzung der belgischen Neutralität durch Deutschland rief am 4. August ein Ultimatum Englands hervor, das einer Kriegserklärung gleichkam. Unversehens befand sich Deutschland in einem schon immer gefürchteten Mehrfrontenkrieg, und zwar für die übrigen Beteiligten als Angreifer.

Karl Niese, der sich sofort stellen mußte, war einer von den zahllosen jungen und älteren deutschen Männern, die, das politische Versagen nicht erkennend, in diesen Krieg als in einen notwendigen und gerechten hinauszogen, in dem es um das Überleben Deutschlands gehe. Als er Abschied genommen hatte, fand seine Mutter auf seinem Schreibtisch den Brief seines Vaters vom 17. Juli 1870, mit dem dieser sich von seinen Eltern verabschiedet hatte; Karl hatte darunter geschrieben:

>> Naumburg a. S., den 3. August 1914

Meine liebe Mutter!
Ich preise mich glücklich, daß mir heute ein Tag beschieden ist, an dem ich Vaters herrliche Worte wiederholen darf. All das, was er geschrieben, gilt auch heute für mich! Gott gebe, daß ich mich seiner würdig erweise!

Nun Lebewohl. Aufwiedersehen

Dein Sohn Karl<<

Der Sammelplatz von Karl Nieses Regiment war Halle, wo er bei Verwandten Station machte, die ihm seine Ausrüstung vervollständigen halfen. Dann ging es in einer 61stündigen Fahrt nach Metz, wo das Regiment am 11. August anlangte: »Es war eine herrliche Fahrt durch schöne Gebiete Deutschlands. Überall wurden wir aufgenommen, als wenn wir schon vom Kriege zurückkämen.« Im Orne-Tal, wo das Regiment den Schutz der Eisenbahnen übernahm, zeigten sich die Spuren der bereits erfolgten Kämpfe: »Auf den Schlachtfeldern hier in der Umgegend sieht es grauenhaft aus, bei dem heißen Wetter, das immer noch herrscht, läßt sich der Schrecken des Kampfes kaum beschreiben! Unsere Artillerie hat furchtbar gewütet, die Franzosen haben Riesenverluste gehabt. Unsere 5. und 7. Komp. sind übrigens neulich ins Gefecht gekommen... Es handelte sich bei der ganzen Geschichte um den Ausfall aus Verdun und den Vorstoß der Franzosen gegen den linken Flügel des deutschen Kronprinzen. Seit drei Tagen ist hier wieder ferner Kanonendonner hörbar.« Das Regiment gehörte also dem linken Flügel des Westheeres an, der entgegen dem Plan des verstorbenen Generalstabschefs Graf v. Schlieffen durch drei Armeekorps verstärkt worden war, die dem für die Niederwerfung des Gegners angesetzten rechten Flügel nun fehlten, ohne daß sie dem linken die nötige Stoßkraft verliehen hätten; ihm verriegelten Verdun und seine Forts den Weg zur Hauptstadt.

Niese schickte seiner Mutter und seiner Schwester, die seit Kriegsbeginn wieder im elterlichen Haus lebte, drei Ansichtskarten mit, die er als »Kulturdokument« kaufte und aufbewahrt wissen wollte. Die eine Karte zeigte unter dem Titel »Cœur de Française« eine hübsche Französin in lothringischer Tracht, die sich die Zärtlichkeiten eines französischen Soldaten gefallen läßt: »toujours«, jedoch einen deutschen Soldaten abweist: »jamais«. Von den beiden anderen Karten verwies die eine auf das Jahr 1870 und siegreiche deutsche Truppen, und sie zeigte eine französische Mutter mit ihrem Jungen, der zornig die Faust ballt, die zweite Karte zeigte französische Sieger und dieselbe Frau mit ihrem Jungen, die diesen Truppen freudig zuwinken. Im übrigen bestanden Karl Nieses Nachrichten an seine Angehörigen außer den beherrschenden Schilderungen kriegerischer Ereignisse aus dem Dank für erhaltene Briefe und Päckchen sowie korrekten Abrechnungen über seine Einnahmen und Ausgaben: den Sold, den auszugeben er selten Gelegenheit hatte, schickte er der Mutter mit der Bitte, für ihn Kriegsanleihen zu zeichnen.

»Nun muß ich Dir aber doch noch mitteilen«, schrieb Niese seiner Mutter am 2. Oktober 1914, »daß ich unterdessen meine Feuertaufe erhalten habe, und zwar in einem Gefecht in der Nacht vom 27. zum 28. IX. Es war für uns ein sehr schweres Gefecht, wir waren über zwei Stunden lang einem heftigen Kugelregen ausgesetzt, ohne daß wir uns irgendwie dagegen wehren konnten... Überhaupt ist dieses Verdun sehr schwierig einzunehmen, und die Belagerung kann m. E. noch Monate dauern. Denn Verdun ist durch die vorgelagerten 300 m hohen Bergeszüge der Côte Lorraine und des Ardenner Waldes von Natur aus beinahe noch mehr befestigt als durch die übrigens ganz modernen Forts... Wir glauben hier alle, daß der Krieg noch recht lange dauern wird; Weihnachten werden wir jedenfalls nicht zu Hause feiern.« Am 13. berichtete Niese von einem weiteren sehr schweren Gefecht, bei dem sein Regiment 1000 Mann verlor. »Ich bin gesund und – Gottseidank – mit einem Schuß durch die Helmspitze davongekommen.« Den durchschossenen Helmüberzug schickte er, nun zum Leutnant befördert, nach Hause. Da der deutsche Angriff und die Durchbruchsversuche der Franzosen und Engländer erstarrten, begann der langwierige Grabenkrieg zwischen den dicht voreinander liegenden Stellungen: »Von Ruhe ist auch nicht viel die Rede, da wir nach neuestem Regimentsbefehl auf jeden einzelnen Franzosen bis 1000 m Entfernung schießen müssen (Blödsinn), was hüben wie drüben große Nervosität verursacht, so daß die dumme Knallerei den ganzen Tag und die ganze Nacht nicht aufhört, ohne daß dabei auch nur das geringste herauskommt... Nun lebe wohl, ich muß meine Stellung, die 500 m lang ist, mal wieder abgehen; die Franzosen haben heute wieder schrecklich den Husten; die müssen furchtbar erkältet sein, bis hierher hört man sie krächzen.«

Von einem der Versuche, durch verzweifelte Angriffe die erstarrte Front wieder aufzubrechen, dem mißlungenen Sturm auf Pinthéville, der Mitte November stattfand, gab Leutnant Niese seiner Mutter gleich nach dem Unternehmen einen viele Seiten langen, in seiner Detailliertheit und zugleich Übersichtlichkeit für einen so jungen Offizier erstaunlichen Bericht. Die herausragenden Passagen dieses Berichts lassen die Unbarmherzigkeit des Kampfes erkennen. Er hatte gerade, so schrieb Niese, vier durchwachte Nächte im Schützengraben verbracht und war froh gewesen, nun in »Regimentsreserve«, gereinigt und umgezogen, eine Ruhezeit verbringen zu können, als er aus einigen Anzeichen merkte, daß etwas im Gange war, bis schließlich der Befehl kam, daß die Kompanien um 1 Uhr stehen sollten: »Also das Gepäcke fertig gemacht, ein Stück Brot in den Beutel, dazu das Soldbuch (das allerwichtigste Papier, wo gibt). Mein Gepäck ließ ich bei den Kompanieköchen. Und nun ging's los. Wir kamen in unsere eigenen Schützengräben, die wir für kurze Zeit besetzten... Wir bewegten uns nun sprungweise vorwärts, glücklicherweise noch ohne nennenswerte Verluste. Neben uns rechts sah ich freilich, wie eine volle Granatgruppe einschlug; es war fürchterlich anzusehen. Auch meinem Zug war etwas Derartiges zugedacht, allerdings in der freundlicheren Form von Schrapnells. Als die ersten angepfiffen kamen, wollten ein paar von meinen Leuten kehrt machen, aber ich sprang auf, ein kurzer Zuruf, und die Leute folgten mir geschlossen. Ein Augenblick, den ich nie vergessen werde. Nun immer weiter gegen die französischen Schützengräben, Seitengewehr wurde aufgepflanzt und dann Sturmmarsch!« Wieder ging mit einem tüchtigen Ruck eine Kugel durch Nieses Helmspitze. Nachdem die Truppe mehrere Gräben des Gegners genommen hatte, glaubte man, er habe sich in das Dorf zurückgezogen, aus dem sogar Hurrarufe zu hören waren. Aber es war eine List, die den Franzosen glückte: »Als unsere vordersten Linien ins Dorf einbrachen, bekamen sie, schon stark erschüttert beim Sturm, rasendes Gewehr- und Maschinengewehrfeuer. Insbesondere hatten die Hunde den Dorfrand stark zur Verteidigung eingerichtet und standen mit ihren Gewehren und Maschinengewehren hinter einer hohen Mauer. Und nun ging das Schlamassel los! Wir versuchten standzuhalten, 1, 2 Stunden, aber unser Mühen, über die Mauer zu kommen, war umsonst. Reihenweise fielen die Kameraden rechts und links. Es wurde dunkel, es wurde Nacht. Reserven hatten wir nicht mehr hinter uns. Was nicht vorn liegen blieb, mußte unter dem rasenden Feuer gegen 9 Uhr zurück, da die Franzosen wie wild weiter feuerten und uns aus nächster Nähe mit Brandraketen und Scheinwerfern zu beleuchten begannen. Es kam der Befehl, sich rückwärts zu sammeln... das feindliche Granat- und Schrapnellfeuer, das wir bekamen, zwang uns zu immer weiterem Rückzuge bis in unseren eigenen Schützengraben. Die Nacht werde ich nicht vergessen!« Erschüttert von der Härte des Kampfes und von dem Verlust so vieler Kameraden, schloß der sonst gewiß nicht sentimentale Karl Niese seinen Bericht mit den Strophen von Jacob Vogels altem Lied »Kein schönrer Tod ist in der Welt, als wer vorm Feind erschlagen...«

Die drei Punkte der Kritik, die Niese seinem Bericht angeschlossen hatte – »Fehler, die zum Mißlingen des Angriffs führten und führen mußten« – zeigten, wie nüchtern er die Situation sah. Er war in diesem halben Jahr erkennbar ernster geworden, der anfänglich manchmal etwas forsche Ton seiner Briefe war geschwunden. Mit erstaunlicher Offenheit äußerte er seine Bedenken hinsichtlich der Kriegslage sowie der Kriegführung: »Bloß mit dem schönen Schlagwort ›Wir müssen durchhalten‹ ist's nicht getan. Wenn wir auch mit Belgien und Serbien so ziemlich fertig sind und auch wohl gegen Rußland mit Hindenburgs und Oswigs Hilfe entscheidende Erfolge bereits erzwungen sind, so darf m. E. nicht vergessen werden, daß wir in Frankreich einen mindestens ebenbürtigen Gegner haben. Der französische Soldat ist sehr zähe und für die Art des Stellungs- und Verteidigungskrieges vorzüglich ausgebildet; außerdem ist die französische Feldartillerie der unseren nicht nur dadurch, daß sie 1500 m weiter schießen kann, gewaltig überlegen, sondern auch durch sorgfältige Beobachtung und gutes Zielerfassen. (Neulich schossen sie acht Schuß auf meinen Schützengraben, der erste, ein Volltreffer, tötete einen Mann, Vater von sieben Kindern!). Und die Engländer, diese Schweinehunde, sind auch nicht die Hasenfüße, wie sie die Zeitungen, in denen jetzt übrigens so viel Quatsch steht, wie nie in Friedenszeiten, z. B. in der Naumburger, schildern. Wir in der Front glauben, daß der Krieg noch lange dauern kann.«

In dem vor Marchéville bezogenen Schützengraben lagen Niese und seine Leute den Franzosen in 150 bis 200 m Entfernung gegenüber. Sie waren ständigem Gewehrfeuer ausgesetzt, dagegen blieb ihnen Artilleriefeuer wegen der großen Nähe des feindlichen Schützengrabens erspart. Nach einem in leidlicher Ruhe hinter der Front verbrachten, durch Liebesgaben aus der Heimat verschönten Weihnachtsfest setzte im neuen Jahr 1915 wieder der Turnus von Regimentsreserve, Vorpostenreserve und den »heiligen Nächten« im Schützengraben ein: »Wie lange noch, wie lange?«

»Hier in Marchéville sieht's fürchterlich aus. Als wir am 23. September hier einrückten: ein blühendes Dorf. Jetzt ist alles, aber auch alles vernichtet. Ich ging gestern durch das Dorf, um mir aus diesem Ort, mit dem sich für uns so viele Erinnerungen verknüpfen, irgend etwas mitzunehmen (Teller, Schale, Vase, Bild); aber ich habe nichts gefunden! So etwas kann man sich nicht vorstellen, das muß man mit eigenen Augen gesehen haben. Fast kein Dach mehr, nur noch eingefallene Mauern, das vorhandene alte, dicke Eichenholz wird verfeuert, heute morgen haben wir die Dachbalken des zusammengeschossenen und gänzlich zerstörten Kirchleins abgeholt, um unsere Unterstände damit abzudecken. Auch die Steine der Kirche werden dazu verwandt. Außer den deut-

Fünfundvierzig Jahre nach seinem Vater Heinrich Niese stand
Karl Eduard (III.) Niese als Soldat auf französischem Boden
bei Harville vor Verdun. Das private Gelegenheitsfoto zeigt
Leutnant Niese in der Mitte eines Unterstandes wenige Tage vor
seiner tödlichen Verwundung.

schen Soldaten, ihren Pferden und einigen Spatzen kein lebendes
Wesen im Dorf, in einem Garten sah ich eine tote Katze liegen, die
ein Schrapnell im Leibe hatte; nur die Mäuse vermehren sich tag-
täglich.«

Der zuletzt recht strenge Winter verabschiedete sich, früher als
in der Heimat, schon Mitte Februar erblühten die Veilchen und
auch die Syringa japonica. Außer einem Briefkuß für die kürzlich
geborene Nichte sandte Karl Niese Frühlingsgrüße in Gestalt von
ein paar getrockneten Stengeln Szilla »aus dem Ruinendorf Marchéville« nach Naumburg.

Noch sind auf beiden Seiten die Versuche, die Erstarrung der
Front aufzuheben, nicht ganz aufgegeben. Es hieß, daß am 15. Februar erstmals deutsche schwere Artillerie, auf die man so lange
gewartet hatte, mit 36,5 cm Flachbahngeschützen, »die Krupp
dem Kaiser zu diesem Zweck an seinem Geburtstag verehrt haben
soll«, das Fort Douaumont nördlich von Verdun beschossen habe,
worauf die Franzosen einen Angriff auf die an Nieses Stellung an-

schließende Reserve-Division unternahmen, der aber abgewehrt wurde. Seit dem 23. März wurde dann die Stellung bei Marchéville mit schwerem Artilleriefeuer belegt. Ein übergelaufener französischer Soldat brachte die Nachricht, daß für den 27. nachmittags ein Angriff geplant sei. Leutnant Nieses Truppenteil lag in Moulotte in Reserve, wurde am Morgen des 27. alarmiert und rückte nach Harville vor, um näher an der Stellung zu sein. Tatsächlich erfolgte am Nachmittag der Angriff auf die Stellung von Marchéville. Da die Grabenbesetzung durch die schweren feindlichen Geschosse zum Teil verschüttet war, gelang es französischen Sturmkolonnen gegen Abend, in die deutschen Stellungen einzudringen und etwa 250 m des deutschen Schützengrabens zu besetzen. Sie verteidigten sich etwa vier Stunden lang gegen die deutschen Säuberungsversuche mit Handgranaten, Kleingewehrfeuer und einem herübergebrachten Maschinengewehr. Nieses Kompanie geriet schon auf dem Vormarsch von Harville nach Marchéville in feindliches Feuer. In Marchéville erhielt Niese sofort den Auftrag, mit dem 1. Zug, welchen er führte, den Schützengraben zu verstärken, während der Rest der Kompanie erst nach und nach in Stellung rückte. Noch ehe kurz nach 11 Uhr der Befehl zum Bajonettangriff erfolgte, traf im Laufgraben eine Gewehrkugel Karl Niese in den rechten Oberschenkel. Er gab noch genaue Anweisung an den Unteroffizier, der den Zug nun übernahm. Um 11 Uhr 30 war der Graben von Marchéville völlig vom Feind gesäubert.

Karl Niese wurde sofort nach Marchéville zurückgetragen, dort verbunden und weiter nach Harville transportiert. Allgemein wurde seine Verwundung als leicht angesehen, und er selbst soll keinerlei Befürchtungen gehabt haben. Aber es war eine Hauptvene getroffen und, obgleich der Ein- und Ausschuß klein war, Luft in diese eingedrungen. Dadurch hatte sich Blutgerinsel gebildet und trat, ohne daß die Ärzte es hindern konnten, ins Herz ein. Karl Niese soll bis zum letzten Moment bei Bewußtsein gewesen sein. »Nach seiner Verwundung«, so schrieb sein Bursche, Wehrmann Korte, wollte ich doch mit Herrn Dr. nochmals sprechen, ich war in seiner Nähe am Verbandsplatz, wurde aber vom Arzt nicht zugelassen, jedenfalls lag er im Fieber, ich hörte nur, daß er leise über Schmerzen klagte, und da wurde er mittels Auto nach Harville gebracht, dort konnte ich ihn nur als Leiche finden, es war mir zum Verzweifeln – er hat sich nicht viel verändert, sogar seine Au-

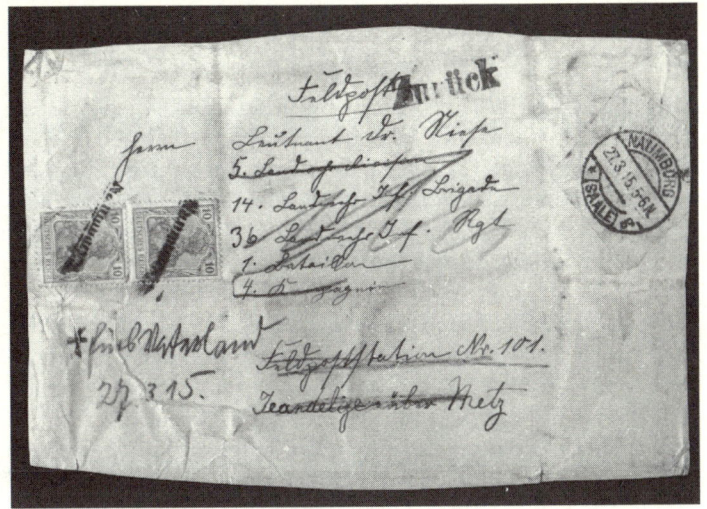

*Unzustellbar nach Naumburg zurück: Formlose Mitteilung,
daß Karl Eduard (III.) Niese am 27. März 1915 »fürs
Vaterland« gefallen war.*

gen sind noch zum Teil offen und hatte seinen Kopf etwas rechts
zur Seite geneigt...«

Das zweite Kind des Ehepaars Lüttig war ein Sohn. Auf Wunsch
der Mutter wurde beantragt, dem Namen Lüttig den Geburtsna-
men der Ehefrau beifügen zu dürfen, und so hieß die kleine, vierköpfige Familie laut Ermächtigung des Justizministers seit dem
17. Dezember 1921 Lüttig-Niese. Es war ein Versuch, dem Namen
Niese wenigstens in reduzierter Form eine Fortlebensmöglichkeit
zu schaffen.

Armin Lüttig-Niese wurde nicht in eine freudvolle Zeit hinein-
geboren. Der Krieg, die von Unruhen begleitete Etablierung eines
neuen Regimes nach dem Zusammenbruch des alten, Hunger und
die asiatische Grippe wirkten auf die erschöpften Menschen noch
nach, als in eben jenem Geburtsjahr 1921 Aufstände in Hamburg sowie in Mitteldeutschland, Konflikte zwischen Bayern und
dem Reich, die Ermordung des Zentrumspolitikers Erzberger als
des Unterzeichners des Waffenstillstands von Compiègne durch

Rechtsextremisten, die Verhängung des Ausnahmezustandes durch den Reichspräsidenten Friedrich Ebert weite Teile der Bevölkerung erneut verschreckten und verunsicherten. Die alliierten ehemaligen Feindmächte drohten wegen der mangelnden Zahlung der Reparationen mit der Besetzung des Ruhrgebiets. Und schon zeigte sich eine weitere, ungekannte Katastrophe an: die Inflation. Für Eingeweihte kam sie nicht so plötzlich wie für den ahnungs- und wehrlosen Bürger. Schon zu Anfang des Jahres 1920 besaß die Mark nur noch ein Zehntel ihres Vorkriegswertes, und als Armin geboren wurde, war sie nur noch etwa ein Sechzehntel des alten Kurses wert. Dann setzte 1923 der galoppierende Verfall der Währung ein, der viele Angehörige des Mittelstandes ohne materielle Reserven zurückließ. Der psychische Schock durch den Verlust des sozialen Sicherheitsgefühls nährte das Mißtrauen gegenüber der staatlichen Führung. So waren die Kindheitsjahre Armin Lüttig-Nieses überschattet durch die Unberechenbarkeit der nächsten Zukunft und Unbehagen an der gesellschaftlichen und politischen Situation. Der Familie ging es wirtschaftlich nicht schlecht, Armins Vater hatte den Sprung aus dem Staatsdienst gewagt und war in eine leitende Behörde der Kohlenwirtschaft eingetreten, aber die Unbekümmertheit und Zuversicht, die einem Teil der Vorkriegsgeneration beschert gewesen war, wollte sich nicht wieder einstellen.

Der bei der Geburt leidlich kräftige Armin veränderte sich durch eine Häufung von Krankheiten in seinem dritten Lebensjahr zu einem schmalen, anfälligen Knaben. Er spielte still und nachdenklich vor sich hin. Als er zum erstenmal Kinderbesuch bekam und sich die fremden Kinder natürlich seines Spielzeugs bemächtigten, ergriff er seinen kleinen Kinderstuhl, setzte sich in die Türöffnung zum benachbarten Zimmer und sah den anderen zu. Auch später hat er meist an den wilden Spielen der älteren Schwester nur ihr zuliebe teilgenommen.

Als sich um die Mitte der zwanziger Jahre die Lage etwas stabilisiert hatte, wagten es Armins Eltern, aus dem alten Südwesten, in dem sie 1914 wegen der Nähe zum Patentamt eine Wohnung genommen hatten, in einen teureren Vorort Berlins umzuziehen. Steglitz, von Armins Urgroßvater bei seiner ersten Reise nach Berlin als das Dorf »Stegelitz« mit der Postkutsche durchfahren, war 1920 ein Berliner Stadtteil geworden und lag mit seinen

Schwerpunkten noch immer zu beiden Seiten der alten von Potsdam kommenden Chaussee, die inzwischen Teil der Reichsstraße Nr. 1 und im Bereich Steglitz sowie der angrenzenden Bezirke eine großstädtische Verkehrsstraße geworden war. Parallel zu ihr verlief seit 1838 der Schienenstrang der Berlin-Potsdamer Dampfbahn. Von dem Punkt an, an dem die durchgehende West-Ost-Straße einen leichten Knick macht, wo der alte Dorfanger begann und das Herrenhaus gestanden hatte, das 1804 durch das für den Staatsrat Beyme durch Gentz erbaute, nach einem späteren Bewohner Wrangelschlößchen genannte »Schloß«, ersetzt wurde, bis hin etwa zu dem gerade bei dem Zuzug der Familie Lüttig-Niese emporwachsenden Großkino »Titaniapalast« hieß die Straße Schloßstraße, und hier wohnte die Familie nun zunächst. Sie blickte aus einem hohen Mietshaus auf die von Lärm erfüllte Ladenstraße herab auf je zwei Baumreihen rechts und links, zwischen denen die Straßenbahn fuhr, während sich in der Mitte der Bus- und Autoverkehr abwickelte. Nordwestlich und südöstlich der Straße zogen sich stillere Quartiere mit Gärten hin, die in zwei grünen Flügeln ausliefen, dem vom Botanischen Garten flankierten alten Fichtenberg auf der einen und dem Stadtpark auf der anderen Seite, der erst zu Beginn des Jahrhunderts, nach dem Bau des Teltowkanals und der Trockenlegung des Lanketals und des Birkbuschs, angelegt worden war.

Steglitz war eine freundliche Wohngegend mit einer homogenen bürgerlichen Bevölkerung. Sie hatte sich noch ein gut Teil ihrer Eigenständigkeit bewahrt. Man blieb mit seinen Ansprüchen und Unternehmungen im Raum des Vororts, eine Fahrt »in die Stadt« war trotz Bus und Straßenbahn ein besonderes Unternehmen. Im Wrangelschlößchen hatte sich sogar ein Theater etabliert, das die Konkurrenz mit mehreren Kinos wagte. Bereits im 19. Jahrhundert hatten sich Pensionäre, Beamte, Gelehrte und Künstler in Steglitz niedergelassen, und seit der Wende zum 20. Jahrhundert waren am Rande des Fichtenbergs recht feudale Villen entstanden, deren Bewohner ein gehobenes Bürgertum repräsentierten, dessen politische Ausrichtung von dem stark rechts orientierten Historiker Dietrich Schäfer über den ehemaligen preußischen Kultusminister und Gründer der »Notgemeinschaft der deutschen Wissenschaft« Schmidt-Ott und den Generalsuperintendenten Dibelius bis hin zu dem amtierenden preußischen Kultusminister, dem linksliberalen Orientalisten Becker, reichte. Nach einigen Jahren zog die Familie Lüttig-Niese von der Schloßstraße in eine ruhigere Gegend um, allerdings nicht auf den feudalen Fichtenberg, sondern in das jenseits der Bahn sich zum Stadtpark hinziehende Viertel, das einmal die »Kolonie Steglitz« gewesen war und in dem die seit Mitte des vorigen Jahrhunderts entstandenen roten und gelben Backstein-Landhäuser den baulichen Akzent setzten.

Der konservative Charakter der Bewohner war jedoch nicht so einheitlich, wie es scheinen mochte. Als Armin Lüttig-Niese anschließend an den Umzug nach Steglitz eingeschult worden war, setzte eine »Steglitzer Schülertragödie«, deren Opfer durch Mord und Selbstmord zwei neunzehnjährige Männer gewesen waren, nicht nur die Steglitzer in Schrecken und Empörung. Der sich anschließende Prozeß entfachte eine erregte Diskussion über eine von ihren Eltern sich selbst und ihren Exzessen durch Nikotin- und Alkoholmißbrauch sowie durch ein frühreifes Sexualleben überlassene Jugend. Für viele wurde der Fall zum Alarmzeichen für einen sittlichen Verfall, an dem man den politischen Verhältnissen schuld gab.

Seit dem Jahr 1930 zeichnete sich bei den Wahlen deutlich eine Radikalisierung nach links und besonders nach rechts ab. Die Arbeitslosenzahl in Deutschland war auf über drei Millionen gestiegen, und die 1929 ausgebrochene Weltwirtschaftskrise rief Befürchtungen um Beruf, Brot und Erhaltung des Lebensstandards wach. Bei der Reichspräsidentenwahl von 1932 wählten nicht wenige Steglitzer Bürger, die ihre Stimme 1925 Hindenburg gegeben hatten, in dem sie jetzt einen Repräsentanten der bestehenden Machtverhältnisse sahen, nicht mehr diesen, sondern Hitler. Die oft in Straßenkämpfe ausartenden Rivalitäten verursachten Ungewißheit und Zwiespalt. Lastautos mit fahnenschwingenden Uniformierten durchfuhren immer häufiger selbst die Straßen von Steglitz. Auch in die Schulen drang der Streit der Parteien. Bündische Bestrebungen waren seit der Gründung des »Wandervogels« unter Steglitzer Schülern verbreitet, und Armin wurde wegen seines Vornamens von manchen Gruppen heftig umworben, obgleich dieser Name nicht einem politischen Programm entsprungen, sondern in der Familie seines Vaters erblich war. Armin, ein bißchen Individualist, wehrte solche Anträge ab.

Die dann seit 1933 in die Familie hineingetragenen »Dienst«-

Pflichten empfanden die Geschwister Lüttig-Niese durchaus als Störung; die gewohnte Beschaulichkeit der Abende und Feiertage wurde durch sie zunichte. Für den Schüler Armin waren Heimabende und sommerliche Zeltlager kein Vergnügen, er bastelte lieber mit seinen Maschinenbaukästen, und der Zwang, auch bei rauher Witterung kurz behost herumzulaufen, bekam ihm wiederholt recht schlecht. Dabei war er durchaus kein Stubenhocker, an freien Tagen zog er morgens mit einer Tasche voll verschiedensten Futters in den Berliner Zoo und beobachtete dort die Tiere. In den großen Ferien wanderte er mit Ausdauer in den Tiroler Bergen, in den kleineren besuchte er mit fortschreitendem Alter immer öfter die bäuerlichen Verwandten seines Vaters in der Goldenen Aue und half in der Landwirtschaft. Mit der Schule ging es nicht ganz so problemlos, wie seine Eltern sich das vorgestellt hatten. Selbstverständlich war er in ein humanistisches Gymnasium in Berlin-Steglitz eingeschult worden, aber bei den Elementen des Griechischen fing es an zu hapern, und da er sein Versagen aus Scham verschwieg, kam es zu einer schweren Gelbsucht-Erkrankung. Natürlich bedauerte die Mutter den Bruch mit der nun durch fünf Generationen vertretenen Tradition humanistischer Bildung, und auch dem Vater, der selbst Humanist war, fiel es nicht leicht, den Jungen auf eine nicht-humanistische Schule zu schicken. Aber vielleicht war ja diese Tradition gegenüber dem Druck der modernen naturwissenschaftlichen Anforderungen auf die Dauer nicht mehr zu halten. Ihm hatte die staatliche Erziehungsplanung bereits nachgegeben. Seit 1900 waren die Realgymnasien und Oberrealschulen den humanistischen Gymnasien gleichgestellt, und später wurde das Reformrealgymnasium geschaffen, in dem man mit Latein in den letzten vier Schuljahren das »kleine« Latinum erwarb. Da es in Steglitz eine gut beleumdete Schule dieses Typs gab, ging Armin auf dieses Gymnasium über. Er gedachte, später einmal Landwirt zu werden, glaubte aber, daß seine körperlichen Kräfte dazu nicht ausreichen würden. Ehe er nicht einen Zentnersack heben und tragen konnte, wollte er sich diesen Wunsch versagen. Außerdem: wo nahm man einen landwirtschaftlichen Betrieb her? Die Mutter bedauerte, daß man nicht rechtzeitig an das schöne Gut der Kusine Hedwig Zschoche in Gasern bei Meißen gedacht hatte, das nun in fremden Besitz übergehen würde. An Armins achtzehntem Geburtstag händigte ihm seine Mutter den Nieseschen Silberkasten aus.

Kurz danach begann der Zweite Weltkrieg. Armin saß in Oberprima. Trotz der überspannten Hoffnungen, die man zunächst für ein baldiges Ende des Krieges hegte, waren sich die Schüler meist darüber klar, daß der verderbenbringende Strudel auch sie bedrohte, obwohl sie die Schule nicht vorzeitig zu verlassen gezwungen waren, sondern das Abitur ordnungsgemäß ablegen konnten. Noch auf der Schulbank, mit ihren Prüfungspensen beschäftigt, erlebten sie erst die atemberaubende Überrumpelung Polens, dann einen Winter, in dem die Angst vor einer Fortsetzung des Krieges mit dem Wunsch nach Erlösung aus diesem Wartezustand stritt. Gleich nach dem Abitur wurde Armin Lüttig-Niese zu einem Dienst verpflichtet, dem er zunächst weder körperlich noch seelisch gewachsen schien.

Der erste Brief, den er am Tage seiner Vereidigung aus dem Arbeitsdienst im März 1940 nach Hause schrieb, enthielt die Bitte, ihm nichts von den rationierten Lebensmitteln aus dem elterlichen Haushalt zu schicken, sondern auch rare Köstlichkeiten selber zu essen. Während Karl Niese die Gaben aus der Heimat ungeniert freudig entgegennahm, weil man dort 1914/15 noch keinen Mangel kannte, zog sich durch alle Briefe des Neffen die Furcht, den Angehörigen etwas wegzuessen, und bald setzten Versuche ein, statt dessen seinerseits etwas Rares in die Heimat zu schicken. Auch den mindestens anfänglichen Enthusiasmus seines Onkels bekundete der Arbeitsdienstmann nicht. Gedrücktheit und inneres Widerstreben vermittelten die Nachrichten, die von Schönlanke bei Schneidemühl aus dem deutsch-polnischen Grenzgebiet nach Berlin gelangten.

Es ging rasch schief. Schon nach vierzehntägigem Einsatz lag Armin Lüttig-Niese mit schwerer Bronchitis und hohem Fieber im Schönlanker Krankenhaus, wenige Tage später in dem größeren Krankenhaus von Schneidemühl, wo er einer sorgfältigen Untersuchung auf Tbc unterzogen wurde. Er hoffte, auf Anordnung des Arztes hin entlassen zu werden, aber plötzlich war es Anfang Juni mit dem behüteten Leben zu Ende, denn er wurde in Schönlanke, ohne den angeordneten Erholungsurlaub bewilligt zu bekommen, gleich wieder in die Arbeit, allerdings mit einer gewissen Schonung, eingespannt. Sein Schulfreund, mit dem zusammen er die Zeit des Dienstes besser zu überstehen gemeint hatte, war zu seinem Kummer inzwischen verlegt worden. In einem rückschauenden Bericht über das, »Was mir der R. A. D. gab und nahm«, stellte er kurz vor Ende der Dienstzeit fest, daß der durch die Propaganda verkündete vermeintliche Sinn des Arbeitsdienstes, die verschiedenen Bevölkerungsschichten einander näher zu bringen, kaum verwirklicht werde, man interessiere sich nach wie vor nicht für die Lebensweise anderer: »Ich habe aber dabei Menschen mit einer solch niedrigen Interessen- und Charaktergrenze gefunden, wie ich sie vorher nie für möglich gehalten hatte. Nicht nur ungelernte Arbeiter, nein, auch Leute im Alter von 20–21 Jahren, die einen mehr oder weniger hochstehenden Beruf gelernt hatten, waren in meinen Augen solche Schweine, deren einziges Vergnügen darin bestand, sich nächtelang mit den ohnehin schon recht berüchtigten Mädchen von Schönlanke herumzutreiben. In einem Falle wurde sogar die leerstehende Heilstube als Nachtquartier benutzt. Die Unterhaltung ging über Zoten und Gotteslästerungen nicht hinaus. Hätte ich nicht etwas Ahnung von der Landwirtschaft, so hätte ich mich überhaupt nicht mit ihnen unterhalten können. Das Benehmen der Truppführer in dieser Beziehung war z. T. auch in der Öffentlichkeit katastrophal. Sie waren außerdem größtenteils stockdumm.«

Unsicherheit über den künftigen Beruf bewegte Armin stark. »Die volle Kraft habe ich noch nicht wieder. Vielleicht traue ich mir zu wenig zu. Deswegen werde ich auch nicht Landwirt. Ich habe nur Angst, daß ich in dem anderen Beruf nichts leisten werde. Aber ich werde mich eben dahintersetzen. Vielleicht war die Landwirtschaft auch ein schöner Traum, den man mir eingeredet hat, bis ich ihn selber glaubte. Es war die Selbstunterhaltung eines Einsamen, und ich fühlte mich wohl dabei. Außerdem war der landwirtschaftliche Beruf der einzige, unter dem ich mir etwas vorstellen konnte.«

Nach Entlassung aus dem Arbeitsdienst plante Armin Lüttig-Niese, Maschinenbau zu studieren und sich auf landwirtschaftliche Maschinen zu spezialisieren. Die halbjährige Praktikantenzeit in Berlin wurde durch einen kurzen Winterurlaub mit den Eltern in Tirol unterbrochen. Im Februar 1941 folgte auf den Dienst mit dem Spaten derjenige mit der Waffe. Inzwischen waren im Frühjahr 1940 Dänemark sowie Norwegen besetzt und im Sommer Frankreich überwunden sowie zu einem Waffenstillstand gezwungen worden. Für das Frühjahr 1941 kündigten sich Verwicklungen auf dem Balkan an.

Rekrut Lüttig-Niese kam nach Crossen an der Oder, und alles entwickelte sich ähnlich wie in Schönlanke-Schneidemühl. Das Marschieren machte ihm, besonders mit dem schweren Maschinengewehr, Schwierigkeiten, er bekam keine Luft. Anfang April lag er wieder im Krankenrevier. Mit allen Mitteln versuchte er, von Heimweh geplagt, die Verbindung mit dem zurückgebliebenen Zivilleben aufrechtzuerhalten: brieflich setzte er seine Familienforschungen fort, dachte an seine Briefmarkensammlung, nahm teil an kohlenwirtschaftlichen Sorgen seines Vaters. Seine genaue Kontoführung erinnerte an die Praktik seines Onkels Karl im Ersten Weltkrieg. Er korrespondierte nach allen Seiten hin, nach Ansicht der Mutter »wie ein Backfisch«. Und er entgegnete: »Ist Dir das zu viel Post, das ist doch das einzige, was einem das Leben hier verschönert. Du verkennst, scheint es, die Lage.«

Nach der abschließenden Besichtigung der Rekruten wurde Soldat Lüttig-Niese zur Heeres-Küsten-Artillerie abgestellt, um MG-Schütze zu werden. Zwei Tage später war er als Fahrer zum Stab abkommandiert. Da mehrere Stabsoffiziere in Berlin zu tun hatten, mußte oder durfte er sie dorthin fahren: »Die erste Urlaubsfahrt kam ganz plötzlich, ich habe mich damals still, aber unbändig gefreut und die Fahrt im halben Taumel zurückgelegt. Als der Major mich in Berlin entließ, bin ich laut singend durch die Straßen gefahren.«

Am 11. Juni begann dann Lüttig-Nieses lange Reise ins Unbekannte. Mit seiner Schwester war ein Akrostichon zur Verschlüsselung von Nachrichtenteilen vereinbart worden. So wußten die Angehörigen durch den ersten Brief, daß es nach Braila an der Donau ging, unweit von deren Mündung in das Schwarze Meer auf dem Hoheitsgebiet Rumäniens, das mit Deutschland verbündet war. Armin Lüttig-Niese befand sich in der Gegend, wo vor zwei Menschenaltern sein Großonkel Moritz im Dienste Strousbergs Eisenbahnen anlegte, und wie jenen wehte nun auch den Jüngeren ein Hauch von Orient an, er sah sogar Moscheen: »Die Straße ist dauernd erfüllt von den Rufen der Straßenhändler, Zeitungsverkäufer, Gemüse- und Obstverkäufer, solcher für weißen Käse. Die Rufe sind eine Folge von Vokalen, mehr oder weniger melodisch, z. T. mit einem Juchzer hervorgebracht; die großen, flachen Körbe, die Tonkrüge oder Blechkanister – was sie enthalten, habe ich noch nicht herausbekommen – werden zu zweit an einer Trage, die auf einer Schulter und dem Nacken ruht, in federndem Laufschritt getragen. Die vielen Pfarrer haben einen langen schwarzen, grauen oder braunen Rock an. Die Haarschneider sind in großer Anzahl auch in den dreckigsten Straßen vertreten. Die weibliche Bedienung zum mindesten sitzt als Anziehungspunkt davor. Sie werden sowieso den hier üblichen Nebenberuf haben, denn Handarbeit wird hier schlecht bezahlt.« Schildernswert wie die Bevölkerung war auch die Landschaft: »Akazien, Wasser, Sonnenuntergänge, Schilf- und Lehmhütten, Schildkröten, Wein, Mais, Sonnenblumen. Es wird sehr heiß, fast 60°, man flieht in den Schatten... Hier gibt es schöne Vögel, Fischreiher, Silberreiher, Wiedehopfe, Blauraken. Sie sind gar nicht scheu und fliegen gemächlich neben dem Auto her. Störche sind fast schon handzahm. Beiliegende Blume scheint eine Enzianart zu sein.«

Doch wozu war man eigentlich in dieser Gegend? Jugoslawien und Griechenland befanden sich ja in deutscher Hand. »Was ist denn jetzt politisch los?« fragte Armin am 19. Juni, »Ich muß manchmal denken, daß sich da etwas sehr geändert hat, obgleich ich es gar nicht glauben kann.« Am 22. schon erhielt er die Bestätigung seiner Ahnung: Deutschland erklärte der Sowjetunion den Krieg, und noch am gleichen Tage setzte die Abteilung über die Donau. »Seit gestern knallen wir eifrig zum Feind hinüber«, hieß es in seinem Brief vom 24., und das Tagebuch fügte hinzu: »Ein schöner Krach und ein schöner Anblick! Wo es so das erste Mal auch nachts bummert, ist man doch erregt. Es dauert eine Weile, bis sich das legt.«

Soldat Lüttig-Niese durfte mit ein paar Offizieren nach Bukarest fahren, um den schon völlig ramponierten Ford gegen einen Peugeot auszutauschen. Er war wieder Fahrer, Fahrer seines Hauptmanns und anderer Offiziere. Das hatte Vorteile, er mußte nicht mit antreten und am Appell teilnehmen, er konnte in seinem Wagen schlafen statt in verwanzten Quartieren, er durfte ein bißchen Individualist sein. Dafür gab es andere Abhängigkeiten, persönliche. Der Hauptmann scheute sich zwar nicht, mit anzupacken und sich die Finger schmutzig zu machen, war aber leicht nervös, sobald etwas quer ging, auch wohl launisch. Das Geben und Nehmen, das eine solche Herr-Diener-Stellung von jeher charakterisierte, war hier durch die militärische Hierarchie eingeschränkt, der Vorgesetzte behielt stets das letzte Wort.

495

Die Front hatte sich nach Osten vorgeschoben, die Artillerie mußte nachrücken. Auf der Eisenbahnstrecke, die einst Armins Großonkel Moritz mit erbaut hatte, bewegte man sich in äußerst langsamem Tempo am Sereth entlang über Barlad nach Norden. Bei Jassi bog die Strecke nach Osten ab, man überquerte die Grenze nach dem durch den deutsch-russischen Vertrag von 1939 der Sowjetunion zugefallenen Bessarabien. In Calarasi zum erstenmal Spuren des Krieges: »Die Häuser durch Brandstiftung (angeblich Juden) zerstört, der Bahnhof durch Bomben stark mitgenommen. Ein Granatblindgänger und ein Bombenblindgänger liegen friedlich neben der Bahn. Die ersten Heldengräber.« In Chisinan wurde die Abteilung ausgeladen: »Es muß eine schöne Stadt gewesen sein. Auf Befehl der Russen ist sie angesteckt worden. Ein einziger Trümmerhaufen.« Weiterfahrt im Pkw. »Dichter Sand, Staubwolken, Schlaglöcher, Querrinnen, Wegsuchen und Verkehrsstockungen lösen einander ab. Der Übergang über den Dnjestr ist sehr malerisch: Die gesprengte Brücke, die Pontonbrücke, der Fluß und, von der anderen Seite sichtbar, die alte Feste gegen die asiatischen Völker. Drüben ist nun Rußland...«

»Reparieren, fahren, waschen, warten.« Die Wege waren unendlich schlecht, der Wagen dauernd reparaturbedürftig, Reparaturwerkstätten gab es nicht, und Ersatzteile waren kaum aufzutreiben. Die Fahrten mit seinem Hauptmann wurden für den Soldaten Lüttig-Niese Lehrfahrten, deren Ergebnisse sich in zunehmend verbittertem Ton im Tagebuch niederschlugen. Von Karagasch am Schwarzen Meer, dem vorläufigen Standort, fuhr er den Hauptmann und zwei weitere Offiziere zurück nach Bukarest, wo er in einem der Soldatenheime übernachten mußte, die »durch den Gegensatz zu den Offiziershotels sehr viel sozialen Haß« schufen. Die Autofahrt zu der neuen Feuerstellung Kuzurup wurde durch die von tagelangem Regen aufgeweichten Wege erschwert: »Dauernd Fahrvorschriften vom Hauptmann. Drei Mann vorn, hinten Gepäck und zwei Mann... Große Landwirtschaftsmaschinen stehen verwaist oder ausgeschlachtet an der Straße... Die Herren essen sich zu Mittag im Kasino satt. Und wir?... Kuzurup... Die Herren essen wieder gut und lassen mich draußen sitzen. Nachher scheißen sie mich noch an, daß ich nichts gegessen habe. ›Wir sehen uns doch auch um, wo wir was bekommen.‹ Kunststück für einen Hauptmann! Sie wissen ja selbst, daß dort nichts zu bekommen ist. Ich habe das bald satt, man ist deutscher Soldat und kein Stück Dreck. Die vielen Widerwärtigkeiten lassen sich gar nicht aufzählen. Was muß das für Klassenhaß erregen in einem Menschen, der sich nicht sagen kann, nach dem Militär seid ihr ein Dreck oder doch nicht mehr als ich.«

Armin Lüttig-Niese badete zum erstenmal im Schwarzen Meer: »Es ist so flach, daß es mir nicht gelingt, über die Schultern ins Wasser zu gehen«, und am gleichen 14. September erlebte er die »ersten Stukaangriffe auf die Insel. Bewahre uns der Himmel vor einem gleichen Schicksal.« Die schlechte Verpflegung zwang wiederholt zum »Organisieren«, diesmal in der »Stadt aus dem Nibelungenlied« oder – nach Übersetzung der Andeutung in die plane Sprache – in der von Deutschen begründeten und bewohnten, nach der Stadt am Rhein benannten zweiten Stadt Worms. »Die Leute sind freundlich, sie buttern extra für uns, bieten Brot und Milch und Mittag an. Dabei sind sie blutarm, die letzten Zuteilungen liegen schon Monate zurück.«

Da »reparieren, fahren, waschen, warten« die Losung blieb, versuchte Lüttig-Niese, in Nikolajew Ersatzteile zu beschaffen, freilich wieder ohne Erfolg. »Das ist doch hier nun eine große Stadt, wo sich doch etwas mehr Kultur und Reichtum anfinden müßte. Aber statt dessen laufen 99 % der Leute schlimmer als unsere Hauswartsfrau herum. Die Straßenbahn ist sehr volkstümlich, die Fahrt kostet 1 Pfg. = 10 Kopeken für Kinder und Soldaten. Ich habe aber bisher nur einmal etwas bezahlt, um mal zu einem Fahrschein zu kommen. Die Läden sehen hier so aus wie die schlimmsten Dinger in der Schadenrute. Schaufenster sind selten zu finden.« Auch zu essen gab es nichts. Armin Lüttig-Niese aß täglich nur drei Scheiben Brot, um die Büchsen für Zuhause aufzusparen. Statt besserer Verpflegung holte er sich in Nikolajew Kleiderläuse.

»Der Russe hat sich nun aus Odessa zurückgezogen. Die Arbeit der Stukas auf die flüchtenden Schiffe war sehr eindrucksvoll. Jede Bombe verursacht ein Erdbeben. Alles habe ich aus nächster Nähe gesehen, auch die Insel selbst kenne ich.« Und am 25. November hieß es: »Der erste deutsche Geleitzug läuft vorbei. Er gerät später in ein Minenfeld. Es gibt Verluste! Am nächsten Tag fahre ich einen P. K.-Mann als letzten Überlebenden eines Bootes zur Landzunge.« Die ständigen Reparaturen am Wagen mit Bittgängen zu möglichen Helfern und die unerfreulichen Erfahrungen mit den Offizieren bestärkten Lüttig-Nieses Wunsch, ein anderes Kommando zu erhalten, das auch Beförderungen ermöglichte. Der Versuch, Ärger, Kälte, Hunger bei der Lektüre von Goethes »Werther« zu vergessen, schlug fehl: Ersatzbefriedigung durch Dichtung verdeutlichte nur den Mangel an wirklichem Lebensgenuß und liebenswerten Menschen.

Endlich im neuen Jahr war er beim Geschütz eingeteilt und hatte statt für einen Pkw für die MGs zu sorgen. Es gab wieder etwas zu lernen, sowohl im theoretischen Unterricht als auch am MG gut abzuschneiden, aber das Lernen half jedenfalls weiter, und »weiterkommen« wollte er, selbst bei dem Krankenträgerkurs. Als er sich schon auf einen Urlaub vorbereitete, wurde er zu einem vierwöchigen Sonderkommando befohlen, dem sich jeder einmal unterziehen mußte. In Verschlüsselung durch ein zeitgeschichtliches Ereignis kündigte er den Angehörigen an: »Als 1935 die sowjetische Marine in Sewastopol meuterte, wurden die Anführer, darunter ein Leutnant mit deutschem Namen, auf meinem zukünftigen Standort erschossen.« Am 9. März folgte dann eine Beschreibung: »Auf meinem jetzigen Standort ist nun gar bis auf Wildenten, Seeadler und evtl. Läusen gar nichts zu finden. Ich bin hier auf einem 300 × 800 m großen Stückchen Erde, etliche Kilometer von seinem kleineren, wehrhafteren Bruder, der mal in der Illustrierten zu sehen war. Auf hochragenden Felsen ein hügliges, von grauem Gestrüpp bedecktes Gelände ohne jeden Baum. Ab und zu, oft nach oben getarnt, ein grauer Betonklotz und ein paar vom Feind noch intakt zurückgelassene Waffen. Deren Bedienung und Bewachung ist unsere Aufgabe. An Baulichkeiten ist noch ein großes Wohnhaus und eine gleich große Ruine zu erwähnen... Hier ist dauernd das Brausen des Windes und der Brandung zu hören. Seit gestern allerdings poltern und stöhnen nur die mächtigen Eisschollen an die Felsen. Der dreistündige nächtliche Rundgang alle zwei Tage gibt genug Zeit zur Beobachtung.«

Anfang April kam Lüttig-Niese auf Urlaub nach Berlin. Zwei Wochen waren ihm bewilligt, doch es gab eine unvorhergesehene Verlängerung. Die Eltern trafen eines Tages ihren Sohn mit blutüberströmtem Gesicht in der Wohnung an: er hatte mit einer Probe sowjetischer Munition gebastelt, die er in einem Schwarzmeerhafen für dortige Erfordernisse requirierte. Bange Wochen in einem Berliner Lazarett folgten. Die Sehfähigkeit des einen Auges war gefährdet. Der leitende Arzt, dem sein Patient ein wenig zur Hand ging, wollte ihn gern bei sich behalten und riet zum Medizinstudium. Aber Lüttig-Niese fühlte sich von der Lazarettatmosphäre bedrückt, und er litt, wenn er Kameraden den Verlust ihres Auges mitteilen sollte. Auch dies ein Lernprozeß.

Daher hieß es auf lange Zeit erneut Abschied nehmen. Noch ein letztes Mal kurze Weihnachtstage im Elternhaus, dann ging es wieder an die Front, wieder nach Osten. Die Luftoffensive gegen die deutschen Städte, mit der England Sowjetrußland zu entlasten suchte, ließ dem Scheidenden die Heimat und die Angehörigen nicht mehr sicher erscheinen, und die Erfolge der deutschen Sommeroffensive sowie das Vordringen zum Kaukasus stellten sich in diesen Wintertagen durch die Einkesselung der 6. Armee bei Stalingrad als vergeblich heraus.

Lüttig-Niese gelangte nach zwanzigtägiger Bahnfahrt in die Nähe von Woroschilowgrad. Er war jetzt zwei Jahre lang Soldat, immer noch nur Soldat. Er wollte endlich zum R. O. A. aufrücken. Als er bei seiner neuen Einheit hörte, daß nur Leute für den Artillerie-Vermessungstrupp gebraucht, alle anderen als Fahrer vom Bock zu den Batterien kommandiert wurden, gelang es ihm, auf Grund bisheriger Einsätze als Vermessungsmann beim Stab eingereiht zu werden. »Du würdest sicher lächeln, wenn Du Deinen mathematisch unbegabten Sohn mit Richtkreis und Block und Bleistift durchs Gelände laufen sehen würdest. Obgleich die anderen Kameraden fast alle gelernte Vermessungstechniker sind, will man mich als Richtkreistruppführer ausbilden. Da ist viel zu lernen, und die Logarithmentafel kommt wieder zu Ehren.« Im März gehörte er bereits zu einer Extra-Formation – als »Rechentruppführer«. »So wohne ich jetzt in der Schreibstube = Gefechtsstand, werte die Wettermeldung aus, arbeite an einem großen Schießplan, mache die verschiedensten Arbeiten, von denen ich vorher keine blasse Ahnung gehabt habe. Aber es macht Spaß.«

Als er dies seinen Eltern mitteilte, war das Haus, in dem sie wohnten, bei dem Bombenangriff auf Berlin-Steglitz getroffen worden, doch hatte man den Inhalt der Wohnung mit Hilfe der Nachbarn eben noch herausschaffen können. Der Vater werde, schrieb der Sohn auf die Nachricht davon, über das Ganze wenig in seinem Brief finden, »denn je Schlimmeres im Laufe der Zeit an mich herantrat, umso mehr habe ich mich daran gewöhnt, es als Faktum, als unveränderliche Tatsache zu nehmen und nur an die Milderung der Folgen zu denken«. Das private Unglück traf zusammen mit dem allgemeinen: Stalingrad war inzwischen gefallen, die Russen waren im Vormarsch nach Westen. Unter diesen nicht ermunternden Eindrücken gab er der Schwester, der gegenüber er sich offener zeigte, eine vorbehaltlose Beschreibung seines Soldatseins: »Es ist doch etwas Merkwürdiges um dieses Kriegsleben, dauernd wandern und es sich immer doch so gemütlich wie möglich machen, z. T. verroht und doch empfindsam. Die Empfindsamkeit und Menschlichkeit fehlt bei 75 %. Sie haben die geschriebenen Gesetze nicht, wie man meinen sollte, als Selbstverständlichkeit in sich, – von den ungeschriebenen ganz zu schweigen... Was der Soldat braucht, nimmt er sich. Manche nehmen auch mehr. Man durchsucht die verlassenen Häuser auf Eßwaren, Möbel fürs Quartier, Äxte, Sägen, Eimer, zieht ein paar Nägel aus den Wänden; auch die sind knapp. Die Türen stehen auf, Kisten und Kasten sind geöffnet und umgedreht. Die Läden hängen schief, z. T. durch Bomben herausgerissen. Das ist ein alltäglicher Anblick. Man nimmt ihn hin. Es ist da schwer, Charakter und Sitte, Augen und Seele nicht verhärten zu lassen.«

Einen Monat später wußte Lüttig-Niese, daß seine Schwester durch feindliche Brandbomben ihre und ihres Mannes gesamte Habe verloren hatte:»Ich will nicht all das wieder aufrühren, dessen allertiefster Eindruck sich vielleicht schon wieder verwischt hat, doch ist mir diese Botschaft viel näher gegangen als die erste Brandnachricht... Ach, ich wollte einen Trostbrief schreiben, aber es wird eine Klage, weil ich allen diesen Dingen selbst zu nahe gestanden habe.

Das alles wird Dich sehr mitgenommen und allen Mutes und aller Arbeitsfreude beraubt haben. Doch wird sich vieles im Laufe der Zeit wiederherstellen lassen. Ich will Dir dabei helfen, so gut und so oft ich jetzt und später es kann.

Versuche also Kraft zu schöpfen bei den Großen vergangener Tage. Dort wirst Du wohl am besten wieder zu Kräften kommen, und dann noch eins: Gehe hinaus in den Frühling, in die Sonne. Dort ist trotz aller Vernichtung, allen Kampfes immer Leben und Wachstum.«

Die Ablenkung durch Beobachtung der Natur erprobte der Soldat Lüttig-Niese an sich selbst. Er zeichnete das Gefieder einer Elster im Fluge, identifizierte ein seltsames Tier nach einem Buch von E. Th. Seton als Flugmaus und beschrieb humorvoll die Verwunderung »unserer Matka«, als er statt in einem verwanzten Bett auf der Erde geschlafen hatte: »Noch mehr staunte sie aber, als ich ein häßliches Bettgestell, das lange irgendwo im Freien gestanden hatte, herbeischleppte und an die Stelle des alten setzte. Um ihr das dann begreiflich zu machen, führte ich sie draußen an die alte Bettstelle, stökerte mit einem Holz ein paar Wanzen auf und sagte ›nie karosch‹, was sie wohl verstand, aber nicht einsah, da die Russen ja schon beinahe als Embryo immun gestochen sind. Ich mußte immer an die himmelblau gestrichene Wanze aus Kellers ›Drei gerechten Kammachern‹ denken. Meine waren aber alle rotbraun.« In die »schöne Schlucht«, in der die Bunker sich befanden, zog jetzt der Frühling ein: »Fast bei jedem Schritt huscht eine Eidechse davon, große und ganz kleine, braune und giftgrüne. Groß ist auch die Zahl der Schmetterlinge, die durch die warme Luft schaukeln, Füchse, prächtige Pfauenaugen, ja sogar der seltene Schwalbenschwanz und der mir bisher nur vom Bilde bekannte große Segelfalter sind oft zu Scharen vertreten. Jetzt ist es wieder Abend, und der Steinkauz stößt seinen klagenden Ruf als Antwort auf einen weit entfernten Kauz aus.« Und das alles, obgleich die Front so nahe ist, daß man mit dem »Scherenfernrohr sich den Iwan betrachten kann«.

Zum erstenmal kam es für Lüttig-Niese zu den lange entbehrten menschlichen Kontakten. Zu dem A. V. T. stieß als neuer Kamerad ein Bauernsohn aus einer ganz kleinen Wirtschaft bei Mainz, der als Bursche des Hauptmanns seinen Gesichtskreis erweitert und sich dann mit großer Energie weitergebildet hatte: »Wir sind viel zusammen, ich bringe ihm die praktischen und rechnerischen Grundlagen bei, wobei wir zu allerhand interessanten und lehrreichen Themen gelangen. So habe ich endlich etwas mir Gemäßes gefunden.« Als der im Zuge seiner anlaufenden Vorbereitung auf den Reserveoffiziersanwärter zum Gefreiten Beförderte erst zum Fernsprechdienst und dann zur Batterie versetzt wird, hat er eine neue befremdende, jedoch interessante Begegnung mit einem zwanzigjährigen Soldaten von gutmütigem Aussehen, der erkennbare Bildung besitzt: »Man kommt in der Unterhaltung aufs Reisen und stutzt. Er kennt sich über alles aus, von

London bis Jerusalem und Kairo. Er reist immer mit der Mutter, die ein Gut besitzt. Anscheinend klotziger Reichtum. Einer fragt etwas taktlos und mit dem Neid des Kleinen nach Vermögensverhältnissen: Vater war Juwelier in München und Präsident der Amsterdamer Brillantenbörse. Er ist durch die Jesuiten seit seinem 4. Jahre modern, beinahe zu modern ausgebildet. Er hat bereits 3 Staatsexamen (Musik, Schauspielschule und Philosophie), ist im Reiten, Schwimmen, Ballettanzen geübt. Das ganze Vermögen, das ihm sonst später zufallen würde, ist der Kirche für seine Ausbildung überwiesen. Er schreibt Berichte für und gegen die Kirche, die über Kardinal Faulhaber nach Rom gehen. Durch eigenen Kurierdienst bekommt er hier in die vorderste Linie seine geheimen Mitteilungen, die ihn über alles auf dem Laufenden halten. Während seiner Rekrutenzeit trug er immer sein Kreuz auf der Uniform. Bei einem Ausgang in die Stadt grüßt ihn ein Hauptmann zuerst, da er – an dem Kreuz kenntlich – schon einen höheren Dienstgrad hat.«

Obgleich zur Batterie versetzt, war der Gefreite hauptsächlich beim Bunkerbau tätig, denn man bereitete sich auf eine russische Offensive vor. Im Augenblick, als diese am 17. Juli gegen den vorgestaffelten deutschen Mius-Donez-Bogen erfolgte, war Armin Lüttig-Niese auf die B.-Stelle kommandiert. Er beruhigt seine Eltern: »Macht Euch nur wegen der Gefahr keine Sorge; das klingt bloß so gefährlich. Gewiß, man geht durch Laufgräben, und der Russe ist nicht weit. Doch hält der Bunker, in dem die ›Schere‹ steht, schon mal einen Volltreffer aus, so viel Balken, Schienen, Steine, Erde, Eisenplatten und Stroh sind da drauf. Mit allzu schweren Sachen können sie hier gar nicht herschießen, sonst gefährden sie wegen der größeren Streuung ihre eigenen Leute.«

Armin Lüttig-Niese dachte, sich bei dem am 18. August einsetzenden zweiten Vorstoß der Russen gegen die Mius-Front endgültig für den Offizierslehrgang zu bewähren. »Erst war ich 6 Tage auf einem Kursus, dann wurde ich vom Fleck weg als Scherenfernrohr-Uffz. zum alten Stab kommandiert... Und dann hatte ich wieder mal Pech: Mich biß die bekannte Mücke, die aber kaum jemand in Freiheit gesehen hat, und nun lieg ich mit Malaria im Lazarett.«

Diese Nachricht vom 29. August kam aus einem Lazarett in Stalino, in dem der Kranke einige Tage, einen davon nahezu ohne

Bewußtsein und ohne Pflege, verbrachte. Es wurde wegen des russischen Vorstoßes geräumt und Lüttig-Niese in ein »blitzsauberes« Lazarett in Düren/Rheinland verlegt. Eine schwere Gelbsucht verzögerte zu seinem Verdruß die Entlassung, da der Termin des Offizierslehrgangs bevorstand. Ungeduldig nahm er indes seine zahlreichen brieflichen Verbindungen wieder auf und bestellte sich landwirtschaftliche Lehrbücher. Denn unter dem Eindruck, körperlichen Strapazen eigentlich gewachsen gewesen zu sein, hatte sich sein Entschluß gefestigt, Landwirt zu werden, und bereits am Donez waren von ihm landwirtschaftliche Unterrichtsmaterialien der »Tornisterschriften« durchgearbeitet worden. Seinen Genesungs- und Jahresurlaub genoß er daher in bäuerlicher Umgebung mit einem neuen Zugehörigkeitsgefühl.

Über das Eiserne Kreuz II. Klasse, das ihm von der Truppe nachgeschickt wurde, freute er sich, während er über die Verleihung des »Gefrierfleischordens«, der rumänischen Medaille »Kreuzzug gegen den Kommunismus«, noch gespöttelt hatte. »Ich bin... sehr ungern von meiner Truppe weggegangen, da ich gerade das erste Mal Gelegenheit hatte, mich als Scherenfernrohr-Uffz. an einer gefährdeten Stelle der Front (Mius) unter Beweis zu stellen«, bekannte Lüttig-Niese. Er habe sich am sechsten Tage des Einsatzes krank gemeldet, als er nicht mehr in der Lage war, am Scherenfernrohr zu sitzen. Hatte ihm sein Kamerad und Freund beim Abschied auf der B-Stelle tröstend gesagt: »Wer weiß, wofür diese Krankheit gut ist«, so erklärte ihm der plötzlich im Dürener Lazarett erscheinende »Jesuit von meiner Batterie«, daß er »in diesem Kriege ein Glück entwickelt« habe, »das schon beinahe unheimlich ist«. Daß in der Tat eine feindliche Umzingelung, private Absetzbewegungen einiger Offiziere, musterhafte Führung eines Oberleutnants zur Sicherung der Fahrzeuge, anfangs planmäßiger Rückzug, schließlich wilde Flucht ohne ihn vor sich gegangen waren, erfuhr er durch einen Brief seines Freundes. Die Mitteilungen über das Verhalten einiger Offiziere und der sich andeutende Zusammenbruch der deutschen Ostfront verstörten Lüttig-Niese so sehr, daß er seinen Vater bat, den an diesen weitergeleiteten Brief nicht die Mutter lesen zu lassen.

Anfang Dezember begann der Kursus im Offiziersausbildungslager Suippes bei Châlons sur Marne. Die Freizeit war knapp bemessen, aber man konnte bei kurzem »Kultururlaub« die obliga-

*Es gehörte im Zweiten Weltkrieg zur »Truppenbetreuung«, daß
Soldaten von reisenden Künstlern an der Front besucht oder
gelegentlich in ein stehendes Theater geschickt wurden. So kam
Fahnenjunker-Wachtmeister Armin Lüttig-Niese am 29. Januar
1944 mit obiger Eintrittskarte in Lille zu einer
Aufführung der »Zauberflöte«.*

ten Sehenswürdigkeiten von Paris kennenlernen, das Fronttheater
in Lille besuchen und den Dom von Reims bewundern. Während
eines Sonderurlaubs fuhr der Fahnenjunker-Wachtmeister Lüttig-
Niese nach Verdun und wanderte am nächsten Tag, einem kalten,
schneeigen Märztag, nach Harville, wo auf dem Heldenfriedhof
neben dem Dorf, alten Berichten entsprechend, sein Onkel Karl
Eduard Niese begraben liegen sollte. Aber er fand das Grab nicht,
und auf einem Verzeichnis, das er in einer Kassette entdeckte,
fehlte auch der Name des Onkels. Als nächster Kriegerfriedhof
wurde ihm derjenige von Maizeray genannt, und hier war dann der
Name verzeichnet: man hatte den Gefallenen bei Anlage der großen Sammelfriedhöfe umgebettet. Karl Nieses Grab glich den

Gültig nur bei Dienstreisen!

Marschbefehl

Der Flg. ... Armin Lüttig-Niese ...
Einheit Feldpost-Nr. 29049 D ...

von ...
befindet sich auf dem Marsch von Suippes b. Ch. s. M.
über ... nach Harville a. Meuse

und hat Befehl, die Reise ohne Verzug auszuführen (siehe Rückseite).

Grund: **Wehrbetreuung**

Rückreise**) am 5. III. 194 4

Alle Behörden werden ersucht, den oben Genannten ungehindert reisen zu lassen und ihm nötigenfalls Schutz und Hilfe zu gewähren.

Ausgefertigt am 3. III. 194 4

Einheit Feldpost-Nr. 29049 D

(Dienststempel)

*) bzw. Tarnbezeichnung — z. B. Feldpostnummer — nach den jeweils geltenden Bestimmungen.
**) Streichen, falls nicht zutreffend.

Etwa erforderliche Angaben über Abfindungen mit Verpflegung usw. — nur mit Dienststempel und Unterschrift des Kompanie- usw. Führers gültig — siehe Rückseite.

J. 2000 Din A 5 Heidelberger Gutenberg-Druckerei GmbH IX-43. Paris.

Dieser Marschbefehl ermöglichte es Armin Lüttig-Niese, seinen Standort in Suippes bei Châlons sur Marne kurzfristig zu verlassen, um nach dem Grab seines im Ersten Weltkrieg gefallenen Onkels Karl Eduard (III.) Niese zu forschen.

zahllosen anderen. Der Neffe hatte sich einen Fotoapparat geliehen: »Ich habe zwei Bilder gemacht. Der Friedhof ist gepflegt. Im Sommer mögen Hortensien auf allen Gräbern blühen. Ein paar trockene Blätter nahm ich aus dem Schnee.«

Der junge Offizier Lüttig-Niese wurde im Frühjahr 1944 zum drittenmal an die Ostfront geschickt. Angesichts der Gebietsverluste im Osten, der wankenden physischen und psychischen Kraft der Truppe, der immer zahlreicher werdenden Todesfälle unter Verwandten und Bekannten, der Zerstörung des Hinterlandes, der Absetzung eben noch hochgelobter Heerführer wie der Generalfeldmarschälle Erich v. Manstein und Ewald v. Kleist klammerte sich Lüttig-Niese immer wieder an einen ihm eingehämmerten Pflichtbegriff, der ihm die Notwendigkeit des Durchhaltens diktierte, und an die Hoffnung, Glaube könne Siege erzwingen.

Dieses Mal gelangte er in den höchsten Norden, von Rovaniemi aus mit Fahrzeugen landeinwärts »in die Urwälder und Sümpfe... auf einem gedachten Kreis um den Erdball«.

»Ich muß bloß immer noch lächeln, wie sich der Gefreite so in einen Leutnant verwandelt«, schrieb er zwar aus Finnland, aber die Verwandlung war mit einem neuen Lernprozeß verbunden. Lüttig-Niese mußte erst gründlich eingewiesen werden, weite Rundgänge bei Feuer-, Beobachtungs- und V. B.-Stellen absolvieren und sich auch die Ställe mit den 86 Pferden ansehen sowie sich mit ihren Pflegern bekannt machen. Er fungierte als B.-Offizier und wohnte zunächst in einem idyllischen Blockhaus. »Die Natur ist an meinem neuen Wohnort wieder ganz herrlich«, teilte er Mitte April seinen Angehörigen mit. »Eine flache, von Felsen eingerahmte Schlucht bietet unseren drei wohnlichen Blockhütten Platz. Die Sonne scheint auf den firnigen Schnee, der nun auf etwa 1 m zusammengeschmolzen ist. Die hohen grünen Tannen und die Birken, die hier weitläufig stehen, geben dem Ganzen ein malerisches Aussehen... Nur die Kuppen der 300–500 m hohen Berge sind kahlgefegt vom Wind... Rentiere habe ich hier noch nicht gesehen. Durchs Glas kann man sie weit entfernt in großen Herden beim Russen beobachten. Aber auch wir haben sie in nahen, baumlosen Gegenden.«

Mitte Mai wird der Leutnant »A. V. O.-Artl.-Verbindungsoffizier, d. h. Vorgesetzter der V. B.s und Verbindungsmann zur Inf., ein ruhiger und selbständiger Posten von einiger Wichtigkeit. Gefahr ist keine dabei«, fügt er beruhigend hinzu, und »Als Punkt 1 meiner Dienstanweisung steht: ›Mit dem Btl.-Kdr. Mittag essen.‹« Dennoch wird jenes oft wiederholte »Mir passiert nichts« durch Todesgedanken abgelöst. Er macht sein Testament und schickt es einer bäuerlichen Verwandten, und er schreibt in einem erst nach seinem Tod zu öffnenden, der Schwester anvertrauten Tagebuchblatt: »Warum es mich immer so ergreift, wenn ein ganz Junger fällt? Ob das wohl Mitleid mit mir selber ist?« Geständnissen solcher Art gab Lüttig-Niese in seinen Briefen ebensowenig Raum wie Verwundungen, Tod, Verlusten. Im Unterschied zu den Schreiben seines Onkels Karl Niese ähneln seine eher Expeditions- als Kriegsberichten.

Da er als einfacher Soldat lange genug erfahren hatte, was Unterordnung bedeutet und wie schwer sie bisweilen zu ertragen ist, bemühte sich der junge Leutnant um ein gutes Verhältnis zu seinen Untergebenen. Auf einem Kontrollgang zu einem der vorderen Stützpunkte »hatten sie gleich eine unangenehme Neuigkeit für mich. Ein Funker des V. B. hatte sich gegen den Stützpunktkommandanten frech benommen. Die beiden waren nun dabei, eine Meldung darüber zu schreiben. Ich ließ mir den Hergang erzählen und gab ihnen dann recht. Andererseits krabbelt so eine Meldung immer weit nach oben, und der Missetäter hat die Sache sicher schon lange bereut, wenn die dicke Strafe kommt. Wir schieden in voller Eintracht, und ich ging zu meinem V. B. Wir gingen in einen Postenstand, und ich ließ mir das Gelände erklären, stellte Fragen nach den Feuerräumen etc.... Ich hielt ihm dann vor, daß er mir den V. B. ›ohne Neuigkeit‹ gemeldet hatte, wo doch der Zwischenfall passiert war. Ließ mir das von ihm noch einmal darstellen und dann von dem Missetäter selber. Der Mann machte sonst einen gutwilligen, aber langsamen Eindruck. Ich ›hauchte‹ ihn in gemütlichem Ton etwas an und ging dann zum Nachbarstützpunkt, wo ich einige Zeit nicht gewesen war... Ich erkundige mich bei der Einheit, was der Missetäter für ein Mann ist. Auch hier eine gute Auskunft. In einem weiteren Telephongespräch gelingt es mir, die Durchgabe der Meldung zu verzögern. Gegen 3 h kriege ich Besuch: der Chef der schweren Kompanie, der bei mir in Artilleristik dazulernen will, um bei sich ein genaueres Arbeiten zu haben. Ebenfalls ein sehr lustiger Kerl, aber gründlich. Als wir mitten im Knobeln sind, kommt noch der Chef vom Vormittag zu Besuch. Als die Unterhaltung im Gange ist, sondiere ich noch mal die Lage wegen des Zwischenfalls und erreiche einen Verzicht auf Meldung. Die Sache wird also im kleinen Dienstweg beigelegt, und der Mann wird mit einem Rüffel und vermehrter Arbeit in der nächsten Zeit davonkommen. Wir gehen am Abend in guter Laune auseinander.« Mitmachen war eine gute Voraussetzung für Befehlen-Können: »In der F. St. mußte ein Geschütz immer die Munition 100 m, davon 50 m steil bergauf tragen. Daß ich, wenn ich dort nach dem Rechten sah, den Weg nie mit leeren Händen gemacht habe, sondern bergab mit Leermaterial und bergauf mit Munition, hat z. B. keiner vergessen.«

Allmählich verebbte auch im Norden Finnlands der Winter: »Rundum nichts als dichter, giftgrüner Wald. Trotz der sommerlichen Wärme hier und da noch ein paar Schneereste. Hier ist alles unberührt. Das Moos ist dick und federt, besonders wenn Sumpf darunter ist... Harte, trockene, hellgrüne Flechten sind überall im Moos; manche wie einzelne Salatblätter, andere wie feines Filigran. Die Seen sind alle tiefschwarz oder dunkelblau in der Sonne. Manchmal traumhaft schön! Abends spiegeln sich die herrlichsten Himmelsfarben wider.« Der Frühling begünstigte jedoch zugleich die feindlichen Operationen. An dem Tage, an dem Lüttig-Niese den voranstehenden Brief schrieb, begann an der französischen Küste die lange erwartete Invasion der Engländer und Amerikaner, wenig später drückte eine russische Offensive die finnische Front auf der karelischen Landenge zwischen Ladoga- und Onega-See nach Norden zurück, wodurch Bewegung in Leutnant Lüttig-Nieses Abschnitt entstand, weil man auch hier mit einem Angriff rechnen mußte. Lüttig-Nieses Aufgaben wechselten, die Verantwortung wurde größer. Einen Tag nach seinem 23. Geburtstag wurde er zu einem anderen Bataillon und zu einem besonderen Einsatz kommandiert, von dem er rückblickend schrieb: »Am 4. 7. wurde ich A. V. O. bei dem vorgeschobensten Bataillon der damaligen Front. Die Aufgabe war nicht leicht. Wir waren dauernden Angriffen ausgesetzt... Ich habe dort für meine Funker meine ersten E. K.-Vorschläge geschrieben. Der Btl. Kdr. hatte mir angeboten, sie zu befürworten. Das war seine Anerkennung für die geleistete Hilfe. Wenn ich als kleines Kind vielleicht ausgesprochen feig war, so glaube ich, meinen Leuten dort jeder Zeit vorangegangen zu sein. Daß ich dabei selbst nichts erworben habe, ist selbstverständlich. Ich habe mir in dieser Zeit immer mehr angewöhnt, nur für mein eigenes Gewissen zu arbeiten, und fühle mich dabei wohl. Die innere Anerkennung meiner Abteilung ist sowieso nicht ausgeblieben. Dann erfolgte eine geringe Rücknahme der Front. Es ging alles lautlos und in bester Ordnung. Nach 16 Stunden schoß der Feind noch einen Feuerüberfall auf den leeren Stützpunkt. Damit war... meine Aufgabe beendet.«

Als Lüttig-Niese nicht ohne gewissen Stolz »eine geringe Rücknahme der Front« meldete, leitete die alliierte Invasion an der französischen Küste, auf deren Abwehr man so große Hoffnungen gesetzt hatte, Frontveränderungen von ungleich größerem Ausmaß ein. Einer von Lüttig-Nieses Meldern, der zur Frontbewährung an diesen Abschnitt geschickt worden war, lief zum Feinde über, ein böses Zeichen für die Haltung der Masse. Der Freund aus der Miusfront-Zeit, verwundet und schwer malariakrank, schrieb nach dem Erlebnis weiterer Rückzugsbewegungen im Osten, daß er nicht mehr an den Endsieg glauben könne. Der versuchte und mißlungene Anschlag auf Hitler in der »Wolfsschanze«, dem Führerhauptquartier in Ostpreußen, löste, für die Öffentlichkeit propagandistisch aufbereitet, bei Lüttig-Niese widerstreitende Gefühle aus, da er das Ereignis vom 20. Juli weder aus historischer noch aus philosophischer Sicht als legitimen Umschlag von Gehorsam in Widerstand zu deuten vermochte. Für ihn galt es, in Finnland Wintervorbereitungen zu treffen. Der Bunker, den er für sich und seine Gruppe gebaut hatte, ein zum Teil in den Felsen eingesprengtes witterungs- und bombensicheres »Eigenheim«, stand bezugsfertig.

Der Mangel an Aussprache mit Gleichgesinnten wog um so schwerer, als die militärischen und politischen Ereignisse sich nicht leicht abschütteln ließen: »Gestern habe ich etwas mit den Kameraden der Infanterie zusammen gesessen, mit denen mich sonst nur ein freundlich dienstliches Verhältnis verbindet. Es ist doch ein armseliger Menschenschlag, der den aktiven Stamm bildet. Da sitzen sie nun Nacht für Nacht, erzählen Zoten und Geschichten von der Kriegsschule, probieren Schnapsmischungen. Ich wollte nichts sagen, wenn sie unter sich wären, aber da sitzt dann immer noch so ein Ia-Schreiber herum, der mit hineingezogen wird und doch nicht dazugehört. Mögen die Aktiven sonst sehr brauchbar sein, mögen sie sogar das Abitur haben, hängengeblieben ist davon nicht viel, und man darf sich über das erschütternde Niveau der Frontzeitungen nicht wundern... Da sitze ich dann doch lieber bei meinen Leuten, von denen ich nichts anderes verlange. Ein vorsichtiges Gespräch mit einem etwas jüngeren Untergebenen, kath. Pfarrschüler, war immer eine kleine Auffrischung gewesen. Doch ist er jetzt nicht mehr bei mir.«

Als dieser Brief geschrieben wurde, liefen schon die Verhandlungen zwischen Marschall Mannerheim und der sowjetischen Führung über einen Waffenstillstand. Das Einlenken des Marschalls zum Schutze seiner Nation stieß bei den in Finnland kämpfenden deutschen Soldaten naturgemäß auf wenig Verständnis. Sie fühlten sich im Stich gelassen und beschwert von der Aussicht auf einen schwierigen langen Marsch nach Norden zum Eismeer und zur norwegischen Grenze. Daß die von den Sowjets geforderte Räumung des Landes von deutschen Truppen bis zum 15. September von der Gebirgsarmee des Nordens mit all ihrem wertvollen Material nicht zu leisten war, mußte allen Angehörigen der Truppe klar sein. Und nach diesem Termin drohten dann zusätzliche Feindseligkeiten auch von finnischer Seite.

Nun waren also die Mühen beim Bau des Bunkers und die Hoffnung auf das behagliche »Eigenheim« vergeblich gewesen. Dennoch klingt aus Lüttig-Nieses Briefen eher Aufbruchsstimmung: »Wir gehen unbesiegt... Also Kopf hoch!... Ich komme schon durch!« Er war Ordonnanzoffizier mit dem Auftrag, den Marsch zu überwachen. Dabei entgingen ihm auch nicht die Reize der im Herbstfeuer glühenden Landschaft: »Wenn man von fern auf die Wälder guckt, haben die dunkelgrünen Flächen goldgelbe Punkte. Manchmal verfärbt sich das Birkenlaub sogar noch rot. Das Beerenlaub ist wie ersichtlich –« er legte ein Zweiglein bei – »gefärbt. Die Preiselbeeren sind rot wie bei Hänschen im Blaubeerwald, während das Rentiermoos seine hellgrüne Farbe behielt.«

Die Truppe erreichte die nach Norden führende Straße ohne Feindberührung. Marschiert wurde meist in der Nacht. Am Quartier brummten die motorisierten Einheiten vorbei. Leutnant Lüttig-Niese bedauerte seine Füße, »die das alles noch laufen müssen. Neulich bin ich mal 60 km in einem Stück gelaufen, das war mir dann auch genug.« Anfang Oktober begann die sehr lästige Regenperiode, und am 24. Oktober meldete er ersten Schnee. Eine ärgerliche Entdeckung im »Hinterland« war die »Lebensweise der rückwärtigen Truppen und bestimmter Waffengattungen. Besonders wo der Frachtraum hier oben immer knapp war. Was brauchen diese Herren Polstersessel, polierte Schreibtische, weiße Bettwäsche, Kachelöfen heraufzuschleppen, solange ich für meine Unterkunft 200 m vom Feind um jeden Nagel betteln muß und in der Heimat ein unvorstellbarer Mangel an diesen Dingen herrscht. An der Front wurde jede verbummelte Patronenhülse mit Arrest geahndet. Wenn die Leute so was sehen, besteht ja für uns keine Berechtigung mehr, die landläufigen Vergehen zu bestrafen.«

Während des Oktobers kam es dann zu Berührungen mit dem Feind, nun nicht nur mit den Sowjets, sondern auch mit dem abtrünnigen Bundesgenossen, der nachrückte. Entgegen seiner sonstigen Zurückhaltung in Berichten über kriegerische Erlebnisse erzählte der Leutnant wie ein Schuljunge, »daß wir neulich den

Mit solchen Bildern von den bereits zerstörten Teilen Berlins wurde Leutnant Armin Lüttig-Niese auf dem Weg zum Einsatz an der Oder im Frühjahr 1945 konfrontiert.

Finnen recht gerupft haben, mit einem Elan und Schlachtgebrüll wie anno 70... Leider habe ich nur zwei Sturmtage im Soldbuch. Zum Abzeichen gehören drei.« Am 12. November schrieb er von rund 600 bewältigten Kilometern, am 30. waren in zehn Tagen wieder 300 km geschafft. Vieles davon hatte Lüttig-Niese »tippeln« müssen, manches erleichterte ihm die Möglichkeit, als Sozius in einem Krad mitzufahren. Dann das große Aufatmen, als am 23. November nach einem Marsch durch hohes Gebirge das Gestade des Eismeeres erreicht war und der weitere Weg an dessen Küste entlang und endlich auch südwärts führen mußte.

Zu den Teilen der Gebirgsarmee, die in Höhe des Lyngenfjords halt machten und eine neue Front aufbauten, gehörte Leutnant Lüttig-Nieses Einheit leider nicht. Es kam ein die Eltern über den augenblicklichen Aufenthaltsort des Sohnes beruhigender Weihnachtsbrief; Mitte Februar 1945 langten einige freundliche Fotos aus Drontheim an. Bald danach scheint der von den Angehörigen gefürchtete Rücktransport nach Deutschland erfolgt zu sein. Der erneute Einsatz im Osten drohte. Ein Telegramm rief die Eltern an einen Treffpunkt in Mecklenburg, wo sie ihren Sohn noch einmal sahen. Der erste Einsatz im Brückenkopf von Dievenow östlich des Stettiner Haffs ging schnell vorüber, die Stellung war gegen den Druck der Sowjets nicht zu halten, die nun den Raum östlich der Oder in der Hand hatten. Bis Berlin war es für sie nicht mehr weit. Lüttig-Niese, obgleich am 26. März vorübergehend in der Stadt, versuchte, seine Mutter anzurufen. »Aber«, schrieb er an die Schwester, »es waren alle Leitungen gestört. Ich sehe mich also nun vor der nie geahnten Aufgabe, meinen Wohnort zu verteidigen... Inzwischen werden die Nachrichten so langsam schlechter. Ich kümmere mich diesbezüglich um nichts mehr... Als ich heute Nacht einen Rastraum erkundete, stieß ich auf ein Rudel Wildschweine. Ich kam bis auf 30 m heran.« Am 11. April war die Front »ruhig, doch wird sie es wohl nicht bleiben. Dem Feind hier Einhalt zu bieten, wird eine unheimliche Arbeit aufgewandt. Kaum, daß einem dieser herrliche deutsche Frühling für Augenblicke zu Bewußtsein kommt. Nur hier und da ein Veilchen, das Summen der Bienen in einem blühenden Baum, ein Bündel Szilla in dem Vorgarten eines zerfallenen Hauses und andere kleine Bilder am Rande lassen einen stillstehen und für Augenblicke einen anderen Gedanken fassen. Aber bald geht man weiter mit eingezogenem Kopf und gespitzten Ohren, denn es schwirren nicht nur Lerchen durch die Luft...« Wieder gehen, wie im Frühling 1915, ein paar getrocknete Szilla im Brief mit.

Drei Jahre später erfuhren Lüttig-Nieses Angehörige von dem Regimentsarzt des seiner Einheit benachbart gewesenen Infanterie-Regiments: »An Ihren Herrn Bruder kann ich mich noch recht gut entsinnen. Er war Artillerist und unserem Regiment als vorgeschobener Beobachter zugeteilt. Es muß am 17. April (es könnte sich um einen Tag früher oder später handeln) gewesen sein, und zwar in einer im Walde liegenden unterirdischen Fabrik, die zu Döbberin (Kreis Seelow) gehörte. Von meinem Unterschlupf aus sah ich, daß 15 m vor mir unmittelbar neben Ihrem Bruder, der zu uns zurückkehren wollte, eine Granate krepierte. Ich sprang mit zwei Krankenträgern sofort hin und barg den Ohnmächtigen in unseren tunnelartigen Gefechtsstand. Ein Unterschenkel war völlig zerfetzt, so daß ich ihn gleich amputierte. Auch der andere Unter- und Oberschenkel war durch Granatsplitter gebrochen und übel zugerichtet. Es gelang überall die Blutstillung. Nach verschiedenen Injektionen von Sympatol und Cardiazol erholte sich Ihr Bruder, und ich konnte mich mit ihm unterhalten. Er fragte, ob er sterben müsse. Wir trösteten ihn so weit, daß er die Überzeugung gewann, daß er nicht in Lebensgefahr schwebe. Er sagte dann, man solle ihm nicht seine Beine amputieren. Am Bauch stellte ich auch noch verschiedentlich Splitterverletzungen fest, über deren Wirkung und Zerstörung ich mich nicht orientieren konnte. Da zufälligerweise die gesamten Krankenwagen des Hauptverbandplatzes 230 der 169. Inf.Div. in unserem Unterschlupf waren, wurde Ihr Bruder sofort im Krankenwagen abtransportiert. 10 Minuten später drangen an diesem Ort die Russen ein. Eines der Fahrzeuge sah ich am nächsten Tag wieder, und es wurde mir berichtet, daß sie die Verwundeten bis nach Berlin hätten bringen müssen. In welches Lazarett Ihr Bruder gekommen ist, weiß ich nicht...

Eine Prognose zu stellen, ist ohne Zweifel schwer. Die Verletzung war enorm, immerhin bestand eine Aussicht auf Weiterleben, falls die Bauchverletzungen nicht zu ernster Art gewesen sind. Vor allen Dingen deshalb, da Ihr Bruder keinerlei Blutverlust erlitten hat. Schmerzen verspürte Ihr Bruder nicht. Auf Befragen antwortete er, daß es nicht weh tut. Für den Transport hat er trotzdem eine Morphiumspritze bekommen.«

Als vergeblich erwiesen sich alle Versuche, die weiteren Spuren des kurzen Lebens, das Armin Lüttig-Niese vergönnt war, vor dem Verwehen zu bewahren.

Register der Träger des Namens Niese

Angeheiratete s. im Register jeweiliger Zeitgenossen

(1) Johann (Hans), ?–1727, Brauer und Tagelöhner in Torgau, verh. seit 1693 mit Johanne (Anna) Margarete Blüthgen 15, 17

(2) Johann Gottfried (I.), 1704–1756,
Brauer und Maurer in Torgau,
verh. seit 1727 mit Johanne Sophie Vogel 15–17, 39

(3) Johann Gottfried (II.), 1731–1799, Sohn von (2),
Kurfürstl. Schloß- und Amtsmaurermeister in Torgau,
verh. seit 1767 mit Johanne Magdalene Rehschuh verw. Petzold 16–18, 20–22, 25, 28, 34, 37–39

(4) Carl Gottfried, 1771–1814, Sohn von (3),
Jurist, Senator in Torgau,
verh. seit 1802 mit Juliane Luise Schulze 22–133, 173, 259, 273, 277

(5) Juliane Magdalene, 1803–1819, Tochter von (4) 43, 44, 46, 50, 52, 58–59, 67, 71, 78–82, 87–88, 104–107, 116, 133, 135, 137, 141, 142, 147

(6) Carl Eduard (I.), 1804–1882, Sohn von (4),
Theologe, Prof. in Schulpforta, Pfarrer in Bahrendorf,
verh. seit 1832 mit Auguste Juliane Panse 43–46, 48–54, 59–61, 63, 64, 67, 69, 71–74, 76, 79–82, 96, 104–107, 116, 133–278, 287, 291, 296, 309–347, 349–351, 353, 359, 360, 363, 367, 374, 388, 389, 391, 393–397, 401, 404–417, 420–422, 425, 429, 433, 434, 436, 445–449, 451–458, 460–465

(7) Julius (I.) Gottfried, 1806–1871, Sohn von (4),
Landwirt in Neukirchen,
verh. seit 1835 mit Johanne Christiane Charlotte Albrecht 44, 46, 59, 67, 71, 78–82, 88, 104, 106, 107, 116, 135, 138, 142, 147, 161, 172, 190, 211, 214, 217, 218, 232, 236, 238, 242, 248, 255, 258, 266, 273, 274, 291, 330, 367–372, 397, 398, 400, 401, 448–449, 451

(8) Moritz (I.) Ludwig, 1809–1871, Sohn von (4),
Konsistorialrat und Stadtpfarrer in Barby,
verh. seit 1844 mit Ida Amalie Brinckmann 46, 59, 67, 71, 76, 79–82, 87, 88, 104, 106, 107, 116, 135, 142, 147, 148, 152, 153, 172, 174, 181, 182, 187, 190, 201, 217, 218, 232, 236, 239, 241–243, 245, 246, 248, 249, 255, 258, 264–266, 271, 273, 276–309, 322, 324, 325, 327–332, 334, 340–342, 345–347, 367, 371–374, 376, 382, 388, 397–401, 405, 415, 419, 428, 441, 447–449, 451

(9) Marie Auguste, 1833–1918, Tochter von (6),
verh. seit 1852 mit Franz Friedrich August Mitzschke 263, 273, 326, 329, 333, 334, 337–338, 340, 343, 347, 350, 351, 377, 382, 401, 405, 415, 419, 431–432, 449, 472

(10) Julius (II.) Moritz, 1834–1903, Sohn von (6),
Kaufmann in St. Louis,
verh. seit 1864 mit Elise Karoline Brunner 266, 273, 316, 328–334,

338–367, 378–389, 391, 396, 401–403, 405, 410, 412, 413, 417–418, 422, 426, 449, 450, 459–461, 467, 472–473

(11) Anna Franziska, 1835–1897, Tochter von (6) 274, 326, 333–335, 337, 342, 350, 355, 374, 376–378, 405, 410, 414, 420, 425–429, 433, 434, 467

(12) Carl Eduard (II.), 1837–1890, Sohn von (6),
Dr. phil., Pädagoge,
verh. seit 1861 mit Maria Mary Marinack 275, 334, 342, 344, 347, 350, 372, 377–379, 382, 388, 394–396, 402, 405, 410, 414, 434, 439, 440, 451, 458, 461, 462, 464, 467, 468

(13) Emma Elisabeth, 1838–1905, Tochter von (6) 275, 350, 374, 375, 412, 418, 419, 422, 425–428, 434, 451, 468, 472

(14) Paul Ferdinand, 1839–1853, Sohn von (6) 291, 323, 337, 342, 343

(15) Sophie Henriette, 1840–1917, Tochter von (6),
verh. seit 1870 mit Dr. Carl Gustav Edmund Meyer 310, 350, 375–377, 405, 413, 419, 426, 428–430, 449, 450

(16) Johanne Charlotte, 1843–1885, Tochter von (6),
verh. seit 1870 mit Hermann Alexander Ehrenberg 323, 350, 376, 377, 389, 406, 414, 416, 419, 420, 430, 433, 434, 449, 467

(17) Moritz (II.) Ludwig, 1844–1882, Sohn von (6),
Ingenieur, Dr. phil.,
verh. seit 1882 mit Charlotte Friederike Martha Pannier verw. Dralle 323, 344, 389, 401–405, 408–412, 417–420, 422–425, 429–433, 435, 440–445, 447, 449–453, 457–459, 462, 463, 465, 494, 496

(18) Thekla Margarete, 1847–1893, Tochter von (6),
verh. seit 1887 mit Hermann Alexander Ehrenberg 323, 414, 416, 420, 426, 434, 467

(19) Heinrich August, 1848–1909, Sohn von (6),
Regierungs- und Baurat,
verh. seit 1887 mit Marie Berta Lina Engelhardt 330, 334, 349, 358, 389, 407, 414–417, 419–422, 429, 430, 434–442, 445–447, 449, 456, 457, 459, 462, 466–470, 472, 473, 476, 477, 480, 485

(20) Ernst Otto, 1837–1900, Sohn von (7),
Cand. theol., Privatgelehrter 274, 291, 368–374, 397–401, 449, 467

(21) Ida Charlotte, 1838–?, Tochter von (7),
verh. seit 1869 mit Emil Ferdinand Wolf 291, 368, 371–374, 397–400, 451, 467

(22) Hedwig Klara Laura, 1845–1929, Tochter von (8) 324, 331, 373, 374, 401, 448

(23) Karl Eduard (III.) Julius Moritz, 1889–1915, Sohn von (19),
Dr. jur. 466–487, 492, 494, 504–505

(24) Elisabeth Auguste, 1892–1965, Tochter von (19),
verh. seit 1914 mit Oswig Armin Lüttig(-Niese) 469, 470, 472, 473, 475, 476, 479, 481, 487–491, 498, 499, 512

(25) Lüttig-Niese, Elisabeth Maria Lina, geb. 1915, Tochter von (24), verh. seit 1938 mit Herbert A. Frenzel 485, 489–491, 494, 500, 506, 512

(26) Lüttig-Niese, Armin Otto Heinrich Karl, 1921–1945, Sohn von (24) 487–513

Register jeweiliger Zeitgenossen

Duncker, Karl (1781–1869), Buchhändler und Verleger in Berlin 203
Dutaillis, Conte de, franz. Divisionsgeneral 125–127
Ebers, Georg (1837–1898), Prof. f. Ägyptologie in Leipzig, Romanschriftsteller 454–455
Ebert, Friedrich (1871–1925), sozialdemokratischer Politiker, seit 1919 Reichspräsident 488
Ehrenberg, Christian Gottfried (1795–1876), Naturwissenschaftler, Prof. in Berlin 319, 389, 390, 406, 433, 447–448, 449
Ehrenberg, Hermann Alexander (1840–1917), Sohn des vorigen, Regierungs- und Baurat 389–390, 403, 406, 409, 420, 429, 433, 434, 467
Ehrenberg, Johanne, s. Niese, Johanne
Ehrenberg, Thekla, s. Niese, Thekla
Eichhorn, Johann Albrecht Friedrich (1779–1856), preuß. Kultusminister 319, 320
Eldern, August von der, um 1825 Erzieher bei Familie Schmalfuß 145
Engelhardt, Gustav Christian Julius (1825–1908), Bauinspektor in Hattingen 466, 467, 472
Engelhardt, Marie Berta (1862–1936), Tochter des vorigen, verh. seit 1887 mit Heinrich August Niese 466–470, 472, 473, 476, 478, 480, 481
Ernesti, Johann August (1707–1781), Theologe, Prof. in Leipzig 26
Erzberger, Matthias (1875–1921), Zentrumspolitiker, 1919–1920 dt. Finanzminister 487
Faulhaber, Michael v. (1869–1952), Erzbischof von München und Freising, seit 1921 Kardinal 502
Favre, Jules (1809–1880), franz. Diplomat 444
Felker, Pauline, junges Mädchen in Kösen 402, 411–412
Feuerbach, Ludwig (1804–1872), Philosoph 321
Fichte, Immanuel Hermann (1796–1879), Sohn von Johann Gottlieb F., Philosoph 321, 413
Fichte, Johann Gottlieb (1762–1814), Philosoph 180, 194, 205, 251, 272, 446, 447
Filter, Minna (Christiane Elisa Wilhelmine), verh. mit Heinrich Karl Kölling 209, 233, 263
Flottwell, Eduard Heinrich v. (1786–1865), Oberpräsident der Provinz Posen, dann der Provinz Brandenburg, später preuß. Minister 288, 289, 296
Fonrobert, F., Seidenhutfabrikant in Berlin, Friedrichstr. 172 234
Franz II. (1768–1835), bis 1806 dt. Kaiser, seit 1804 als Franz I. Kaiser von Österreich 87
Franz, Wilhelmine (1802–1871), verh. seit 1821 mit August Unzelmann, seit 1835 mit Werner, Schauspielerin 190
Freiesleben, Carl August, Torgauer Gymnasiast 25, 39
Freymark, Karl Andreas Wilhelm (1785–1855), Generalsuperintendent und Bischof in Posen 289
Friedemann, Friedrich Traugott (1793–1853), Konrektor und Rektor in Wittenberg 141
Friedrich II. (1712–1786), König von Preußen 18–20
Friedrich August (III.) I. (1750–1827), König von Sachsen 44, 47, 75, 83, 87, 89, 90, 103, 123, 169
Friedrich Wilhelm III. (1770–1840), König von Preußen 47, 75, 79, 83, 124, 285
Friedrich Wilhelm IV. (1796–1861), König von Preußen 296, 320, 325, 330, 343, 346
Friedrich Wilhelm (1771–1815), Herzog von Braunschweig 47

Hecker, Friedrich Karl Franz (1811–1881), Führer des badischen Aufstandes von 1848, später in St. Louis und Chicago 385, 386

Hegel, Georg Wilhelm Friedrich (1770–1831), Philosoph, Prof. in Berlin 194–201, 204–208, 215, 224, 230, 235, 241, 251, 267–270, 272, 318, 320, 321, 323, 336–337

Heidenreich, Karl Heinrich (1764–1801), Philosoph, Prof. in Leipzig 180

Heiland, Karl Gustav (1817–1868), preuß. Provinzialschulrat für die Gymnasien der Provinz Sachsen 392–393

Heimburger, um 1832 Tischler in Torgau 256

Heine, Ludwig, Berliner Porträtist, tätig zwischen 1810 und 1840 233, 238–239, 265

Heintze, Vormund der Brüder Niese in Torgau 229, 249, 253

Held, Hans Heinrich Ludwig v. (1764–1842), Schriftsteller 452

Hencke, August, Premierleutnant und Divisionsauditeur in Torgau 264, 276, 386

Hencke, Richard (geb. 1827), Sohn des vorigen, stud. jur., 1863 zur Unionsarmee nach USA 386

Hengstenberg, Ernst Wilhelm (1802–1869), Theologe, Orientalist, Prof. in Berlin 203, 214, 269, 270, 320

Hennig, Jurist, 1842 Reisebekanntschaft von Moritz (I.) Niese 299–303

Henning, Leopold Dorotheus v., gen. v. Schönhoff (1791–1866), Jurist, Prof. in Berlin 202

Herder, Johann Gottfried (1744–1803), Theologe, Philosoph, Schriftsteller 174

Herloßsohn, Georg Karl Reginald (1804–1849), Literat in Leipzig 166

Hermann, Johann Gottfried Jakob (1772–1848), Altphilologe, Prof. in Leipzig, auch Zensor 164–165, 181, 186, 187, 199, 202, 268, 319

Herwarth v. Bittenfeld, Karl Eberhard (1796–1884), preuß. General 405

Herz, Henriette, s. Lemos, Henriette de

Herzog, Bernhard (geb. 1840), Schüler in Pforta, später Offizier 375–377, 405, 428

Heubner, Heinrich Leonhard (1780–1853), Theologe, Direktor des Predigerseminars in Wittenberg 269

Hindenburg, Paul v. Beneckendorf und v. (1847–1934), Generalfeldmarschall, 1925–1934 Reichspräsident 484, 490

Hinrichs, Hermann Friedrich Wilhelm (1794–1861), Philosoph, Prof. in Halle 182, 184

Hinrichs, Johann Conrad (gest. 1813), 1796 Gründer der J. C. Hinrichsschen Buchhandlung 265

Hitler, Adolf (1889–1945), 1933–1945 Reichskanzler, seit 1934 auch Reichspräsident 490, 509

Höck, Heinrich, Theatermeister aus Wien, kam 1822 an das Leipziger Theater 186

Hohenlohe-Öhringen, Hugo Fürst von, 1. Herzog von Ujest (1816–1897), preuß. General und Parlamentarier 423

Holbein v. Holbeinsberg, Franz (1779–1855), Schriftsteller, Schauspieler, Theaterdirektor in Prag 170

Holbein, Marie (geb. 1804), Tochter des vorigen, Schauspielerin 168

Hommel, Karl Ferdinand (1722–1781), Jurist, Prof. in Leipzig 29

Hoppe, Paul, Architekt und Baumeister in Berlin, baute um 1900 außer dem Haus Alt-Moabit 108 noch die Häuser Alt-Moabit Ecke Thomasiusstr., Gitschiner Ecke Alexandrinenstr., Turmstr. 20, Landsberger Allee 29, Meinekestr. 23 470

Peter, Karl (1808–1893), Rektor in Schulpforta 401, 407
Peter, Lenchen (Helene), s. Panse, Lenchen
Pfuel, Ernst v. (1779–1866), Offizier in österr. und russ. Diensten, später preuß. General, Kriegsminister und Ministerpräsident 47
Pfuel, Friedrich v. (1781–1846), Bruder des vorigen, preuß. Offizier, zuletzt Generalleutnant 47
Pinder, Eduard (1810–1875), Jurist, Oberlandesgerichtsrat in Naumburg 335 ·
Pinder, Wilhelm (1878–1947), Kunsthistoriker, Prof. in Berlin 478
Platen, August Graf v. (1796–1835), Dichter 347, 354, 381
Plath, Karl (1829–1901), Theologe, zuletzt Prof. in Berlin 323, 332
Platner, Ernst (1744–1818), zunächst Mediziner, dann Philosoph, Prof. in Leipzig 26, 180
Poelitz, Carl Heinrich Ludwig (1772–1838), Philosoph, Prof. in Leipzig 171
Poniatowski, Anton Prinz (1763–1813), poln. General, franz. Marschall 98
Purmann, Dr. phil., um 1853 Hebdomadar in Schulpforta 343
Quandt, Schauspieldirektor, wahrscheinlich Sohn des Schauspieldirektors und Schriftstellers Daniel Gottlob Q. (1762–1815) 324
Quehl, Ryno (1821–1864), Dr. phil., Redakteur, seit 1853 preuß. Generalkonsul in Kopenhagen 403, 428
Quehl, Frau des vorigen, s. Meyer
Ranke, Leopold v. (1795–1886), Historiker, Prof. in Berlin 203, 319
Ratibor, Herzog v. = Hohenlohe-Schillingsfürst, Viktor Prinz zu (1818–1893), preuß. Politiker 423
Raumer, Carl Otto v. (1805–1859), preuß. Kultusminister 346, 347
Regnier, Jean-Louis-Ebenezer (1771–1814), franz. General 90, 91, 109, 112, 118
Rehschuh, Johanne Magdalene (1730–1803), verh. seit 1755 mit J. Fr. Petzoldt, seit 1767 mit Johann Gottfried (II.) Niese 22, 23, 42, 43
Reimer, Georg Andreas (1776–1842), Buchhändler und Verleger in Berlin 200, 203
Reinecke, Georg (geb. 1771), Schauspieler, Sohn des berühmten Leipziger Schauspielers Johann Friedrich R. 167
Reisig, Karl (1792–1829), Altphilologe, Prof. in Halle 182, 184, 202, 218, 223, 225
Reiz (Reitz), Friedrich Wolfgang (1733–1790), Altphilologe, Prof. und Universitätsbibliothekar in Leipzig 26
Rellstab, Ludwig (1799–1860), Schriftsteller 203
Repnin, Nicolai Fürst (1778–1845), 1813/14 russ. Generalgouverneur von Sachsen 123
Richter, Georg August (1778–1832), Dr. med., preuß. Oberstabsarzt 127
Ries, wahrscheinlich der Schwiegervater von Friedrich Jacob Lewald in Breslau 290
Ritschl, Ferdinande Louise, s. Cramer, Ferdinande Louise
Ritschl, Friedrich Ludwig (1773–1844), Diakon an der Augustinerkirche in Erfurt 145, 146
Ritschl, Friedrich Wilhelm (1806–1876), Sohn von Friedrich Ludwig R. und Neffe von Georg Karl Benjamin R., Altphilologe, Prof. in Breslau, Bonn und Leipzig 145, 146, 158, 172, 181–184, 187, 191, 195, 198, 202, 203, 218, 223, 225, 228, 232–236, 243, 244, 251, 254, 255, 258, 264, 267, 268, 274–276, 296, 297, 321, 322, 343–344, 403, 406–408, 415, 451–456
Ritschl, Georg Karl Benjamin (1783–1858), D. theol., zuletzt Bischof und Generalsuperintendent in Stettin 218, 223, 346, 373
Ritschl, Jettchen (Henriette, 1808–1838), Tochter von Friedrich Ludwig R.

527

und Nichte von Georg Karl Benjamin R., verh. seit 1829 mit Carl Wilhelm v.
Lancizolle 146, 228, 234, 240, 241, 251, 254, 255, 267, 276
Ritschl, Sophie, s. Guttentag, Sophie
Rogge, Bernhard (1831–1919), D. theol., Hofprediger in Potsdam 323, 464
Rümelin, Max v. (1861–1931), Jurist, seit 1895 Prof. in Tübingen 476
Ruge, Arnold (1802–1880), Dr. phil., Schriftsteller 249, 267, 321
Ryssel, Anton Friedrich Karl v. (1773–1833), sächs. General 123, 124
Sacken s. Osten-Sacken
Sahr s. Sahrer v. Sahr
Sahrer v. Sahr, Karl Otto Ludwig (1761–1823), sächs. Generalleutnant 88
Sand, Karl Ludwig (1795–1820), Theologiestudent und Burschenschafter, wegen Ermordung Kotzebues hingerichtet 143, 203
Sauppe, Gustav Albert (1802–1870), Rektor in Torgau 333, 339
Schäfer, Dietrich (1845–1929), Historiker, Prof. in Berlin 489
Schaffner, Albertina, verh. seit 1820 mit August Wilhelm Maurer, Schauspielerin 167
Schaper, Friederike v., verh. seit 1837 mit Friedrich Cranz 274
Schelling, Friedrich Wilhelm (1775–1854), Philosoph 272
Schiller, Friedrich v. (1759–1805), Dichter 35, 75, 142, 157, 167, 169, 172, 174, 176
Schlegel, Friedrich (1772–1829), Schriftsteller, Orientalist 200, 268, 322
Schleiermacher, Friedrich Ernst Daniel (1768–1834), Theologe und Philosoph, Prof. in Berlin 188, 189, 194, 199–201, 203, 204, 206, 215, 241, 267–272, 322, 446
Schlieffen, Alfred Graf v. (1833–1913), preuß. Generalfeldmarschall, Chef des Generalstabs 481
Schmalfuß, Inspektor in Gräfentonna, Thallwitz und Wickerode 145, 149, 155, 173, 175, 207, 222, 231
Schmalfuß, Emilie, Tochter des vorigen 145, 148, 150, 152, 155, 173, 175, 181, 193, 222, 223, 231, 232, 239–240, 242, 254, 255
Schmalfuß, Ernst Ludwig, Sohn des Inspektors Sch., Landwirt 190
Schmalfuß, Julius, Sohn des Inspektors Sch. 236, 237
Schmalfuß, Konstantin (gest. 1871), Sohn des Inspektors Sch., zuletzt Schulrat in Hannover 145, 146, 172, 181, 209, 213, 244, 255
Schmidt, Johann Carl Friedrich, Subrektor in Wittenberg 217
Schmidt, Karl (Sohn des vorigen?), zuletzt Direktor des Gymnasiums in Bielefeld 141
Schmidt, Marie, Freundin der Geschwister Sybel 213
Schmidt-Ott, Friedrich (1860–1956), preuß. Kultusminister, gründete 1920 die »Notgemeinschaft der dt. Wissenschaft« 489
Schmieder, Heinrich Eduard (geb. 1794), D. theol., 1824–1839 Geistl. Inspektor in Schulpforta, zuletzt Direktor des Predigerseminars in Wittenberg, Oberkonsistorialrat 318
Schönberg, v., Patron von Vater und Sohn Spitzner in Trebitz 32, 135
Schönherr, Christiane Caroline, s. Spitzner, Christiane Caroline
Schönherr, Johann Christian (1762–1845), Pfarrer in Podelwitz bei Leipzig 161, 163, 221, 258
Schönherr, Theodor, Sohn von Johann Christian Sch., Stiefsohn von Caroline Sch., 1825 Hauslehrer bei Kammerherr v. Miltitz in Dresden 163
Schopenhauer, Arthur (1788–1860), Philosoph, Prof. in Berlin 394
Schott, August Friedrich (1744–1792), Jurist, Prof. in Leipzig 29
Schubarth, Karl Ernst (1796–1860), philosophischer Schriftsteller 235, 249
Schultze-Naumburg, Paul (1869–1949), Architekt und Schriftsteller 478

528

Steuber, Karl (1823–1893), Sohn des vorigen, Mediziner, zuletzt Sanitätsrat und Kreisphysikus in Mühlhausen 190, 208, 211, 266, 316, 332
Steuber, Minchen, s. Panse, Minchen
Stich(-Crelinger), Auguste, s. Düring, Auguste
Straß, Johann Gottlieb Friedrich (1766–1845), Rektor des Gymnasiums in Erfurt 144, 146
Strauß, David Friedrich (1808–1874), Theologe, Philosoph 271, 272, 320, 393, 455
Streubel, Verwandter der Nieses in Leipzig um 1830 247
Strousberg, Bethel Henry (1823–1884), Industrieller 423, 424, 449, 494
Stuebel, Christoph Carl (1764–1828), Jurist, Dozent in Wittenberg 30, 32
Sulkowski, Anton Paul Fürst (1785–1836), poln. Offizier, nach Poniatowskis Tod Oberbefehlshaber des poln. Truppenkontingents 98
Sybel, Arnold August (1804–1838), Sohn von Johann Carl S., Theologe, zuletzt Diakon in Luckenwalde 180, 182, 193, 213, 242
Sybel, Johann Carl (1775–1813), Vater der Geschwister Sybel, Mediziner 180
Sybel, Julius Kurt (gest. 1878), Sohn von Johann Carl S., zuletzt Bibliothekar in Berlin 180–185, 187, 188, 193, 198, 213, 242, 449
Sybel, Malwine, Tochter des Johann Carl S. 180, 193, 206, 211, 213, 217, 218, 223, 227, 229, 230, 239, 240, 242, 244, 249, 252, 254, 403, 449
Sybel, Philippine, s. Wilmsen, Philippine
Taubert, August, Verlagsbuchhändler und Kommissionär in Leipzig bis 1836 186
Tauchnitz, Karl (1761–1836), Buchhändler und Verleger in Leipzig 165
Tauentzien von Wittenberg, Bogislav Friedrich Emanuel Graf (1760–1824), preuß. General 123–127
Teubner, Benedikt Gotthelf (1784–1856), Verleger in Leipzig 165
Thielmann, Johann Adolf Frhr. v. (1765–1824), sächs. Offizier 47, 77, 80, 83, 84, 87–90
Tholuck, Friedrich August (1799–1877), Theologe, Privatdozent in Berlin und Halle 203, 204, 230, 235, 269, 329
Thul, Kaufmann in St. Louis 386, 450, 459
Thul, Frau des vorigen 386
Thul, Bruder des Kaufmanns Th. 386
Tieck, Ludwig (1773–1853), Dichter 166, 186, 193, 225, 314
Tischendorf, Lobegott Friedrich Konstantin v. (1815–1874), Theologe, Orientalist, Prof. in Leipzig 322, 455
Treskow, Heinrich Balthasar v. (1795–1861), Gutsbesitzer auf Radojewo/Posen, Landschaftsrat 290, 324, 325
Tschitschagow, Paul Wasiljewitsch (1762–1849), russ. Admiral 73
Ujest, Herzog v., s. Hohenlohe-Öhringen
Ulrici, Hermann (1806–1884), Philosoph, Prof. in Halle 198, 217, 224–225, 229, 244, 268, 321, 332, 336, 342, 343, 394, 413, 415
Unzelmann, Wilhelmine, s. Franz, Wilhelmine
Varnhagen v. Ense, Karl August (1785–1858), Schriftsteller 203
Varnhagen, Rahel, s. Levin, Rahel
Villaume, um 1835 Kammergerichtsassessor in Torgau 264, 276
Vogel, Christian, Tagelöhner in Torgau, Großvater von Johann Gottfried Niese (II.) 15, 17
Vogel, Johanne Sophie (1700–1763), Tochter des vorigen, verh. seit 1727 mit Johann Gottfried Niese (I.) 15–18, 20, 21
Voitus, Obertribunalsrat in Berlin 392–394

Voitus, Paul (geb. 1844), Sohn des vorigen 392
Voß, Richard (1851–1918), Schriftsteller 396
Wackernagel, Wilhelm (1806–1869), Germanist 193, 194, 225
Wagner, Christian Friedrich (1774–1838), Wasserbauinspektor in Torgau, später Kgl. sächs. Wasserbaudirektor und Lehrer an der Kgl. Bauschule in Dresden 25, 42
Wagner, Richard (1813–1883), Komponist 405
Walther, Carl Ferdinand Wilhelm (1811–1887), Theologe, Gründer des Concordia College in St. Louis, Prof., Organisator der dt. Synode von Missouri 361, 363, 426
Wegscheider, Julius August Ludwig (1771–1849), Theologe, Philosoph, Prof. in Halle 203, 235
Weierstraß, Karl Theodor Wilhelm (1815–1897), Mathematiker, Lehrer am Gewerbe-Institut in Berlin, seit 1864 o. Prof. an der Universität 410
Weiße, Christian Felix (1726–1804), Schriftsteller 28, 45, 166
Wenck, Friedrich August (1741–1810), Historiker, Prof. in Leipzig 26
Wendt, Baron, 1842 Reisebekanntschaft von Moritz (I.) Niese, wohl identisch mit Franz Friedrich Frhr. v. Wendt (1800–1870) 297–305
Werner, Corona, s. Becker, Corona
Wernsdorff, Gottlieb (1786–1829), Jurist, Prof. in Wittenberg 29–30
Wette, Wilhelm Martin Leberecht de (1780–1843), Theologe, Prof. in Berlin 194, 203
Wiedemann, Leutnant aus Dresden 62, 76–77, 91
Wiedemann, Auguste, Tochter des vorigen 222, 263
Wiedemann, Marianne, s. Brunner, Marianne
Wieland, Christoph Martin (1733–1813), Schriftsteller 174
Wienbrack, Adolf, Inhaber der 1829 gegründeten, bis 1854 bestehenden Wienbrackschen Buchhandlung in Leipzig 265
Wiesand, Georg Stephan (1736–1821), Jurist, Prof. in Wittenberg 29, 30, 33
Wilamowitz-Moellendorff, Ulrich v. (1848–1931), Altphilologe, Prof. in Berlin 452
Wilhelm I. (1797–1888), Prinz von Preußen, seit 1861 König von Preußen, seit 1871 dt. Kaiser 343, 389, 402, 435
Wilhelm II. (1859–1941), 1888–1918 deutscher Kaiser 472, 485
Wilmsen, Auguste, Nichte von Philippine W. 213
Wilmsen, Luise, Schwester der vorigen, Nichte von Philippine W. 213
Wilmsen, Philippine, verh. mit Johann Carl Sybel, Mutter der Geschwister Sybel 180, 188, 193, 225, 229, 244
Wislicenus, Gustav Adolph (1803–1875), Theologe, Pfarrer in Halle 322
Wittgenstein, Ludwig Adolph Peter (1769–1843), seit 1834 Fürst von Sayn-Wittgenstein, russ. Feldherr 73
Wobeser, Karl George Friedrich (1749–1821), preuß. General 125
Wolf, 1812/13 franz. General 117
Wolf, Emil Ferdinand (geb. 1834), Gutsbesitzer in Gasern 451
Wolf, Hedwig Ida (1870–1937), Tochter des vorigen, verh. seit 1891 mit Ernst Alfred Zschoche 491
Wolf, Ida, s. Niese, Ida
Wolff, Pius Alexander (1782–1828), Schauspieler 175–176
Woyzeck, Johann Christian (1780–1824), Perückenmacher und Friseur, wegen Ermordung seiner Geliebten in Leipzig hingerichtet 178–180
Wrangel, Friedrich Heinrich Ernst (1784–1877), preuß. Generalfeldmarschall 489
Wunder, Archidiakon an der Hauptkirche in Wittenberg 118

531

Biographien berühmter Frauen

»Ich bleibe die große Adele«
Die Sandrock
Eine Biographie von Jutta Ahlemann
376 Seiten mit zahlreichen Abbildungen,
Efalin mit Schutzumschlag

Helmut Ahrens
Die afrikanischen Jahre der Tania Blixen
Eine biographische Skizze
212 Seiten, Efalin mit Schutzumschlag

Rolf Italiaander (Hrsg.)
Loki
Die ungewöhnliche Geschichte einer Lehrerin namens Schmidt
Erzählt von ihren Freunden
Eingeleitet von Siegfried Lenz, Nachwort von Helmut Schmidt
331 Seiten, Efalin mit Schutzumschlag

Gertrud Dworetzki
Johanna Schopenhauer
Ein Charakterbild aus Goethes Zeiten
220 Seiten mit 27 Abbildungen, Efalin mit Schutzumschlag

Corinne Pulver
George Sand, Genie der Weiblichkeit
Eine Biographie
508 Seiten, Efalin mit Schutzumschlag

Droste Verlag Düsseldorf

Kulturgeschichte in Biographien

Gustav Sichelschmidt
Caroline von Humboldt
Ein Frauenbild aus der Goethezeit
244 Seiten mit mehreren Abbildungen, Efalin mit Schutzumschlag

Gustav Sichelschmidt
Lessing
Der Mann und sein Werk
382 Seiten mit zahlreichen Abbildungen, Efalin mit Schutzumschlag

Merete van Taack
Friederike, die galantere Schwester
der Königin Luise
Im Glanz und Schatten der Höfe
225 Seiten mit zahlreichen Abbildungen, Efalin mit Schutzumschlag

Wilhelm Raabe
Schriftsteller
Eine Biographie von Cecilia von Studnitz
346 Seiten mit zahlreichen Abbildungen, Efalin mit Schutzumschlag

Ingelore M. Winter
Mein geliebter Bismarck
Der Reichskanzler und die Fürstin Johanna
Ein Lebensbild. Mit unveröffentlichten Briefen
290 Seiten mit zahlreichen Abbildungen, Efalin mit Schutzumschlag

Droste Verlag Düsseldorf